Claudia Bürger

Patientenorientierte Information und Kommunikation im Gesundheitswesen

GABLER EDITION WISSENSCHAFT

Gesundheits- und Qualitätsmanagement

Herausgegeben von
Professor Dr. Günther E. Braun,
Universität der Bundeswehr München und
Professor Dr. Hans-Konrad Selbmann,
Universität Tübingen

Die gesetzlichen Änderungen seit 1993 und die knappen Kassen der Krankenversicherungen haben zu einem zunehmenden Wettbewerb unter den Einrichtungen im Gesundheitswesen geführt. Die wirtschaftliche Orientierung und die Managementausrichtung haben deutlich zugenommen. Gleichzeitig besitzt weiterhin die öffentliche Bindung der Leistungserbringung eine besondere Bedeutung.

Die bisher unter dem Namen „Gesundheitsmanagement" geführte Schriftenreihe trägt durch ihren neuen Titel und eine erweiterte Herausgeberschaft der zusätzlichen Bedeutung des Qualitätsmanagements im Gesundheitswesen verstärkt Rechnung. Die großen Erwartungen der Öffentlichkeit, der Leistungserbringer und der Kostenträger an die qualitätssichernden und kostendämpfenden Fähigkeiten des Qualitätsmanagements bei sich ständig verändernden Gesundheitssystemen eröffnen auch hier ein wichtiges und weites Feld für Versorgungsforscher aller Disziplinen. Aktuelle Forschungsergebnisse zur Management- und Qualitätsorientierung im Gesundheitswesen schlagen sich in der Schriftenreihe nieder.

Claudia Bürger

Patientenorientierte Information und Kommunikation im Gesundheitswesen

Mit einem Geleitwort von Prof. Dr. Günther E. Braun
und Prof Dr. Hans-Konrad Selbmann

Springer Fachmedien Wiesbaden GmbH

Bibliografische Information der Deutschen Bibliothek
Die Deutsche Bibliothek verzeichnet diese Publikation in der Deutschen Nationalbibliografie; detaillierte bibliografische Daten sind im Internet über <http://dnb.ddb.de> abrufbar.

Dissertation Universität der Bundeswehr München, 2003

1. Auflage April 2003

Ursprünglich erschienen bei Deutscher Universitäts-Verlag GmbH, Wiesbaden, 2003

Lektorat: Brigitte Siegel / Annegret Eckert

www.duv.de

Umschlaggestaltung: Regine Zimmer, Dipl.-Designerin, Frankfurt/Main

Gedruckt auf säurefreiem und chlorfrei gebleichtem Papier

ISBN 978-3-8244-7834-7 ISBN 978-3-663-11012-5 (eBook)
DOI 10.1007/978-3-663-11012-5

Geleitwort

Seit einiger Zeit ist zu beobachten, dass Patienten selbstbewusster auftreten, Einrichtungen des Gesundheitswesens sich marktorientierter verhalten und auch die technischen Möglichkeiten für eine vermehrte Information und Kommunikation gewachsen sind. Im Gefolge dieser Entwicklungen ist die Ausrichtung am Patienten und seinen Informations- und Kommunikationsbedürfnissen zu einem zentralen Thema für das Gesundheitswesen geworden.

Die vorliegende Untersuchung zur patientenorientierten Information und Kommunikation stellt eine gelungene Symbiose verschiedener Ansätze dar. Während ökonomische Überlegungen dominieren, werden neben volks- und betriebswirtschaftlichen Ansätzen auch juristische Rahmenbedingungen und ausgewählte medizinische Aspekte überzeugend in den Gang der Diskussion integriert. Ein zentrales Analyseinstrument stellt die Institutionenökonomik dar, mit deren Hilfe die Informationsmängel im Gesundheitswesen theoretisch fundiert untersucht werden. Darüber hinaus orientiert sich die Autorin am methodologisch fruchtbaren Konzept des aus der betriebswirtschaftlichen Organisationslehre bekannten situativen Ansatzes und überträgt ihn auf die Fragestellung ihrer Arbeit. Auf diese Weise wird der situative Ansatz als heuristisches Prinzip wahrgenommen. So wird das deskriptive Grundmodell des situativen Ansatzes herangezogen, um die Patienteninformation unter den derzeit in Deutschland bestehenden Bedingungen beschreibend darzustellen, den Einfluss externer und interner Faktoren auf die Informations- und Kommunikationsstruktur zu untersuchen sowie deren Wirkungen zu systematisieren. Ein besonderes Kennzeichen der Arbeit ist es, dass sie über diese theoretische Analyse hinaus eine umfangreiche empirische Untersuchung beinhaltet, aus der sich eine Vielzahl interessanter Einsichten ableiten lässt. Aufbauend auf theoretischen Überlegungen und empirischen Ergebnissen werden dann im Rahmen des normativen Modells des situativen Ansatzes Gestaltungsempfehlungen sowohl aus gesamtwirtschaftlicher Sicht als auch für einzelwirtschaftliche Akteure entwickelt.

Die Autorin hat damit eine anspruchsvolle Thematik aufgegriffen, die trotz ihrer großen Bedeutung für die Praxis in der Wissenschaft bisher kaum systematisch bearbeitet wurde. Dabei ist es ihr gelungen, das Thema vielseitig und umfassend zu beleuchten und gleichzeitig eine kohärente und klar strukturierte Arbeit vorzulegen. Diese sollte gerade bei Wissenschaftlern, die sich mit dem Gesundheitswesen beschäftigen, auf Interesse stoßen. Und auch die Praxis wird der mit großer Methodenkompetenz durchgeführten empirischen Untersuchung eine Fülle neuer Daten und Einsichten entnehmen können. Dabei dürften die Erkenntnisse über das derzeitige Informationsverhalten der Patienten sowie ihre Erwartungen und Wünsche für Anbieter von Gesundheitsinformationen wertvoll sein. Dies gilt vor allem auch für Krankenversicherungen, deren Informationsangeboten hier besonderes Augenmerk geschenkt wird.

Darüber hinaus sind die theoretisch fundierten und empirisch abgesicherten Handlungsempfehlungen, die auch die in Deutschland geltenden rechtlichen Rahmenbedingungen berücksichtigen, für Ärzte relevant. Verbände und Politik können ihr Augenmerk vor allem auf die in einem eigenen Abschnitt behandelten Gestaltungsempfehlungen aus gesamtwirtschaftlicher Sicht lenken.

Angesichts der aktuellen Problematik, der stringenten theoretischen Argumentation und der gründlichen empirischen Untersuchung ist der Arbeit eine besondere wissenschaftliche und praktische Bedeutung zu bescheinigen. Für weitere wissenschaftliche Untersuchungen liefert sie eine Vielzahl wichtiger Impulse und Anregungen. Es ist der Arbeit zu wünschen, dass sie einen breiten Leserkreis findet, und auf diese Weise zu einer verbesserten Information und Kommunikation im Gesundheitswesen beiträgt.

Univ.-Prof. Dr. Hans-Konrad Selbmann
Tübingen

Univ.-Prof. Dr. Günther E. Braun
Neubiberg

Vorwort

Die vorliegende Arbeit wurde im Januar 2003 von der Fakultät für Wirtschafts- und Organisationswissenschaften der Universität der Bundeswehr München als Dissertation angenommen. Die Ergebnisse dieser Arbeit resultieren aus den Erkenntnissen, die ich während meiner Zeit am Institut für Betriebswirtschaftslehre des öffentlichen Bereichs und Gesundheitswesens gewinnen konnte.

An dieser Stelle will ich mich bei all denen bedanken, die zum Gelingen dieser Arbeit beigetragen haben.

Mein besonderer Dank gilt meinem Doktorvater Univ.-Prof. Dr. Günther E. Braun, der mir die Anregung zu diesem Thema gab und durch die frühe gemeinsame Festlegung der Struktur der Dissertation eine gute Basis für die zügige Fertigstellung der vorliegenden Arbeit lieferte. Er stand mir jederzeit mit fachlichem Rat zur Seite und schaffte an seinem Institut eine Atmosphäre des konstruktiven und offenen Gedankenaustauschs, die für die Erstellung einer wissenschaftlichen Arbeit unverzichtbar ist. Darüber hinaus danke ich Herrn Univ.-Prof. Dr. Arnold Hermanns für die Übernahme des Zweitgutachtens und Herrn Univ.-Prof. Dr. Günter Neubauer für die Leitung des Promotionsverfahrens.

Dank gebührt auch der Versicherungskammer Bayern, die mir durch ihre großzügige Unterstützung die Durchführung der empirischen Studie zur Patienteninformation erst ermöglicht hat. In diesem Zusammenhang habe ich besonders herzlich Herrn Dieter Goldmann, Hauptabteilungsleiter der Bayerischen Beamtenkrankenkasse AG für Gesundheitsmanagement und Qualität, sowie Frau Dr. Susanne Mautner, Abteilungsleiterin der Bayerischen Beamtenkrankenkasse AG für Gesundheitsmanagement, für ihr großes Engagement und ihre wertvolle Unterstützung bei der Fragebogenaktion zu danken.

Außerdem möchte ich mich bei den zahlreichen Gesprächs- und Diskussionspartner bedanken, von denen ich wichtige Hinweise und Anregungen erhalten habe. Stellvertretend für andere sei hier insbesondere Herr Dr. Hans Unterhuber, Vorstand der Siemensbetriebskrankenkasse, genannt.

Zu Dank verpflichtet bin ich auch der Begabtenförderung des Kultusministeriums im Freistaat Bayern, die mir durch ihr großzügiges Promotionsstipendium die Forschungsarbeit sehr erleichtert hat.

Große Unterstützung fand ich auch bei meinen Kollegen an der Universität und insbesondere meinen Freunden Bas van Aarle, Armin Seremek und Gunnar Gräfe. Ihre persönliche Motivation, ihr fachlicher Rat sowie ihre Hilfsbereitschaft haben mir vor allem in der Endphase der Dissertation sehr geholfen.

Ganz besonders hervorheben möchte ich aber meine Eltern und meinen Ehemann, Andreas Bürger. Sie haben mir mit ihrer Unterstützung und Liebe geholfen, die bei einer wissenschaftlichen Arbeit unvermeidlichen Durststrecken zu überwinden, und standen mir in allen Phasen der Arbeit zur Seite. Ihnen ist diese Arbeit gewidmet.

Dr. Claudia M. Bürger

Inhaltsverzeichnis

Abbildungsverzeichnis

Tabellenverzeichnis

Abkürzungsverzeichnis

AG	Aktiengesellschaft
AMA	American Medical Association
AOK	Allgemeine Ortskrankenkasse
Art.	Artikel
AS	Anwendersystem
BKK	Betriebskrankenkasse
BCG	Boston Consulting Group
BGH	Bundesgerichtshof
BSE	Bovine spongiforme Enzephalopathie
BverfGE	Bundesverfassungsgerichtsentscheidung
BWL	Betriebswirtschaftslehre
BzgA	Bundeszentrale für gesundheitliche Aufklärung
CI	Corporate Identity
DÄB	Deutsches Ärzteblatt
DÄT	Deutscher Ärztetag
DEGAM	Deutsche Gesellschaft für Allgemeinmedizin und Familienmedizin e.V.
DIN	Deutsche Industrie-Norm e.V.
EBM	Einheitlicher Bewertungsmaßstab
EFQM	European Foundation for Quality Management
E-Health	Electronic Health
EQA	European Quality Award
et al.	et alii
EU	Europäische Union
FMH	Foederation Medicorum Helveticorum
GG	Grundgesetz
GOÄ	Gebührenordnung für Ärzte
GKV	gesetzliche Krankenversicherung
GQMG	Gesellschaft für Qualität und Management im Gesundheitswesen
HIV	Human Immunodeficiency Virus
HMO	Health Maintenance Organization
HON	Health on the Net
HWG	Heilmittelwerbegesetz
IBG	Institut für BWL des öffentlichen Bereichs und Gesundheitswesens, Fakultät für Wirtschafts- und Organisationswissenschaften, Universität der Bundeswehr München (Vorstand: Prof. Dr. G.E. Braun)
ISO	International Standard Organisation
KV	Kassenärztliche Vereinigungen

LG	Landgericht
MBO-Ä	Musterberufsordnung für die deutschen Ärztinnen und Ärzte
MDK	Medizinischer Dienst der Krankenkassen
MedCertain	Certification and Rating of Trustworthy and Assessed Health Information on the Net
MedR	Medizinrecht
MIT	Massachusetts Institute of Technology
N. N.	nomen nescio
OLG	Oberlandesgericht
PC	Personal Computer
PKV	private Krankenversicherung
PPO	Preferred Provider Organization
PR	Public Relations
Rdnr.	Randnummer
S.	Seite
SGB V	Sozialgesetzbuch Fünftes Buch
Tab.	Tabelle
Tz.	Textzeile
USA	United States of America
UMTS	Universal Mobile Telecommunications Systems
UVA	Ultraviolettlicht A
UWG	Gesetz gegen unlauteren Wettbewerb
vs.	versus
WHO	World Health Organisation
WIdO	Wissenschaftliches Institut der AOK
WMA	World Medical Association
WWW	World Wide Web

Teil I: Einleitung

1 Problemstellung und Zielsetzung

Informationsaustausch und Kommunikation mit der Außenwelt, vor allem aber mit den Kunden, sind in fast allen Wirtschaftsbereichen unverzichtbare Grundlagen für das Überleben der Anbieter am Markt. Dennoch wurde die patientenorientierte Information und Kommunikation von Einrichtungen des Gesundheitswesens durch Forschung und Praxis lange vernachlässigt. Es sind vor allem drei Faktoren, die diese Thematik während der letzten Jahre in den Mittelpunkt der Aufmerksamkeit gerückt haben und ihre Aktualität erklären:

Zum einen treten die Patienten zunehmend selbstbewusster und fordernder auf. Sie haben sich in anderen Lebensbereichen daran gewöhnt, als Kunden aktiv umworben zu werden, und nehmen es daher mit Unverständnis auf, wenn ihnen im Gesundheitswesen wichtige Informationen über die Charakteristika von Anbietern und Angeboten vorenthalten werden. Auch der gestiegene Wohlstand und der wachsende Anteil der Bevölkerung mit höherem Schulabschluss tragen zu einem zunehmenden Selbstbewusstsein auf Seiten der Patienten bei. Sie sehen sich nicht als Behandlungsobjekt, dessen Schicksal vertrauensvoll in die Hände einer unangreifbaren Autorität gelegt wird, sondern hinterfragen die Empfehlungen des Mediziners immer öfter. Die Patienten erwarten vom Arzt zwar weiterhin einen eindeutigen Rat, dieser soll aber von zusätzlichen Informationen etwa über die Chancen und Risiken der vorgeschlagenen Behandlung sowie deren Implikationen für die weitere Lebensführung begleitet werden.[1]

Zum anderen hat der Kostendruck im Gesundheitswesen eine Vielzahl von Reformbemühungen ausgelöst, welche die Institutionen des Gesundheitswesens zu einer verstärkten Marktorientierung zwingen. Die patientenorientierte Information und Kommunikation beruht daher nicht mehr allein auf dem freiwilligen Entgegenkommen einiger partnerschaftlich denkender Mediziner oder einer nach den ethischen Prinzipien des Berufsstandes erforderlichen Mindestaufklärung, sondern wird für die Anbieter von Gesundheitsgütern zunehmend zur Überlebensnotwendigkeit. Um am Gesundheitsmarkt bestehen zu können, müssen sie die Wünsche der Patienten hinsichtlich Information und Kommunikation kennen und berücksichtigen. In dem von zunehmendem Wettbewerb um knappe Mittel geprägten Umfeld des Gesundheitswesens sehen sich die Ärzte darüber hinaus gezwungen, ihre eigenen Leistungen und Angebote im Sinne eines Mediziner-Marketings besser und intensiver zu kommunizieren.

Neben den veränderten Patientenwünschen und dem Zwang zu einer stärkeren Marktorientierung auf Seiten der Anbieter erhöhen auch neue technische Möglichkeiten der Information

---

[1] Vgl. Pichler (1992), S. 317.

und Kommunikation die Aktualität des Themas. Wie in allen Bereichen der Gesellschaft wächst auch im Gesundheitswesen die Bedeutung moderner Informationstechnologie. Sie ermöglicht der Medizin den Online-Austausch von großen Datenmengen, das Abfragen komplexer Informationen von Datenbanken, den Zugang zu neuesten wissenschaftlichen Erkenntnissen schon am Tage der Publikation und die Zusammenarbeit von Ärzten in der Behandlung von Patienten über Kontinente und viele Zeitzonen hinweg. All diese Verfahren erleichtern die Suche nach neuester Information, machen Kooperation und Kommunikation und damit die Erbringung medizinischer Spitzenleistungen einfacher. Aber nicht nur in der medizinischen Praxis und im Alltag von Ärzten und Gesundheitsorganisationen haben informationstechnische Verfahren zu dramatischen Veränderungen geführt. Auch für die Patienten sind die Kosten der Informationsbeschaffung durch Internet, Datenbanken und Faxtechnologie deutlich gesunken. Diese Entwicklungen eröffnen zugleich neue Wege, um die Patienten mit maßgeschneiderten und aktuellen Informationen zu versorgen.

Somit sind sowohl die Möglichkeiten als auch die Notwendigkeit einer patientenorientierten Information und Kommunikation größer denn je. Zugleich treffen die beschriebenen Entwicklungen die meisten Akteure des Gesundheitswesens weitgehend unvorbereitet. Probleme für eine patientenorientierte Information und Kommunikation rühren nicht nur aus den rechtlichen Rahmenbedingungen, die die Möglichkeiten zur Information über Leistungsanbieter und -angebote stark einschränken, sondern auch aus dem Selbstverständnis vieler Mediziner, die sich lieber als wohlwollende Helfer denn als marktorientierte Gesundheitsunternehmer mit umfassenden Rechenschaftspflichten sehen. Die vorliegende Arbeit soll diese Probleme ebenso ansprechen wie die Möglichkeiten einer patientenorientierten Information und Kommunikation. *Ziel der Arbeit* ist es, sowohl eine Bestandsaufnahme der Patienteninformation seitens der Anbieter von Gesundheitsleistungen zu liefern als auch Gestaltungsempfehlungen für die Zukunft zu entwickeln.

Im Einzelnen soll diese Arbeit

- die Informationsmängel der Patienten im Gesundheitswesen theoretisch analysieren und deren Folgen aufzeigen;
- einen Bezugsrahmen für eine patientenorientierte Information und Kommunikation im Gesundheitswesen entwickeln;
- die Informationsbedürfnisse der Patienten empirisch untersuchen;
- empirisch fundierte Gestaltungsvorschläge für eine patientenorientierte Information und Kommunikation im Gesundheitswesen liefern.

Die vorliegende Arbeit konzentriert sich auf die Akteure Patient, Arzt und Krankenversicherung. Die Beziehungen zwischen Patient und Arzt sowie zwischen Patient und Krankenversicherung stellen laut Sachverständigenrat für die Konzertierte Aktion im Gesundheitswesen die Basisbeziehungen im Gesundheitswesen dar. Da der Fokus der Arbeit auf einer *patientenorientierten* Information und Kommunikation liegt, geht es vor allem um die Informationsbedürfnisse der Patienten und deren Befriedigung durch Arzt und Krankenversicherung.

Es kann offensichtlich nicht das Ziel einer wirtschaftswissenschaftlichen Arbeit zu diesem Thema sein, ein medizinisches Kompendium der dem Patienten zu vermittelnden Informationen zu entwickeln. Stattdessen sollen die Schwerpunkte der Arbeit dort gesetzt werden, wo Instrumente und Konzepte aus anderen Gebieten die Diskussion befruchten können. Dies beinhaltet beispielsweise den Einsatz von Modellen der Informationsökonomik bei der Analyse der Beziehungen zwischen Gesundheitsanbietern und Patienten, die Verwendung von Konzepten des (Mediziner-)Marketings, die Durchführung einer auf den Ideen der Marktforschung aufbauenden empirischen Untersuchung, welche die Befragten auch nach soziodemographischen Merkmalen differenziert erfasst, oder die Nutzung eines Ansatzes aus der Organisationstheorie als strukturierenden Rahmen. Neben medizinischen und wirtschaftswissenschaftlichen Überlegungen sollen in der interdisziplinär ausgerichteten Arbeit aber auch rechtliche und psychologische Aspekte berücksichtigt werden.

2 Procedere der Untersuchung

Die im vorangegangenen Abschnitt dargestellten Untersuchungsziele bestimmen zugleich den Aufbau dieser Arbeit. Dieser gliedert sich in sechs Teile und ein Schlusswort. Die nachfolgende Abbildung zeigt, nach welchen Gedankenschritten und Gliederungspunkten das Thema dieser Arbeit „Patientenorientierte Information und Kommunikation im Gesundheitswesen“ strukturiert ist.

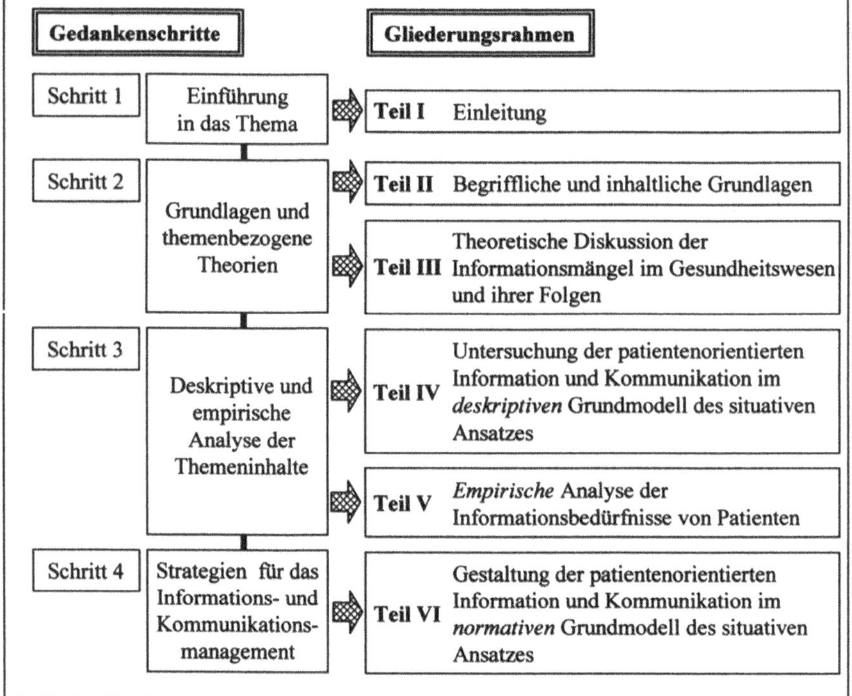

Quelle: eigene Darstellung

Abb. I-1: Gedankenschritte und Gliederungsrahmen

Nach der kurzen *Einleitung* sind im folgenden *Teil II* die wichtigsten Begriffe im Kontext von Information und Kommunikation zu klären und die Grundlagen der Patientenorientierung im Gesundheitswesen zu erläutern.

Teil III diskutiert ausgewählte Probleme unvollständiger Information aus Sicht der Neuen Institutionenökonomik. Im Gegensatz zur Neoklassik, die das Marktgeschehen unter der Prämisse eines vollkommenen Marktes mit vollständiger Information betrachtet, geht die Neue

Institutionenökonomik von der Annahme unvollkommener Information in einem unvollkommenen Markt aus. Ein kurzer Überblick über die Teilgebiete der Forschungsrichtungen der Neuen Institutionenökonomik bildet den Einstieg in das Thema. Darauf aufbauend werden die Gesundheitsinformationen nach ihrer Ermittelbarkeit klassifiziert. Aus institutionenökonomischer Sicht lassen sich zwei Kriterien zur Spezifizierung von Informationslagen hervorheben: Die Informationslage der Patienten ist zum einen durch die Eigenschaften der gehandelten Güter (Such-, Erfahrungs- oder Vertrauenseigenschaften) und zum anderen durch den Transaktionstyp (Austausch oder Kontrakt) bestimmt. Abschließend werden Informationsmängel der Patienten sowie deren Konsequenzen im Gesundheitswesen aufgezeigt.

Den inhaltlichen und methodischen Bezugsrahmen für *Teil IV* dieser Arbeit liefert der situative Ansatz. Das deskriptive Grundmodell des situativen Ansatzes stellt für die Analyse der patientenorientierten Information und Kommunikation die methodische Grundlage dar. Mit seiner Hilfe wird der Einfluss externer und interner Faktoren auf die Informations- und Kommunikationsstruktur untersucht. Zunächst werden in Teil IV die wichtigsten Modelle der Kommunikationstheorie und ihre Anwendung auf die patientenorientierte Information und Kommunikation dargestellt. Dann werden die situativen Einflussfaktoren auf die Kommunikationsstruktur, die Variablen der Kommunikationsstruktur selbst, das Verhalten der am Kommunikationsprozess Beteiligten und die Wirkung der Information und Kommunikation im Gesundheitswesen beschrieben. Basierend auf Erkenntnissen der Kommunikations- und Konsumentenpsychologie werden dabei Zusammenhänge zwischen den Variablen aufgezeigt.

Die in *Teil V* vorgenommene empirische Untersuchung soll die Erwartungen der Patienten an die Information und Kommunikation im Gesundheitswesen aufzeigen. Ein wichtiges Ziel ist es, die Präferenzen der Versicherten für Informationsinhalte, -quellen und -medien zu ermitteln.

Die Ergebnisse der empirischen Studie sowie der theoretischen und deskriptiven Analyse in den Teilen III und IV liefern Grundlagen für die Empfehlungen zur Gestaltung einer patientenorientierten Information und Kommunikation in *Teil VI* dieser Arbeit. Teil VI orientiert sich an der Leitidee des normativen Grundmodells des situativen Ansatzes. Zunächst werden Empfehlungen für die zu vermittelnden Informationsinhalte entwickelt, wobei nach Situationen mit Eigenschaftsunsicherheit und solchen mit Verhaltensunsicherheit unterschieden wird. Anschließend werden Pro und Kontra verschiedener Informationsquellen und –medien diskutiert sowie entsprechende Auswahlkriterien dargestellt. Zuletzt wird die Thematik aus gesamtwirtschaftlicher Sicht beleuchtet, um daraus Gestaltungsempfehlungen für staatliche Institutionen abzuleiten.

Die Arbeit schließt mit einem *Schlusswort*.

Teil II: Begriffliche und inhaltliche Grundlagen

In diesem Teil der Arbeit sollen die Grundbegriffe für die weitere Arbeit geklärt und in ihrem wissenschaftlichen Kontext erläutert werden. Information, Kommunikation und elementare Begriffe des Gesundheitswesens und der Patientenorientierung stehen dabei im Vordergrund. Mit der wachsenden Bedeutung des Gesundheitsmarketings und der zunehmenden Festschreibung von Patientenrechten werden zudem zwei Entwicklungen erörtert, die wichtige Triebfedern für eine stärkere Patientenorientierung der Information und Kommunikation im Gesundheitswesen und somit für die Thematik dieser Arbeit darstellen.

1 Begriffliche Grundlagen

Im Folgenden ist zunächst die Bedeutung der Begriffe Information und Kommunikation zu klären. Zudem sollen Querverbindungen zu anderen Wissenschaftsdisziplinen aufgezeigt und die Kommunikationspolitik in den Kontext der betriebswirtschaftlichen Forschung eingeordnet werden. Anschließend werden Bedeutung und etymologische Wurzeln des Patienten- und Gesundheitsbegriffs erörtert.

1.1 Informationsbegriff

Über den Begriff der Information herrscht in Literatur und Sprachgebrauch keine Einigkeit.[2] In der Umgangssprache versteht man unter Information einerseits den Vorgang der Informierung, d. h. die Unterrichtung, Benachrichtigung und Aufklärung.[3] Andererseits bezeichnet man im heutigen Sprachgebrauch als Information auch eine Nachricht, Mitteilung oder Auskunft.[4] Dieser Sprachgebrauch ist aber noch relativ jung. Die technische Dimension des Begriffs Information als Nachricht wurde erst durch die Nachrichtentechnik geprägt.[5] Auch in der Wirtschaftswissenschaft wird der Begriff in beiden Bedeutungen verwendet. Allerdings wird hier die Nutzbarkeit von Informationen meist stärker in den Vordergrund gestellt. Die in den Wirtschaftswissenschaften wohl am weitesten verbreitete Definition stammt von Wittmann[6], der Informationen als zweckorientiertes Wissen bezeichnet, wobei der Zweck in der Vorbereitung des Handelns liegt.[7] Information (im Sinne von Wissen über Handlungsmöglichkeiten) ist damit die Grundlage für rationale Entscheidungen.[8]

---

2 Einen Überblick über Definitionsansätze gibt Bode (vgl. Bode (1997), S. 449 ff.).

3 Vgl. Meyers großes Taschenlexikon (1990), Band 10, S. 235.

4 Information wird in der Brockhaus Enzyklopädie allgemein mit „Unterrichtung über eine bestimmte Sache, Mitteilung, Nachricht, Auskunft über etwas oder jemanden, Äußerung oder Hinweis, mit dem jemand von einer Sache in Kenntnis gesetzt wird" wiedergegeben. Brockhaus Enzyklopädie (1996), Band 10, S. 496 f.

5 Der nachrichtentechnische Informationsbegriff geht auf Shannon und Weaver (1949) zurück.

6 Vgl. Wittmann (1980), S. 894.

7 Eine ähnliche Definition findet man bei Yovits (vgl. Yovits (1969), S. 371), Kramer (vgl. Kramer (1965), S. 28), Berthel (vgl. Berthel (1967), S. 28 f.).

8 Vgl. Oberender (2001), S. 46. Auch Mag (1977) definiert Information auf eine Entscheidungssituation hin. Vgl. Mag (1977), S. 5.

Gesundheitsinformationen dienen den Patienten als Entscheidungsgrundlage und Orientierungshilfe im Gesundheitswesen. Die Patienten treffen Entscheidungen beispielsweise über Maßnahmen zur Gesundheitsvorsorge, über die Wahl eines Arztes bzw. Krankenhauses, über die Durchführung einer Behandlungsmethode und über Maßnahmen zur Nachsorge. Als Grundlage für diese Entscheidungen benötigen die Patienten Informationen. Der Erfolg von Entscheidungen allgemein und von gesundheitsrelevanten Entscheidungen im Speziellen wird wesentlich von der Qualität dieser Informationen bestimmt.[9] Werden dem Patienten nur unvollständige und unvollkommene Informationen zur Verfügung gestellt, so kann dies den Erfolg von Entscheidungen negativ beeinflussen.[10] Aber auch mangelhaftes Informationsverhalten[11] auf Seiten des Patienten erhöht das Risiko eines Misserfolgs von Entscheidungen.[12]

Der Inhalt von Gesundheitsinformationen kann sowohl thematisch (sach- und wissensbezogen) als auch unthematisch (gefühls- bzw. erlebnisbezogen) sein. Beide Informationsarten beeinflussen die Entscheidungen des Patienten.[13] Thematische Informationen lassen sich unterscheiden in Such-, Daten- und Entscheidungsinformationen.[14]

- *Suchinformationen* zeigen das Vorhandensein von Entscheidungsalternativen auf (z. B. bei der Wahl zwischen verschiedenen Leistungserbringern oder verschiedenen Behandlungsalternativen).
- *Dateninformationen* geben Informationen über die Eigenschaften dieser Alternativen (z. B. Vor- und Nachteile eines medizinischen Leistungserbringers oder verschiedener Therapien).
- *Entscheidungsinformationen* ermöglichen die Bildung einer Rangordnung für die Entscheidungsalternativen und kennzeichnen die günstigste Alternative (z. B. den Arzt mit den besten Qualitätseigenschaften oder die Therapie, die den größten Behandlungserfolg verspricht und die wenigsten Risiken aufweist).

Allgemein ist es um die Information im Gesundheitswesen eher schlecht bestellt. Die Patienten wissen häufig nur wenig über die Preise von Gesundheitsleistungen. Sie sind auch nur schwer in der Lage, die Qualität von Gesundheitsgütern und deren Erbringern einzuschätzen. Darüber hinaus verfügen sie häufig über keine authentische Kenntnis des zu erwartenden

---

9 Vgl. Gabler Wirtschaftslexikon (1993), Band 4, S. 1610.
10 Vgl. Mag (1977), S. 6.
11 Unter Informationsverhalten versteht man das auf Information gerichtete Tun und Unterlassen von Menschen. Vgl. Witte (1975), S. 1916. Informationsverhalten bedeutet, dass bestimmte Akteure Aktivitäten ergreifen, d. h. Tätigkeiten an Objekten vornehmen und sich hierbei bestimmter Medien bedienen. Da in der Regel mehrere Aktivitäten ergriffen werden und diese Zeit verbrauchen, handelt es sich beim Informationsverhalten um einen Prozess, bei dem die Reihenfolge der Aktivitäten eine besondere Rolle spielt. Vgl. Gemünden (1993), S. 1731. Das Informationsverhalten der Patienten wird ausführlich in Teil IV Abschnitt 3.3.1 behandelt.
12 Vgl. Gemünden (1993), S. 1725.
13 Vgl. Brückner (1967), S. 91 f., 105 f., Kuhlmann (1970), S. 40-46.
14 Vgl. Raffée (1969), S. 76 f.

Nutzens einer Behandlung. Vielmehr sind sie unter Umständen selbst nach der Durchführung einer Therapie nicht in der Lage anzugeben, welcher Nutzen sich für sie daraus ergeben hat.

1.2 Kommunikationsbegriff

Unter Kommunikation versteht man die Übermittlung von Informationen. Von Kommunikation im engeren Sinne spricht man, wenn Sender und Empfänger einer Information natürliche Personen darstellen.[15] In der Wirtschaftswissenschaft steht wie beim Informationsbegriff der Zweck der Kommunikation im Vordergrund. In diesem Sinne versteht Bruhn (1997) unter Kommunikation „die Übermittlung von Informationen und Bedeutungsinhalten zum Zwecke der Steuerung von Meinungen, Einstellungen, Erwartungen und Verhaltensweisen bestimmter Adressaten gemäß spezifischer Zielsetzung".[16]

Die Forschung zur menschlichen Kommunikation hat vor allem in den Wissenschaftsdisziplinen der Physiologie, der Soziologie, der Psychologie, der Nachrichtentechnik, der Pädagogik und der Publizistik, aber auch in den Wirtschaftswissenschaften große Bedeutung. Die Kommunikationsforschung ist damit interdisziplinär ausgerichtet. Dabei spielen drei Ansätze eine besondere Rolle: Die Kommunikationsökonomik, die Kommunikationspsychologie und die Kommunikations-soziologie.[17] Die Kommunikationsökonomik basiert auf volkswirtschaftlichem und insbesondere auf mikroökonomischem Gedankengut und war in den 50er und 60er Jahren die zentrale Ansatzrichtung der Kommunikationsforschung. Vorrangige Zielsetzung der Kommunikationsökonomik ist die Untersuchung des Zusammenhangs zwischen kommunikativen Aktivitäten und der Veränderung ökonomischer Größen sowie die Analyse der Möglichkeiten des Einsatzes der Kommunikation zur Erreichung ökonomischer Ziele.[18] Durch die Kommunikationspsychologie wurden erstmals verhaltenswissenschaftliche Erkenntnisse in die Kommunikationsforschung einbezogen. Die Kommunikationsforschung bedient sich seit den 70er Jahren psychologischer Erkenntnisse und Verfahrensweisen, um zu erklären, wie das menschliche Verhalten durch den Einsatz der Kommunikationspolitik gesteuert werden kann.[19] In der Kommunikationssoziologie unterscheiden Kroeber-Riel und Weinberg (1999) die Teilbereiche Mikrosoziologie und Makrosoziologie. Während sich die Mikrosoziologie mit der Analyse von kommunikationsinduzierten Veränderungen in kleinen sozialen Gruppen beschäftigt, versucht die Makrosoziologie kommunikationsgestützte Veränderungen in größeren sozialen Einheiten zu erklären.[20] Die vorliegende Arbeit basiert in Teil III auf Überlegungen der Kommunikationsökonomik, tangiert aber in Teil IV auch Themen der Kommunikationspsychologie.

---

15 Vgl. Gabler Wirtschaftslexikon (1993), Band 4, S. 1859.
16 Bruhn (1997), S. 1.
17 Vgl. Bruhn (1997), S. 15.
18 Vgl. Bruhn (1997), S. 15.
19 Vgl. Bruhn (1997), S. 16.
20 Vgl. Kroeber-Riel, Weinberg (1999), S. 9.

Die Erkenntnisse sowohl der Kommunikationsökonomik als auch der Kommunikationspsychologie und -soziologie macht man sich in der Kommunikationspolitik zunutze. Ihr sind sämtliche Entscheidungen zuzuordnen, die auf die Gestaltung der Kommunikation gerichtet sind.[21] Gegenstand der Kommunikationspolitik sind grundsätzlich alle Maßnahmen, die die Wahrnehmung und das Verhalten einer Zielgruppe beeinflussen und Informationen übermitteln.[22] Die Kommunikation kann sowohl informativ als auch beeinflussend gestaltet sein.[23] So gesehen hat die Kommunikation eine Informations- und Überzeugungsaufgabe zu erfüllen.[24]

1.3 Patienten- und Gesundheitsbegriff

Die Begriffe „Patient" und „Gesundheit" wurden im Laufe der Zeit mit sehr unterschiedlichen Inhalten und Assoziationen verbunden. Die Kenntnisse der Historie dieser Begriffe und ihre genaue Definition ist wichtig für eine präzise Argumentation und ein besseres Verständnis der in diesem Zusammenhang geäußerten Standpunkte verschiedener Parteien des Gesundheitswesens.

1.3.1 Der Patientenbegriff

Der Definition durch den Sachverständigenrat für die Konzertierte Aktion im Gesundheitswesen folgend sollen in dieser Arbeit alle früheren, gegenwärtigen oder potenziellen Nutzer von Gesundheitsleistungen als *Patienten* bezeichnet werden.[25] Es ist also unerheblich, ob der Patient noch gesund, schon krank oder wieder genesen ist. Bei den kranken Patienten unterscheidet man grob zwischen chronisch und akut Erkrankten.[26] Während chronisch Erkrankte ihre Krankheit in der Regel relativ gut beurteilen können, ist dies bei akut Erkrankten, insbesondere bei Notfallpatienten, seltener der Fall.[27]

Im Gesundheitswesen gewinnt der Patient zunehmend die Rolle eines Kunden. Ein Kunde zeichnet sich dadurch aus, dass er von mehreren Leistungsanbietern umworben wird und zwischen diesen zumindest im Prinzip frei wählen kann. Beide Bedingungen sind heute in weiten Bereichen des deutschen Gesundheitswesens erfüllt.[28] Als Kunde wird im kommerziellen Bereich generell „derjenige bezeichnet, welcher ein Geschäftsangebot wahrnimmt, einen Laden,

---

21 Vgl. Bruhn (1997), S. 1.
22 Vgl. Schmutte (1998), S. 278.
23 Vgl. Meffert (1997), S. 694 f.
24 Vgl. Barth (1999), S. 387.
25 Vgl. Sachverständigenrat für die Konzertierte Aktion im Gesundheitswesen, Jahresgutachten (1992), Tz. 352.
26 Unter akuten Erkrankungen versteht man Krankheiten, die plötzlich auftreten und in der Regel schnell und heftig verlaufen. Chronische Erkrankungen sind hingegen durch eine langsame Entwicklung und einen langsamen Verlauf charakterisiert. Vgl. Hildebrandt (1998), S. 34 und S. 283.
27 Notfallbehandlungen, etwa aufgrund eines Unfalls, schließen oft die Mitwirkung des Patienten an einer Entscheidung völlig aus. Selbst Familienangehörige sind oft nicht so schnell zur Seite, dass sie in Entscheidungsprozesse mit eingebunden werden könnten. Vgl. Neubauer (1998), S. 6.
28 Vgl. Neubauer (1998), S. 5.

einen Dienstleistungsbetrieb in Anspruch nimmt".[29] Diese Bedeutung hat Kunde heute noch.[30] „Patient" ... kommt vom lateinischen Partizip Präsens „patiens" erduldend ertragend, fähig zu erdulden und ist gebildet zu lateinisch „pati" (er)dulden, sich gefallen lassen, hinnehmen, (er)leiden. Leistungsanbieter, die Patienten als Kunden gewinnen wollen, sind darauf angewiesen, ihr Leistungsangebot auf die Wünsche der Patienten hin zu orientieren.[31]

1.3.2 Die Begriffe Gesundheit und Gesundheitsgüter

Der *Gesundheitsbegriff* hat im Laufe der geschichtlichen Entwicklung sehr verschiedene Bedeutungen angenommen.[32] Im Mittelalter wurde Gesundheit als Abwesenheit von Krankheit definiert, die wiederum als ein unabänderliches, von Gott gewolltes Schicksal verstanden wurde. Dieses Verständnis von Krankheit änderte sich grundlegend im 19. Jahrhundert. Aufgrund des wissenschaftlichen Fortschritts galten Krankheiten nun als behandelbare und kurierbare körperliche Fehlfunktionen. Gesundheit wurde aber weiterhin vor allem als Abwesenheit von Krankheit definiert und stellte als Arbeitsfähigkeit einen wichtigen gesellschaftsfunktionalen Wert dar. Im Verlauf des 20. Jahrhunderts entwickelte sich der Gesundheitsbegriff immer mehr in Richtung des subjektiven Empfindens.[33] Die Weltgesundheitsorganisation (WHO) bezeichnete 1946 Gesundheit als einen „Zustand vollkommenen körperlichen als auch sozialen und seelischen Wohlbefindens und nicht allein das Fehlen von Krankheit und Gebrechen".[34] Andere Definitionsversuche betonen entweder eher die biologische[35] oder die soziale[36] Funktionsfähigkeit. Da es sich beim Begriff Gesundheit um eine mehrdimensionale Größe handelt, lässt sich die Verbesserung des Gesundheitszustands von Patienten nicht exakt bestimmen oder in eindeutigen, messbaren Größen ausdrücken.[37] Zudem entzieht sich die Einschätzung des Gesundheitszustands weitgehend einer objektiven Feststellung durch Dritte. Seine Beurteilung ist stark von subjektiven Faktoren abhängig.[38]

---

29 Krebaum (1998), S. 42.

30 Es ist davon auszugehen, dass den Patienten in Zukunft attraktive Angebote gemacht werden müssen, die sich sowohl auf die medizinische Leistung als auch auf Leistungen im Servicebereich beziehen. Der Patient der Zukunft wird neue Anforderungen stellen und stärker als bisher die Wahl seines Arztes und seiner Therapie mitentscheiden. Vgl. Krebaum (1998), S. 43.

31 Zufriedene Patienten sind für den Leistungserbringer so etwas wie eine indirekte Werbung, wenn sie diesen weiterempfehlen. Patientenzufriedenheit ist aber ohne Patientenorientierung wohl kaum zu erreichen. Vgl. Neubauer (1998), S. 6.

32 Vgl. Neuffer (1997), S. 26 ff.

33 Vgl. Binder (1999), S. 1.

34 WHO, Constitution of the World Health Organisation, Annex I, The First Ten Years of the World Health Organization, Genf 1958, deutsche Übersetzung zitiert nach Baiker (1989), S. 11.

35 Twaddle fasst „perfect health" auf als „a state in which every cell of the body is functioning at optimum capacity and in perfect harmony with each other cell". Twaddle (1974), S. 31.

36 „Unter Gesundheit – unter gesellschaftlichem Aspekt – ist das Vermögen jedes Menschen zu verstehen, gegenwärtig und zukünftig seine Aufgaben zu erfüllen, die ihm im Rahmen seiner gesellschaftlichen Bezüge zukommen." Jahn et al. (1973), S. 10.

37 Vgl. Schwartz (1997), S. 12.

38 Vgl. hierzu auch Jung (1982), S. 2 ff., Schaefer (1976), S. 15-31, Pohlmeier, Ulrich (1992), S. 219-238.

In diesem Sinne sind *Gesundheitsgüter* alle Angebote, die dazu dienen, den Gesundheitszustand eines Menschen zu erhalten, zu verbessern oder wiederzuerlangen.[39] Gesundheitsgüter sind somit Güter, die im Falle einer Krankheit den Gesundheitszustand eines Individuums positiv beeinflussen oder eine mögliche Verschlechterung verhindern.[40] Gesundheitsgüter lassen sich in materielle Güter wie z. B. Arzneimittel und immaterielle Güter wie z. B. die Stellung einer Diagnose oder die Durchführung einer Therapie unterteilen.[41] Die immateriellen Gesundheitsgüter werden im Folgenden auch als Gesundheitsleistungen bezeichnet. Die von Ärzten angebotenen Gesundheitsleistungen umfassen mehrere Komponenten. Pauly (1978) unterscheidet die Gesamtheit der Gesundheitsleistungen in einen diagnostischen, einen präskriptiv-informativen und einen aktiv-therapeutischen Teil (Abb. II-1).[42]

Der diagnostische Teil besteht aus einer Beschreibung der Krankheitssymptome durch den Patienten, der so genannten Anamnese, der Untersuchung des Patienten durch den Arzt, der Einschätzung der individuellen Symptome und der Diagnosestellung des Arztes aus den Symptomen. Der präskriptive Teil vermittelt Informationen über die Wirkungsweise verschiedener Therapien für die vorliegende Diagnose und gibt eine Empfehlung für die geeignetste Therapie. Der aktiv-therapeutische Teil ist die Ausführung der vorgeschlagenen Behandlung.[43]

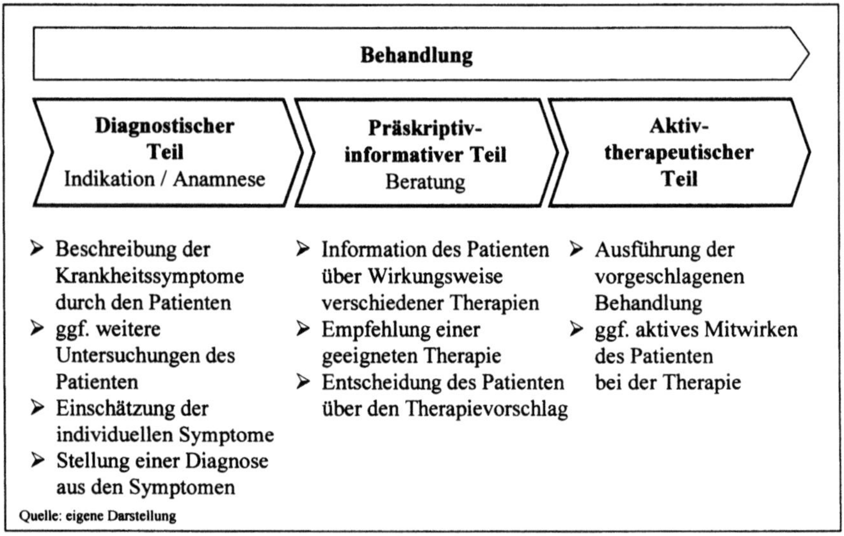

Abb. II-1: Komponenten ärztlicher Leistungen

---

39 Vgl. Behnke, Demmler, Unterhuber (2001), S. 2.
40 Vgl. Herder-Dorneich (1980), S. 1.
41 Vgl. Haubrock, Peters (1994), S. 22.
42 Vgl. Pauly (1978), S. 13.
43 Vgl. Richard (1993a), S. 1.

2 Inhaltliche Grundlagen

Schon lange wird von einer zunehmenden aktiven Beteiligung des Patienten im Gesundheitswesen gesprochen, ohne dass sich die Rolle des Patienten grundlegend geändert hat. Seit Inkrafttreten der dritten Stufe der Gesundheitsreform kommt es zu einer Neuorientierung, die an einem verstärkten Informations- und Kommunikationsbedürfnis auf Seiten der Patienten und an der Entwicklung neuer partnerschaftlicher Ansätze bei den Anbietern erkennbar wird. Der Patient rückt dabei stärker in den Mittelpunkt. Krankenversicherungen, Ärzte und Krankenhäuser beginnen, sich stärker an den Bedürfnissen der Patienten zu orientieren und die Patienten als Kunden, Partner und Mitentscheider in Gesundheitsfragen zu sehen.[44]

2.1 Gesundheitsmarketing

Die Gestaltung der Information und Kommunikation zwischen Anbietern und Kunden wird innerhalb der Betriebswirtschaftslehre meistens als Teilgebiet des Marketing untersucht. Daher beruhen Bemühungen um eine stärkere Patientenorientierung der Information und Kommunikation im Gesundheitswesen häufig auf Konzepten des (Gesundheits-)Marketings. Unter Marketing versteht man allgemein die Förderung von Transaktionen.[45] Hermanns und Püttmann (1993) definieren Marketing als „eine Konzeption zur Führung von Unternehmen und sonstigen Organisationen von der relevanten Umwelt her und auf diese hin, in deren Mittelpunkt die zielorientierte Gestaltung von Austauschprozessen steht".[46] Im Sinne dieser Definition geht auf der einen Seite das Gesundheitsmarketing über das Thema dieser Arbeit hinaus, da es eine Ausrichtung aller Prozesse (nicht nur der Information und Kommunikation, sondern z. B. auch der Leistungserstellung selber) an der gesamten Umwelt (nicht nur am Patienten, sondern z. B. auch an den Krankenversicherungen) beinhaltet. Auf der anderen Seite greift die vorliegende Arbeit zur patientenorientierten Information und Kommunikation neben Überlegungen des Marketings auch Konzepte und Ideen beispielsweise aus der Volkswirtschaftslehre, der Organisationstheorie oder der Kommunikations- und Rechtswissenschaft auf.

Marketing ist im wirtschaftlichen Bereich für jedes an einem dauerhaften Erfolg interessierte Unternehmen nicht nur eine Selbstverständlichkeit, sondern eine Überlebensnotwendigkeit. Demgegenüber war Marketing für den Medizinbereich bis vor einigen Jahren ein noch selten gebrauchter und zumeist missverstandener Begriff.[47] Heute hat sich aber im Gesundheitswesen ein Wandel vollzogen: Gingen Gesundheitsorganisationen früher davon aus, dass sie es, der etymologischen Wurzel des Wortes „Patient" entsprechend, mit passiv leidenden Indivi-

---

44 Durch eine umfassende Kooperation aller Beteiligten soll eine Steigerung der Qualität und Wirtschaftlichkeit in der Versorgung erreicht werden. Vgl. Neubauer, Schenk (1998), S. V.
45 Vgl. Kaas (1995b), S. 4.
46 Hermanns, Püttmann (1993), S. 2194.
47 Vgl. Barth (1999), S. 383.

duen zu tun hatten, so stehen ihnen heute besser informierte und selbstbewusste Patienten gegenüber, die als Kunden ernst genommen werden möchten. Durch den zunehmenden Wettbewerb unter den Anbietern[48] werden Kundenorientierung und Marketing auch im Gesundheitswesen zur Notwendigkeit.[49]

Dabei ist zu unterscheiden zwischen operativem und strategischem Gesundheitsmarketing. Während das strategische Gesundheitsmarketing Entscheidungen und Maßnahmen langfristig-grundsätzlicher Natur beinhaltet, dient das operative Gesundheitsmarketing der Umsetzung des strategisch Gewollten.[50] Als Teil des strategischen Gesundheitsmarketings ist beispielsweise auf Basis einer Analyse der Umwelt (Chancen/Risiken) und der eigenen Ressourcen (Stärken/Schwächen) festzulegen, wo das eigene Leistungsangebot in einem nachfragerbezogenen Eigenschaftsraum zu positionieren ist (Positionierungsanalyse).[51] Dem strategischen Gesundheitsmarketing wäre es beispielsweise auch zuzurechnen, wenn ein Augenarzt analysiert, inwiefern verschiedene ophthalmologische Dienstleistungsangebote etwa aufgrund des medizinischen Fortschritts einem Lebenszyklus unterliegen und dann auf Basis einer Portfolioanalyse entscheidet, traditionellere Tätigkeiten wie das Verschreiben von Brillen und Kontaktlinsen durch die Investition in die in der Kundenakzeptanz schnell wachsende Lasertechnik zur Augenoperation zu ergänzen. Die Anwendung dieser Analyse- und Planungskonzepte dient der Umsetzung der strategischen Marketingziele. Dabei kommt neben ökonomischen Zielen wie Deckungsbeitrag und Marktanteil gerade beim Marketing von Dienstleistungen auch psychographischen Zielgrößen wie Image und Bekanntheitsgrad eine hohe Bedeutung zu.[52] Darüber hinaus können insbesondere für freiberuflich tätige Gesundheitsanbieter z. B. Prestigeziele eine besondere Rolle spielen.[53] Zur Erreichung dieser Ziele sind die Wettbewerbsvorteilsstrategie (Art des Wettbewerbsvorteils, z. B. Betreuungsintensität oder neue Medizintechnik), die Marktabdeckungsstrategie (Gesamtmarkt vs. Nische, z. B. gesamte Innere Medizin oder Spezialisierung auf Nierenerkrankungen) sowie die Timingstrategie (Pionier vs. Folger, z. B. innovative Behandlungsverfahren vs. Vertrauen auf Bewährtes) festzulegen.[54] Anschließend ist eine Marktteilnehmerstrategie zu definieren, also die Marktbearbeitungsstrategie (insbesondere die Differenziertheit der Marktbearbeitung[55]) und die Strategie gegenüber anderen Marktteilnehmern wie den Abnehmern (z. B. Präferenzstrategie vs. Preis-

---

48 Gründe für den Wettbewerb im Gesundheitswesen sind der Arztzahlenzuwachs, Niederlassungsbeschränkungen und politisch gesetzte Rahmenbedingungen. Vgl. Braun (2000), S. 23.

49 Vgl. Braun (2000), S. 23.

50 Vgl. Gabler (1993), S. 2492.

51 Vgl. Meffert, Bruhn (1997), S. 118 ff.

52 Vgl. Meffert, Bruhn (1997), S. 139 ff.

53 Vgl. Meffert, Bruhn (1997), S. 140.

54 Vgl. Meffert, Bruhn (1997), S. 151 ff.

55 Gerade im Gesundheitswesen ist der Grad der Standardisierung abgesehen von einer gewissen Sonderstellung der Privatpatienten meist noch relativ hoch.

strategie) und Wettbewerbern (z. B. wettbewerbsvermeidend vs. -stellend, imitativ vs. innovativ).[56] Über die Marktteilnehmerstrategie hinaus ist auch die Strategie hinsichtlich der einzusetzenden Marketinginstrumente zu klären. Die daraus resultierende Kombination aus verschiedenen Marketinginstrumenten wird auch als Marketing Mix bezeichnet und spielt sowohl für das strategische als auch für das operative Gesundheitsmarketing eine zentrale Rolle.

Zum Marketing Mix zählen neben der Kommunikationspolitik auch die Preis-, Produkt- und Distributionspolitik.[57] Im deutschen Gesundheitswesen spielt die Preispolitik als Marketinginstrument bislang kaum eine Rolle, da nahezu 100 Prozent der Bevölkerung krankenversichert sind und eine Zuzahlung des Versicherten in Form eines Selbstbehaltes nur in wenigen Leistungsbereichen greift. Die Kommunikationspolitik stellt daher neben der Produktpolitik (im Gesundheitswesen auch als Leistungspolitik bezeichnet) die wichtigste Gestaltungskomponente des Gesundheitsmarketings dar und wird häufig mit letzterer synonym verwendet.[58]

Kommunikationspolitische Maßnahmen des Gesundheitsmarketings umfassen sowohl Initiativen zur Beeinflussung des Gesundheitsverhaltens (wie Prävention, Gesundheitsprophylaxe, Gesundheitserziehung usw.) als auch einzelwirtschaftliche Marketing-Strategien und -Instrumente, die Ärzte, Krankenhäuser, Krankenversicherungen und andere Gruppen des Gesundheitssektors einsetzen, um sich am Markt zu behaupten.[59] Das Gesundheitsmarketing kann somit nach seiner Funktion in zwei Typen (Abb. II-1) unterteilt werden[60]:

- Gesundheitsmarketing als Instrument zur gesundheitspolitischen Verhaltensbeeinflussung und
- Gesundheitsmarketing als einzelwirtschaftliches Instrument, um die Akzeptanz der angebotenen Dienstleistungen zu verbessern und die Wettbewerbsposition zu fördern.

---

56 Vgl. Meffert (1997), 184 ff.

57 Vgl. Bruhn (1997), S. V.

58 Auch die Distributionspolitik spielt bei den meisten Anbietern von Gesundheitsleistungen nur eine untergeordnete Rolle. Vgl. Philippi (1995), S. 807. Allerdings kann beispielsweise die Wahl des Ortes für eine neue Arztpraxis als wichtige distributionspolitische Entscheidung auf der Ebene des strategischen Gesundheitsmarketings gesehen werden.

59 Folgt man der in der amerikanischen Literatur verbreiteten Auffassung, lässt sich Gesundheitsmarketing definieren als „process of understanding the needs and the wants of a target market. Its purpose is to provide a viewpoint from which to integrate the organization, analysis planning, implementation and control of the health care delivery system". Cooper (1985), S. 3.

60 Vgl. Philippi (1995), S. 799.

2.1.1 *Gesundheitsmarketing als Mittel zur gesundheitspolitischen Verhaltensbeeinflussung*

Eine Vielfalt von Studien belegt, dass das Verhalten der Bevölkerung einen entscheidenden Faktor für ihren Gesundheitszustand und für die volkswirtschaftlichen Kosten von Krankheiten darstellt.[61] Insofern verringern erfolgreich umgesetzte Maßnahmen des verhaltensorientierten Gesundheitsmarketings die Inanspruchnahme der Ressourcen des Gesundheitswesens.[62] Das verhaltensbeeinflussende Gesundheitsmarketing soll die Gesundheitserhaltung fördern und risikogefährdete Bevölkerungsgruppen zur Änderung ihrer gesundheitsschädigenden Verhaltensweisen bewegen. In diesem Sinne bedeutet Gesundheitsförderung nicht nur, Krankheiten zuvorzukommen, sondern dort, wo Gesundheit direkt oder indirekt in Frage steht, Einfluss zu nehmen oder Anstöße zu geben.[63] Die wichtigsten Träger des Gesundheitsmarketings sind der Staat und die Krankenversicherungen als Sachwalter der Versicherten.[64] Alle Träger des Gesundheitsmarketings wollen mit ihren Maßnahmen Verhaltensänderungen zur Vermeidung von Krankheiten erreichen oder die Nutzung von Angeboten fördern, die bereits eingetretene Gesundheitsschädigungen abmildern. Typische Handlungsfelder der Krankenversicherung sind z. B. die Bereiche „Ernährung", „Bewegung", „Stressbewältigung" und „Nichtrauchertraining". Der Marketing Mix eines verhaltensorientierten Gesundheitsmarketings wird durch den Einsatz der in dieser Arbeit thematisierten Information und Kommunikation deutlich dominiert. Medien werden genutzt um mittels Massenkampagnen oder selektiver Kampagnen die Motivation der betroffenen Bevölkerungsgruppen zu einer Verhaltensänderung zu erhöhen.[65] Krankenversicherungen verstehen diese Aufklärungskampagnen zur gesundheitspolitischen Verhaltensbeeinflussung auch als Bestandteil ihrer Serviceleistungen.[66]

2.1.2 *Gesundheitsmarketing als einzelwirtschaftliches Instrument*

Aus der Veränderung der Rahmenbedingungen im Gesundheitswesen heraus, geprägt durch eine Verknappung der finanziellen Ressourcen und die Implementierung marktwirtschaftlicher Prinzipien, sehen sich die Leistungsanbieter gezwungen, stärker betriebswirtschaftliche Instrumente einzusetzen, unter anderem auch das Marketing.[67] Bei der Verwendung des Gesundheitsmarketings als einzelwirtschaftliches Instrument sind die Einsichten der klassischen, auf die privatwirtschaftliche Unternehmung zugeschnittenen Marketing-Lehre am direktesten

---

61 Vgl. z. B. Henke, Behrens, Arab et al. (1986).
62 Vgl. Philippi (1995), S. 800.
63 Vgl. Triebold (1991), S. 10 ff.
64 Vgl. Philippi (1995), S. 800.
65 Vgl. Philippi (1995), S. 801.
66 Experteninterview am 15. Januar 2001 mit Herrn Dr. Hans Unterhuber, Vorstand der Siemens-Betriebskrankenkasse.
67 Unter dem Stichwort "Praxismarketing" werden Strategien diskutiert, um die Bindung der bereits vorhandenen Patienten einer Praxis zu verstärken oder neue zu gewinnen. Vgl. Braun (1992b), S. 200.

auf das Gesundheitswesen zu übertragen.[68] Gesetzgeber und Standesvertretungen haben jedoch dem Einsatz von Marketing-Instrumenten im Gesundheitswesen enge gesetzliche Schranken gesetzt.[69]

Im Rahmen des einzelwirtschaftlichen Gesundheitsmarketings müssen zunächst Zielgruppen definiert und analysiert werden.[70] Dabei sind langfristige Grundsatzentscheidungen über die anzusprechenden Zielgruppen dem strategischen Gesundheitsmarketing zuzurechnen. Die wichtigste Zielgruppe ist der Kranke, einerseits in seiner Eigenschaft als potenzieller Kunde und andererseits in seiner Eigenschaft als Multiplikator für die Verbreitung des Qualitätsrufes der Einrichtung. Letzteres hat vor dem Hintergrund der rechtlichen Einschränkungen des Gesundheitsmarketings besonderes Gewicht. Eine weitere Zielgruppe ist die Bevölkerung insgesamt, aus der ebenfalls potenzielle Kunden zu gewinnen sind.[71] Der einzelne Anbieter wird zudem als Teil seines Gesundheitsmarketingstrategie Entscheidungen darüber treffen müssen, in welchem Maße er sich beispielsweise auf Privatpatienten konzentrieren will und welcher geographische Einzugsbereich für ihn relevant sein soll. Den so festgelegten Zielgruppen gegenüber sind die im Rahmen der Produktpolitik festgelegten medizinischen und nichtmedizinischen Leistungen kommunikativ zu vermitteln.[72] Dabei unterstützt die Kommunikationspolitik die Realisierung ökonomischer und nicht-ökonomischer Zielsetzungen, die in ihrer grundsätzlichen Festlegung wiederum der Ebene des strategischen Gesundheitsmarketings zuzurechnen sind. Zu den ökonomischen Zielsetzungen zählen u. a. die Gewinnung und Bindung von Patienten sowie die Sicherstellung einer hohen Kapazitätsauslastung. Darüber hinaus sollen Aufmerksamkeits-, Erinnerungs- und Imagewirkungen sowie das Informations- und Weiterempfehlungsverhalten der Patienten positiv beeinflusst werden.[73]

---

[68] Vgl. Philippi (1995), S. 799.

[69] Auf Grund der bestehenden Werbeverbote dürfen weder Ärzte noch Krankenhäuser gezielt auf ihre Leistungsqualität hinweisen. Siehe dazu Teil IV Abschnitt 3.1.3.2.

[70] Vgl. Braun, Schmutte (1995), S. 48.

[71] Vgl. Philippi (1995), S. 805.

[72] Vgl. Braun, Schmutte (1995), S. 48.

[73] Vgl. Braun, Schmutte (1998a), S. 30.

	Instrument zur gesundheitspolitischen Verhaltensbeeinflussung	**Einzelwirtschaftliches Marketinginstrument**
Maßnahme	• Förderung des Gesundheitsbewusstseins • Verringerung gesundheitsschädigender Verhaltensweisen	• Verbesserung der Akzeptanz der angebotenen Leistungen • Förderung der Wettbewerbsposition
Ziel	• Verbesserung des Gesundheitszustandes der Bevölkerung • Langfristige Kostenreduktion	• Gewinnung potentieller Kunden • Bindung aktueller Kunden
Träger	• Staat • Krankenversicherungen	• Arzt, Krankenhaus • Krankenversicherungen
Instrument	• Information	• Information

Quelle: eigene Darstellung

Abb. II-2: Komponenten des Gesundheitsmarketings

2.2 Patientenorientierung in den Modellen der Arzt-Patienten-Beziehung

Unter Patientenorientierung versteht man „die Ausrichtung von Strukturen, Prozessen und Ergebnissen des Systems der gesundheitlichen Versorgung auf die Interessen, Bedürfnisse und Wünsche des individuellen Patienten“.[74] Sie äußert sich unter anderem im einfühlsamen Umgang mit dem Patienten, Respekt für seine Wünsche und der Verbriefung bestimmter Patientenrechte.[75] Die Forderung nach mehr Patientenorientierung hat der Sachverständigenrat für die Konzertierte Aktion im Gesundheitswesen seit 1992 wiederholt erhoben. Bestandteil des Gutachtens 1992 waren u. a. die Forderungen nach Patientenorientierung und nach Partizipationsmöglichkeiten. Im Sondergutachten 1997 verlangte der Sachverständigenrat erneut eine Ergebnis- und Patientenorientierung des Gesundheitswesens. Darüber hinaus mahnte er eine Stärkung der Eigenverantwortung der Patienten an.[76]

Die Beziehung zwischen Arzt und Patient bildet den wichtigsten Bereich der patientenorientierten Information und Kommunikation und steht exemplarisch für viele andere Interaktionsprozesse zwischen Patienten und Anbietern von Gesundheitsleistungen. Beschreibungen der Arzt-Patienten-Beziehung reichen von Vergleichen mit Beziehungen wie zwischen Eltern und

[74] Klemperer (2000), S. 15.
[75] Vgl. Klemperer (2000), S. 15.
[76] Vgl. Bialas (1998), S. 53.

Kind, Lehrer und Schüler, Käufer und Verkäufer bis hin zu einer gleichberechtigten Partnerschaft (Abb. II-3).[77] Das paternalistische und das partnerschaftliche Modell der Patientenorientierung werden am Beispiel der Arzt-Patienten-Beziehung im Folgenden vorgestellt.

	Paternalistisches Modell	**Partnerschaftliches Modell**
Rolle des Arztes	• „wohlmeinender Vater, der dem Patienten Anweisungen erteilt"[a]	• Partner und Berater des Patienten
Rolle des Patienten	• „unwissendes, nicht verstehendes Kind"[a] • unmündiger Laie	• mündiger Patient • Partner des Arztes

[a] Vgl. Neubauer (1998), S. 6.

Quelle: eigene Darstellung

Abb. II-3: Modelle der Patientenorientierung

2.2.1 Das paternalistische Modell

Das paternalistische Modell der Arzt-Patienten-Beziehung hat das Vater-Kind-Verhältnis zum Vorbild. Nach diesem ist der Arzt der wohlmeinende Vater, der seinen Kindern, den Patienten, Anweisungen erteilt. Befolgen diese die Anweisungen, so ist es zu ihrem Vorteil. Dem Arzt kommt in diesem Ansatz eine Kontrollfunktion zu. Dem Patienten wird die Rolle des unwissenden und nicht verstehenden Kindes zugeordnet. Der Arzt als wahrer Interessensverwalter des Patienten nimmt seine Funktion aufgrund der ärztlichen Ethik sachgerecht wahr.[78] Brody (1980) kommentiert dieses Modell der Arzt-Patienten-Beziehung folgendermaßen:

> „The traditional concept of the doctor-patient relationship places the patient in a passive, dependent role with nothing to do but seek competent help and cooperate with the physician to get well. The physician, on the other hand, has been granted autonomy and professional dominance."[79]

Aufgrund der dem Arzt zugebilligten Autorität setzt das paternalistische Modell in besonderem Maße voraus, dass der Arzt tatsächlich nur das Beste für seine Patienten im Sinne hat – eine Annahme, die in der Praxis nicht immer gültig sein dürfte. Wenn die Interessenslage des Arztes von der des Patienten abweicht, würde der Mediziner sich in einem paternalistischen Arzt-Patienten-Verhältnis relativ leicht durchsetzen können. So könnte ein Arzt an einer wei-

---

[77] Vgl. Barth (1999), S. 157.

[78] Vgl. Neubauer (1998), S. 6. Der Wissensvorsprung des Arztes gegenüber dem Patienten, der eine Kontrollfunktion des Arztes ermöglichte, wuchs mit ständig verfeinerten diagnostischen und therapeutischen Möglichkeiten sowie neuen Behandlungsapparaten seit Ende des 19. Jahrhunderts immer schneller. Vgl. Anschütz (1987), S. 53.

teren Behandlung aus ökonomischer Motivation heraus interessiert sein, während der Patient mit einer kürzeren Therapie besser fahren würde.[80] Ob dann die Ethik des ärztlichen Berufes immer ausreicht, um ökonomische Motive hintanzustellen, scheint fraglich. Trotzdem wird auch heute noch der paternalistische Ansatz von vielen Leistungserbringern verfolgt, wenn auch eher unwissentlich als bewusst.[81] Der Sachverständigenrat für die Konzertierte Aktion im Gesundheitswesen hat bereits in seinem Gutachten 1992 zum Modell des benevolenten Paternalismus kritisch Stellung genommen.[82]

2.2.2 Das partnerschaftliche Modell

Im partnerschaftlichen Modell geht man davon aus, dass Arzt und Patient gleichberechtigt als Partner am Heilungsprozess mitwirken.[83] Natürlich hat jeder seine eigene Rolle zu spielen, aber es wird anerkannt, dass der Arzt ohne die Mitwirkung des Patienten und der Patient ohne die Fachkompetenz des Arztes keinen Heilungserfolg erlangen können. Das partnerschaftliche Modell unterstellt einen mündigen Patienten. Der mündige Patient ist für den Arzt eine wichtige Unterstützung im Behandlungsprozess.[84] Der Arzt gibt mit seinem medizinischen Wissen den Rahmen vor, innerhalb dessen der Patient mit Hilfe des Arztes seine Entscheidungen trifft.[85] Emanuel (1992) kommentiert das partnerschaftliche Modell der Arzt-Patienten-Beziehung folgendermaßen:

> „The physician acts as a friend engaging the patient in dialogue on what course of action would be best. Not only does the physician indicate what the patient could do, but knowing the patient and wishing what is best, the physician indicates what the patient should do, what decision regarding medical theory would be admirable. The concept of patient autonomy is moral self-development; the patient is empowered not simply to follow unexamined values, but to consider, through dialogue, alternative health-related values, their worthiness and their implications for treatment."[86]

Beim partnerschaftlichen Ansatz wird vor allem auch auf die freie Wahl des Patienten gesetzt. Allerdings setzt diese freie Wahl voraus, dass der Patient einen entsprechenden Überblick über die Leistungsfähigkeit und die Leistungsabläufe der zu wählenden Leistungserbringer und deren Leistungsangebote hat. Nur wenn für den wählenden Patienten ein Minimum an Leistungstransparenz besteht, kann er durch seine Wahl signalisieren, welche Leistungsabläufe aus seiner Sicht die besseren sind.[87]

---

79 Brody (1980), S. 718 f.
80 Vgl. Neubauer (1998), S. 6.
81 In Teil IV Abschnitt 3.3.2.1 werden Verhaltenszüge von Ärzten mit paternalistischer Einstellung und von Ärzten mit partnerschaftlicher Haltung aufgezeigt.
82 Vgl. Sachverständigenrat für die Konzertierte Aktion im Gesundheitswesen, Jahresgutachten (1992), Tz. 359.
83 Vgl. Mannebad (1997), S. 169.
84 Vgl. Neubauer (1998), S. 8.
85 Vgl. Sachverständigenrat für die Konzertierte Aktion im Gesundheitswesen, Jahresgutachten 1992, Tz. 363.
86 Emanuel, Emanuel (1992), S. 2222.
87 Vgl. Neubauer (1998), S. 8.

2.3 Rechte der Patienten im Gesundheitswesen

Patientenorientierung im Gesundheitswesen hat ihren Niederschlag in Patientenrechten gefunden. Zugleich fördern diese eine verstärkte Patientenorientierung auf Seiten der Anbieter von Gesundheitsgütern. Patientenrechte sollen einerseits den Patienten vor unautorisierten Eingriffen schützen. Auf diese Weise soll das strukturelle Ungleichgewicht aufgrund des Informations- und Kompetenzdefizits des Patienten gegenüber dem Arzt ausgeglichen werden.[88] Neben dieser Schutzfunktion verkörpern die Patientenrechte auch eine Mitgestaltungsfunktion. Damit soll der Patient in die Verantwortung für seine Gesundheit einbezogen werden.[89] Die Patientenrechte sind in verschiedenen Patientenrechtskatalogen kodifiziert. In den folgenden Abschnitten wird zunächst auf die Inhalte der Patientenrechte eingegangen und anschließend die Kodifizierung dieser Rechte auf supranationaler und nationaler Ebene erörtert.

2.3.1 Inhalte der Patientenrechte

Der Sachverständigenrat für die Konzertierte Aktion im Gesundheitswesen unterscheidet mehrere Ausprägungen von Patientenrechten: „Alle Patienten haben unabhängig von ihrer Nationalität, ihrer Religion, ihrem sozialen Status, ihrem Wohnort oder ihrem Geschlecht das Recht auf gleichen Zugang zu den Einrichtungen des Gesundheitswesens".[90] Darüber hinaus haben die Patienten das Recht auf Achtung, Würde und Integrität sowie das Recht auf Vertraulichkeit und Wahrung der Privatsphäre.[91] Schließlich haben die Patienten das Recht auf Selbstbestimmung sowie das Recht auf Information.[92] Das Recht auf Information ermöglicht dem Patienten erst die Selbstbestimmung, denn Information ist eine notwendige Voraussetzung für die sachgerechte Wahrnehmung des Selbstbestimmungsrechts.[93] Für die patientenorientierte Information und Kommunikation im Gesundheitswesen sind insbesondere das Selbstbestimmungs- und das Informationsrecht der Patienten (Abb. III-4) von Bedeutung. Diese Patientenrechte sollen daher auch im Mittelpunkt der weiteren Untersuchungen stehen.

---

88 Vgl. Barth (1999), S. 163.
89 Vgl. Barth (1999), S. 163.
90 Sachverständigenrat für die Konzertierte Aktion im Gesundheitswesen, Jahresgutachten (1992), Tz. 365.
91 Über den Patienten erhobene Daten dürfen nur mit seinem Einverständnis an Dritte weitergegeben werden.
92 Vgl. Sachverständigenrat für die Konzertierte Aktion im Gesundheitswesen, Jahresgutachten (1992), Tz. 365.
93 Vgl. Pichler (1992), S. 299.

§§ Patientenrecht auf Information

- Recht auf Informationen
  - vor
  - während und
  - nach

  der medizinischen Behandlung

§§ Patientenrecht auf Selbstbestimmung

- Recht auf freie Arztwahl
- Recht auf freie Entscheidung über die Durchführung einer Behandlung

Quelle: eigene Darstellung

Abb. II-4: Inhalte der Patientenrechte auf Selbstbestimmung und auf Information

2.3.1.1 Das Recht des Patienten auf Information

Die Gewährleistung von Patientenselbstbestimmung im Sinne einer Befähigung des Patienten zu einer rationalen Entscheidung über die Auswahl von Versorgungsangeboten im Gesundheitswesen und das Ob und Wie einer ärztlichen Behandlung setzt Transparenz und damit Informationen voraus.[94] Der Patient hat ein Recht auf adäquate Information, um rationale Entscheidungen treffen und damit Verantwortung im Gesundheitswesen übernehmen zu können. Dem Patienten stehen Informationsrechte nicht nur während, sondern auch vor und nach einer medizinischen Behandlung zu.[95]

Zunächst benötigt der Patient zur Erhaltung seiner Gesundheit und zur Früherkennung von Krankheiten Informationen über die Gesundheitsvorsorge und Krankheitsprävention sowie Informationen über das Gesundheitswesen allgemein. Der Patient muss wissen wie er Zugang zum Gesundheitswesen findet, wenn er medizinischer Versorgung bedarf. Er muss über die Organisation und die Struktur des Systems informiert werden.[96] Der jeweilige Informationsbedarf steigt mit der Komplexität des Gesundheitswesens.[97] Während der Behandlung hat der Patient das Recht auf umfassende Aufklärung über seinen Gesundheitszustand.[98] Der Patient hat einen Anspruch auf Information darüber, was mit ihm geschieht, und auf wahrheitsgetreue Beantwortung seiner Fragen.[99]

---

94 Vgl. Francke (1999), S. 112.

95 Vgl. Barth (1999), S. 168.

96 Vgl. Pichler (1992), S. 299.

97 Vgl. Barth (1999), S. 168.

98 Vgl. Pichler (1992), S. 302.

99 Vgl. Pichler (1992), S. 343. Die Verweigerung von sachlichen Informationen aus therapeutischen Gründen wird unter dem Stichwort „humanitäres Prinzip“ diskutiert. Eine derartige Einschränkung ist aber sowohl in der Theorie als auch in der Praxis ein Ausnahmefall. Sie setzt zudem regelmäßig das ausdrückliche Desinteresse oder gar die Ablehnung von Informationen durch den Patienten voraus. Vgl. Pichler (1992), S. 300, S. 340, S. 343.

2.3.1.2 Das Recht des Patienten auf Selbstbestimmung

Das Recht der Patienten auf Selbstbestimmung ist für die Arzt-Patienten-Beziehung von großer Bedeutung. Es hat insbesondere zwei Facetten[100]:

- das *Recht auf freie Arztwahl* und
- das *Recht auf freie Entscheidung über die Durchführung einer Behandlung.*

Durch das *Recht auf freie Arztwahl* kann der Patient selbst bestimmen, von welchem Arzt er sich behandeln lässt.
Ist die Arztwahl getroffen, muss der Patient gegebenenfalls über die *Durchführung einer Behandlung entscheiden.* Die Wahrnehmung des Selbstbestimmungsrechts erfordert vor dem Eingriff die Aufklärung[101] durch den Arzt über Diagnose und Behandlungsverlauf.[102] Für die Stellung der Diagnose erfolgt zunächst die Anamnese. Bei der Anamnese muss der Patient dem Arzt seine Symptome und seine Krankengeschichte schildern. Erst dann hat der Arzt den Patienten über die Krankheit und mögliche Behandlungsmethoden, deren Aussichten und Gefahren in einer für den Laien verständlichen Form aufzuklären.[103] Die Aufklärung soll dem Patienten eine selbstbestimmte Entscheidung über die Durchführung eines medizinischen Eingriffs ermöglichen: Der Patient darf selbst entscheiden, ob er sich einer Behandlung unterziehen will oder nicht, und wenn ja, welcher.[104]

2.3.2 Kodifizierung der Patientenrechte

Im Folgenden wird untersucht, inwieweit das Selbstbestimmungsrecht und das Informationsrecht der Patienten auf supranationaler und nationaler Ebene (Abb. II-5) bereits gewährleistet sind oder gerade erarbeitet werden.

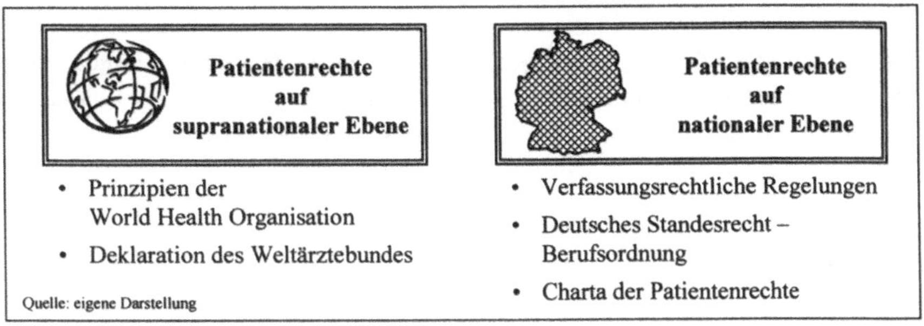

Abb. II-5: Kodifizierung der Patientenrechte auf supranationaler und nationaler Ebene

---

[100] Vgl. Barth (1999), S. 169.
[101] Die verschiedenen Arten der "Selbstbestimmungsaufklärung" sind ausführlich bei Francke (1999), S. 114 ff. beschieben.
[102] Vgl. Francke (1994), S. 108.
[103] Vgl. Deutsch (1997), Rdnr. 100.
[104] Vgl. Barth (1999), S. 171.

2.3.2.1 Patientenrechte auf supranationaler Ebene

Auf supranationaler Ebene hat die World Health Organisation (WHO) Prinzipien zur Stärkung der Patientenrechte und Empfehlungen für eine Patientencharta erarbeitet. Darüber hinaus sind Patientenrechte in der Deklaration des Weltärztebundes kodifiziert.

➢ *Prinzipien der World Health Organisation (WHO)*

Die „Principles of the Rights of Patients in Europe“ der WHO wurden 1994 in Amsterdam[105] verabschiedet und sollen als Orientierungshilfe[106] zur Förderung und Umsetzung von Patientenrechten in Europa beitragen.[107] Die Deklaration will mit ihren Prinzipien einen Rahmen für individuelle und soziale Grundrechte abstecken.[108] Die WHO definiert Patientenrechte im Gegensatz zu vielen anderen Patientenrechtskatalogen nicht als Pflichten und Aufgaben der Anbieter von Gesundheitsleistungen, sondern aus der Perspektive des Patienten, der Nutzer von verschiedenen Formen der Gesundheitsversorgung ist.[109] Für diese Arbeit sind die Patientenrechte auf Selbstbestimmung und auf Information besonders bedeutend[110]:

> „1.2 Everyone has the right to self-determination.
>
> ...
>
> 2.1 Information about health services and how best to use them is to be made available to the public in order to benefit all those concerned.
>
> ...
>
> 5.6 Patients have the right to choose and change their own physician or other health care provider and health care establishment, provided that it is compatible with the functioning of the health care system.
>
> ...
>
> 6.5 Patients must have access to such information and advice as will enable them to exercise the rights set in this document...“

In den „Principles of the Rights of Patients in Europe“ gilt die Selbstbestimmung des Patienten als fundamentales Grundrecht. Die Prinzipien der WHO garantieren den Patienten zur Ausübung des Selbstbestimmungsrechts die Verfügbarkeit von Informationen.

---

105 Diese Deklaration ist von Vertretern der 36 europäischen Mitgliedsstaaten der Weltgesundheitsorganisation WHO verabschiedet worden.

106 Vgl. Gruhl, Kranich, Ruprecht (2000), S. 20.

107 Vgl. Franck (1999), S. II.

108 Vgl. Barth (1999), S. 166.

109 Das deutsche Standesrecht beispielsweise hat die Rechte der Patienten in der MBO-Ä indirekt als Pflichten der Ärzte verankert.

110 Vgl. WHO (1994), S. 286 ff.

➢ *Deklaration des Weltärztebundes*

Die Deklaration der „World Medical Association"[111] stellt arztethische Grundregeln dar. Diese Grundregeln haben für die deutschen Ärzte keinen Rechtsnormcharakter. Rechtsgültig werden sie erst durch die ausdrückliche Aufnahme in die Berufsordnung der jeweiligen Landesärztekammer.[112] Der Weltärztebund formulierte erstmals im Jahre 1981 in der Deklaration von Lissabon die Rechte des Patienten bei ärztlicher Behandlung. Dort wurden die Patientenrechte nach einer Präambel auf sechs kurze Sätze komprimiert.[113] Auf der Generalversammlung auf Bali 1995 wurde die Deklaration von Lissabon neu gefasst und erheblich erweitert.[114] Die für diese Arbeit bedeutsamen Patientenrechte lauten[115]:

> „3. Recht auf Selbstbestimmung
>
> a. Der Patient hat ein Recht auf Selbstbestimmung, d. h. auf freie Entscheidung in bezug auf seine Person. Der Arzt soll den Patienten über Folgen seiner Entscheidungen informieren.
>
> b. ... Der Patient hat ein Recht, die für seine Entscheidung notwendigen Information zu erhalten. Für den Patienten sollte klar und verständlich sein, worin der Zweck einer Diagnose oder Behandlung besteht, welche Bedeutung die Ergebnisse haben und was die Konsequenzen einer ablehnenden Entscheidung sein würden.
>
> ...
>
> 9. Recht auf Gesundheitserziehung
>
> Jeder hat das Recht auf Gesundheitserziehung, die es ihm ermöglicht, eigenständige Entscheidungen (informed choices) über seine persönliche Gesundheit und die zur Verfügung stehenden medizinischen Dienstleistungen zu treffen... Die Eigenverantwortung eines jeden für seine Gesundheit sollte herausgestellt werden. Ärzte haben die Verpflichtung, sich aktiv an Bemühungen zur Gesundheitserziehung zu beteiligen."

Die revidierte Deklaration von Lissabon enthält eine umfassende Garantie von Patientenrechten. Das Partnerschaftsmodell der Arzt-Patienten-Beziehung wird ausdrücklich anerkannt. Als Grundlage für eine selbstbestimmte Entscheidung werden dem Patienten verständliche Informationen zugesagt. Des Weiteren gilt die Deklaration des Weltärztebundes nicht nur für die unmittelbare Arzt-Patienten-Beziehung. Die Deklaration des Weltärztebundes bezieht auch das Umfeld des Gesundheitswesens und die präventive Gesundheitserziehung ein.[116]

---

[111] Der nach dem Zweiten Weltkrieg gegründete Weltärztebund „World Medical Association" (WMA) fördert die Zusammenarbeit ärztlicher Organisationen in der ganzen Welt. In ihm sind über 70 nationale Berufsorganisationen zusammengeschlossen, die über 1,3 Millionen Ärzte repräsentieren. Seit 1951 vertritt die Bundesärztekammer die deutsche Ärzteschaft im Weltärztebund.

[112] Die Grundregeln des Weltärztebundes können zur Rechtslegung der Berufsordnungen der Landesärztekammern als Kriterien herangezogen werden. Vgl. Barth (1999), S. 207.

[113] Angesprochen werden die freie Arztwahl, gefolgt von der Unabhängigkeit des Arztes, Selbstbestimmung durch Einwilligung nach Aufklärung, Respektierung der Vertraulichkeit, das Sterben in Würde und religiöser Begleitung. Vgl. Deutsch (1982), S. 713.

[114] Zu elf Themenbereichen findet sich dort eine ausführliche Stellungnahme.

[115] Vgl. Bulletin of Medical Ethics, Nr. 114, Januar (1996), S. 8 ff.

[116] Vgl. Barth (1999), S. 209.

2.3.2.2 *Patientenrechte auf nationaler Ebene*

Auf nationaler Ebene lassen sich Patientenrechte in Deutschland im Grundgesetz und in der Berufsordnung für die Ärzte ausmachen. Des Weiteren sollen die Rechte der Patienten in einer bundesweit geltenden Patientencharta eingebracht werden.

➢ *Verfassungsrechtliche Regelungen*

Bei der Frage, ob das Patientenrecht auf Information im Grundgesetz garantiert ist, gehen die Meinungen auseinander. So geht Taupitz (2001) davon aus, dass auf der Verfassungsebene keine speziellen Grundrechte einschlägig sind, die ein Informationsrecht der Patienten als solches begründen könnten: „Zwar hat nach Artikel 5 (1) GG jeder das Recht, sich aus allgemein zugänglichen Quellen ungehindert zu unterrichten – aber dieses Recht setzt eben allgemein zugängliche Quellen voraus, begründet aber kein Recht auf Schaffung oder Begründung einer entsprechenden Quelle.“[117] Barth (1999) und Francke (1999) hingegen sehen das Informationsrecht der Patienten in Artikel 2 (1) und (2) in Verbindung mit Artikel 1 (1) GG als Selbstbestimmungsrecht verfassungsrechtlich geschützt.[118] Sie argumentieren folgendermaßen: In Artikel 1 (1) GG ist die Unantastbarkeit der Menschenwürde, in Artikel 2 (1) GG das Recht auf freie Entfaltung der Persönlichkeit und in Artikel 2 (2) GG der Schutz des Lebens sowie die körperlichen Unversehrtheit garantiert.[119] Dieses Grundrecht gewährleistet die körperliche Integrität als Freiheitsrecht. Es macht einen medizinischen Eingriff immer vom Willen und der Zustimmung des Patienten abhängig.[120] Eine Einwilligung in eine Behandlung ist nur wirksam, wenn der Patient weiß, worin er einwilligt. Das verfassungsrechtlich geschützte Selbstbestimmungsrecht setzt demnach eine vorhergehende Information voraus.[121] Der amerikanische Rechtskreis bezeichnet diesen Zusammenhang als „informed consent“.[122] Eine ausreichende Aufklärung ist damit ein wesentlicher Bestandteil des ärztlichen Aufgabengebietes.[123] Der Patient braucht Informationen, um Entscheidungen über seinen Körper eigenverantwortlich treffen zu können.[124]

➢ *Deutsches Standesrecht – Berufsordnung*

Bis vor wenigen Jahren hatte der Gedanke der Patientenrechte in Deutschland keinen expliziten Eingang in die ärztliche Berufsordnungen gefunden. Erst die Neufassung der MBO-Ä durch den 100. Deutschen Ärztetag 1997 hat die Patientenrechte stärker in den Vordergrund

---

[117] Taupitz (2001), S. 10.
[118] Vgl. Francke (1999), S. 112 und Barth (1999), S. 178.
[119] Vgl. Francke (1994), S. 101.
[120] Vgl. BverfGE 89, 120, 130 zitiert aus Barth (1999), S. 178.
[121] Vgl. Francke, Hart (1987), S. 167.
[122] Vgl. Anschütz (1987), S. 253.
[123] Vgl. BverfGE 52, 131, 170 zitiert aus Barth (1999), S. 179.
[124] Vgl. Francke (1994), S. 104 f.

gerückt.[125] Die Rechte der Patienten wurden dort als „Pflichten des Arztes gegenüber den Patienten" formuliert[126]:

> „§ 8 Aufklärungspflicht
> Zur Behandlung bedarf der Arzt der Einwilligung des Patienten. Der Einwilligung hat grundsätzlich eine Aufklärung im persönlichen Gespräch vorauszugehen."

Im Vergleich zur revidierten Deklaration von Lissabon hat selbst die Neufassung der deutschen Berufsordnung im Hinblick auf Patientenrechte erhebliche Defizite. Das deutsche Berufsrecht, das Patientenrechte weitgehend als Pflichten des Arztes definiert, folgt entgegen der Deklaration des Weltärztebundes immer noch einem klassischen paternalistischen Modell der Arzt-Patienten-Beziehung. So findet sich im Standesrecht der deutschen Ärzteschaft auch keine ausdrückliche Garantie des Patientenrechts auf freie Arztwahl als Teil des Selbstbestimmungsrechts.[127]

➢ *Charta der Patientenrechte*

Eine Charta der Patientenrechte soll die Patienten über ihre wichtigsten Rechte informieren und damit zu einem erfolgreichen Patientenschutz beitragen. Durch den Beschluss der 72. Gesundheitsministerkonferenz am 9./10. Juni 1999 in Trier erfolgte in Deutschland eine erste Dokumentation einer Charta der Patientenrechte. Diese Zusammenstellung bereits bestehender Patientenrechte wurde der (Fach-)Öffentlichkeit vorgestellt und hat nahezu uneingeschränkte Anerkennung gefunden. Nur die Bundesärztekammer und die Kassenärztliche Bundesvereinigung haben der Charta der Patientenrechte der Gesundheitsministerkonferenz ihre Zustimmung versagt. Die Bundesärztekammer hat am 27. Oktober 1999 einen eigenen Entwurf zur Charta der Patientenrechte vorgestellt.

- Charta der Patientenrechte der Konferenz der Gesundheitsminister

Auf der 70. Gesundheitsministerkonferenz im November 1997 wurde von den Ländern Bremen und Hamburg der Antrag eingebracht, eine bundesweit geltende Patientenrechtscharta mit einer Zusammenfassung der in Deutschland geltenden bzw. noch zu formulierenden Patientenrechte aufzustellen.[128] Zur Aufstellung der Charta der Patientenrechte sollte ein Rechtsgutachten erarbeitet werden.[129] Auf Grundlage dieses Rechtsgutachtens[130] einigte sich im Juni 1999 die Konferenz der Gesundheitsminister auf das Dokument „Patientenrechte in Deutschland heute". Zur Zielsetzung der „Patientenrechte in Deutschland heute" heißt es in der Präambel (I): „Das Dokument soll zur Stärkung der Position des Patienten im Gesundheitswesen

[125] Vgl. Barth (1999), S. 213.
[126] In der Fassung des 100. Deutschen Ärztetages 1997, abgedruckt DÄB 1 1997, S. A-2354 ff.
[127] Vgl. Barth (1999), S. 215.
[128] Vgl. Francke (1999), S. III.
[129] Dafür beschloss die Gesundheitsministerkonferenz die Einrichtung einer länderübergreifenden Arbeitsgruppe, an der neben den Initiatoren Vertreter der Akademie für Öffentliches Gesundheitswesen in Düsseldorf, des Ministeriums für Frauen, Jugend, Familie und Gesundheit Nordrhein-Westfalen, des Bayerischen Staatsministeriums für Arbeit und Soziales und des Bundesgesundheitsministeriums teilgenommen haben.
[130] Das Rechtsgutachten ist ausführlich in Francke (1999) dargestellt.

beitragen. Es will das Arzt-Patienten-Gespräch anregen und durch Informationen die Entscheidungen des Patienten erleichtern." Damit tragen die „Patientenrechte in Deutschland heute" dem partnerschaftlichen Modell der Arzt-Patienten-Beziehung Rechnung. Neben den Patientenrechten bei der Behandlung (III), dem Recht auf selbstbestimmtes Sterben (IV) und den Rechten im Schadensfall (V) wird vor allem das Recht des Patienten auf sorgfältige Information (II) thematisiert[131]:

> „II. Patientenrechte auf sorgfältige Information
>
> Eine sorgfältige Patientenaufklärung und ärztliche Beratung und das vertrauensvolle Gespräch mit dem Arzt sind die besten Voraussetzungen für eine angemessene Vorsorge, Diagnose, Therapie und Nachsorge.
>
> ...
>
> Recht auf Information
>
> Patienten haben ein Recht in einem persönlichen Gespräch von ihrem Arzt vor der Behandlung verständlich, sachkundig und angemessen aufgeklärt und beraten zu werden. Dies umfasst je nach Erkrankung:
>
> - die geeignete Vorbeugung,
> - die Diagnose,
> - Nutzen und Risiken diagnostischer Maßnahmen,
> - Nutzen und Risiken der Behandlung sowie der zur Anwendung kommenden Arzneimittel und Medizinprodukte
> - Chancen der Behandlung im Vergleich zum Krankheitsverlauf ohne Behandlung,
> - die Behandlung der Erkrankung und ihre Alternativen, soweit sie mit unterschiedlichen Risiken verbunden sind,
> - eine eventuell erforderliche Nachbehandlung."

Unter dem Titel „Recht auf Information" finden sich neben Regelungen zur Einwilligung des Patienten, zum Umfang und zum Zeitpunkt der ärztlichen Aufklärung auch Bestimmungen zu Informationen über Versuchsbehandlungen, zum Verzicht auf eine Aufklärung sowie zur Information und Beratung durch Krankenkassen und andere Stellen. Darüber hinaus wird dargelegt, wer den Patienten aufzuklären hat und wer außer dem Patienten zu informieren ist.

- Entwurf der Charta der Patientenrechte der Bundesärztekammer

Im Oktober 1999 legte die Bundesärztekammer einen eigenen Entwurf zur Charta der Patientenrechte vor. Auch in diesem Dokument werden die Rechte der Patienten auf Selbstbestimmung sowie auf Aufklärung und Beratung aufgegriffen[132]:

> „Das Recht auf Selbstbestimmung
>
> ...

---

[131] Vgl. N. N. http//www.gqmg.de/Links/Patientenrechte99.htm (Stand 08.06.00).

[132] Vgl. N. N. http://www.bundesaerztekammer.de/30/Richtlinien/Empfidx/Patientenrechte.htm (Stand 08.06.00).

Der Patient hat das Recht, die für seine Entscheidung notwendige Information und kompetente Beratung in der dafür benötigten Zeit zu erhalten. Darüber hinaus hat er auch das Recht auf Nichtwissen und kann die Information ablehnen.

...

Das Recht auf Aufklärung und Beratung

Jeder Mensch hat das Recht, über seinen Gesundheitszustand oder seine Erkrankung, über die möglichen medizinischen Eingriffe oder Verfahren in vollem Umfang in verständlicher Weise informiert, aufgeklärt und beraten zu werden. Jeder Mensch hat aber auch das Recht, auf Information, Aufklärung und Beratung zu verzichten, es sei denn, dass diese zum Schutz des Lebens oder der Gesundheit einer anderen Person unabdingbar erforderlich sind.

In Ausnahmefällen können dem Patienten Informationen vorenthalten werden, wenn es triftige Gründe zu der Annahme gibt, dass diese Information zu einer ernsthaften Gefährdung des Lebens oder der Gesundheit des Patienten oder Dritter führen würden."

Die Bundesärztekammer formuliert die Patientencharta eher als Derivat ärztlicher Pflichten, denn als Ausdruck eigenständiger Rechte der Patienten.[133] In ihrer Patientencharta drücken sich Vorbehalte gegenüber einer umfassenden Information des Patienten aus, die auf verbleibende Restelemente eines paternalistischen Denkens schließen lassen könnten.

[133] Vgl. Riedel (2000), S. 71.

3 Zusammenfassung

Als *Information* kann man sowohl eine Nachricht als auch den Vorgang der Benachrichtigung bezeichnen. Gesundheitsinformationen dienen den Patienten als Entscheidungsgrundlage und Orientierungshilfe im Gesundheitswesen. Zu unterscheiden ist zwischen unthematischen (gefühls- bzw. erlebnisbezogenen) und thematischen Informationen, wobei die letzteren sich nach ihrer Funktion wiederum in Such-, Daten- und Entscheidungsinformationen aufteilen lassen.

Unter *Kommunikation* versteht man die Übermittlung von Informationen. Die menschliche Kommunikation wird interdisziplinär u. a. in den Fachrichtungen der Kommunikationsökonomik, der Kommunikationspsychologie und der Kommunikationssoziologie erforscht. Vorrangige Zielsetzung der Kommunikationsökonomik ist die Untersuchung des Zusammenhangs zwischen kommunikativen Aktivitäten und der Veränderung ökonomischer Größen sowie die Analyse der Möglichkeiten des Einsatzes der Kommunikation zur Erreichung ökonomischer Ziele. Die vorliegende Arbeit basiert in Teil III auf Überlegungen der Kommunikationsökonomik, tangiert aber in Teil IV auch Themen der Kommunikationspsychologie.
Der Wandel des Patienten-Begriffs von seiner wörtlichen Bedeutung als passiv Leidender zum umworbenen Kunden und des Gesundheits-Verständnisses von der bloßen Funktionsfähigkeit hin zu einer auch das seelische Wohlbefinden einschließenden Definition reflektiert gesellschaftliche Veränderungen, die auch für die Aktualität der Thematik dieser Arbeit verantwortlich sind. Ein anderes Merkmal dieser Veränderungen ist die zunehmende Bedeutung des Marketings im Gesundheitswesen. Das Gesundheitsmarketing dient als Instrument zur gesundheitspolitischen Verhaltensbeeinflussung oder als einzelwirtschaftliches Instrument, um die Akzeptanz der angebotenen Dienstleistungen zu verbessern und die Wettbewerbsposition zu fördern. Beim Einsatz als einzelwirtschaftliches Instrument sind die Einsichten der klassischen Marketing-Lehre am direktesten auf das Gesundheitswesen zu übertragen. Gesetzgeber und Standesvertretungen haben jedoch dem Einsatz von Marketing-Instrumenten im Gesundheitswesen enge Schranken gesetzt.

In der Diskussion über diese Beschränkungen spiegeln sich auch unterschiedliche Auffassungen vom Arzt-Patienten-Verhältnis wider. Im *paternalistischen Modell* der Arzt-Patienten-Beziehung sieht man den Arzt als Interessensverwalter des Patienten, der seine Funktion aufgrund der ärztlichen Ethik sachgerecht wahrnimmt. Ob die Ethik des ärztlichen Berufes aber immer ausreicht, um ökonomische Motive hinten anzustellen, scheint fraglich. *Der partnerschaftliche Ansatz* setzt auf die freie Entscheidung des mündigen Patienten. Allerdings setzt diese Entscheidungsfreiheit voraus, dass der Patient einen entsprechenden Überblick über die Leistungsfähigkeit der zu wählenden Leistungserbringer und deren Leistungsangebote hat.

Ein wichtiges Element partnerschaftlicher Modelle bildet die Festlegung von Patientenrechten. Patientenrechte sollen einerseits den Patienten vor unautorisierten Eingriffen schützen, sie verkörpern aber auch eine Mitgestaltungsfunktion. Informationsbezogene Patientenrechte können auch ohne eigenständige Festschreibung unter anderem aus dem Patientenrecht auf Selbstbestimmung abgeleitet werden. Die Patientenrechte sind sowohl auf nationaler als auch auf supranationaler Ebene an den verschiedensten Stellen kodifiziert. Für die Situation im deutschen Gesundheitswesen sind insbesondere die im Text miteinander verglichenen Rechtsstandpunkte der Bundesärztekammer und der Gesundheitsministerkonferenz sowie die Entwicklungen im Standesrecht der deutschen Ärzte interessant.

Teil III: Informationen im Gesundheitswesen aus Sicht der Neuen Institutionenökonomik

In Teil II dieser Arbeit wurden die Grundbegriffe für die weitere Diskussion geklärt. Darüber hinaus wurden unter anderem die Patientenrechtskataloge dargestellt, auf denen die Forderungen nach einer stärkeren Patientenorientierung der Information und Kommunikation im Gesundheitswesen und damit auch das Thema dieser Arbeit beruhen. Im Folgenden soll nun auf der Grundlage neuerer wirtschaftswissenschaftlicher Ansätze das theoretische Instrumentarium für die Erörterung der patientenorientierten Information und Kommunikation entwickelt werden. Dieses Instrumentarium wird dann später im Bezugsrahmen des situativen Ansatzes zur Analyse der jetzigen Situation und zur Entwicklung von Gestaltungsempfehlungen eingesetzt werden.

1 Grundlagen der Neuen Institutionenökonomik

Hauptziel von Information und Kommunikation im Gesundheitswesen ist die Beseitigung oder Reduktion von Situationen mit unvollständiger Information. Die Beschreibung solcher Situationen, die Analyse ihrer Konsequenzen und die Entwicklung von Gestaltungsempfehlungen zum Umgang mit ihnen sind innerhalb der Mikroökonomik Teilgebiete der so genannten Neuen Institutionenökonomik. Sie liefert eine moderne mikroökonomische Grundlage, auf der Probleme der Information und Kommunikation präzise und systematisch beschrieben und Instrumente und Wege zu ihrer Lösung erarbeitet werden können.

1.1 Einführung zur Neuen Institutionenökonomik

Allgemein beschäftigt sich die Neue Institutionenökonomik[134] mit den rechtlichen und institutionellen Rahmenbedingungen ökonomischen Handelns und der vertraglichen Gestaltung ökonomischer Beziehungen unter unvollkommener Information.[135] Zu den Theorien der Neuen Institutionenökonomik zählen all die Ansätze, welche die Erklärung und Gestaltung von Institutionen mit Hilfe des analytischen Instrumentariums der neoklassischen Mikroökonomik zum Gegenstand haben.[136] Nach Kaas (1995b)[137] stellen die Property-Rights-Theorie, die

[134] An dieser Stelle sei darauf hingewiesen, dass die Bezeichnung für diese Forschungsrichtung in der Literatur nicht einheitlich ist. Neben dem Terminus „Neue Institutionenökonomik" finden sich auch Begriffe wie z. B. „Neue Institutionelle Theorie", „Neue institutionelle Mikroökonomik" oder „Neue mikroökonomische Theorie".

[135] Vgl. Kaas (1990), S. 359.

[136] Vgl. Picot (1991), S. 144.

[137] Vgl. Kaas (1995b), S. 3 f. Nach Bonus, Weiland (1995) gehören die Property-Rights-Theorie, die Transaktionskosten-Theorie und die Prinzipal-Agenten-Theorie zu den prominentesten Forschungszweigen der Neuen Institutionenökonomik. Vgl. Bonus, Weiland (1995), S. 31.

Transaktionskosten-Theorie, die Informationsökonomik und die Prinzipal-Agenten-Theorie die wichtigsten vier Teilgebiete der Neuen Institutionenökonomik[138] dar.

Schwerpunktmäßig beschäftigt sich diese Arbeit mit der Informationsökonomik und der Prinzipal-Agenten-Theorie. Mit Hilfe der Informationsökonomik werden wichtige Gütereigenschaften und Transaktionstypen von Gesundheitsleistungen aufgezeigt und daraus Schlüsse auf die Ermittelbarkeit der Informationen durch die Patienten gezogen. Auf Basis der Überlegungen der Prinzipal-Agenten-Theorie werden mögliche Typen asymmetrischer Information dargestellt sowie Probleme und Gefahren aufgezeigt, die durch unvollständige Information im Gesundheitswesen entstehen können. Daraus kann die Notwendigkeit informationspolitischer Maßnahmen begründet werden.

Im Folgenden werden kurz die vier wichtigsten Teildisziplinen der Neuen Institutionenökonomik vorgestellt. Es folgt eine Beschreibung der Qualitätseigenschaften von Gesundheitsgütern. Sodann werden die Gesundheitsgüter nach Gütereigenschaften und Transaktionstypen klassifiziert und mögliche Prinzipal-Agenten-Beziehungen im Gesundheitswesen erörtert. Abschließend werden die Typen der Informationsasymmetrie behandelt und deren Folgen diskutiert.

1.2 Darstellung der Forschungsrichtungen der Neuen Institutionenökonomik

Aufgrund der neoklassischen Annahme „vollständige Information auf vollständigen Märkten mit rational handelnden Individuen“ haben Erkenntnisse der Mikroökonomik in der Vergangenheit nur in beschränktem Maße in der Praxis Berücksichtigung gefunden. Erst durch die Neue Institutionenökonomik wurde von der Annahme vollkommener Märkte abgerückt und der Aspekt der Unsicherheit und der unvollkommenen Information in Marktprozessen berücksichtigt.[139] In Abbildung III-1 sind die zentralen Themen der verschiedenen Forschungsrichtungen der Neuen Institutionenökonomik zusammengefasst.

---

138 Die Ansätze der Neuen Institutionenökonomik basieren auf unvollkommenen Informationen, gehen aber weiterhin von transitiven, konsistenten und stabilen individuellen Präferenzen der am Marktprozess beteiligten Akteure aus. Des Weiteren wird ein ökonomisch-zweckrationales Verhalten unterstellt (d. h. Individuen maximieren ihren Nutzen unter Nebenbedingungen in rationaler Weise oder streben ein vorgegebenes Nutzenniveau in subjektiv-formal rationaler Weise an, sog. begrenzte Rationalität) und der methodologische Individualismus beibehalten. Vgl. Picot (1991), S. 153.

139 Vgl. Weiber, Adler (1995), S. 64 f.

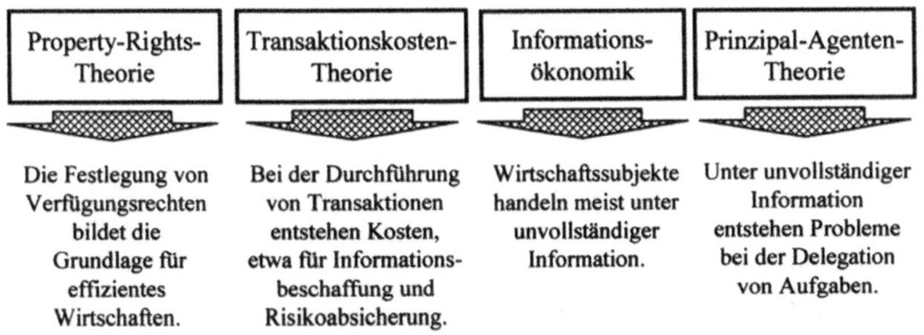

Quelle: eigene Darstellung

Abb. III-1: Forschungsrichtungen der Neuen Institutionenökonomik

1.2.1 Property-Rights-Theorie

Die zentrale Hypothese der Property-Rights-Theorie lautet: „Effizientes Wirtschaften in einer unvollkommenen Welt ist nur innerhalb einer Rechtsordnung möglich".[140] Ganz allgemein handelt es sich bei Property-Rights um die Rechte und Pflichten von Individuen bei der Nutzung von Ressourcen.[141] Property-Rights, meist als Verfügungs- oder Handlungsrechte übersetzt, werden als die Grundlage für ökonomische und soziale Beziehungen angesehen.[142] Grundlegend ist die Prämisse, dass das Eigentum eines jeden Gutes mit einem Bündel von Verfügungsrechten verknüpft ist, die die sozialen Beziehungen zwischen beteiligten Wirtschaftssubjekten beeinflussen und die der Eigentümer nutzen kann, aber nicht muss.[143] Der individuelle Wert eines Gutes orientiert sich an dessen Ausstattung mit Verfügungsrechten. Grundsätzlich werden in der Property-Rights-Theorie[144] drei grundlegende Fragestellungen verfolgt[145]:

- Wie ist die Struktur der Verfügungsrechte beschaffen?
- Welche Konsequenz hat diese Struktur für die Beziehungen der Beteiligten untereinander?
- Wie ist die Struktur der Verfügungsrechte entstanden und wie kann sie verändert werden?

---

[140] Vgl. Kaas (1995b), S. 3.
[141] Vgl. Gabler (1993), S. 2697.
[142] Vgl. Bonus, Weiland (1995), S. 31.
[143] Vgl. Braun (1988), S. 62 und Kiener (1989), S. 3.
[144] Die grundlegenden Arbeiten zur Property-Rights-Theorie stammen u. a. von Demsetz (1967), Alchian, Demsetz (1973) und Furubotn, Pejovich (1972).
[145] Vgl. Bonus, Weiland (1995), S. 32.

1.2.2 Transaktionskosten-Theorie

Der Transaktionskosten-Theorie liegt folgende zentrale Hypothese zu Grunde: „Um Transaktionen d. h. einen Leistungsaustausch durchführen zu können, müssen die Akteure auf einem unvollkommenen Markt Informationen sammeln und sich gegen Risiken absichern". Dadurch entstehen Kosten.[146] Transaktionskosten sind Kosten für die Anbahnung, das Aushandeln, die Kontrolle und die Anpassung von Verträgen. Sie werden von Arrow (1969) als Betriebskosten des ökonomischen Systems beschrieben.[147] Die Transaktionskosten-Theorie[148] analysiert

- die Entstehungsgründe von Transaktionskosten,
- die Faktoren, welche die Höhe der Transaktionskosten bestimmen,
- die Wechselwirkungen zwischen Transaktionskosten und Institutionen sowie
- den Entwurf effizienter institutioneller Arrangements zur Abwicklung von Transaktionen.[149]

1.2.3 Informationsökonomik

Als Informationsökonomik[150] im engeren Sinne wird die ökonomische Analyse der Informationsbeschaffung bezeichnet, als Informationsökonomik im weiteren Sinne alle Untersuchungen, die sich mit den Auswirkungen unterschiedlicher Informationsbedingungen auf die Funktionsweise ökonomischer Systeme beschäftigen.[151] Ausgangspunkt ist die Hypothese, dass Wirtschaftssubjekte im Allgemeinen unter unvollständiger Information handeln. Die Beschaffung der Informationen ist, soweit sie überhaupt möglich ist, mit Kosten verbunden. Die Anbieter haben z. B. nur unvollkommene Information über Bedürfnisse und Zukunftserwartungen, Lebenslagen und Restriktionen der Nachfrager. Die Nachfrager wiederum kennen nicht alle Produkte, Qualitäten und Preise der Anbieter.[152]

In den Modellen zur Informationsökonomik werden sowohl individuelle Entscheidungsprobleme als auch Gleichgewichtsfragen unter Unsicherheit diskutiert.[153] Dabei lassen sich vier Forschungsrichtungen unterscheiden: Im *Markt-Effizienz-Ansatz* wird diskutiert, inwieweit wettbewerbsmäßig organisierte Märkte effiziente Kommunikationssysteme sein können, ob nicht-informierte Wirtschaftssubjekte aus den laufenden Preisen rationale Erwartungen ableiten können und ob es in Märkten mit unterschiedlich informierten Marktteilnehmern zu einem

---

[146] Vgl. Kaas (1995b), S. 4.

[147] Arrow (1969) beschreibt Transaktionskosten als „costs of running the economic system". Vgl. Arrow (1969), S. 48.

[148] Vertreter der Transaktionskosten Theorie sind u. a. Coase (1937), Williamson (1975) und (1985), Alchian, Woodward (1988).

[149] Vgl. Kaas (1995b), S. 4.

[150] Zur Informationsökonomik siehe u. a. Stigler (1961), Nelson (1970) und (1974), Hirshleifer (1973).

[151] Vgl. Bössmann (1992), S. 334.

[152] Vgl. Kaas (1995b), S. 4.

[153] Vgl. Hopf (1983), S. 29.

Gleichgewicht unter rationalen Erwartungen kommen kann.[154] Im *wohlfahrtstheoretisch orientierten Modell* werden Informationen selbst als Gegenstände des Marktgeschehens analysiert.[155] Im *Suchkosten-Ansatz* wird das Informationsbeschaffungsverhalten der Wirtschaftssubjekte bei existierender Preis- bzw. Qualitätsstreuung untersucht.[156] Im Rahmen des *Qualitätsunsicherheits-Ansatzes* werden Modelle mit ungleich verteilten Informationen zwischen der Nachfrage- und der Angebotsseite eines Marktes beschrieben.[157]

Zwei Aspekte des Qualitätsunsicherheits-Ansatzes sind für diese Arbeit von besonderem Interesse: Zum einen wird in diesem Ansatz auf das Problem der Funktionsfähigkeit von Märkten mit asymmetrisch verteilter Information eingegangen. Zum anderen werden Möglichkeiten gezeigt, um in Märkten mit ungleich verteilten Informationen über Preise und Qualitätseigenschaften Informationen zu gewinnen bzw. zu übertragen.[158] Der Qualitätsunsicherheits-Ansatz befasst sich also sowohl mit den Konsequenzen der unvollkommenen Information als auch mit den Möglichkeiten zu deren Überwindung.[159] Wichtige Themen sind die Probleme der adversen Selektion und des Moral Hazard sowie deren Lösungsmechanismen, die unter anderem auch in der Prinzipal-Agenten-Theorie diskutiert werden.[160]

1.2.4 Prinzipal-Agenten-Theorie

Obwohl die Prinzipal-Agenten-Theorie[161] sich zu einem eigenständigen Gebiet der Neuen Institutionenökonomik entwickelt hat, kann sie auch als Sonderfall der Informationsökonomik aufgefasst werden, bei dem der Auftraggeber („Prinzipal") nur über unvollständige Informationen bezüglich der Eigenschaften oder Handlungen des Auftragnehmers („Agenten") verfügt. Adverse Selektion und Moral Hazard stellen daher auch hier wichtige Themen dar. Die zentrale These der Prinzipal-Agenten-Theorie lautet: In einer unvollkommenen Welt ist es ein Problem, Aufgaben an andere zu delegieren oder mit anderen zu kooperieren, die ihre eigenen Ziele verfolgen und Informationsvorteile haben.[162]

---

154 Vgl. Hopf (1983), S. 41.

155 Vgl. Hopf (1983), S. 42.

156 Vgl. Bayón (1997), S. 17. Auf eine Suche nach Qualitätsinformationen lassen sich die Suchkosten-Ansätze nur dann übertragen, wenn unterschiedliche Güterqualitäten vor dem Kauf bzw. durch Inspektion ermittelbar sind. Dagegen eignet sich eine Informationsbeschaffung mit Hilfe von Suchprozessen nicht bei Gütern, deren Qualität nur im Zusammenhang mit Produkterfahrung oder Vertrauen abschätzbar ist. Vgl. Hopf (1983), S. 39 und Teil III Abschnitt 2.2 sowie Teil VI Abschnitt 1.1.2 dieser Arbeit.

157 Vgl. Hopf (1983), S. 30.

158 Siehe Teil VI Abschnitt 1.1.

159 Vgl. Kaas (1995b), S. 4.

160 Für eine ausführliche Darstellung der Prinzipal-Agenten-Theorie siehe Teil III Abschnitt 2.3.3.

161 Innerhalb der Prinzipal-Agenten-Theorie werden grundsätzlich zwei Ausrichtungen unterschieden, die im angelsächsischen Sprachraum als principal-agent literature und positive agency literature bezeichnet werden. Die zuerst genannte Ausrichtung lässt sich als normative Theorie der Prinzipal-Agenten-Theorie charakterisieren. Sie befasst sich hauptsächlich mit formalen Modellen, um für „vergleichsweise einfache Probleme effiziente Lösungen zu entwickeln". Wenger, Terberger (1988), S. 506. Die zweite Ausrichtung, die in dieser Arbeit herangezogen wird, hat im Gegensatz hierzu nicht eine mathematische Durchdringung formaler Modellstrukturen zum Ziel, sondern ist eher deskriptiv orientiert.

162 Vgl. Kaas (1995b), S. 4.

2 Kategorien von Gesundheitsinformationen und ihre Ermittelbarkeit

Das bekannteste Gebiet der Informationsökonomik und Prinzipal-Agenten-Theorie bilden Situationen, in denen Informationsasymmetrien als exogen gegeben angesehen werden. Das Auftreten solcher Situationen im Gesundheitswesen und ihre Implikationen sollen im dritten Abschnitt dieses Teils III erörtert werden. Zuvor ist aber zu diskutieren, wieso bestimmte Gesundheitsinformationen für Patienten schwerer ermittelbar sind als andere und welche strukturellen Faktoren dafür sorgen, dass das Gesundheitswesen auch unter ganz unterschiedlichen Rahmenbedingungen in der Regel ein besonderes Maß an Intransparenz aufweist. Zu diesem Zwecke werden die Informationen über Gesundheitsangebote und -anbieter nach verschiedenen Kriterien in Kategorien unterteilt, die sich auch hinsichtlich der Informationsermittelbarkeit unterscheiden. Die Klassifizierung erfolgt dabei entsprechend den Qualitätsmerkmalen der Gesundheitsangebote und -anbieter, der Ermittelbarkeit ihrer Eigenschaften und dem Typ der Marktbeziehung, wobei hier auch auf die Prinzipal-Agenten-Beziehung als Sonderfall einer Kontraktbeziehung eingegangen wird.

2.1 Klassifizierung nach Qualitätseigenschaften

Da die Preise für Gesundheitsgüter zumindest im Bereich der gesetzlichen Krankenversicherung von den Kassenärztlichen Vereinigungen (KV) und den Verbänden der Krankenkassen in Honorarverhandlungen festgelegt werden und den gesetzlich versicherten Patienten oft noch nicht einmal bekannt sind, stellen sie im deutschen Gesundheitsmarkt für die Patienten in der Regel keinen Aktionsparameter dar. Die Qualität von Gesundheitsgütern ist dagegen für mündige Patienten eine wichtige Information. Es stellt sich die Frage, durch welche Qualitätseigenschaften Gesundheitsleistungen beschrieben werden können und in welchem Maße diese Qualitätseigenschaften für den Patienten ermittelbar sind.

Qualität leitet sich etymologisch vom lateinischen Wort „qualitas" ab, das sich mit „Beschaffenheit, Verhältnis, Eigenschaft" übersetzen lässt.[163] Dementsprechend definiert die Norm DIN 55350 Qualität abstrakt für jede Art von Produkten oder Dienstleistungen als „die Beschaffenheit einer Einheit bezüglich ihrer Eignung, festgelegte oder vorausgesetzte Erfordernisse zu erfüllen".[164]

Was bedeutet Qualität in der Medizin? Obschon es in der neueren Literatur etliche Definitionsversuche gegeben hat, existiert bislang keine allgemein akzeptierte Definition für die Qualität des ärztlichen Handelns, die Qualität der gesundheitlichen Versorgung und die Qualität des Gesundheitswesens.[165] Schon die Probleme bei der Bestimmung des Gesundheitszustands und die Einbeziehung der subjektiven Einschätzung des Patienten erschweren eine allgemein

[163] Vgl. Franz (1995), S. 17.
[164] Saatweber (1994), S. 68.

gültige und standardisierte Definition.[166] Allgemein wird das Vorhandensein von medizinischer Qualität dann unterstellt, wenn die angebotene Versorgung mit dem übereinstimmt, was als wünschenswerte Versorgung angesehen wird.[167] Damit wird deutlich, dass der Qualitätsbegriff von der jeweiligen Perspektive verschiedener Menschen und Gruppen abhängig ist und somit durchaus sehr unterschiedliche Inhalte umfassen kann.[168] In ihrer weitgefassten Definition als Eignung einer Behandlung, eines Arztes oder eines bestimmten Medikaments stellt die Qualität den wichtigsten Gegenstand der patientenorientierten Information und Kommunikation dar.

Die Analyse von Qualität im Gesundheitswesen beruht meistens auf dem Qualitätsmodell von Donabedian (1966).[169] Donabedian unterscheidet grundsätzlich zwei Dimensionen der Qualität ärztlichen Handelns – die technische Qualität und die interpersonelle Qualität – sowie drei Qualitätskategorien – die Struktur-, die Prozess- und die Ergebnisqualität.[170]

2.1.1 Qualitätsdimensionen nach Donabedian

Der Begriff der *technischen Qualität* bezieht sich auf technisch-funktionale Merkmale in der Medizin, d. h. die Anwendung der Medizintechnik und medizinischer Verfahren bei der Behandlung eines Patienten. Dieser Qualitätsaspekt betrifft sowohl die Angemessenheit diagnostischer und therapeutischer Aktivitäten als auch deren Ausführung.[171] Für den Patienten ist eine korrekte Einschätzung der technischen Qualität aufgrund fehlender medizinischer Fachkenntnisse nur schwer möglich (Abb. III-2).

Die *interpersonelle Qualität* betrifft subjektive Merkmale und drückt aus, inwieweit individuelle Bedürfnisse und Erwartungen des Patienten berücksichtigt werden (Abb. III-2). Voraussetzung hierfür ist eine intensive Kommunikation zwischen Arzt und Patient. Hierunter fallen aber auch Service- und Komfortaspekte.[172] Die interpersonelle Qualität kann der Patient leichter evaluieren – entweder aufgrund eigener Erfahrungen oder anhand der Berichte von Freunden und Bekannten.[173]

---

[165] Barth (1999), S. 326, vgl. auch Netzold (1992), S. 4 f.
[166] Vgl. Barth (1999), S. 326.
[167] Vgl. Netzold (1992), S. 4.
[168] Vgl. Gerlach, Bahrs (1995), S. 4.
[169] Vgl. Donabedian (1966), S. 166 ff.
[170] Vgl. Schwartz (1997), S. 22.
[171] Vgl. Schwartz (1997), S. 22.
[172] Bei seiner Beurteilung der Gesundheitsleistungen orientiert sich der Patient nicht selten weniger an der für ihn nur schwer zu bewertenden technischen Qualität als an solchen Äußerlichkeiten wie dem Verhalten des Personals, der Gestaltung des Warteraumes oder der Organisation der Terminvergabe.
[173] Vgl. Schwartz (1997), S. 22.

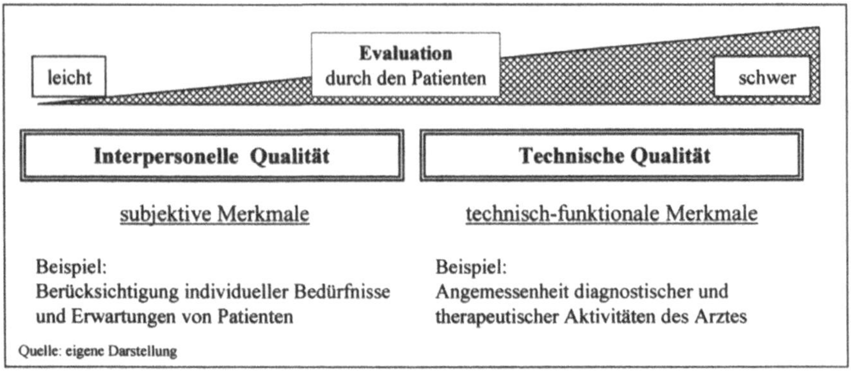

Abb. III-2: Qualitätsdimensionen von Gesundheitsgütern

2.1.2 Qualitätskategorien nach Donabedian

Neben den genannten zwei Qualitätsdimensionen unterscheidet Donabedian (1982) die drei Qualitätskategorien *Struktur-, Prozess- und Ergebnisqualität* (Abb. III-3).[174] Diese Klassifikation basiert auf der Betrachtung der Gesundheitsversorgung als Produktionsprozess, der durch die Kontaktaufnahme des Patienten mit dem Gesundheitssystem ausgelöst wird und in die Schrittfolge Aufnahme, Diagnose, Therapie, Rehabilitation und Nachsorge mündet. Voraussetzung für diesen Produktionsprozess ist eine Gesundheitsversorgungs*struktur*, d. h. Mitarbeiter des Gesundheitswesens, Medizingeräte und Medikamente. Im Behandlungs*prozess* wird ein positives Behandlungs*ergebnis* (verbesserter Gesundheitszustand, wiederhergestellte Funktionsfähigkeit, Linderung von Schmerzen, Patientenzufriedenheit) angestrebt.[175] Je nach Qualitätskategorie haben die Patienten unterschiedlich gute Möglichkeiten, Informationen über die Erreichung dieser Ziele durch den jeweiligen Anbieter zu erhalten und zu beurteilen.

[174] Diese Dreiteilung war ursprünglich nicht als Definition, sondern zur Messung medizinischer Qualität gedacht. Vgl. Donabedian (1987), S. 76.

[175] Vgl. Görres (1999), S. 179.

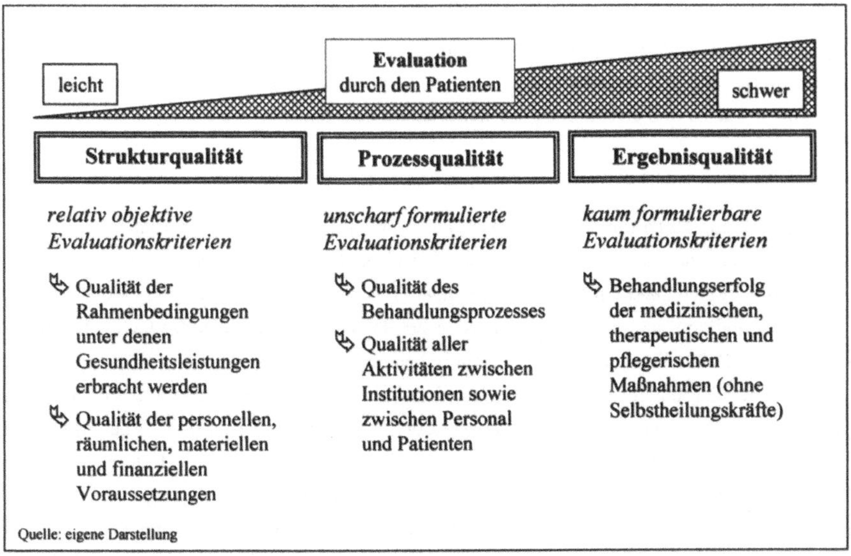

Abb. III-3: Qualitätskategorien von Gesundheitsgütern

2.1.2.1 Strukturqualität von Gesundheitsgütern

Zur Strukturqualität zählen nach Donabedian (1966, 1982) alle personellen, räumlichen und materiellen Voraussetzungen sowie die finanziellen Rahmenbedingungen.[176] Strukturqualität beschreibt also die Umstände, unter denen die Versorgungsleistungen erbracht werden.[177] Donabedian untergliedert die Strukturqualität in die persönliche und die sachliche Strukturqualität. Die persönliche Strukturqualität umfasst z. B. die durch Aus-, Weiter- und Fortbildung erworbenen fachlichen Fähigkeiten des Arztes, das aktuelle Methodenwissen, besondere Fertigkeiten wie Fremdsprachen sowie die Ausbildung der medizinischen und pflegerischen Praxismitarbeiter. Zur sachlichen Strukturqualität zählt die Qualität aller Hilfsmittel für die Diagnostik und Therapie einschließlich aller Einrichtungen und Räumlichkeiten der Praxis. Für die Strukturqualität liegen relativ objektive Beurteilungskriterien vor (Abb. III-4).[178] Aus diesem Grund lassen sich Informationen über die Strukturqualität relativ leicht kommunizieren. Im deutschen Gesundheitswesen sollen u. a. die vielfachen Zulassungsregeln für Leistungserbringer und Gesundheitsorganisationen eine hohe Strukturqualität sicherstellen. Ihre Elemente sind ein wichtiger Bestandteil von bekannten Qualitätssicherungsverfahren wie

[176] Vgl. Donabedian (1982), S. 70 f.
[177] Vgl. Görres (1999), S. 180.
[178] Vgl. Behnke, Demmler, Unterhuber (2001), S. 28.

ISO, TQM/EFQM.[179] Die Strukturqualität reflektiert allerdings nur die Fähigkeit, eine bestimmte Qualität zu erbringen, nicht aber notwendigerweise die tatsächlich erzielten Ergebnisse. Sie ist also mit anderen Worten eine notwendige, aber nicht hinreichende Bedingung für eine effiziente und effektive Gesundheitsversorgung.[180]

2.1.2.2 Prozessqualität von Gesundheitsgütern

Die Prozessqualität ist die Güte aller Aktivitäten, die auf der Ebene einer konkreten Einrichtung (z. B. Arztpraxis oder Krankenhaus), zwischen diesen Einrichtungen, ihrem Personal und dem Patienten ablaufen.[181] Die Prozessqualität bezieht sich also auf den Prozess der ärztlichen Behandlung, d. h. die Vorgehensweise bei der Diagnosestellung, die fachliche Durchführung der Behandlung, den Einsatz technischer Hilfsmittel, das Abfassen von Arztbriefen, die Zusammenarbeit mit Kollegen und Praxismitarbeitern, die Aktivitäten des Personals im Verlauf der Behandlung, die Organisation der Praxis sowie die Wartezeiten (Abb. III-4). Die Einschätzung der Qualität ist hier mit Schwierigkeiten verbunden[182], weil sie sich nur unscharf formulieren und schwer messen lässt.[183] Es existieren jedoch Bereiche, in denen zumindest die Entwicklung von Richtlinien für die Anwendung bestimmter diagnostischer und therapeutischer Methoden möglich ist. In den Vereinigten Staaten wurden solche Richtlinien unter anderem von Medizinervereinigungen und durch die Consensus Conferences of the National Institut of Health erarbeitet. In Deutschland erfolgt die Formulierung von wissenschaftlich begründeten Richtlinien durch kompetente Wissenschaftsgruppen wie z. B. Fachgesellschaften.[184]

---

[179] ISO 9000 ff. „bezeichnet die international gültige Normenreihen der International Standardization Organization (ISO), die Anforderungen an die Darlegung von Qualitätsmanagementsystemen setzt und Hilfestellung bei der Erstellung derselben gibt". Schmutte (1998), S. 118. Die Idee von ISO 9000 ist, dass gleiche Prozesse zu gleichen Ergebnissen und damit zu einer gleichbleibenden Qualität führen. Anstatt Qualitätsmängel erst am Ende auszubessern, sollen durch ein prozessbegleitendes Qualitätsmanagement Fehler bereits bei der Erstellung von Produkten und Dienstleistungen verhindert werden. Geprüft wird also nicht die Qualität des Produktes, sondern der Weg oder Prozess der Entstehung.
TQM (Total Quality Management) kommt aus den USA und wurde Mitte der 80er Jahre von Malcolm Baldrige geprägt. Die Deutsche Gesellschaft für Qualitätsmanagement schreibt zum Ziel von TQM: "TQM ist eine auf Mitwirkung aller Mitglieder beruhende Führungsmethode einer Organisation, die Qualität in den Mittelpunkt stellt und durch Zufriedenheit der Kunden auf langfristigen Erfolg zielt." Die 1988 gegründete European Foundation for Quality Management (EFQM) versucht, den Qualitätsgedanken u. a. durch die Verleihung des European Quality Award voranzutreiben. Vgl. N. N. (2002) http://evanet.his.de/evanet/know how/kh.grund/kh.evalarten.html#EvaArt-,ISO9000. Zur weiteren Erläuterung der Begriffe ISO und TQM/EFQM im Rahmen medizinischer Zertifizierung siehe auch Teil VI Abschnitt 1.1.3.6.

[180] Vgl. Donabedian (1982), S. 70 f.

[181] Vgl. Donabedian (1982), S. 70.

[182] Problematisch ist vor allem die Tatsache, dass aufgrund der Komplexität einer akuten Erkrankung oder chronischen Krankheit häufig kein eindeutig anerkanntes medizinisches Verfahren oder Handlungsschema des ärztlichen Vorgehens festgelegt werden kann, das als Standard heranzuziehen wäre. Vgl. Sachverständigenrat für die Konzertierte Aktion im Gesundheitswesen (1994), S. 125.

[183] Vgl. Kreysch (1994), S. 850.

[184] Vgl. Schwartz (1997), S. 24.

2.1.2.3 Ergebnisqualität von Gesundheitsgütern

Für die wichtigste Qualitätskategorie wird das Ergebnis diagnostisch-medizinischer, therapeutischer und pflegerischer Maßnahmen gehalten.[185] Die Ergebnisqualität knüpft am Behandlungserfolg an. Sie drückt sich aus z. B. in der Verbesserung des körperlichen, geistigen oder sozialen Wohlbefindens des Patienten, in der Heilungsdauer, der Vermeidung von Komplikationen, der Senkung der Mortalität sowie der Patientenzufriedenheit (Abb. III-4). Ein Heranziehen dieser Qualitätskategorie setzt aber voraus, dass sich durch quantifizierbare Maßstäbe gute und schlechte Ergebnisse bestimmen lassen.[186] Dafür werden häufig so genannte Tracer-Indikatoren eingesetzt, also Indikatoren, die eine Teilqualität betrachten und anhand derer auf die Gesamtergebnisqualität geschlossen wird.[187] Beispiele für derartige Tracer-Indikatoren für den stationären Sektor sind die Todesfallrate bei Operationen, die Anzahl der Wiederaufnahmen in ein Krankenhaus innerhalb von 24 Stunden nach der Entlassung und die Anzahl der postoperativen Wundinfektionen.[188] In der ambulanten Versorgung ist die Verwendung solcher Indikatoren aber häufig problematischer. Aufgrund der vergleichsweise geringen Zahl von Patienten mit gleichen Krankheitsbildern in der Praxis eines niedergelassenen Arztes treten hier eher zufällige Häufungen von Besonderheiten wie Alter und Zusatzerkrankungen des Patienten au, die den Behandlungserfolg unabhängig vom Können des Arztes beeinflussen.[189] Schwierigkeiten bei der Quantifizierung des Ergebnisses ergeben sich auch deshalb, weil je nach Krankheitsbild ein positives Ergebnis in der vollständigen Wiederherstellung des Zustands vor der Erkrankung oder in der Herstellung eines neuen stabilen Zustands, z. B. nach einer Blinddarmoperation, einer Zahnextraktion oder der Implantation eines Herzschrittmachers, bestehen kann. Ein positives Ergebnis kann auch in der Entlastung des Organismus von besonderen Krankheitsfolgen liegen, ohne die Krankheit im Kern beeinflussen zu können, wie bei Krebspatienten mit schmerzlindernder Therapie.[190]

Die Veröffentlichung von Qualitätsberichten wird aufgrund des im März 2002 verabschiedeten Fallpauschalengesetzes[191] zukünftig für alle Krankenhäuser verpflichtend. In diesen Berichten ist neben der Art und Anzahl der erbrachten Leistungen eines Krankenhauses unter anderem die Berücksichtigung gewisser Mindestanforderungen an die Struktur- und Ergeb-

---

[185] Vgl. Donabedian (1982), S. 70.
[186] Vgl. Schwartz (1997), S. 24.
[187] Vgl. N. N. http://home.sunrise.ch/fmarty/momo/qs/sch.html (Stand 06.06.01).
[188] Vgl. Barth (1999), S. 331.
[189] Vgl. Barth (1999), S. 331.
[190] Vgl. Kreysch (1994), S. 850.
[191] Mit dem neuen Fallpauschalensystem wird von einer tagessatz- und budgetorientierten auf eine leistungsorientierte Vergütung der Krankenhausbehandlung umgestellt. Die Einführung des Fallpauschalensystems erfolgt in einem mehrstufigen Prozess. Ab 1. Januar 2003 können die Krankenhäuser auf freiwilliger Basis die neu zu entwickelnden Fallpauschalen abrechnen. Die verpflichtende Einführung für alle Krankenhäuser erfolgt zum 1. Januar 2004. Vgl. N.N. (2002) http://www.bmgesundheit.de/presse/2002/2002/25.htm.

nisqualität[192] darzustellen. Die Qualitätsberichte sind erstmals im Jahr 2005 für das zurückliegende Jahr vorzulegen. Da die Berichte auch im Internet veröffentlicht und damit für jedermann zugänglich gemacht werden müssen, soll ein besonderes Augenmerk auf die Patientenorientierung der Berichte gelegt werden. Die Kassenärztlichen Vereinigungen und die Krankenkassen können ihre Versicherten auf der Basis der Qualitätsberichte auch vergleichend über die Qualitätsmerkmale von Krankenhäuser informieren.[193]

Strukturqualität		**Prozessqualität**	**Ergebnisqualität**
persönlich	sachlich		
➢ Arzt ▪ durch Aus-, Weiter- und Fortbildung erworbene fachliche Qualifikation ▪ medizinische Spezialisierung ▪ persönliche Qualifikation ▪ Fremdsprachenkenntnisse ➢ Praxismitarbeiter ▪ fachliche Qualifikation ▪ persönliche Qualifikation	➢ Praxisausstattung ▪ medizintechnische Ausstattung ▪ Ausstattung der Wartezimmer ▪ Ausstattung der Behandlungsräume	▪ Vorgehensweise bei der Diagnosestellung und Therapie ▪ Einsatz medizintechnischer Hilfsmittel ▪ Interne Zusammenarbeit des Praxispersonals, ▪ Zusammenarbeit mit Ärzten und externen Institutionen des Gesundheitswesens ▪ Hygiene in der Praxis ▪ Durchführung von Hausbesuchen ▪ Sprechzeiten des Arztes ▪ Wartezeiten in der Praxis	▪ Behandlungserfolg ▪ Angemessenheit diagnostischer und therapeutischer Aktivitäten ▪ Komplikationen im Behandlungsverlauf ▪ Mortalität des Patientenklientels ▪ Patientenzufriedenheit

Quelle: eigene Darstellung

Abb. III-4: Qualitätseigenschaften von Gesundheitsgütern

2.2 Klassifizierung nach Gütereigenschaften

Entsprechend ihrer Ermittelbarkeit für den Nachfrager lassen sich die Merkmale von Gütern in Such-, Erfahrungs- und Vertrauenseigenschaften unterteilen. Im Folgenden soll dieses Schema zur Klassifizierung von „Eigenschafts"-Informationen detailliert vorgestellt und auf das Gesundheitswesen angewandt werden. Darüber hinaus wird die Zuordnung der Qualitätskategorien nach Donabedian in dieses Schema diskutiert.

---

[192] Diese Mindestanforderungen an die Struktur- und Leistungsqualität von Krankenhausleistungen haben die Selbstverwaltungspartner auf Bundesebene zu vereinbaren. Dazu gehören z. B. bestimmte sachliche oder personelle Voraussetzungen, etwa Art und Anzahl des Personals sowie dessen Qualifikation.

[193] Vgl. Bundesministerium für Gesundheit (2002), S. 6.

2.2.1 Such-, Erfahrungs- und Vertrauenseigenschaften

Die Informationslage der Konsumenten hängt entscheidend davon ab, welche Möglichkeiten die Konsumenten haben, die Qualität eines Produktes zu überprüfen. Die Informationsökonomik hat für die unterschiedlichen Konstellationen der Informationsbeschaffung bei Gütern mit verdeckten Qualitäten eine Unterscheidung in drei Klassen von Gütern erarbeitet:

- *Güter mit Sucheigenschaften*
- *Güter mit Erfahrungseigenschaften* und
- *Güter mit Vertrauenseigenschaften.*

Der Begriff der *Sucheigenschaften* geht auf Nelson (1970) zurück, der zwischen Suchgütern („search goods“) und Erfahrungsgütern („experience goods“) unterscheidet.[194] Während Sucheigenschaften bereits vor dem Kauf durch geeignete Informationsanstrengung, z. B. durch einfache Inspektion, ermittelt werden können, versagt bei *Erfahrungseigenschaften* die Informationsbeschaffung vor dem Kauf. Ein Nachfrager, der noch keine Erfahrung mit einem Produkt hat, muss hier zunächst den Aussagen des Anbieters glauben. Er kann sich frühestens nach dem Kauf, häufig auch erst nach längerer Verbrauchs- oder Gebrauchserfahrung, ein eigenes Qualitätsurteil bilden.[195] Erfahrungseigenschaften liegen auch dann vor, wenn es für die Nachfrager zwar möglich ist sich zu informieren, die Informationskosten aber so hoch sind, dass ein uninformierter Kauf vorteilhafter ist als der informierte Kauf.[196] Darby und Karni (1973) führten zusätzlich den Begriff der *Vertrauenseigenschaften* („credence quality“) ein.[197] Vertrauenseigenschaften lassen sich weder durch Inspektion noch durch Ge- oder Verbrauch überprüfen, d. h. auch nach dem Kauf und Konsum praktisch nicht beurteilen.[198] Solche Vertrauenseigenschaften sind insbesondere auch dann anzutreffen, wenn die betreffende Leistung zusammen mit anderen Inputs in einer nicht eindeutig auszumachenden „Produktionsbeziehung“ steht. So ist es für den Konsumenten schwierig zu beurteilen, welches die Heilungswirkung eines spezifischen Medikaments oder einer besonderen medizinischen Behandlung ist und was auf natürliche Heilungsprozesse zurückgeführt werden kann.[199]
Die Gütereigenschaft hat Auswirkungen auf die Informationslage der Nachfrager, die Glaubwürdigkeit der Kommunikationspolitik der Anbieter und das Risiko eines opportunistischen Verhaltens der Anbieter (Abb. III-5).

---

194 Vgl. Nelson (1970), S. 312 ff.
195 Vgl. Meinhövel (1998), S. 18.
196 Vgl. Nelson (1970), S. 311-329.
197 Vgl. Darby, Karni (1973), S. 67 ff.
198 Vgl. Darby, Karni (1973), S. 68 ff.
199 Vgl. Hauser (1979), S. 748.

Bei *Sucheigenschaften* ist das Informationsproblem des Konsumenten am geringsten.[200] Die Kommunikationspolitik hat praktisch kein Glaubwürdigkeitsproblem, sie muss weniger überzeugen als primär für eine effiziente Verteilung der Information sorgen.[201]

Bei *Erfahrungseigenschaften* ist die Informationslage der Individuen weniger gut, denn die Ermittlung der Qualität eines Gutes ist nicht mehr durch einfache Inspektion möglich. Die Kommunikationspolitik der Anbieter ist hier mit Glaubwürdigkeitsproblemen konfrontiert, denn die Konsumenten wissen, dass die Anbieter beabsichtigen, ihre Produkte in das beste Licht zu rücken und ihre Schwächen zu kaschieren, weil sie verkaufen wollen. Da die Konsumenten den Wahrheitsgehalt der behaupteten Produkteigenschaften vor dem Kauf nicht prüfen können, sind derartige Informationen grundsätzlich unglaubwürdiger als solche für Sucheigenschaften.[202]

Besonders groß ist das Informationsproblem bei *Vertrauenseigenschaften.* Hier kann nicht mehr auf die Erfahrungen anderer zurückgegriffen werden, die das in Frage stehende Gut bereits genutzt haben. Die Konsumenten sind dem opportunistischen Verhalten der Anbieter praktisch ungeschützt ausgesetzt, so dass die Kommunikationspolitik der Anbieter hinsichtlich Vertrauenseigenschaften in besonderem Maße auf Glaubwürdigkeitsprobleme stößt.

Die Differenzierung der Gütereigenschaften ist für die Kommunikationspolitik außerordentlich wichtig. Die strukturell ganz verschiedenen Informationslagen der Konsumenten stellen unterschiedliche Anforderungen an die strategische Ausrichtung der Informations- und Kommunikationspolitik, auf die als Teil der Gestaltungsempfehlungen in Teil VI näher eingegangen wird.[203] In der Realität weisen die meisten Güter Kombinationen von Such-, Erfahrungs- und Vertrauenseigenschaften auf (mit Dominanz von einer oder zwei dieser Kategorien).[204] Weiber und Adler (1995) haben ein „informationsökonomisches Dreieck" konstruiert, in dem sich ein Gut je nach seiner Eigenschaftsmischung positionieren lässt.[205] Dabei wird die Zuordnung einzelner Charakteristika natürlich auch von der individuellen Informationslage der einzelnen Nachfrager mitbestimmt.

---

200 Der Konsument muss nur Kosten der Suche nach den richtigen Angeboten aufbringen, ein vorliegendes Angebot zu überprüfen verursacht dagegen praktisch keine Kosten. Der Konsument braucht sich dann auch nicht weiter gegen opportunistisches Verhalten des Anbieters abzusichern.

201 Vgl. Kaas (1994), S. 250.

202 Vgl. Kaas (1994), S. 250.

203 Siehe dazu auch ausführlich Teil VI Abschnitt 1.1.

204 Vgl. Darby, Karni (1973), S. 69.

205 Vgl. Weiber, Adler (1995a).

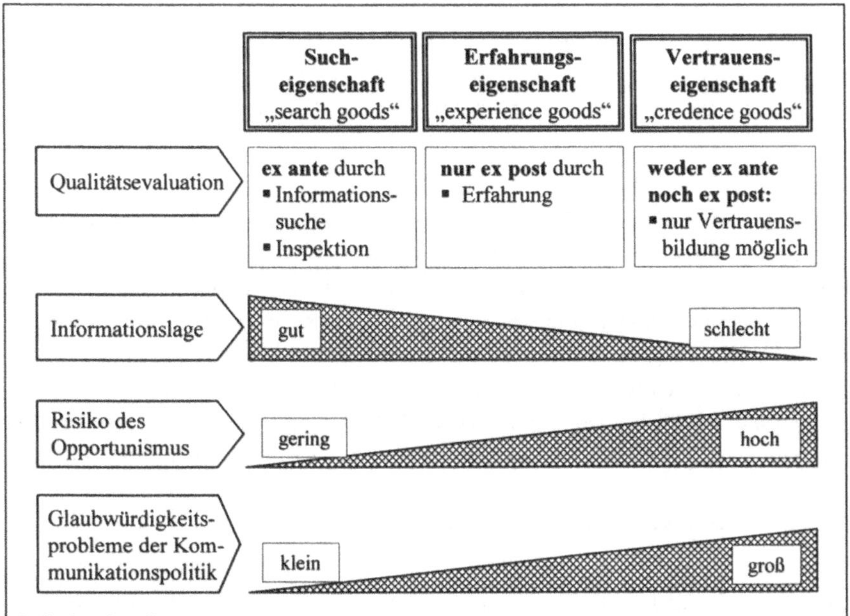

Quelle: eigene Darstellung

Abb. III-5: Typologie von Gütereigenschaften

2.2.2 *Such-, Erfahrungs- und Vertrauenseigenschaften von Gesundheitsgütern*

Informationen über die Qualität von Gesundheitsgütern sind für die Patienten je nach Qualitätskategorie unterschiedlich gut erhältlich und evaluierbar. Im Folgenden wird untersucht, inwiefern die in Abschnitt 2.1.2 diskutierten Qualitätskategorien von Gesundheitsleistungen Such-, Erfahrungs- oder Vertrauenseigenschaften betreffen.

2.2.2.1 *Sucheigenschaften von Gesundheitsgütern*

Informationen über Sucheigenschaften von Gesundheitsgütern können bereits vor deren Inanspruchnahme ermittelt werden. Dies ist beispielsweise für das Angebot einer speziellen Medizintechnik plausibel: Je nach erforderlicher oder gewünschter Behandlung kann eine Einrichtung mit der dazu notwendigen Ausstattung an Geräten ausgesucht werden. Die Patienten können sich darüber hinaus zumindest prinzipiell über die durch Aus-, Weiter- und Fortbildung erworbenen fachlichen Fähigkeiten und Spezialisierungen eines Arztes, die fachliche Qualifikation seiner Praxismitarbeiter, die Praxisausstattung, die Zusammenarbeit des Arztes mit anderen Ärzten und externen Institutionen des Gesundheitswesens sowie über die Praxisorganisation wie z. B. Sprechzeiten oder die Durchführung von Hausbesuchen erkundigen.

Informationen über diese Sucheigenschaften sind für den Anbieter vergleichsweise einfach und glaubwürdig zu kommunizieren.[206] Von Donabedians Qualitätskategorien können zu den Sucheigenschaften vor allem die persönliche und sachliche Strukturqualität sowie in einigen Bereichen die Prozessqualität von Gesundheitsgütern gezählt werden.

2.2.2.2 Erfahrungseigenschaften von Gesundheitsgütern

Erfahrungseigenschaften von Gesundheitsgütern lassen sich nicht vor der Inanspruchnahme der Leistung überprüfen, sondern erschließen sich dem Patienten erst im Laufe der Zeit. Zum Beispiel werden sich die Patienten nach einem Arztbesuch in der Regel eine Meinung gebildet haben über die Wartezeiten, die hygienischen Verhältnisse der Praxis, die Vorgehensweise des Arztes bei der Diagnosestellung und der Therapie, die persönliche Kompetenz des Arztes und des Praxispersonals, die organisatorische Zusammenarbeit des Praxisteams sowie das Kommunikationsverhalten des Arztes. Unter die Kategorie der Erfahrungseigenschaften können Teile der Strukturqualität von Gesundheitsgütern, aber auch deren Prozessqualität fallen.

2.2.2.3 Vertrauenseigenschaften von Gesundheitsgütern

Vertrauenseigenschaften von Gesundheitsgütern zeichnen sich dadurch aus, dass sie nicht einmal durch Erfahrung ermittelt werden können. Bei Vertrauenseigenschaften kann der Patient somit die Qualität weder vor noch nach der Inanspruchnahme beurteilen. Dies trifft für einen großen Teil der Gesundheitsleistungen zu.[207] Auf komplexem Fachwissen beruhende und formal nicht strukturierbare Dienstleistungen entziehen sich für Laien weitgehend einer Kontrolle im Detail.[208] Der Patient verfügt beispielsweise nicht über die notwendigen Fachkenntnisse, um die Richtigkeit einer Diagnose und die Angemessenheit einer Therapie einschätzen oder die Sorgfalt des Arztes bei der Diagnose, Therapie und der Benutzung seiner medizinisch-technischen Ausstattung beurteilen zu können.[209] Auch ein noch so aufgeklärter und verständiger Patient wird das Wissensgefälle kaum ganz beseitigen können. Der Patient muss dem Arzt vertrauen.[210] Ebenso ist es für den Patienten schwierig auszumachen, welches die Heilungswirkungen eines Medikaments oder einer medizinischen Behandlung sind und was auf natürliche Heilungsprozesse zurückgeführt werden muss bzw. kann.[211] Da sich der medizinische Behandlungsprozess in einer nicht mit Sicherheit determinierbaren Input-Output-Beziehung vollzieht, ist die Prozessqualität für den Patienten nur schwer zu evaluie-

---

[206] Siehe hierzu auch Teil VI Abschnitt 1.1.2.
[207] Vgl. Meffert, Bruhn (1997), S. 76.
[208] Barth (1999), S. 338.
[209] Der Patient kann zum Beispiel keine verlässliche Aussage darüber treffen, ob der Arzt eine Blinddarmoperation nach medizinischem Standard kunstgerecht durchgeführt hat oder die Verordnung eines Medikaments sachgerecht gewesen ist.
[210] Vgl. Barth (1999), S. 338.
[211] Vgl. Hauser (1979), S. 748.

ren. Die Beurteilbarkeit der Ergebnisqualität leidet vor allem auch darunter, dass häufig keine geeigneten Maßstäbe für deren Beurteilung vorliegen.[212]

Abbildung III-6 zeigt, wie sowohl die Ermittelbarkeit als auch die Evaluierbarkeit bestimmter Informationen deren Zuordnung zu den verschiedenen Eigenschaftskategorien beeinflussen. Beispielsweise ist das Behandlungsergebnis in der Regel vergleichsweise einfach zu ermitteln, es ist aber schwer zu beurteilen, inwieweit dieses auf die durchgeführte Therapie zurückzuführen ist.

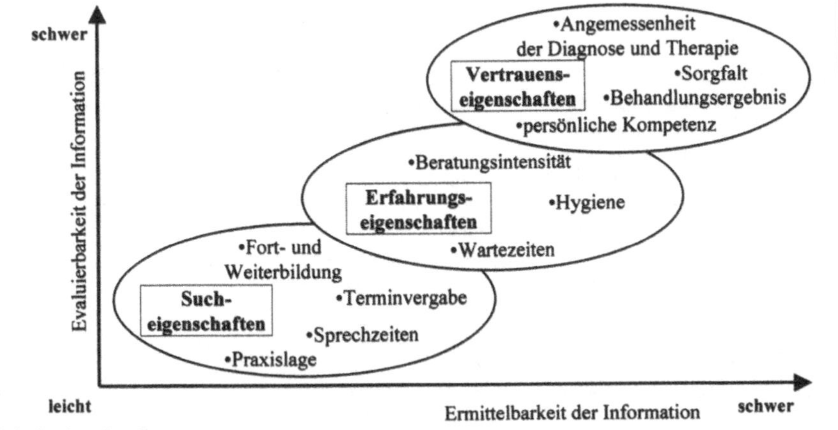

Quelle: eigene Darstellung

Abb. III-6: Ermittelbarkeit und Evaluierbarkeit von Informationen über Gesundheitsgüter

Abhängig von Merkmalen des einzelnen Patienten können sowohl die Ermittelbarkeit als auch die Evaluierbarkeit bestimmter Informationen unterschiedlich ausfallen. Zudem wird die Zugänglichkeit der Informationen auch von den Strukturen des jeweiligen Gesundheitssystems und der Informationspolitik einzelner Anbieter geprägt.

Die im Text und in Abbildung III-7 vorgenommene Zuordnung verschiedener Qualitätskategorien und Merkmale von Gesundheitsgütern zu den Eigenschaftskategorien sollte daher nicht als allgemein gültig verstanden werden. Sie stellt vielmehr den Versuch dar, die Situation eines Patienten mit durchschnittlichen medizinischen Kenntnissen zu charakterisieren, der

[212] Siehe hierzu auch Teil VI Abschnitt 1.1.3.

bereit ist, aktiv Informationen einzuholen und auf auskunftsbereite Anbieter von Gesundheitsgütern trifft.[213]

	Sucheigenschaft	Erfahrungseigenschaft	Vertrauenseigenschaft
Ergebnisqualität			▪ Behandlungserfolg ▪ Angemessenheit diagnostischer und therapeutischer Aktivitäten ▪ Komplikationen im Behandlungsverlauf ▪ Mortalität des Patientenklientels ▪ Patientenzufriedenheit
Prozessqualität	➢ Praxisorganisation ▪ Zusammenarbeit mit anderen Ärzten und externen Einrichtungen des Gesundheitswesens ▪ Durchführung von Hausbesuchen ▪ Sprechzeiten des Arztes	▪ Vorgehensweise bei Diagnosestellung und Therapie ▪ Einsatz medizintechnischer Hilfsmittel ▪ Interne Zusammenarbeit des Praxispersonals ▪ Wartezeiten in der Praxis	▪ Sorgfalt bei Diagnose und Therapie ▪ Sorgfalt bei der Benutzung der medizintechnischen Ausstattung
Strukturqualität – persönlich	➢ Arzt ▪ durch Aus-, Weiter- und Fortbildung erworbene fachliche Qualifikation ▪ med. Spezialisierung ▪ Fremdsprachenkenntnisse ➢ Praxismitarbeiter ▪ fachliche Qualifikation	➢ Arzt ▪ persönl. Qualifikation ▪ Fähigkeiten bei Beratung und Information ➢ Praxismitarbeiter ▪ persönl. Qualifikation ▪ Kommunikationsverhalten	
Strukturqualität – sachlich	➢ Praxisausstattung ▪ Wartezimmer ▪ Behandlungsräume ▪ medizintechnische Ausstattung ➢ Lage der Praxis		

Quelle: eigene Darstellung

Abb. III-7: Qualitätskategorien und Such-, Erfahrungs- und Vertrauenseigenschaften von Gesundheitsgütern

[213] Die derzeitigen Möglichkeiten der Patienten, Informationen über die Struktur-, Prozess- und Ergebnisqualität von Ärzten zu ermitteln, waren Thema der im Rahmen der vorliegenden Arbeit durchgeführten empirischen Untersuchung. Siehe hierzu Teil V Abschnitt 2.6.2.

Je nachdem, ob aus Sicht des Patienten eine Such-, Erfahrungs- oder Vertrauenseigenschaft vorliegt, ist seine Informationslage in unterschiedlichem Maße beschränkt und die Kommunikationspolitik der Anbieter unterschiedlich zu gestalten. Daher werden in Teil VI dieser Arbeit die Strategien zur patientenorientierten Information und Kommunikation in Abhängigkeit dieser Gütereigenschaften diskutiert.

2.3 Klassifizierung nach Transaktionstyp

Neben den zuvor diskutierten Charakteristika der Gesundheitsgüter bestimmt auch der Typ der Transaktion die Struktur der patientenorientierten Information und Kommunikation.

2.3.1 Austausch- und Kontraktgüter

In Anlehnung an eine Unterteilung von Alchian und Woodward (1988) können Transaktionen die Form

- eines *Austauschs* oder
- eines *Kontrakts*

haben.[214] Die zwei Transaktionstypen werden im Folgenden beschrieben.

Austauschgüter („exchange goods") sind standardisierte, fertige Produkte, die für den anonymen Markt und auf Vorrat hergestellt werden. Keiner der Partner muss bei dieser Transaktion partnerspezifische Investitionen tätigen.[215]

Als *Kontraktgüter* („contract goods") bezeichnet man Produkte, die in Auftragsfertigung erstellt werden.[216] Die Transaktion bezieht sich somit nicht auf fertige Produkte, sondern vielmehr auf Leistungsversprechen, wie sie bei hochwertigen und komplexen Sachgütern und Dienstleistungen (z. B. Unternehmensberatungen oder medizinischen Leistungen) die Regel sind. Bei diesem Transaktionstyp tätigt wenigstens einer der Partner spezifische Investitionen. Da die Leistungen an einem externen Faktor vollzogen werden, den der Abnehmer einbringt, und die Leistungen in Menge, Qualität und Liefertermin ganz auf die spezifischen Erfordernisse eines einzelnen Auftraggebers ausgerichtet sind, können die in der Transaktionsbeziehung getätigten Investitionen mit einem anderen potenziellen Partner nicht so profitabel oder sogar überhaupt nicht genutzt werden.[217] Ein Beispiel für eine partnerspezifische Investition ist die Zeit, die ein Patient aufwendet, um einen Arzt aufzusuchen und seine Krankengeschichte zu schildern. Diese Zeit wäre bei einem Arztwechsel verloren.

---

[214] Andere Transaktionstypen wie z. B. die Geschäftsbeziehung kombinieren Charakteristika dieser beiden Transaktionsformen.

[215] Vgl. Kaas (1995a), S. 23.

[216] Vgl. Kaas (1994), S. 249.

[217] Vgl. Kaas (1995a), S. 23.

Die Unterscheidung der beiden Transaktionstypen ist wichtig, weil auch sie Auswirkungen auf die Informationslage der Konsumenten, die Glaubwürdigkeit der Kommunikationspolitik der Anbieter und das Risiko eines opportunistischen Verhaltens der Anbieter hat (Abb. III-8).

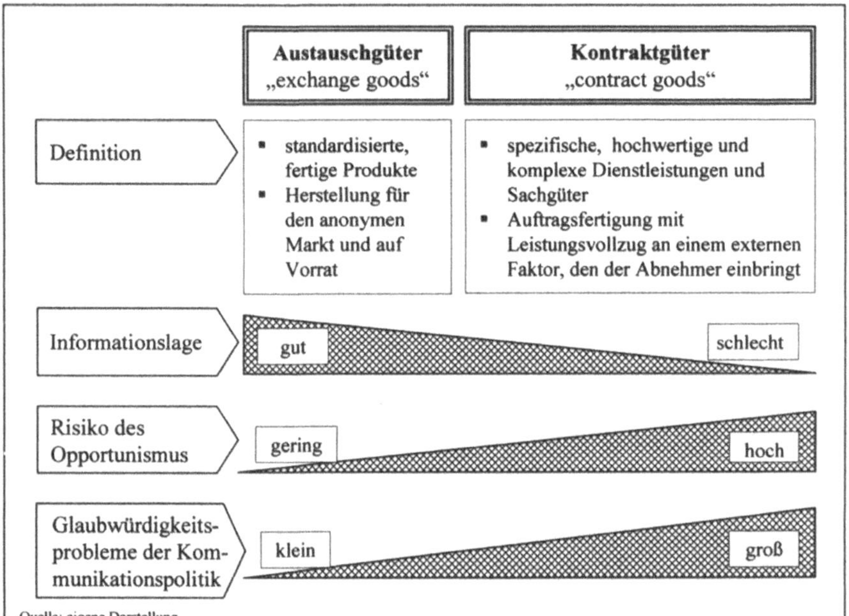

Quelle: eigene Darstellung

Abb. III-8: Typologie von Gütertransaktionen

Die Informationslage ist bei Austauschgütern tendenziell besser, da Austauschgüter bei Abschluss der Transaktion vorhanden sind und von den Konsumenten inspiziert werden können. Zwar mag es Qualitätsunsicherheit geben, soweit es um Erfahrungs- und Vertrauenseigenschaften geht, es kann aber kein nachvertraglicher Opportunismus entstehen und die Kommunikationspolitik der Anbieter hat grundsätzlich geringere Glaubwürdigkeitsprobleme.[218]

Bei Kontraktgütern hat der Nachfrager im Augenblick des Kaufs keine Gewissheit, ob, wann und in welcher Qualität die Leistung erstellt wird. Er ist darauf angewiesen, den Zusicherungen des Anbieters, er sei fachlich qualifiziert und werde sich anstrengen, zu glauben. Wenn er sich an seinen Vertragspartner bindet bzw. spezifische Investitionen tätigt, ist der Nachfrager dem opportunistischen Verhalten der Angebotsseite ausgesetzt, die seine Abhängigkeit ausnutzen kann. Daher ist die Lage der Konsumenten bei Kontraktgütern tendenziell problemati-

[218] Vgl. Kaas (1994), S. 251.

scher als bei Austauschgütern[219] und die Kommunikationspolitik der Anbieter ist mit größeren Glaubwürdigkeitsproblemen konfrontiert.

2.3.2 Transaktionstypen im Gesundheitswesen

Die meisten Gesundheitsgüter lassen sich als hochwertige und komplexe Dienstleistungen charakterisieren und fallen unter den Begriff der Kontraktgüter.[220] Allgemein lassen sich Dienstleistungen durch drei Merkmale kennzeichnen (Abb. III-9). Zum einen sind Dienstleistungen immaterielle bzw. intangible (nicht greifbare) Güter. Daraus folgt, dass eine Dienstleistung nicht wie eine Ware vorgeführt werden kann. Zum anderen werden Dienstleistungen „uno actu" konsumiert, d. h. ihre Erstellung und ihr Konsum erfolgen simultan.[221] Die in Anspruch genommene Dienstleistung existiert also vor ihrem Kauf und Konsum nicht und kann somit auch nicht vorher – wie etwa ein literarisches Werk vom Lektorat – inspiziert werden. Das dritte Charakteristikum von Dienstleistungen ist, dass sie unter Einbringung eines externen Faktors erstellt werden.[222] Ihre Erstellung ist damit nur möglich, wenn der Konsument sich selbst oder eines seiner Güter in den Prozess einbringt.[223]

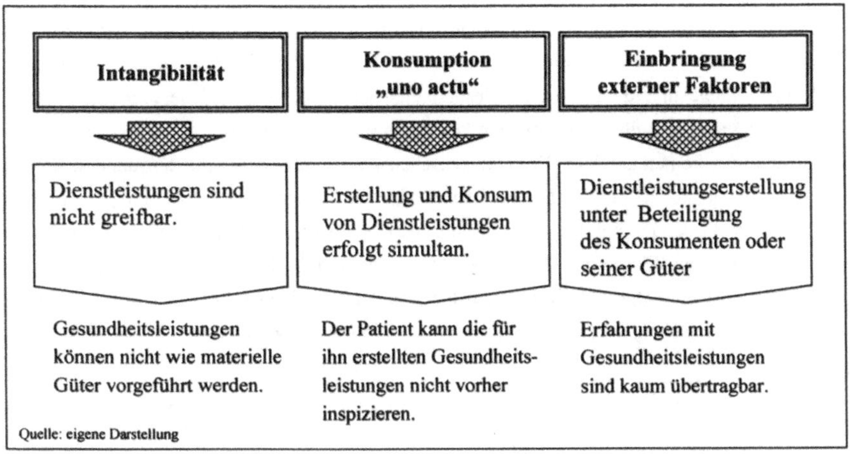

Abb. III-9: Dienstleistungseigenschaften von Gesundheitsleistungen

[219] Vgl. Kaas (1994), S. 251.
[220] Auch einige materielle Gesundheitsgüter wie z. B. individuell hergestellte Pharmazeutika (z. B. Aids-Medikamenten-Cocktail, Chemotherapie) oder auf den Träger angepasste Prothesen und Brillen lassen sich den Kontraktgütern zuordnen.
[221] Vgl. Wiedemann (1998), S. 23.
[222] Vgl. Stauss (1989), S. 48.
[223] Vgl. Wiedemann (1998), S. 24.

Gesundheitsleistungen, also immaterielle Gesundheitsgüter, weisen in der Regel alle drei Merkmale von Dienstleistungen auf.[224] Zum einen sind Gesundheitsleistungen nicht greifbar, sie können nicht wie eine Ware vorgeführt werden. Ihre Intangibilität erschwert es den Anbietern, die angebotenen Gesundheitsleistungen so anschaulich darzustellen wie es bei der Vermarktung materieller Güter üblich ist. Stattdessen konzentriert sich ihre Kommunikationspolitik häufig auf die Darstellung der erzielten Erfolge (z. B., wo erlaubt, Vorher-Nachher-Bilder[225]) oder des Anbieters selber. Zum anderen werden immaterielle Gesundheitsgüter „uno actu" konsumiert. Die Gesundheitsleistung ist nicht lagerbar und wird erst bei Inanspruchnahme unmittelbar erstellt und zeitgleich konsumiert.[226] Zwar kann der Patient sich von bestimmten Rahmenbedingungen der Leistungserstellung ein Bild machen, indem er beispielsweise die Praxisorganisation oder das Behandlungsspektrum einer Praxis überprüft, es ist allerdings unmöglich, dass er speziell die für ihn erstellte medizinische Gesundheitsleistung vorher ausprobiert.[227] Auch Erfahrungen anderer Patienten sind nicht ohne weiteres übertragbar, da die gesundheitlichen Probleme nie ganz vergleichbar sind und der Behandlungsprozess stark individualisiert ist.[228] Schließlich werden Gesundheitsleistungen unter Einbringung eines externen Faktors erbracht, da die ärztlichen wie auch die nichtärztlichen Leistungen sich in der Regel am Patienten vollziehen und dieser durch sein Verhalten den Verlauf und Erfolg der Behandlung beeinflusst.[229] Man unterscheidet in diesem Zusammenhang persönliche und unpersönliche Gesundheitsleistungen. Während persönliche Gesundheitsleistungen unmittelbar am Patienten vollzogen werden, erfordern unpersönliche Gesundheitsleistungen keinen direkten Kontakt zwischen Arzt und Patient. Zu den unpersönlichen Gesundheitsleistungen zählt z. B. die Labordiagnose.[230] Trotz des fehlenden persönlichen Kontaktes wirkt der Patient auch hier indirekt an der Leistungserstellung mit (z. B. indem er die entsprechenden Proben abgibt) und beeinflusst den Erfolg der Behandlung (z. B. wenn er nicht wirklich mit nüchternem Magen zur Blutabnahme erschienen ist). Die Einbringung externer Faktoren, die unterschiedlich gute Ausgangsvoraussetzungen für die Erstellung der

---

224 Mit der Dienstleistungseigenschaft der immateriellen Gesundheitsgüter ist auch verbunden, dass nicht das Ergebnis, sondern das Tätigwerden mit der Absicht, ein bestimmtes Ergebnis zu erzielen, als Leistung bezeichnet wird. Vgl. Meyer (1993a), S. 20 f.

225 Vorher-Nachher-Fotografien sind bei kosmetischen Operationen werblich zulässig, so das Urteil des OLG München vom 28.06.2001, Aktenzeichen 29 U 2210/01. Vorher-Nachher-Fotos fallen nur dann unter das Heilmittelwerbegesetz, wenn sie sich auf die Behandlung von kranken Menschen beziehen. Ist der Zweck der Werbung mit Vorher-Nachher-Bildern auf kosmetische Operationen gerichtet und nicht darauf, psychische Belastungen, die mit körperlicher Verunstaltung einhergehen können zu behandeln, so ist diese zulässig.

226 Vgl. Wiedemann (1998) S. 24. Dabei können medizinische Teilleistungen oder (Teil-)Ergebnisse durchaus materieller Art und damit lagerfähig sein. Dies gilt beispielsweise für das sich der Diagnosestellung anschließende schriftliche Festhalten der Befunde oder den an den niedergelassenen Arzt zu übermittelnden Arztbrief, die als materielle, lagerfähige Trägermedien einzustufen sind. Vgl. Schmutte (1998), S. 7.

227 Vgl. Wiedemann (1998), S. 23 f.

228 In diesem Punkt unterscheiden sich Gesundheitsgüter von langlebigen Konsumgütern wie Waschmaschinen, die zwar auch unregelmäßig gekauft werden, bei denen jedoch eine objektive Qualitätsbeurteilung (z. B. durch Test-Institute) möglich ist. Vgl. Breyer, Zweifel (1997), S. 159

229 Vgl. Schmutte (1998), S. 7. Integriert werden auch materielle externe Objekte, etwa in Form der durch den einweisenden Arzt schriftlich festgehaltenen Anamnese des Patienten. Vgl. Schmutte (1998), S. 7.

230 Vgl. Richard (1993), S. 43.

ärztlichen Leistung aufweisen (Gesundheitszustand) und daran unterschiedlich gut mitwirken (z. B. bei der Anamnese), reduziert die Vergleichbarkeit der erzielten Behandlungserfolge und die Validität darauf beruhender Statistiken. Damit erschwert sie den Patienten die Evaluierung dieser Statistiken und setzt diesbezügliche kommunikationspolitische Maßnahmen der Anbieter kritischen Fragen aus.

2.3.3 Prinzipal-Agenten-Beziehungen als Sonderfall einer Kontraktbeziehung

Die zahlreichen in der Realität anzutreffenden Facetten von Kontraktbeziehungen werden von der Mikroökonomik und der Neuen Institutionenökonomik auf einige notwendigerweise vereinfachende Modelle reduziert, die dann aber eine vertiefte Durchdringung des zugrunde liegenden Problems gestatten. Das ökonomische Standardmodell schlechthin für die Abbildung von Informationsstrukturen in Kontraktbeziehungen und damit auch bei der Erstellung der meisten Gesundheitsleistungen ist die Prinzipal-Agenten-Beziehung. Eine Prinzipal-Agenten-Beziehung ist eine Kooperation mindestens zweier Akteure bei exogener Unsicherheit und endogener Informationsasymmetrie.[231] Beispiele sind Beziehungen zwischen Anteilseignern eines Unternehmens und geschäftsführenden Managern, zwischen Patient und Arzt, Arbeitgeber und Arbeitnehmer. Der Prinzipal steht hier vor zwei grundlegenden Problemen: Zum einen muss er den am besten geeigneten Agenten auswählen, zum anderen muss er dafür sorgen, dass dieser auch tatsächlich im Interesse des Prinzipals handelt.

2.3.3.1 Grundzüge der Prinzipal-Agenten-Theorie

Die Prinzipal-Agenten-Theorie befasst sich mit den Problemen einer effizienten Delegation von Aufgaben. Wie so oft in der Wirtschaftswissenschaft hat sich für Prinzipal-Agenten- bzw. Auftragsbeziehungen keine Definition allgemein durchgesetzt. Vielfach wird auf eine Klarstellung überhaupt verzichtet. Einige Definitionsversuche seien hier exemplarisch vorgestellt:
Ross (1973) zufolge liegt eine Auftragsbeziehung dann vor, wenn „one as the agent, acts for, on behalf of or as representative for the other, designated the Principal, in a particular domain of decision problems".[232]
Rees (1985) bezeichnet Auftragsbeziehungen als „delegierte Wahlhandlungen, wobei einer die Verantwortung für das Treffen von Entscheidungen im Sinne des/der anderen übernimmt mit einem Anspruch auf Entlohnung".[233]
Eine weitere, sehr weite Definition geben *Pratt und Zeckhauser (1985)*: „Whenever one individual depends on the action of another, an agency relationship arises".[234]
Die vorliegende Arbeit orientiert sich an der Definition von *Schneider (1988)*: „Prinzipal-Agenten-Beziehungen entstehen, wenn mindestens ein Auftraggeber und mindestens ein Auf-

[231] Vgl. Kaas (1995b), S. 4.
[232] Ross (1973), S. 134.
[233] Rees (1985), S. 3.
[234] Pratt, Zeckhauser (1985), S. 2.

tragnehmer unter Unsicherheit und bei uneinheitlichem Wissensstand untereinander gemeinsam Ziele erreichen wollen, die nur teilweise gleichgerichtet sind und bei denen teilweise der Vorteil des einen zum Nachteil des anderen werden kann".[235]

Konstitutiv für das Vorliegen einer Prinzipal-Agenten-Beziehung ist, dass die Handlungen des Auftragsnehmers (Agenten) nicht nur sein eigenes Wohlergehen, sondern auch das Nutzenniveau des Auftraggebers (Prinzipal) beeinflussen.[236] Wer Prinzipal und wer Agent ist, kann häufig nur situationsbezogen entschieden werden.[237] Ein und dieselbe Person kann sowohl Prinzipal als auch Agent sein.[238] So ist z. B. ein Arzt nicht nur Agent seiner Patienten, sondern auch Agent der Krankenversicherung. Für das Bestehen einer Prinzipal-Agenten-Beziehung ist nicht unbedingt ein expliziter Vertrag zwischen Auftraggeber und Auftragnehmer notwendig.[239]

2.3.3.2 Verhaltensannahmen und Bedingungen der Prinzipal-Agenten-Theorie

Nach Picot (1998) liegen der Prinzipal-Agenten-Theorie drei Verhaltensannahmen zugrunde (Abb. III-10)[240]:

- *individuelle Nutzenmaximierung,*
- *exogene Unsicherheit und unterschiedliche Risikoneigung von Prinzipal und Agent* sowie
- *unvollständige Information.*

➢ *Individuelle Nutzenmaximierung*

Im Rahmen der Prinzipal-Agenten-Theorie wird davon ausgegangen, dass sowohl der Prinzipal als auch der Agent beabsichtigen, ihren Nutzen zu maximieren. Die jeweiligen Nutzenfunktionen von Prinzipal und Agent spiegeln deren persönliche Präferenzen wider.[241] Da die Argumente in den Nutzenfunktionen von Prinzipal und Agent differieren und die Entscheidungen des Agenten das Nutzenniveau des Prinzipals beeinflussen, birgt die individuelle Nutzenmaximierung die Gefahr des opportunistischen Verhaltens:[242] Der Prinzipal muss damit rechnen, dass der Agent Verhaltensspielräume auch dann zu seinen eigenen Gunsten nutzt, wenn er den Prinzipal damit schädigt.[243]

---

[235] Schneider (1988), S. 1182.
[236] Vgl. Picot, Dietl, Frank (1999), S. 85.
[237] Kaas (1992), Kleinaltenkamp (1992) und Jacob (1995) weisen darauf hin, dass Auftragsbeziehungen im Zusammenhang mit der Erstellung von Kontraktgütern als wechselseitige Prinzipal-Agenten-Beziehung anzusehen sind. Wegen des Einbringens „externer Faktoren" in Form von Informationen oder Personalkapazität nimmt nicht nur der Anbieter von Kontraktgütern, sondern auch der Nachfrager die Rolle des Agenten ein. Vgl. Kaas (1992), S. 889 ff., Kleinaltenkamp (1992), S. 814 f., Jacob (1995), S. 212 ff.
[238] Vgl. Picot, Dietl, Frank (1999), S. 85.
[239] Vgl. Pratt, Zeckhauser (1985), S. 2.
[240] Vgl. Picot, Dietl, Frank (1999), S. 87.
[241] Vgl. Schwartz (1997), S. 28.
[242] Vgl. Schwartz (1997), S. 28.

- *Exogene Unsicherheit und Risikoneigung*

Die Unsicherheit bezüglich des Eintretens verschiedener Umweltzustände, auf die weder der Prinzipal noch der Agent Einfluss nehmen können, ist ein weiteres Charakteristikum von Prinzipal-Agenten-Beziehungen.[244] Das Grundmodell der Prinzipal-Agenten-Beziehung geht von einem risikoaversen Agenten und einem risikoneutralen[245] Prinzipal aus.[246]

- *Unvollständige Information*

Die Prinzipal-Agenten-Theorie baut mit nur wenigen Modifikationen auf der neoklassischen Mikroökonomik auf.[247] Die bedeutendste Abweichung von den Annahmen der Neoklassik besteht darin, dass die Akteure über unvollkommene Informationen verfügen und daher mit Unsicherheiten konfrontiert sind. Dabei kann es sich auch um eine subjektive Unsicherheit in Form beschränkter Rationalität handeln. In diesem Fall wäre es zwar grundsätzlich möglich, die Informationslücke zu schließen, aufgrund der Kosten der Informationsbeschaffung oder wegen Begrenzungen der Informationsaufnahme und -verarbeitungskapazität geschieht dies aber nicht.[248]

Bei den in der Prinzipal-Agenten-Theorie modellierten Transaktionstypen verfügt der Auftraggeber zumindest in einer Beziehung über schlechtere Informationen als der Auftragnehmer. Dabei kann es sich um Eigenschaften und Charakteristika des Agenten handeln (hidden characteristics), um seine Absichten (hidden intention), um bestimmte Kontextinformationen (hidden information) oder um die Handlungen des Auftragnehmers (hidden action). Der Informationsrückstand des Auftraggebers kann sich sowohl auf die Situation vor als auch nach Vertragsabschluss beziehen.[249]

Bei der Selektion eines Agenten stellen hidden characteristics und hidden intention die entscheidenden Informationsdefizite des Prinzipals dar. Bei der Sicherstellung eines wunschgemäßen Verhaltens auf Seiten des Agenten sind die Probleme hingegen auf hidden action und hidden information zurückzuführen. Vor der nach diesen Bereichen des Informationsdefizits gegliederten Diskussion in Teil III Abschnitte 3.2 und 3.3 soll aber zunächst die Anwendung des Prinzipal-Agenten-Modells auf das Gesundheitswesen diskutiert werden.

---

243 Vgl. Picot, Dietl, Frank (1999), S. 87.
244 Vgl. Schwartz (1997), S. 29.
245 Risikoavers ist ein Individuum dann, wenn es zwischen einem sicheren Nutzen X und einer Lotterie mit einem unsicheren Ergebnis eines erwarteten Nutzens von X den sicheren Nutzen vorzieht. Eine risikoneutrale Person hingegen ist indifferent zwischen dem sicheren Nutzen und dem unsicheren erwarteten Nutzen aus der Lotterie. Vgl. J. von Neumann, Morgenstern (1973), S. 15 ff.
246 Vgl. Bonus, Weiland (1995), S. 38.
247 Vgl. Arrow (1986), S. 1184.
248 Vgl. Wiedemann (1998), S. 77.
249 Vgl. Spremann (1990), S. 564.

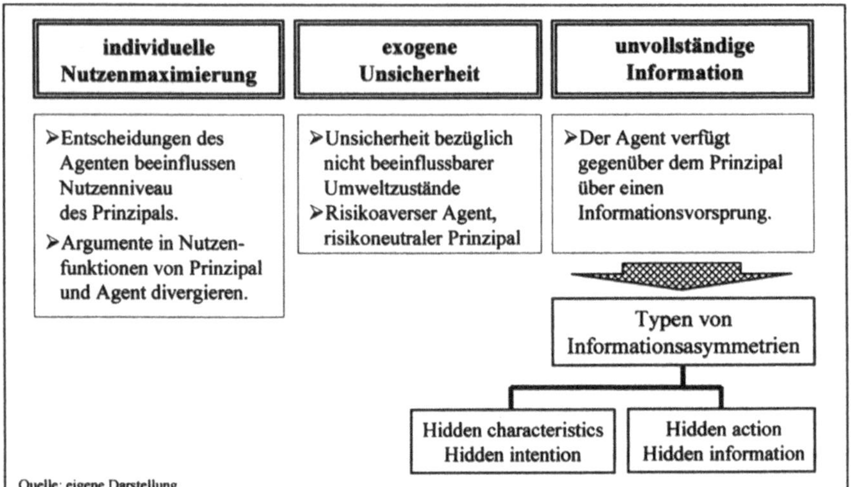

Quelle: eigene Darstellung

Abb. III-10: Annahmen der Prinzipal-Agenten-Theorie

2.3.3.3 Grundzüge der Prinzipal-Agenten-Beziehung im Gesundheitswesen

Die Vielzahl an Beziehungen zwischen den verschiedenen Parteien des Gesundheitswesens kann man sich vereinfacht in drei Ebenen gegliedert vorstellen (Abb. III-11).[250]

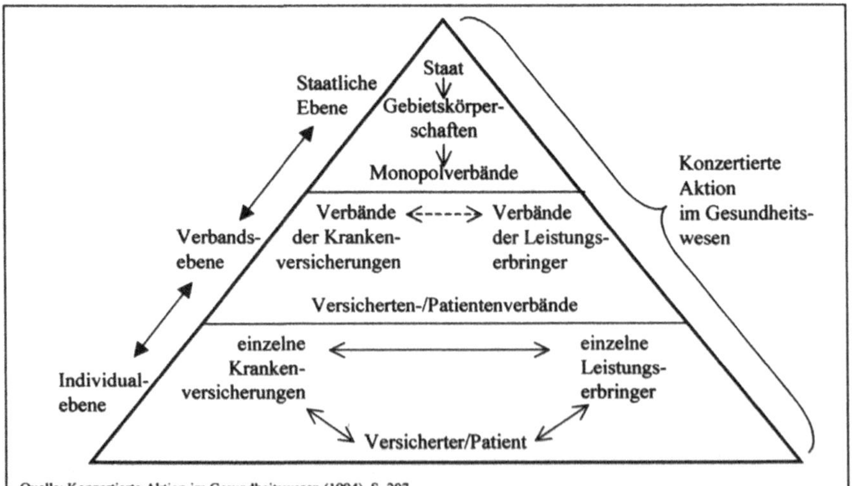

Quelle: Konzertierte Aktion im Gesundheitswesen (1994), S. 207.

Abb. III-11: Ebenen des Gesundheitswesens

[250] Sachverständigenrat für die Konzertierte Aktion im Gesundheitswesen (1994), S. 207.

Die in der Pyramide dargestellten (Kontrakt-)Beziehungen können durch Prinzipal-Agenten-Modelle abgebildet werden. Dabei kann jede der dargestellten Parteien in der einen Hinsicht als Prinzipal und in der anderen Hinsicht als Agent fungieren (Abb. III-12). So handelt der Arzt als Agent des Patienten, der von ihm eine optimale medizinische Versorgung erwartet (z. B. eine zutreffende Diagnose mit geeigneten Behandlungsvorschlägen, eine gründliche Beratung und eine entsprechende Therapie). Zugleich ist er aber auch Agent der Krankenversicherung, in deren Interesse es liegt, eine möglichst effiziente Versorgung der Bevölkerung mit Gesundheitsleistungen zu gewährleisten und die für die Versichertengemeinschaft entstehenden Kosten in einem vertretbaren Rahmen zu halten. Blomquist (1991) spricht in diesem Fall von der „double agency"-Rolle des Arztes als Sachwalter sowohl des Patienten als auch der Krankenversicherung.[251] Der Patient im Gesundheitswesen ist Prinzipal, weil sein Wohlergehen von Entscheidungen der Anbieter von Gesundheitsleistungen bestimmt wird. Er gibt seine Gesundheit, ja eventuell sogar sein Leben in die Hände des Ärztes: „If an error is made in diagnosis, the consequences for the doctor may be loss of income; for the client, it may be death".[252] Der Arzt kann Prinzipal des Patienten sein, weil Situationen denkbar sind, in denen das Nutzenniveau des Arztes durch Entscheidungen des Patienten beeinflusst wird. Zum Beispiel kann der Patient durch fehlende Compliance-Bereitschaft den Behandlungserfolg und somit unter Umständen auch die Reputation des Arztes gefährden oder sein (Zeit-)Budget über Gebühr in Anspruch nehmen.[253] Insofern löst der Patient als Agent des Arztes unter Umständen ähnliche Probleme aus wie der Arzt als Agent des Patienten. Die Krankenversicherung wiederum fungiert als Agent des Patienten, in dessen Interesse es liegt, dass die Krankenversicherung die von ihm in Anspruch genommenen medizinischen Leistungen vollständig vergütet und gleichzeitig die Versicherungsprämie niedrig hält. Aber auch hier tritt der Patient zugleich als Agent der Krankenversicherung auf und kann in Form mangelnder Gesundheitsvorsorge oder aber auch exzessiver Inanspruchnahme der angebotenen Leistungen problembehaftete Verhaltensweisen zeigen.

Jede dieser drei Parteien verfügt in der einen oder anderen Hinsicht über einen Informationsvorsprung, den sie zu ihrem Vorteil ausnutzen kann (Abb. III-12): Die Krankenversicherung besitzt sowohl gegenüber dem Arzt als auch gegenüber dem Patienten Erfahrungswerte über Abrechnungswerte und Nachfragerverhalten nach medizinischen Leistungen, die es ihr erlauben, deren Handlungsspielräume einzuengen. Der Patient kann seinerseits den Heilungserfolg beispielsweise mit seiner Mitwirkung bei der Anamnese beeinflussen und kennt im Gegensatz zur Krankenversicherung sein eigenes Krankheitsrisiko. Der Arzt schließlich verfügt über medizinische Kenntnisse in der Diagnostik und Therapie und sein Wissen gegenüber dem Patienten bei der Verordnung von Leistungen und gegenüber der Krankenversicherung bei der Abrechnung ausnutzen. Inwieweit diese Handlungsspielräume aber tatsächlich ausgenutzt

---

[251] Vgl. Blomquist (1991), S. 412.
[252] Wrigeley, McKevitt (1994), S. 75.

werden, hängt unter anderem von den Rahmenbedingungen des Gesundheitssystems und den konkreten Informationsbeziehungen der genannten Parteien ab.[254]

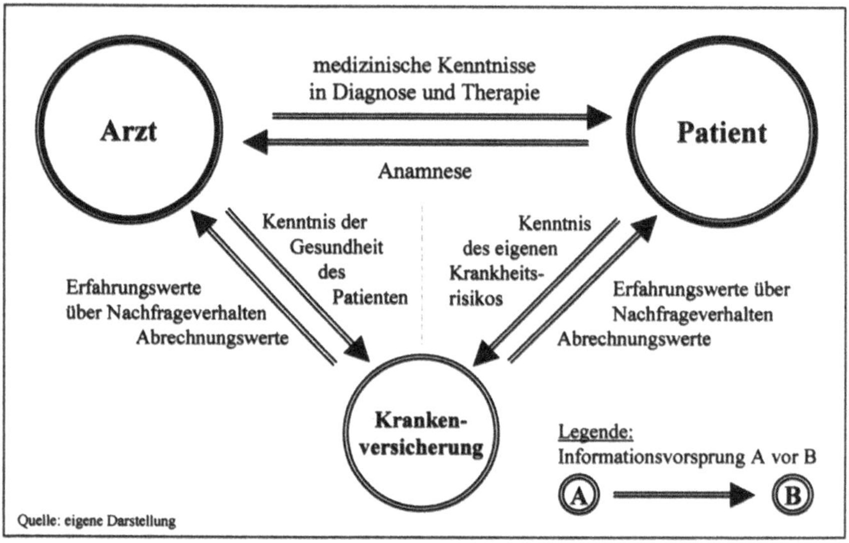

Abb. III-12: Informationsstrukturen zwischen Arzt, Patient und Krankenversicherung

Der Krankenversicherung, die sowohl mit dem Patienten als auch mit dem Arzt direkt in Kontakt tritt, kommt in der Realität häufig die Rolle eines die Arzt-Patienten-Beziehung ergänzenden Sachwalters zu. Sie ist im Prozess der Gesundheitsproduktion involviert und kann dazu beitragen, ein Marktversagen zwischen Arzt und Patient zu verhindern oder zu kompensieren, indem sie eine informationsvermittelnde Rolle wahrnimmt.[255] Diese Funktion folgt aus dem auf Seiten des Patienten häufig fehlenden Detailwissen über die Ärzte und die Qualität der verschiedenen Leistungsangebote.[256]

Der Staat zählt ebenfalls zu den die Arzt-Patienten-Beziehung ergänzenden Parteien. In der Rolle des Gesetzgebers beeinflusst er das Verhalten der Akteure, indem er die Rahmenbedingungen des Gesundheitswesens festlegt.[257] Er versucht beispielsweise den Patienten zu schützen, indem er der gesetzlichen Krankenversicherung eine Kontrahierungspflicht vorschreibt oder versucht, das Niveau der Ausbildung der Ärzte zu sichern, indem er Marktzutrittsbarrie-

[253] Vgl. Wiedemann (1998), S. 86.
[254] Vgl. Schneider (1998), S. 15.
[255] Siehe hierzu auch Teil VI Abschnitt 2.2.3.
[256] Vgl. Schneider (1998), S. 24.
[257] Vgl. Schneider (1998), S. 14. Siehe hierzu auch Teil VI Abschnitt 4.

ren aufstellt (numerus clausus, Studium, Prüfungen, Fort- und Weiterbildungen).[258] Durch die Integration eines „Praktischen Jahres" und einer Zeit als „Arzt im Praktikum" in den Ausbildungsplan für Mediziner stellt er darüber hinaus sicher, dass Ärzte neben dem Erwerb hoher fachlicher Qualifikation auch praktische Erfahrungen sammeln. Gleichzeitig schreibt der Staat den Patienten den Abschluss einer Versicherung vor.[259]

Auch wenn jeder der Akteure im Gesundheitswesen in der einen oder anderen Hinsicht Informationsdefizite aufweisen kann, beschäftigt sich die vorliegende Arbeit zur *patientenorientierten* Information und Kommunikation naturgemäß vor allem mit den Informationslücken auf Seiten des Patienten. Dabei werden im Folgenden die Ärzte als Anbieter von Gesundheitsgütern exemplarisch in den Vordergrund gestellt. Obwohl es auch andere Anbieter gibt, lassen sich die diskutierten Einsichten bezüglich der Prinzipal-Agenten-Beziehung zwischen Arzt und Patient in aller Regel auf diese übertragen. Themenbedingt unberücksichtigt bleiben Situationen, in denen Information und Kommunikation nicht stattfinden können, weil die Wahrnehmungs- und Entscheidungsfähigkeiten des Patienten eingeschränkt sind, z. B. beim Abtransport eines Schwerverletzten oder auf der Intensivstation.

2.3.3.4 Annahmen der Prinzipal-Agenten-Beziehung zwischen Arzt und Patient

Das Verhältnis zwischen Arzt und Patient wird in der Literatur zur Neuen Institutionenökonomik oft als klassisches Beispiel für eine Prinzipal-Agenten-Beziehung angesehen.[260] Die Auftraggeber-Auftragnehmer-Beziehung zwischen Arzt und Patienten kommt durch einen unausgesprochenen, impliziten Vertrag zustande, der durch das Betreten der Praxis bzw. den Arztbesuch wirksam wird.[261] Eine Situation asymmetrisch verteilter Information schafft erst die Basis für die Arzt-Patienten-Beziehung, denn wenn der Arzt nicht in einigen Bereichen über mehr Kenntnisse verfügen würde, könnte der Patient aus seiner Tätigkeit kaum Nutzen ziehen. Eine etwas andere Rolle als im klassischen Prinzipal-Agenten-Modell spielt dabei der Preis von Gesundheitsleistungen, der von den Kassenärztlichen Vereinigungen und Verbänden der Krankenkassen in Honorarverhandlungen festgelegt wird und vielfach den Patienten, insbesondere den gesetzlich Versicherten[262], noch nicht einmal bekannt ist.[263] Er kann daher

---

[258] Vgl. Braun (1992a), S. 91 und Schneider (1998), S. 14.

[259] Vgl. Schneider (1998), S. 14. Die Versicherungspflicht der Patienten lindert das Problem der adversen Selektion.

[260] Beispielsweise schreibt Arrow (1986): „In some cases where the principal-agent-theory seems clearly applicable, real-world practice is very different from the model. In many respects, the physician-patient-relation exemplifies the principal agent relation almost perfectly. The principal is certainly unable to monitor the efforts of the agent. The relation between effort and outcome is random, but presumably there is some connection, yet in practice the physician's fee structure is in no way related to outcome." Arrow (1986), S. 1193.

[261] Vgl. Schwartz (1997), S. 61.

[262] Im System der privaten Krankenversicherung sind die Abrechungsmodi etwas anders. Privatversicherte Patienten übernehmen zunächst die Begleichung der Arzt- bzw. Krankenhausrechnungen, die dann bei der privaten Krankenversicherung eingereicht und von dieser zurückerstattet werden.

[263] Vgl. Richard (1993), S. 12, Richard (1993), S. 142, 163.

von den Patienten nicht als Anreizfaktor zur Motivation des Arztes eingesetzt werden und kann auch nicht die Qualität des Arztes signalisieren.

Im Folgenden wird untersucht, inwieweit die Annahmen der Prinzipal-Agenten-Theorie, nämlich individuelle Nutzenmaximierung, exogene Unsicherheit und Risikoaversion sowie unvollständige Information, auf das Arzt-Patienten-Verhältnis zutreffen (Abb. III-13).

➢ *Individuelle Nutzenmaximierung*

Die klassische ökonomische These unabhängiger Nutzenfunktionen mit individueller Nutzenmaximierung stellt fast immer eine Vereinfachung dar, ist aber im Gesundheitswesen mit besonderer Skepsis zu betrachten. Vieles spricht dafür, dass hier weit mehr als in anderen Bereichen des Wirtschaftslebens der Nutzen des Patienten unmittelbar in die Nutzenfunktion des Arztes eingeht, also Ärzte nicht nur egoistisch handeln:

- Der Arzt als „Produzent" und der Patient als „Kunde" interagieren nicht auf einem anonymen Markt unter Vermittlung Dritter, sondern lernen sich in aller Regel persönlich kennen.
- Die Folgen ärztlichen Handelns sind so gravierend, dass uneingeschränkter Egoismus zu mehr ethischen Konflikten führt als im normalen Geschäftsleben.
- Das ärztliche Selbstverständnis ist weniger durch kaufmännisches Kalkül geprägt als durch eine Standesordnung und Berufsethik, die versucht, das Wohl des Patienten in den Vordergrund zu rücken.

Die vereinfachende idealtypische Annahme der individuellen Nutzenmaximierung wird hierdurch zwar nicht hinfällig, ihre Beschränkungen sollte der Ökonom aber gerade im Gesundheitswesen nicht aus dem Auge verlieren.

➢ *Exogene Unsicherheit und Risikoneigung*

Im Gesundheitswesen ist es schwierig festzustellen, ob ein Behandlungserfolg durch die Heilungswirkung der vom Arzt verschriebenen Medikamente bzw. durch die Durchführung einer medizinischen Therapie oder aber aufgrund vom Arzt nicht beeinflussbarer Faktoren wie dem normalen Krankheitsverlauf und den Selbstheilungskräften des Patienten erzielt wurde. Darüber hinaus können auch Faktoren wie z. B. Ruhe und die psychische Lage positiv auf den Heilungsprozess eines Menschen einwirken.
Die Bedeutsamkeit vom Arzt nicht kontrollierbarer Faktoren unterstreichen auch einige neue Studien zur Wirksamkeit von Placebos, von Medikamenten oder Therapien ohne Wirkstoffe.[264] Während einige Forscher an der Existenz des Placebo-Effektes festhalten, deuten neuere

---

[264] In den fünfziger Jahren behandelten Ärzte Erkrankungen der Herzkranzgefäße durch Abklemmen der Brustwandarterie und überprüften dieselbe Methode durch eine Scheinoperation. Unter Narkose wurde nur ein Hautschnitt gesetzt. Die entstehende Narbe und das Bewusstsein des Patienten, dass er behandelt worden war, führte zum gleichen Erfolg wie die „richtige Operation". Vgl. N. N. http://www.dkfz-heidelberg.de/einblick/ein1998/4_1998/4_98_13.htr (Stand 06.06.01).

Forschungsergebnisse darauf hin, dass sich in diesem für so wichtig gehaltenen Phänomen nur die vom Arzt unbeeinflusste und aufgrund des Regressionseffektes statistisch normale Entwicklung von Krankheiten ausdrückt.[265] Die anhaltende Diskussion zu diesem Thema unterstreicht auch, wie schwer es selbst erfahrenen und auf der Basis umfangreichen Datenmaterials arbeitenden Wissenschaftlern fällt, die Rolle von Selbstheilungskräften und statistischen Zufälligkeiten zu bestimmen. Umso weniger kann der Patient bei einzelnen Gesundheitsleistungen eindeutig ihre Wirksamkeit feststellen.[266] Bei Gesundheitsleistungen kann somit nicht zweifelsfrei zwischen dem aus der Inanspruchnahme resultierenden Nutzen und dem Nutzen ohne Inanspruchnahme der Leistung unterschieden werden. Wie im Grundmodell der Prinzipal-Agenten-Beziehung ist also die Ergebnisqualität aufgrund des Einflusses anderer Faktoren als der ärztlichen Bemühungen nicht eindeutig dem Agenten zuzurechnen.

Die im Grundmodell der Prinzipal-Agenten-Beziehung unterstellte Risikoaversion des Auftragnehmers dürfte auch auf die Mehrzahl der Anbieter von Gesundheitsleistungen zutreffen. Während dieses Grundmodell aber einen risikoneutralen Prinzipal unterstellt, kann der Patient Risikoaversion, Risikoneutralität oder auch Risikofreude aufweisen. Risikofreude ist beispielsweise dann denkbar, wenn der Patient unter einer unheilbaren Krankheit leidet und ihm nur noch eine kurze Lebensdauer zugerechnet wird. In einer solchen ausweglosen Situation kann ein Patient bereit sein, sich mit einem neuen, noch nicht ausgiebig getesteten Therapieverfahren behandeln zu lassen.

➢ *Unvollständige Information*

Bei der Auswahl und Kontrolle von Anbietern medizinischer Leistungen verfügen Patienten nur über unvollständige Informationen. Schon über die von den verschiedenen Anbietern verlangten Preise besteht wenig Transparenz. Noch weniger sind die Patienten in der Lage, die jeweils zu erwartende Qualität und Sorgfalt abzuschätzen. Selbst nach der Durchführung einer Therapie sind sie oft nicht in der Lage anzugeben, welcher Nutzen für sie geschaffen wurde. Da insbesondere schwerwiegendere medizinische Eingriffe Ereignisse darstellen, die bei dem einzelnen Patienten meistens nur sehr selten auftreten, hat der Patient darüber hinaus kaum Möglichkeiten des eigenen Qualitätsvergleichs durch Konsum von Gesundheitsgütern gleicher Art, die von verschiedenen Anbietern erbracht wurden.[267] Problematisch ist auch der

---

[265] Vgl. Kolata (2001), S. 1.

[266] Dänische Forscher argumentieren, dass in den meisten Studien zum Placebo-Effekt die natürliche Entwicklung von Krankheiten vernachlässigt wurde: "Of the many articles I looked through, no article distinguished between a placebo effect and the natural course of a disease, Dr. Hrobjartsson said." Kolata (2001), S. 6. In Studien, in denen die Wirkung von Therapien sowohl mit der Entwicklung des Gesundheitszustands unter Verabreichung von Placebos und ohne Durchführung einer Behandlung verglichen wurde, zeigten Patienten, die nicht behandelt wurden, ungefähr die gleiche Genesungswirkung wie Patienten, denen Placebos verabreicht wurden. Vgl. Hrobjartsson, Gotzsche (2001), S. 1594 ff. Die Forscher analysierten 114 bereits veröffentlichte Studien, an denen ca. 7500 Patienten beteiligt waren.

[267] Vgl. Toepffer (1996), S. 34 ff. Er verweist aber auch darauf, dass es innerhalb der Menge von Gesundheitsgütern durchaus einige gibt, denen der Charakter von "experience goods" zugeschrieben werden kann. Dazu gehören beispielsweise Kopfschmerztabletten oder Erkältungsmittel.

hohe Informationsanteil von Gesundheitsleistungen:[268] Insbesondere im Bereich der Diagnostik stellt eine Information, nämlich diejenige über den Gesundheitszustand, das eigentliche Gesundheitsgut dar. Eine vorherige Überprüfung der Qualität dieses Gesundheitsguts ist hier kaum möglich, da eine Beurteilung die Kenntnis der Information voraussetzen würde. Der Patient könnte lediglich Rahmenbedingungen und Methodik des Vorgehens beurteilen, was aber in der Regel wieder am Mangel an medizinischen Fachkenntnissen scheitert.[269] Zudem muss berücksichtigt werden, dass die Anbieter der Informationen meist auch als Anbieter von Behandlungen auftreten und insofern die Qualität der von ihnen abgegebenen Informationen die Nachfrage nach den von ihnen ebenfalls angebotenen Behandlungen beeinflusst, was Anreize für eine selektive Informationsweitergabe schafft.[270] Und schließlich sind Entscheidungen, die die Gesundheit betreffen, für den Fall einer Fehlentscheidung mit einem hohen Risiko, im Extremfall dem Verlust des Lebens, behaftet, so dass Unsicherheit in solchen Entscheidungen ein besonders hohes Gewicht zukommt.[271]

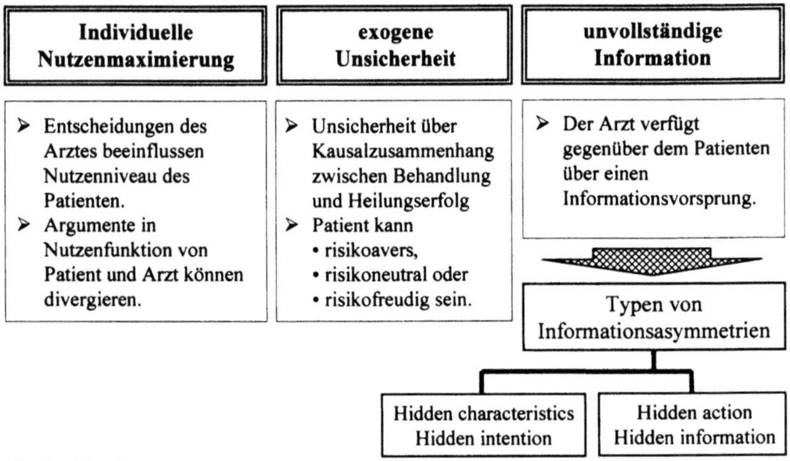

Quelle: eigene Darstellung

Abb. III-13: Annahmen der Prinzipal-Agenten-Beziehung zwischen Arzt und Patient

---

268 "...health care per se is to a large extent information." McGuire et al. (1992), S. 43. "...medical care market is in large part a market for information itself, or a market for a combination of service and information." Pauly (1988), S. 45. Vgl. auch Toepffer (1996), S. 33.

269 Vgl. Binder (1999), S. 31.

270 Vgl. Pauly (1978), S. 14.

271 "...the amount of uncertainty, measured in terms of utility variability, is certainly much greater for medical care in severe cases than for, say, houses or automobiles..." Arrow (1963), S. 951.

3 Kategorien von Informationsmängeln im Gesundheitswesen und ihre Folgen

Im vorangegangenen Abschnitt wurde gezeigt, dass die Ermittelbarkeit von Informationen durch den Nachfrager sowohl von den Charakteristika des zu handelnden Gutes als auch dem Transaktionstyp abhängt. In beiderlei Hinsicht ergaben sich Hinweise, dass im Gesundheitswesen selbst auf Basis rein theoretischer Überlegungen mit besonders gravierenden Informationsdefiziten zu rechnen ist. Wie sich zeigte, haben viele Gesundheitsgüter nicht nur Such-, sondern insbesondere auch Erfahrungs- und Vertrauenseigenschaften, so dass die Qualität von den Patienten erst nach Vertragsabschluss oder im Extremfall gar nicht eingeschätzt werden kann. Darüber hinaus dominieren im Gesundheitswesen Kontraktbeziehungen gegenüber Austauschbeziehungen. Aufgrund der Einbringung eines externen Faktors enthält jede ärztliche Leistung als Kontraktgut individuelle Arzt-Patienten-Komponenten, so dass die Erfahrungen anderer nur bedingt zu übertragen sind. Intangibilität und „uno actu"-Konsum von Gesundheitsleistungen machen die vorherige Inspektion unmöglich. Häufig ist die ärztliche Vorgehensweise selbst nach Abschluss der Behandlung für den Patienten kaum zu beurteilen. Struktur- und Prozessqualität sind selbst bei Kenntnis der Ergebnisqualität nicht präzise bestimmbar. Daher wird das Arzt-Patienten-Verhältnis in den Wirtschaftswissenschaften typischerweise als Prinzipal-Agenten-Beziehung modelliert.

Nachdem der vorangegangene Abschnitt somit vor allem der Ermittelbarkeit verschiedener Informationen gewidmet war, soll die Nicht-Ermittelbarkeit nun als gegeben angenommen und der Fokus der Untersuchung auf die verschiedenen Arten der daraus resultierenden Unsicherheiten verlagert werden. Anzusprechen ist insbesondere auch die Relevanz unterschiedlicher Unsicherheitsarten während der verschiedenen Phasen des Behandlungsprozesses. Große Bedeutung gerade für die in Teil VI zu entwickelnden Gestaltungsempfehlungen hat auch die Trennung nach Informationsdefiziten hinsichtlich der Eigenschaften von Gesundheitsanbietern und -angeboten einerseits (Eigenschaftsunsicherheit – adverse Selektion) und Informationsdefiziten hinsichtlich des Verhaltens von Gesundheitsanbietern andererseits (Verhaltensunsicherheit – Moral Hazard).

3.1 Informationsmängel des Patienten im Zeitablauf

Je nachdem, worüber nur unvollständige Information vorliegen, lassen sich auch im Gesundheitswesen verschiedene Formen der Unsicherheit unterscheiden. Arrow hat schon 1963 die besondere Bedeutung der Umweltunsicherheit hervorgehoben und gezeigt, welche Rolle der Faktor Unsicherheit bereits beim Auftreten einer Erkrankung spielt.[272] In diesem Zusammenhang ist die Unterscheidung nach „market uncertainty" und „product uncertainty" für die Analyse der Prinzipal-Agenten-Beziehung besonders relevant. „Market uncertainty" besteht

---

[272] „The special economic problems of medical care can be explained as adaptation to the existence of uncertainty in the incidence of disease and in the efficiency of treatment." Arrow (1963), S. 941.

für den Patienten insbesondere auf der Suche nach einem geeigneten Arzt. Mit „product uncertainty" über Diagnose und Therapie sind der Arzt und der Patient während des Behandlungsprozesses konfrontiert. Nach der von Hirshleifer und Riley (1979) vorgeschlagenen Klassifizierung der Unsicherheit besteht noch vor der Wahl eines Arztes „event uncertainty" über Auftreten und Verlauf einer Krankheit einschließlich aller exogenen Faktoren, die den Gesundheitszustand beeinflussen. Diese Definition von „event uncertainty" betrifft Unsicherheit im ganzen Krankheitsverlauf, nicht nur vor der Erkrankung.[273]

Im Folgenden werden die Unsicherheiten aus der Perspektive des Patienten dargestellt, wobei differenziert wird nach dem Zeitpunkt ihres erstmaligen Auftretens, d. h. vor einer Erkrankung, bei der Arztwahl, der Diagnose und der Behandlung (Abb. III-14).

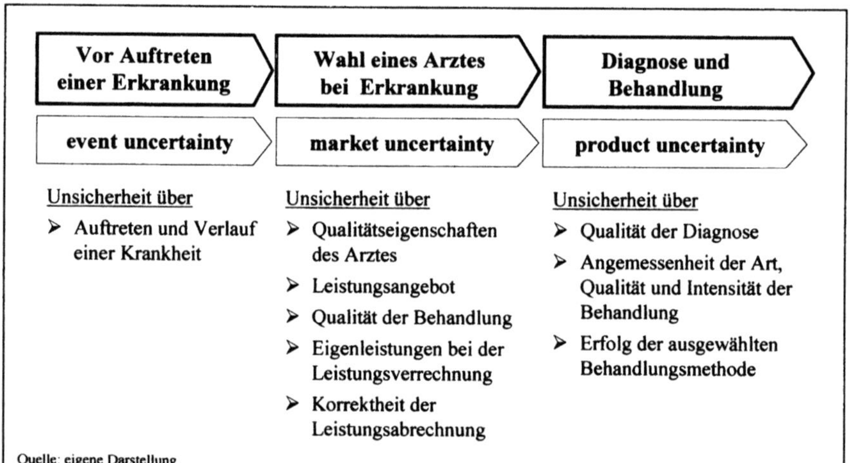

Quelle: eigene Darstellung

Abb. III-14: Unsicherheiten des Patienten als Nachfrager von Gesundheitsleistungen

➢ *Unsicherheit vor Auftreten einer Erkrankung*

Solange der Patient gesund ist, besteht bei ihm Unsicherheit über den Eintritt von Krankheiten: Werde ich krank, und falls ja, wann und woran werde ich erkranken?[274] Das Auftreten einer Krankheit ist nicht vorhersehbar. Für den Patienten besteht somit Unsicherheit darüber, wann er wo welche Leistungen von Ärzten und anderen Institutionen des Gesundheitswesens in Anspruch nehmen muss. Verwendet man die von Hirshleifer und Riley (1979) vorgeschlagene Klassifikation der Unsicherheit, dann besteht für den Patienten „event uncertainty".

---

[273] Vgl. Hirshleifer, Riley (1979), S. 1377. „Event uncertainty" nach Hirshleifer und Riley bezieht sich auf Unsicherheit über exogene Größen, die nicht innerhalb des Marktes bestimmt werden.

[274] Toepffer (1996), S. 32.

➢ *Unsicherheit bei der Wahl eines Arztes*

Die Unsicherheitssituation ändert sich, wenn der Patient glaubt, erkrankt zu sein: Zum einen ist er dann unsicher über die von ihm wahrgenommene Krankheit: Bin ich wirklich krank? Welche Krankheit habe ich und wie schwer ist sie? Wie wird die Krankheit verlaufen, und wie sind die Aussichten auf eine Wiederherstellung des ursprünglichen Gesundheitszustands?[275] Zum anderen wird mit dem Eintreten einer Krankheit ein weiterer Unsicherheitsaspekt evident: Wer kann mich medizinisch behandeln? Im Falle einer Krankheit stellt sich für den Patienten das Problem der Wahl eines geeigneten Anbieters von medizinischen Leistungen, meistens also das Problem der Wahl eines Arztes. Der Patient ist z. B. unsicher über die Qualitätseigenschaften des Arztes[276], dessen Leistungsangebot und seine Moral bei der Verrechnung medizinischer Leistungen. Dieser Unsicherheitsaspekt wird von Hirshleifer und Riley (1979) als „market uncertainty" bezeichnet.

➢ *Unsicherheit während der Diagnose und Behandlung*

Der Wunsch nach Verbesserung des Gesundheitszustands ist der wichtigste Grund für einen Arztbesuch. Um dies zu erreichen, fragt der Patient Gesundheitsleistungen nach. Pauly (1978) unterscheidet drei Typen von Gesundheitsleistungen, die allerdings nicht immer streng getrennt nachgefragt werden, nämlich einen diagnostischen, einen präskriptiv-informativen und einen aktiv-therapeutischen Teil.[277] Alle drei Teile sind Dienstleistungen, aber der diagnostische und der präskriptiv-informative Teil haben generell den Charakter der Bereitstellung von (immateriellen) Informationen, während der aktiv-therapeutische Teil gewöhnlich einen materiellen Eingriff mit dem Ziel der Verbesserung des Gesundheitszustands darstellt.[278] Wegen des Informationscharakters der Diagnose entsteht eine neue Unsicherheit, und zwar über die Qualität der Diagnose. Hier lassen sich drei Fälle unterscheiden: Zum einen kann der Arzt unwissentlich eine fehlerhafte Diagnose stellen. Zum anderen wird der Arzt eine ungünstige Diagnose unter Umständen bewusst zurückhalten oder positiver darstellen, um den Patienten nicht zu sehr zu belasten. Schließlich ist aber auch denkbar, dass der Arzt bewusst eine zu schlechte Diagnose stellt, weil er ein ökonomisches Interesse an der Durchführung einer Behandlung hat.[279]

Die der Diagnose und Aufklärung folgende Behandlung ist ebenfalls mit Unsicherheit verbunden. So ist der Patient nicht in der Lage zu beurteilen, welche Art, Menge und Qualität an

---

[275] Vgl. Toepffer (1996), S. 32.

[276] Durch strenge Marktzutrittsbeschränkungen, die an die Ausbildung (Medizinstudium und Praktika) geknüpft sind, wird in Deutschland versucht, die Unsicherheit der Patienten über die Kenntnisse und Fähigkeiten der Ärzte zu senken. Allerdings bleibt die Unsicherheit, wie viel Sorgfalt ein Arzt im einzelnen Behandlungsfall aufwenden wird, noch immer bestehen. Vgl. Richard (1993), S. 35.

[277] Der diagnostische Teil besteht aus einer Einschätzung der Krankheitssymptome. Der präskriptive Teil vermittelt Informationen über die Wirkungsweise verschiedener Behandlungsmöglichkeiten für die diagnostizierte Erkrankung und gibt eine Empfehlung für die geeignetste Behandlung. Der dritte Teil ist die Ausführung der vorgeschlagenen Therapie. Vgl. Richard (1993), S. 36 und Teil II Abschnitt 1.3.2 dieser Arbeit.

[278] Vgl. Toepffer (1996), S. 34.

[279] Vgl. McGuire et al. (1992), S. 40; Toepffer (1996), S. 32.

Gesundheitsleistungen angemessen ist. Ein weiterer Unsicherheitsfaktor besteht hinsichtlich der Wirksamkeit und damit des Erfolges einer gewählten Behandlungsart. Oft kann der Patient kaum beurteilen, ob Veränderungen seines Gesundheitszustands auf die Behandlung oder auf andere Faktoren zurückzuführen sind.[280] Zudem besteht Unsicherheit darüber, ob das Ergebnis der Behandlung wirklich endgültig ist. Diese Formen der Unsicherheit über Gesundheitsleistungen werden auch als „product uncertainty" bezeichnet.[281]

Da individuelle Dienstleistungen in hohem Maße von der Qualität des Leistungsanbieters geprägt werden, liegen „product uncertainty" und „market uncertainty" für den Patienten oft sehr eng beieinander. Zweifel an der Qualität des Gesundheitsanbieters sind häufig nicht von Zweifeln an der Qualität seiner Gesundheitsleistungen zu trennen. Dies gilt umso mehr, wenn der Patient über die gewünschte Behandlungsweise nicht unabhängig von der Anbieterwahl entscheiden kann, etwa weil der Anbieter nur ein Therapieverfahren beherrscht oder über die Behandlungsweise ohne weitere Diskussion mit dem Patienten selbst entscheidet.

3.2 Hidden characteristics und hidden intention

Neben der eben erörterten Klassifikation lassen sich Informationsmängel auch in Situationen mit Eigenschaftsunsicherheit und solche mit Verhaltensunsicherheit unterteilen. Bei der erstgenannten Unsicherheitsart können sowohl hidden characteristics als auch hidden intention vorliegen. Diese Typen asymmetrischer Information sollen in den beiden folgenden Abschnitten zunächst allgemein erörtert und dann auf das Arzt-Patienten-Verhältnis übertragen werden.

3.2.1 Allgemeine Darstellung der hidden characteristics und hidden intention

Hidden characteristics liegen vor, wenn eine Seite unveränderliche (oder zumindest nicht mehr kostenlos veränderbare) Eigenschaften der zur Auswahl stehenden Angebote ex ante, d. h. vor dem eigentlichen Vertragsabschluss, nicht kennt. Sie erfährt die wahren Eigenschaften bestenfalls ex post.[282] Das Informationsdefizit über diese hidden characteristics lässt sich auch als *Qualitäts-* oder *Eigenschaftsunsicherheit* beschreiben.[283]

Beim Vorliegen von Eigenschaftsunsicherheit besteht die Gefahr, dass Charakteristika von höherwertigen Angeboten nicht glaubhaft offenbart werden können, da auch die Anbieter schlechter Leistungen sich als ebenbürtig auszugeben versuchen. Unter Umständen ver-

---

280 Vgl. Wiedemann (1998), S. 30.

281 Vgl. Arrow (1963), S. 951.

282 Vgl. Picot, Dietl, Frank (1999), S. 88.

283 Der Begriff der Qualitätsunsicherheit, der sich als Übersetzung für die angelsächsische „quality uncertainty" eingebürgert hat, vernachlässigt, dass „quality" ebenso wie seine lateinische Wurzel „qualitas" auch als „Eigenschaft" zu übersetzen ist. Im Folgenden wird vorwiegend der weiter gefasste Begriff der Eigenschaftsunsicherheit verwendet.

schwinden dann qualitativ hochwertige Angebote weitgehend vom Markt, da sich ihre Erstellung nicht lohnt, wenn die Nachfrageseite ihre Vorzüge nicht erkennt und daher keinen Preisaufschlag zu zahlen bereit ist.[284] Dieses Problem wird auch als adverse Selektion bezeichnet (Abb. III-15).[285]

Das Problem der *hidden characteristics* tritt nicht nur bei der Auswahl von Gütern, sondern auch bei der Auswahl von Marktpartnern („market uncertainty") auf. Insbesondere betrifft es auch die Selektion eines Agenten für ein Auftragsverhältnis. Der Prinzipal hat in der Regel mehrere potenzielle Agenten zur Auswahl. Er kann aufgrund verborgener Eigenschaften jedoch nicht beurteilen, welcher von diesen am besten oder überhaupt geeignet ist, den Auftrag zufriedenstellend aufzuführen.[286] Zu diesen Eigenschaften zählen z. B. die Qualifikationen oder das Talent des Auftragnehmers.[287]

Bei *hidden intention* tätigt der Prinzipal zu einem Zeitpunkt, zu dem er die Absichten (intentions) des Agenten nicht kennt, irreversible Investitionen[288] in die Beziehung mit dem Agenten und gerät daher in ein Abhängigkeitsverhältnis. Später (ex post) erkennt der Prinzipal opportunistisches Verhalten des Agenten, kann es aber nicht verhindern. Dem Prinzipal fehlen Sanktionsmöglichkeiten, um den Agenten zu einem loyalen Verhalten zu bewegen. Nutzt der Agent diese Situation zum Nachteil des Prinzipals aus, so spricht man von *Hold up* (Abb. III-15).[289] Da die verborgenen Absichten des Agenten auch als Teil seiner verborgenen Eigenschaften interpretiert werden können, lässt sich die hidden intention als Unterfall der hidden characteristics auslegen.

---

[284] Vgl. Picot, Dietl, Frank (1999), S. 88.

[285] Vgl. Akerlof (1970, S. 490 f.), der in seinem Lemons-Modell das Zusammenbrechen eines Marktes durch sukzessiven Austritt überdurchschnittlicher Anbieter beschreibt. Am Beispiel von Gebrauchtwagen zeigt er, dass Märkte, auf denen die Möglichkeit der Informationsübertragung zwischen den Marktseiten nicht besteht, zusammenbrechen können. Sind die potenziellen Käufer nicht in der Lage, die heterogene Qualität der einzelnen Gebrauchtwagen zu unterscheiden, so stellt sich am Markt ein Preis ein, der dem Durchschnitt der Qualitäten entspricht. Da auch Anbieter überdurchschnittlicher Qualitäten nur einen Durchschnittspreis erzielen können, haben sie keinen Anreiz, ihren Gebrauchtwagen auf diesem Markt anzubieten. Sie passen ihre angebotene Qualität der niedrigeren Qualitätsbewertung am Markt an oder treten aus dem Markt aus. Unter der Annahme, dass die Nachfrager dies perzipieren, bricht der Markt im Extremfall zusammen. Vgl. Hopf (1983), S. 30 f.

[286] Vgl. Bayón (1997), S. 41.

[287] Vgl. Schwartz (1997), S. 71.

[288] Die mit irreversiblen Investitionen verbundenen Kosten bezeichnet man als sunk costs.

[289] Vgl. Picot, Dietl, Frank (1999), S. 89.

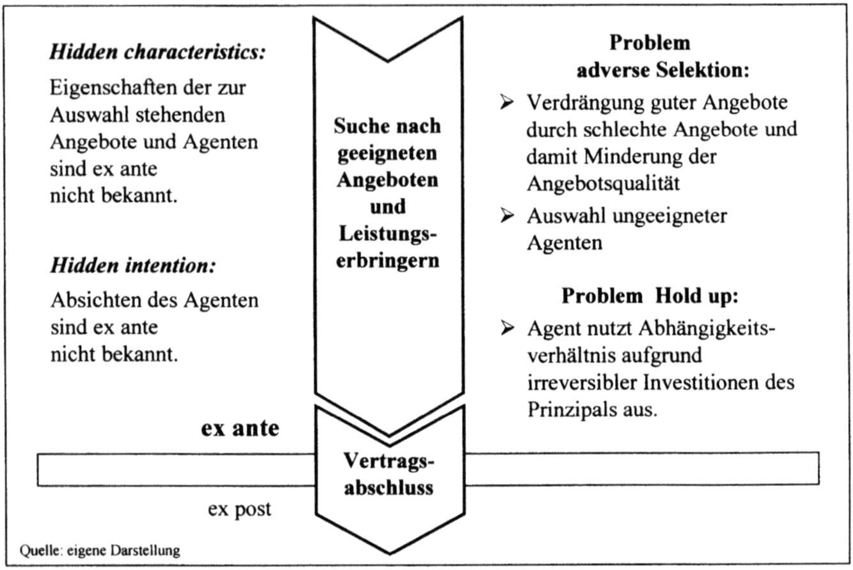

Abb. III-15: Problem adverse Selektion und Hold up

3.2.2 Hidden characteristics und hidden intention in der Arzt-Patienten-Beziehung

Hidden characteristics in der Arzt-Patienten-Beziehung liegen vor, wenn der Patient unveränderliche Eigenschaften eines Gesundheitsangebots oder -anbieters ex ante nicht kennt.[290] Der Patient erfährt die wahren Eigenschaften bestenfalls ex post, d. h. im Laufe der medizinischen Behandlung. Dieses Informationsdefizit ist besonders in der Phase der Wahl eines kompetenten Arztes (ex ante) relevant (Abb. III-16). Für den Patienten besteht „market uncertainty". Der Patient hat in der Regel mehrere potenzielle Ärzte zur Auswahl. Ohne weitere Information kann er jedoch aufgrund verborgener Eigenschaften nicht beurteilen, welcher von diesen am besten oder überhaupt geeignet ist, die Behandlung durchzuführen.[291] Zu diesen verborgenen Eigenschaften zählen z. B. die fachliche und persönliche Kompetenz des Arztes und seiner Praxismitarbeiter, die sachlichen Diagnose- und Interventionsmöglichkeiten des Arztes sowie seine praktischen Erfahrungen.

---

[290] Selbstverständlich fallen darunter auch umgekehrt Situationen, in denen der Arzt z. B. nicht weiß, welcher Patient ihn besonders viel Zeit kosten wird. Diese sind für die Thematik der vorliegenden Arbeit aber weniger relevant.

[291] Vgl. Bayón (1997), S. 41.

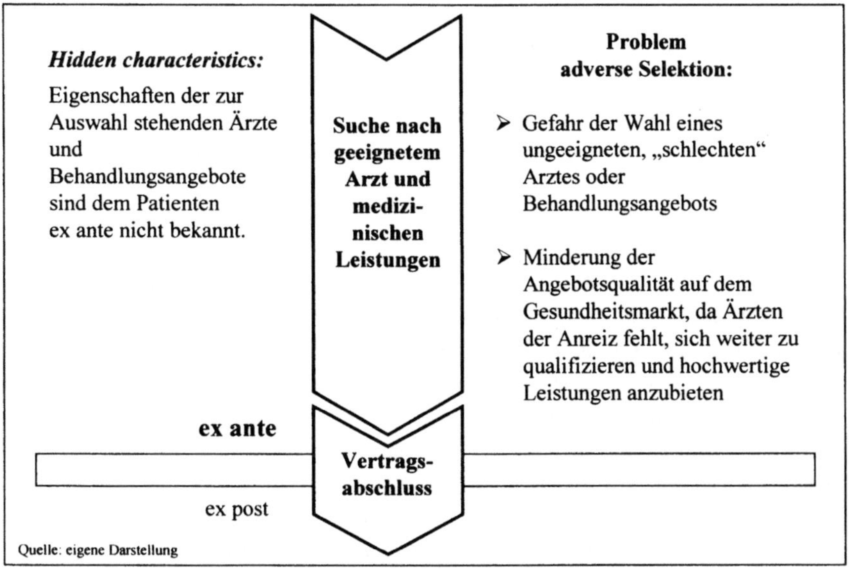

Abb. III-16: Problem adverse Selektion in der Arzt-Patienten-Beziehung

Da der Patient aufgrund mangelnder Information und unzureichender Markttransparenz nicht in der Lage ist, die Eigenschaften des Arztes richtig einzuschätzen, besteht für ihn die Gefahr der Auswahl eines ungeeigneten Arztes.[292] Der Arzt steht vor dem Problem, wie er den Patienten nachweisen kann, dass er Leistungen hoher Qualität anbietet, denn die Patienten können sich vor dem Arztbesuch kein definitives Qualitätsurteil bilden. Die mangelnde Informiertheit der Patienten führt nicht nur dazu, dass sie in ihren Erwartungen enttäuscht werden, d. h. einen falschen, ungeeigneten Arzt auswählen können, sondern auch Ärzte hoher Qualität sind davon betroffen, dass sie nicht von Ärzten schlechter Qualität unterschieden werden und daher nicht von ihrer besseren Qualität profitieren können. Dies kann dazu führen, dass Ärzte nicht genügend Anreiz haben, z. B. an Weiterbildungsmaßnahmen teilzunehmen, die für den Patienten nicht erkennbar sind. Diese Reaktion würde dann zu einer niedrigeren Angebotsqualität auf dem Gesundheitsmarkt führen.[293] Da der Patient aufgrund mangelnder Informationen die Leistungsqualität im Gesundheitswesen nicht hinreichend sachverständig einschät-

[292] Diese Gefahr ist naturgemäß beim Initialbesuch am größten. Im deutschen Gesundheitswesen hat der Patient zwar das Recht zum Arztwechsel, so dass die Wahl eines „falschen" Arztes beim nächsten Arztbesuch revidiert werden kann. Es ist jedoch hervorzuheben, dass bereits eine einmalige „falsche" Arztwahl unter Umständen fatale Folgen für den Patienten haben kann und spezifische Investitionen die Attraktivität eines Arztwechsels mindern.

[293] Vgl. Richard (1993), S. 39. Obwohl das Haftungsrecht den Patienten erlaubt, Anbieter schlechter Qualität nach der Behandlung zu sanktionieren, hat es keinen Einfluss auf die Fähigkeit der Patienten, sich vor der

zen kann, greift er zur Qualitätsbeurteilung häufig auf subjektive Ersatzindikatoren zurück.[294] Unter Umständen könnten die Ärzte dadurch dazu bewogen werden, exzessive Investitionen in für den Patienten leicht erkennbare Signale zu tätigen, die eine hohe Qualität suggerieren sollen, tatsächlich aber einen geringen Einfluss auf das Leistungsniveau haben.[295] Das Ergebnis wären aus gesamtwirtschaftlicher Sicht möglicherweise zu hohe Aufwendungen etwa für den Erwerb des Doktortitels, die Ausstattung des Wartezimmers oder eine repräsentative Praxisadresse.

Im Falle von *hidden intention* kennt der Patient die Absicht des Arztes ex ante nicht. Sie offenbart sich erst ex post. Zum Problem wird hidden intention, wenn der Patient irreversible Investitionen getätigt hat und deshalb in ein Abhängigkeitsverhältnis gegenüber dem Arzt gerät. Es besteht dann die Gefahr des Hold up, d. h. die Möglichkeit, dass der Arzt die Lage des Patienten zu seinen Gunsten ausnutzt (Abb. III-17).[296] Im Gesundheitswesen könnte aus der Sicht des Patienten die Situation der hidden intention in folgender Weise auftreten: Angenommen, ein Patient hat einen relativ großen Aufwand betrieben, um sich über den Arzt, von dem er sich behandeln lassen will, zu informieren und einen Termin zu vereinbaren. Möglicherweise ist mit der ausgewählten Praxis eine längere Anreise verbunden und der Patient hat ebenfalls viel Zeit für die Anamnese aufgewendet, d. h. für die ausführliche Schilderung seiner Krankengeschichte. Eventuell wurden auch schon Röntgenbilder gemacht und der Patient musste sich einer ungesunden Bestrahlung aussetzen. Wenn nun die Leistungen nicht seinen Vorstellungen entsprechen, wird er nicht so leicht den Arzt wechseln wollen oder können. Der Arzt könnte die Situation ausnutzen und von der vereinbarten Qualität abweichen oder eigentlich nicht erforderliche Leistungen abrechnen. Zu einem solchen Abhängigkeitsverhältnis führen insbesondere auch Behandlungsverfahren (z. B. Chemotherapie bei Krebs), deren Wirksamkeit von einer kontinuierlichen und längerfristigen Betreuung durch den Mediziner abhängt. Wenn solche Faktoren die Fortführung der Behandlung durch einen anderen Arzt verhindern, sind die durch den Patienten bereits erbrachten zeitlichen, finanziellen oder gesundheitlichen Aufwendungen als spezifische Investitionen zu klassifizieren. Je mehr eine Behandlung solche spezifischen, irreversiblen Investitionen erfordert, desto höher ist ihr Spezifitätsgrad und umso schwieriger ist es für den Patienten den Arzt zu wechseln. Die Spezifität kann dabei sowohl auf der erforderlichen Medizintechnik als auch der Person des Mediziners oder seinem spezifischen Fachwissens beruhen.[297] In jedem Fall schafft sie nach Erbringung der spezifischen Investition durch den Patienten ein Abhängigkeitsverhältnis, das der behandelnde Arzt dann zu seinen Gunsten ausnutzen kann.

Behandlung für einen geeigneten Mediziner zu entscheiden. Insofern trägt es nicht zur Konsumentensouveränität bei. Vgl. Richard (1993), S. 159.

[294] Vgl. Braun, Schmutte (1995), S. 48.

[295] Siehe hierzu auch Teil V Abschnitt 2.6.2.

[296] Die ärztlichen Standesverpflichtungen sollen diese Gefahr reduzieren.

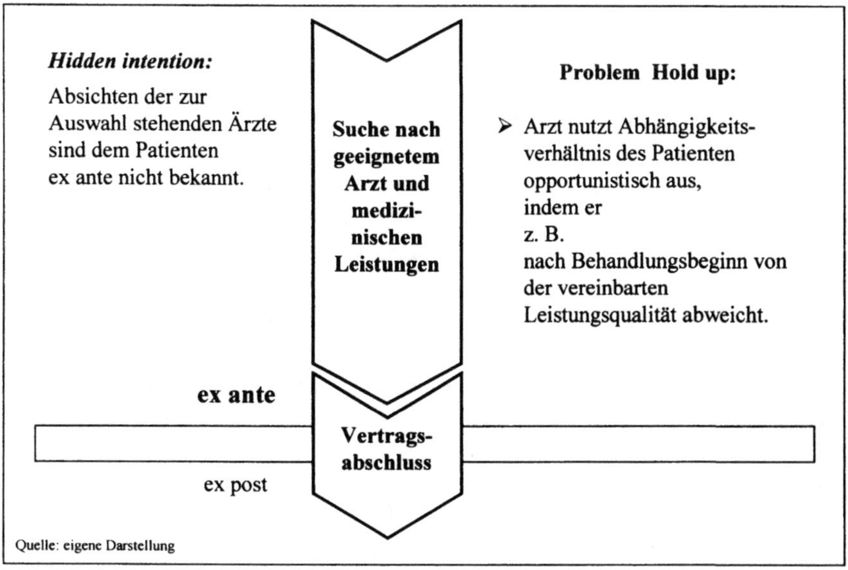

Abb. III-17: Problem Hold up in der Arzt-Patienten-Beziehung

3.3 Hidden action und hidden information

Während hidden characteristics nicht nur bei der Auswahl eines Agenten für ein Auftragsverhältnis, sondern gerade auch bei der Selektion von Waren und Dienstleistungen in zum Teil hochgradig anonymisierten Gütermärkten Probleme verursachen, sind hidden action und hidden information typische Phänomene von Prinzipal-Agenten-Verhältnissen. Ihre Merkmale und Konsequenzen sollen im Folgenden beschrieben und auf die Arzt-Patienten-Beziehung übertragen werden.

3.3.1 Allgemeine Darstellung der hidden action und hidden information

Hidden action und *hidden information* beschreiben Informationsasymmetrien, die ex post, d. h. im Verlauf einer Prinzipal-Agenten-Beziehung, auftreten (Abb. III-18).[298] Sie sind ein typisches Phänomen von Prinzipal-Agenten-Beziehungen, bei denen ein Auftraggeber (Prinzipal) nicht beurteilen kann, ob der Auftragnehmer (Agent) tatsächlich in seinem Interesse handelt. Daher spricht man auch von *Verhaltensunsicherheit*. Selbst bei Kenntnis der erzielten Ergebnisse ist noch nicht klar, inwieweit diese auf die Handlungen des Agenten oder aber auf

[297] Vgl. Schwartz (1997), S. 105.
[298] Vgl. Picot, Dietl, Frank (1999), S. 88.

exogene Faktoren zurückzuführen sind. Daher kann der Prinzipal die Leistungen des Agenten nicht messen.[299]

Von *hidden action* spricht man, wenn der Prinzipal die Handlungen und das Verhalten des Agenten nicht beobachten kann. So können z. B. die Anteilseigner eines Unternehmens die Handlungen des für sie tätigen Managements nicht in jedem Detail verfolgen. *Hidden information*[300] liegt dagegen vor, wenn der Prinzipal die Handlungen des Agenten zwar beobachten, aber nicht beurteilen kann. Der fehlende Zugang des Prinzipals zu bestimmten Kontextinformationen kann einer Bewertung der Aktionen des Agenten im Wege stehen. So können z. B. die Aktionäre eines Unternehmens häufig nur schwer beurteilen, ob vom Management getroffene Entscheidungen unter den gegebenen Marktbedingungen optimal waren. Da die ökonomischen Konsequenzen fehlender Beobachtbarkeit und fehlender Beurteilbarkeit einander recht ähnlich sind, werden häufig beide unter dem Begriff der hidden action zusammengefasst.

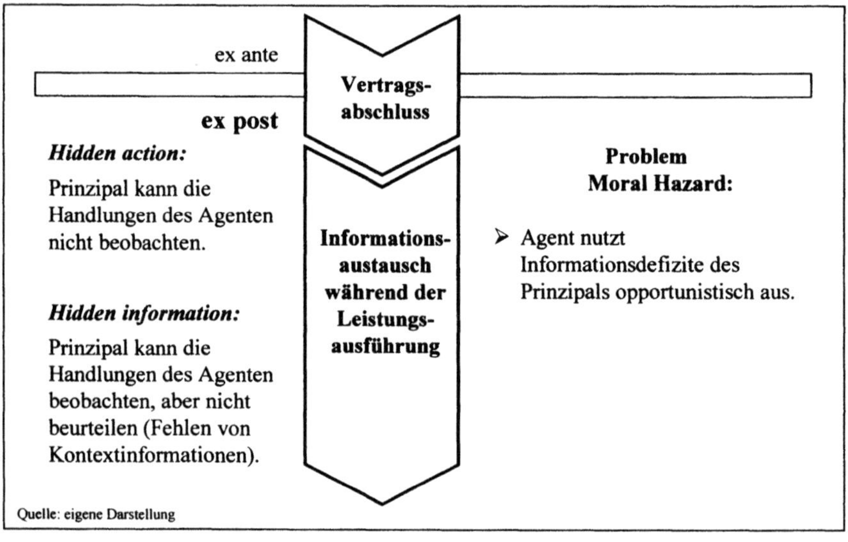

Abb. III-18: Problem Moral Hazard

Die Gefahr, dass der Agent den durch hidden action bzw. hidden information entstehenden Informationsnachteil des Prinzipals opportunistisch ausnutzt, wird als *Moral Hazard* bezeich-

---

[299] Vgl. Bonus, Weiland (1995), S. 35.

[300] Arrow (1986) beschreibt den Fall der hidden information folgendermaßen: „Here the agents differ from the principal in having made some observation which the the principal has not made. The agents use (and should use) his observation in making their decisions: however, the principal cannot check whether or not agents have used this information wisely from the principal's viewpoint." Arrow (1986), S. 1185.

net.[301] Die Gefahr des Moral Hazard ist umso größer, je breiter der Verhaltensspielraum des Agenten und je geringer die Kontrollmöglichkeiten des Prinzipals sind.[302] Sie steigt mit mangelnder Beobachtbarkeit der Handlungen des Agenten und ungenügender Sachkenntnis des Prinzipals.[303]

3.3.2 Hidden action und hidden information in der Arzt-Patienten-Beziehung

Im Gegensatz zur Qualität- bzw. Eigenschaftsunsicherheit beschreiben *hidden action* und *hidden information* Informationsasymmetrien, die ex post, d. h. im Verlauf der Arzt-Patienten Beziehung, auftreten. Sowohl im Falle von hidden action als auch im Falle von hidden information kennt der Patient zwar das Ergebnis der Behandlung, weiß aber nicht, inwieweit dieses auf die Anstrengungen des Arztes oder aber auf exogene Faktoren zurückzuführen ist. Hidden action und hidden information können grundsätzlich bei Gesundheitsleistungen mit Vertrauenseigenschaften auftreten, während Such- und Erfahrungseigenschaften dem Patienten zumindest im Nachhinein bekannt sind.

Zu den exogenen Faktoren, die die Beurteilung der Leistungen des Arztes erschweren, gehören alle nicht-ärztlichen Einflüsse, deren Wirkungen auf den Gesundheitszustand schon aufgrund ihrer vielfältigen Interdependenzen kaum abschätzbar sind. Neben den zahlreichen Umwelteinflüssen machen es insbesondere auch die Selbstheilungskräfte des Körpers in vielen Fällen unmöglich festzustellen, ob und inwieweit ein Patient auch ohne Behandlung genesen wäre.[304] Umgekehrt ist auch bei einer Verschlechterung des Gesundheitszustands nicht auszuschließen, dass ohne Behandlung die Erkrankung noch stärker fortgeschritten wäre.
Von *hidden action* spricht man, wenn der Patient die Handlungen und das Verhalten des Arztes nicht beobachten kann. Besonders anschauliche Beispiele hierfür liefern Operationen, bei denen der Patient unter Narkose steht, oder auch im Labor durchgeführte Untersuchungen. *Hidden information* liegt demgegenüber vor, wenn der Patient die Handlungen des Arztes zwar beobachten, aber nicht beurteilen kann. Der fehlende Zugang des Patienten zu medizinischen Informationen kann einer Bewertung der Handlungen des Arztes im Wege stehen. Aufgrund fehlenden medizinischen Wissens sind Patienten häufig nicht in der Lage, Handlungen des Arztes zu beurteilen.[305] Der Arzt verfügt über ein Informationsmonopol, da er wichtige diagnostische und therapeutische Informationen besitzt, die für den Patienten nur schwer zugänglich sind. Wie viel und welche von diesen Informationen er dem Patienten zukommen lässt, liegt in seinem Ermessen. Der Patient als medizinischer Laie ist darauf angewiesen, dass ihm der Arzt als medizinischer Experte seine Kompetenz und Informationen zur Verfügung stellt, komplizierte Sachverhalte verständlich erläutert und ihn dadurch befähigt, eigene Ent-

---

[301] Vgl. Picot, Dietl, Frank (1999), S. 89.
[302] Vgl. Picot, Dietl, Frank (1999), S. 92.
[303] Vgl. Bössmann (1992), S. 335.
[304] Vgl Schwartz (1997), S. 88.
[305] Vgl. Picot, Dietl, Frank (1999), S. 89.

scheidungen zu treffen oder zumindest am Entscheidungsprozess mitzuwirken.[306] Obwohl eine Informations-, Auskunfts- und Beratungspflicht der Ärzte gesetzlich vorgeschrieben ist, bestehen bei deren Umsetzung oft erhebliche Handlungsspielräume.[307] Zudem ist zu berücksichtigen, dass nicht jeder Patient intellektuell oder hinsichtlich seiner psychischen und physischen Verfassung in der Lage ist, die Informationen aufzunehmen und zu verarbeiten.[308]

Die Gefahr, dass der Arzt den Informationsnachteil des Patienten bei hidden action bzw. hidden information opportunistisch ausnutzt, wird als *Moral Hazard* bezeichnet.[309] Der Moral Hazard äußert sich hier vor allem in einer nicht den Interessen des Patienten entsprechenden Art, Qualität und/oder Quantität der medizinischen Leistungen. Dies beinhaltet z. B. mangelnde Sorgfalt, die Erbringung von Leistungen über das erforderliche Maß hinaus (oder darunter), und die Erbringung von „ungeeigneten" Leistungen (Abb. III-19).

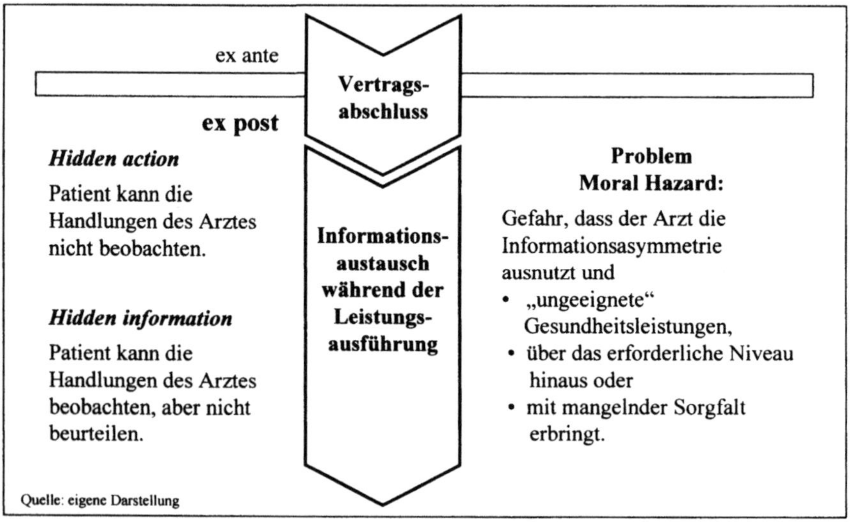

Abb. III-19: Problem Moral Hazard in der Arzt-Patienten-Beziehung

306 Vgl. Schwartz (1997), S. 83.

307 Vgl. Francke, Hart (1987), S. 25.

308 Wenn die Patienten Informationen nicht in Wissen und Verständnis umsetzen können, ändert auch die Verfügbarkeit umfangreicher Informationen nichts an der Informationsasymmetrie zwischen Arzt und Patient. McGuire, Henderson und Mooney (1988) schreiben hierzu: „An added complication about information lies in the need to distinguish information from knowledge. While information may be supplied by the doctor and the health service more generally, it will not always be converted into knowledge – information that is understood and retained for at least some period of time – by the patient. Consequently, supplying information may not result in increased knowledge." McGuire, Henderson, Mooney (1988), S. 40.

309 Vgl. Picot, Dietl, Frank (1999), S. 89.

Das Problem des Moral Hazard kann sich gerade in der Arzt-Patienten-Beziehung nicht nur in fehlenden Anstrengungen der Agenten, sondern auch in einer eigennützigen Steuerung des Informationsflusses äußern. Durch gezielte Informationspolitik kann der Arzt die Beziehung zum Patienten und damit die Rollenverteilung in der Beziehung stark beeinflussen und auf den Entscheidungsprozess des Patienten lenkend einwirken. Wenn der Arzt für den Patienten die einzige Informationsquelle hinsichtlich der Diagnose und der verschiedenen Behandlungsmöglichkeiten darstellt, übt er eine sehr große Expertenmacht aus. Hat sich der Arzt unter solchen Umständen für eine bestimmte Behandlungsalternative entschieden, kann er diese durch eine selektive Weitergabe von Informationen an den Patienten als die einzig richtige erscheinen lassen.[310] Der Arzt hat zum Beispiel die Möglichkeit, die Therapievorschläge so auszurichten, dass die Nachfrage nach den von ihm selbst ausgeführten Leistungen für ihn gewinnmaximal ist.[311] Je schlechter der Patient informiert ist, desto mehr Spielraum hat der Arzt bei der Festlegung des Umfangs der zu erbringenden Leistungen.

Neben dem naheliegenden Fall einer künstlichen Nachfrageausweitung (angebotsinduzierte Nachfrage) kann es für den Arzt aber auch sinnvoll sein, durch gezielte Steuerung des Informationsflusses die Nachfrage nach Gesundheitsleistungen zu verknappen: Der Arzt gerät im Zuge der Ausgabensteigerungen im Gesundheitswesen zunehmend in die Rolle eines Agenten der Öffentlichkeit bzw. der Krankenversicherungen. In dieser Rolle soll er mäßigend auf die Entwicklung der Ausgaben einwirken. Tatsächlich könnten ihn Maßnahmen wie die Deckelung der Erstattungsbeiträge aber dazu bringen, die von ihm empfohlene Menge medizinischer Leistungen unangemessen zu reduzieren. Auch hier äußert sich das Problem des Moral Hazard in einer eigennützigen Steuerung des Informationsflusses durch den Arzt und auch hier sind es fehlende (Hintergrund-)Informationen auf Seiten der Patienten, die eine fundierte Beurteilung der ärztlichen Empfehlungen erschweren und die Gefahr des Moral Hazard erst ermöglichen.[312]

---

310 Vgl. Schwartz (1997), S. 83.

311 Der Anreiz, die Therapievorschläge so auszurichten, dass die nachgefragte Menge nach den von den Anbietern selbst ausgeführten Leistungen für diese gewinnmaximal ist, besteht für die Anbieter nur, da die Beratung über das Ausmaß der nachgefragten Leistungen (Diagnose und Therapievorschlag) und die Therapie selbst in einer Hand liegen. Vgl. Richard (1993), S. 36.

312 Vgl. Toepffer (1996), S. 59.

4 Zusammenfassung

Hauptziel von Gesundheitsinformationen ist die Reduktion von Situationen mit unvollständiger Information. Mit der Analyse solcher Situationen und der Entwicklung von Empfehlungen zum Umgang beschäftigt sich die so genannte Neue Institutionenökonomik. Die Property-Rights-Theorie, die Transaktionskosten-Theorie, die Informationsökonomik und die Prinzipal-Agenten-Theorie stellen die wichtigsten Teilgebiete der Neuen Institutionenökonomik dar. Schwerpunktmäßig beschäftigt sich diese Arbeit mit der Informationsökonomik und der Prinzipal-Agenten-Theorie, die auch als Teilgebiet der Informationsökonomik aufgefasst werden kann.

Das Ausmaß der in den bekannten informationsökonomischen Modellen meist exogen vorgegebenen Informationsasymmetrien kann sich entsprechend der betrachteten Kategorie von Gesundheitsinformationen beträchtlich unterscheiden. Beispielsweise lässt sich hinsichtlich der Qualitätseigenschaften von Gesundheitsgütern entsprechend Donabedian nach Dimensionen (technische und interpersonelle Qualität) und Kategorien (Struktur-, Prozess- und Ergebnisqualität) differenzieren. Während für den Patienten die technische Qualität aufgrund fehlender medizinischer Kenntnisse nur schwer erkennbar ist, kann er die interpersonelle Qualität leichter evaluieren. Da für die Strukturqualität relativ objektive Beurteilungskriterien vorliegen, ist diese für den Patienten leichter zu evaluieren als die Prozessqualität, die sich nur unscharf formulieren lässt. Für die Ergebnisqualität existieren bislang kaum Beurteilungskriterien. Entsprechend schwer ist die Evaluation durch den Patienten. Im Rahmen des Fallpauschalengesetzes werden die Krankenhäuser jedoch erstmals verpflichtet, Qualitätsberichte zu ihrer Struktur- und Ergebnisqualität zu veröffentlichen.

Donabedians Qualitätseigenschaften lassen sich in die informationsökonomische Klassifizierung von Gütereigenschaften nach Nelson/Karni einordnen. Bereits vor Inanspruchnahme ermittelbare Eigenschaften bezeichnen diese als Sucheigenschaften. Von Donabedians Qualitätskategorien können zu den Sucheigenschaften vor allem die persönliche und sachliche Strukturqualität sowie in einigen Bereichen die Prozessqualität von Gesundheitsgütern zählen. Erfahrungseigenschaften von Gesundheitsgütern und -anbietern lassen sich hingegen nicht vor ihrer Inanspruchnahme überprüfen, sondern erschließen sich dem Patienten erst im Laufe der Zeit. Unter die Kategorie der Erfahrungseigenschaften können Teile der Strukturqualität von Gesundheitsgütern, aber auch deren Prozessqualität fallen. Vertrauenseigenschaften von Gesundheitsgütern zeichnen sich dadurch aus, dass man sie nicht einmal durch Erfahrung ermitteln kann. Ihre Qualität kann der Patient weder vor noch nach ihrer Inanspruchnahme beurteilen. Dies trifft insbesondere auf Aspekte der Prozess- und der Ergebnisqualität zu.

Neben diesen Eigenschaften von Gesundheitsgütern bestimmt auch der Transaktionstyp die Informationslage der Patienten. Nach Alchian/Woodward können Transaktionen die Form eines Austauschs oder eines Kontrakts haben. Die Informationslage ist bei Kontraktbeziehungen tendenziell schlechter als bei Austauschbeziehungen. Die meisten Gesundheitsgüter lassen sich als hochwertige und komplexe Dienstleistungen charakterisieren und fallen daher unter den Begriff der Kontraktgüter. Zudem enthält jede ärztliche Leistung aufgrund der Einbringung eines externen Faktors individuelle Arzt-Patienten-Komponenten, so dass die Erfahrungen anderer nur bedingt zu übertragen sind. Intangibilität und „uno actu"-Konsum von Gesundheitsleistungen machen die vorherige Inspektion unmöglich.

Das ökonomische Standardmodell für die Abbildung von Informationsstrukturen in Kontraktbeziehungen und damit auch bei der Erstellung der meisten Gesundheitsleistungen ist die Prinzipal-Agenten-Beziehung. Eine Prinzipal-Agenten-Beziehung ist eine Kooperation mindestens zweier Akteure bei exogener Unsicherheit und endogener Informationsasymmetrie. Bei den in der Prinzipal-Agenten-Theorie modellierten Transaktionstypen verfügt der Auftraggeber zumindest in einer Beziehung über schlechtere Informationen als der Auftragnehmer. Auch wenn jeder der Akteure im Gesundheitswesen in der einen oder anderen Hinsicht Informationsdefizite aufweisen kann, beschäftigt sich die vorliegende Arbeit vor allem mit möglichen Informationsrückständen des Patienten gegenüber dem Arzt, der Patient wird also als Prinzipal und der Arzt als sein Agent gesehen.

Allgemein können sich Informationsdefizite auf Eigenschaften und Charakteristika des Agenten beziehen (hidden characteristics), auf seine Absichten (hidden intention), auf bestimmte Kontextinformationen (hidden information) oder auf die Handlungen des Auftragnehmers (hidden action).

Hidden characteristics in der Arzt-Patienten-Beziehung liegen vor, wenn der Patient unveränderliche Eigenschaften eines Gesundheitsangebots oder -anbieters ex ante nicht kennt. Der Patient erfährt die wahren Eigenschaften bestenfalls ex post, d.h. im Laufe der medizinischen Behandlung, so dass man auch von Qualitäts- oder Eigenschaftsunsicherheit spricht. Dieses Informationsdefizit ist besonders in der Phase der Wahl eines kompetenten Arztes relevant. Für den Patienten besteht die Gefahr der Auswahl eines ungeeigneten Arztes oder Behandlungsangebots. Im Falle von hidden intention kennt der Patient die Absicht des Arztes ex ante nicht. Zum Problem wird hidden intention, wenn der Patient irreversible Investitionen tätigt, so dass der Arzt die Lage des Patienten zu seinen Gunsten ausnutzen kann (hold up). Hidden intention lässt sich auch als Unterfall der hidden characteristics interpretieren.

Im Gegensatz zur hidden characteristics und hidden intention beschreiben hidden action und hidden information Informationsasymmetrien, die ex post, d.h. im Verlauf der Arzt-Patienten Beziehung auftreten. Sowohl im Falle von hidden action als auch im Falle von hidden information kennt der Patient zwar das Ergebnis der Behandlung, weiß aber nicht, inwieweit dieses auf die Anstrengungen des Arztes oder aber auf exogene Faktoren zurückzuführen ist. Von hidden action spricht man, wenn der Patient die Handlungen und das Verhalten des Arztes nicht beobachten kann. Hidden information liegt demgegenüber vor, wenn der Patient die

Handlungen des Arztes zwar beobachten aber nicht beurteilen kann. Hidden action und hidden information werden auch als Verhaltensunsicherheit bezeichnet. Sie können bei Gesundheitsleistungen mit Vertrauenseigenschaften auftreten, also dort, wo eine eindeutige Beurteilung des ärztlichen Verhaltens auch ex post nicht möglich ist. Die Gefahr, dass der Arzt den Informationsnachteil des Patienten bei Verhaltensunsicherheit opportunistisch ausnutzt, wird als Moral Hazard bezeichnet. Der Moral Hazard äußert sich vor allem in einer nicht den Interessen des Patienten entsprechenden Art, Qualität und/oder Quantität der medizinischen Leistungen.

Die Differenzierung nach Informationsdefiziten hinsichtlich der Eigenschaften von Gesundheitsanbietern und -angeboten einerseits (Eigenschaftsunsicherheit – adverse Selektion) und Informationsdefiziten hinsichtlich des Verhaltens von Gesundheitsanbietern andererseits (Verhaltensunsicherheit – Moral Hazard) hat große Bedeutung für die in Teil VI zu entwickelnden Gestaltungsempfehlungen für die Patienteninformation im Gesundheitswesen.

Teil IV: Patienteninformation im deskriptiven Grundmodell des situativen Ansatzes

Im vorangegangenen Teil III dieser Arbeit wurden theoretische Modelle und Instrumentarien zur Analyse der patientenorientierten Information und Kommunikation entwickelt und die Thematik aus Sicht der Mikroökonomik untersucht. Die Diskussion fand dabei auf einem notwendigerweise sehr hohen Abstraktionsniveau und weitgehend losgelöst von Raum und Zeit statt. Im Folgenden soll die Thematik nun weniger abstrakt und stärker situationsbezogen erörtert werden. Als Rahmen für diese Vorgehensweise bietet sich der situative Ansatz an. In diesem Teil IV soll die patientenorientierte Information und Kommunikation unter den derzeit in Deutschland bestehenden Bedingungen zunächst im Rahmen des deskriptiven Grundmodells des situativen Ansatzes dargestellt werden.

1 Der situative Ansatz als Grundlage der Untersuchung

Die methodische Leitidee des situativen Ansatzes wird in dieser Arbeit zur deskriptiven, empirischen und normativen Analyse der patientenorientierten Information und Kommunikation herangezogen. Der situative Ansatz wurde in erster Linie im Rahmen der Organisations- und Führungsforschung entwickelt. Daher stehen die Forschungsinhalte, -terminologien und -ergebnisse in engem Bezug zu diesen Disziplinen. In den folgenden Abschnitten werden die situative Sichtweise und ihre beiden Grundmodelle zunächst allgemein vorgestellt, um daraus dann einen methodischen Bezugsrahmen für die Analyse der patientenorientierten Information und Kommunikation ableiten zu können.

Die situative Forschungsrichtung hat ihren Ursprung Ende der 50er Jahre in der Organisationssoziologie wie auch in der Managementlehre.[313] Heute finden sich aber auch in anderen Bereichen der Betriebswirtschaftslehre situative Forschungsansätze, z. B. im Bereich der Planung, in der empirischen Zielforschung und im Marketing. Raffée (1984) hält es für gerechtfertigt, den situativen Ansatz – entsprechend dem Entscheidungsansatz oder dem Systemansatz – als eigenständiges Konzept der Betriebswirtschaftslehre einzustufen.[314] Charakteristisch für den situativen Ansatz „ist die Annahme, dass Unterschiede zwischen den Strukturen verschiedener Organisationen zumindest zum Teil darauf zurückzuführen sind, dass sich die Organisationen in unterschiedlichen Situationen befinden – dass sie unterschiedliche Ziele haben, unterschiedlich groß sind, unterschiedliche Technologien anwenden usw. – und ihre

[313] Vgl. Bea, Haas (1995), S. 359.

[314] In der wirtschaftswissenschaftlichen Diskussion wird teilweise kritisiert, dass der situative Ansatz letztlich keine neue Perspektive biete. Raffée (1984) hält diesem Vorwurf entgegen, dass mit Hilfe des Ansatzes konkrete Forschungsdesigns und Beschreibungsmodelle zur Erfassung komplexer Situationen vorgelegt und interessante Vorschläge zur Berücksichtigung von Rahmenbedingungen entwickelt worden seien; die Eigenständigkeit sei folglich gerechtfertigt. Vgl. Raffée (1984), S. 39.

formale Struktur den jeweiligen Situationen anpassen".[315] Ziel situativer Ansätze ist es, das unbefriedigende Allgemeingültigkeitspostulat von Aussagen über Management zugunsten situationsadäquater Bezüge aufzugeben.[316] Alle Aussagen, die den Anspruch absoluter Gültigkeit erheben, werden mit größter Skepsis gesehen.[317] Die zentrale These situativer Ansätze lautet: „Es gibt nicht eine generell gültige optimale Handlungsalternative, sondern mehrere situationsbezogen angemessene."[318]

1.1 Grundlagen des situativen Ansatzes

Der situative Ansatz führte zu einer Reihe inhaltlicher und methodischer Innovationen in der Organisationsforschung.

Inhaltlich wurde die Organisationsforschung durch den situativen Ansatz dadurch erweitert, dass die Organisationsstruktur im Mittelpunkt der Betrachtung steht und die Bedeutung von Situationseinflüssen auf die organisatorische Gestaltungsstruktur, das Verhalten der Organisationsmitglieder und die Effizienz der Organisation aufgezeigt wird (Abb. IV-1).[319]

Die situative Denkweise kann durch zwei Grundhypothesen verdeutlicht werden[320]:

- Unterschiede der Situation bedingen unterschiedliche Ausprägungen der Organisationsstruktur und des Verhaltens der Organisationsmitglieder.
- Unterschiede der Situation bedingen eine unterschiedliche Effizienz der Organisationsstruktur und des Verhaltens der Organisationsmitglieder.

Methodisch wurden durch den situativen Ansatz verstärkt empirische Untersuchungen in der Organisationsforschung angewendet.[321] Viele Vertreter der situativen Forschungsrichtung wählen bei der empirischen Untersuchung ein induktives, exploratives Vorgehen. Die empirischen Untersuchungen zielen darauf ab, Zusammenhänge zwischen Situationsvariablen, Ausprägungen der Organisationsstruktur, dem Verhalten der Organisationsmitglieder und der organisatorischen Effizienz zu entdecken.[322]

---

[315] *Vgl. Kieser, Kubicek (1992), S. V.*
[316] Vgl. Staehle (1985), S. 82; Tomczak (1989), S. 8 f.
[317] Vgl. Ulrich, Fluri (1984), S. 19.
[318] Staehle (1985), S. 79.
[319] Vgl. Ebers (1992), S. 1817.
[320] Vgl. Bea, Haas (1995), S. 360.
[321] Vgl. Ebers (1992), S. 1818.
[322] Vgl. Kieser, Kubicek (1992), S. 64.

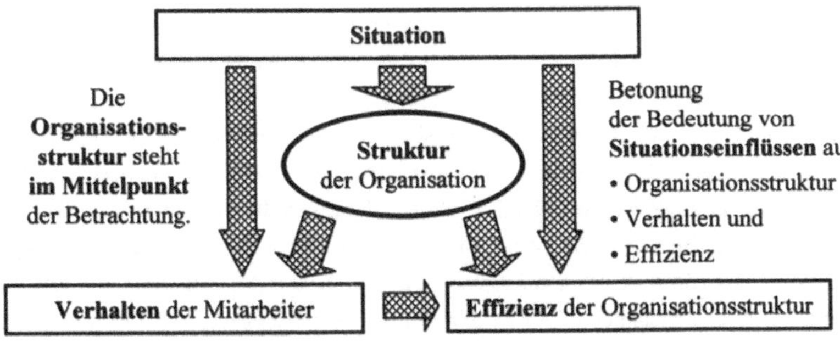

Quelle: eigene Darstellung

Abb. IV-1: Inhaltliche und methodische Innovationen des situativen Ansatzes

Im Gefolge dieser Entwicklungen wurden jedoch auch die Grenzen der situativen Forschungsperspektive, ihrer Konzeptualisierung und Methoden sichtbar. So wird dem situativen Ansatz zum einen die unvollständige und subjektive Auswahl der Situations- und Strukturmerkmale vorgeworfen. Tatsächlich lässt sich die Komplexität der Situation, in der sich eine Organisation befindet, weder mit dem situativen Ansatz noch mit anderen Modellen vollständig abbilden.[323] Aber immerhin haben die Vertreter des situativen Ansatzes die Konzeptionen der Organisationsstruktur aufgrund neuer Befunde und Einsichten stets erweitert und verfeinert.[324]

Problematisch ist auch das explorative Vorgehen bei den empirischen Untersuchungen. Im Rahmen des situativen Ansatzes werden zwar Zusammenhänge zwischen Situation und Struktur aufgezeigt, auf kausale Faktoren wird jedoch kaum eingegangen.[325] Auf eine theoretische Analyse der empirisch festgestellten Tatbestände wird meist verzichtet.[326] Die häufig angestellten Plausibilitätsüberlegungen liefern lediglich ad hoc Gründe oder Hypothesen, die nicht notwendig und hinreichend zugleich sind, so dass sie in der Wissenschaftstheorie auch als Pseudoerklärungen, akzidentelle Aussagen oder Kontingenzen bezeichnet werden.[327] Die im situativen Ansatz gelieferten Vernunftgründe, die den empirischen Zusammenhang ‚vernünftig' erscheinen lassen, sind wissenschaftstheoretisch zu unterscheiden von Realgründen oder Ursachen, die voraussetzen, dass der untersuchte Zusammenhang aufgrund einer Gesetzmäßigkeit oder eines vollständig definierten Systems notwendiger und hinreichender Bedingun-

323 Vgl. Bühner (1999), S. 112.
324 Vgl. Kieser (1999), S. 183.
325 Vgl. Bühner (1999), S. 113.
326 Vgl. Ebers (1992), S. 1829.
327 Vgl. Kieser, Kubicek (1978), S. 32 f.

gen eine über Einzelfälle hinausgehende Gültigkeit beanspruchen kann.[328] Weil der situative Ansatz solche Gesetze bisher nicht erarbeitet hat, entzieht er sich auch Forderungen der kritisch rationalen Wissenschaftstheorie, wonach ein Phänomen nur dann als befriedigend erklärt gilt, wenn der Einzelfall oder empirische Befunde aus einer Stichprobe unter ein allgemeines Gesetz subsumiert werden können. Während sich diese methodologischen Lockerungen bedauern lassen, wird durch sie häufig erst die Auseinandersetzung mit sozialwissenschaftlichen Fragestellungen ermöglicht, die sich allzu rigiden Maßgaben der kritisch rationalen Wissenschaftstheorie entziehen. Insofern ist der situative Ansatz auch für die wissenschaftstheoretische Diskussion wichtig, da er darauf aufmerksam macht, dass das Aufstellen von Raum und Zeit unabhängiger allgemeingültiger Regeln bei der Auseinandersetzung mit sozialwissenschaftlichen Themen häufig weder möglich noch wünschenswert ist. Oftmals können diese Fragestellungen durch das Fallenlassen ursprünglich den Naturwissenschaften entstammender wissenschaftstheoretischer Anforderungen erst für eine wissenschaftlich-systematische Bearbeitung einschließlich der Anwendung statistisch-quantitativer Verfahren zugänglich gemacht werden. In diesem Sinne hat der situative Ansatz die Organisationsforschung inhaltlich und methodisch erheblich verfeinert. Er hat dazu beigetragen, dass die Organisationsforschung ein differenzierteres und empirisch informierteres Bild der Struktur von Organisationen und deren möglichen Einflussfaktoren entwickeln konnte.[329]

Der situative Ansatz wird sowohl in der deskriptiv-erklärenden als auch in der normativ-gestaltungsorientierten Forschung verwendet. Die beiden Modelle sind methodisch durch die gleichen empirischen Vorgehensweisen der Datengewinnung und der statistischen Auswertung gekennzeichnet. Sie gehen jedoch von unterschiedlichen inhaltlichen Fragestellungen und Wissenschaftszielen aus. Das deskriptive Grundmodell entspricht einem theoretischen Wissenschaftsziel, das normative Grundmodell einem gestaltungs- oder handlungsorientierten Wissenschaftsziel.[330]

1.1.1 Das deskriptive Grundmodell des situativen Ansatzes

Einem deskriptiven Erkenntnisinteresse verpflichtete Forschungsarbeiten zielen auf die differenzierte Erfassung organisatorischer Strukturunterschiede sowie die Erklärung ihrer Ursachen (verschiedene Situations- und Umweltbedingungen) und Wirkungen (unterschiedliche Verhaltensweisen der Organisationsmitglieder, Effizienz).[331]

Forschungsziel des deskriptiven Grundmodells ist es, generelle Erklärungen für beobachtbare Phänomene zu gewinnen.[332]

[328] Vgl. Kieser (1992), S. 59.
[329] Vgl. Ebers (1992), S. 1829.
[330] Vgl. Kieser, Kubicek (1992), S. 45 ff.
[331] Vgl. Ebers (1992), S. 1819.
[332] Vgl. Kieser, Kubicek (1992), S. 56.

Ziel ist es zu bestimmen,

- welche Merkmale der Situation zu welchen Ausprägungen von Organisationsstrukturen und Verhaltensweisen der Organisationsmitglieder führen,
- welche Auswirkungen verschiedene Situations-Struktur-Konstellationen auf das Verhalten der Organisationsmitglieder und auf die Effizienz der Organisation haben.[333]

Das Konzept, das dem deskriptiven Grundmodell des situativen Ansatzes zugrunde liegt, lässt sich somit wie folgt darstellen (Abb. IV-2).

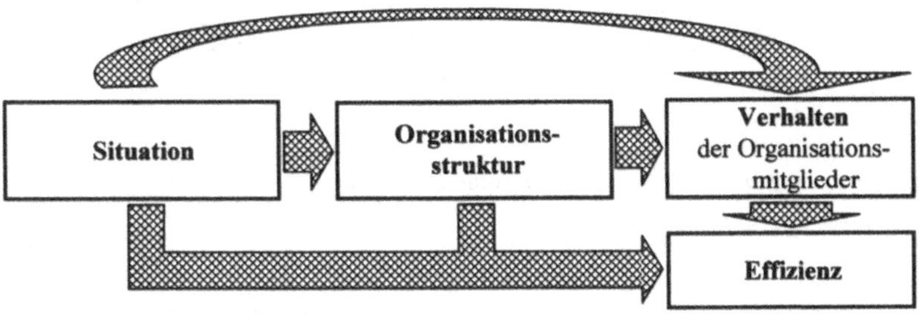

Quelle: nach Kieser, Kubicek (1992), S. 57.

Abb. IV-2: Deskriptives Grundmodell des situativen Ansatzes

Das deskriptive Forschungsprogramm des situativen Ansatzes stellt die Forscher vor die Aufgabe zu klären, welche Variablen die Organisationsstruktur beschreiben und wie diese untereinander zusammenhängen, welche situativen Faktoren im Hinblick auf die Erklärung von strukturellen Unterschieden als relevant anzusehen sind, welche Dimensionen des Verhaltens und der Effizienz in Abhängigkeit von der formalen Organisationsstruktur und der Situation der Organisation analysiert werden sollen und welche Auswirkungen situative Faktoren und Organisationsstrukturen auf das Verhalten der Organisationsmitglieder und die Effizienz der Organisation haben.[334]

1.1.2 Das normative Grundmodell des situativen Ansatzes

Bei der Verfolgung des normativen Erkenntnisinteresses sollen für bestimmte Ziele Aussagen über die relative Vorteilhaftigkeit verschiedener organisatorischer Lösungen in Abhängigkeit von der Situation getroffen werden, um auf dieser Basis Gestaltungsempfehlungen abgeben zu können.[335]

Das Konzept, das dem normativen Grundmodell zugrunde liegt, lässt sich folgendermaßen darstellen:

---

[333] Vgl. Ebers (1992), S. 1819.
[334] Vgl. Kieser, Kubicek (1992), S. 63.

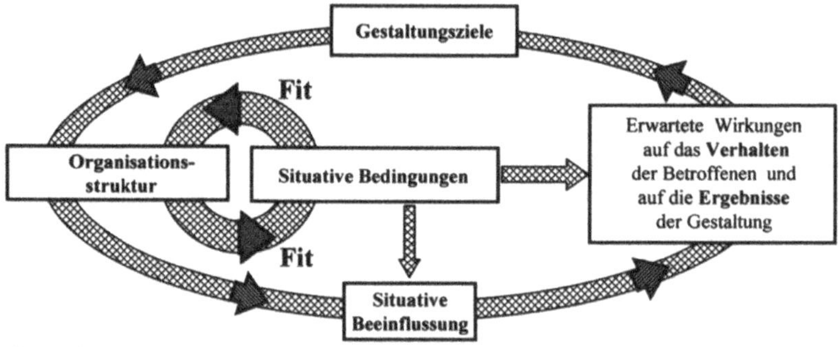

Quelle: nach Kieser, Kubicek (1992), S. 60.

Abb. IV-3: Normatives Grundmodell des situativen Ansatzes

Forschungsziel des normativen Grundmodells ist die Formulierung von Gestaltungsmöglichkeiten und Gestaltungsempfehlungen.[336] Zu diesem Zweck setzt das normative Grundmodell des situativen Ansatzes bei der Formulierung der Gestaltungsziele an. Dabei hat man bereits die angestrebte Wirkung in Form bestimmter Verhaltensweisen der Organisationsmitglieder im Auge. Die Ziele sollen erreicht werden, indem die Organisationsstruktur in geeigneter Weise gestaltet wird. Die Kombination aus situativen Faktoren und der Organisationsstruktur beinhaltet Vorgaben, Erwartungen und Anforderungen für die betroffenen Organisationsmitglieder und bestimmt damit deren Verhaltensweise. Weichen die festgestellten Verhaltenswirkungen von den angestrebten ab, so geht man davon aus, dass dies an einem mangelnden „Fit“ zwischen Situation und Struktur liegt. Der „Fit“ ist herzustellen, indem die Struktur der Situation angepasst wird und/oder versucht wird, die Situation zu verändern.[337]

1.2 Der situative Ansatz zur Untersuchung der patientenorientierten Information und Kommunikation

Der situative Ansatz stellt für die Analyse der patientenorientierten Information und Kommunikation eine geeignete methodische Grundlage bereit: Mit seiner Hilfe wird in dieser Arbeit der Einfluss externer und interner Faktoren auf die Informations- und Kommunikationsstruktur untersucht. In weiteren Schritten werden mögliche situationsgerechte Strukturänderungen aufgezeigt, mit denen eine effiziente und nachhaltige Änderung im Informations- und Kommunikationsverhalten der Beteiligten zu erreichen ist.

Der situative Ansatz findet in den Teilen IV bis VI dieser Arbeit seine Anwendung. In der in Teil V dargestellten Befragung von gut 20000 Krankenversicherten mit einer Rücklaufquote

[335] Vgl. Ebers (1992), S. 1819.
[336] Vgl. Kieser, Kubicek (1992), S. 56.
[337] Vgl. Kieser, Kubicek (1992), S. 61.

von über 15 Prozent findet die empirische Orientierung des situativen Ansatzes ihren Ausdruck.

In Teil VI wird die methodische Leitidee des *normativen Grundmodells* des situativen Ansatzes zur Analyse der patientenorientierten Information und Kommunikation im Gesundheitswesen herangezogen. Der situative Ansatz mit normativ-gestaltungsorientiertem Forschungsziel wird hier angewandt, um basierend auf den Ergebnissen der empirischen Analyse von Teil V Gestaltungsmöglichkeiten und -empfehlungen für die patientenorientierte Information und Kommunikation zu entwickeln.

Gegenstand dieses Teil IV ist die Untersuchung der patientenorientierten Information und Kommunikation nach dem *deskriptiven Grundmodell* des situativen Ansatzes (Abb. IV-4).

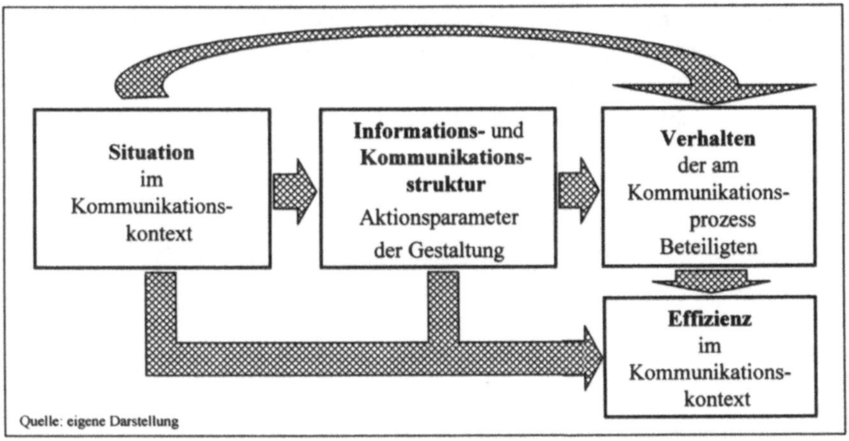

Abb. IV-4: Deskriptives Grundmodell des situativen Ansatzes mit Themenbezug

Vor der empirischen (im Sinne einer statistisch - quantitativen) Überprüfung ausgewählter Hypothesen in Teil V soll hier die Problematik zunächst beruhend auf vorhandener Literatur und unmittelbarer Anschauung beschreibend dargestellt werden. Das deskriptive Grundmodell des situativen Ansatzes gibt als Forschungsziel die Klärung folgender Fragen vor:

- Welche situativen Faktoren sind für die Erklärung der Kommunikationsstruktur als relevant anzusehen?
- Welche Variablen beschreiben die Informations- und Kommunikationsstruktur im Gesundheitswesen?
- Welche Komponenten des Verhaltens und der Effizienz in Abhängigkeit von der Situation und der Informations- und Kommunikationsstruktur sollen im Kommunikationskontext analysiert werden?

Welchen Einfluss haben situative Faktoren und die Informations- und Kommunikationsstruktur auf das Informations- und Rollenverhalten der am Kommunikationsprozess Beteiligten und die Effizienz bzw. Wirkung der Information und Kommunikation?

Zur Deskription der patientenorientierten Information und Kommunikation werden im Folgenden Ansätze der Kommunikationstheorie in den vom situativen Ansatz gelieferten Rahmen integriert.

Die Darstellung der wichtigsten Modelle der Kommunikationstheorie und ihre Anwendung auf die patientenorientierte Information und Kommunikation im folgenden Abschnitt 2 bilden den Einstieg in das Thema. In Abschnitt 3 werden die situativen Faktoren im Kommunikationskontext, die Variablen der Informations- und Kommunikationsstruktur, das Verhalten der am Kommunikationsprozess Beteiligten sowie die Effizienz bzw. Wirkung der Information und Kommunikation gemäß der Leitidee des deskriptiven Grundmodells des situativen Ansatzes beschrieben. Basierend auf Erkenntnissen der Kommunikations- und Konsumentenpsychologie werden dabei Zusammenhänge zwischen diesen Variablen-Kategorien aufgezeigt.

2 Kommunikationstheoretische Modelle der patientenorientierten Information und Kommunikation

Die Kommunikationstheorie ist sowohl mit der Soziologie als auch mit der Psychologie eng verbunden und ergänzt die bisher von ökonomischen, juristischen und medizinischen Überlegungen bestimmte Arbeit um wichtige Gesichtspunkte. Zudem können die einzelnen Elemente des situativen Ansatzes mit Hilfe von Einsichten der Kommunikationsforschung konkretisiert und mit Bezügen auf die Thematik der patientenorientierten Information und Kommunikation ausgefüllt werden. Dabei dienen die im Rahmen dieser Arbeit herangezogenen kommunikationstheoretischen Modelle primär der deskriptiven Erfassung realer Kommunikationsvorgänge (‚Beschreibungsmodelle'). Sie helfen, den Blick auf die wesentlichen gemeinsamen Elemente dieser Kommunikationsvorgänge zu lenken, während nebensächliche und idiosynkratische Elemente bewusst in den Hintergrund gestellt werden. Die vorgestellten kommunikationstheoretischen Modelle liefern somit einen Instrumentensatz zur Beschreibung verschiedener Kommunikationsvorgänge im Gesundheitswesen und einen strukturierenden Gliederungsrahmen für die folgende Diskussion. Dabei können Kommunikationsprozess und Kommunikationssystem als graphische oder verbale Modelle dargestellt werden. Der folgende Abschnitt behandelt das graphische Kommunikationsmodell nach Shannon und Weaver, das verbale Kommunikationsmodell von Lasswell wird anschließend diskutiert.

2.1 Das Shannon-Weaver-Kommunikationsmodell

Das bekannteste graphische Kommunikationsmodell stammt aus der mathematischen bzw. nachrichtentechnischen Kommunikations- und Informationstheorie und wurde von Claude E. Shannon und Warren Weaver (1949) entwickelt.[338] Viele graphische Flussmodelle gehen auf dieses Modell des Kommunikationsprozesses zurück.

2.1.1 Allgemeine Elemente des Kommunikationsmodells

Das in Abbildung IV-5 dargestellte Modell des Kommunikationsprozesses stellt die wesentlichen Wirkungskomponenten des Kommunikationssystems heraus. Die beiden wichtigsten am Kommunikationssystem beteiligten Parteien werden darin Sender und Empfänger genannt. Die Kommunikationsträger bezeichnet man als Botschaften bzw. Medien. Drei weitere Elemente repräsentieren die wichtigsten Teilfunktionen im Kommunikationsprozess, nämlich Verschlüsselung (oder Kodierung), Entschlüsselung (oder Dekodierung) und Rückmeldung. Schließlich können auch noch Störsignale auftreten, wie z. B. Botschaften, die die Aufmerksamkeit ablenken oder Widersprüchliches übermitteln.[339] In Shannon-Weavers Modell eines einstufigen Kommunikationssystems wird der Weg einer Information von einem Sender über einen Übertragungskanal hin zu einem Empfänger nachgezeichnet. Aus einer Quelle werden

[338] Vgl. Shannon, Weaver (1949).
[339] Vgl. Kotler, Bliemel (1999), S. 928.

bestimmte Zeichenkombinationen ausgewählt bzw. nach bestimmten Regeln erzeugt. Im Sender werden diese in Übertragungssignale umgewandelt (Kodierung) und über einen Übertragungskanal an einen Empfänger weitergeleitet. Dort geschieht in umgekehrter Weise eine Dekodierung der Signale und eine Zuführung an ihren Bestimmungsort.[340]

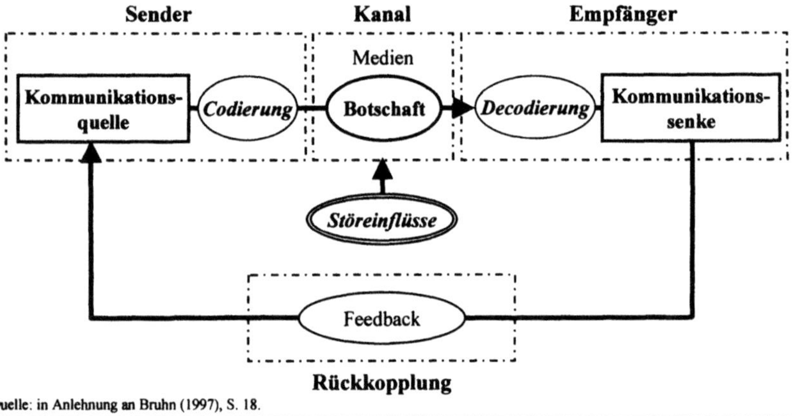

Quelle: in Anlehnung an Bruhn (1997), S. 18.

Abb. IV-5: Das Shannon-Weaver Kommunikationsmodell

Ziel der Übertragung ist die ungestörte Übermittlung der Informationen an den Empfänger.[341] Zur Implementierung eines Kommunikationsprozesses muss der Sender wissen, wen er ansprechen und welche Wirkung er auslösen will. Er muss seine Botschaften so verschlüsseln, dass der Empfänger sie mühelos entschlüsseln kann. Von der Herkunftsquelle bis hin zum Empfänger muss die Botschaft über leistungsfähige Kanäle übertragen werden. Der Kommunikator muss zudem Rückmeldungskanäle aufbauen, wenn er die Wirkung der Botschaft auf den Rezipienten erkennen will.[342]

2.1.2 Elemente des Kommunikationsmodells im Gesundheitswesen

Auf die patientenorientierte Information und Kommunikation bezogen lässt sich das Shannon-Weaver-Modell folgendermaßen beschreiben: Der Sender (z. B. Arzt, Krankenversicherung) bringt zum Zwecke der Übermittlung die Gesundheits- bzw. Patienteninformationen zunächst in eine entsprechende Form (z. B. in eine Beschreibung von Maßnahmen zur Gesundheitsvorsorge) und sendet diese über einen Kanal (z. B. Informationsbroschüre, Internet) an die Empfänger (Versicherte und Patienten). Diese nehmen die Gesundheitsinformationen auf, verar-

[340] Vgl. Picot, Reichwald, Wigand (1996), S. 69 f.
[341] Vgl. Reichwald (1993), S. 2175.
[342] Vgl. Meffert (1997), S. 929.

beiteten sie (erkennen, welche Möglichkeiten beispielsweise die Durchführung von Maßnahmen zur Gesundheitsvorsorge bietet) und reagieren (z. B. durch Umstellung ihrer Ernährung, Abgewöhnen des Rauchens usw.).

Das Kommunikationsnetz im Gesundheitswesen zeichnet sich vor allem durch die Vielfalt der beteiligten Parteien aus (Abb. IV-6).

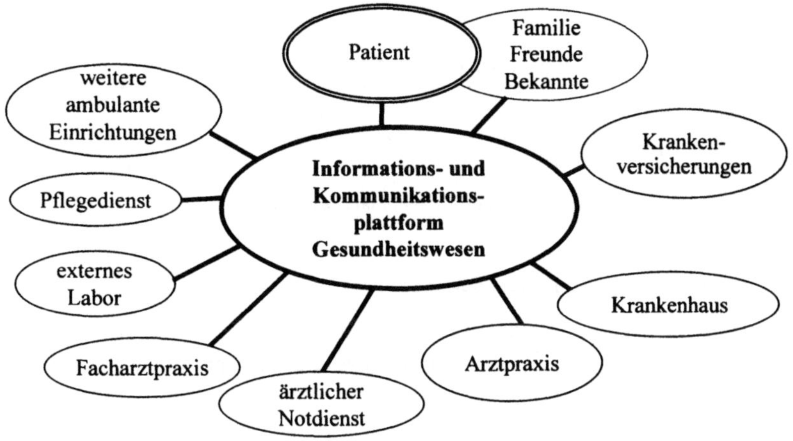

Quelle: eigene Darstellung

Abb. IV-6: Das Kommunikationsnetz im Gesundheitswesen

Zu beachten ist, dass die Kommunikation im Gesundheitswesen oft mehrstufig abläuft, da die direkten Empfänger häufig gleichzeitig als Sender an Dritte fungieren (Abb. IV-7). In der Kommunikationstheorie nennt man solche Personen oder Personengruppen, die im Rahmen der mehrstufigen Kommunikation die Schnittstelle zwischen der ersten und zweiten Stufe bilden, *Multiplikatoren*. Nach einer Studie der Boston Consulting Group sind wichtige Informationsempfänger neben den Patienten auch deren Familie, Freunde und Bekannte, die für kranke Familienangehörige sorgen und die Informationen an sie weiterleiten.[343]

[343] Vgl. Poensgen, Larsson (2001), S. 11.

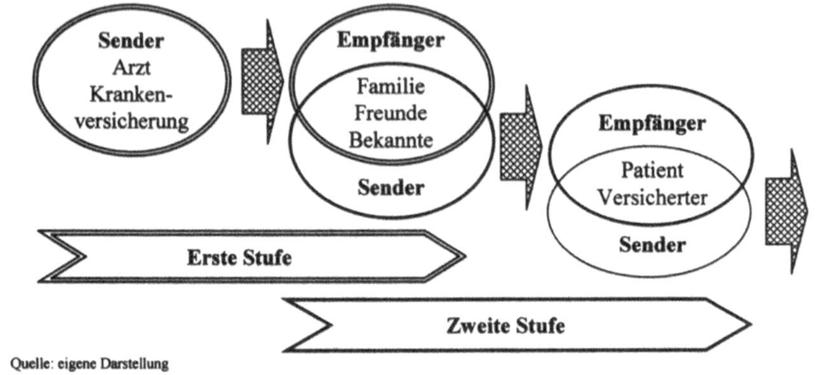

Quelle: eigene Darstellung

Abb. IV-7: Das mehrstufige, indirekte Kommunikationssystem

2.2 Das Lasswell-Kommunikationsmodell

Das bekannteste verbale Kommunikationsmodell geht auf Lasswell (1948) zurück.[344] Ihm zufolge sollte ein Modell eines Kommunikationssystems eine Antwort auf folgende Frageelemente liefern[345]:

- *Wer* (Sender)
- *sagt was* (Kommunikationsbotschaft)
- *über welchen Kanal* (Informationsmedium)
- *zu wem* (Empfänger)
- *unter welchen Bedingungen*
- *mit welcher Wirkung?*

Die Beantwortung sämtlicher Fragen gibt Aufschluss über die konkrete Ausgestaltung des Kommunikationssystems. Die Lasswell-Formel liefert somit einen inhaltlichen Bezugsrahmen für die Anwendung der Methodik des situativen Ansatzes auf die patientenorientierte Information und Kommunikation.

[344] Vgl. Lasswell (1967), S. 178. Die zuletzt genannte Komponente ist nur in der von Lasswell 1967 aufgeführten Gliederung enthalten, nicht aber im Kommunikationsmodell von 1949.
[345] Vgl. Meffert (1986), S. 446.

2.2.1 Allgemeine Elemente des Kommunikationsmodells

Der *Sender* ist der am Kommunikationsprozess Beteiligte, der die Botschaft der Kommunikation an einen anderen Beteiligten übermittelt. Der Sender wird auch als Kommunikator oder Informationsquelle bezeichnet.[346] Der Kommunikator muss sich überlegen, was er dem Zielpublikum sagen will, um die erwünschte Wirkung auszulösen.[347]

Empfänger genannt wird der am Kommunikationsprozess Beteiligte, an den die vom Kommunikator übermittelte Botschaft gerichtet ist. Er wird auch als Zielperson, Adressat oder Rezipient bezeichnet.[348]

Unter *Kommunikationsbotschaft* versteht man die Gesamtheit der symbolischen Präsentationen, die der Sender den Medien aufgibt.[349] In ihr konkretisieren sich die von der Kommunikation bereitzustellenden Informations- und Bedeutungsinhalte.[350]

Ein *Kommunikationskanal* ist ein Übermittlungsmedium, mit dessen Hilfe die in Form von Kommunikationsmitteln verschlüsselte Kommunikationsbotschaft den Adressaten näher gebracht wird.[351] Medien sind Kommunikationskanäle und -formen, durch die die Botschaft vom Sender zum Empfänger getragen wird.[352]

Die *Wirkung* der Kommunikation ist die Gesamtheit der Reaktionen des Empfängers nach Kontakt mit der Botschaft. Erwünschte Kommunikationswirkungen werden auch als Kommunikationserfolg bezeichnet. Der Kommunikationserfolg spiegelt sich im Grad der Erreichung kommunikativer Zielsetzungen des Senders bei den anvisierten Zielgruppen wider und ist auf den Einsatz von Kommunikationsaktivitäten zurückzuführen.[353]

2.2.2 Elemente des Kommunikationsmodells im Gesundheitswesen

Als *Sender* von gesundheitsrelevanten Informationen kommen beispielsweise der Arzt, die Krankenversicherung oder Familienangehörige, Freunde und Bekannte des Patienten in Frage. Die *Kommunikationsbotschaft* beinhaltet z. B. Informationen zur Gesundheitsvorsorge, zur Unterstützung der Arztwahl, zu Krankheiten und deren Behandlungsmöglichkeiten oder Informationen zur Aufdeckung von Behandlungsfehlern. Die Kommunikationsbotschaft richtet sich in der Regel an den Patienten (oder Familienangehörige) als *Empfänger*. Als *Kommunikationskanal* für die Patienteninformationen kommen etwa die persönliche Beratungsstelle, das Servicetelefon, die Printmedien und das Internet in Frage. Die Massenmedien nehmen im Kommunikationssystem häufig eine Doppelrolle ein, da sie nicht nur als Kommunikationskanal Informationen weitergeben, sondern auch als eigenständiger Erschaffer und Sender von Botschaften auftreten können. Die Merkmale der Informationsquellen, die Eigenschaften der

[346] Vgl. Meffert (1997), S. 928.
[347] Vgl. Kotler, Bliemel (1999), S. 940.
[348] Vgl. Meffert (1997), S. 929.
[349] Vgl. Meffert (1997), S. 928.
[350] Vgl. Bruhn (1997), S. 4.
[351] Vgl. Bruhn (1997), S. 5.
[352] Vgl. Meffert (1997), S. 928.

Patienten und Versicherten als Informationsempfänger sowie die rechtlichen Schranken der Information und Kommunikation im Gesundheitswesen zählen zu den *Bedingungen der Kommunikation*. Als *Wirkung* der Kommunikation werden im Kontext dieser Arbeit das Informationsverhalten und der Einfluss der Information und Kommunikation auf das Rollenverhalten der am Kommunikationsprozess Beteiligten untersucht sowie Aspekte der Effizienz der Informationsorientierung im Gesundheitswesen analysiert.

[353] Vgl. Reichwald (1993), S. 2183.

3 Deskription der zentralen Variablen-Kategorien: Situation, Struktur, Verhalten und Effizienz

Zu den *situativen Faktoren im Kommunikationskontext* zählen die Merkmale der Sender bzw. Informationsquellen, die Eigenschaften der Informationsempfänger (Patienten) sowie die situativen Bedingungen (z. B. restriktive rechtliche Schranken) unter denen die Information und Kommunikation im Gesundheitswesen stattfindet (Abb. IV-8). Die situativen Faktoren sind somit den folgenden Frageelementen der Lasswell-Formel zuzuordnen:

- *wer*
- *zu wem*
- *unter welchen Bedingungen.*

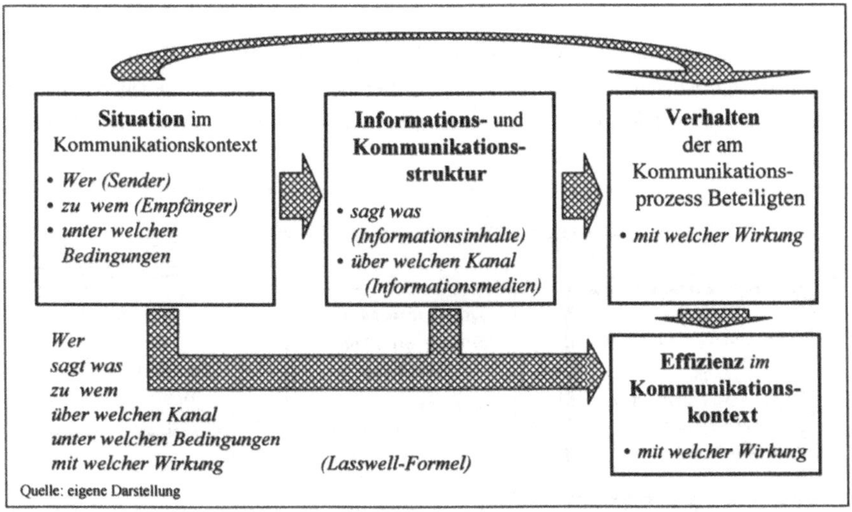

Abb. IV-8: Zusammenhang von situativem Ansatz und Lasswell-Formel

Die *Kommunikationsstruktur* bezieht sich auf Informationsinhalte und Kommunikationskanäle (Abb. IV-8). Die Deskription der Informations- und Kommunikationsstruktur liefert damit eine Antwort auf folgende Elemente der Lasswell-Formel:

- *sagt was*
- *über welchen Kanal.*

Das Element der Lasswell-Formel

- *mit welcher Wirkung*

bezieht sich auf das *Verhalten* der am Kommunikationsprozess Beteiligten und die *Effizienz* im Informations- und Kommunikationskontext (Abb. IV-8).

3.1 Situative Faktoren im Kommunikationskontext

Wie oben aufgezeigt, liefert die Darstellung der situativen Faktoren im Kommunikationskontext eine Antwort auf die folgenden Frageelemente der Lasswell-Formel (Abb. IV-9):

- *wer* (Informationsquelle)
- *zu wem* (Informationsempfänger)
- *unter welchen Bedingungen?*

In der Reihenfolge dieser Frageelemente werden zunächst die Merkmale der Sender bzw. Informationsquellen erörtert, dann die Eigenschaften der Informationsempfänger (Patienten) beschrieben und schließlich die situativen Bedingungen im Kommunikationskontext behandelt.

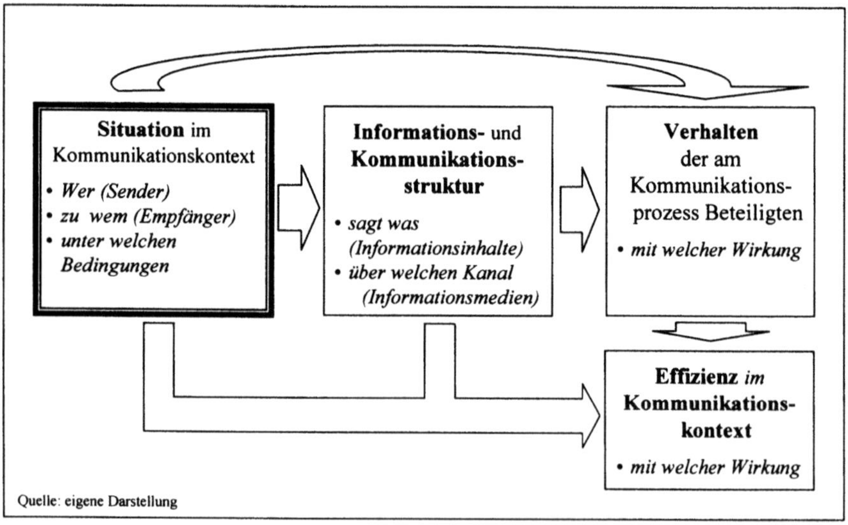

Abb. IV-9: Situative Faktoren im Kommunikationskontext

3.1.1 Merkmale der Informationsquellen

Informationsquellen lassen sich allgemein unterscheiden in (Abb. IV-10):

- *persönliche Quellen*, wozu die persönliche Umgebung wie Familie, Freunde und Bekannte, aber auch Ärzte oder Selbsthilfeorganisationen zu zählen sind,
- *nicht öffentlich zugängliche Quellen*, wie z. B. die Krankenversicherungen, insoweit sie nur für Mitglieder zugängliche Informationen bereitstellen, und
- *unpersönliche, öffentlich zugängliche Quellen*, wie Fernsehsendungen oder Zeitungsartikel.[354]

persönliche Quellen	**nicht öffentlich zugängliche Quellen**	**unpersönliche öffentlich zugängliche Quellen**
zum Beispiel ▪ Familie, Verwandte, Freunde, Bekannte ▪ Ärzte ▪ Selbsthilfeorganisationen	zum Beispiel ▪ Krankenversicherungen	zum Beispiel ▪ Massenmedien wie Fernsehsendungen, Zeitungsartikel

Quelle: eigene Darstellung

Abb. IV-10: Systematisierung der Informationsquellen

3.1.1.1 Beurteilungskriterien für Informationsquellen

Für die Gestaltung einer patientenorientierten Information und Kommunikation ist die Akzeptanz der Informationsquelle durch die Patienten von zentraler Bedeutung. Die Akzeptanz ist im wesentlichen von der *Glaubwürdigkeit*[355] der Informationsquelle und – insbesondere bei persönlichen Quellen – von der ihr gegenüber empfundenen *Sympathie*[356] abhängig.

Sympathische Informationsquellen, die sich durch Merkmale wie Freundlichkeit und Einfühlungsvermögen auszeichnen, fördern ebenfalls die Kommunikationswirkung, während unsympathische Quellen häufig wirkungslos bleiben oder gar negative Assoziationen auslösen.[357]

---

[354] Im Rahmen des „Health Care Marketing" bietet Kotler (1987) eine weitere Klassifizierung an: Persönliche, nicht kommerziell kontrollierte Quellen, wozu die persönliche Umgebung wie Freunde und Familie, aber auch der Arzt zu zählen sind; persönliche, kommerziell kontrollierte Quellen, dazu zählen Vertreter; unpersönliche, nicht kommerziell kontrollierte Quellen wie Massenmedien; unpersönliche, kommerziell kontrollierte Quellen, dies sind u. a. Werbung, Kataloge. Vgl. Kotler, Clarke (1987), S. 265 f.

[355] Vgl. Karlsson (1967), S. 73 ff.

[356] Vgl. Nieschlag, Dichtl, Häschgen (1988), S. 471.

[357] Vgl. Nieschlag, Dichtl, Häschgen (1988), S. 472.

Die *Glaubwürdigkeit* der Informationsquelle wird von der Kompetenz und der Vertrauenswürdigkeit des Kommunikators bestimmt. Ein Kommunikator gilt als kompetent, wenn er über einen hohen Sachverstand, besondere Erfahrungen und spezielle Kenntnisse verfügt.[358] Eine Informationsquelle ist vertrauenswürdig, wenn sich der Rezipient darauf verlassen kann, dass der Kommunikator seine Informationen möglichst unverfälscht und zutreffend wiedergeben will.[359] Sie büßt an Glaubwürdigkeit ein, wenn der Kommunikator aus der Information einen persönlichen Nutzen ziehen kann.[360] In diesem Sinne können abhängige und unabhängige Informationsquellen unterschieden werden. Abhängigen Informationsquellen wird allgemein eine geringere Glaubwürdigkeit zugesprochen als dies bei unabhängigen Quellen der Fall ist.[361] Wenn Informationsquellen in der persönlichen Kommunikation kommerzielle Interessen haben, verlieren sie Glaubwürdigkeit und die damit verbundenen Vorteile.[362]

Da die einer Informationsquelle zugebilligte Glaubwürdigkeit jeweils nur für ein Themengebiet gilt, können je nach Art der gewünschten Gesundheitsinformation unterschiedliche Quellen von den Patienten präferiert werden. So wäre beispielsweise plausibel, dass sich Patienten Informationen über ihre Erkrankung und deren Behandlungsmöglichkeiten eher vom Arzt wünschen, Informationen über medizinische Leistungserbringer dagegen von unabhängigen und neutralen Quellen (z. B. von der Familie, Freunden, Bekannten oder der Krankenversicherung).[363]

Darüber hinaus kann natürlich auch die Zugänglichkeit verschiedener Informationsquellen ein wichtiges Kriterium darstellen. Wenn beispielsweise die Nutzung einer Informationsquelle einen bedeutenden zeitlichen oder finanziellen Aufwand erfordert, ist ihre Zugänglichkeit eingeschränkt. In diesem Sinne sind etwa Freunde, Bekannte und Verwandte als Informationsquellen in der Regel besonders leicht zugänglich, während der Arztbesuch meist schon einen gewissen Aufwand erfordert. Auch fehlende Verständlichkeit beispielsweise medizinischer Fachliteratur kann manche Quellen für breite Bevölkerungskreise unzugänglich machen oder zumindest den mit ihrer Nutzung verbundenen Zeitaufwand erheblich erhöhen.

Im Folgenden wird ein kurzer Überblick über mögliche Informationsquellen im Gesundheitswesen gegeben. Dabei werden die in dieser Arbeit schwerpunktmäßig behandelten Informationsquellen Familie, Freunde und Bekannte, der Arzt, die Krankenversicherung und die Massenmedien vorgestellt. Darüber hinaus wird auf private medizinische Beratungsdienste,

---

358 Vgl. Kroeber-Riel, Weinberg (1999), S. 493.

359 Vgl. dazu McGuire (1985, S. 263 ff.), dort wird ein weiterer Überblick über die Kommunikationsvariablen gegeben.

360 Vgl. Frey (1979), S. 31 ff.

361 Vgl. Katz (1983), S. 139.

362 Vgl. Kroeber-Riel, Weinberg (1999), S. 501.

363 Zu den als Teil dieser Arbeit durchgeführten empirischen Untersuchungen zu dieser Frage siehe Teil V Abschnitt 2.3.

Selbsthilfeorganisationen, Kassenärztliche Vereinigungen und Ärztekammern als Informationssender eingegangen.

3.1.1.2 Familie, Freunde und Bekannte als Informationsquelle

Familie, Freunde und Bekannte zählen zur Kategorie der persönlichen Informationsquellen. Den Patienten verbindet mit diesen Informationssendern meist eine geographische und vor allem eine soziale Nähe. Gerade wenn es um die Wahl eines medizinischen Leistungserbringers oder die Entscheidung für eine Therapie geht[364], fragen viele Patienten vertrauenswürdig erscheinende Quellen wie Freunde, Bekannte und Familienangehörige nach deren Erfahrungen.[365]

Freunde, Bekannte und Familienangehörige sind aber nicht nur Informationssender für die von ihnen umsorgten Patienten, sondern fungieren für die Anbieter von Gesundheitsinformationen zugleich als wichtige Informationsempfänger. Nahezu ein Drittel der befragten Personen einer von der Boston Consulting Group durchgeführten Studie gaben an, dass sie in letzter Zeit Gesundheitsinformationen für eine schwer erkrankte Person eingeholt hätten. Freunde, Bekannte und Familienangehörige zeigen ein ähnliches Informationsverhalten wie die eigentlichen Patienten und sind somit ein Segment potenzieller Informationsempfänger, welches von den Informationssendern nicht übersehen werden sollte.[366]

3.1.1.3 Arzt als Informationsquelle

Der Arzt zählt ebenfalls zu den persönlichen Informationsquellen. Ihm kommt eine Schlüsselrolle für die Gesundheits- und Patienteninformation zu. Einerseits hat der Arzt die Pflicht, den Patienten über Diagnose und Behandlungsmöglichkeiten wahrheitsgetreu aufzuklären.[367] Andererseits hat er auch einen Anreiz, die Patienten im Sinne des Gesundheitsmarketings auf sein Leistungsangebot aufmerksam zu machen.[368]

Zu ihrem Arzt haben die Patienten in der Regel großes Vertrauen.[369] Manche Patienten sehen ihren Arzt als alleinige, vollkommene Autorität an.[370] Untersuchungen haben ergeben, dass für die Patienten der Wunsch nach umfassender und verständlicher Information im oberen Drittel der wichtigsten Erwartungen an den Arzt steht.[371] Viele Ärzte werden diesen Erwartungen jedoch nur eingeschränkt gerecht. Dem Wunsch der Patienten nach umfassenden Informationen kann auch heute noch ein großer Teil der Ärzteschaft nicht nachkommen.[372] Be-

---

[364] Trotz des großen Interesses der Patienten existieren bisher noch kaum systematische und zuverlässige Vergleiche sowie Kompetenz- und Qualitätsnachweise von medizinischen Leistungsanbietern. Vgl. Poensgen, Larsson (2001), S. 21.

[365] Zur empirischen Überprüfung dieser Hypothese siehe Teil V Abschnitt 2.3.

[366] Vgl. Poensgen, Larsson (2001), S. 11.

[367] Siehe Teil II Abschnitt 2.3.1.

[368] Siehe Teil II Abschnitt 2.1.2.

[369] Vgl. Wasem, Güther (1999), S. 27. Zur empirischen Überprüfung dieser These siehe Teil V Abschnitt 2.3.

[370] Vgl. Poensgen, Larsson (2001), S. 15.

[371] Vgl. Wasem, Güther (1999), S. 27.

[372] Zur empirischen Überprüfung dieser Hypothese siehe Teil V Abschnitt 2.2.

kannt sind die Klagen über Minutenmedizin oder den anonymisierten Medizinbetrieb in Kliniken. Vergütungsregeln und finanzielle (Fehl-)Anreize spielen eine große Rolle für das passive Informationsverhalten der Ärzte.[373]

3.1.1.4 Krankenversicherung als Informationsquelle

Die Krankenversicherung zählt zur Gruppe der unpersönlichen, nicht öffentlich zugänglichen Informationsquellen, insoweit sie Gesundheitsinformationen ausschließlich für ihre Versicherten bereitstellt. Bietet die Krankenversicherung Gesundheitsinformationen auch Nicht-Mitgliedern an, so kann sie den öffentlich zugänglichen Informationsquellen zugeordnet werden.

Generell haben die Krankenversicherungen zwei Motive zur Bereitstellung von Gesundheitsinformationen: Zum einen hoffen sie, durch Informationen das Verhalten ihrer Versicherungsnehmer zu beeinflussen und über ein größeres Gesundheitsbewusstsein ihrer Kunden die Ausgaben für Gesundheitsleistungen senken zu können.[374] Zum anderen sollen die Informationen als Service die Krankenversicherung von ihren Wettbewerbern abheben, ihre Marktposition verbessern und die Kundenbindung verstärken.[375]

Nach Einführung der freien Kassenwahl haben neben den privaten auch die gesetzlichen Krankenversicherungen das Patienten- bzw. Versichertenmarketing für sich entdeckt. Auch wenn viele Versicherte von ihrer Krankenversicherung primär einen niedrigen Beitragssatz erwarten[376], verstehen sich die Versicherungen auch als Berater und Vertreter der Patienten und Versicherten.[377] Krankenversicherungen bieten im Rahmen des Patienten-/Versicherten-Service Informationen zu allgemeinen Gesundheitsthemen wie Gesundheitsvorsorge und Krankheitsprävention, zu Erkrankungen und deren Behandlungsmöglichkeiten sowie zu medizinischen Leistungsanbietern an.[378]

3.1.1.5 Massenmedien als Informationsquelle

Massenmedien sind unpersönliche, öffentliche Informationsquellen.[379] Zu ihnen gehört das Fernsehen ebenso wie Zeitungen, Zeitschriften und andere Printmedien. Soweit die Abhängigkeit von Werbegeldern und andere kommerzielle Interessen ihre Berichterstattung z. B. über Arzneimittel beeinflussen können, reduziert dies ihre Vertrauenswürdigkeit. Je nachdem, von wem die Gesundheits- und Patienteninformationen in den Massenmedien angeboten wer-

---

373 Vgl. Demmler, Unterhuber, Weber (1999), S. 2.
374 Siehe Teil II Abschnitt 2.1.1.
375 Expertengespräch mit Herrn Dr. Hans Unterhuber, Vorstand Siemens-Betriebskrankenkasse (15. Januar 2001).
376 Zur empirischen Überprüfung dieser Frage siehe Teil V Abschnitt 2.5.1.
377 Vgl. Wasem, Güther (2000), S. 5.
378 Vgl. Braun, Uhl (2001).
379 Die Massenmedien spielen häufig eine Doppelrolle, da sie sowohl eigenständige Informationsquellen als auch Informationskanäle darstellen können. Vgl. Teil IV Abschnitt 2.2.2.

den, kann ihre Glaubwürdigkeit steigen. Die TV Sendung „Das Gesundheitsmagazin“ mit Frau Dr. Antje Kühnemann ist ein Beispiel für eine Quelle von Gesundheitsinformationen im Fernsehen, die bei den Patienten in der Regel hohes Ansehen genießt. Frau Dr. Kühnemann als Moderatorin gilt aufgrund ihrer medizinischen Erfahrungen und speziellen Kenntnisse als Expertin auf ihrem Gebiet. Im Gesprächskreis sind dem jeweiligen Thema entsprechend Fachleute aus dem medizinischen Bereich eingeladen. Ein Beispiel für Gesundheitsinformationen in Zeitschriften ist die Focus-Ärzteliste. Die im Oktober 2000 erschienene Liste ist bereits die dritte Ärzteserie des Nachrichtenmagazins.[380]

3.1.1.6 Sonstige Informationsquellen

➢ *Private medizinische Beratungsdienste*

Private medizinische Beratungsdienste zählen in den meisten Fällen zur Kategorie der öffentlich (wenn auch nicht immer kostenlos) zugänglichen Informationsquellen. Sie bieten ihre Leistung Privatpersonen, häufig aber auch privaten oder gesetzlichen Krankenversicherungen an. Die Existenz und der Erfolg der privaten Beratungsdienste zeigen die Notwendigkeit des Angebots von Gesundheitsinformation für Patienten.[381] Im Bereich Internet bzw. E-Health handelt es sich um Portale, die Patienten allgemeine Informationen zu Gesundheitsthemen anbieten und sie bei der Arztsuche unterstützen. Beispiele hierfür sind u. a. Arztpartner.de und Netdoktor.de. Ernsthafte Konkurrenten für diese allgemeinen Gesundheitsportale sind auf bestimmte Krankheiten spezialisierte Websites mit einer größeren Informationstiefe. Sie werden in ihrem Ansatz unterstützt durch eine Studie der Boston Consulting Group[382], derzufolge umfassende und tiefgehende Informationen über alle Krankheiten bereitzustellen weder praktikabel noch kosteneffektiv ist. Einige private Beratungsdienste haben sich bereits auf Patienten mit chronischen Erkrankungen wie Diabetes oder Asthma spezialisiert. Diese Patienten werden in ein Programm aufgenommen und dort über einen relativ langen Zeitraum persönlich und telefonisch informiert und betreut. Ein Beispiel für einen solchen Beratungsdienst ist Innovacare. Innovacare versorgt chronisch Kranke mit Gesundheitsinformationen zu den Themen Asthma, Adipositas, Diabetes, Herzinsuffizienz und Osteoporose. Neben individuellen Informationen zu diesen Krankheiten bietet Innovacare den Patienten persönliche Beratung und Betreuung, abgestimmt auf ihren ärztlichen Behandlungsplan, und gibt praktische Hilfestellungen für den Alltag.[383]

---

[380] Tendenziell ist das Fernsehen als Medium eher zur Schärfung des Bewusstseins für gesundheitliche Fragen (z. B. Warnung vor Rauchen) geeignet, da es die menschlichen Sinne umfassender und emotionaler anzusprechen vermag. Demgegenüber haben Printmedien ihre strukturellen Stärken eher in der tiefgründigen und analytischen Aufbereitung von Informationen, die der Patient dann auch nachlesen kann.

[381] Vgl. Behnke, Demmler, Unterhuber (2001), S. 17.

[382] Vgl. Poensgen, Larsson (2001), S. 9.

[383] Vgl. N. N. http://www.innovacare.de/top/infocenter (Stand 02.07.01).

➢ *Selbsthilfeorganisationen als Informationsquelle*

Selbsthilfeorganisationen zählen wie Freunde, Bekannte und Familienangehörige oder Ärzte zu den persönlichen Informationsquellen. Selbsthilfeorganisationen konzentrieren sich meist auf Patienten mit einem bestimmten Krankheitsbild. Sie bieten die Möglichkeit, Informationen mit anderen Betroffenen auszutauschen und unterstützen die Betroffenen mental. Darüber hinaus vermitteln sie auch Know-how über die Erkrankung. Sie tragen z. B. durch das Angebot von speziellen Sportkursen zur Rehabilitation bei und sind Informationsdrehscheiben für alle Versorgungsangebote, die zu einer Verbesserung des jeweiligen Gesundheitszustands herangezogen werden können.[384] In Selbsthilfegruppen steckt ein großes therapeutisches Potenzial. Betroffene untereinander können besonders einfühlsam kommunizieren, weil sie auf der Basis gemeinsamer Erfahrungen operieren. Jemand, der das gleiche Schicksal erlitten hat, ist für einen Leidensgenossen ein wesentlich vertrauenswürdigerer Gesprächspartner. Vor allem wird er Ratschläge und Hinweise ganz anders aufnehmen, wenn er von Betroffenen erfährt, wie sich das gemeinsame Schicksal hat meistern lassen.[385] Die Selbsthilfe hat sich insbesondere bei chronischen Erkrankungen und Suchtbehandlungen bewährt.[386] Allerdings variiert die Professionalität und damit die Qualität der Unterstützungsleistungen der Selbsthilfeorganisationen zum Teil erheblich.[387]

➢ *Kassenärztliche Vereinigungen und Ärztekammern als Informationsquelle*

Die Kassenärztlichen Vereinigungen und Ärztekammern sind öffentlich zugängliche Informationsquellen. Sie bieten sich in letzter Zeit verstärkt als Informationsquellen für Patienten bei der Suche nach Ärzten mit speziellen Qualifikationen und bei allgemeinen medizinischen Fragen an. Die Kassenärztliche Vereinigung in Berlin hat vor einigen Jahren als erste Organisation dieser Art eine persönliche telefonische Beratungsstelle für Gesundheitsfragen eingerichtet. Das gleiche gilt für die Initiative der Landesärztekammer Bayern, die eine Datenbank für die Arztsuche im Internet zur Verfügung gestellt hat.

3.1.2 Merkmale des Patienten als Informationsempfänger

Jede der Parteien im Gesundheitswesen ist auch Informationsempfänger. So erhält z. B. der Arzt vom Patienten Informationen über seine Krankheitssymptome, die Krankenversicherung wird über Diagnose und Behandlungskosten informiert. Für die in dieser Arbeit behandelte Thematik der patientenorientierten Information und Kommunikation steht aber der Patient als Informationsempfänger im Vordergrund.

Eine an alle Patienten gerichtete und unspezifische Information kann den unterschiedlichen Informationsbedürfnissen und -präferenzen der Patienten nicht optimal gerecht werden. Es ist

---

[384] Vgl. Behnke, Demmler, Unterhuber (2001), S. 17.
[385] Vgl. Göpfert (1984), S. 19 ff.
[386] Vgl. Göpfert (1999), S. 363.

daher sinnvoll, Patientengruppen gezielt anzusprechen. Als Basis einer gezielten Ansprache ist die Gesamtheit der Patienten daraufhin zu untersuchen, ob sich Patientengruppen mit ähnlicher Präferenzstruktur bezüglich Informationsinhalten, -quellen und -medien finden lassen. Eine Identifizierung solcher Patientensegmente ist Voraussetzung für eine an den Patientenbedürfnissen ausgerichtete Information und Kommunikation im Gesundheitswesen.

Bevor der Begriff der Segmentierung und die Kriterien zur Bildung von Patientengruppen erörtert werden, soll im Folgenden kurz auf die wichtigste Eigenschaft eingegangen werden, die den Patienten von Informationsempfängern in anderen Bereichen abhebt, nämlich die vielfach eingeschränkte Konsumentensouveränität im Gesundheitswesen.

3.1.2.1 Einschränkungen der Konsumentensouveränität beim Patienten

Als Konsumentensouveränität bezeichnet man die Fähigkeit der individuellen Nachfrager, sich Informationen über den Preis und die Qualität der angebotenen Güter zu beschaffen und darauf basierend eine ökonomisch rationale, das heißt eine für sie nutzenmaximierende Nachfrageentscheidung zu treffen. Diese Fähigkeit ist bei vielen Patienten, wenn überhaupt, nur sehr eingeschränkt gegeben.[388] Der Zustand einer Krankheit stellt eine menschliche Ausnahmesituation dar, in der der Patient häufig zur Aufnahme und rationalen Auswertung der entscheidungsrelevanten Informationen nicht in der Lage ist. Hinsichtlich der Fähigkeit zum Treffen einer rationalen Entscheidung differenzieren Breyer und Zweifel (1997) drei Stufen[389]:

- die *weitgehende Fähigkeit zu einer rationalen Entscheidung,*
- die *eingeschränkte Fähigkeit zu einer rationalen Entscheidung* und
- die *vollständige Unfähigkeit zu einer rationalen Entscheidung.*

Bei Vorliegen von Krankheiten, die die geistige Kapazität nicht einschränken und keine Bedrohung für die Existenz darstellen, ist eine *weitgehende Fähigkeit zu einer rationalen Entscheidung* gegeben. Im Fall lebensbedrohender, aber die geistige Kapazität nicht einschränkender Krankheiten ist der Patient *eingeschränkt fähig, eine rationale Entscheidung zu treffen.*[390] Bei besonders hohem Leidensdruck, z. B. bei chronisch oder unheilbar kranken Patienten, ist die Verzweiflung und die Frustration der Patienten leicht auszunutzen.[391] *Vollständige Unfähigkeit zu einer rationalen Entscheidung* liegt z. B. bei Bewusstlosigkeit oder Geisteskrankheit vor. In dieser Situation nehmen medizinische Leistungen keine Sonderstellung ein, da der Betroffene überhaupt keine rationalen Entscheidungen treffen kann und irgendjemand für ihn mit der Maßgabe entscheiden muss, so zu handeln, wie es der Betroffene tun würde,

---

387 Vgl. Behnke, Demmler, Unterhuber (2001), S. 17.
388 Vgl. Binder (1999), S. 29.
389 Vgl. Breyer, Zweifel (1997), S. 157.
390 Vgl. Breyer, Zweifel (1997), S. 157.
391 Vgl. N. N. http://www.merck-dura.de/magazin/mag22/mag22_cont04.htm (Stand 01.03.01), S. 2.

wenn er dazu in der Lage wäre.[392] Die drei Stufen rationaler Entscheidungsfähigkeit lassen sich auch auf die Fähigkeit des Patienten zur Informationsbeschaffung übertragen (Abb. IV-11).

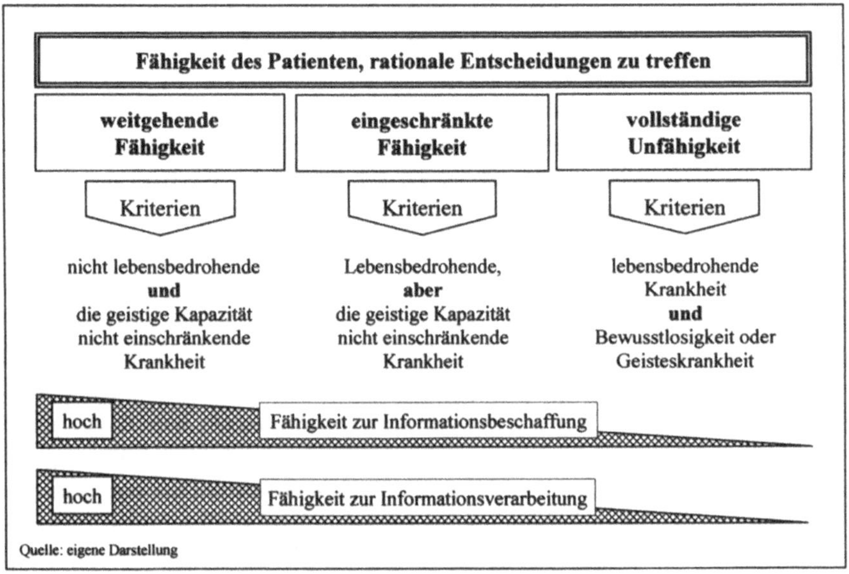

Abb. IV-11: Entscheidungsfähigkeit von Patienten

Neben der Fähigkeit der Patienten, sich Informationen über den Preis und die Qualität von Gesundheitsgütern zu beschaffen, ist die Fähigkeit zur rationalen Verarbeitung und Auswertung dieser Informationen Grundlage der Patientensouveränität. Beide Tatbestände sind bei Gesundheitsgütern nur in eingeschränkter Form gegeben. Bei schweren Krankheiten oder Unfällen ist der Patient meist physisch und/oder psychisch nicht mehr in der Lage, eine Vielzahl an Informationen aufzunehmen und die Vor- und Nachteile einer Behandlung gründlich und rational abzuwägen. Aber selbst ein Patient im Vollbesitz seiner geistigen Kräfte ist, insbesondere bei überraschendem Eintritt der Krankheitssymptome, gegenüber dem Arzt in einer schwächeren Verhandlungsposition, da er in der Regel alles tun wird, um eine Verbesserung seines Gesundheitszustands zu erreichen.[393] Zudem verfügen die meisten Patienten nicht über ausreichendes medizinisches Hintergrundwissen, um Informationen über Gesundheitsgüter sinnvoll einordnen und deren Qualität beurteilen zu können.[394] Weiter eingeschränkt wird die

---

392 Die Frage ist lediglich, von wem ein solches „perfektes Sachwalterverhalten" am ehesten erwartet werden kann. Manches spricht dafür, dass ein naher Verwandter dazu besser geeignet ist als ein Angestellter einer Regierungsbehörde. Vgl. Breyer, Zweifel (1997), S. 157.

393 Vgl. Binder (1999), S. 31.

394 Vgl. Binder (1999), S. 29.

Konsumentensouveränität durch die zahlreichen rechtlichen Restriktionen, die die Bereitstellung von Informationen über Leistungsanbieter und -angebote im Gesundheitswesen regeln sollen und damit aber auch deren Beschaffung erschweren.[395]

3.1.2.2 Möglichkeiten der Segmentierung

Eine klassische Definition für Segmentierung findet sich bei Freter (1983), der Segmentierung allgemein als Teilung heterogener Gesamtmärkte in homogene Teilmärkte mittels bestimmter Merkmale der tatsächlichen bzw. potenziellen Kunden definiert.[396] Ziel der Segmentierung ist es, den Markt zu beschreiben, um dann ein oder mehrere Segmente mit Hilfe segmentspezifischer Marketing-Programme gezielt zu bearbeiten.[397] Nieschlag et al. (1994) nennen als Segmentierungskriterien u. a.[398]:

- *geographische Merkmale,*
- *biologische Merkmale,*
- *soziodemographische Merkmale* sowie
- *psychologische Merkmale.*

Ansatzpunkt einer Segmentierung sollten Einflussgrößen sein, die Unterschiede im Verhalten erklären.[399] Da diese je nach Thema und Situationsbezug differieren können, muss die Identifikation geeigneter Segmentierungskriterien problemgeleitet erfolgen. Nach Gemünden (1993) üben Merkmale der Informationsempfänger Einflüsse auf das Informations- und Kommunikationsverhalten aus.[400] Solche für das Informationsverhalten relevanten Merkmale verschiedener Patientengruppen sollen im Folgenden erörtert werden.

3.1.2.3 Möglichkeiten der Patientensegmentierung

Eine einheitliche Definition von Patientenpräferenzen ist schwierig, weil Patient nicht gleich Patient ist und die individuellen Bedürfnisse sich selbst bei ähnlichen Krankheitsbildern stark unterscheiden. Patienten kommen mit den verschiedensten Problemen zum Arzt. Sie unterscheiden sich nicht nur nach soziodemographischen Merkmalen, sondern auch nach gesunden Patienten und schon kranken Patienten, akut und chronisch Kranken.[401] Es ist schwierig, jedem Typus in der Kommunikation gerecht zu werden. Die Kunst liegt darin, den jeweiligen Patienten richtig zu erkennen und in entsprechender Weise mit ihm zu kommunizieren.[402] Die Segmentierungskriterien sollten verhaltensrelevante Unterschiede umfassen und aussagefähig hinsichtlich des Einsatzes der Informationsinhalte, -quellen und -medien sein.[403] Eine patientenorientierte Information und Kommunikation setzt somit eine an den tatsächlichen Verhält-

---

[395] Siehe Teil IV Abschnitte 3.1.3.2, 3.1.3.3 und 3.1.3.4.
[396] Vgl. Freter (1983), S. 7.
[397] Vgl. Freter (1983), S. 20 ff.
[398] Vgl. Nieschlag, Dichtl et al. (1994), S. 583, S. 1060 f.
[399] Vgl. Freter (1992), S. 737 f.

nissen orientierte Segmentierung der Patienten und Versicherten voraus: Welche Patienten gibt es im Gesundheitswesen? Welche Bedürfnisse und Präferenzen haben sie insbesondere im Hinblick auf die Information und Kommunikation?[404] Abbildung IV-12 zeigt die in dieser Arbeit diskutierten Segmentierungskriterien.

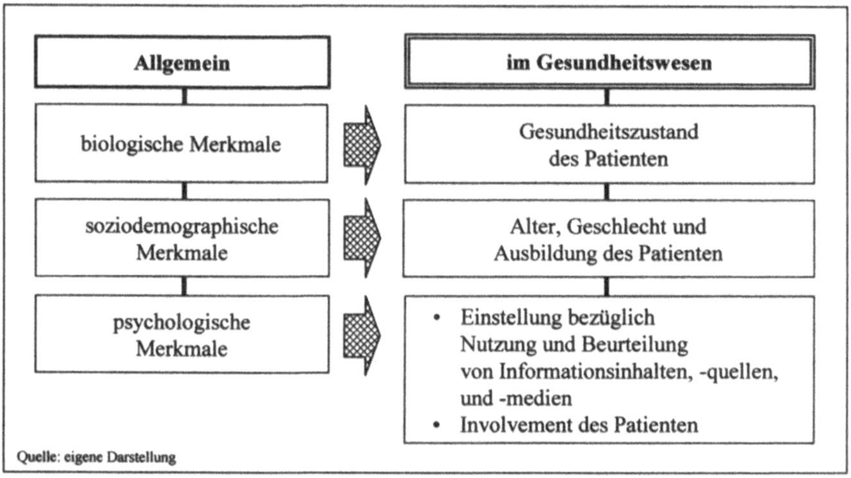

Abb. IV-12: Segmentierungskriterien der Patienten

Als *biologisches Merkmal* kann zur Segmentierung der Patienten als Informationsempfänger der aktuelle Gesundheitszustand herangezogen werden.[405] Die Art der Krankheit bzw. des Gesundheitszustands bestimmt das Verhalten der Patienten bei der Informationssuche. Schwere Krankheiten führen beispielsweise zu einer größeren Nachfrage nach vertiefenden Informationen und einer stärkeren Bereitschaft, Zeit und Geld in die Informationsbeschaffung zu investieren.[406] Umgekehrt lässt bei chronischen Krankheiten das Informationsbedürfnis oft nach, wenn sich der Zustand stabilisiert hat. Des Weiteren konnte festgestellt werden, dass Patienten mit chronischen Krankheiten zu mehr Eigenverantwortung im Umgang mit ihrer Krankheit tendieren als Patienten mit kurzfristigen Gesundheitsproblemen.[407] Nicht nur das Informationsbedürfnis der Patienten und ihre Präferenzen für bestimmte Informationsinhalte, -quellen und -medien sind von ihrem Gesundheitszustand abhängig, sondern auch ihre Fähigkeit zur Informationsbeschaffung und -verarbeitung. Schließlich können diese Möglichkeiten

---

[400] Vgl. Gemünden (1993), S. 1729 ff.
[401] Vgl. Edgam-Levitan (1996), S. 42.
[402] Vgl. Barth (1999), S. 459.
[403] Vgl. Freter (1983), S. 43 ff.
[404] Vgl. Barth (1999), S. 459.
[405] Vgl. Freter (1983), S. 43 ff.
[406] Vgl. Poensgen, Larsson (2001), S. 12.

zur Informationssammlung durch die Dringlichkeit der Behandlung (Unfall) und krankheitsbedingte Beschränkungen (Ohnmacht, Alzheimer) reduziert werden.[408] All diese Faktoren sind bei einer zielgruppengerechten Bereitstellung von Informationen über die jeweiligen Krankheitsbilder zu beachten.

Soziodemographische Merkmale sind u. a. das Alter, das Geschlecht und die Ausbildung des Patienten.[409] Sie haben erheblichen Einfluss auf das Informationsverhalten. Während zu demographischen Variablen wie Geschlecht, Alter und Familienstand divergierende Befunde vorgelegt werden, deuten Untersuchungen darauf hin, dass die besonders aktiven Informationssuchenden kaum in den unteren sozialen Schichten zu finden sind.[410] „Information Seekers" – Individuen, die überdurchschnittlich viele Informationen suchen – gehören meist der oberen Mittelschicht mit höherem Haushaltseinkommen, höherer Bildung und qualifizierteren Berufen an.[411]

Zu den *psychologischen Merkmalen* zählen die Einstellungen des Patienten hinsichtlich der Nutzung und Beurteilung von Informationsinhalten, -quellen und -medien. Der Wunsch nach Aufklärung und Information sowie nach Beteiligung an Entscheidungen kann sehr unterschiedlich ausgeprägt sein.[412] Im einen Extrem möchten Patienten auf Grundlage umfassender Informationen Entscheidungen treffen, im anderen Extrem vertrauen Patienten ihrem Arzt vollständig und wollen diesem alle anstehenden Entscheidungen unhinterfragt überlassen.[413] Schwartz und Badura (1995) unterscheiden zwei Typen von Patienten[414]: Der erste Patiententyp sucht und verlangt mehr Informationen über sein spezifisches Problem. Diese Gruppe von Patienten lässt sich als aufgeklärt und informationshungrig charakterisieren und will in der Lage sein, die Kompetenz des Arztes und die Wirksamkeit von Behandlungen einschätzen zu können. Solche Patienten wollen wissen, wie die Krankheit und deren Behandlung ihr Leben verändern werden, befürchten aber zugleich, dass der Arzt nicht alle Informationen an sie weitergibt.[415] Die zweite Gruppe vermeidet eine weitgehende Aufklärung. Dieser Fall tritt insbesondere dann auf, wenn es sich um eine negative Prognose bei einer Krankheit handeln könnte.[416] In der Phase der Arztwahl ist es seltener, dass ein Patient nicht ein echtes Bedürfnis

[407] Vgl. Poensgen, Larsson (2001), S. 15.
[408] Siehe Teil IV Abschnitt 3.1.2.1.
[409] Vgl. Kroeber-Riel, Weinberg (1999), S. 248.
[410] Vgl. Gemünden (1980), S. 1020.
[411] Vgl. Tölle et al. (1981), S. 47. Dieser Zusammenhang und die „Mittelschichthypothese" – dass die Informationsaktivitäten der Angehörigen mittlerer Schichten stärker ausgeprägt sind als die der Angehörigen der unteren und oberen sozialen Schichten – konnte jedoch nicht in jeder Studie empirisch nachgewiesen werden. Vgl. Gemünden (1980), S. 1020. Zu den als Teil dieser Arbeit durchgeführten empirischen Untersuchungen zu dieser Frage siehe Teil V Abschnitt 2.4.
[412] Vgl. Klemperer (2000), S. 15.
[413] Vgl. Klemperer (2000), S. 15.
[414] Vgl. hierzu auch Barth (1999), S. 459.
[415] Vgl. Schwartz, Badura (1995), S. 39.
[416] Vgl. Schwartz, Badura (1995), S. 39.

nach Informationen über den am besten geeigneten Behandler für sein spezifisches Problem aufweist. Insofern stellt die Informationsverdrängung hier ein geringeres Problem dar als in der Diagnosephase.[417]

Einen Schlüsselbegriff für die Bereitstellung zielgruppengerechter Gesundheitsinformationen stellt das so genannte Involvement der Patienten dar.[418] Antil (1984)[419] definiert Involvement als „den Grad wahrgenommener persönlicher Wichtigkeit und/oder persönlichen Interesses, der durch einen Stimulus (oder Stimuli) in einer bestimmten Situation hervorgerufen wird".[420] Das Involvement ist stärker ausgeprägt, wenn wichtige Bedürfnisse und Werte betroffen sind oder wenn ein verhältnismäßig hohes Risiko wahrgenommen wird.[421] Hiernach müsste das Involvement bezüglich Gesundheit hoch sein. Das Involvement hinsichtlich verschiedener Lebensbereiche drückt sich auch in der Maslow'schen Bedürfnispyramide aus[422], in der menschliche Bedürfnisse nach ihrer Dringlichkeit geordnet dargestellt sind. Die in Abbildung IV-13 dargestellte Maslow'sche Bedürfnispyramide zeigt, dass die Absicherung der Gesundheit bereits auf der zweiten Stufe nach den physischen Bedürfnissen angesiedelt ist.[423] Dem Gut Gesundheit kommt demnach also ein vergleichsweise hoher Stellenwert zu. Zudem ist Gesundheit auch Voraussetzung für die Verwirklichung höherrangiger Bedürfnisse, wie z. B. Unabhängigkeit und Entfaltung der Fähigkeiten.[424]

---

417 Vgl. Barth (1999), S. 460.

418 Vgl. Freter (1983), S. 43ff.

419 Antil (1984), S. 204.

420 Kroeber-Riel, Weinberg (1999) bezeichnen Involvement als den „Grad der Ich-Beteiligung oder das Engagement einer Person, sich für bestimmte Sachverhalte oder Aufgaben zu interessieren und einzusetzen." Damit stellt das Involvement den inneren Zustand einer Person dar, der in Abhängigkeit der Relevanz beim Individuum unterschiedliche Wirkungen auf Informationsaufnahme, -verarbeitung und -speicherung auslöst. Vgl. Kroeber-Riel, Weinberg (1999), S. 92 ff., 360 ff. Trommsdorff (1993) definiert Involvement als „Motivstärke zur objektgerichteten Informationssuche, -aufnahme und -verarbeitung". Trommsdorff (1993), S. 48 f.

421 High-Involvement Entscheidung beinhalten in der Regel ein relativ hohes Risiko für den Konsumenten. Bezüglich der Art der Informationsverarbeitung ist somit eine sorgfältige Abwägung und Vergleich vieler Alternativen sowie die Verwendung vieler Informationen typisch. Dabei werden die Informationen gezielt gesucht. Vgl. Meffert, Bruhn (1997), S. 81.

422 Vgl. Meffert (1986), S. 113.

423 Vgl. Neubauer, Ujlaky (2001), S. 6.

424 Vgl. Neubauer, Ujlaky (2001), S. 6.

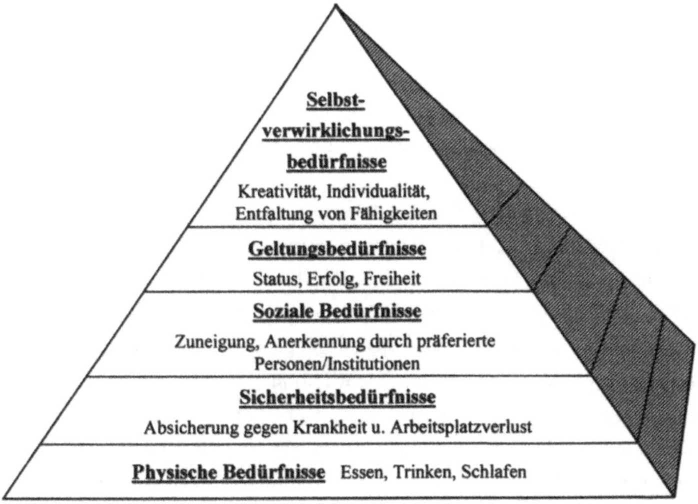

Quelle: Neubauer, G., Ujlaky, R. (2001).

Abb. IV-13: Maslow'sche Bedürfnispyramide

Involvement ist eine graduelle Größe, d. h. ein Patient kann sehr stark bis sehr schwach involviert sein. Die Stärke des Involvements hängt letztlich nicht nur von psychologischen, sondern auch von biologischen Faktoren, insbesondere dem Gesundheitszustand des Patienten ab. So dürften Patienten mit schweren und langwierigen Krankheiten ein stärkeres Involvement aufweisen als Patienten mit leichten oder kurzfristigen Gesundheitsproblemen.[425] Die Stärke dieses Involvements kann als Aktivierung des Patienten angesehen werden.[426] Bei sehr niedrigem Involvement bleiben die Patienten als Informationsempfänger passiv, sie wenden sich der Kommunikation mit geringer Aufmerksamkeit und flüchtig zu und nehmen nur wenige Informationen auf. Dieses Empfängerverhalten der Patienten erfordert häufige Kontakte und den Einsatz von stärkeren Reizen, z. B. Bildern. Da sich die Patienten mit niedrigem Involvement mit dem Inhalt der Information gedanklich kaum auseinandersetzen, hängt die Wirkung der Kommunikation vor allem von der äußeren Gestaltung des Kommunikationsmittels ab. Die gefällige Aufmachung ist bei Low-Involvement-Kommunikation wichtiger als das detaillierte Verständnis der Botschaft.[427] Geradezu umgekehrt ist die Situation bei Informationsempfängern mit hohem Involvement. Diese wenden sich der Kommunikation aufmerksam zu und setzen sich gedanklich mit der vermittelten Botschaft auseinander. Entscheidend für

425 Zur empirischen Überprüfung dieser These siehe Teil V Abschnitte 2.2, 2.3.5 und 2.4.
426 Vgl. Kroeber-Riel, Weinberg (1999), S. 92.
427 Vgl. Kroeber-Riel (1991), S. 169.

den Kommunikationserfolg ist hier der Inhalt der Kommunikation.[428] Es ist anzunehmen, dass Patienten mit stärkerem Involvement umfangreichere Informationen wünschen und diese aktiver suchen. Es kommt demzufolge bei der Information und Kommunikation darauf an, das Involvement der Informationsempfänger richtig einzuschätzen und bei der Gestaltung und Steuerung der Kommunikationsmittel einzukalkulieren. Auf die Vernachlässigung dieser Forderung geht ein großer Teil unwirksamer Kommunikation zurück.[429]

Das Involvement und andere Aspekte der Rezeption von Gesundheitsinformationen können auch von Merkmalen des generellen Informationsverarbeitungsverhaltens des jeweiligen Patienten beeinflusst werden. Quantitative und kognitive Fähigkeiten (wie z. B. die Test-Intelligenz) weisen in psychologischen Untersuchungen keine nennenswerten Korrelationen zur Intensität der Informationssuche auf.[430] Durchgängige Bestätigung ergibt sich aber für die These, dass komplexer denkende Personen mehr Informationen beschaffen als einfacher denkende. Außerdem gibt es Hinweise, dass Analytiker, nachdem sie einmal ein Konzept entwickelt haben, an diesem eher festhalten und daher selektiver Informationen beschaffen. In der Gruppe motivationaler Faktoren konnten positive Einflüsse des Selbstbewusstseins und des Bedürfnisses nach kognitiver Klarheit auf das Maß an Informationssuche nachgewiesen werden.[431]

3.1.3 Bedingungen der Information und Kommunikation im Gesundheitswesen

Zu den situativen Faktoren gehören im Kontext der patientenorientierten Information und Kommunikation nicht nur die besprochenen Merkmale der Informationsquellen und Informationsempfänger (Patienten), sondern auch die allgemeinen Bedingungen der Informationsbeschaffung und hier insbesondere auch die gesetzlichen Rahmenbedingungen. Restriktive Gesetze und Verordnungen setzen der Informationsversorgung der Patienten durch den Arzt und die Krankenversicherung Grenzen. Diese strikten Regelungen zielen auf den Schutz des Patienten vor suggestiver, unsachlicher Beeinflussung oder Irreführung[432]: Kranke und Ratsuchende lassen sich wegen ihres zentralen Interesses an der Erhaltung oder Wiederherstellung

---

[428] Vgl. Kroeber-Riel, Weinberg (1999), S. 248.

[429] Vgl. Kroeber-Riel (1991), S. 169. Darüber hinaus können das Informationsbedürfnis und die Präferenzen der Patienten bezüglich Informationsinhalten, -quellen, und -medien auch durch deren Fertigkeiten und technischen Ressourcen bestimmt sein. So hat beispielsweise nicht jeder Patient Zugang zum Internet oder kann damit umgehen.

[430] Vgl. Tölle et al. (1981), S. 47.

[431] Vgl. Gemünden (1993), S. 1731.

[432] Vgl. Schmutte (1998), S. 285. Die Hervorhebung einzelner Ärzte, (spektakulärer) medizinischer Leistungen und Heilungen ist untersagt, um kranke und hilfsbedürftige Menschen nicht durch eine Vielzahl von Angaben zu verwirren. Denn gerade kranke Menschen, die auf der Suche nach (einer vielleicht unerreichbaren) Gesundheit sind, lassen sich durch Werbung und Anpreisung locken. Es soll aber das Vertrauen des Patienten dadurch erhalten bleiben, dass der Arzt nicht aus Gewinnstreben auf sich aufmerksam zu machen beabsichtigt. Vgl. Braun (1992), S. 18.

ihrer Gesundheit leicht beeinflussen und verunsichern.[433] Andererseits werden dem Patienten aufgrund restriktiver Regelungen unter Umständen wichtige Informationen vorenthalten.
Im Folgenden werden kurz die allgemeinen Bedingungen der Informationsbeschaffung angesprochen und dann die rechtlichen Schranken aufgezeigt, denen Ärzte und Krankenversicherungen bei der patientenorientierten Information und Kommunikation unterliegen.

3.1.3.1 Allgemeine Bedingungen der Informationsbeschaffung

Zu den allgemeinen Bedingungen der Informationsbeschaffung zählen u. a.

- der *Zeitaufwand* und
- die *Kosten der Informationsbeschaffung.*

Der mit der Informationsbeschaffung verbundene zeitliche und materielle Aufwand bestimmt nicht nur das Ausmaß der Informationssuche, sondern nimmt auch Einfluss auf die Wahl der Informationsquelle.[434] Den Patienten stehen, z. B. durch das Internet, vielfältige und kostenlose Zugriffsmöglichkeiten auf allgemeine Gesundheitsinformationen zur Verfügung. Darunter befinden sich auch qualitativ hochwertige Informationsquellen mit hoher Glaubwürdigkeit. Somit sehen die Patienten meist keinen Grund für medizinische Informationen viel zu bezahlen.[435] Laut einer Studie der Boston Consulting Group zur Internetnutzung in Gesundheitsfragen sind Patienten beispielsweise erst bereit, für Informationen zu bezahlen, wenn sie krank sind.[436] Die Zahlungsbereitschaft der Patienten steigt proportional zur Schwere der Krankheit.[437] Des Weiteren wächst die Zahlungsbereitschaft auch mit der Spezifität und dem Wert der Informationen: Je spezifischer die angebotenen Informationen, umso mehr sind die Patienten bereit zu bezahlen. Beispielsweise würden 40 Prozent der Patienten zwischen 10 und 50 Euro für eine einmalige, individuelle Beratung zur Auswahl des richtigen Krankenhauses zahlen. Voraussetzung ist, dass die Informationen der individuellen Situation entsprechen und zuverlässig sind.[438]

---

433 Hirthhammer-Schmidt-Bleibtreu (2001), S. 4.
434 Vgl. Kuß (1993), S. 176. Zu der als Teil dieser Arbeit durchgeführten empirischen Untersuchung zu dieser Frage siehe Teil V Abschnitt 2.3.5.
435 Vgl. Poensgen, Larsson (2001), S. 13.
436 Vgl. N. N. www.mediportale.de/praxisnetze/informationsdienste/nex.shtm (Stand 14.01.01).
437 Vgl. Poensgen, Larsson (2001), S. 12.
438 Vgl. Poensgen, Larsson (2001), S. 14.

3.1.3.2 Rechtliche Bedingungen der ärztlichen Informationsbereitstellung

Die Bereitstellung von Informationen über ärztliche Leistungsangebote ist in zahlreichen Vorschriften geregelt. Ob eine Information bzw. Werbung für Gesundheitsleistungen durch den Arzt rechtlich zulässig oder unzulässig ist, richtet sich nach

- der *ärztlichen Berufsordnung,*
- den *Vorschriften des Heilmittelwerbegesetzes (HWG)* und nicht zuletzt
- dem *Gesetz gegen unlauteren Wettbewerb (UWG).*[439]

In Abbildung IV-14 wird ein Überblick über die Kodifizierung der rechtlichen Schranken für die Patienteninformation durch den Arzt gegeben.

Musterberufsordnung (MBO-Ä) [Ärztliches Berufsrecht]	**Gesetz über die Werbung auf dem Gebiet des Heilwesens (HWG)**	**Gesetz gegen unlauteren Wettbewerb (UWG)**
MBO explizit nur für Ärzte	***HWG für Heilberufe und medizinische Fachkreise***	***UWG im geschäftlichen Verkehr allgemein gültig***
MBO § 27 Erlaubte Information und berufswidrige Werbung	**HWG § 11** Sonstige verbotene Werbung außerhalb der Fachkreise	**UWG § 1** Generalklausel
MBO § 28 Eintragung in Verzeichnisse	**HWG § 12** Werbung unter Bezugnahme auf bestimmte Krankheiten und Leiden	**UWG § 3** Irreführende Angaben

Quelle: eigene Darstellung

Abb. IV-14: Kodifizierung der rechtlichen Schranken für die Patienteninformation durch den Arzt

➢ *Ärztliche Berufsordnung*

Die berufsrechtlichen Werbebeschränkungen für Ärzte finden sich innerhalb der Berufsordnungen der jeweiligen Landesärztekammern, die regelmäßig auf der vom Deutschen Ärztetag beschlossenen „(Muster-)Berufsordnung für die deutschen Ärztinnen und Ärzte“[440] (MBO-Ä)

---

[439] Vgl. Bohle (1999), S. 441.

[440] Das Berufsrecht der Ärzte ist in Berufsordnungen kodifiziert, die für den jeweiligen Bezirk einer Ärztekammer Geltung entfalten. Die Berufsordnungen orientieren sich an der vom Deutschen Ärztetag vorgeschlagenen Musterberufsordnung (MBO-Ä). Diese Musterberufsordnung ist regelmäßig Gegenstand der juristischen Diskussion und der Kommentarliteratur, entfaltet selbst jedoch keine rechtlichen Wirkungen. Maßgeblich für den einzelnen Arzt ist die jeweils gültige Fassung der Berufsordnung in seinem Kammerbezirk. Entsprechend der großen Zahl der Ärztekammern existiert eine Vielzahl von unterschiedlichen Berufsordnungen, die sich zwar in wesentlichen Punkten gleichen, aber auch erhebliche Abweichungen zeigen. Die Berufsordnun-

beruhen.[441] Die §§ 27 und 28 MBO-Ä greifen die Themen erlaubte Information und berufswidrige Werbung sowie die Bestimmungen zu Eintragungen in Verzeichnisse auf.[442]

Die erste Musterberufsordnung von 1956 (59. Deutscher Ärztetag – DÄT), die von allen Landesärztekammern übernommen wurde, regelte zunächst das Verbot der Werbung. Jegliche Werbung sollte untersagt sein, wobei Ausnahmen (zum Anzeigeverhalten, zum Verzeichnis, zu Praxisschildern, Briefbögen, Rezeptvordrucken) zugelassen wurden. Diese Regelungen wurden seit den 70er Jahren allmählich gelockert: 1976 erfolgte die Aufnahme einer Regelung zum Verhältnis von Arzt und Öffentlichkeit (79. DÄT), 1987 wurde das Recht auf Information unter Kollegen (90. DÄT) geschaffen, 1993 die Information von Patienten in Form von Praxishinweisen ermöglicht. Der 100. Deutsche Ärztetag ging 1997 einen entscheidenden weiteren Schritt in Richtung Liberalisierung.[443] Nach seinen Beschlüssen sind „sachliche Informationen" ausdrücklich erlaubt, sofern sie bestimmten Anforderungen an Form, Inhalt und Umfang entsprechen.[444] Dazu hat der Ärztetag detaillierte Grundsätze zur Information anderer Ärzte, zur Gestaltung von Praxisschildern, Anzeigen und Verzeichnissen, Ankündigungen auf Briefbögen, Patienteninformationen in den Praxisräumen und zur Werbung im Internet beschlossen.[445] So gestattete er der Ärzteschaft das Einstellen von öffentlich abrufbaren Informationen in Computerkommunikationsnetze sowie umfassendere Praxisinformationen.[446]

Zu den berufsrechtlich zulässigen Patienteninformationen zählten u. a.:

- Sachliche Informationen medizinischen Inhalts, einschließlich der Beschreibung medizinischer Vorgänge, die in der Praxis des Arztes zur Vorbereitung des Patienten auf spezielle Untersuchungen oder Behandlungsmaßnahmen als zweckmäßig erachtet wird;
- Hinweise auf einzelne besondere Untersuchungs- und Behandlungsmaßnahmen des Arztes im Rahmen seines Fachgebiets;
- Hinweise zur Organisation der Inanspruchnahme des Arztes durch den Patienten in seinen Praxisräumen sowie zum organisatorischen Ablauf in der Praxis;
- praxisorganisatorische Hinweise, beispielsweise auf Sprechstundenzeiten, Telefonnummern, Erreichbarkeit außerhalb der Sprechstunde oder Praxislage in Bezug auf öffentliche Verkehrsmittel.[447]

Trotz dieser teilweise sehr detaillierten Auflistung verblieb eine gewisse Unbestimmtheit, die eine Differenzierung zwischen zulässiger Information und berufswidriger Werbung erschwer-

gen regeln u. a. die Pflichten des Arztes gegenüber dem Patienten, das berufliche Verhalten des Arztes, aber auch die Außendarstellung der ärztlichen Praxis. Vgl. Dierks (1999), S. 40.

441 Vgl. Bohle (1999), S. 442.

442 Zum Wortlaut der §§ 27 und 28 MBO-Ä siehe Anhang „Gesetzestexte".

443 Vgl. Hirthhammer-Schmidt-Bleibtreu (2001), S. 4.

444 Vgl. Adrian (2000), S. 60.

445 Vgl. Deutsche Krankenhaus Gesellschaft (2000), S. 10.

446 Vgl. Schmutte (1998), S. 287.

te. Die Grenze zwischen verbotener berufswidriger Werbung und zulässiger Sachinformation war meist fließend.[448]

Ehlers (1999) plädierte für eine weitere Freigabe des Informationsangebots und verwies auf empirische Untersuchungen in den USA und Großbritannien, nach denen Patienten sehr wohl selber zwischen informativ-sachlicher Aufklärung und irreführender, marktschreierischer Werbung unterscheiden können.[449] Auch Braun und Voigt (1996) wiesen darauf hin, dass es in England nach der dort bereits vor Jahren erfolgten Lockerung des Werbeverbots keine nennenswerten Probleme gab, da die Ärzte ohnehin nur begrenzt von den neuen Möglichkeiten Gebrauch machten und sich auf sachliche Informationen beschränkten.[450]

Die Novellierung des § 27 MBO-Ä auf dem 103. Deutschen Ärztetag (2000) war ein weiterer Schritt zur Lockerung verbleibender Restriktionen. Am Verbot berufswidriger Werbung als einem Kernbereich ärztlichen Berufsrechts wurde nach wie vor nicht gerüttelt. Zugleich erhielt aber das Recht zur sachlichen Information über die Berufstätigkeit eine hervorgehobene Stellung. Erweitert wurden auch die Ankündigungsmöglichkeiten auf dem Praxisschild.[451] Demnach durften Ärzte alle von der Ärztekammer verliehenen Qualifikationen auf ihrem Praxisschild angeben, soweit diese Tätigkeiten nicht nur gelegentlich ausgeübt werden.[452] Dazu zählten auch Fortbildungszertifikate oder ähnliche Nachweise sowie Vermerke wie hausärztliche Versorgung, Bereitschaftsdienst oder Notfallbehandlung, Dialyse und Zugehörigkeit zu einem Praxisverbund.[453] Auch im Internet, in Patienteninformationsbroschüren oder Verzeichnissen durften Mediziner auf ihre besonderen Fähigkeiten hinweisen.[454] Bei Werbung im Internet war darauf zu achten, dass der Nutzer beim Suchprozess zunächst nur Zugang zur Homepage erhalten kann. Diese durfte ausschließlich die für das Praxisschild zugelassenen Angaben enthalten – daneben natürlich die typischen Angaben einer Startseite wie die Begrüßung und Verweise. Weitergehende Informationen durften erst nach einer weiteren Nutzerabfrage zugänglich gemacht werden.[455] Im Vordergrund musste jedoch die „sachliche Information" stehen. Berufswidrige Werbung blieb verboten. Wenn ein Arzt sich zu sehr anpries – etwa einen Heilerfolg garantierte – war das weiterhin nicht erlaubt.[456] Unterschieden wurden Regelungen zu „aufgedrängter Werbung" (Praxisschild und Anzeigen) und „nachgefragten Informationen". Die Unterscheidung zwischen Printmedien und elektronischen Medien im Bereich „nachgefragter Information" entfiel. In elektronischen Verzeichnissen und in ge-

---

447 Vgl. Adrian (2000), S. 60.
448 Vgl. Schmutte (1998), S. 287.
449 Vgl. Ehlers (1999), S. 29.
450 Vgl. Braun, Voigt (1996), S. 46 ff.
451 Hirthhammer-Schmidt-Bleibtreu (2001), S. 4.
452 Vgl. Krüger-Brand (2000), S. 1034 f.
453 Vgl. N. N. (2000), Frankfurter Allgemeine Zeitung, 08. Mai 2000.
454 Vgl. Novak (2000), S. 6.
455 Vgl. Deutsche Krankenhaus-Gesellschaft (2000), S. 10.
456 Vgl. Novak (2000), S. 6.

druckten Patienteninformationen wurden Angaben über sonstige Untersuchungs- und Behandlungsmethoden erlaubt, sofern diese deutlich von den weiterbildungsrechtlichen Qualifikationen zu unterscheiden waren und nicht mehr als drei Maßnahmen aufgeführt wurden.[457]

Einen wesentlichen Schritt in Richtung Liberalisierung der ärztlichen Werbemöglichkeiten bedeutete die Entscheidung des Bundesverfassungsgerichts vom 18. Februar 2002. Hier hat das Bundesverfassungsgericht festgehalten, dass Zeitungsanzeigen für Tierarztpraxen auch ohne konkrete Anlässe wie die neue Niederlassung, Urlaub o. ä. zulässig sind. Das Bundesverfassungsgericht hat die Regelungen des § 14 der Berufsordnung der Tierärztekammer, die Werbung zulässt, aber nur anlassbezogene Anzeigen gestattet, als widersprüchlich gewertet.[458] Zur Begründung seiner Entscheidung wies das Bundesverfassungsgericht auf die ständige Rechtssprechung hin, nach der den Ärzten nur diejenige Werbung als berufswidrig verboten werden könne, die marktschreierisch und übertrieben ist und keine interessensgerechte und sachangemessene Information der Patienten darstellt. Ärzte dürften nicht daran gehindert werden, dezente und informatorische Ankündigungen mit werbendem Charakter vorzunehmen. Informationen über Sprechstundenzeiten oder urlaubsbedingte Schließungen nennt das Bundesverfassungsgericht „eine selbstverständliche Höflichkeit", da sie helfen unnötige Verzögerungen bei der Behandlung kranker Tiere zu vermeiden. Im Hinblick auf die Werbung durch Zeitungsanzeigen erläutert das Bundesverfassungsgericht weiter, dass auch Angehörige der freien Berufe grundsätzlich durch Zeitungsanzeigen werben dürfen, sofern diese nicht nach Form, Inhalt oder Häufigkeit übertrieben wirken.[459]

Auf die Entscheidung des Bundesverfassungsgerichts hat die Bundesärztekammer zügig reagiert und auf dem 105. Deutschen Ärztetag (2002) das Werberecht für Ärzte erneut novelliert. Die Musterberufsordnung für die deutschen Ärztinnen und Ärzte regelt nun die „Werbung" generalklauselartig und verzichtet auf Detailregelungen. So sind dem Arzt sachliche berufsbezogene Informationen grundsätzlich gestattet. Zum Schutz der Patienten ist aber nach wie vor jegliche anpreisende, irreführende oder vergleichende Werbung verboten. Werbeverbote aufgrund anderer gesetzlicher Bestimmungen (wie dem HWG oder UWG) bleiben unberührt. Die Novellierung ermöglicht es dem Patienten, sich künftig leichter über die Qualifikationen und Tätigkeitsschwerpunkte eines Arztes zu informieren. Beschränkten sich Hinweise auf dem Praxisschild bisher auf Bezeichnungen nach der ärztlichen Weiterbildungsordnung, so können Ärzte nun auch auf andere nach öffentlich-rechtlichen Vorschriften erworbene Qualifikationen und Tätigkeitsschwerpunkte hinweisen. Der Arzt muss aber darauf achten, dass Tätigkeitsschwerpunkte und Qualifikationen nicht mit nach dem geregelten Weiterbildungs-

[457] Vgl. Krüger-Brand (2000), S. 1034.

[458] Das Bundesverfassungsgericht hob ein Urteil des OLG Düsseldorf auf, mit dem einem niedergelassenen Tierarzt untersagt worden war, in einer Lokalzeitung ohne konkreten Anlass Kleinanzeigen zu schalten, um damit auf seine Praxisöffnungszeiten aufmerksam zu machen. Vgl. BverfG, 1 BvR 1644/01 vom 18.02.2002 (http://www.bverfg.de/entscheidungen/frames/rk20020218_1bvr164401).

recht erworbenen Fähigkeiten verwechselt werden können. Darüber hinaus sind diese Angaben nur zulässig, wenn der Arzt die angegebenen Tätigkeiten nicht nur gelegentlich ausübt. Zur Überprüfung der Rechtmäßigkeit der ärztlichen Ankündigung ist die jeweils zuständige Ärztekammer befugt, Unterlagen anzufordern.[460]

Schließlich dürfen sich Ärzte künftig in Verzeichnisse eintragen lassen, wenn diese allen Ärzten, die diese Kriterien des Verzeichnisses erfüllen, zu denselben Bedingungen gleichermaßen mit einem kostenfreien Grundeintrag offen stehen. Die Eintragungen müssen sich auf die nach § 28 MBO-Ä ankündigungsfähigen Informationen beschränken. Auch hier muss zwischen nach der Weiterbildungsordnung erworbenen und sonstigen Qualifikationen und Tätigkeitsschwerpunkten unterschieden werden können.

Verstöße gegen das standesrechtliche Werbeverbot können zu berufsrechtlichen Maßnahmen der Ärztekammer im Rahmen der Berufsaufsicht bis hin zu einer Bestrafung durch das ärztliche Berufsgericht führen.[461] In Betracht kommt neben der berufsordnungsrechtlichen Sanktionierung[462] auch ein wettbewerbsrechtlicher Schadenersatz- oder Unterlassungsanspruch nach § 1 UWG.[463]

➢ *Vorschriften des Heilmittelwerbegesetzes*

Gegenstand des Heilmittelwerbegesetzes (HWG) sind verschiedene Ge- und Verbote für die Werbung auf dem Gebiet des Heilwesens. Anders als die MBO-Ä ist das HWG kein spezifisches, nur für Ärzte anwendbares Berufsrecht, sondern gilt prinzipiell für jedermann. Im Rahmen der zahlreichen einschlägigen Vorschriften für die Ärzteschaft sind aus kommunikationspolitischer Sicht insbesondere die Bestimmungen der §§ 11 und 12 HWG hervorzuheben, da sie in der Praxis besonders häufig eine Rolle spielen.[464] So regelt § 11 HWG das sog. Verbot der Öffentlichkeitswerbung außerhalb der Fachkreise. Es verbietet Gesundheitseinrichtungen, mit den im Katalog des § 11 HWG aufgeführten Werbemethoden zu werben. Nach § 11 Nr. 4 HWG darf z. B. nicht mit der bildlichen Darstellung von Personen in Berufskleidung oder bei der Ausübung der Tätigkeit von Angehörigen der Heilberufe geworben werden; dies bezieht sich natürlich auch auf eine entsprechende Präsentation auf der Homepage im Internet. Auch die Werbung von Gesundheitseinrichtungen mit Dank-, Anerken-

---

459 Vgl. BverfG, 1 BvR 1644/01 vom 18.02.2002.

460 Vgl. Beschlussprotokoll 105. Deutscher Ärztetag 2002: Zu Punkt V der Tagesordnung: Novellierung einzelner Vorschriften der (Muster-)Berufsordnung.

461 Vgl. Rieger (2000), S. 227.

462 Eine berufsgerichtliche Sanktionierung setzt ein berufsspezifisches Fehlverhalten des jeweiligen Arztes voraus. Verstöße gegen das ärztliche Werbeverbot werden sanktioniert durch eine Warnung, einen Verweis, die Entziehung des passiven Berufswahlrechtes, eine Geldbuße bis zu 50.000 EURO bzw. die Feststellung, dass der Beschuldigte unwürdig ist, seinen Beruf auszuüben. Kumulativ mit einer Geldbuße können auch ein Verweis und/oder die Entziehung des passiven Berufswahlrechts beschlossen werden. Vgl. Ring (2000), S. 248.

463 Vgl. Ring (2000), S. 247.

464 Zum Wortlaut der §§ 11, 12 HWG vgl. Anhang „Gesetzestexte".

nungs- oder Empfehlungsschreiben ist nach § 11 Nr. 11 HWG verboten. Vorgebeugt werden soll hier insbesondere dem oft irreführenden Eindruck, eine neutrale Person beurteile eine Gesundheitsleistung positiv.[465] Eine weitere Beschränkung enthält das Verbot der Werbung unter Bezugnahme auf bestimmte Krankheiten und Leiden nach § 12 HWG. Demnach darf in Veröffentlichungen außerhalb der Fachkreise für Verfahren oder Behandlungen, die sich auf die Erkennung, Beseitigung oder Linderung bestimmter in einer Anlage zu § 12 HWG aufgeführter Krankheiten beziehen, nicht geworben werden. Die Information über bestimmte Behandlungs- oder Operationsverfahren darf somit zwar nicht den Patienten vermittelt werden, wohl aber dem Fachpublikum, wie z. B. der Ärzteschaft. Eine derartige Einschränkung lässt sich im Internet durch geschlossene Benutzergruppen lösen, z. B. durch Registrierung potenzieller Interessenten vor Abruf einer Fachinformation.[466] Ziel des Heilmittelwerbegesetzes ist der Schutz der Gesundheit des einzelnen sowie der Volksgesundheit vor missbräuchlicher bzw. medizinisch nicht indizierter Anwendung von Heilmitteln.[467]

➢ *Gesetz gegen den unlauteren Wettbewerb*

Neben den Regelungen des HWG setzen auch die Wettbewerbsvorschriften des Gesetzes gegen unlauteren Wettbewerb (UWG) der Werbung und damit der Information im Gesundheitswesen Grenzen. Das UWG wendet sich an jedermann und ist kein spezifisches, nur für Ärzte anwendbares Berufsrecht. Die Regelungen des UWG sind weniger eindeutig als die des HWG, genaue Tatbestandsvoraussetzungen eines Wettbewerbsverstoßes liefert das UWG nicht. Vielmehr finden sich im Gesetz Generalklauseln, die die so genannte unlautere Werbung (§ 1 UWG) und die irreführende Werbung (§ 3 UWG) verbieten, wobei jeweils anhand des konkreten Einzelfalles eine Prüfung erfolgen muss.[468] So sind nach § 1 UWG Handlungen im geschäftlichen Verkehr zu Zwecken des Wettbewerbs verboten, die gegen die guten Sitten verstoßen. Eine Abgrenzung des Merkmals der „guten Sitten" ist schwierig, da als sittenwidrig solche Handlungen beurteilt werden, die dem Anstandsgefühl der Gewerbetreibenden widersprechen oder von der Allgemeinheit missbilligt werden. Letztlich ist hier stets eine Einzelfallbeurteilung anhand des Schutzzwecks der jeweiligen Vorschrift vorzunehmen. Als sittenwidrig sind demnach unter anderem folgende Fallgruppen anzusehen: Kundenfang durch Täuschung, Gefühlsausnutzung, Ausnutzung der Unerfahrenheit sowie Werbung, die gegen geschriebenes Recht verstößt. Sittenwidrig ist beispielsweise die marktschreierische Anpreisung noch unerprobter Wunderheilmittel oder das Bild eines Krebspatienten mit dem Hinweis „Gehen Sie besser zur Vorsorgeuntersuchung zu Herrn Dr. XY". Es ist zu beachten, dass in jedem Verstoß gegen das HWG oder gegen standesrechtliche Vorschriften auch ein wettbewerbswidriges Verhalten im Sinne des § 1 UWG gesehen werden kann. Darüber hinaus ver-

[465] Vgl. Deutsche Krankenhaus Gesellschaft (2000), S. 7.
[466] Vgl. Deutsche Krankenhaus Gesellschaft (2000), S. 7.
[467] Vgl. Schmutte (1998), S. 285.
[468] Zum Wortlaut der §§ 1, 2 UWG vgl. Anhang „Gesetzestexte".

bietet § 3 UWG Gesundheitseinrichtungen sinngemäß alle werbenden Angaben, die geeignet sind, die Öffentlichkeit irrezuführen.[469]

In den USA steht dem Arzt generell ein unbeschränktes Recht zu, die Öffentlichkeit über seine Tätigkeit zu informieren: So kann der Arzt Hinweise über seine persönliche und fachliche Qualifikation, seinen Leistungsumfang und Qualitätsmerkmale seiner Behandlung zum Gegenstand seiner Patienteninformation machen. Als Beleg seiner persönlichen und fachlichen Qualifikation darf der Arzt die Öffentlichkeit über seinen beruflichen Werdegang und von ihnen erworbene Zusatzbezeichnungen informieren. Um eine Irreführung zu vermeiden, muss klargestellt werden, auf welche Weise die Zusatzbezeichnungen erlangt wurden. Neben den in der Praxis vorhandenen Geräten kann der Arzt auch das gesamte Spektrum seiner diagnostischen und therapeutischen Leistungen darstellen. Darüber hinaus darf er auf Besonderheiten seiner Praxis hinweisen, z. B. auf ein den Bedürfnissen einer speziellen Patientengruppe entsprechendes Angebot. Schließlich sind in den USA auch verifizierbare Informationen über die Ergebnisqualität der Ärzte zulässig, also Angaben zu Behandlungserfolgen oder zur Patientenzufriedenheit unter Verwendung von Aussagen ehemaliger Patienten.[470] In den USA stellen beispielsweise heute schon Krankenhäuser Angaben ins Internet, wie viele Operationen einer bestimmten Art sie pro Tag durchführen und wie hoch ihre Erfolgsquote ist.[471] Einzige Einschränkung ist, dass die in der Werbung zulässigen Informationen sachlich sein müssen und die besondere Situation kranker Menschen nicht ausnutzen dürfen. Die Direktansprache von Patienten auf schriftlichem Weg ist fast uneingeschränkt zulässig, während sie bei direktem persönlichen Kontakt generell stärkeren Einschränkungen unterliegt, weil hier durch die Person des Arztes ein großer Einfluss besteht. In der Regel gibt es keine Beschränkung des benutzten Werbeträgers, d.h. die Selbstdarstellung des Mediziners in Broschüren, Anzeigen und öffentlichen Auftritten ist unbegrenzt zulässig. Darüber hinaus kann der Patient Informationen über das Leistungsangebot verschiedener Ärzte zunehmend auch Verzeichnissen und Datenbanken entnehmen.[472]

Auch in der deutschen Rechtssprechung ist eine zunehmende Tendenz zur Lockerung des standesrechtlichen Werbeverbots unverkennbar. Die Liberalisierungstendenzen in der Rechtssprechung werden zusätzlich begünstigt nicht nur durch die Rechtsentwicklung in den USA und im europäischen Raum, sondern auch durch die fortschreitenden Reformen im Gesundheitswesen. Der Sachverständigenrat für die Konzertierte Aktion im Gesundheitswesen hat sich wiederholt dafür ausgesprochen, Einschränkungen der Arztwerbung zugunsten besserer

---

469 Vgl. Deutsche Krankenhaus Gesellschaft (2000), S. 7.
470 Vgl. Barth (1999), S. 128.
471 Vgl. Baur et al. (2001), S. 107.
472 Vgl. Barth (1999), S. 128.

Information des Patienten über die Leistungsfähigkeit von Leistungserbringern im Gesundheitswesen zu lockern.[473]

3.1.3.3 *Rechtliche Bedingungen der Informationsbereitstellung durch die Krankenversicherung*

Durch das Angebot eines Patienten-/Versicherten-Service wirken Krankenversicherungen bereits im Vorfeld einer Behandlung auf das Arzt-Patienten-Verhältnis ein. Die Krankenversicherung versucht dabei, ihre Kunden durch medizinische Beratungstelefone, Patientenbroschüren oder Gesundheitsinformationen im Internet zu informieren, zu beraten und zu „steuern". Maßnahmen des Patienten-/Versicherten-Service sind:

- das Angebot von Handlungsempfehlungen für den Versicherten im Fall gesundheitlicher Beschwerden,
- die Vermittlung medizinischer Informationen zu allgemeinen Gesundheitsthemen, über Gesundheitsvorsorge, Krankheiten, medizinische Untersuchungen oder Behandlungsmöglichkeiten und deren Risiken,
- die Unterstützung bei der Suche nach qualifizierten Leistungserbringern.[474]

Im Zusammenhang mit dem letztgenannten Punkt ist Hütt (2000) der Frage nachgegangen, inwieweit Krankenversicherungen ihren Versicherten Ärzte empfehlen dürfen. Dies ist problematisch u. a. wegen des ärztlichen Werbeverbots. Nach § 27 MBO-Ä darf der Arzt nicht für sich werben und er darf auch nicht dulden, dass Dritte für ihn werben. Hiervon sind indirekt auch Versicherungen betroffen, die Ärzte empfehlen wollen. Krankenversicherungen, die unerlaubte Werbung für einen Arzt betreiben, können damit außerdem gegen die §§ 1, 3 UWG verstoßen. Grundlegende Ausführungen dazu, inwieweit sich das ärztliche Werbeverbot auch an Dritte richtet, enthalten die „Focus-Entscheidungen" (BGH MedR 1998, 131 und OLG München MedR 1999,76).

Die Zeitschrift Focus wollte eine Artikelserie starten mit dem Titel "Die 500 besten Ärzte Deutschlands". Der BGH ist zu dem Ergebnis gekommen, dass es sich hier um "sittenwidrige Förderung fremden Wettbewerbs" im Sinne des § 1 UWG handle. Zudem hat der BGH die superlative Bewertung "die besten" Ärzte bemängelt.[475] Daraufhin reagierte der Focus mit der Änderung der Formulierungen nach den Vorgaben des BGH und nannte seine Artikelserie "Die große Ärzte-Liste – 750 Empfehlungen". Das OLG München hat die Ärzte-Liste in dieser Form ausdrücklich für zulässig gehalten. Entscheidender Punkt zugunsten des Focus war

[473] Vgl. Sachverständigenrat für die Konzertierte Aktion im Gesundheitswesen, Sondergutachten (1995), S. 134, Nr. 429.

[474] Vgl. Wille (2000), S. 3.

[475] Darin soll zugleich eine Herabsetzung nicht genannter, in gleicher Weise oder besser qualifizierter Mediziner liegen. Außerdem sei es dem Focus nicht möglich gewesen, objektive Kriterien aufzuzeigen, die diese superlative Bewertung rechtfertigen würden. BGH MedR 1998, 131.

allerdings die grundrechtlich geschützte Pressefreiheit. Das OLG München hat zugunsten des Focus angenommen, dass dieser nicht den Wettbewerb der Ärzte fördern wollte, sondern allein die durch Artikel 5 des Grundgesetzes geschützte Aufgabe der Presse wahrgenommen habe, die Öffentlichkeit über eine Angelegenheit von allgemeiner Bedeutung zu unterrichten.[476] Das bedeutet für Krankenversicherungen, dass die zweite „Focus-Entscheidung" nicht auf sie übertragbar ist, da sie nicht den besonderen Schutz der Presse genießen. Versicherungen laufen also Gefahr, gegen § 1 UWG zu verstoßen, wenn Sie einen Arzt empfehlen.[477]

Allerdings gibt es auch Anzeichen für eine Lockerung der Rahmenbedingungen. Richtungweisend sind die Ausführungen des LG Kiel in der Entscheidung MedR 99, 279. Das LG Kiel hatte über die Zulässigkeit eines „Arzt-Such-Service" zu befinden. Dieser Arzt-Such-Service versprach dem Patienten: „Wir informieren Sie über die auf ihr spezifisches Leiden zugeschnittenen Spezialbehandlungsmethoden und deren Anbieter." Das LG Kiel hat das für zulässig gehalten.[478] Das Urteil des LG Kiel enthält auch Argumente dafür, wieso es Krankenversicherungen gestattet sein sollte, Ärzte zu empfehlen. So ist es „ein essentielles Interesse des Patienten, über die auf sein spezifisches Leiden zugeschnittenen und deshalb erfolgversprechenden Spezialbehandlungsmethoden und deren Anbieter informiert zu werden". Weiter heißt es: „Diesem essentiellen Patienteninteresse, letztendlich aber auch ganz generell dem Leitbild des eigenverantwortlichen Bürgers und Patienten, läuft ein entsprechendes Informationsverbot zuwider".[479] Hütt (2000) ist der Ansicht, „dieser Gedanke müsste dazu führen, die Maßstäbe der zweiten ‚Focus-Entscheidung' nicht nur für die Presse, sondern auch für die Krankenversicherung anzuwenden".[480] Das LG Kiel spricht in seiner Entscheidung das Selbstbestimmungsrecht des Patienten an. Zur Ausübung des Selbstbestimmungsrechts benötigt der Patient Informationen.[481] Zu dem Selbstbestimmungsrecht gehört es auch, sich Informationen verschaffen zu können.[482] Es stellt sich damit die Frage, ob es spiegelbildlich dazu nicht auch der Krankenversicherung erlaubt sein muss, auf Anfrage ihrer Kunden entsprechende Informationen weiterzugeben.[483] Solange es aber bei der jetzigen Rechtsauslegung bleibt, dürfen von den Krankenversicherungen keine Ärzte empfohlen werden.[484]

---

476 OLG München MedR 99,76.
477 Vgl. Hütt (2000), S. 5.
478 Entscheidend war allerdings auch hier wieder, dass keine Wettbewerbsförderungsabsicht bestand. Dem Arzt-Such-Service kam zugute, dass er eine gemeinnützige Stiftung war, deren Zweck allein die Verbraucherinformation und -beratung sein sollte. Deshalb meinte das LG Kiel, die Wettbewerbsförderung trete hinter die anderen Beweggründe – also die Verbraucherinformation – völlig zurück. Dies wird ein Gericht bei einem Krankenversicherer nicht automatisch annehmen.
479 LG Kiel MedR 99, 279.
480 Hütt (2000), S. 6.
481 Siehe dazu auch Teil II Abschnitt 2.3.1.2.
482 Vgl. Hütt (2000), S. 6.
483 Das ärztliche Werbeverbot beruht auf der Begründung, im Interesse der Volksgesundheit müsse der Patient vor Beeinflussung geschützt werden. OLG Hamburg 17.11.1996. Ein Patient, der seine Krankenversicherung anruft und um eine Empfehlung bittet, wird jedoch nicht verunsichert – im Gegenteil: Er ist verunsichert und seine Verunsicherung wird behoben. Vgl. Hütt (2000), S. 6 f.
484 Vgl. Hütt (2000), S. 7.

3.1.3.4 Rechtliche Bedingungen der Informationsbereitstellung über Informationsmedien

Ein noch heikleres Thema als die in den vorhergehenden Kapiteln diskutierte Verbreitung von Informationen über Anbieter von Gesundheitsleistungen stellen die neuen Formen der individuellen Bereitstellung von diagnostischen und medizinisch-beratenden Informationen dar. Die Frage der medizinischen Beratung über Informationsmedien führt zurück ins ärztliche Berufsrecht. Von Bedeutung sind die folgenden Paragraphen der (Muster-)Berufsordnung für die deutschen Ärztinnen und Ärzte:

> „§ 2 (2) MBO-Ä Der Grundsatz der gewissenhaften Berufsausübung
>
> § 7 (3) MBO-Ä Der Grundsatz der persönlichen Leistungserbringung: Der Arzt darf individuelle ärztliche Behandlungen, insbesondere auch Beratung, weder ausschließlich brieflich noch in Zeitungen oder Zeitschriften noch ausschließlich über Informationsmedien oder Computerkommunikationsnetze durchführen."

Diese Vorgaben der MBO-Ä sind in einem Teil der Berufsordnungen bereits umgesetzt worden.[485] Ihnen liegt die Auffassung zugrunde, dass der Arzt in der Regel eine Beurteilung des Patientenzustands unter Einschaltung aller fünf Sinne vornehmen soll. Eine Beschränkung auf die akustischen und verbalen Eindrücke wird den Anforderungen an die gebotene Sorgfalt nicht gerecht.[486] Daraus ergibt sich, dass ärztliche individuelle Beratung grundsätzlich nur nach persönlicher Vorstellung erfolgen darf. Die Rechtsprechung leitet ab, dass ausschließlich über Informationsmedien oder Computernetze keine Diagnosen gestellt und keine konkreten Therapievorschläge gemacht werden dürfen. Eine Gesundheitsberatung über Medien darf sich also nur auf allgemeine Gesundheitsfragen beschränken.[487]

Entscheidendes Abgrenzungskriterium ist einerseits, ob eine allgemeine oder eine individuelle Beratung stattfindet. Nur die allgemeine Beratung ist über Informationsmedien oder Computernetze zulässig. Eine Diagnosestellung darf nicht erfolgen.[488] Es ist also unzulässig, eine bestimmte Krankheit konkret festzustellen und eine entsprechende Therapie vorzuschlagen. Zulässig hingegen ist die Mitteilung, welche Krankheitsgruppen grundsätzlich in Erwägung zu ziehen sind, wodurch sich diese Krankheiten allgemein auszeichnen und welche ärztlichen Fachrichtungen für die Behandlung dieser Krankheitsgruppen in Frage kommen.[489]

Beim Einsatz von technisch gesteuerten Programmen (mit denen die Beschwerden abgefragt werden und am Ende eine Empfehlung ausgesprochen wird, zum Arzt/Facharzt zu gehen oder nicht) ist die Grenze zur unzulässigen Diagnose berührt, weil gerade gezielt konkrete Beschwerden abgefragt werden, also eine Befunderhebung erfolgt. Andererseits wird eine konkrete Diagnose mit dem Abfrageprogramm nicht ermittelt. Letztlich wird dem Patienten der Rat erteilt, zum Arzt/Facharzt zu gehen. Die eigentliche Diagnosestellung erfolgt dann erst

---

485 Siehe z. B. § 7 (3) der Berufsordnung für die Ärzte Bayerns vom 12.10.1997. Vgl. Bayerische Landesärztekammer (1997).

486 Vgl. Dierks (1999), S. 41.

487 LG Heidelberg MedR 99, 420.

488 Vgl. Hütt (2000), S. 9.

489 LG Heidelberg MedR 99, 420.

durch diesen Arzt. Insofern dürfte eine Beratung mittels Abfrageprogramm zulässig sein. Problematisch wird es allerdings, wenn dem Patienten als Ergebnis mitgeteilt wird, er brauche nichts zu unternehmen. Das beinhaltet eine konkrete Diagnosestellung („Sie sind nicht behandlungsbedürftig"). Das würde bedeuten, dass die telefonische Gesundheitsberatung unter Einsatz von Abfragesoftware zulässig ist, solange als Ergebnis herauskommt, dass der Patient zum Arzt gehen soll, hingegen wird sie unzulässig, sobald dem Patienten mitgeteilt wird, dass er nichts zu unternehmen braucht. Dies ist nicht nur eine Konsequenz des ärztlichen Standesrechts. Eine Rolle spielen hier auch Haftungsrisiken. Wenn man den Anfrager dahin berät, er solle nicht zum Arzt gehen, und dieser Rat falsch war, wird man hierfür haften müssen. Auch deshalb ist der Informationsanbieter nur auf der sicheren Seite, wenn er zum Arztbesuch rät. Eine Beratung über Informationsmedien mit vorprogrammiertem Ergebnis macht aber natürlich wenig Sinn.[490]

Andererseits ist von entscheidender Bedeutung für die Anwendung und Auslegung des § 7 (3) MBO-Ä die Formulierung „ausschließlich". Nach Dierks (1999) ist es als ausreichend anzusehen, wenn nach einer auf „herkömmlichem" Wege festgestellten Diagnose und beschlossenen Therapie die Fortsetzung der Behandlung auf Informationsmedien beschränkt bleibt, sofern diese Betreuung dem Stand der medizinischen Erkenntnis entspricht und kein höheres Gefährdungspotenzial für den Patienten beinhaltet.[491] Am Anfang und/oder Ende des Prozesses muss aber immer das konventionelle persönliche Gespräch mit dem Arzt stehen.

3.2 Informations- und Kommunikationsstruktur

Nachdem nun die situativen Faktoren im Kommunikationskontext diskutiert wurden, wenden sich die folgenden Abschnitte der Informations- und Kommunikationsstruktur zu. Die Informations- und Kommunikationsstruktur setzt sich aus den Kommunikationsinhalten und den Kommunikationskanälen zusammen (Abb. IV-15). Sie liefert damit eine Antwort auf die Frageelemente der Lasswell-Formel:

- *sagt was* (Kommunikationsbotschaft)
- *über welchen Kanal* (Kommunikationskanäle).

In der Reihenfolge dieser Frageelemente werden zunächst die den Patienten zu vermittelnden Informationsinhalte systematisch dargestellt. Schließlich wird aufgezeigt, mit Hilfe welcher Medien diese Informationen übertragen werden können.

[490] Vgl. Hütt (2000), S. 10.
[491] Vgl. Dierks (1999), S. 41 f.

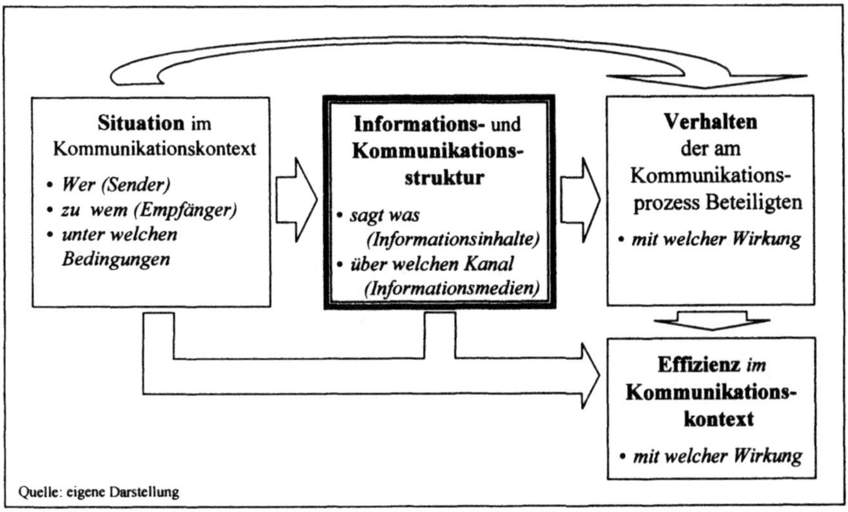

Abb. IV-15: Informations- und Kommunikationsstruktur

3.2.1 Informationsinhalte

In den letzten Jahren ist der Medizinbetrieb zunehmend komplexer geworden: Es gibt immer mehr Facharztrichtungen und Zusatzbezeichnungen, das Therapie- und Diagnosespektrum hat sich erweitert und entwickelt sich mit großer Geschwindigkeit weiter. Entsprechend viele Spezialeinrichtungen sind entstanden. Im Bedarfsfall ist es für den Patienten sehr schwer, sich in dem unübersichtlichen Angebot zurechtzufinden: Welche unterschiedlichen Diagnose- und Therapieverfahren existieren? Welche Vor- und Nachteile weisen alternative Behandlungsmethoden auf? Von welchen Leistungserbringern wird ein Verfahren angeboten und über welchen Qualitätsstandard verfügt dieses?[492] Mit zunehmender Komplexität des Gesundheitsmarktes steigt auch die Nachfrage der Patienten nach Informationen.[493]

3.2.1.1 Funktionen von Gesundheitsinformationen

Bei der Betrachtung der Inhalte der Gesundheitsinformationen kann man vier Funktionen der Informationen feststellen: Vermittlungsfunktion, Aufklärungsfunktion, Motivationsfunktion und Betreuungsfunktion[494]. Diese Funktionen der Gesundheitsinformationen sind in Abbildung IV-16 dargestellt.

---

[492] Vgl. Andersen, Schwarze (1999), S. 91.
[493] Vgl. Salfeld, Wettke (2001), S. 3.
[494] Vgl. hierzu auch Behnke, Demmler, Unterhubern (2001).

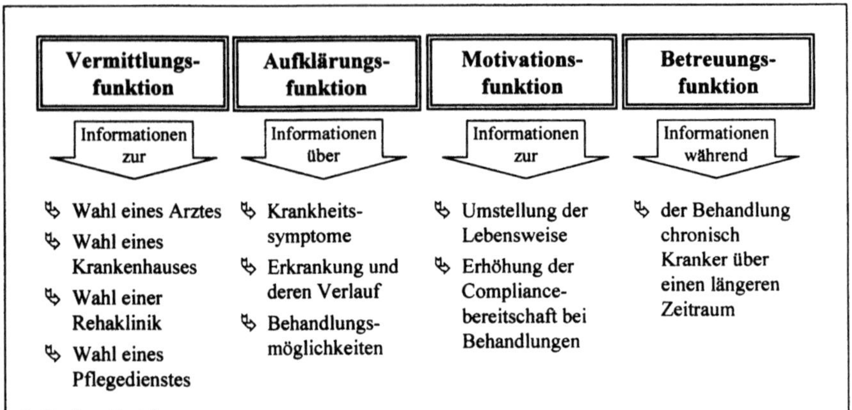

Quelle: eigene Darstellung

Abb. IV-16: Funktionen der Gesundheitsinformation

➢ *Vermittlungsfunktion*

Wird ein Arzt oder ein anderer medizinischer Dienstleister empfohlen, so weist diese Information eine Vermittlungsfunktion auf. Zu denken ist auch an eine Vermittlung von medizinischen Leistungserbringern bei einem Wechsel der Versorgungsebenen, z. B. beim Wechsel vom Hausarzt zu einem Facharzt oder einer Schwerpunktpraxis. Ferner kann auch der Zugang zu sonstigen Versorgungsangeboten eröffnet werden, z. B. zu Rehakliniken, Pflegediensten, Selbsthilfegruppen, Notfallversorgung oder Alternativtherapien.

➢ *Aufklärungsfunktion*

Informationen über die Erkrankung und deren Verlauf, über Möglichkeiten diagnostischer oder therapeutischer Interventionen oder über positive Auswirkungen einer Veränderung der Lebensweise im Falle der Erkrankung sind Beispiele für die Aufklärungsfunktion von Gesundheitsinformationen.

➢ *Motivationsfunktion*

Um einen Heilungserfolg zu erzielen oder das Abgleiten der Erkrankung in einen chronischen Verlauf zu verhindern, ist vom Kranken in vielen Fällen eine aktive Mitarbeit gefordert, z. B. mit einer Umstellung seiner Lebensweise. Eine kompetente Informationsversorgung kann Patienten dazu motivieren, eigenverantwortlich über Gesundheitsfragen zu entscheiden. Dazu kann z. B. das Einschalten der Ernährungsberatung, einer psychologischen Beratung und die Anmeldung zu einem Vortrag oder einem Patientenseminar beitragen.

➢ *Betreuungsfunktion*

Chronische Erkrankungen machen evtl. eine Behandlung über längere Zeiträume erforderlich. In diesem Fall muss die Informationsversorgung der Patienten durch die behandelnden Ärzte langfristig und krankheitsbegleitend erfolgen. Gesundheitsinformationen haben in diesem Fall eine Betreuungsfunktion.

3.2.1.2 *Systematisierung der Informationsinhalte nach dem Krankheits- und Gesundungsprozess*

Für eine systematische Darstellung der Informationsinhalte können Gesundheitsinformationen nach dem Informationsbedarf des Patienten im Zeitablauf unterschieden werden. Der Informationsbedarf des Patienten kann abhängig von dessen Gesundheitszustand und damit von der jeweiligen Phase des Krankheits- bzw. Gesundungsprozesses beschrieben werden.

Der Krankheits- bzw. Gesundungsprozess kann stark vereinfacht in fünf Phasen dargestellt werden:

- Ein guter Gesundheitszustand wird als erste Phase definiert.
- Mit dem Auftreten von Krankheitssymptomen beginnt die zweite Phase. In der Regel wählt der Patient in dieser Phase einen Leistungserbringer für die Behandlung aus.
- Hat sich der Patient für einen Leistungserbringer entschieden und sich in dessen Behandlung begeben, setzt die dritte Phase ein. In dieser Phase erfolgt zunächst die Anamnese; dazu informiert der Patient den Arzt über seine Beschwerden, seinen Zustand und seine Krankengeschichte. Der Leistungserbringer führt auf Basis der Anamnese medizinische Untersuchungen durch, die zu einer Diagnose und einem Therapievorschlag führen.
- Wenn der Patient diesen Therapievorschlag annimmt, kann der Arzt mit der Durchführung der Therapie beginnen. Dies stellt die vierte Phase dar.
- Die fünfte Phase des Krankheits- bzw. Gesundungsprozesses ist vom Ergebnis der Behandlung geprägt. Bei einer Genesung nimmt der Patient wieder die Rolle ein, an deren Erfüllung die Krankheit ihn gehindert hatte. Der Kranke kann auch gezwungen sein, die Rolle eines chronisch Kranken, eines Langzeitpatienten oder eines Behinderten zu übernehmen. Diese Patienten müssen langfristig medizinisch betreut werden. Der fünften Phase kann auch die Betreuung Schwerstkranker und Sterbender zugeordnet werden.[495]

Die Phasen vom Auftreten der Krankheitssymptome bis hin zur Durchführung der Therapie werden auch als Behandlungsprozess bezeichnet.[496] Der *Behandlungsprozess* ist der Kernprozess des Gesundheitswesens. Beim Behandlungsprozess tritt der Patient als Konsument und der Arzt als Anbieter von Gesundheitsgütern auf. Der in Abbildung IV-17 beschriebene Be-

---

495 Vgl. Dürholtz (1993), S. 6.

496 Pauly (1978) geht von einem dreistufigen Behandlungsprozess, bestehend aus einem diagnostischen, einem präskriptiv-informativen und einem aktiv-therapeutischen Teil aus. Siehe auch Teil II Abschnitt 1.3.2.

handlungsprozess ist ein stark vereinfachtes Modell.[497] In der Praxis treten deutlich komplexere Behandlungsprozesse auf, die aber letztendlich aus den gleichen Elementen zusammengesetzt sind.[498]

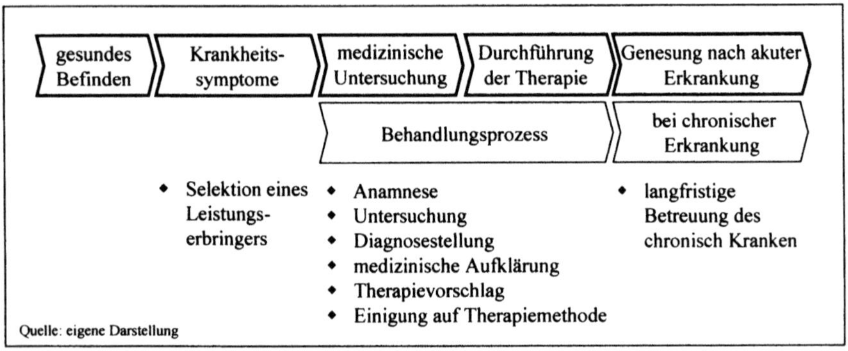

Abb. IV-17: Der Krankheits- bzw. Gesundungsprozess

Gemäß der fünf Phasen des Krankheits- bzw. Gesundungsprozesses kann der typische Informationsbedarf eines mündigen Patienten – soweit er in Abhängigkeit von seinem Befinden überhaupt in der Lage ist, sich zu informieren – wie folgt beschrieben werden:

- Der gesunde Mensch benötigt Informationen zur Gesundheitsvorsorge und Krankheitsprävention. Im Vordergrund steht die Aufklärungsfunktion von Patienteninformationen, aber auch die Motivationsfunktion.
- Wenn der Patient Symptome spürt, die auf eine Krankheit hindeuten, und zur Selbstdiagnose und -therapie nicht fähig ist, wird er in der Regel einen Arzt aufsuchen. Insbesondere für einen Initialbesuch sind zur Unterstützung einer selbstbestimmten Arztwahl Informationen über Leistungserbringer, deren persönliche und sachliche Strukturqualität, Prozessqualität sowie Ergebnisqualität erforderlich. Die Patienteninformationen nehmen hier also eine Vermittlungsfunktion ein.
- Befindet sich der Patient dann in ärztlicher Behandlung, ist eine Aufklärung über die festgestellte Erkrankung und deren mögliche Entwicklung notwendig. Es steht also die Aufklärungsfunktion der Patienteninformationen im Vordergrund.
- Ist der Patient über die Diagnose in Kenntnis gesetzt, benötigt er Informationen über Möglichkeiten zur Behandlung der Erkrankung und deren Vor- und Nachteile sowie therapiebegleitende Verhaltensregeln. Wenn der Patient den Therapievorschlag des Arztes an-

[497] Der hier dargestellte Krankheits- und Gesundungsprozess kann in dieser Arbeit nur als Regelprozess beschrieben werden. In der Praxis treten viele Abweichungen von diesen Regelprozessen auf, beispielsweise durch medizinisch vorgebildete Patienten mit genauer Therapievorstellung.

[498] Dieses gilt insbesondere auch dann, wenn eine Vielzahl von verschiedenen Leistungserbringern in den Therapieprozess involviert ist. In diesem Fall lässt sich der Gesamtprozess in verschiedene Teilprozesse zerlegen und ebenfalls auf die hier aufgeführten Grundelemente zurückführen.

nimmt, kann der Arzt mit der Durchführung der Behandlung beginnen. Auch hier sind Patienteninformationen vor allem auf ihre Aufklärungsfunktion hin zuzuschneiden. Die Motivationsfunktion tritt im Vergleich zur Situation bei Vorsorgeinformationen etwas in den Hintergrund, da das Vorliegen akuter Krankheitssymptome in vielen Fällen bereits für eine ausreichende Motivation sorgt.

- Nach der Genesung von einer akuten Erkrankung kann der Patient mit Informationen zur Nachsorge unterstützt werden. Patienten mit chronischen Erkrankungen müssen langfristig betreut und begleitet werden. Ihnen können beispielsweise Informationen zur Selbsthilfe vermittelt werden. In Vorträgen und Kursen kann gezeigt werden, wie sie selbstbewusst und eigenverantwortlich mit ihrer Krankheit umgehen und ihre Lebensgewohnheiten wieder aufnehmen können. Hilfreich sind auch Informationen zur Vermeidung oder Abmilderung von Folgeschäden. Werden Fehler bei der Behandlung vermutet, so können Patienten zudem bei deren Aufdeckung durch Informationen unterstützt werden. Somit müssen die Patienteninformationen in dieser Phase je nach Ausgang des Behandlungsprozesses unterschiedliche Funktionen wahrnehmen.

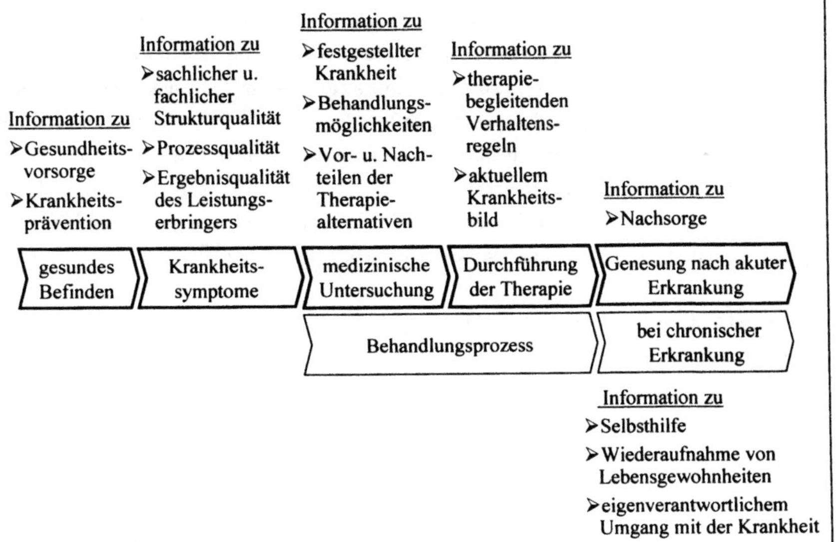

Quelle: eigene Darstellung

Abb. IV-18: Informationsbedarf des Patienten in Abhängigkeit vom Gesundheitszustand

Eine Analyse der Boston Consulting Group bestätigt die These, dass Patienten präzise und detaillierte Informationen über ihren spezifischen Gesundheitszustand bzw. ihre Krankheit wünschen. Patienten haben weniger Interesse an allgemeinen Gesundheitsinformationen, die

nicht auf ihre jeweilige Situation zugeschnitten sind.[499] Der Informationsbedarf der Patienten in Abhängigkeit des Gesundheitszustands ist in Abbildung IV-18 dargestellt.
Die folgenden Abschnitte behandeln die Informationsinhalte während der verschiedenen Phasen des Krankheits- bzw. Gesundungsprozesses näher.

3.2.1.3 Informationen zur Gesundheitsvorsorge

Um die gesundheitliche Lage einer Nation zu dokumentieren, wird oft die Lebenserwartung als Indikator gewählt. Diese ist in der Bundesrepublik Deutschland in den letzten Jahrzehnten nahezu ständig angestiegen; sie beträgt nach einer Statistik der Vereinten Nationen von 2001 im Durchschnitt 78,2 Jahre.[500] Gründe liegen in der Verbesserung der allgemeinen Lebensumstände sowie in den Fortschritten der medizinischen Versorgung. Die Krankheitsprävention stellt dabei das größte Erfolgspotenzial für eine höhere Lebenserwartung dar.[501]

Als Krankheitsprävention (hier synonym mit dem Begriff der Gesundheitsvorsorge verwendet) bezeichnet man Maßnahmen zur Verhütung oder Früherkennung von Krankheiten. Zu diesen Maßnahmen gehören z. B. die Förderung einer gesunden Lebensweise, Impfkampagnen, Unfallverhütungsmaßnahmen, Vorsorgeuntersuchungen wie die Krebsfrüherkennung, Aufklärungskampagnen zu Krankheiten wie Diabetes mellitus und Bluthochdruck sowie zu Übergewicht und Arteriosklerose, und Maßnahmen zur Ausschaltung schädlicher Faktoren, z. B. von Umweltbelastungen durch Schadstoffe oder Lärm.[502] Zahlreiche chronische und akute Gesundheitsprobleme der heutigen Zeit resultieren aus individuellem gesundheitsgefährdendem Verhalten wie dem Rauchen, einer unausgewogenen Ernährung, fehlender Bewegung und zu Unfällen führender Fahrlässigkeit.[503] Prävention soll eine gesundheitliche Schädigung verhindern, weniger wahrscheinlich machen oder verzögern.[504]

Die Krankheitsprävention wird unterschieden nach
- *primärer Prävention,*
- *sekundärer Prävention* und
- *tertiärer Prävention*

(Abb. IV-19).[505]

---

[499] Vgl. Poensgen, Larsson (2001), S. 11.
[500] Durchschnittliche Lebenserwartung im Vergleich: Japan 81,5 Jahre, USA 77,5 Jahre, Russland 66 Jahre, Botswana 36,1 Jahre. Vgl. N. N. (2001) Nachrichtenmagazin Focus, Nr. 12, S. 15.
[501] Vgl. Auer, Gerz (1992), S. 182.
[502] Vgl. Dierkes, Reiche (1999), S. 1012.
[503] Vgl. Eysenbach (1997), S. 3.
[504] Vgl. Schwartz, Walter (1998), S. 151.
[505] Darüber hinaus wird unterschieden zwischen einer spezifischen Prävention, die auf für bestimmte Erkrankungen bedeutsame Risikofaktoren zielt, und einer unspezifischen Prävention im Sinne der Unterstützung gesundheitsfördernder Lebensweisen. Vgl. Pohle (1993), S. 20.

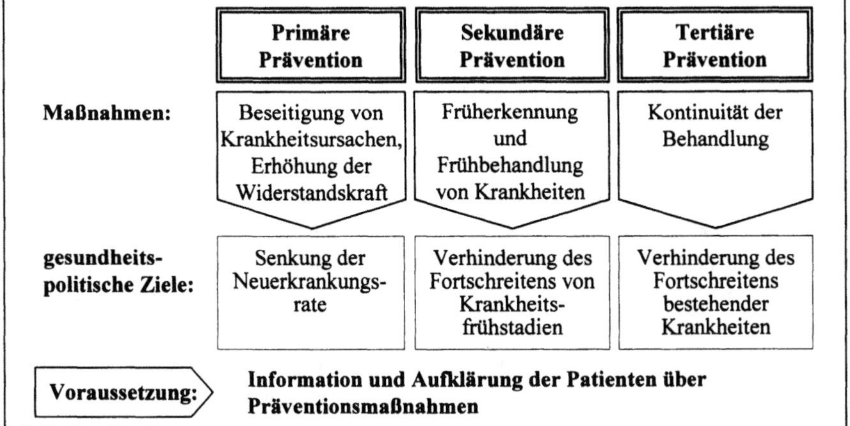

Quelle: eigene Darstellung

Abb. IV-19: Krankheitsprävention

Das Ziel der *primären Prävention* ist es, beim gesunden Menschen durch Beseitigung ursächlicher Faktoren, Erhöhung der individuellen Widerstandskraft oder Veränderung von Umweltfaktoren das Entstehen von Krankheiten zu verhindern.[506] Gesundheitspolitisches Ziel der Primärprävention ist es, die Neuerkrankungsrate in einer Population bzw. die Eintrittswahrscheinlichkeit bei einem Individuum zu senken.[507]

Aufgabe der *sekundären Prävention* ist die Früherkennung und -behandlung von Krankheiten im vorklinischen Stadium.[508] Sekundärprävention versucht damit, das Fortschreiten eines Krankheitsfrühstadiums zu verhindern.[509] Die Sekundärprävention umfasst Maßnahmen zur Entdeckung symptomloser Krankheitsfrühstadien; das sind u. a. Früherkennungsmaßnahmen, Gesundheits-Check-ups und sog. Vorsorgeuntersuchungen. Gesundheitspolitisches Ziel ist die Inzidenzabsenkung manifester oder fortgeschrittener Erkrankungen, d. h. die Verhütung vorzeitiger Erkrankung, die Verminderung des Krankheitsrisikos, die Vermeidung von Krankheit und Verhinderung von Krankheitsfolgen.[510]

Mit der *tertiären Prävention* sollen das Fortschreiten bereits klinisch manifester Krankheiten verhütet und Rückfälle vermieden werden.[511]

---

506 Vgl. Pohle (1993), S. 20.
507 Vgl. Schwartz, Walter (1998), S. 151.
508 Vgl. Pohle (1993), S. 20.
509 Vgl. Schwartz, Walter (1998), S. 151.
510 Vgl. Schwartz, Walter (1998), S. 152.
511 Vgl. Pohle (1993), S. 20.

Durch Information und Aufklärung versucht die Primärprävention, der Entstehung von Krankheiten möglichst frühzeitig entgegenzutreten. Auch bei sekundärer Prävention (Früherkennung) und tertiärer Prävention (Verhütung oder Verlangsamung des Fortschreitens einer bestehenden Gesundheitsstörung) ist der aktive und informierte Patient unabdingbare Voraussetzung für das Gelingen der Prävention.[512] Um beispielsweise auftretende Hautschäden rechtzeitig zu erkennen, sollte sich jeder regelmäßig Zeit für eine Selbstuntersuchung seiner Haut nehmen. Um die Selbstuntersuchung durchführen zu können, müssen die Patienten und Versicherten aber ausreichend darüber informiert und aufgeklärt werden, worauf sie bei der Untersuchung ihrer Haut zu achten haben. Des Weiteren wird Frauen ab 30 Jahren empfohlen, zusätzlich zur regelmäßigen Krebsvorsorgeuntersuchung beim Gynäkologen ihre Brust auf ungewöhnliche Veränderungen selbst abzutasten. Auch in diesem Fall können Gesundheitsinformationen Hilfestellung leisten, um zu zeigen, wie die Selbstuntersuchung durchgeführt werden soll. Der Sachverständigenrat der Konzertierten Aktion im Gesundheitswesen weist in seinem Gutachten 2000/2001 auch auf die hohen präventiven Potenziale bei älteren Menschen hin: „Nahezu alle epidemiologisch wichtigen Erkrankungen im Alter wie Herz-Kreislauf-Erkrankungen, Diabetes mellitus Typ II, Atemwegerkrankungen, Osteoporose und Stürze, Infektionskrankheiten, Inkontinenz sowie bestimmte physische Erkrankungsformen weisen auch im fortgeschrittenen Erwachsenenalter große präventive Potenziale auf". Diese präventiven Potenziale ließen sich erfolgversprechend durch Information und Aufklärung zur Veränderung der Lebensweise – vor allem im Hinblick auf Bewegungsverhalten, Ernährung und das Lebensumfeld – sowie durch eine moderne funktionale Durchdringung ärztlicher Versorgung mit Elementen der klinischen Präventionsmedizin ausschöpfen.[513] Im Bereich der sekundären Prävention nützen die besten Früherkennungsprogramme nichts, wenn sie vom Patienten nicht wahrgenommen und akzeptiert werden.[514] Es ist daher auch eine wichtige Aufgabe von Gesundheitsinformationen, die Patienten und Versicherten für Maßnahmen zur Früherkennung und -behandlung zu sensibilisieren.

Im Rahmen der Gesundheitsinformation und -kommunikation wird zwischen individuumsorientierter oder personaler und massenmedialer Prävention unterschieden. Individuumsorientierte Prävention versucht durch Aufklärung und Information oder durch Stärkung der Persönlichkeit und der individuellen Ressourcen das Verhalten von Einzelpersonen zu beeinflussen. Demgegenüber richtet sich die massenmediale Prävention an eine breite Öffentlichkeit.[515] Maßnahmen der Prävention können sich sowohl auf das Verhalten von Individuen und Gruppen (Verhaltensprävention) als auch auf Veränderungen der biologischen, sozialen oder technischen Umwelt (Verhältnisprävention) beziehen.[516] Während die Verhaltensprävention an

[512] Eysenbach (1997), S. 3.
[513] Sachverständigenrat für die Konzertierte Aktion im Gesundheitswesen, Gutachten 2000/2001, S. 33.
[514] Eysenbach (1997), S. 3.
[515] Vgl. Eysenbach (1997), S. 3.
[516] Vgl. Schwartz, Walter (1998), S. 153.

der Lebensweise der Bevölkerung ansetzt, zielt die Verhältnisprävention auf eine gesundheitsgerechte Gestaltung der Umwelt, der Arbeitsbedingungen usw. ab (Abb. IV-20).[517] Als Informationsthemen zur Verhaltensprävention eignen sich u. a. Ernährung, Bewegung/Sport, Stressbewältigung, Rückenschmerzen, Entspannung, Cholesterin, Kopfschmerzen, Blutdruck, Rauchen, Schlaflosigkeit, Diabetes und Alkohol.[518] Die Verhaltensprävention stellt einen Kernbereich des in Teil II Abschnitt 2.1 diskutierten Gesundheitsmarketings dar.

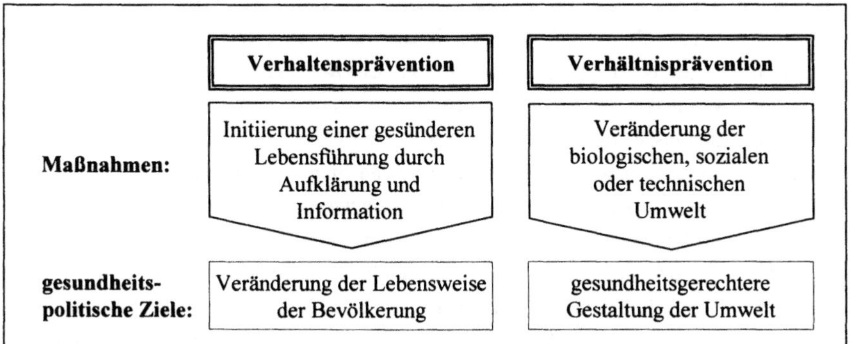

Quelle: eigene Darstellung

Abb. IV-20: Verhaltensprävention und Verhältnisprävention

3.2.1.4 *Informationen zur Arztwahl*

Privat versicherte Patienten können bei der heutigen Ausgestaltung des Gesundheitssystems völlig frei entscheiden, ob sie zunächst einen Allgemeinmediziner konsultieren oder sich direkt an einen von zahlreichen Spezialisten wenden wollen. Auch das selbstständige Aufsuchen eines Krankenhauses ist möglich. Gesetzlich Versicherte können frei wählen zwischen den von den Kassenärztlichen Vereinigungen zugelassenen Ärzten.[519]

Weder die privat noch die gesetzlich versicherten Patienten verfügen im Normalfall über detaillierte Informationen, auf die sie die Wahl des Leistungserbringers gründen könnten. Dementsprechend besteht die in Teil III beschriebene Gefahr der adversen Selektion, da die Patienten aufgrund mangelnder Information und unzureichender Markttransparenz nicht in der Lage sind, die Eigenschaften eines Arztes vor allem hinsichtlich seiner diagnostischen und therapeutischen Leistungen richtig einzuschätzen. Dieses Informationsdefizit über die Qualität der Leistungserbringer wurde in Teil III Abschnitt 3.2 dieser Arbeit in Anlehnung an die von Hirshleifer und Riley geprägte Terminologie als „market uncertainty" bezeichnet. Im deutschen Gesundheitswesen hat der Patient zwar das Recht zum Arztwechsel, so dass die

---

[517] Vgl. Auer, Gerz (1992), S. 183 f.

[518] Vgl. Unterhuber (1999), S. 19.

[519] Vgl. § 76 SGB V. Im Jahre 1999 nahmen insgesamt 125213 Ärztinnen und Ärzte an der vertragsärztlichen Versorgung teil. Vgl. Bundesministerium für Gesundheit (2000), Abschnitt 7.2.

Wahl eines falschen Arztes beim nächsten Arztbesuch revidiert werden kann. Eine einmalige „falsche" Auswahl kann aber unter Umständen fatale Folgen für den Patienten haben.[520] Wenn die nötige Informationsgrundlage fehlt, ist die Entscheidungsfreiheit des Patienten beeinträchtigt. Freie Arztwahl setzt als Grundlage für eine selbstbestimmte Patientenentscheidung einen Informationsfluss voraus, der Daten und Fakten über die Struktur-, Prozess- und Ergebnisqualität des Leistungserbringers zur Verfügung stellt.[521]

Während die Frage, worüber ein Patient vor der Durchführung einer Behandlung aufgeklärt werden muss, ganze Bände und juristische Entscheidungssammlungen füllt, lässt die Frage, worüber der Patient bei der Wahl eines Arztes informiert werden muss, eine solche Materialfülle bislang vermissen. Die von Medizinern für die Arztwahl bereitgestellten Informationen beschränken sich bisher in den meisten Fällen auf ein Praxisschild, das nicht mehr Angaben enthält als Name, Adresse, Gebietsbezeichnung und Sprechstunden, auf einen Hinweis im Telefonbuch und in den Gelben Seiten sowie in wenigen Fällen auf eine Homepage des Arztes im Internet.[522] So beruht die Arztwahl häufig einfach auf Bequemlichkeit, z. B. aufgrund räumlicher Nähe, oder auf Empfehlungen von Familie, Freunden oder Bekannten, die sich bei dem Arzt bereits in Behandlung befunden haben. Da Erfahrungen von medizinischen Laien meist nur auf einem individuellen Eindruck von der Persönlichkeit des Leistungserbringers und selten auf einem Verständnis der medizinischen Zusammenhänge basieren, ist der Versicherte überwiegend nicht in der Lage, eine Entscheidung auf Basis der wirklich wichtigen Faktoren zu treffen. Die Aneignung des notwendigen Fachwissens wäre für den Patienten kaum möglich beziehungsweise mit prohibitiv hohen Kosten und einem erheblichen Zeiteinsatz verbunden. Außerdem verbietet in vielen Fällen die Dringlichkeit der Nachfragesituation derartige Bemühungen. „Rating-Agenturen", die dem Patienten leicht verständliche, komprimierte Information über die Qualität einzelner Anbieter liefern würden, gibt es im Gesundheitswesen nicht: Wie in diesem Teil IV Abschnitt 3.1.3.3 dargelegt, verhindern rechtliche Regelungen, dass Krankenversicherungen oder andere Dritte Ärzte-Rankings erstellen. Sie machen es darüber hinaus den Ärzten schwer möglich, die Patienten mit gezielten Informationen auf die Qualität ihrer Leistungen aufmerksam zu machen. Weiterhin sind Empfehlungen von Ärzten durch ihre Kollegen nicht immer objektiv und rechtlich zumindest problematisch.[523] All diese Faktoren beschränken die Möglichkeiten der Patienten, sich Informationen über die Struktur-, Prozess- und Ergebnisqualität von Leistungserbringern zu besorgen.

---

[520] Vgl. Schwartz (1997), S. 73 f.
[521] Vgl. Barth (1999), S. 172.
[522] Es erscheinen erhebliche Zweifel angebracht, ob im Zeitalter der Informationsgesellschaft solche Minimalinformationen den Anforderungen an eine freie Arztwahl noch entsprechen. Barth (1999), S. 187.
[523] Siehe hierzu Teil IV Abschnitt 3.1.3.2.

3.2.1.5 *Informationen zur festgestellten Erkrankung*

Zu Beginn der Behandlung wird der Arzt eine Untersuchung durchführen und eine Diagnose stellen. Zunächst ist der Patient daher über Art und Risiken der Untersuchung zu informieren. Weiterhin erwartet der Patient Informationen über die festgestellte *Erkrankung und deren Verlauf*. Die Information über die Diagnose soll die Krankheit des Patienten benennen.[524] Informationen zur festgestellten Erkrankung sind beispielsweise die Entstehungsgründe und Verbreitung der Krankheit, Spätfolgen der Erkrankung oder mögliche Auswirkungen der Erkrankung auf die weitere Lebensführung. Zur Aufklärung über den Verlauf der Krankheit gehören Informationen über die Weiterentwicklung der Krankheit ohne ärztliche Intervention und über die voraussichtliche gesundheitliche Situation nach einer Behandlung gestalten könnte.[525]

3.2.1.6 *Informationen zu Behandlungsmöglichkeiten*

Mit der Diagnose verbunden ist in der Regel der Vorschlag einer geeigneten Behandlungsmöglichkeit oder gegebenenfalls mehrerer alternativer Behandlungsmöglichkeiten. Dabei erwartet der Patient, dass der Therapievorschlag auf die Optimierung seines persönlichen Nutzens ausgerichtet ist, also auf Maßnahmen, die am besten zu einer Verbesserung seines Gesundheitszustands beitragen. Voraussetzung hierfür ist jedoch, dass der Arzt auch wirklich im Interesse des Patienten handelt. Bei fehlender Interessenskongruenz kann der Arzt versucht sein, seine eigenen Anliegen gegenüber denen des Patienten durchzusetzen, zumal er aufgrund der in Teil III Abschnitt 3.2.2 beschriebenen asymmetrischen Informationsverteilung seinen Wissens- und Informationsvorsprung mit der Empfehlung einer bestimmten Therapie zu seiner Einkommensoptimierung nutzen kann. Der Patient ist in der Regel mangels medizinischen Fachwissens nicht in der Lage, den Therapievorschlag inhaltlich zu bewerten und die Qualität des Leistungserbringers bei der Therapiedurchführung zu prüfen.[526]

Der Patient muss schließlich der vom Arzt vorgeschlagenen Behandlung zustimmen. Er kann das entweder auf Basis der vom Arzt gelieferten Information tun oder er kann noch zu einem bzw. mehreren weiteren Leistungserbringern gehen und sich von diesen eine „second opinion" einholen. Ein weiterer Arztbesuch ist allerdings mit zusätzlichem Zeitaufwand und Kosten verbunden, weil dann gegebenenfalls Untersuchungen, die zur Erstellung einer Diagnose notwendig sind, noch einmal durchgeführt werden müssen. Zudem stellt er die Vertrauensbeziehung zwischen Arzt und Patient in Frage.[527]

Zur bereits angesprochenen Aufklärung über die Krankheit und ihren Verlauf müssen also Informationen über *Art, Umfang und Durchführung von Behandlungsmöglichkeiten* kommen. Wenn mehrere gleichermaßen erfolgversprechende Behandlungsmethoden ohne wesentliche

---

[524] Vgl. N. N. http://www.medizininformatik-treffpunkt.de/bcg.htm (Stand 20.02.01), S. 1.
[525] Vgl. Barth (1999), S. 188.
[526] Vgl. Binder (1999), S. 110, 111.
[527] Vgl. Binder (1999), S. 111.

Unterschiede im Risikoprofil in Frage kommen, kann die Wahl der richtigen Therapie tendenziell eher dem Arzt überlassen werden.[528] Aber auch hier gilt: Wenn der Patient eine ausführliche Aufklärung über spezielle medizinische Fragen wünscht, muss ihm diese erteilt werden. Bei Behandlungsmethoden mit gesundheitlich unterschiedlichen Wirkungen hat der Arzt erst recht keine alleinige Entscheidungsfreiheit über die Durchführung der Behandlungsmethode.[529] In diesem Fall muss dem Patient die Möglichkeit gegeben werden, selbst darüber zu entscheiden, welche Therapie mit welchem Chancen-Risiko-Profil er vorzieht. Dazu müssen ihm die Therapiemöglichkeiten sowie deren Risiken und Erfolgsaussichten aufgezeigt werden.[530] Dies beinhaltet auch den Hinweis auf durch ärztliche Kunst nicht sicher vermeidbare Folgeschäden und gegebenenfalls Informationen zu Faktoren wie Komplikationsrate, Letalitätsrate, Belastung für die künftige Lebensführung, Funktionsbeschränkungen, nachhaltige Entstellungen oder Dauerschmerzen.[531]

Des Weiteren ist der Patient über Verhaltensregeln bei der Durchführung der Therapie zu unterrichten. Der Patient sollte darüber aufgeklärt werden, wie er selbst bei der Behandlung aktiv mitwirken und damit den Genesungsprozess unterstützen kann.

3.2.1.7 Informationen zu chronischen Erkrankungen im Rahmen von Case- und Disease- Management-Programmen

Die Unterstützung chronisch Kranker durch Gesundheitsinformation und -beratung ist auf eine bestimmte Krankheitssituation abgestimmt. Bei der Beratung chronisch Kranker geht es vor allem auch um eine effektive Nutzung vorhandener Ressourcen des Gesundheitswesens im Sinne eines Versorgungsmanagements, orientiert an den Bedürfnissen des Patienten. Dazu werden dem Patienten mögliche Behandlungen und Behandler aufgezeigt und diese gemeinsam mit dem Patienten zu einem Versorgungsplan verdichtet. Die Mitwirkung des Patienten trägt entscheidend zum Erfolg einer Behandlung bei. Die Information unterstützt den chronisch Kranken darin, den optimalen Versorgungsweg zu finden, den er dann alleine oder mit den jeweiligen Behandlern weiter beschreiten kann.[532]

Der Einstieg in die Beratung chronisch Kranker orientiert sich am Wissensstand des Patienten und erfolgt zumeist über eine fundierte Information und Aufklärung über die Erkrankung und deren möglicher Entwicklung. Aufgezeigt werden außerdem die positiven Auswirkungen einer Veränderung der Lebensweise, eventuell verbunden mit der Unterstützung sekundärpräventiver Maßnahmen. Sind diagnostische oder therapeutische Interventionen angezeigt, so

---

528 Vgl. Barth (1999), S. 191.

529 Vgl. Francke (1994), S. 150.

530 Vgl. Francke (1994), S. 191.

531 Neben der Aufklärung über diese krankheitsspezifischen Risiken schuldet der Arzt seinen Patienten Aufschlüsse über die individuellen Gefahren, mit denen gerade unter seiner Hand und in seinem Krankenhaus zu rechnen ist. Vgl. Barth (1999), S. 193 und Teil IV Abschnitt 3.2.1.4.

532 Die Gesundheitsberatung chronisch Kranker erfolgt bezogen auf den Gesamtverlauf einer chronischen Erkrankung zumeist punktuell, nur in Ausnahmefällen begleitet sie über größere Zeiträume hinweg. Vgl. Behnke, Demmler, Unterhuber (2001), S. 8.

werden entsprechende Behandlungsmöglichkeiten vermittelt.[533] In den beschriebenen Funktionen agiert die Beratung chronisch Kranker vor allem als informierende, beratende und vermittelnde Instanz, die zur richtigen Zeit die richtigen Informationen und Anstöße gibt oder Leistungen organisiert.
Oft ergibt sich bei chronischen Erkrankungen auch die Notwendigkeit einer Gesamtsteuerung und Koordination der Behandlung im Sinne eines umfassenden Case-[534] oder Disease-[535] Managements. Das beinhaltet die volle Verantwortung für die Planung, die Einbeziehung und Koordination aller am Prozess Beteiligten sowie die Überwachung des Gesamtprozesses.[536] Die Rehabilitation eines chronisch Kranken muss zumeist mit einer Umstellung der Lebensweise einhergehen und erfordert daher die Mitarbeit des Patienten. Die Gesundheitsinformation und -beratung soll den Patienten dazu motivieren, den aufgestellten Versorgungsplan zu befolgen, seine Erkrankung anzunehmen und über Fragen im Zusammenhang mit dieser Erkrankung zu entscheiden.

In diesem Sinne fordert auch der Sachverständigenrat für die Konzertierte Aktion im Gesundheitswesen in seinem Gutachten 2000/2001 zur Entlastung des Gesundheitswesens und zur Verbesserung der Gesundheitsergebnisse bei allen chronischen Krankheiten Schulungskonzepte mit dem Ziel der Übernahme von Selbstverantwortung und eigenem Krankheitsmanagement durch den Patienten sowie Konzepte zur Schulung Angehöriger einzusetzen und als festen Bestandteil in den Versorgungsprozess zu integrieren.[537]

3.2.1.8 Informationen zur Aufdeckung von Behandlungsfehlern

Auch nach Abschluss der Behandlung ist der Patient mit unvollkommener Information konfrontiert. Er kann oft nicht beurteilen, ob der richtige Therapieansatz gewählt wurde und die Qualität der Behandlung angemessen war. Das Scheitern einer Therapie muss nicht unbedingt auf mangelnde Qualität oder ein Fehlurteil des Mediziners zurückzuführen sein. Vielleicht war zum Zeitpunkt der Diagnose kein anderes Therapieverfahren möglich. Das Gesundheitsgut Therapie ist eine zeit- und umstandsgebundene individuelle Dienstleistung, die nachträg-

---

[533] Vgl. Behnke, Demmler, Unterhuber (2001), S. 11.

[534] Case-Management lässt sich als eine Methode beschreiben, die in einem komplexen Behandlungsverlauf unterschiedliche Angebote (Arzt, Krankenhaus, Rehabilitationseinrichtung und sonstige medizinische Dienstleistungsangebote) patientenorientiert für chronisch kranke, behinderte und pflegebedürftige Menschen zusammenstellt und koordiniert. Im Zentrum steht dabei immer die auf den Einzelfall bezogene Koordinierung und Steuerung des Versorgungsprozesses. Dafür muss der Case-Manager über Informationssysteme zur Identifizierung und Steuerung der betreffenden Versicherten ebenso verfügen wie über gesicherte Daten zur Qualität der zu vermittelnden Leistungserbringer. Vgl. Hüllen, Schulz (1997), S. 373.

[535] Disease-Management ist die auf eine bestimmte Krankheit bezogene systematische und prozessorientierte Versorgung von Patienten. Disease-Management-Programme zielen auf die verbesserte Behandlung chronisch Kranker ab. Sie beinhalten in der Regel Aspekte wie evidenz-basierte Behandlungsrichtlinien, die Vernetzung und Koordination verschiedener Behandler, Einbeziehung der Patienten in die Therapieplanung, Patientenschulungen sowieallgemein verbesserte Informationen für Behandler und Patienten. Vgl. Ehlert (2002), S. 1.

[536] Vgl. Wendt (1997), S. 145 ff.

[537] Vgl. Sachverständigenrat für die Konzertierte Aktion im Gesundheitswesen, Gutachten 2000/2001, S. 42.

lich nur schwer zu beurteilen ist. Ein Qualitätsmangel ist daher nur in einigen wenigen Fällen nachträglich eindeutig feststellbar.[538]
Ein Behandlungsfehler bringt dem Patienten – und nicht selten auch seiner Familie – oft schweres Leid. Die Folgen eines Behandlungsfehlers können chronische Schmerzen, langwierige Behandlungen oder andere bleibende Schäden sein. Seit einigen Jahren kann man daher ein wachsendes Interesse der Patienten beobachten, vermutete Behandlungsfehler aufzudecken.[539] Dabei kann es z. B. um Verbrennungen nach einer Bestrahlung gehen, um die folgenschwere Fehlinterpretation eines Röntgenbefundes oder um einen Geburtsschaden. Dem veränderten Patientenbewusstsein kann man mit einem verbesserten Informations- und Beratungsangebot entgegenkommen.[540] Bei Vorliegen eines Verdachts auf einen Behandlungsfehler sind die Krankenversicherungen der naheliegende Partner der Patienten. Nach § 66 SGB V haben die gesetzlichen Krankenkassen die Möglichkeit, Versicherte beim Verfolgen von Behandlungsfehlern zu unterstützen. Sie sollten daran ein Interesse haben, denn wenn ein Behandlungsfehler nachgewiesen wird, können sie sich die Kosten der Falschbehandlung sowie aller durch sie notwendig gewordenen Folgetherapien vom Schädiger zurückerstatten lassen.[541]
Mit dem Medizinischen Dienst der Krankenkassen (MDK) verfügen sie über unabhängige medizinische Kompetenz, die es erlaubt, rasch und ohne Kosten für die Patienten dem Verdacht auf Behandlungsfehler nachzugehen. Mitarbeiter der Krankenversicherung stellen auf der Grundlage von Gesprächen mit dem betroffenen Patienten Fakten und Anhaltspunkte für ein eventuelles Fehlverhalten von Ärzten und anderen Gesundheitsberufen fest. Ein Serviceteam fordert Unterlagen vom Arzt oder der Klinik an. Auf der Basis der aufbereiteten Materialien befragt der Medizinische Dienst der Krankenkassen (MDK) die Leistungserbringer. Verdichten sich danach die Anhaltspunkte für das Vorliegen eines Behandlungsfehlers, hilft die Krankenversicherung dem Patienten bei der Einleitung eines Haftpflichtprozesses, gibt ihm Informationen zu einem geeigneten Anwalt oder ist bei der Stellung eines Begutachtungsantrags vor den Gutachterkommissionen behilflich.
Diese Leistungen sind zunächst als individuelles Informations- und Beratungsangebot für den einzelnen Patienten anzusehen, sie ermöglichen es den Krankenversicherungen aber auch, die beim Behandlungsfehlermanagement ermittelten Fakten zu sammeln und auszuwerten, um Schwachstellen in den Prozessen von Diagnose und Therapie zu ermitteln und strukturelle Defizite bei einzelnen Anbietern aufzudecken. Weil Patienteninformationen zur Aufdeckung von Behandlungsfehlern Leistungsanbieter minderer Qualität zu identifizieren helfen und ihnen das Geschäft erschweren, verbessern sie langfristig auch das Qualitätsniveau der gesundheitlichen Versorgung insgesamt. Zudem können die Krankenversicherungen auf Basis dieser Informationen auf notwendige Veränderungen hinwirken, indem sie diese bei Verhandlungen

538 Vgl. Binder (1999), S. 112.
539 Vgl. AOK (2001), S. I.
540 Vgl. Kranich (1999), S. 307.
541 Vgl. Kranich (1999), S. 307.

mit den Leistungserbringern über die Gestaltung des Gesundheitswesens einbringen.[542] Die Einflussmöglichkeiten der Krankenversicherungen sowie ihr Interesse an gesunden Versicherten und einer möglichen Erstattung der Folgekosten von ärztlichen Fehlleistungen sprechen dafür, ihnen Verantwortung für den gesundheitlichen Verbraucherschutz und die Patienteninformationsfunktion bei vermuteten Behandlungsfehlern anzuvertrauen.

3.2.2 Informationsmedien

Für die Patienteninformation kann eine Vielzahl an Informationskanälen genutzt werden, denen wiederum unterschiedliche Kommunikationsformen zuzuordnen sind. Die Kommunikationsformen haben bei den Patienten einen unterschiedlich hohen Stellenwert und auch unterschiedliche Effekte.[543] Es ist Aufgabe der Kommunikatoren, die geeigneten Kommunikationsformen für die Übermittlung ihrer Botschaften auszuwählen. Im Folgenden sollen zunächst verschiedene Kommunikationsformen dargestellt und den Informationskanälen zugeordnet werden. Diese Informationskanäle werden anschließend im Detail beschrieben.

3.2.2.1 Systematisierung der Kommunikationsformen

Es lassen sich zwei Hauptformen der Kommunikation unterscheiden:

- die *direkte Kommunikation* und
- die *indirekte Kommunikation.*[544]

Unter *direkter* Kommunikation versteht man eine von Person zu Person gerichtete Kommunikation. Die für diese Kommunikation auch noch gebrauchte Ausdrucksweise „Mund-zu-Mund-Kommunikation" („face-to-face"-communication) veranschaulicht ihre Unmittelbarkeit.[545] Die direkte Kommunikation findet ohne den Einsatz von Medien statt, vielmehr treten zwei oder mehr Personen direkt miteinander in Verbindung (z. B. in persönlicher Begegnung, bei einem persönlichen Gespräch oder bei einem Fachvortrag vor einem Publikum). *Indirekte Kommunikation* ist durch eine räumliche und/oder zeitliche Trennung von Kommunikationssender und -empfänger gekennzeichnet.[546] Die Kommunikation kommt durch die Zwischenschaltung von Medien zustande.[547] Zu den Medien zählt man u. a. die Printmedien (Buch, Broschüre, Zeitung, Zeitschrift), die Übertragungsmedien (Funk, Fernsehen, Telefon) sowie die elektronischen Medien (Audiokassette, Videokassette, Internet).[548]

---

[542] Ein entsprechendes Medium testet die AOK gerade. Im Rahmen neuer Modelle zur Bekämpfung chronischer Erkrankungen wirkt die AOK bei der Erstellung von integrierten Behandlungsplänen auf der Grundlage von Standards und Leitlinien mit. Diese Pläne enthalten detaillierte Vorgaben zur Steuerung des Behandlungsprozesses und sind in Kooperation mit Patienten entstanden.

[543] Vgl. Dierks, Schwartz, Walter (2000), S. 153.

[544] Vgl. Meffert, Bliemel (1999), S. 945.

[545] Vgl. Kroeber-Riel, Weinberg (1999), S. 491.

[546] Vgl. Bruhn (1997), S. 12.

[547] Vgl. Thill (1996), S. 37.

[548] Vgl. Meffert, Bliemel (1999), S. 948 f.

Neben diesen Hauptformen der Kommunikation können Kommunikationsaktivitäten weiter unterschieden werden nach:

- *personenspezifischer* und *anonymer Kommunikation,*
- *zweiseitiger* und *einseitiger Kommunikation,*
- *visueller* und *auditiver Kommunikation.*[549]

Der *personenspezifischen Kommunikation* sind sämtliche Kommunikationsaktivitäten zuzuordnen, die individuell auf einzelne Ansprechpartner zugeschnitten sind. Bei der *anonymen Kommunikation* ist der Kreis der Kommunikationsempfänger vorher nicht bekannt.[550]
Zweiseitige Kommunikation ist durch eine sofortige Rückkopplungsmöglichkeit für die am Kommunikationsprozess Beteiligten gekennzeichnet. Bei der *einseitigen Kommunikation* hat der Adressat keine Möglichkeit, über einen Rückkanal seinerseits zum Kommunikator zu werden.[551]
Zur *visuellen Kommunikation,* die das Auge anspricht, zählen Druckstücke wie Bücher, Anzeigen, Kataloge, Prospekte und Festbilder. *Auditive Kommunikation*, die den Empfänger über das Ohr erreicht, ist eine Sprachkommunikation, z. B. via Rundfunk.[552]
Während die direkte Kommunikation meist personenspezifisch, zweiseitig und auditiv stattfindet, ergeben sich bei der indirekten Kommunikation viele Kombinationsmöglichkeiten der Kommunikationsformen.
Abbildung IV-21 zeigt die Kommunikationsformen im schematischen Überblick.

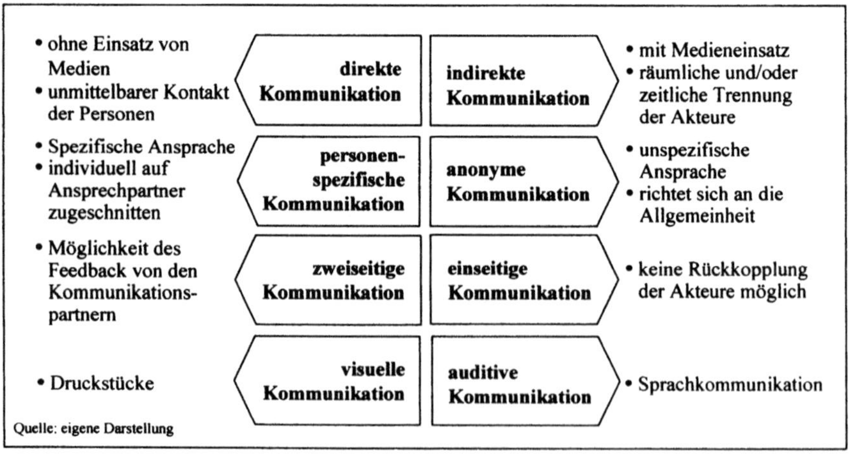

Quelle: eigene Darstellung

Abb. IV-21: Systematisierung der Kommunikationsformen

549 Vgl. Steffenhagen (1984), S. 7.
550 Vgl. Thill (1996), S. 37.
551 Vgl. Bruhn (1997), S. 13.
552 Vgl. Bruhn (1997), S. 13.

Für die Information und Kommunikation der Patienten können vielfältige Informationskanäle genutzt werden. Diese Arbeit thematisiert schwerpunktmäßig den Einsatz von persönlichen Beratungsstellen, des Servicetelefons, der Printmedien und des Internets zur Übertragung von Patienten- und Gesundheitsinformationen. Abbildung IV-22 zeigt auf, wie diese Informationskanäle den unterschiedlichen Kommunikationsformen zugeordnet werden können.

	direkte Kommunikation	indirekte Kommunikation	personen-spezifische Kommunikation	anonyme Kommunikation	zweiseitige Kommunikation	einseitige Kommunikation	visuelle Kommunikation	auditive Kommunikation
persönliche Beratungsstelle	☒	☐	☒	☐	☒	☐	☒	☒
Servicetelefon	☐	☒	☒	☐	☒	☐	☐	☒
Printmedien	☐	☒	☐	☒	☐	☒	☒	☐
Internet	☐	☒	☒	☒	☒	☒	☒	☒

Quelle: eigene Darstellung

Abb. IV-22: Systematisierung der Informationskanäle

3.2.2.2 Gesundheitsinformationen über persönliche Beratungsstellen

Die Patienteninformation über persönliche Beratungsstellen ist durch eine direkte, personenspezifische und zweiseitige Kommunikation charakterisiert. Sie findet mündlich durch Wort- und Tonzeichen statt, kann aber auch visuell durch Druckstücke, z. B. Bilder, unterstützt werden.

Persönliche Beratung wird in Deutschland neben dem Arztgespräch auch von unabhängigen Patienteninformations- und -beratungsstellen angeboten, aber auch von Informationszentren der Gesundheitsbehörden, Verbraucherzentralen, Ärztekammern, Kassenärztlichen Vereinigungen oder den Krankenversicherungen. In § 65b SGB V – Förderung von Einrichtungen zur Verbraucher- und Patientenberatung – werden die Landesverbände der Krankenkassen und die Verbände der Ersatzkassen ausdrücklich ermächtigt, neutrale und unabhängige Einrichtungen zu unterstützen, die gesundheitliche Informationen, Beratung und Aufklärung für Versicherte zur Verfügung stellen.[553]

[553] Vgl. Bundesregierung (2001) und Stoschek (2000).

3.2.2.3 Gesundheitsinformationen über ein Servicetelefon

Neben der persönlichen Beratung im „face-to-face"-Gespräch hat sich in den letzten Jahren ein weiterer Beratungsservice etabliert, das Servicetelefon, über das Patienten und Versicherte Informationen zu Gesundheitsthemen abrufen können. Es wird überliefert, dass eines der ersten Telefonate der Geschichte 1861 zwischen der Mutter des Erfinders des Fernsprechers und ihrem Hausarzt geführt wurde.[554]

Im Gegensatz zur persönlichen Beratung findet die Information und Kommunikation per Servicetelefon nicht direkt statt, sondern vollzieht sich in räumlicher Trennung bei Zwischenschaltung des Telefons als Übertragungsmedium. Die Kommunikation über das Servicetelefon ist personenspezifisch und richtet sich damit wie das Gespräch in einer persönlichen Beratungsstelle an einen individuellen Ansprechpartner. Auch beim Servicetelefon besteht die Möglichkeit der zweiseitigen Kommunikation und somit der Rückkopplung von den an der Kommunikation Beteiligten. Beim derzeitigen Stand der Technik werden die Informationen auditiv übertragen.

Während eine Ferndiagnose in Deutschland qua ärztlicher Berufsordnung verboten ist, haben Patienten die Möglichkeit, sich telefonisch zu Krankheiten und deren Behandlungsmöglichkeiten sowie Arzneimitteln und deren Wirkung von Ärzten und Mitarbeitern anderer Professionen beraten zu lassen.[555] Durch den Telefon-Service können sich Patienten auch eine Zweitmeinung bezüglich einer vorgeschlagenen Therapie einholen. Darüber hinaus kann der Anrufer bei schwierigen Entscheidungen unterstützt werden. In der Regel sind diese „Infolines" als Ergänzung zur individuellen ärztlichen Beratung konzipiert und bieten Entscheidungshilfen oder geben Informationsmaterialien weiter.[556]

Bekannt ist in Deutschland beispielsweise der Krebsinformationsdienst in Heidelberg, der nach eigenen Angaben mit 20 Beraterinnen und Beratern aus den Bereichen Medizin, Biologie, Psychologie und Dokumentation täglich von 8.00 bis 20.00 Uhr Patienten bei Fragen zu Krebs berät. Auch bei vielen Krankenversicherungen können sich Mitglieder zu bestimmten Themen über das Telefon beraten lassen.[557] In der Regel werden solche Beratungsangebote über reguläre Telefonnummern und entsprechende Tarife abgewickelt, so dass die Kosten für ein Gespräch für jeden Ratsuchenden erschwinglich bleiben. Anders sieht es mit Beratungsangeboten privater Vermittler von Gesundheitsinformationen über 0190-Nummern aus. So findet man beispielsweise „Infolines" zu Ärzten, Psychologen und Heilpraktikern, bei denen eine Telefongebühr von knapp 2 Euro pro Minute anfällt.

Die Qualität der telefonischen Beratungsdienste ist sehr unterschiedlich. Allgemein akzeptierte Verfahren zur Qualitätsmessung und Durchsetzung von Mindeststandards gibt es für diesen

---

554 Vgl. Dierks (1999), S. 7.

555 Vgl. N. N. http://www.zeit.de/2000/11/200011_telemedizin.html (Stand 01.03.01), S. 3. Siehe auch Teil IV Abschnitt 3.1.3.4.

556 Vgl. Manfredi, Czaja, Buis, Derk (1993), S. 1327-1337.

557 Vgl. Braun, Uhl (2001).

Bereich nicht.[558] In Teil VI Abschnitt 2.1.2 werden u. a. Empfehlungen gegeben, wie der Anrufer die Qualität einer telefonischen Auskunft insbesondere über Behandlungsmöglichkeiten selbst bewerten kann.

3.2.2.4 Gesundheitsinformationen über Printmedien

Persönliche Gespräche bei Beratungsstellen oder über ein Servicetelefon können ergänzt werden durch schriftliche Informationen in Büchern, Broschüren, Zeitungen und Zeitschriften, also den so genannten Printmedien.[559] Die Information findet hier indirekt (räumliche und/oder zeitliche Trennung von Sender und Empfänger) und visuell mittels Schrift- und Bildzeichen statt. Die Kommunikation und Information über Printmedien ist einseitig. Die Leser haben keine Möglichkeit sich unmittelbar über den gewählten Kanal an den Sender zu wenden.

In den Printmedien finden sich Informationen über unterschiedliche Institutionen im Gesundheitswesen und deren Leistungsangebot sowie über vielfältige gesundheitliche Themen von Gesundheitsförderung und Prävention über die Diagnostik und Therapie bis hin zur Rehabilitation. Schriftliche Informationsmaterialien erreichen ihre Zielgruppen über entsprechende Verteiler wie Schulen, Betriebe, Arztpraxen, Apotheken oder Krankenversicherungen.[560]

Ein Blick auf den Buchmarkt für Patienteninformationen zeigt eine Fülle von Publikationen. So findet man unter dem Stichwort „Gesundheit" allgemein mehr als 3600 deutschsprachige Bücher[561], unter dem Stichwort „Krankheit" ca. 822.[562] Dazu zählen

- Nachschlagewerke (Typ „Krankheit von A bis Z"),
- Ratgeberbücher allgemeiner Art (Typ „Der Hausarzt rät"),
- Ratgeberbücher zu speziellen Themen (Typ „Die Blitz-Diät" oder „Nie mehr Herzinfarkt"),
- Themenbücher (Typ „Alles über Diabetes"),
- aktuelle Themenbücher (Typ „Der BSE-Skandal") sowie

---

558 Vgl. N. N. http://www.dgvp.de/presse/TestmedAusk/pk130400.htm (Stand 19.07.00).

559 Vgl. Linden, Gothe, Ryser (1999), S. 638-639.

560 Eine Marktstudie des Instituts für Betriebswirtschaftslehre des öffentlichen Bereichs und Gesundheitswesens (Vorstand Prof. Dr. Günther E. Braun) in Kooperation mit der Bayerischen Beamtenkrankenkasse AG zur Informationspolitik ausgewählter Krankenversicherungen zeigt, dass die gesetzlichen Krankenversicherungen ihren Kunden über die Printmedien schon reichlich Informationen zur Gesundheitsvorsorge, zu Krankheiten und zu Behandlungsmöglichkeiten anbieten. Informationen über Ärzte, Krankenhäuser und Pflegediensten werden in den Printmedien von Krankenversicherungen bisher nur in sehr geringem Umfang bereitgestellt. Vgl. Braun, Uhl (2001), S. 17 sowie Teil IV Abschnitt 3.3.2.2 der vorliegenden Arbeit.

561 Vgl. N. N. http://www.amazon.de/exec/obidos/search-handle-form/028-3407456-8811740 (Stand 03.07.01).

562 Vgl. N. N. http://www.amazon.de/exec/obidos/search-handle-form/028-3407456-8811740 (Stand 03.07.01). Eine gezielte Suche mit unterschiedlichen Schlagworten zeigt immer noch so viele Titel, dass dem Patienten die Auswahl nicht leicht fallen dürfte (z. B. „Schmerzen" ca. 52 Bücher, „Rückenschmerzen" ca. 72 Bücher, „Rheuma" ca. 90 Bücher, „Wechseljahre" ca. 47 Bücher, „Osteoporose" 56 Bücher). Eine umfangreiche Studie zur Sozialgeschichte der Selbsthilfe-Literatur in den Vereinigten Staaten hat Steven Starker vorgelegt; siehe dazu Starker (1989). Vgl. N. N. http://www.amazon.de/exec/obidos/search-handle-form/028-3407456-8811740 (Stand 03.07.01).

- Titel, die sich an spezielle Lesergruppen wenden, z. B. Anhänger bestimmter Heilmethoden.[563]

Dieses ungeordnete, qualitativ höchst unterschiedliche Informationsangebot wird ergänzt durch eine Fülle von gesundheitsbezogenen Themen in Zeitungen, Zeitschriften, Broschüren etc. Je nach Seriosität und Sorgfalt des Autors können Broschüren eine wertvolle Ergänzung zu Büchern sein. Wegen ihres begrenzten Umfangs werden sie schneller gelesen als Bücher – oft aber auch gar nicht, weil ihr Wert wegen kostenloser Abgabe nicht richtig eingeschätzt wird.[564] Broschüren und Faltblätter werden für fast alle Krankheitsbilder, z. B. von pharmazeutischen Firmen oder Krankenversicherungen, zur Verfügung gestellt, oder auch in Eigenregie von Arztpraxen oder Krankenhäusern entwickelt. Sie sollten für Patienten verständlich geschrieben sein und visuelle Aufklärungshilfen in den Text integrieren, da diese Verständnis und Akzeptanz bei den Patienten deutlich erhöhen können.[565]
Das Lesen von Zeitungen und Zeitschriften stellt ein traditionelleres Mediennutzungsverhalten als die Informationssuche im Internet dar und zeigt im Regelfall auch nicht so ein tiefgreifendes Interesse wie der Kauf eines Buches zu einem Gesundheitsthema. Auch damit mag es zusammenhängen, wenn empirische Analysen konstatieren, dass die Informationshaltung in Broschüren, Zeitungen und Zeitschriften häufig noch von einer paternalistischen Sichtweise geprägt ist, derzufolge Patienten nicht mit schlechten Neuigkeiten umgehen können und deshalb hinsichtlich medizinischer Fragen unwissend „wie Kinder“ gehalten werden müssen.[566]
In einem Programm über Brustkrebs-Screening in Australien wurden beispielsweise 58 Informationsbroschüren analysiert. Nur eine der Broschüren thematisierte überhaupt das Risiko an Brustkrebs zu sterben, die anderen befassten sich lediglich mit der Häufigkeit von Brustkrebserkrankungen und behaupteten, dass das Mammographie-Screening diese Inzidenz absenken würde. Dies ist objektiv falsch, denn das Mammographie-Screening als Früherkennungsverfahren erhöht die Wahrscheinlichkeit, Brustkrebs zu entdecken, verringert aber seine Inzidenz nicht. Auch Aussagen zur Sensitivität und zur Spezifität, und damit zum Risiko falsch negativer oder falsch positiver Fälle blieben völlig unklar.[567] Für Asthma, mittlerweile eine epidemiologisch bedeutsame Volkskrankheit, ergab die Analyse der Informationsangebote von 70 Allgemeinpraxen mit rund 170 verschiedenen Broschüren, dass sich für die Hälfte von ihnen die gültigen Behandlungsrichtlinien der British Thoracic Society überhaupt nicht anwenden ließen, von dem Rest waren immerhin 30 Prozent fehlerhaft. Eine Analyse der Verständlichkeit zeigte, dass nur 3 Prozent der Broschüren geeignet waren, auch noch von

563 Vgl. Göpfert (1999), S. 355.
564 Vgl. Coulter (1998), S. 225 ff.
565 Vgl. Thill (1996), S. 193.
566 Vgl. Coulter (1998) S. 225 ff.
567 Vgl. Slaytor, Ward (1998), S. 263 ff.

den 22 Prozent der arbeitenden Bevölkerung verstanden zu werden, die keine höhere Schulbildung genossen haben.[568]

3.2.2.5 *Gesundheitsinformationen über das Internet*

Das Internet als jüngstes Medium der Informationsvermittlung für Patienten bietet einen weltweiten Zugang zu Informationen. Die Informationsübertragung im Word Wide Web findet indirekt statt. Die Gesundheits- und Patienteninformationen lassen sich sowohl visuell als auch auditiv übertragen. Generell richten sich die Gesundheitsinformationen an ein anonymes Publikum. Des Weiteren kann man in einem durch Passwort geschützten Bereich bestimmte Informationen einem spezifischen Empfängerkreis exklusiv zugänglich machen. Beispielsweise kann eine Krankenversicherung bestimmte Gesundheitsinformationen der Allgemeinheit zur Verfügung stellen und spezifische Informationen nur ihren eigenen Mitgliedern anbieten. In der Regel finden Information und Kommunikation zu Gesundheitsthemen im Internet einseitig statt. In Diskussionsforen oder Chatrooms besteht aber auch die Möglichkeit der interaktiven Kommunikation und damit der Rückkopplung. Darüber hinaus ist das Internet 24 Stunden am Tag erreichbar und kann hochaktuell und umfassend informieren.[569]
Das Internet spielt aufgrund seiner vielseitigen Möglichkeiten für Patienten und deren Angehörige eine immer wichtigere Rolle. Die Zahl der Internetnutzer steigt ständig an. Dementsprechend nähert sich das demographische Profil der Internet Nutzerschaft immer mehr derjenigen der Gesamtbevölkerung an.[570]
Das Angebot an gesundheitsrelevanten Informationen im World Wide Web (WWW) entwickelt sich rapide. Unter dem Stichwort „Gesundheit" findet man mit einer Internetsuchmaschine ca. 1,34 Millionen Seiten zu diesem Thema.[571] Die Expansion des Angebots an Gesundheitsinformationen über das Internet ist enorm, beispielsweise werden in das Internetverzeichnis von Yahoo, einer der größten Suchmaschinen, täglich bis zu 60 neue, für gesundheitliche Themen relevante Adressen, aufgenommen.[572]
Auf Web-Seiten mit Inhalten und Foren – im Amerikanischen als „content sites" bezeichnet – findet der Patient Forschungsergebnisse zu Krankheiten und Medikamenten.[573] Das Internet-Angebot an spezifischen Medizin- und Gesundheitsinformationen reicht von präventiven Gesundheitstipps über Informationen zu bestimmten Krankheitsbildern bis zu Ärzte- und Krankenhauslisten.[574] Bedingt durch Änderungen im Patientenverhalten spielen Gesundheitsin-

[568] Vgl. Smith, Godding, Brown, Frew (1998), S. 364 ff.
[569] Vgl. Burger (2001), S. 103.
[570] Die W3B, eine Initiative der Fittkau & Maaß GmbH, gibt halbjährlich einen Bericht über die Ansichten und das Nutzungsverhalten der WWW-Nutzer heraus. Der 11. Bericht basiert auf einer Umfrage in der Zeit vom 4. Oktober 2000 bis 8. November 2000 und ist im Internet unter http://www.w3b.de/ergebnisse/w3b11/ergebnisse.html (Stand 11.11.01) zu finden.
[571] Vgl. N. N. http://www.google.de/search?q=Gesundheit&hl=de&meta= (Stand 03.07.01).
[572] Sabbatini (1999).
[573] Vgl. Baur et al. (2001), S. 26.
[574] Eysenbach (1997), S. 3. Sechs von zehn Patienten suchen bei ihrer Visite im Web lediglich eine zweite Meinung zu ihrer Erkrankung, ergab eine Studie der Genfer Health on the Net Foundation (www.hon.ch). Ebenso

formationen aus dem Internet eine immer größere Rolle. In Amerika ist es längst nicht mehr ungewöhnlich, dass Patienten mit einem Internetausdruck zum Arzt kommen und gezielte Fragen zu ihrer Krankheit stellen. Diese Facette von E-Health ermöglicht es mithin den Patienten, eine aktivere Rolle zu übernehmen – was wiederum das Verhalten der behandelnden Ärzte verändert, schon weil sie mit dem Wissenstand ihrer online informierten Patienten Schritt halten müssen.[575]

Ein weiteres Potenzial der Internetnutzung liegt in der Herausbildung virtueller Gemeinschaften mit Hilfe von elektronischen Kommunikationsmöglichkeiten per E-Mail, Newsgroups oder in Chatrooms. Hier sind es die mittelbar oder unmittelbar Betroffenen selbst, die Erfahrungswissen, Ansichten und Informationen miteinander austauschen oder Experten befragen.[576] Ferner enthalten diese Seiten eine Fülle von Links (direkte Verbindungen zu anderen Web-Seiten), vor allem zu den Seiten von medizinischen Online-Händlern.[577]

Zudem bietet das Internet die Möglichkeit der Vernetzung von Patienten, Ärzten, Apothekern und Krankenversicherungen. Eine Variante ist die Telemedizin, z. B. die Überwachung des Herzrhythmus über eine permanente Verbindung mit dem Patienten.

Die Fülle von Gesundheitsinformationen wird von verschiedenen Anbietern im Internet präsentiert. Als Beispiele genannt seien die Internet-Angebote der Krankenversicherungen[578], Homepages der Ministerien des Bundes und der Länder, Internetseiten von Institutionen und Behörden, von universitären Forschungs- und Fachbereichen sowie von Privatanbietern, die Links zu den Bereichen Gesundheit und Medizin zusammenstellen und den Internetnutzern zur Verfügung stellen.[579]

Die Websites machen es einfach, Informationen zu disseminieren, und bieten für die Gesundheitskommunikation vielfältige Möglichkeiten einer globalen, kostengünstigen Verbreitung ihrer Botschaften. Diese können zudem ständig aktualisiert werden und ermöglichen interessante Formen des Lernens.[580] Die Vielfalt an Angeboten im Netz vermittelt zwar eine Fülle von Einsichten, erschwert es dem Nutzer allerdings zwischen soliden wissenschaftlichen Einsichten und weniger fundierten Inhalten zu unterscheiden. Viel von dem offerierten Material ist inakkurat oder missverständlich. Eine Qualitätsanalyse zu internetbasierten Laieninforma-

---

viele wollen ihren Fund mit dem Hausarzt diskutieren.
Vgl. N. N. http://www.siemens.com/icworld/archiv/icwd0003/cyberd_d.htm (Stand 01.03.01), S. 1.

[575] Vgl. Baur et al. (2001), S. 26.

[576] Vgl. Scheiber, Gründel (2000), S. 165.

[577] Virtuelle Geschäfte, wie Online-Apotheken oder Anbieter von Medizinprodukten, offerieren ihre Produkte in vielen Ländern über das Internet. Der Verkauf und Vertrieb von rezeptpflichtigen Medikamenten über das Internet bleibt in Deutschland verboten. Vgl. http://morgenpost.berlin1.de/archiv2000/001110/blickpunkt/story363627.html (Stand 17.01.02).

[578] Eine Marktstudie des IBG in Kooperation mit der Bayerischen Beamtenkrankenkasse AG zur Informationspolitik von ausgewählten Krankenversicherungen hat ergeben, dass beim Angebot an Gesundheitsinformationen zur Gesundheitsvorsorge, zu Krankheiten, Behandlungsmöglichkeiten sowie zu Ärzten und Krankenhäusern über das Internet bisher noch die gesetzlichen Krankenversicherungen führen. Vgl. Braun, Uhl (2001), S. 14. sowie Teil IV Abschnitt 3.3.2.2 der vorliegenden Arbeit.

[579] Vgl. N. N. (2000): Die BKK (8/2000), S. 345.

[580] Vgl. Eysenbach, Diepgen (1999) S. 151 ff.

tionen für ein wichtiges pädiatrisches Thema[581] zeigte, dass nicht einmal die formale Qualität der Informationsquelle (z. B. akademisches medizinisches Zentrum) eine Garantie für die inhaltliche Korrektheit ist: Nur 20 Prozent der Informationen entsprachen den aktuellen wissenschaftlichen Richtlinien der American Academie of Pediatrics. Auch zeigt sich, dass das Verständnis der Texte einen hohen Bildungsstand voraussetzt. Bei der zunehmenden Kommerzialisierung des Internets werden viele Angebote von Absatzinteressen geprägt und sind dementsprechend einseitig.[582] Die Kompetenz und Objektivität der Anbieter dieser Informationen ist in vielen Fällen nicht klar und gerade für den medizinischen Laien nicht ohne weiteres zu erkennen. Für den Patienten ist aber gerade die Glaubwürdigkeit der im Internet gefundenen Gesundheitsinformationen von entscheidender Bedeutung. Falls Patienten Gesundheitsinformationen online suchen, wollen sie sicher sein, dass diese auch stimmen und glaubwürdig sind.[583]

Printmedien		Elektronische Medien	
Pro	Contra	Pro	Contra
Begrenzte Gefahr vor unseriösen und unqualifizierten Informationen ➢ Zwischenschaltung einer Redaktion oder eines Lektorats	Informationen statischer Natur ➢ Keine Möglichkeit des Eingehens auf ein bestimmtes Individuum Aber: Möglichkeit des Eingehens auf einen bestimmten Krankheitstyp Keine direkte Rückkopplung zwischen Sender und Empfänger möglich	Informationen statischer und dynamischer Natur ➢ Möglichkeit des Eingehens auf ein bestimmtes Individuum Direkte Rückkopplung zwischen Sender und Empfänger möglich ➢ Möglichkeit der Evaluation von Patienteninformationen ➢ Möglichkeit des Tests auf Verständlichkeit ➢ Möglichkeit der Analyse des Benutzerverhaltens	Hohe Geschwindigkeit der Informationsverbreitung ➢ Gefahr der Verunsicherung der Patienten durch Nutzung von an Ärzte gerichtete Informationen Aber: Schutz durch Password möglich! Gefahr vor unseriösen und unqualifizierten Informationen ➢ Möglichkeit von Qualitätszertifikaten

Quelle: eigene Darstellung

Abb. IV-23: Bewertung von Printmedien und elektronischen Medien

Die bedeutendsten Vorteile des Internets, nämlich seine vergleichsweise geringen Kosten und die hohe Geschwindigkeit der Informationsbereitstellung, sind zugleich für seinen größten Nachteil verantwortlich. Beides führt unter Umständen zu einer unkontrollierten und unkontrollierbaren Informationsüberflutung der Bevölkerung durch Materialien, deren Qualität insbesondere durch Laien nicht immer leicht zu beurteilen ist und bei denen oft nicht einmal der

[581] Vgl. McClung, Murray, Heilinger (1998)
[582] Vgl. Eysenbach (1997), S. 3.
[583] Vgl. Poensgen, Larsson (2001), S. 13.

Urheber eindeutig festzustellen ist.[584] Anders als bei den traditionellen Medien passieren Informationen im Internet häufig keine zwischen Autor und Leser zwischengeschaltete Kontrollinstanzen wie Lektorat oder Redaktion, so dass der Verbraucher sich einem erhöhtem Risiko mangelhafter Qualität ausgesetzt sieht. Gerade im medizinischen Bereich kann aber qualitativ schlechte oder falsche Information fatale Folgen haben. So mussten verschiedene Behörden und Institutionen, einschließlich der Arzneimittelkommission der deutschen Ärzteschaft, angesichts des reichhaltigen Angebots in Deutschland nicht zugelassener Arzneimitteln im Internet bereits entsprechende Verbraucherwarnungen aussprechen. Daher wird in diesem Zusammenhang oft eine objektive Bewertung der im Internet angebotenen Gesundheitsinformationen durch fachkundige Dritte gefordert. So könnte ein „Clearinghouse" die Informationen sichten und eine Art Gütesiegel verleihen. Dies würde in ähnlicher Weise zur Qualitätssicherung beitragen wie die „peer-review" bei wissenschaftlichen Publikationen oder eine Redaktion bei Publikumsmedien.[585] Einige Empfehlungen zur Qualitätssicherung im Internet werden in Teil VI Absatz 2.1 diskutiert. In Abbildung IV-23 sind einige Vor- und Nachteile von Printmedien und elektronischen Medien zusammengefasst.

3.3 Verhalten der am Kommunikationsprozess Beteiligten

Das Verhalten der am Kommunikationsprozess Beteiligten stellt neben den situativen Faktoren, der Struktur und der später zu diskutierenden Effizienz die dritte Komponente des situativen Ansatzes dar (Abb. IV-24). Soweit es dabei um Konsequenzen der patientenorientierten Information und Kommunikation für das Verhalten der Beteiligten geht, beantwortet dieser Abschnitt das letzte Frageelement der Lasswell-Formel:

- *Mit welcher Wirkung?*

Im Kontext dieser Arbeit ist das Informationsverhalten als wichtigste Verhaltenskomponente zu erörtern. Das Informationsverhalten wird von Gemünden (1993) definiert als „das auf Information gerichtete Tun und Unterlassen von Menschen".[586] Im Vordergrund dieses Abschnitts steht zunächst das Informationsverhalten der Patienten als Informationsempfänger. In weiteren Abschnitten geht es dann um das Verhalten der Ärzte und insbesondere der Krankenversicherungen als Informationsanbieter.

---

[584] Vgl. Eysenbach (1997), S. 11.
[585] Vgl. Eysenbach (1997), S. 4.
[586] Gemünden (1993), S. 1730.

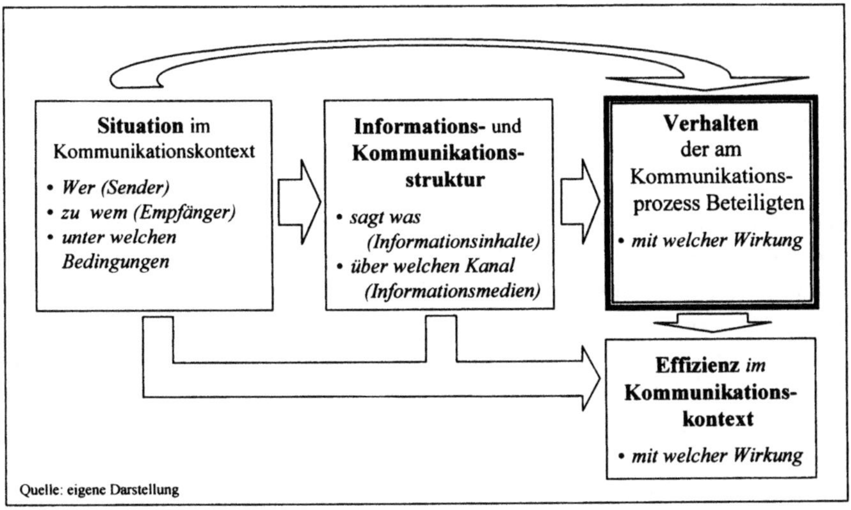

Abb. IV-24: Verhalten der am Kommunikationsprozess Beteiligten

3.3.1 Verhalten der Informationsempfänger

Zur Darstellung des Informationsverhaltens der Patienten werden in dieser Arbeit fünf verschiedene Phasen unterschieden:[587]

- *Informationsbedarf,*
- *Informationsbeschaffung,*
- *Informationsverarbeitung,*
- *Informationsspeicherung* und
- *Informationsweitergabe.*

Dabei wird jedoch kein starres Phasenschema der Informationsaktivitäten unterstellt, da die einzelnen Phasen in der Realität häufig kaum voneinander abgrenzbar sind und bestenfalls den jeweiligen Schwerpunkt der Informationsaktivitäten verdeutlichen können.[588]

3.3.1.1 Informationsbedarf und -bedürfnis

Der Informationsbedarf bezieht sich zunächst auf die Summe derjenigen Informationen, die zur Erfüllung eines informationellen Interesses erforderlich sind.[589] Damit ist jedoch lediglich der objektive Informationsbedarf des Patienten charakterisiert, der für die Lösung eines Prob-

[587] Vgl. Raffée (1969), S. 93-97, Hefner, Fritz (1980), S. 41, Raffée, Silberer (1981), S. 21, Silberer (1981), S. 28, Fritz, Thiess (1986), S. 6 ff.
[588] Vgl. Raffée, Silberer (1981), S. 21.
[589] Vgl. Berthel (1980), S. 873.

lems sachlich erforderlich ist.[590] Daneben ist der Informationsbedarf aber auch als subjektive Kategorie zu sehen. Die Summe der Informationen, die zur Erfüllung eines subjektiv wahrgenommenen individuellen Interesses erforderlich ist, wird als „Informationsbedürfnis" oder subjektiver Informationsbedarf bezeichnet.[591] Das Informationsbedürfnis weist u. a. eine aktivierende und eine kognitive Dimension auf. Die Antriebsempfindungen und -erlebnisse der aktivierenden Dimension setzen die Aktivitäten der Patienten zur Informationsbeschaffung in Gang. Die kognitive Dimension des Informationsbedürfnisses ermöglicht eine bewusste Wahrnehmung und Auswahl der für den Patienten relevanten Informationen und Informationsquellen.[592] Das Informationsbedürfnis aktiviert und steuert somit die Informationsbeschaffung der Patienten.

Wenn das Informationsbedürfnis des Patienten nicht vollständig gedeckt ist, liegt ein subjektives Informationsdefizit vor.[593] Solche Informationsdefizite sind nicht selten auf die Beschränkungen zurückzuführen, denen die Informationsbeschaffung gerade im Gesundheitswesen unterliegt (z. B. wegen Zeitdruck oder physischer Einschränkungen). Darüber hinaus kann ein Informationsdefizit aber auch durch ein mangelhaftes Informationsangebot entstehen: Die gewünschten Informationen werden unter Umständen aufgrund eines falsch verstandenen Paternalismus bewusst zurückgehalten oder sind so unverständlich und schwer zugänglich, dass sie den Patienten einen zu großen materiellen oder zeitlichen Informationsbeschaffungsaufwand verursachen würden.

Die Bedürfnisorientierung stellt eine zentrale Voraussetzung für eine zweckmäßige Berücksichtigung des Informationsverhaltens der Patienten bei der Planung von Kommunikationsmaßnahmen dar. Sie repräsentiert eine Leitidee des strategischen Marketings, derzufolge der subjektive Informationsbedarf, also das Informationsbedürfnis, den Ausgangspunkt für die Gestaltung des Informationsangebots im Gesundheitswesen bilden sollte.[594] Darüber hinaus legt die Idee der Bedürfnisorientierung eine angemessene Berücksichtigung der gesamten Informationsprozesse im Rahmen des Marketings nahe.[595] Informationen, die den Patienten im Gesundheitswesen angeboten werden, sollten demnach grundsätzlich so gestaltet sein, dass sie vom Patienten beschafft, verarbeitet, gespeichert und weitergegeben werden können und ihm dabei einen Nutzen stiften.

Zum Zweck einer an den Bedürfnissen der Patienten orientierten Information und Kommunikation wird in Teil V dieser Arbeit untersucht, ob sich Unterschiede in den Informationsbedürfnissen anhand biologischer und soziodemographischer Merkmale erkennen lassen.[596] Auf diese Weise wird es möglich, das Informationsangebot so zu gestalten, dass es den spezifischen Bedürfnissen und Informationsprozessen einzelner Patientengruppen entspricht. Ein

---

590 Vgl. Raffée et al. (1982), S. 499.
591 Vgl. Berthel (1980), S. 873.
592 Vgl. Raffée, Silberer (1975), S. 6 f.
593 Vgl. Dedler et al. (1984), S. 113.
594 Vgl. Raffée (1985), S. 5 f.
595 Vgl. Fritz, Thiess (1986), S. 33.
596 Siehe Teil V Abschnitt 1.3.

Beispiel wäre ein dem unterschiedlichen Informationsverhalten der sozialen Schichten angepasstes Informationsangebot, das den unterschiedlich hohen Informationsansprüchen ausreichend Rechnung trägt. Bei der Bildung von Patientengruppen für eine gezielte Ansprache darf jedoch nicht übersehen werden, dass nicht nur biologische, soziodemographische und psychologische Merkmale, sondern vor allem auch die Entscheidungsprobleme, mit denen die Patienten konfrontiert sind, deren Informationsverhalten beeinflussen.

3.3.1.2 Informationsbeschaffung

Die Informationsbeschaffung als zweite Phase des Informationsverhaltens der Patienten dient der Deckung des objektiven Informationsbedarfs und des subjektiven Informationsbedürfnisses. Der Informationsbeschaffungsprozess läuft zweistufig ab. Zunächst muss der Patient mit einer Informationsquelle Kontakt aufnehmen. Dann ist es erforderlich, dass der Patient die in der Informationsquelle enthaltenen Informationen aufnimmt. Diese zwei Stufen des Informationsbeschaffungsprozesses werden als Informationsquellenkontakt und Informationsaufnahme bzw. -gewinnung bezeichnet.[597]

Die Informationsbeschaffung kann sowohl intern, also unter Rückgriff auf im Gedächtnis des Patienten gespeicherte Informationen, als auch extern erfolgen. Die externe Informationsaufnahme kann ohne nennenswerten Aufwand aus der Umgebung erfolgen oder mit bestimmten psychischen und/oder physischen Anstrengungen verbunden sein. Man spricht im letzteren Fall auch von aktiver Informationssuche.[598] Die menschliche Fähigkeit zur Informationsaufnahme unterliegt natürlichen Beschränkungen,[599] die bei Patienten besonders ausgeprägt sein können. Bei schweren Krankheiten oder Unfällen ist der Patient oft physisch und psychisch nicht mehr in der Lage, Informationen bewusst aufzunehmen.

3.3.1.3 Informationsverarbeitung

Die Informationsverarbeitung stellt den dritten Teil des Informationsverhaltens dar. Sie ist wie die Informationsbeschaffung ein Prozess und umfasst die Phasen Wahrnehmung, Beurteilung, Denken und Problemlösung. Somit schließt sie auch den Entscheidungsvorgang des Patienten ein.[600] Miller (1956) konnte in einer viel beachteten Untersuchung zeigen, dass ein Individuum nicht mehr als etwa sieben sinnvolle Informationseinheiten gleichzeitig verarbeiten kann. Bei Überschreitungen dieser Informationskapazitätsgrenze entstehen Informationsüberlastungen, die zu objektiv schlechteren Entscheidungen führen können.[601] Einen großen Einfluss auf das Auftreten von Informationsüberlastungen hat auch die Art der zu verarbeitenden Informationen.[602] Beispielsweise bietet eine Bildinformation gegenüber der sprachli-

---

[597] Vgl. Hefner, Fritz (1980), S. 9 f.
[598] Vgl. Gemünden (1993), S. 1731.
[599] Vgl. Fritz, Thiess (1986), S. 11.
[600] Vgl. Nieschlag, Dichtl, Hörschgen (1994), S. 113-120.
[601] Vgl. Raffée, Fritz (1980), S. 84.
[602] Vgl. Kroeber-Riel, Weinberg (1999), S. 90, 355.

chen und schriftlichen Darstellung eines gesundheitlichen Sachverhaltes den Vorteil einer schnelleren Aufnahme und besseren Verarbeitung der Informationen.[603] Die Informationsverarbeitung für Bilder unterliegt auch nicht jenen engen Kapazitätsgrenzen, denen die Verarbeitung verbaler Informationen unterworfen ist.[604] Mit der zunehmenden Entwicklung neuer Informations- und Kommunikationstechnologien ergeben sich immer bessere Möglichkeiten, die Informationsverarbeitungskapazität des Patienten optimal zu nutzen.

3.3.1.4 Informationsspeicherung

Die aufgenommenen und verarbeiteten Informationen können durch den Patienten sowohl extern als auch intern gespeichert werden.[605] Die externe Informationsspeicherung geschieht zum Beispiel durch das Aufbewahren von Informationsbroschüren oder Zeitschriften oder in Form eigener Notizen. Mit der wachsenden Verbreitung von Computern und Neuen Medien wie dem Internet werden immer mehr Informationen mit Hilfe elektronischer Speichermedien extern gespeichert.[606] Darüber hinaus können die Informationen auch intern durch das Festhalten im menschlichen Gedächtnis gespeichert werden.[607] Dabei werden konkrete und anschauliche Wörter und Sätze vom Patienten leichter behalten als abstrakte Formulierungen. Wie bei der Informationsverarbeitung gilt auch hier, dass Bilder besser als verbale Informationen im Gedächtnis gespeichert werden. Bilder lassen sich im Gehirn besser kodieren als Worte und werden vom Empfänger weitgehend automatisch verarbeitet.[608]

3.3.1.5 Informationsweitergabe

Die Informationsweitergabe kann sowohl als interner wie auch als externer Prozess erfolgen. Wenn z. B. Informationen nach ihrer Aufnahme bzw. Verarbeitung vom Kurzzeitspeicher in den Langzeitspeicher überführt werden oder wenn gespeicherte Informationen vom Langzeitspeicher an das Kurzzeitgedächtnis abgegeben werden, liegt eine interne Informationsweitergabe vor. Werden Informationen an andere Personen und Institutionen weitergegeben, so spricht man von einer externen Informationsweitergabe.[609]

Zu den Interaktionspartnern des Patienten in externen Kommunikationsprozessen zählen z. B. Familienangehörige, Freunde, Bekannte, Arbeitskollegen, der Arzt, aber auch Einrichtungen wie die Krankenversicherung. Analog zur externen Informationsbeschaffung, bei der trotz der wachsenden Vertretung neuer Medien persönliche Informationsquellen nach wie vor im Vor-

---

603 Vgl. Kroeber-Riel (1988), S. 16.
604 Vgl. Kroeber-Riel, Weinberg (1999), S. 255, 125, 345 ff.
605 Vgl. Silberer (1981), S. 37.
606 Vgl. Silberer (1981), S. 37.
607 Vgl. Raffée (1969), S. 96.
608 Vgl. Kroeber-Riel, Weinberg (1999), S. 345 ff.
609 Vgl. Fritz, Thiess (1986), S. 20f.

dergrund stehen, findet auch die Informationsweitergabe durch den Patienten meistens in Form persönlicher Kommunikation statt.[610]

3.3.1.6 Ausgewählte Erklärungsansätze für das Informationsverhalten der Patienten

Eine erschöpfende Übersicht über sämtliche Modelle des menschlichen Informationsverhaltens würde den Rahmen dieser Arbeit sprengen. Stattdessen sollen einige Ansätze kurz dargestellt werden, die von besonders hohem Erklärungsgehalt für das Informationsverhalten der Patienten sind.

➢ *Wahrgenommenes Risiko als Einflussfaktor auf das Informationsverhalten*

Die Auseinandersetzung mit wahrgenommenen Risiken hat nach verbreiteter Meinung beträchtlichen Einfluss auf das Informationsverhalten.[611] Der Patient ist mit Risiken konfrontiert, weil gesundheitsrelevante Entscheidungen Konsequenzen haben können, die nicht mit Sicherheit vorhersehbar sind. Fehlentscheidungen im Bereich Gesundheit können im Extremfall mit dem Verlust des Lebens verbunden sein und sind somit für den Patienten mit besonders hohem Risiko behaftet. Im Mittelpunkt des Risikokonzepts steht die Annahme, dass der Patient Risiken als Spannungszustände erlebt und diese reduzieren will. Veränderungen im Informationsverhalten des Patienten können eine Risikominderung bewirken: Zum einen kann der Patient seine Unsicherheit verringern, in dem er seine Informationssuche intensiviert und verstärkt vertrauenswürdige und damit risikoreduzierende Informationsquellen heranzieht. Eine Verringerung des wahrgenommenen Risikos kann aber nicht nur durch solche Änderungen des Informationsbeschaffungsverhaltens, sondern auch durch Veränderungen bei der Informationsverarbeitung erzielt werden. Beispielsweise können problemvereinfachende Beurteilungsprogramme herangezogen werden., wie etwa die Orientierung bei der Arztwahl an Zertifikaten oder Ärzterankings.[612]

Zugleich ist das Informationsverhalten, insbesondere die Informationsbeschaffung, bestimmt von der Bedeutung der zu treffenden Entscheidung. Generell können zwei Typen von Entscheidungen unterschieden werden:

- *Routine-Entscheidungen* und
- *extensive Entscheidungen.*[613]

---

[610] Vgl. Kroeber-Riel (1988), S. 16.
[611] Vgl. Kroeber-Riel, Weinberg (1999), S. 248 f.
[612] Vgl. Kroeber-Riel, Weinberg (1999), S. 249, 502 f. Die Verwendung von Zertifikaten zur Patienteninformation wird ausführlich in Teil VI Abschnitt 1.1.3.6 behandelt.
[613] Vgl. Kuß (1993), S. 172.

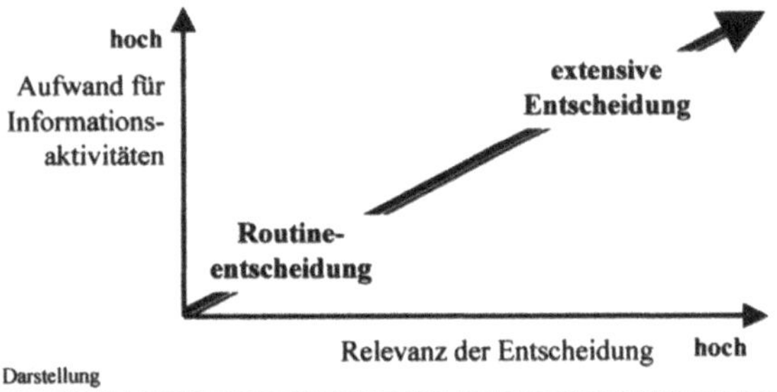

Quelle: eigene Darstellung

Abb. IV-25: Entscheidungstypen

Unter Routine-Entscheidungen werden Entscheidungen verstanden, die für den Entscheidungsträger keine besondere Bedeutung haben und deswegen nicht mit einem nennenswerten Problemlösungsaufwand verbunden sind. Extensive Entscheidungen haben dagegen eine besondere Bedeutung für den Entscheidungsträger und sind durch umfassende und bewusste Problemlösungsprozesse gekennzeichnet.[614] Bei extensiven Entscheidungen finden im Rahmen des Entscheidungsprozesses Informationsnachfrage, -aufnahme und -verarbeitung in einem größeren Umfang statt (Abb. IV-25).[615]

Neben vielen gesundheitsrelevanten Routineentscheidungen wie beispielsweise der Entscheidung, bei Regen auf die Straße zu gehen und dabei die Gefahr eines Schnupfens in Kauf zu nehmen, müssen Patienten auch extensive Entscheidungen treffen, z. B. über die Wahl eines Leistungsanbieters oder einer Therapie für eine lebensbedrohende Krankheit. Sofern Entscheidungen eine zentrale Bedeutung für die Erhaltung bzw. Wiederherstellung der Gesundheit haben, werden damit grundlegende Bedürfnisse tangiert.[616] Empirische Befunde bestätigen die Hypothese, dass die Intensität der Informationsbeschaffung mit der Relevanz der auf Basis dieser Informationen zu treffenden Entscheidung zunimmt, allerdings bei zum Teil mäßig ausgeprägten Korrelationen. Zudem gilt, dass die Informationsbeschaffung umso intensiver ausfällt, je größer die mit einer Entscheidung verbundene Unsicherheit ist.[617]

➢ *Soziale Umwelt als Einflussfaktor auf das Informationsverhalten*

Des Weiteren wirken Faktoren der sozialen Umwelt des Patienten auf sein Informationsverhalten ein. Den Patienten verbindet mit seiner sozialen Umwelt vor allem die persönliche

---

614 Vgl. Kuß (1993), S. 178.
615 Vgl. Gemünden (1993), S.1731.
616 Allerdings kann sich die Bedeutung, die der Gesundheit beigemessen wird, individuell unterscheiden. Wenn deren Bedeutung auch individuell wahrgenommen wird, d. h. wenn ein zentraler Wert betroffen ist, ist von einem großen Engagement auszugehen. Vgl. Hohensohn (1998), S. 52.
617 Vgl. Gemünden (1980), S. 1018.

Kommunikation. Zum sozialen Umfeld gehören Freunde, Verwandte und Kollegen. Eine Vielzahl von Faktoren ist dafür verantwortlich, dass das soziale Umfeld einen Einfluss auf Gesundheitsentscheidungen hat, der kaum mit dessen Kompetenz zu rechtfertigen ist. Kommunikation ist generell umso wirkungsvoller, je glaubwürdiger und sympathischer der Sender der Nachricht ist[618], je höher die Übereinstimmung der gesendeten Information mit den vorhandenen Einstellungen des Empfängers und je geringer die geographische und soziale Distanz zwischen Sender und Empfänger. All diese Faktoren sind im sozialen Umfeld am ehesten gegeben.[619] Zudem findet die Information hier eher als persönliche Kommunikation statt, die schon aufgrund ihrer Flexibilität meist wirksamer ist als die Massenkommunikation.[620] Für die Information im Gesundheitswesen unterstreicht diese Erkenntnis zum einen die große Bedeutung der persönlichen Kommunikation zwischen Arzt und Patient. Zum anderen kann im Gesundheitswesen versucht werden, mit den neuen technischen Möglichkeiten z. B. des Internets persönliche Kommunikationsvorgänge zu simulieren. Den wichtigsten Teil der sozialen Umwelt bildet in der Regel die Familie, so dass der Rollen- und Kommunikationsstruktur im Haushalt bzw. in der Familie eine besondere Bedeutung zukommt. So dürften die Informationsaktivitäten der Frau bezüglich Gesundheitsthemen überwiegen, da sie in der Familie meist die Rolle der Fürsorgerin übernimmt. Die Rollen- und Kommunikationsstruktur in der Familie bleibt aber von gesellschaftlichen Veränderungen nicht unberührt. So ist ein zunehmender Anteil der von Frau und Mann gemeinsam getroffenen Entscheidungen zu beobachten. Dies kann auf einen Rollenwandel im Zuge der Emanzipation der Frau zurückgeführt werden.[621]

➢ *Erklärungsansatz des Informationsverhaltens nach O'Reilly*

O'Reilly betrachtet institutionelle Bedingungen menschlicher Informationsverarbeitung, indem er Informations- und Kommunikationsverhalten in Beziehung zu Kontextvariablen setzt.[622] Informationen werden nach O'Reilly umso mehr genutzt,

- je zentraler ihre Bedeutung für den Empfänger ist[623],
- je leichter sie zugänglich sind (organisatorisch, intellektuell),
- je kompakter und leichter verständlich sie dargestellt sind (z. B. mit Grafiken),
- je persönlicher der Kontakt zum Kommunikator ist (Vorteil mündlicher Kommunikation),
- je größer das Vertrauen in die Informationsquelle ist.

All diese Einflussfaktoren lassen sich letztlich auf ein Kosten-Nutzen-Kalkül des Informationsnutzers zurückführen: Informationen werden umso eher genutzt, je geringer die – im wei-

---

618 Siehe Teil IV Anschnitt 3.1.1.1.
619 Vgl. Kroeber-Riel, Weinberg (1999), S. 493-497.
620 Vgl. Kroeber-Riel, Weinberg (1999), S. 429 f.
621 Vgl. Kroeber-Riel, Weinberg (1999), S. 499 f.
622 Vgl. O'Reilly (1983).
623 Hier zeigen sich Überschneidungen zum Ansatz des wahrgenommenen Risikos als Einflussfaktor auf das Informationsverhalten.

testen Sinne – Kosten ihrer Beschaffung sind und je höher der erwartete Nutzen aus ihrer Beachtung bzw. je höher eine eventuelle Sanktion für ihre Nicht-Beachtung ist.[624]

3.3.2 *Verhalten der Informationsanbieter*

Während Ärzte mit paternalistischer Haltung dem Wandel hin zu einer besseren Information und Aufklärung der Patienten eher skeptisch gegenüberstehen, begreifen Ärzte mit partnerschaftlicher Einstellung und serviceorientierte Krankenversicherungen das Angebot von Gesundheitsinformationen als Chance. Paternalistisch geprägte Ärzte sind es gewohnt, die Führungsrolle innezuhaben und sehen das traditionelle Arzt-Patienten-Verhältnis auf den Kopf gestellt, wenn der „informierte" Patient plötzlich meint, sie belehren zu können.[625] Partnerschaftlich eingestellte Ärzte hingegen vertreten die Meinung, dass ein qualitativ höherwertiger Dialog mit den Patienten zu einer stärkeren Arzt-Patient-Bindung führen kann.[626] War die Krankenversicherung alten Schlages ein obrigkeitsstaatlicher Fürsorgeapparat, der dem Versicherten huldvoll Leistungen zukommen ließ, so wandeln sich die Krankenversicherungen allmählich zu Service-Einrichtungen, die ihren Kunden Gesundheitsinformationen bereitstellen.[627]

Im Folgenden wird das Informationsverhalten von Ärzten mit paternalistischer und mit partnerschaftlicher Einstellung dargelegt. Zu den informationspolitischen Aktivitäten von Krankenversicherungen werden anschließend Ergebnisse einer Studie diskutiert, die am Institut für Betriebswirtschaftslehre des öffentlichen Bereichs und Gesundheitswesens (IBG – Vorstand Prof. Dr. Günther E. Braun) der Universität der Bundeswehr München in Kooperation mit der Bayerischen Beamtenkrankenkasse AG durchgeführt wurde.

3.3.2.1 *Verhalten der Ärzte als Informationsanbieter*

Im *klassischen paternalistischen Modell* ist der Arzt ein überlegener Experte, der eine Krankheit mit seinem Fachwissen ohne intensive Einbeziehung des Patienten behandelt.[628] Der Arzt verfügt über das Monopol auf Informationen zu Diagnose und therapeutischen Alternativen, Anbietern und Behandlungskosten.[629] Der Patient als Hilfe Suchender ist dem Arzt ausgeliefert und akzeptiert dieses Verhältnis. Zudem benötigt er vom Arzt emotionale Unterstützung, wenn eine ernsthafte Erkrankung diagnostiziert wird.[630] Das Über-Unterordnung-Verhältnis zwischen Arzt und Patient drückt sich als sprachliches Korrelat auch in der Steuerung des Dialogs mit dem Patienten aus. So liegt beim Arzt meist das Redevorrecht als Derivat seiner

---

[624] Vgl. Picot, Reichwald, Wigand (1996), S. 89.
[625] Vgl. N. N. http://www.siemens.com/icworld/archiv/icwd0003/cyberd_d.htm (Stand 01.03.01), S. 1.
[626] Vgl. Poensgen, Larsson (2001), S. 23
[627] Vgl. Vogel (2000), S. 17.
[628] Vgl. Barth (1999), S. 158.
[629] Vgl. Poensgen, Larsson (2001), S. 20.
[630] Vgl. Schwartz (1997), S. 86.

Macht. Zusätzlich unterstreicht er seine Expertenrolle durch das Benutzen einer Fachsprache, die dem Patienten oft kaum verständlich ist.[631] Vom Patienten fordert der Arzt Vertrauen, auch ohne dass er diesen entsprechend informiert und Transparenz über Therapieziel und -ablauf schafft.[632] Im paternalistischen Modell ist der Patient als Objekt der Behandlung nicht an Entscheidungen beteiligt.[633] Die Entscheidungskompetenz liegt aufgrund des Fachwissens allein beim Arzt.[634] Der Arzt ist berechtigt, in väterlich-fürsorglicher Weise für seinen Patienten zu entscheiden, zur Not auch gegen dessen Willen.[635] Auf eine Mitwirkung des Patienten an der Behandlung kommt es nur insoweit an, als er dem Arzt die notwendigen Informationen über das Krankheitsbild und seine Beschwerden liefert[636] und die ärztlichen Anordnungen ausführt.[637] Den Rest der Behandlung besorgt der Arzt in Eigenentscheidung ohne Beteiligung des Patienten (Abb. IV-26). Zu den Standardargumenten für die Begründung paternalistischer Elemente der Arzt-Patienten-Beziehung und der Versagung von Aufklärung gehört, dass der Patient medizinische Informationen, insbesondere eine Aufklärung über schwerwiegende Diagnosen, nicht verarbeiten könne und der Heilungsprozess durch solche Informationen sogar gefährdet werden könnte.[638]

Im *modernen Partnerschaftsmodell* verhält sich der Arzt als medizinischer Berater des Patienten und ermöglicht seinem Patienten eine autonome, selbstbestimmte Entscheidung über seine Gesundheit. Der Patient wird aus therapeutischen und rechtlichen[639] Gründen in die Behandlung einbezogen.[640] Das Prinzip der Patientenautonomie verbessert die Kommunikation zwischen Arzt und Patient, betont die eigene Entscheidungsfähigkeit des Patienten und sorgt für Schutz gegenüber einem übermächtigen Arzt (Abb. IV-26).[641]

---

631 Vgl. Schwartz (1997), S. 86.

632 Vgl. Neubauer (1998), S. 6. Untersuchungen zeigen jedoch, wie unzufrieden Patienten darüber sind, dass Ärzte wenig Zeit haben, um sie über ihren Zustand und ihre Behandlung umfassend aufzuklären. Vgl. Poensgen, Larsson (2001), S. 20.

633 Vgl. Francke (1994), S. 6.

634 Vgl. Katz (1984), S. 30.

635 Vgl. Irrgang (1995), S. 13. Ärztliche Entscheidungen gegen den Willen im Vollbesitz ihrer geistigen Kräfte befindlicher Patienten werden als starker Paternalismus bezeichnet. Bei schwachem Paternalismus entscheidet der Arzt stellvertretend für Patienten, die selbst nicht zur Entscheidung fähig sind, z. B. Bewusstlose. Vgl. Mannebad (1997), S. 169.

636 „The physician presents the patient with selected information that will encourage the patient to consent to the intervention the physician considers best. At the extreme, the physician authoritatively informs the patient when the intervention will be initiated.“ Emanuel, Emanuel (1992), S. 2221.

637 Vgl. Francke (1994), S. 6.

638 Dieser Annahme stehen die Ergebnisse von empirischen Untersuchungen eher entgegen. Klinische Erfahrungen aus der Onkologie weisen darauf hin, dass Patienten auch bei terminalen Diagnosen Information wünschen und diese auch verarbeiten können. Vgl. Sachverständigenrat für Konzertierte Aktion im Gesundheitswesen, Jahresgutachten 1992, Tz. 380 f. und Barth (1999), S. 230.

639 Siehe dazu Teil II Abschnitt 2.3.1.

640 Vgl. Barth (1999), S. 231.

641 Vgl. Irrgang (1995), S. 72.

	Paternalistisches Modell	*Partnerschaftliches Modell*
Rollenverteilung Arzt - Patient	Arzt als überlegener Experte gibt dem hilfesuchenden Patienten Anweisungen	*Arzt fungiert als medizinischer Berater des Patienten*
Kommunikationskultur	Arzt informiert den Patienten unvollständig	*Arzt führt mit dem Patienten einen offenen Informationsaustausch*
Entscheidungsbeteiligung des Patienten	Arzt beteiligt den Patient nicht an Entscheidungen	*Arzt gibt Patienten fundierte Informationen für eigenverantwortliche Entscheidung*
Einbeziehung des Patienten in die Behandlung	Patient liefert Informationen über Beschwerden und Krankengeschichte; Arzt gibt dem Patienten Anweisungen	*Arzt bezieht den Patienten aktiv in die Behandlung ein*

Quelle: eigene Darstellung

Abb. IV-26: Verhalten des Arztes bei paternalistischer und bei partnerschaftlicher Einstellung

3.3.2.2 Verhalten der Krankenversicherungen als Informationsanbieter

Krankenversicherungen stehen dem Wandel hin zu mehr Informationen für Patienten zunehmend positiv gegenüber. Sie verstehen sich nicht mehr nur als reine Kostenverwalter, sondern als innovative Service-Einrichtungen. In dieser Rolle bieten sie ihren Versicherten Informationen zur Gesundheitsvorsorge, Unterstützung bei der Auswahl geeigneter Leistungserbringer und Einrichtungen, Beratung bei der Auswahl effektiver Therapien und Versorgungswege sowie die Begleitung von chronischen und Langzeit-Patienten im Versorgungsgeschehen.[642] Die neue Leistung „Gesundheitsinformation und -beratung“[643] der Krankenversicherungen versucht der Forderung der Patienten und Versicherten nach Transparenz, Partnerschaft und Integration Rechnung zu tragen.

Im Herbst-/Wintertrimester 2000/2001 führten Studenten der Universität der Bundeswehr München im Rahmen eines Studienprojektes für das Institut für Betriebswirtschaftslehre des

---

642 Vgl. Demmler, Unterhuber, Weber (1999), S. 3.

643 Gesundheitsberatung heißt, den Versicherten durch Aufklärung, Information und Beratung in die Lage zu versetzen, bei der Entscheidung über die Inanspruchnahme von Gesundheitsleistungen mitzuwirken. Sie zielt zunächst darauf ab, den Versicherten stärker in die Entscheidungsfindung einzubinden, oder anders ausgedrückt, den Versicherten als „gebildetes“ Subjekt und nicht als „versorgtes“ Objekt bei der Leistungsinanspruchnahme zu sehen. Vgl. Fischer (1999), S. 3.

öffentlichen Bereichs und Gesundheitswesens (IBG) der Universität der Bundeswehr München, in Zusammenarbeit mit der Bayerischen Beamtenkrankenkasse AG eine vergleichende Studie zum Angebot an Gesundheitsinformationen mehrerer großer privater und gesetzlicher Krankenversicherungen durch. Die empirische Untersuchung konzentrierte sich auf die Analyse der über Internet, Printmedien und Servicetelefon vermittelten Informationen.[644] Da die Informationspolitik der Krankenversicherungen von hoher Dynamik geprägt ist, stellt die Studie nur eine Momentaufnahme dar. Dennoch gibt sie interessante Einblicke in das informationspolitische Verhalten der Krankenversicherungen.

Im Folgenden werden einige Ergebnisse der Studie erörtert.[645] Dazu wird ein Überblick über die informationspolitischen Aktivitäten der Krankenversicherungen in dem für diese Arbeit relevanten Bereich „Angebot an medizinischen Informationen“[646] gegeben, gegliedert nach den verwendeten Informationsmedien Internet, Printmedien und Servicetelefon.

➢ *Internet*

Die Analyse des Angebots an Gesundheitsinformationen im Internet ergab, dass unter den ausgewählten Krankenversicherern die gesetzlichen Krankenversicherungen bisher tendenziell mehr informationspolitische Aktivitäten entwickelt haben. Abbildung IV-27 zeigt, dass zwei gesetzliche Krankenversicherungen (GKV 1 und GKV 2) bereits umfassende Informationen zu den Themen Gesundheitsvorsorge, Krankheiten, Behandlungen, Ärzte/Krankenhäuser und Aktionsprogramme anboten. Drei der untersuchten privaten Krankenversicherungen (PKV 1, PKV 3 und PKV 5) sowie die gesetzliche Krankenversicherung GKV 3 stellten nur in sehr geringem Umfang medizinische Informationen im Internet bereit. Zwei private Krankenversicherungen (PKV 4 und PKV 2) boten gar keine medizinischen Informationen auf ihrer Homepage an.

---

644 Das Informationsmedium Internet wurde im Zeitraum 42. bis 50. Kalenderwoche 2000 untersucht. Die Untersuchung konzentrierte sich auf die öffentlich zugänglichen Internetseiten der ausgewählten Krankenversicherungen. Durch Password geschützte Bereiche waren nicht zugänglich und konnten daher in die Analyse nicht einbezogen werden. Zur Analyse der Printmedien der Krankenversicherungen wurden alle kostenfrei angebotenen und öffentlich kommunizierten Informationsbroschüren via Internet, per Telefon oder mit einer schriftlichen Antwortkarte bestellt. Die Printmedien wurden im Zeitraum 42. bis 46. Kalenderwoche 2000 angefordert. Der Bereich Servicetelefon wurde durch Anrufe bei den Hotline-Anschlüssen der Krankenversicherungen untersucht.

645 Die Ergebnisse der Marktstudie sind ausführlich in Braun, Uhl (2001) dargestellt.

646 In der Marktstudie wurden neben dem Bereich „medizinische Informationen“ auch die Bereiche „Allgemeines“, „nicht-medizinische Informationen“ bzw. „versicherungstechnische Informationen“ und „Serviceaspekte der Informationsübertragung“ untersucht.

Internetauftritt	schwach		Zielerfüllungsgrad		stark
medizinische Informationen	**0**	**1**	**2**	**3**	**4**
zur Vorsorge	GKV 3, PKV 2, PKV 4		PKV 1, PKV 3, PKV 5		GKV 1, GKV 2
zu Krankheiten	PKV 2, GKV 3, PKV 3, PKV 5, PKV 4	PKV 1		GKV 2	GKV 1
zu Behandlungen / Therapien / Arzneimitteln	PKV 2, PKV 3, PKV 4	PKV 1, GKV 3, PKV 5		GKV 1, GKV 2	
zu Aktionsprogrammen	PKV 1, PKV 2, PKV 3, PKV 5, PKV 4		GKV 2	GKV 1, GKV 3	
zu Ärzten, Krankenhäusern, Pflegediensten	PKV 1, PKV 2, GKV 3, PKV 4	GKV 2, PKV 5	PKV 3	GKV 1	

Quelle: Braun, Uhl (2001).

Abb. IV-27: Angebot an medizinischen Informationen im Internet (Krankenversicherungen im Vergleich)

➢ *Printmedien*

Auch beim Angebot von Gesundheitsinformationen in den Printmedien zeigten die untersuchten gesetzlichen Krankenversicherungen bisher größeres Engagement als die analysierten privaten Versicherungsanbieter. So wurde eine gesetzliche Krankenversicherung (GKV 1) als bester Anbieter von Gesundheitsinformationen in Printform bewertet. Bemerkenswert ist, dass die Versicherungen im Gegensatz zum Internetauftritt in den Printmedien kaum Informationen zu Ärzten, Krankenhäusern und Pflegediensten veröffentlichten. Die einzige Ausnahme bildete hier die PKV 5, die einen „Wegweiser durch das Krankenhaus" herausgegeben hat. Abbildung IV- 28 ist zu entnehmen, dass zwei der untersuchten privaten Krankenversicherungen (PKV 2 und PKV 4; letztere mit Ausnahme des Zielkriteriums Aktionsprogramme) auch in den Printmedien keine medizinischen Informationen bereitstellten. Entwicklungen hin zu mehr Gesundheitsinformationen für ihre Versicherten waren bei der PKV 1 zu erkennen.

Printmedien / **medizinische Informationen**	schwach Zielerfüllungsgrad **0**	**1**	**2**	**3**	stark **4**
zur Vorsorge	PKV 2, PKV 4	PKV 1, PKV 5		PKV 3	GKV 1, GKV 2, GKV 3
zu Krankheiten	PKV 2, PKV 3, PKV 5, PKV 4	PKV 1		GKV 2, GKV 3	GKV 1
zu Behandlungen / Therapien / Arzneimitteln	PKV 1, PKV 2, PKV 3, PKV 5, PKV 4	GKV 2		GKV 1, GKV 3	
zu Aktionsprogrammen	PKV 2, GKV 3, PKV 3, PKV 5	PKV 1, PKV 4	GKV 2		GKV 1
zu Ärzten, Krankenhäusern, Pflegediensten	GKV 1, PKV 1, GKV 2, PKV 2, GKV 3, PKV 3, PKV 4	PKV 5			

Quelle: Braun, Uhl (2001).

Abb. IV-28: Angebot an medizinischen Informationen in den Printmedien (Krankenversicherungen im Vergleich)

➢ *Servicetelefon*

Das beste Angebot an Gesundheitsinformationen über ein Servicetelefon leistete eine private Krankenversicherung (PKV 1): Mit maximaler Punktzahl wurde die PKV 1 für ihre medizinischen Beratungsinhalte und für die Kompetenz ihrer Gesprächspartner bei medizinischen Themen bewertet. Während Beratungsinhalte und Kompetenz im nichtmedizinischen Bereich bei allen Krankenversicherungen als insgesamt gut einzustufen waren, zeigten sich bei Beratungsinhalten und Kompetenz hinsichtlich Gesundheitsinformationen beträchtliche Unterschiede. Eine der privaten und zwei der gesetzlichen Krankenversicherungen erzielten in diesen Bereichen die geringstmögliche Punktzahl, weil sie für medizinische Informationen keine Hotline unterhielten (z. B. GKV 3, PKV 4 und PKV 2) (Abb. IV-29).

<u>Hotline</u> **nichtmedizinische und medizinische Informationen**	schwach		Zielerfüllungsgrad		stark
	0	**1**	**2**	**3**	**4**
Beratungsinhalte (nichtmedizinisch)				GKV 1 GKV 2 PKV2 GKV 3 PKV3 PKV5 PKV4	PKV1
Kompetenz (nichtmedizinisch)			GKV 1	GKV 2 GKV 3 PKV3 PKV5 PKV4	PKV1 PKV2
Beratungsinhalte (medizinisch)	PKV2 GKV 3 PKV4	GKV 1		PKV5	PKV1 GKV 2 PKV3
Kompetenz (medizinisch)	PKV2 GKV 3 PKV4		GKV 2 PKV3	GKV 1 PKV5	PKV1
Gesprächspartner für medizinische Informationen	PKV2 GKV 3 PKV4	GKV 2 PKV3 PKV5		GKV 1	PKV1

Quelle: Braun, Uhl (2001).

Abb. IV-29: Angebot an medizinischen Informationen über ein Servicetelefon (Krankenversicherungen im Vergleich)

3.4 Effizienz im Informations- und Kommunikationskontext

Die auch als Wirksamkeit oder Wirtschaftlichkeit bezeichnete Effizienz spielt für die Analyse der patientenorientierten Information und Kommunikation eine entscheidende Rolle (Abb. IV-20). Mit der Untersuchung der Effizienz wird die im vorangegangenen Abschnitt vorgenommene Analyse der Konsequenzen von Information und Kommunikation für das Verhalten der Beteiligten ergänzt und ebenfalls eine Antwort auf die letzte Frage der Lasswell-Formel geliefert:

- *Mit welcher Wirkung?*

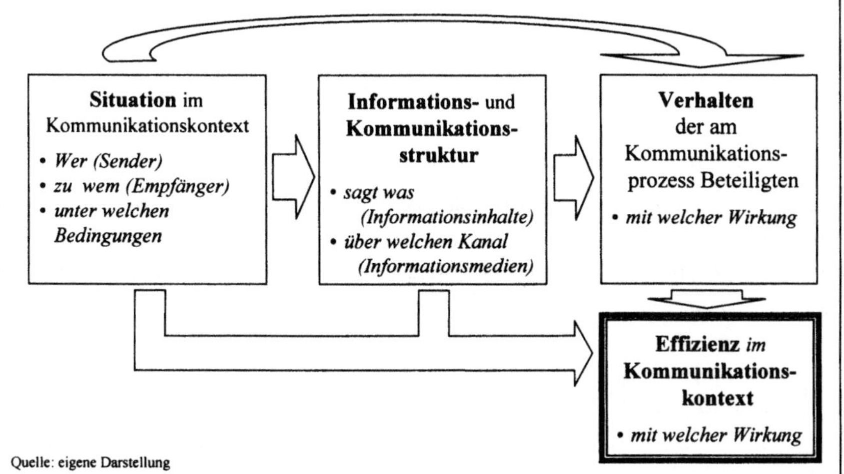

Quelle: eigene Darstellung

Abb. IV-30: Effizienz im Informations- und Kommunikationskontext

Zur Beurteilung der Effizienz der Information und Kommunikation im Gesundheitswesen können Konzepte der ökonomischen Evaluation verwendet werden. Grundlage dieser Konzepte ist die Erfassung der entstehenden Kosten und Nutzen. Beide Größen werden, wie in Abbildung IV-31 dargestellt, miteinander ins Verhältnis gesetzt. Im Zähler des Bruches sind die Nutzengrößen der Information enthalten (z. B. eine Verbesserung des Behandlungsprozesses, eine Steigerung der Patientenzufriedenheit, eine Veränderung des Gesundheitszustands). Im Nenner stehen die für die Informationsbereitstellung erforderlichen Kosten abzüglich der durch diese Informationen erzielten Einsparungen. Sich aus der patientenorientierten Information und Kommunikation ergebende Kosteneinsparungen führen also zu einer Reduktion des Nenners und damit einer Erhöhung der Effizienz.

$$\text{Effizienz der Information und Kommunikation} = \frac{\text{Nutzengrößen der Information}}{\text{bisheriger Mitteleinsatz} + \text{Kosten der Informationsbereitstellung} - \text{Kosteneinsparungen aus der Information und Kommunikation}}$$

Quelle: Burchert (1998), S. 6.

Abb. IV-31: Beurteilung der Effizienz der Information und Kommunikation

Um die Ergebnisse der ökonomischen Evaluation besser interpretieren zu können, zieht man in der Regel Referenzobjekte heran. Dazu eignet sich im Fall der patientenorientierten Information und Kommunikation eine Vorher-Nachher-Analyse oder die Untersuchung einer andersartig gestalteten Informationsstrategie im Gesundheitswesen.

3.4.1 Verfahren der ökonomischen Evaluation

Bei der ökonomischen Evaluation lassen sich mehrere Verfahren unterscheiden: u. a. die Kosten-Analyse, die Kostenvergleichs-Analyse, die Kosten-Nutzen-Analyse und die Kosten-Effektivitäts-Analyse.[647] Diese Verfahren werden im Folgenden kurz dargestellt (Abb. IV-32).

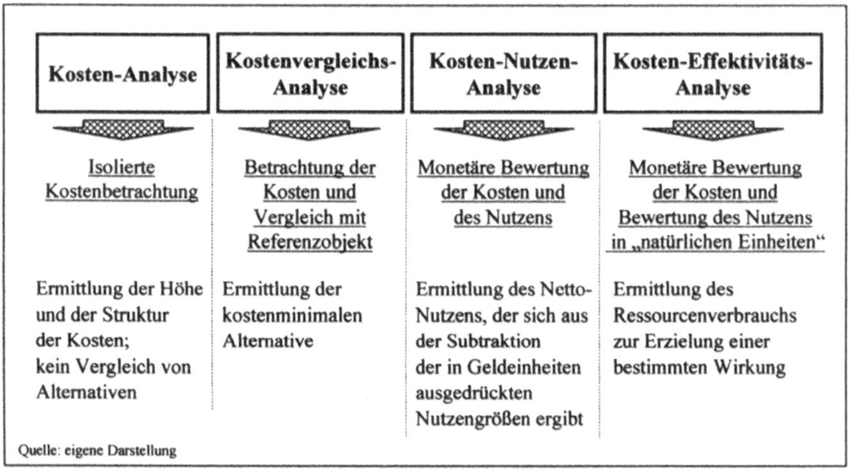

Abb. IV-32: Verfahren der ökonomischen Evaluation

➢ *Kosten-Analyse*

Die Kosten-Analyse ist das einfachste Verfahren der ökonomischen Evaluation. Bei diesem Verfahren werden ausschließlich die Kosten betrachtet. Die Kosten werden unabhängig davon analysiert, ob von der Information der Patienten Wirkungen z. B. auf den Behandlungsprozess, den Gesundheitszustand oder die Patientenzufriedenheit ausgehen. Da ein unmittelbarer Vergleich zu einem Referenzobjekt fehlt, lassen sich aus dieser Analyse lediglich Aussagen über die Höhe und Struktur der Kosten der Information und Kommunikation gewinnen.[648]

[647] Vgl. Schöffski, Uber (1998), S. 73 ff.
[648] Vgl. Burchert (1998), S. 8.

➢ *Kostenvergleichs-Analyse*
Bei der Kostenvergleichs-Analyse werden die direkten und indirekten Kosten von zwei oder mehreren Informationssystemen (z. B. Gesundheitsinformation über „klassische" Medien wie Patientenzeitschrift, Broschüre, Beratungsgespräch versus Gesundheitsinformation über „neue" Medien wie Servicetelefon und Internet) einander gegenübergestellt.[649] Ziel ist es, die kostenminimale Alternative zu ermitteln. Dabei kann sich die Ausklammerung der Nutzen-Seite als problematisch erweisen, da nicht davon auszugehen ist, dass verschiedene Informationsstrategien identische Nutzengrößen generieren.

➢ *Kosten-Nutzen-Analyse*
Bei der Kosten-Nutzen-Analyse werden sowohl die Kosten- als auch die Nutzengrößen monetär bewertet. Ziel ist die Ermittlung des Netto-Nutzens, der sich aus der Subtraktion der in Geldeinheiten ausgedrückten Nutzengrößen von den Kosten der Information und Kommunikation ergibt.[650] Das Hauptproblem ist hier die Übersetzung von Gesundheitsnutzen (z. B. qualitätsbereinigte Lebensjahre) in Geldeinheiten, die nicht nur methodische, sondern auch Akzeptanzprobleme im Hinblick auf die Anwendung des Analyseverfahrens aufwirft.[651]

➢ *Kosten-Effektivitäts-Analyse*
Die Kosten-Effektivitäts-Analyse (auch Kosten-Wirksamkeits-Analyse genannt) ist deutlich weiter verbreitet als die Kosten-Nutzen-Analyse.[652] Ziel dieses Analyseverfahrens ist es, den Umfang des Ressourcenverbrauchs zu ermitteln, der zur Erzielung einer bestimmten Wirkung erforderlich ist.[653] Somit werden lediglich die Kosten einer monetären Bewertung unterzogen, während die Effekte in ihren „natürlichen Einheiten" gemessen werden.[654] Eine Kosten-Effektivitäts-Analyse führt beispielsweise zu Aussagen darüber, welche Kosten damit verbunden sind, einen gegebenen Teil der Bevölkerung mit einer Gesundheitsinformation zu erreichen oder die Zahl der Raucher um einen bestimmten Prozentsatz zu senken.

3.4.2 Kosten-Nutzen-Analyse der patientenorientierten Information und Kommunikation

Grundsätzlich existiert derzeit noch keine umfassende und systematische ökonomische Evaluation der patientenorientierten Information und Kommunikation. Entsprechende Langzeitstudien, die die Kosten- und Nutzeneffekte der patientenorientierten Information und Kommunikation wissenschaftlich verifizieren, müssen erst erstellt werden. In diesem Abschnitt werden dennoch einige Kostenwirkungen der Informationsorientierung im Gesundheitswesen

---

[649] Vgl. Burchert (1998), S. 9.
[650] Vgl. Breyer, Leidl (1997), S. 133 f.
[651] Vgl. Burchert (1998), S. 9, Schöffski, Uber (1998), S. 74 f., Schulenburg, Uber et al. (1995), S. 59.
[652] Vgl. Machetanz, Kessler (1998), S. 161 ff.
[653] Vgl. Burchert (1998), S. 10.
[654] Vgl. Schöffski, Uber (1998), S. 75.

aufgezeigt und Einblicke in mögliche Nutzeneffekte der patientenorientierten Information und Kommunikation gegeben. Zur Bewertung des Nutzens werden soziale, ökonomische und Qualitätskriterien herangezogen. Dabei können sich sowohl auf der Kosten- als auch auf der Nutzenseite für Patienten, Ärzte und Krankenversicherungen jeweils unterschiedliche Bewertungen der patientenorientierten Information und Kommunikation ergeben.

3.4.2.1 Kostenwirkungen der patientenorientierten Information und Kommunikation

In der ökonomischen Analyse unterscheidet man direkte und indirekte Kosten. Direkte Kosten entstehen bei der patientenorientierten Information und Kommunikation im Gesundheitswesen u. a. durch die Konzeption der Informationsinhalte, die Bereitstellung der Informationen, die Implementierung von Informationssystemen sowie durch deren Nutzung und Wartung.[655] So zählen beispielsweise auch Investitionskosten (z. B. Hard- und Softwarekosten für die Einrichtung eines Callcenters oder eines Internetauftritts und die spezielle Schulung von Mitarbeitern) und laufende Kosten (z. B. zusätzlicher Arbeitszeitaufwand, Aktualisierung und Wartung der angebotenen Gesundheitsinformationen) zu den direkten Kosten der Informationsorientierung im Gesundheitswesen. Nach der Erfassung des Ressourcenverbrauchs in Mengeneinheiten sind diese in einem zweiten Schritt zu bewerten. Vom Grundsatz sollte dies in Geldeinheiten erfolgen. Nicht-monetäre Aufwendungen sind mit sog. „Schattenpreisen" anzusetzen. Direkte Kosten der Informationsbereitstellung entstehen primär bei Informationsanbietern wie Ärzten und ggf. Krankenversicherungen, sie werden aber unter Umständen auf andere Gruppierungen wie die Patienten und die Versichertengemeinschaft übergewälzt.
Die patientenorientierte Information und Kommunikation kann neben den direkten Kosten auch indirekte Kosteneffekte verursachen. Durch bessere Information und Kommunikation können sich beispielsweise Informationen über neue und in den meisten Fällen teurere medizinische Verfahren mit viel größerer Geschwindigkeit verbreiten. Falls es dadurch zu einer Ausweitung des Einsatzes der neuen medizinischen Verfahren kommt, kann dies den Ressourcenbedarf im Gesundheitswesen drastisch erhöhen. Hiervon betroffen sind zunächst vor allem die Krankenversicherungen. Aber auch die Versichertengemeinschaft und damit die Patienten würden bei wachsendem Ressourcenbedarf im Gesundheitswesen in Mitleidenschaft gezogen werden. So können steigende Leistungsausgaben die Krankenversicherungen zu Beitragsanpassungen zwingen. Auf diese Weise wären auch die Patienten von den indirekten Kosteneffekten verstärkter Bemühungen um Information und Kommunikation im Gesundheitswesen berührt.

Eine patientenorientierte Information und Kommunikation kann aber auch zu einer Reduktion des Mitteleinsatzes im Gesundheitswesen beitragen, von der wiederum sowohl die Krankenversicherung als auch die Patienten in ihrer Rolle als Beitragszahler profitieren würden. Im

---

[655] Vgl. u. a. Oberender (1991), S. 147.

Folgenden werden drei Bereiche aufgezeigt, in denen durch bessere Information und Kommunikation Kosten eingespart werden können.

➤ *Kosteneinsparungen durch verstärkte Krankheitsprävention*

Eine bessere Information und Aufklärung über Krankheitsprävention kann die Patienten und Versicherten zu gesundheitsbewussterem Verhalten veranlassen. Laut Sachverständigenrat für die Konzertierte Aktion im Gesundheitswesen ließen sich (bei nicht saldierter und nicht diskontierter Betrachtung) theoretisch rund 25 bis 30 Prozent der heutigen Gesundheitsausgaben in Deutschland durch langfristige Prävention vermeiden.[656] Auch das Institut für Gesundheitsökonomie und klinische Epidemiologie der Universität zu Köln rät zum Ausbau von Informationsmaßnahmen zur Primärprävention. Dadurch ließe sich erreichen, dass chronische Krankheiten erst später einsetzen. Schließlich verursachen gerade junge chronische Patienten enorme Kosten.[657] Das Auftreten und der Verlauf chronischer Erkrankungen ist häufig in hohem Maße abhängig vom persönlichen Verhalten sowie von Fehlanreizen und gesundheitlichen Belastungen aus der sozialen und physischen Umwelt, die durch gezielte Information vermieden werden könnten.[658]

Ein gutes Beispiel dafür ist der Diabetes, an der nach neuesten Schätzungen vier bis fünf Millionen Deutsche leiden. Diese Krankheit wird oft zu spät erkannt, obwohl die dazu vorliegende Wissensbasis vergleichsweise gut entwickelt ist. Die deutschen Krankenkassen müssen für die Behandlung des Diabetes und seiner Folgekrankheiten jährlich ca. 20 Milliarden DM aufwenden. Bei besserer Aufklärung der Bevölkerung könnte ein erheblicher Teil dieser Aufwendungen eingespart werden.[659]

Die monetäre Wirkung von Präventionsmaßnahmen ist jedoch umstritten. Da diese Maßnahmen tendenziell lebensverlängernd wirken, können damit die Gesamtausgaben für die Behandlung dieser Personen steigen („Sisyphus-Syndrom"), selbst wenn die Kosten der direkt verhinderten Krankheit über den Präventionskosten liegen.[660] Die Patienten würden somit zwar von einer längeren Lebenserwartung profitieren, der Einfluss auf ihre finanzielle Situation als Beitragszahler und die Leistungsausgaben der Krankenversicherungen ist aber weit weniger klar.

---

[656] Vgl. Sachverständigenrat für die Konzertierte Aktion im Gesundheitswesen Gutachten 2000/2001, S. 26.

[657] Vgl. Rieser (2001), S. 178.

[658] Vgl. Sachverständigenrat für die Konzertierte Aktion im Gesundheitswesen Gutachten 2000/2001, S. 26.

[659] Vgl. Hoffmann (2001), S. 6.

[660] Vgl. Oberender, Ecker (1997), S. 19. Es ist zutreffend, dass lebensverlängernde Präventionsmaßnahmen die Gesamtausgaben für den Betroffenen über dessen Restlebenszeit hinweg tendenziell steigern. Sofern aber die Kosten der verhinderten Krankheit über dem Präventionsaufwand liegen, fallen zunächst einmal Ersparnisse an. Von den zusätzlichen Gesundheitsausgaben, die später auf die Lebensverlängerung zurückgehen, müssen die jährlichen Beiträge dieses Versicherten abgezogen und die entsprechenden Nettobeträge dann abdiskontiert werden. Der Netto-Barwert dieser Berechnung hängt stark von der Höhe und vom zeitlichen Anfall der Minder- und Mehrausgaben sowie von der gewählten Zeitpräferenzrate ab. Vgl. Wille (1997), S. 30.

➢ *Kosteneinsparungen durch Transparenz über Versorgungseinrichtungen*

Im Krankenhausreport 99 des Wissenschaftlichen Instituts der AOK (WIdO)[661] ist eine Rate von nicht notwendigen Krankenhauseinweisungen bzw. von Fehleinweisungen im Bereich zwischen 38 Prozent und 60 Prozent sowie eine unangemessen lange Verweildauer der Patienten in Krankenhäusern bei 40 Prozent bis 67 Prozent der Fälle dokumentiert. Bekannt ist auch der hohe Prozentsatz von medizinisch nicht notwendigen Arztbesuchen. Aus den USA wird berichtet, dass rund 80 Prozent der Patienten, die einen Allgemeinarzt aufsuchen, gar keinen Arzt zur Beseitigung ihrer Beschwerden benötigen. Nicht bekannt sind das Ausmaß und die vermeidbaren Kosten der Irr- und Umwege, die Patienten in Kauf nehmen müssen, um diejenigen Ärzte und Einrichtungen zu finden, bei denen das vorliegende gesundheitliche Problem optimal behandelt wird.[662] Mit besseren Informationen über Versorgungseinrichtungen im Gesundheitswesen können durch Ärztehopping entstehende Kosten verringert werden, da der Patient bei entsprechender Transparenz im Gesundheitswesen eher den passenden Arzt finden wird. Darüber hinaus können informierte und aufgeklärte Patienten die Notwendigkeit eines Arztbesuchs und Krankenhausaufenthalts sowie die Angemessenheit eines Therapievorschlages besser einschätzen.

➢ *Kosteneinsparungen durch bessere Compliance der Patienten*

Darüber hinaus können bessere Information und Aufklärung die Compliance-Bereitschaft der Patienten erhöhen.[663] Als Compliance wird der „Grad bezeichnet, in dem das Verhalten einer Person in Bezug auf die Einnahme eines Medikaments, das Befolgen einer Diät oder die Veränderung des Lebensstils mit dem ärztlichen oder gesundheitlichen Rat korrespondiert. Auch der Begriff konsequentes Befolgen könnte gleichbedeutend an die Stelle des Begriffs Compliance treten."[664] Compliance-Bereitschaft seitens der Patienten erhöht die Erfolgschancen einer Behandlung.[665] Zugleich hilft sie, unnötige Ausgaben im Gesundheitswesen zu vermeiden. Non-Compliance der Patienten ist mit einem erheblichen Kostenproblem verbunden. Buschmann (1998) schätzt, dass den Krankenversicherungen Kosten in Höhe von etwa 4 Milliarden DM jährlich allein durch weggeworfene Arzneimittel entstehen.[666] Bei der Erfassung der direkten Kosten sind beispielsweise Krankenhaus- und Notfalleinweisungen, zusätzliche Arzt- und Apothekenbesuche, diverse Therapie- und Medikamentenwechsel, erneute Diagnostik sowie ärztliche Notdiensteinsätze und Begleitmedikation aufgrund fehlender Compliance zu berücksichtigen. Es fallen zudem indirekte Kosten an, beispielsweise durch krankheitsbedingte Abwesenheit vom Arbeitsplatz und vorzeitige Verrentung. Eine sehr wichtige, aber schwer

---

661 Vgl. Arnold, Litsch, Schwartz (1999).
662 Vgl. N. N. http://www.barmer.de/hauptbereiche/barm...grundinformationen/id_1005/c_index.htm (Stand 14.03.01), S. 2.
663 Vgl. Haferlach (1994), S. 83.
664 Haynes, Schrey (1986), S. 12.
665 Vgl. Haferlach (1994), S. 83.
666 Vgl. Buschmann (1998), S. 155. Dieser Betrag entspricht nahezu 12 Prozent der Aufwendungen der gesetzlichen Krankenversicherer im Bereich Arzneimittel.

zu beziffernde Komponente stellen intangible Kosten wie ein Verlust an Lebensqualität auf Seite der Patienten dar.[667] Vollmer und Kielhorn (1998) beziffern die Gesamtkosten für Non-Compliance in Deutschland auf 15,8 bis 21 Milliarden DM.[668] Die Verordnung von erworbenen und dann nicht eingenommenen Medikamenten und die Kosten, die durch eine verzögerte oder ausbleibende Heilung entstehen, werden der Gemeinschaft der Versicherten und der Volkswirtschaft angelastet.[669]
Die Compliance-Forschung hat untersucht, inwieweit Merkmale des Patienten, der Krankheit, der Behandlung und der Interaktion zwischen Arzt und Patient Einfluss auf die Befolgung der ärztlichen Anordnungen ausüben. Die empirischen Ergebnisse sind hinsichtlich der erstgenannten drei Merkmalsgruppen kaum aussagekräftig, weisen jedoch auf Zusammenhänge zwischen der Informiertheit des Patienten bezüglich ärztlicher Anordnungen und der Behandlungstreue hin.[670] Ley, Jain und Skilbeck (1976) zeigten, dass die Fehler der Patienten bei der Medikamenteneinnahme von 17 Prozent auf 5 Prozent verringert werden konnten, wenn die Patienten verständliche Informationen über ihre Medikation erhalten hatten.[671] Das Verstehen der Zusammenhänge durch bessere Information und Aufklärung resultiert in vermehrter Zufriedenheit und verbesserter Compliance der Patienten.[672] Mangelnde Information kann hingegen dazu führen, dass die Einsicht in die Notwendigkeit einer Behandlung fehlt und die Therapie deshalb vom Patienten nur ungenügend durchgeführt oder vielfach sogar vorzeitig abgebrochen wird.[673] Auch das Aufzwingen von Verhaltensweisen hat geringeren Erfolg als das Überzeugen von der Sinnhaftigkeit einer Verhaltensweise. Dies belegen Beispiele verschiedener Kampagnen zu Impfungen oder Raucherentwöhnung.[674]

3.4.2.2 *Nutzengrößen der patientenorientierten Information und Kommunikation*

Neben den Kosten sind die Nutzengrößen Gegenstand ökonomischer Evaluationen. Auch bei den Nutzengrößen findet eine Unterscheidung zwischen direktem und indirektem Nutzen statt. Als direkt wird dabei der Nutzen bezeichnet, der unmittelbar mit der Nutzung eines Gesundheitsinformationsangebots in Zusammenhang gebracht werden kann. Ein erhöhter Behandlungserfolg dank höherer Compliance-Bereitschaft der besser informierten Patienten oder geringere physische und psychische Belastungen der Patienten sind denkbare Nutzengrößen. Allerdings ist die Erfassung und Bewertung der Nutzenkomponenten problematischer als die der Kostenwirkungen, da der Gesundheitsnutzen viele Dimensionen aufweist und schwer in Geldeinheiten zu bewerten ist.

---

667 Vgl. Graf v. d. Schulenburg, Schöffski (2000), S. 70.
668 Zur Berechnung siehe Volmer, Kielhorn (1998), S. 54.
669 Vgl. Weber (1980), S. 6.
670 Vgl. Haynes (1986), S. 61 ff.
671 Vgl. Ley, Jain, Skilbeck (1976), S. 599.
672 Vgl. Haferlach (1994), S. 83.
673 Vgl. Albus, Kubitz, Litzinger, Seher (1980), S. 124.
674 Vgl. Kettelhoit (1994), S. 150 und Kotler (1984), S. 30 f.

Allgemein lassen sich drei besonders wichtige Gruppen von Nutzeneffekten einer verstärkten Information und Kommunikation im Gesundheitswesen unterscheiden:

➢ *Früherkennung und Diagnose*

Die patientenorientierte Information und Kommunikation hat Einfluss auf den Behandlungsverlauf. Gelungene Information über Gesundheitsthemen beeinflusst in positiver Weise die Fähigkeit des Patienten zum richtigen Zeitpunkt einen Arzt zu Rate zu ziehen und diesem seine Krankheitssymptome zu beschreiben. Ein informierter Patient kann dem Arzt eine bessere, genauere und zuverlässigere Anamnese liefern und ihn bei der Diagnosestellung unterstützen.[675]

➢ *Psycho-soziale Einflussfaktoren*

In sozialwissenschaftlichen Analysen zur Arzt-Patienten-Beziehung wird der positive Zusammenhang zwischen der Information des Patienten über Diagnose und Therapie, dem Entstehen und der Vertiefung einer Vertrauensbeziehung zum Arzt und der positiven Beeinflussung von Heilungsverlauf und -erfolg verdeutlicht. Information wird als Voraussetzung für die Bildung einer Vertrauensbeziehung, die positive Identifikation und Auseinandersetzung mit der eigenen Krankheit und die Unterstützung der Heilung durch die Anregung von aktiver Selbstbeteiligung bzw. die Mobilisierung von Selbstheilungskräften gesehen. Dies wird auch in der medizinischen Literatur bestätigt.[676] So konnte nachgewiesen werden, dass bei chronischen Schmerzpatienten, bei Diabetikern, Rheumatikern und Patienten mit chronischen psychischen Problemen sowie bei Patienten, die an den Folgen einer schweren Kopfverletzung leiden, durch eine verbesserte Information und Entscheidungsbeteiligung auch bessere gesundheitliche Ergebnisse und Heilungschancen realisiert wurden.[677]

➢ *Rückkopplungseffekte auf das Gesundheitssystem*

Qualitätsbewusste und informierte Patienten können zu einer Verbesserung der Versorgungsqualität im Gesundheitswesen beitragen.[678] Qualitätsinformationen über medizinische Leistungserbringer und deren Angebot befähigen die Patienten, bei der Wahl der Anbieter objektive Maßstäbe anzusetzen.[679] Informierte Patienten werden besser als staatliche oder halbstaatliche Planung dafür sorgen, dass leistungsstarke und qualitativ gute Anbieter stark frequentiert werden und leistungsschwache Anbieter Kapazitäten abbauen müssen.[680] Dadurch wird ein hohes Versorgungsniveau gewährleistet, da Leistungserbringer, die den Qualitätsmaßstäben nicht genügen, auf Dauer aus dem Gesundheitsmarkt verdrängt werden oder gezwungen sind,

---

675 Vgl. Haferlach (1994), S. 83.
676 Vgl. Francke, Hart (1987), S. 10 f.
677 Vgl. Segal (1998), S. 31 ff.
678 Vgl. Sachverständigenrat für die Konzertierte Aktion im Gesundheitswesen, Gutachten 2000/2001, S. 84.
679 Vgl. Nederegger et al. (2001), S. 90.
680 Vgl. Demmler, Unterhuber, Weber (1999), S. 3.

ihre Qualität zu steigern.[681] Beispielsweise verbessert die Aufklärung und Unterstützung von Patienten bei vermuteten Behandlungsfehlern langfristig die Qualität der gesundheitlichen Versorgung, da Leistungsanbieter mangelnder Qualität dadurch aufgedeckt werden.

Aus einer verstärkten Information und Kommunikation können alle betroffenen Gruppen Nutzen ziehen. Beispielsweise wird der Patient den Einfluss des eigenen Verhaltens auf sein Gesundheitsniveau und Wohlbefinden besser einschätzen und entsprechend steuern können sowie eher seinen Präferenzen entsprechende Ärzte und Behandlungsweisen finden. Aber auch unabhängig von Auswirkungen auf seinen Gesundheitszustand können Transparenz in Gesundheitsfragen und die auf Informationen beruhende Fähigkeit zur Entscheidungsmitwirkung wiederum positive Wirkungen auf das Nutzenniveau des Patienten haben. Die Leistungserbringer können durch die überzeugende Übermittlung von Gesundheitsinformationen ihr Image verbessern und zugleich auf das eigene Leistungsangebot und dessen Struktur-, Prozess- und Ergebnisqualität hinweisen. Zudem versetzen sie mit Informationen den Patienten in die Lage zur verbesserten Mitwirkung an der Behandlung und können durch strukturierte Ablaufinformationen etwa in Form von Behandlungsleitlinien, Disease- oder Fallmanagement-Programmen die Zusammenarbeit zwischen verschiedenen Ärzten erleichtern. Die Krankenversicherungen wiederum profitieren unter anderem von einer durch Information erzielten Verbesserung des Gesundheitszustandes ihrer Versicherten, einer etwaigen Aufdeckung von Gesundheitsanbietern zweifelhafter Qualität und der Möglichkeit, sich durch Gesundheitsinformationen von Wettbewerbern abzuheben.

[681] Vgl. Nederegger et al. (2001), S. 90.

4 Zusammenfassung

Bei der Entwicklung des theoretischen Instrumentariums zur Analyse der patientenorientierten Information und Kommunikation im vorangegangenen Teil III hatte die Diskussion auf einem hohen Abstraktionsniveau und weitgehend losgelöst von Raum und Zeit stattgefunden. In den folgenden Teilen der Arbeit soll die Thematik weniger abstrakt und stärker situationsbezogen erörtert werden. Als Rahmen für eine solche Vorgehensweise bietet sich der ursprünglich aus der Organisationsforschung stammende situative Ansatz an. Mit Hilfe des deskriptiven Modells des situativen Ansatzes lassen sich Ist-Zustand und Rahmenbedingungen der patientenorientierten Information und Kommunikation im deutschen Gesundheitswesen beschreibend erfassen. Außerdem gelang es, Querbezüge insbesondere zu Lasswells verbalem Modell eines Kommunikationssystems herzustellen.

Erörtert wurden die situativen Faktoren im Kommunikationskontext, die Variablen der Informations- und Kommunikationsstruktur, das Verhalten der am Kommunikationsprozess Beteiligten sowie die Wirkung der Patienteninformation im Gesundheitswesen. Basierend auf den Erkenntnissen der Kommunikations- und Konsumentenpsychologie wurden zugleich die Zusammenhänge zwischen diesen Variablen aufgezeigt und theoretische Grundlagen für die empirische Untersuchung der Patienteninformation in Teil V geschaffen.

Zu den *situativen Faktoren im Kommunikationskontext* zählen die Merkmale der Informationsquellen, die Eigenschaften der Informationsempfänger sowie die situativen Bedingungen, unter denen die Information und Kommunikation im Gesundheitswesen stattfindet.
Informationsquellen bzw. -sender lassen sich allgemein unterscheiden in persönliche und unpersönliche Quellen sowie nach ihrer Zugänglichkeit. Die Wirkung der Kommunikation ist von der Akzeptanz der Informationsquellen abhängig. Die Akzeptanz wird wiederum von der Glaubwürdigkeit (Vertrauenswürdigkeit und wahrgenommene Kompetenz) der Informationsquelle und bei persönlichen Quellen von der ihr gegenüber empfundenen Sympathie beeinflusst. Schwerpunktmäßig sollen in dieser Arbeit der Arzt, die eigene Familie, Freunde und Bekannte, die Krankenversicherung und die Massenmedien als Informationssender behandelt werden.
Jeder dieser Informationssender im Gesundheitswesen ist gleichzeitig *Informationsempfänger*. Aufgrund der Thematik der Arbeit steht aber der Patient als Informationsempfänger im Mittelpunkt. Eine an alle Patienten gerichtete unspezifische Information kann den unterschiedlichen Informationsbedürfnissen nicht optimal gerecht werden. Zu untersuchen ist daher, ob sich Patientengruppen mit ähnlicher Präferenzstruktur hinsichtlich Informationsinhalten, -quellen und -medien finden lassen. Als Segmentierungskriterien eignen sich soziodemographische Merkmale, die Einstellungen, das Involvement und der Gesundheitszustand der Patienten.

Neben den Merkmalen der Informationsquellen und -empfänger zählen auch die *allgemeinen Bedingungen* der Informationsbeschaffung zu den situativen Faktoren im Kommunikationskontext. Der mit der Informationsbeschaffung verbundene zeitliche und materielle Aufwand beeinflusst nicht nur das Ausmaß der Informationssuche, sondern auch die Wahl der Informationsquelle und -kanals. Darüber hinaus setzen die Musterberufsordnung für Ärztinnen und Ärzte, das Heilmittelwerbegesetz und das Gesetz gegen unlauteren Wettbewerb der Patienteninformation Grenzen. Wie im Text diskutiert, zeigen sich aber in vielen Bereichen Tendenzen zur Lockerung dieser Vorschriften.

Die *Informations-* und *Kommunikationsstruktur* beinhaltet die Informationsinhalte und -kanäle.

Bei der Analyse der *Informationsinhalte* kann man vier Funktionen von Gesundheitsinformationen unterscheiden: die Vermittlungs-, die Aufklärungs-, die Motivations- und die Betreuungsfunktion. In Abhängigkeit von der jeweiligen Phase des Krankheits- bzw. Gesundungsprozesses stehen unterschiedliche Funktionen im Vordergrund. Der gesunde Mensch benötigt zunächst Informationen zur Gesundheitsvorsorge, im Vordergrund steht also die Aufklärungsfunktion. Zugleich muss er für Maßnahmen der Krankheitsprävention sensibilisiert werden, so dass Patienteninformationen hier auch eine Motivationsfunktion wahrnehmen. Wenn der Patient Krankheitssymptome verspürt und zur Selbstdiagnose und -therapie nicht fähig ist, wird er einen Arzt aufsuchen. Zur Unterstützung einer selbstbestimmten Arztwahl sind dann Informationen über Leistungserbringer, deren sachliche und fachliche Strukturqualität, Prozess- und Ergebnisqualität notwendig. Hier nehmen Patienteninformationen eine Vermittlungsfunktion ein. Befindet sich der Patient schließlich in ärztlicher Behandlung, so benötigt er Informationen zur festgestellten Erkrankung und deren Behandlungsmöglichkeiten. Hier stehen die Aufklärungs- und Motivationsfunktion der Patienteninformation im Vordergrund. Nach Abschluss der Behandlung kann der Patient mit Informationen zur Nachsorge unterstützt werden. Chronisch oder Langzeitkranke können z. B. im Rahmen von Case- oder Disease-Management-Programmen langfristig mit Informationen begleitet und betreut werden. Hier können die Patienteninformationen alle vier Funktionen wahrnehmen. Welche Bedeutung diese Informationsinhalte für den Patienten tatsächlich haben, ist Thema der empirischen Untersuchung in folgenden Teil V der Arbeit.

Für die Übertragung von Patienteninformationen kann eine Vielzahl von *Informationskanälen* bzw. *-medien* genutzt werden. Die Patienteninformation über eine persönliche Beratungsstelle ist durch eine direkte, personenspezifische und zweiseitige Kommunikation gekennzeichnet. Sie findet mündlich statt, kann aber visuell durch Druckstücke unterstützt werden. Die Information der Patienten über ein Servicetelefon vollzieht sich indirekt, in räumlicher Trennung bei Zwischenschaltung des Telefons als Übertragungsmedium. Sie ist personenspezifisch und richtet sich an einen individuellen Ansprechpartner. Auch beim Servicetelefon besteht die Möglichkeit der zweiseitigen Kommunikation und damit der Rückkopplung der am Kommunikationsprozess Beteiligten. Die Patienteninformation über Printmedien erfolgt hingegen einseitig, indirekt und mittels visueller Schrift- und Bildzeichen. Die Übertragung von Patienteninformationen über das Internet findet ebenfalls indirekt, visuell oder auch auditiv statt und richtet sich an ein anonymes Publikum. Generell ist die Information einseitig, in Diskussionsforen oder Chatrooms besteht aber auch die Möglichkeit einer interaktiven Kommunikation und damit der Rückkopplung zwischen Sender und Empfänger. Jeder dieser Informationskanäle weist im Text diskutierte Vor- und Nachteile auf, denen je nach Situation unterschiedliche Bedeutung zuzumessen ist.

Das *Verhalten der am Kommunikationsprozess Beteiligten* stellt neben den situativen Faktoren, der Struktur und der noch zu diskutierenden Effizienz die dritte Komponente des situativen Ansatzes dar.

Das *Informationsverhalten der Patienten* lässt sich in die im Text näher erörterten Phasen Informationsbedarf, -beschaffung, -verarbeitung, -speicherung und -weitergabe aufgliedern. Das Informationsverhalten der Patienten wird in beträchtlichem Maße durch die soziale Umwelt und die Auseinandersetzung mit wahrgenommenen Risiken bestimmt.

Das *Informationsverhalten der Ärzte* ist stark von deren Einstellung geprägt. Während Ärzte mit paternalistischer Haltung dem Wandel hin zu einer besseren Information und Aufklärung der Patienten eher skeptisch gegenüberstehen, begreifen Ärzte mit partnerschaftlicher Einstellung das Angebot an Gesundheitsinformationen als Chance.

Auch *Krankenversicherungen* stehen dem Wandel hin zu mehr Informationen für Patienten zunehmend positiv gegenüber. Sie bieten ihren Versicherten Informationen zur Vorsorge, Unterstützung bei der Auswahl geeigneter Leistungserbringer und Einrichtungen, Beratung bei der Auswahl von Therapien sowie Begleitung von chronischen und Langzeit-Patienten in Rahmen von Case- und Disease-Management-Programmen. Eine Analyse des Angebots an Patienteninformationen von ausgewählten Krankenversicherungen zeigt, dass die gesetzlichen Krankenversicherungen bisher tendenziell mehr informationspolitisches Engagement als die privaten Krankenversicherungen entwickelt haben.

Bei der Analyse der Patienteninformation spielt auch die *Effizienz* eine wichtige Rolle. Zur Beurteilung der Effizienz können Konzepte der ökonomischen Evaluation verwendet werden. Grundsätzlich existiert derzeit noch keine umfassende und systematische ökonomische Evaluation der Patienteninformation. Dennoch können einige Kostenwirkungen und Nutzeneffekte der Patienteninformation dargestellt werden.

Direkte Kosten entstehen u. a. durch die Konzeption der Informationsinhalte, ihre Bereitstellung, die Implementierung von Informationssystemen sowie deren Nutzung und Wartung. Indirekte Kosten kann die Patienteninformation z. B. insofern hervorrufen als neue und teuere medizinische Verfahren mit viel größerer Geschwindigkeit bekannt werden. Die Patienteninformation kann aber auch Kosten reduzieren. So kann die Information der Patienten über

Krankheitsprävention zu einem gesundheitsbewussterem Verhalten veranlassen. Zum dem können durch Ärztehopping verursachte Kosten verringert werden, wenn die Patienten bei entsprechender Transparenz im Gesundheitswesen eher den passenden Arzt finden. Darüber hinaus kann bessere Information und Aufklärung die Compliance-Bereitschaft der Patienten erhöhen. Nutzeneffekte können erzielt werden, wenn informierte Patienten gute Leistungserbringer stärker frequentieren als leistungsschwache. Hierdurch kann langfristig ein höheres Versorgungsniveau erzielt werden, indem Leistungserbringer mit geringerer Qualität vom Gesundheitsmarkt verdrängt oder zur Qualitätsverbesserung gezwungen werden.

Teil V: Empirische Analyse der Patientenpräferenzen hinsichtlich Information und Kommunikation

In den vorangegangenen Abschnitten wurden im Rahmen des deskriptiven Grundmodells des situativen Ansatzes die einzelnen Elemente der patientenorientierten Information und Kommunikation, sie prägende situative Einflüsse und das Zusammenwirken dieser Faktoren beschrieben. Darauf aufbauend werden in Teil VI Möglichkeiten für die Gestaltung einer an den Bedürfnissen der Patienten orientierten Information und Kommunikation dargelegt. Vor der Entwicklung von Gestaltungsempfehlungen soll nun in diesem Teil V geprüft werden, welche Erwartungen hinsichtlich Gesundheitsinformationen bei den Patienten bestehen. Entsprechend der empirischen Orientierung des situativen Ansatzes wurde hierfür eine umfassende Befragung unter mehr als 20000 Krankenversicherten durchgeführt, in der diese um ihre Meinung unter anderem zu verschiedenen Informationsinhalten, -quellen und -medien gebeten wurden. Mit der systematischen statistisch-quantitativen Überprüfung ausgewählter Hypothesen geht dieser Teil über die auf vorhandener Literatur und unmittelbarer Anschauung beruhende Beschreibung im deskriptiven Teil IV hinaus. Zugleich liefern insbesondere die Fragen zu den Präferenzen der Versicherten wichtige Grundlagen für den normativen Teil VI.

1 Konzeption und Gang der empirischen Untersuchung

In den folgenden Abschnitten werden zunächst die Konzeption und der Gang der empirischen Untersuchung beschrieben. Dazu werden die Zielsetzungen der Studie, die Erhebungsmethode sowie das Erhebungsdesign dargelegt. Anschließend werden das Informationsverhalten sowie die Präferenzen und Erwartungen der Patienten hinsichtlich der Informations- und Kommunikationsstruktur analysiert.

1.1 Zielsetzung der Studie

Ziel der vorliegenden Studie „Gesundheitsinformationen für Patienten und Versicherte" ist es, empirisch gestützte Erkenntnisse darüber zu erhalten, ob sich einzelne Hypothesen des vorgestellten situativen Kommunikationsmodells in der Realität bewähren. Der Erkenntnisstand des betrachteten Forschungsbereichs ist als recht begrenzt einzustufen, da bisher noch keine detaillierten empirischen Untersuchungen zur Verfügung stehen. Angesichts dieser Situation erscheint eine Studie mit eher explorativem Charakter zweckmäßig und gerechtfertigt. Sie soll einen Überblick über Einstellungen, Bedürfnisse und Verhaltensweisen der Versicherten geben sowie deren Präferenzen hinsichtlich Informationsinhalten, -quellen und -medien aufzeigen. Die gewonnenen Erkenntnisse sollen Ansatzpunkte liefern für die in Teil VI dieser Arbeit dargestellten Empfehlungen für eine patientenorientierte Information und Kommunikation im Gesundheitswesen.

Der Erhebung lagen die folgenden Fragestellungen zugrunde:

- Wie wichtig sind den Versicherten Informationen zur Gesundheitsvorsorge, über Ärzte, die festgestellte Erkrankung sowie Behandlungsmöglichkeiten und wie gut werden sie bisher von ihrem Hausarzt über diese Themen informiert?
- Besteht ein Zusammenhang zwischen den gewünschten Informationsinhalten und den gesundheitlichen und soziodemographischen Merkmalen der Versicherten?
- An welche der Informationsquellen Familie, Freunde und Bekannte, Arzt, Krankenversicherung sowie Massenmedien wenden sich die Versicherten heute für Gesundheitsinformationen und welche Quellen würden sie in Zukunft gerne zu Rate ziehen?
- Besteht ein Zusammenhang zwischen den gewünschten Informationsquellen und den gesundheitlichen und soziodemographischen Merkmalen der Versicherten?
- Welche Kriterien sind für die Wahl der Informationsquelle ausschlaggebend?
- Welche der Informationskanäle Printmedien, Servicetelefon, Internet und persönliche Beratungsstelle werden von den Versicherten bereits heute für Gesundheitsinformationen genutzt und welche würden sie in Zukunft gerne heranziehen?
- Besteht ein Zusammenhang zwischen den gewünschten Informationskanälen und den gesundheitlichen und soziodemographischen Merkmalen der Versicherten?
- Über welche Informationskanäle wollen die Versicherten von ihrer Krankenversicherung über Gesundheitsthemen informiert werden?
- Sind allein Versicherungsprämien und Erstattungsleistungen für die Wahl der Krankenversicherung maßgeblich oder beeinflussen auch Serviceaspekte wie die Unterstützung der Versicherten bei der Arztwahl und das Angebot von Informationen zur Gesundheitsvorsorge oder zu Behandlungsmöglichkeiten die Entscheidung der Versicherten?
- Welche Informationen sind den Versicherten für die Arztwahl wichtig und wie können diese Informationen über Ärzte derzeit von den Versicherten beschafft werden?

Zur Überprüfung der Signifikanz der Zusammenhänge wurden entsprechend der Struktur der zugrunde liegenden Daten jeweils der z-Score, der Chi-Quadrat-Test und der Kruskal-Wallis-Test herangezogen. Eine detaillierte Darstellung der Ergebnisse dieser Signifikanztests findet sich im Anhang „Empirische Untersuchung".

1.2 Erhebungsdesign und Erhebungsmethode

Im Vorfeld der eigentlichen Datenerhebung war zunächst ein Erhebungsdesign festzulegen, welches die folgenden Erhebungsdetails umfasst[682]:

- Auswahl des *empirischen Analyseverfahrens* (z. B. mündliche Befragung durch Interview, schriftliche Befragung mittels Fragebogen, computergestützte Befragung, Fremdbeobachtung, Selbstbeobachtung oder Dokumentationsanalyse),

682 Vgl. Berekoven et al. (1999), S. 91 ff.

- Erstellung des *Erhebungsinstruments* (z. B. Interviewleitfaden, Fragebogen oder andere Datenerhebungsinstrumente),
- Festlegung der *Art* und *Anzahl der zu erhebenden Variablen*,
- Festlegung der *Stichprobe* und der *zeitlichen Struktur* der Erhebung.

1.2.1 Auswahl des empirischen Analyseverfahrens

Als Erhebungsmethode wurde die schriftliche Befragung mittels standardisierter Fragebögen gewählt. Diese Form der Datenerhebung wurde präferiert, da die Einheitlichkeit der Befragungssituation hier besser gewährleistet ist als in einer mündlichen Befragung, durch die Vorgabe standardisierter Antwortkategorien eine höhere Vergleichbarkeit der Ergebnisse erwartet werden kann und die Daten in einem vertretbaren zeitlichen, finanziellen und personellen Rahmen von einer größeren Anzahl räumlich verteilter Befragter erhoben werden können.[683]

1.2.2 Fragebogengestaltung

Der in der Studie eingesetzte Fragebogen wurde zwischen Dezember 2000 und April 2001 entwickelt.[684] Die Fertigstellung des ersten Fragebogenentwurfs erfolgte im Februar 2001. Dieser Entwurf wurde mit einem in der Gestaltung empirischer Erhebungen erfahrenen Experten besprochen.[685] Im Ergebnis entstand ein Fragebogen, der auf vier Seiten zwölf thematisch gegliederte Frageblöcke enthielt. Zur Sicherstellung der Vergleichbarkeit der Antworten wurden ausschließlich geschlossene Fragen gestellt. Um Verständnisschwierigkeiten zu vermeiden, wurde der Fragebogen einem Pretest unterzogen.

Der überarbeitete Fragebogen wurde mit einem personalisierten Anschreiben an 20186 Versicherte der Bayerischen Beamtenkrankenkasse AG, Versicherungskammer Bayern, verschickt. Auf diesem mit den Logos der Universität der Bundeswehr München, der Bayerischen Beamtenkrankenkasse und der Versicherungskammer Bayern versehenem Anschreiben wurde unter der Überschrift – „Befragung von Versicherten zum Thema ‚Gesundheitsinformationen für Patienten und Versicherte'" – das Untersuchungsanliegen erläutert. Dabei wurde insbesondere hervorgehoben, dass die untersuchte Krankenversicherung die Durchführung der empirischen Studie freundlicherweise unterstützt, und zugesichert, dass alle erhobenen Daten anonym und streng vertraulich behandelt werden.[686]

---

683 Vgl. zur Vorteilhaftigkeit einer schriftlichen Befragung u. a. Berekoven et al. (1999), S. 112 ff. Zu unterschiedlichen Formen der Befragung Hamann, Erichson (1994), S. 77-93.

684 Der Fragebogen ist im Anhang „Empirische Untersuchung" abgedruckt.

685 Mein Dank gilt an dieser Stelle Herrn Dr. Wiseman (LRZ – Leibnitz-Rechenzentrum München).

686 Das Anschreiben an die Versicherten ist im Anhang „Empirische Untersuchung" abgebildet.

Der Fragebogen wurde in zwei Abschnitte unterteilt: Abschnitt A gliedert sich in 7 Frageblöcke, Abschnitt B in fünf weitere Fragekomplexe. In Frageblock 1 wurden allgemeine Fragen zum Informations- und Entscheidungsverhalten der Versicherten gestellt. Darauf folgten in Block 2 detaillierte Fragen zu den Inhalten von Gesundheitsinformationen. Frageblock 3 thematisierte Informationsquellen zur Beschaffung dieser Gesundheitsinformationen. Frageblock 4 behandelte Informationsmedien zum Informationstransfer. Gegenstand dieses Blocks war auch die Frage, welche Informationsmedien sich die Versicherten von ihrer Krankenversicherung zur Übertragung der Gesundheitsinformationen wünschen. In Frageblock 5 wurden die Erwartungen der Versicherten an ihre Krankenversicherung bezüglich der anzubietenden Informationsinhalte eruiert. Mit den Fragen des Blocks 6 sollten die Wichtigkeit von Informationen über Ärzte und die derzeitigen Möglichkeiten zur Beschaffung dieser Informationen ermittelt werden. Abschnitt A schloss mit Fragen zum Informationsverhalten der Versicherten. In Abschnitt B waren die Versicherten gebeten, Auskunft zu den soziodemographischen Merkmalen Alter, Geschlecht, Schulabschluss und Beruf sowie zu ihrem Gesundheitszustand zu geben. Die Freiwilligkeit dieser Informationen wurde hervorgehoben.

Der zur Bearbeitung des Fragebogens erforderliche Zeitaufwand betrug schätzungsweise 15-20 Minuten. Zur Erleichterung der Rücksendung des Fragebogens wurde dem Anschreiben ein schon beschriftetes Rückantwortkuvert mit der Anschrift der Bayerischen Beamtenkrankenkasse beigelegt. Zwecks Steigerung der Rücklaufquote wurden die Kosten der Rücksendung vom Empfänger bezahlt. Nur bei einer gewünschten Teilnahme an einer ebenfalls zur Erhöhung der Rücklaufquote angebotenen Verlosung war eine Absenderangabe notwendig.

1.2.3 Operationalisierung der Variablen

Die Grundlage für die Auswahl der in der Studie erhobenen Variablen bildete der situative Bezugsrahmen der patientenorientierten Information und Kommunikation aus Teil IV dieser Arbeit.[687] Im Folgenden werden die Variablen kurz erläutert und die Verbindungen zu den theoretischen Grundlagen in den Teilen II, III und IV der Arbeit aufgezeigt. Die Reihenfolge der Darstellung richtet sich nach dem Aufbau des Fragebogens.

➢ *Informations- und Entscheidungsverhalten allgemein (Frage 1)*

In Frage 1 sollten die Versicherten anhand der vierstufigen Ordinalskalen „sehr wichtig", „eher wichtig", „weniger wichtig", „unwichtig" sowie „sehr zufrieden", „eher zufrieden", „weniger zufrieden", „unzufrieden" zunächst beantworten, wie wichtig ihnen allgemein Gesundheitsinformationen und die Einbeziehung in Behandlungsentscheidungen durch ihren Hausarzt sind, und Auskunft über ihre Zufriedenheit mit der Information und Entscheidungsbeteiligung durch ihren Hausarzt geben. In diesen Einstiegsfragen werden die in Teil II Abschnitt

[687] Siehe Teil IV Abschnitt 1.2.

2.2 diskutierte Patientenorientierung in den Modellen der Arzt-Patienten-Beziehung, das in Teil IV Abschnitt 3.3.2.1 behandelte Verhalten der Ärzte als Informationsanbieter sowie die in Teil II Abschnitt 2.3.1 dargestellten Patientenrechte auf Information und Selbstbestimmung aufgegriffen. Je nach Einschätzung der Wichtigkeit und Zufriedenheit können Rückschlüsse darauf gezogen werden, ob die Befragten eher ein paternalistisches oder ein partnerschaftliches Verhältnis zu ihrem Arzt präferieren und inwieweit die Ärzteschaft diesen Wünschen der Patienten derzeit schon gerecht wird. Auch sollte sich erkennen lassen, in welchem Maße die Rechte der Patienten auf Information und auf Selbstbestimmung derzeit im deutschen Gesundheitswesen gewährleistet sind.

➢ *Gesundheitsinformationen im Detail (Frage 2)*

Frage 2 greift die in Teil II Abschnitt 2.3.1 dargestellten Patientenrechte auf Information und Selbstbestimmung im Detail auf. Die Befragten sollten hier ankreuzen, wie wichtig ihnen Informationen zur Gesundheitsvorsorge, über andere Ärzte (Spezialisten), die festgestellte Erkrankung und Behandlungsmöglichkeiten sind, und wie gut sie derzeit über diese Themen von ihrem Hausarzt informiert werden. Zur Beurteilung waren den Versicherten die vierstufigen Ordinalskalen „sehr wichtig", „eher wichtig", „weniger wichtig" und „unwichtig" sowie „sehr gut", „eher gut", „weniger gut" und „schlecht" vorgegeben. Mit den hier angesprochenen Informationsthemen werden die in Teil II Abschnitt 2.3.1.2 diskutierten zwei Facetten der Selbstbestimmung aufgegriffen, nämlich das Recht auf freie Arztwahl und das Recht auf freie Entscheidung über die Durchführung einer Behandlung. So stellen Informationen über Ärzte für den Patienten die Grundvoraussetzung für eine selbstbestimmte Wahl des Arztes, Informationen über Diagnosen und Therapiemöglichkeiten die Basis für den „informed consent" dar. Anhand der Antworten zu Frage 2 soll gezeigt werden, inwieweit die Rechte der Patienten auf Information und insbesondere auf Selbstbestimmung seitens der Ärzte derzeit schon gewährleistet werden. Darüber hinaus wird mit dieser zweiten Frage auch die in Teil IV Abschnitt 3.2.1.2 beschriebene Zuordnung geeigneter Informationsinhalte zu den verschiedenen Phasen des Krankheits- bzw. Gesundheitsprozess überprüft. Hiernach müssten Versicherten guter Gesundheit beispielsweise Informationen zur Gesundheitsvorsorge vergleichsweise wichtig sein, während Befragte, die ihren Gesundheitszustand schlechter einschätzen, eher an Informationen zur festgestellten Erkrankung und deren Behandlungsmöglichkeiten interessiert sein sollten.

➢ *Informationsquellen im Detail (Frage 3)*

In Frageblock 3 sollten die Versicherten angeben, welche Informationsquellen sie für die verschiedenen in Frage 2 aufgeführten Gesundheitsthemen schon genutzt haben und welche sie gerne nutzen würden. Diese Unterscheidung nach verschiedenen Themen erlaubt es auch, die in Teil IV Abschnitt 3.1.1 aufgestellte Hypothese zu untersuchen, derzufolge die einer Informationsquelle zugeordneten Eigenschaften jeweils nur für ein bestimmtes Themengebiet gelten, so dass je nach Art der gewünschten Gesundheitsinformationen von den Patienten unterschiedliche Informationsquellen präferiert werden können. Hierzu wurden die vier schon in Teil IV Abschnitt 3.1.1 schwerpunktmäßig vorgestellten Informationsquellen wieder aufgegriffen. Jeweils vier Informationsquellen wurden zur Auswahl vorgegeben: die Familie, Freunde und Bekannte als erste Kategorie, der Arzt, die eigene Krankenversicherung und die Massenmedien (Zeitung, TV etc.) als drei weitere Quellen. Mehrfachnennungen waren möglich. Im Antwortverhalten und insbesondere möglichen Divergenzen zwischen Präferenzen und tatsächlicher Nutzung sollten sich auch die in Teil IV Abschnitt 3.1.3.2 und 3.1.3.3 beschriebenen rechtlichen Restriktionen widerspiegeln, mit denen sich insbesondere Ärzte und Krankenversicherungen als Informationsquellen konfrontiert sehen. Des Weiteren sollten die Befragten darüber Auskunft geben, welche Merkmale ihnen für die Auswahl einer Informationsquelle wichtig sind. In diesem Zusammenhang wurden sie auch aufgefordert, eine Reihenfolge für die vier Merkmale Zeitaufwand, Kostenaufwand, Kompetenz und Verständlichkeit festzulegen: Dem wichtigsten Merkmal sollten sie die „1", dem zweitwichtigsten die „2", dem drittwichtigsten die „3" und dem am wenigsten wichtigen die „4" zuordnen. Der mit der Informationsbeschaffung verbundene Zeit- und Kostenaufwand wurde zuvor bereits in Teil IV Abschnitt 3.1.3.1, die die Glaubwürdigkeit einer Informationsquelle bestimmende Kompetenz im selben Teil Abschnitt 3.1.1.1 behandelt.

➢ *Informationsmedien im Detail (Frage 4)*

An dieser Stelle wurde gefragt, welche der in Teil IV beschriebenen Informationskanäle Druckmedien, Servicetelefon, Internet und persönliche Beratungsstelle die Versicherten zur Information über die in Frage 2 aufgeführten Gesundheitsthemen schon genutzt haben und welche sie gerne nutzen würden. Auch hier waren Mehrfachantworten möglich. Überdies sollten die Versicherten durch ein Ranking von 1 bis 4 angeben, über welche Medien die Krankenversicherung Gesundheitsinformationen bereitstellen sollte.

Die Auskünfte zur bisherigen Nutzung verschiedener Informationsquellen und -medien und der Vergleich mit den Versichertenpräferenzen sollten zugleich Indizien dafür liefern, ob die in Teil IV geschilderten rechtlichen Restriktionen die Informationsmöglichkeiten der Patienten tatsächlich in einer für diese relevanten Weise einschränken. Beispielsweise wurde bei der Beschreibung der rechtlichen Beschränkungen der Informationsbereitstellung über Medien in Teil IV Abschnitt 3.1.3.4 festgehalten, dass Therapievorschläge allein über Informationsmedien unzulässig sind, was sich im Antwortverhalten der Befragten bei den Fragen zu den Informationsmedien bemerkbar machen müsste.

➢ *Erwartungen an die Krankenversicherung (Frage 5)*

Unter den Kategorien „niedriger Beitrag", „Unterstützung bei der Auswahl geeigneter Ärzte", „Information über Gesundheitsvorsorge", „Information über Behandlungsmöglichkeiten" sollten die Versicherten in Frage 5 zunächst angeben, was sie von ihrer Krankenversicherung erwarten. Mehrfachnennungen waren möglich. Darüber hinaus sollten die Versicherten die genannten Merkmale nach ihrer Bedeutung in eine Rangfolge von „1“ (am wichtigsten) bis „4“ (am wenigsten wichtig) bringen.

➢ *Informationen über Ärzte und die Beschaffbarkeit dieser Informationen (Frage 6)*

Frageblock 6 diente der Ermittlung der Informationsmöglichkeiten und -bedürfnisse der Versicherten bei der Arztwahl. Dabei greift er die in Teil III Abschnitt 2.1.2 diskutierte Klassifizierung von Gesundheitsinformationen nach Donabedian in Struktur-, Prozess- und Ergebnisqualität auf. Als Bestandteile der Information über die Strukturqualität eines Arztes untersucht wurden Informationen über die fachliche Qualifikation des Arztes und seiner Praxismitarbeiter (z. B. Ausbildung), die persönliche Qualifikation des Arztes und seines Personals (z. B. Einfühlungsvermögen, Freundlichkeit), die medizintechnische Ausstattung der Praxis sowie die Ausstattung der Wartezimmer. Außerdem wurden die Versicherten hinsichtlich Informationen über die organisatorische Zusammenarbeit in der Praxis, die Vorgehensweise des Arztes bei der medizinischen Untersuchung, die Sprechzeiten des Arztes, die Schnelligkeit der Terminvergabe und die Wartezeiten in der Praxis (Prozessqualität) sowie hinsichtlich Informationen über die bisherigen Erfolge des Arztes bei der Durchführung einer Behandlung (Ergebnisqualität) um ihre Meinung gebeten.[688] Anhand der Ordinalskala „sehr wichtig“, „eher wichtig“, „weniger wichtig“ und „unwichtig“ wurde die Bedeutung dieser Informationen eruiert. In einem zweiten Schritt sollte von den Versicherten anhand der Kriterien „schwer“, „durch eigene Erfahrung während des Arztbesuchs“, „durch gezielte Informationssuche vor dem Arztbesuch“ eingeschätzt werden, welche Möglichkeiten sie derzeit haben, diese Informationsinhalte zu beschaffen. Mit dieser Fragestellung sollte überprüft werden, inwiefern verschiedene Aspekte der Struktur-, Prozess- und Ergebnisqualität von Gesundheitsanbietern nach den in Teil III Abschnitt 2.2 diskutierten Kriterien jeweils als Such-, Erfahrungs- oder Vertrauenseigenschaften einzuordnen sind.

➢ *Wirkungen von Gesundheitsinformationen (Frage 7)*

In diesem Teil des Fragebogens sollten die Versicherten verschiedenen Fragen zur Wirkung von Gesundheitsinformationen mit „ja“ oder „nein“ beantworten. Darüber hinaus wurden mögliche Gründe für das Einholen einer Zweitmeinung überprüft. Damit greift dieser Frageblock auch die in Teil IV Abschnitt 3.4.2 diskutierte Kosten-Nutzen-Analyse der patientenorientierten Information und Kommunikation auf. Zugleich wird die praktische Relevanz der in Teil III Abschnitt 3 theoretisch behandelten Informationsmängel im Gesundheitswesen empirisch überprüft.

---

688 Zur Differenzierung der Informationsinhalte nach Struktur-, Prozess- und Ergebnisqualität siehe auch Teil III Abschnitt 2.1.2.

1.2.4 Stichprobenbeschreibung und zeitliche Angaben zur Datenerhebung

Am 9. Juli 2001 wurde der Fragebogen an 20186 nach dem Zufallsprinzip ausgewählte Versicherte der Krankheitskosten-Vollversicherung der untersuchten privaten Krankenversicherung verschickt. Es wurde darauf geachtet, eine möglichst gleichmäßige Verteilung über alle Tarife zu erreichen.[689] Von den 20186 angeschriebenen Versicherten waren 442 unbekannt verzogen. Rücksendeschluss der Fragebögen war der 1. August 2001. Bis dahin waren 3258 Fragebögen wieder eingetroffen.[690] Die Rücklaufquote betrug somit 16 Prozent, ein Wert, der für eine schriftliche Befragung von der auftraggebenden Krankenversicherung als sehr gut beurteilt wurde.[691] Die überdurchschnittlich hohe Rücklaufquote kann als Indiz für ein hohes Interesse der Versicherten an Gesundheitsinformationen gedeutet werden. Auf die Darstellung weiterer Details der Stichprobe wurde auf Wunsch des Auftraggebers verzichtet.

689 Für die Zufallsauswahl wurde ein Zufallsgenerator programmiert, welcher vom Großrechner anhand des AS-Statistik-Systems die gewünschten 20186 Adressen auswählte.

690 Von den 3258 zurückgesandten Fragebögen waren 701 anonym. 2557 Bögen enthielten eine Adressangabe.

691 Expertenauskunft von Frau Dr. Mautner und Frau Moser, Bayerische Beamtenkrankenkasse. So sind nach Erfahrung der auftraggebenden Versicherung Rücklaufquoten von 3-4 Prozent die Regel. Zu Rücklaufquoten bei schriftlichen Befragungen allgemein siehe z. B. N.N. www.dssresearch.com/Library/General/mailresp.asp (Stand 05.01.2003) sowie Yu, Cooper (1983).

2 Patientenpräferenzen hinsichtlich Information und Kommunikation im Gesundheitswesen

Im Folgenden werden die wichtigsten Ergebnisse der Umfrage zusammengestellt und kommentiert. Sofern sich die Ergebnisse von Gruppen mit unterschiedlichen soziodemographischen Merkmalen (zum Beispiel alt – jung, Männer – Frauen) in relevantem Umfang unterscheiden, wird hierauf eingegangen. Die aus der empirischen Studie gewonnenen Ergebnisse sollen eine Grundlage bilden für Gestaltungsempfehlungen zur Umsetzung einer patientenorientierten Information und Kommunikation in Teil VI dieser Arbeit. Die Gliederung der Darstellung der Untersuchungsergebnisse orientiert sich am Aufbau des Fragebogens.

2.1 Patientenpräferenzen hinsichtlich Informationsumfang und Entscheidungsbeteiligung

Um das Involvement der Versicherten hinsichtlich Gesundheitsinformationen einschätzen zu können, wurde untersucht, welche Bedeutung die Befragten Gesundheitsinformationen und der Einbindung in ärztliche Entscheidungen zumessen. Zwecks Konkretisierung wurde der Hausarzt als Beispiel für andere Ärzte in den Vordergrund gestellt.

Signifikant mehr als die Hälfte der Befragten zeigte ein großes Interesse an Gesundheitsinformationen[692]: 82,6 Prozent der Versicherten war es sogar sehr wichtig, von ihrem Hausarzt ausführlich informiert zu werden. Nur 13,2 Prozent empfanden die ausführliche Information durch den Hausarzt als eher wichtig, 3,1 Prozent als weniger wichtig und 0,9 Prozent als unwichtig.

Abbildung V-1 ist zu entnehmen, dass nach Auffassung der Versicherten nicht alle Ärzte dem Wunsch nach ausführlicher Information vollauf gerecht werden. Während lediglich 32,1 Prozent der Befragten sehr hohe Zufriedenheit mit der Information durch den Hausarzt äußerten, waren immerhin 48,3 Prozent nur eher zufrieden, 15,2 Prozent sogar weniger zufrieden und 2,5 Prozent unzufrieden.

[692] Siehe Anhang „Empirische Untersuchung“, Signifikanztests, Anlage 1, Test-Nr. 1.

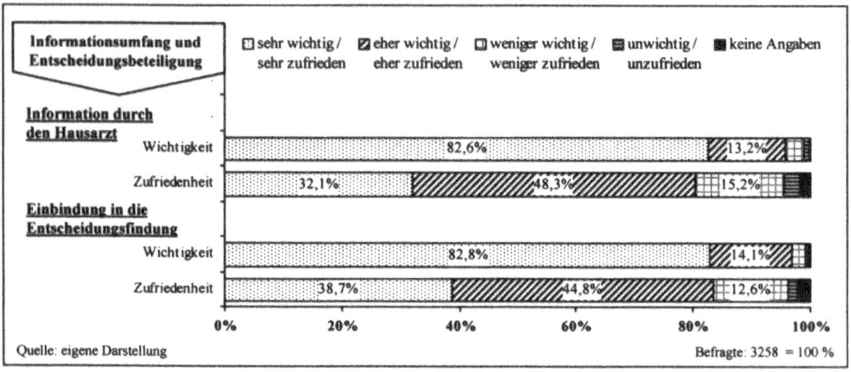

Abb. V-1: Informationsumfang und Entscheidungsbeteiligung

Die empirische Studie bestätigt auch, dass die Versicherten offenbar in hohem Maße in die Entscheidungsprozesse eingebunden werden wollen: So empfanden 82,8 Prozent der Befragten die Entscheidungsbeteiligung als sehr wichtig und 14,1 Prozent als eher wichtig.[693]

Vergleicht man die subjektiv empfundene Wichtigkeit der Entscheidungseinbeziehung mit der derzeitigen Zufriedenheit der Versicherten hinsichtlich der Einbeziehung in die Entscheidungsfindung, so zeigen sich auch hier Diskrepanzen: Nur 38,7 Prozent äußerten sich mit der Einbeziehung in die Entscheidungsfindung sehr zufrieden, während 44,8 Prozent eher zufrieden, 12,6 Prozent weniger zufrieden und 1,8 Prozent unzufrieden waren. Nach Meinung vieler Patienten scheint also die Leitidee des informierten Konsenses („informed consent") im Umgang zwischen Arzt und Patient noch nicht genügend zum Ausdruck zu kommen. Stattdessen ist die Arzt-Patienten-Beziehung offensichtlich vielfach noch von einer paternalistischen Entscheidungsfindung durch den Arzt geprägt, die nicht den Wünschen der Patienten entspricht.

Die Kombination aus einem großen Interesse an Gesundheitsinformationen und dem ausgeprägten Bedürfnis nach Entscheidungsbeteiligung lässt erkennen, dass das Involvement der Versicherten in Gesundheitsfragen als sehr hoch einzuschätzen ist.[694] Bei der Interpretation der Ergebnisse der empirischen Studie muss allerdings auch berücksichtigt werden, dass sicher vor allem diejenigen Versicherten den Fragebogen ausgefüllt und zurückgesandt haben, die an Gesundheitsinformationen besonders interessiert sind.

Die Wünsche nach mehr Gesundheitsinformationen einerseits und mehr Entscheidungsbeteiligung andererseits lassen sich begrifflich auch als Wunsch nach mehr Patientenautonomie

693 Siehe hierzu Anhang „Empirische Untersuchung", Signifikanztests, Anlage 1, Test-Nr. 2.
694 Zum Begriff des Involvements siehe Teil IV Abschnitt 3.1.2.3.

zusammenfassen. Patientenautonomie ist ein leicht missverständlicher Begriff, denn Patient zu sein schließt ein Abhängigkeitsverhältnis insofern ein, als die Entscheidungsfreiheit des Einzelnen notwendigerweise eingeschränkt ist: Ein Patient kann weder frei entscheiden, ob er eine Krankheit bekommt, noch als Laie allein darüber befinden, welche Behandlungsmethode die am besten geeignete ist. Patientenautonomie bedeutet, dass der Kranke trotz dieser Abhängigkeitsverhältnisse über Elemente der Selbstbestimmung und über Handlungsspielräume in der Interaktion mit den professionellen Anbietern von Gesundheitsleistungen verfügt und dem Gesundheitssystem und den darin Tätigen nicht „ausgeliefert" ist, sondern an Entscheidungen, die seine Gesundheit betreffen, beteiligt wird.[695] Die Ergebnisse der Befragung deuten darauf hin, dass eine so verstandene Patientenautonomie den Wünschen der meisten Versicherten eher entspricht als paternalistische Modelle der Arzt-Patienten-Beziehung.

2.2 Patientenpräferenzen hinsichtlich Informationsinhalten

Nachdem die bisher diskutierten Untersuchungsergebnisse ein großes Interesse an Gesundheitsinformationen gezeigt haben, soll im Folgenden analysiert werden, welche Informationsinhalte für die Versicherten von besonderer Bedeutung sind.

Gegenstand der Analyse sind die folgenden Fragestellungen:

- Wie wichtig sind den Versicherten Informationen zur Gesundheitsvorsorge, über Ärzte, die festgestellte Erkrankung sowie Behandlungsmöglichkeiten und wie gut werden sie bisher von ihrem Hausarzt über diese Themen informiert?
- Besteht ein Zusammenhang zwischen den gewünschten Informationsinhalten und den gesundheitlichen und soziodemographischen Merkmalen der Versicherten?

Mit der zweiten Frage werden die in Abbildung V-2 dargestellten Beziehungen aus dem Kontext des deskriptiven Grundmodells des situativen Ansatzes untersucht.

[695] Vgl. Wasem, Güther (1999), S. 14.

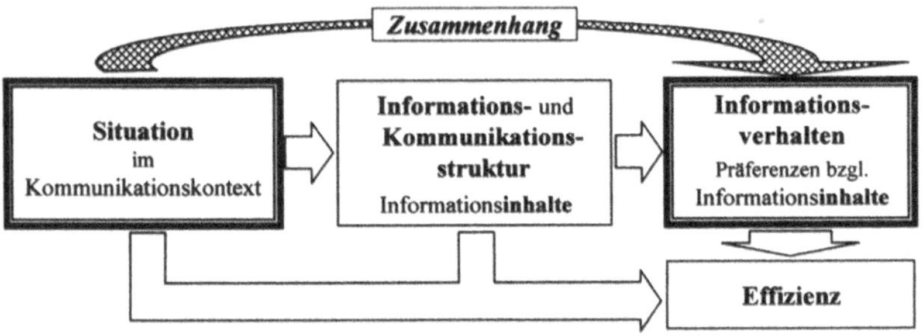

Zusammenhänge zwischen den Merkmalen der Versicherten und den Präferenzen hinsichtlich der Informationsinhalte

Biologisches Merkmal:

⇒ Wie beeinflusst der Gesundheitszustand die Präferenzen hinsichtlich der Informationsinhalte?

Soziodemographische Merkmale:

⇒ Wie beeinflussen Geschlecht, Alter, Beruf und Bildung die Präferenzen hinsichtlich der Informationsinhalte?

Quelle: eigene Darstellung

Abb. V-2: Zusammenhänge zwischen den Versichertenmerkmalen und den Informationsinhalten im deskriptiven Grundmodell des situativen Ansatzes

2.2.1 Überblick zur Wichtigkeit und Güte von Gesundheitsinformationen

Als sehr wichtig stuften fast alle Befragten Informationen zur festgestellten Erkrankung (91,2 Prozent) und zu Behandlungsmöglichkeiten (90,9 Prozent) ein. Etwas geringer, aber dennoch beachtlich, war das Interesse an Informationen über Vorsorgemaßnahmen, die 57,1 Prozent für sehr wichtig hielten, und an Informationen über Ärzte, denen immer noch eine absolute Mehrheit der Befragten (51,7 Prozent) eine sehr große Wichtigkeit beimaß (Abb. V-3).[696]

[696] Siehe auch Anhang „Empirische Untersuchung", Signifikanztests, Anlage 3.

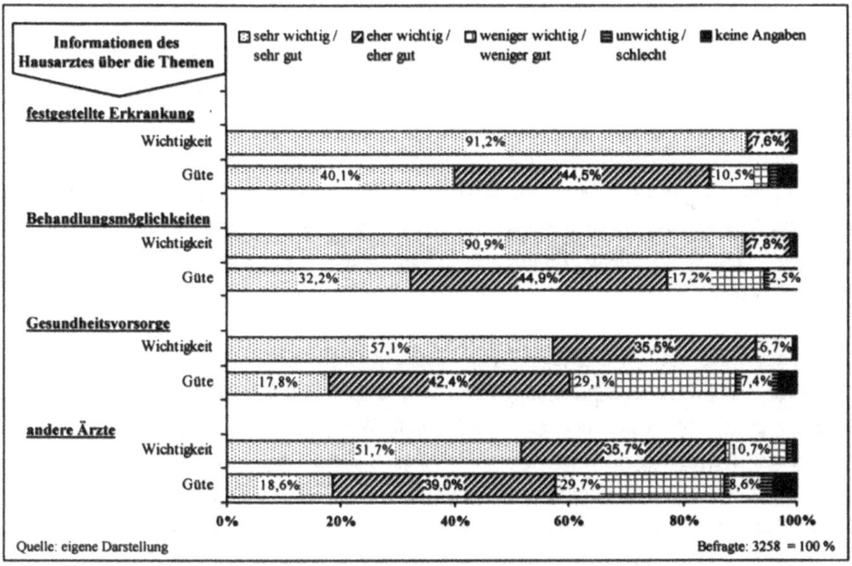

Abb. V-3: Wichtigkeit und Güte von Gesundheitsinformationen

In Abbildung V-3 wird erneut die Kluft zwischen der den einzelnen Themen zugemessenen großen Bedeutung und der sehr unterschiedlich ausfallenden Zufriedenheit mit den entsprechenden Informationen deutlich. Insbesondere scheinen die Ärzte sich noch sehr auf im direkten Zusammenhang mit der Behandlung einer vorhandenen Krankheit stehende Themen zu konzentrieren. Dementsprechend war die Zufriedenheit mit Informationen über Diagnose und Therapie noch am höchsten: Immerhin 40,1 Prozent der Versicherten beurteilten die Aufklärung des Arztes über die festgestellte Erkrankung als sehr gut. 32,2 Prozent vergaben die gleiche Note für die Information über Behandlungsmöglichkeiten. Weit kleiner wird der Kreis der rundum Zufriedenen bei der Information über andere Ärzte. Hier vergaben nur noch 18,6 Prozent der Befragten eine bessere Note als „eher gut“.[697] Offensichtlich sieht also ein beträchtlicher Teil der Versicherten Verbesserungspotenzial bei der Empfehlung von Fachärzten und Spezialisten für die diagnostizierte Krankheit. Aufhorchen lassen sollte auch, dass die Quote der rundum Zufriedenen mit 17,8 Prozent gerade bei den Informationen über Vorsorgemöglichkeiten am geringsten ausfällt, obwohl doch Prävention häufig das geeignetste Mittel wäre, um den Patienten gesundheitliche Beschwerden zu ersparen und die Notwendigkeit kostspieliger Behandlungen zu reduzieren.

Die Untersuchungsergebnisse sollen im Folgenden nach Themengebieten gegliedert detaillierter diskutiert werden.

---

[697] Siehe auch Anhang „Empirische Untersuchung“, Signifikanztests, Anlage 4.

2.2.2 *Informationen zur Gesundheitsvorsorge*

In der allgemeinen gesundheitswissenschaftlichen und -politischen Debatte wird ein Ausbau der Gesundheitsvorsorge und Krankheitsprävention schon lange als ein vordringliches Ziel diskutiert.[698] Informationen über Maßnahmen zur Krankheitsprävention[699] haben bei den Versicherten jedoch nicht denselben hohen Stellenwert wie Informationen zur Diagnose und über Behandlungsmöglichkeiten. Etwas mehr als die Hälfte der Befragten (57,1 Prozent) empfand Informationen zur Gesundheitsvorsorge als sehr wichtig. Ein größeres Interesse als andere Befragte zeigten vor allem Rentner und Pensionäre, Hausfrauen-/männer und ältere Versicherte (Abb. V-4).

Insbesondere das mit zunehmendem Alter wachsende Interesse an der Gesundheitsvorsorge lässt aufmerken, da doch gerade jüngere Versicherte auf der Basis von Ratschlägen z. B. zu Lebensführung, Nikotinkonsum etc. grundlegende Weichenstellungen für die lebenslange Gesundheit treffen können. Unter Umständen müsste diese Gruppe stärker für die Notwendigkeit von Vorsorgeinformationen sensibilisiert werden. Ein Zusammenhang zwischen der empfundenen Wichtigkeit von Gesundheitsvorsorgeinformationen und anderen Merkmalen der Befragten, insbesondere ihrem Gesundheitszustand, ist nicht zu erkennen.

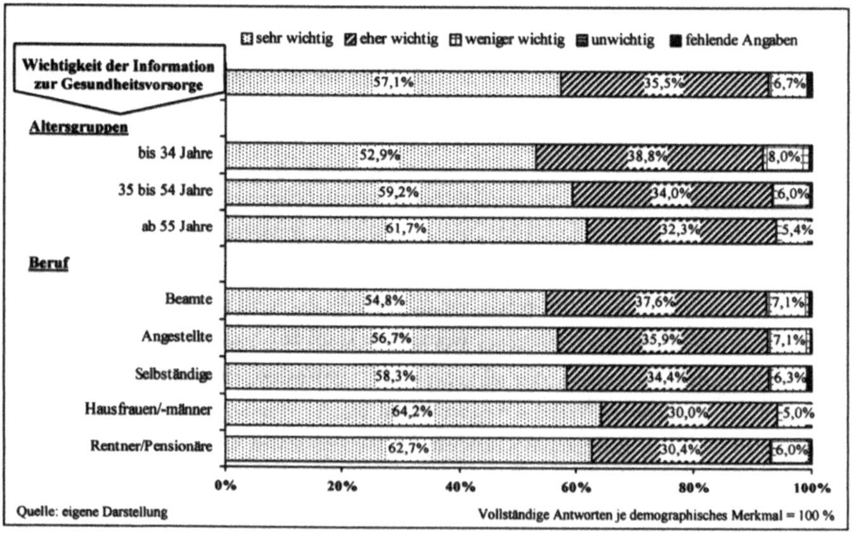

Abb. V-4: Versichertenmerkmale und Wichtigkeit der Information über Gesundheitsvorsorge

---

[698] Vgl. als Überblick über die gesundheitswissenschaftliche Diskussion Allhoff, Flatten, Laaser (1993).
[699] Siehe hierzu auch Teil IV Abschnitt 3.2.1.3.

Während sich ein Großteil der Befragten ab 55 Jahre mit der Information ihrer Hausärzte zur Gesundheitsvorsorge zufrieden zeigte, äußerten sich jüngere Versicherte kritischer. Auch Versicherte mit höherem Schulabschluss beurteilten im Vergleich zu anderen Befragten die Gesundheitsvorsorgeinformation durch ihren Hausarzt weniger häufig als sehr gut (Abb. V-5).

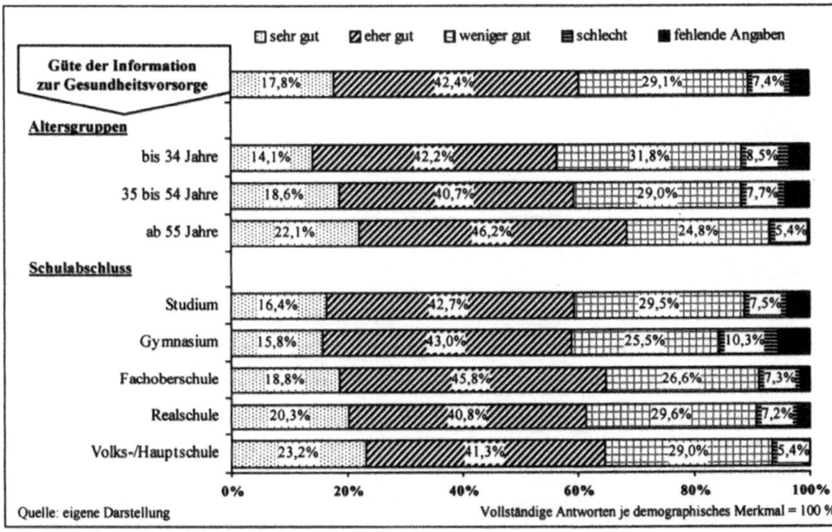

Abb. V-5: Versichertenmerkmale und Güte der Information über Gesundheitsvorsorge

Der relativ geringe Anteil der mit der Vorsorgeinformation rundum Zufriedenen könnte auf fehlende Anreize für die behandelnden Ärzte zurückzuführen sein: In der derzeitigen Situation hat der Arzt, der im Wortsinne von der Krankheit lebt, nur geringes wirtschaftliches Interesse daran, den von ihm verordneten Konsum zu minimieren, indem er Krankheiten durch Gesundheitsvorsorgeinformationen vorbeugt.[700] Zudem fallen viele Fragen der Gesundheitsvorsorge nicht eindeutig in ein bestimmtes Fachgebiet und ohne konkreten Anlass fühlen sich wohl viele Ärzte nicht recht zuständig dafür, beispielsweise mögliche Änderungen in der Ernährung und Lebensführung vorzuschlagen. Dies dürfte zu der im Vergleich zu anderen Themen recht kritischen Beurteilung der Qualität ärztlicher Vorsorgeinformationen beitragen. Mängel bei der Aufklärung über mögliche Vorsorgemaßnahmen sind umso bedauerlicher als gerade Prävention häufig das kostengünstigste Mittel der Gesundheitserhaltung darstellt. Somit deuten die Befragungsergebnisse auch darauf hin, dass im Bereich der Vorsorgeinformation noch erhebliche Potenziale zur Steigerung der Kosteneffizienz des Gesundheitswesens bestehen könnten. Daher sind gerade hier die in Teil VI Abschnitt 4.2.1.2 diskutierten Handlungsempfehlungen für staatliche Institutionen von besonderer Relevanz.

2.2.3 Informationen zu Ärzten

Das Wissen über die Charakteristika verschiedener Mediziner hilft den Patienten vor allem bei der Auswahl von Leistungsanbietern, also z. B. wenn ein Facharzt oder Spezialist benötigt wird.

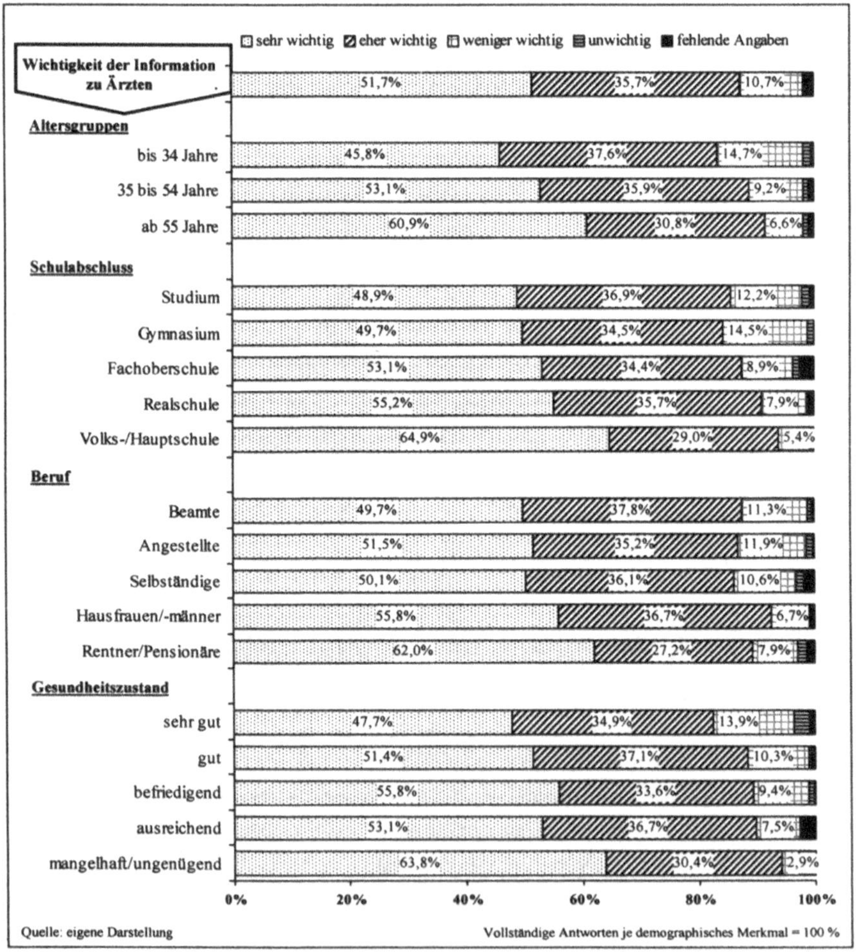

Abb. V-6: Versichertenmerkmale und Wichtigkeit der Information über Ärzte

Informationen zu Ärzten wurden von gut der Hälfte der Versicherten als sehr wichtig eingestuft. Hier zeigten ältere Versicherte erneut mehr Involvement als jüngere. Auch Versicherte

[700] Vgl. Kleiber (1994), S. 87.

mit niedrigerem Schulabschluss sowie Hausfrauen/-männer und Rentner/-Pensionäre waren an Informationen über Ärzte besonders interessiert. Versicherte, die ihren Gesundheitszustand schlechter einstufen, sind auf Informationen zur Unterstützung der Arztwahl eher angewiesen als gesunde Versicherte und beurteilten diese ebenfalls häufiger als sehr wichtig (Abb. V-6).

Die Information über andere Ärzte und Spezialisten wird oft als eine der Hauptaufgaben des Hausarztes angesehen. Mit ihr zeigten sich aber nur 20 Prozent der Versicherten sehr zufrieden. Auch hier äußerten sich jüngere Befragte kritischer als die Versicherten ab 55 Jahre. Des Weiteren beurteilten Versicherte mit höherem Schulabschluss die Information über Ärzte weniger häufig als sehr gut. Hausfrauen/-männer, Rentner und Pensionäre zeigten sich etwas weniger kritisch und bewerteten die zu diesem Thema vermittelten Informationen häufiger als Befragte anderer Berufsgruppen als sehr gut (Abb. V-7).

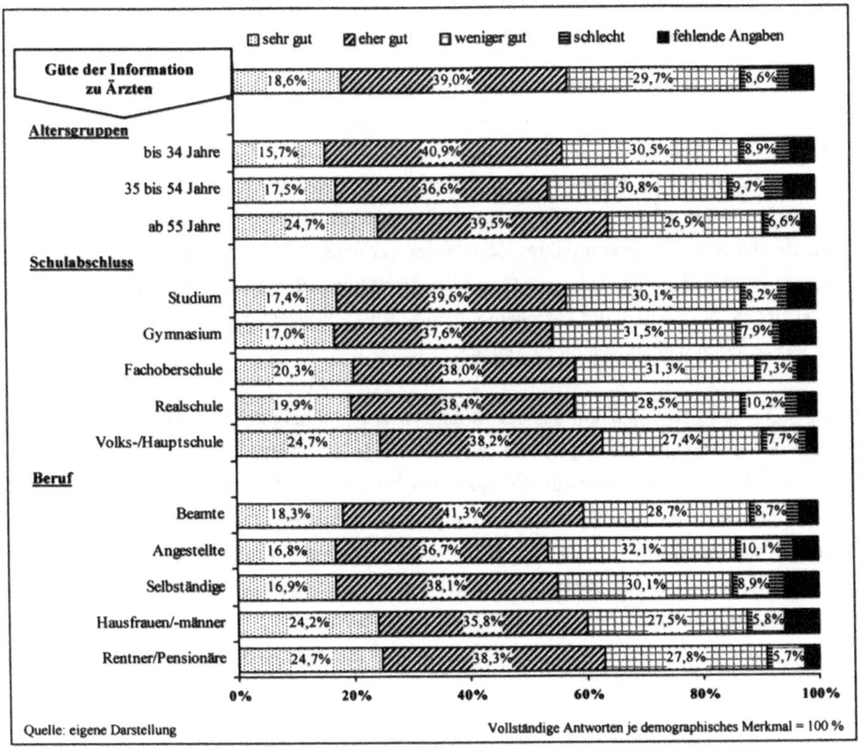

Abb. V-7: Versichertenmerkmale und Güte der Information über Ärzte

Eine Ursache für die insgesamt vergleichsweise geringe Zufriedenheit mit den Informationen über andere Ärzte könnte darin zu suchen sein, dass die bislang vorherrschenden restriktiven

Regelungen des berufsrechtlichen Werbeverbots den Ärzten die Information der Patienten nicht nur über sich selbst, sondern auch über ihre medizinischen Kollegen erschweren. Nach § 27 (2) MBO-Ä in der Fassung des 103. Deutschen Ärztetages (2000) durften Ärzte eine berufswidrige Werbung durch andere weder veranlassen noch dulden. Trotz teilweise sehr detaillierter Auflistungen über Möglichkeiten erlaubter Werbung blieb die Abgrenzung berufswidriger Werbung von der zulässigen Information über Ärzte in vielen Bereichen unklar.[701] Dies mag ein Grund dafür sein, weshalb sich Ärzte mit der Weiterempfehlung von Spezialisten eher zurückhaltend zeigen. Fehlende Informationsmöglichkeiten in diesem Bereich bringen aber unter Umständen gravierende negative Konsequenzen mit sich. Patienten, die sich in dieser Frage allein gelassen fühlen oder falsche Ratschläge erhalten, können über Ärztehopping und notwendige Korrekturen von Fehlbehandlungen erhebliche Folgekosten für das Gesundheitswesen auslösen.

2.2.4 Informationen zur festgestellten Erkrankung

Informationen zur festgestellten Erkrankung helfen den Patienten zu verstehen, wie und warum sie erkrankt sind, und risikobehaftete Verhaltensweisen in Zukunft zu vermeiden. Sie erlauben eine Einschätzung der Genesungschancen sowie der zwischenzeitlich zu erwartenden gesundheitlichen Einschränkungen und geben den Patienten damit wichtige Planungshilfen. Zudem leiten sich aus der Diagnose Verhaltensregeln ab, die die Patienten kennen müssen, um eine Verschlechterung ihres Zustands zu verhindern.[702] Dementsprechend halten 91,2 Prozent der Versicherten Informationen über die festgestellte Erkrankung für sehr wichtig. Unterschiede hinsichtlich der soziodemographischen Merkmale und des Gesundheitszustands der Versicherten wirken sich hier kaum aus.

Angesichts der unter anderem aus der (Muster-)Berufsordnung der deutschen Ärztinnen und Ärzte in der Fassung der Beschlüsse des 100. Deutschen Ärztetages 1997 hervorgehenden Pflichten des Arztes könnte man eine qualitativ hochwertige Information der Patienten über die festgestellte Erkrankung erwarten. Eine korrekte ärztliche Berufsausübung verlangt, dass der Arzt den Patienten u. a. über die festgestellte Erkrankung, die beabsichtigte Therapie sowie ggf. über Behandlungsalternativen in einer dem Patienten verständlichen und angemessenen Weise informiert.[703] Die Aufklärung der Patienten über ihre Diagnose zählt somit neben der im nächsten Abschnitt diskutierten Information über Behandlungsmöglichkeiten zu den ärztlichen Grundpflichten.[704]

Aber trotz dieser Informationspflicht der Ärzte zeigten sich nur 40,1 Prozent der Patienten mit den Informationen über die festgestellte Erkrankung durch den Hausarzt rundum zufrieden.

---

[701] Vgl. Schmutte (1998), S. 287.
[702] Siehe hierzu auch Teil IV Abschnitt 3.2.1.4.
[703] Siehe Teil II Abschnitt 2.3.1.

Die Güte der Information bewerteten auch hier ältere Befragte häufiger als jüngere Versicherte als sehr gut (Abb. V-8). Vielleicht sind ältere Patienten die Strukturen eines paternalistischen Arzt-Patienten-Verhältnisses eher gewohnt als jüngere Versicherte und stellen die Güte der Information durch ihren behandelnden Arzt daher seltener in Frage. Junge Versicherte hingegen sehen den Arzt anscheinend weniger als „Halbgott in Weiß" denn als Partner, der ihnen bei der Entscheidung über ihre Gesundheit beratend zur Seite stehen soll, dessen Empfehlungen aber keinesfalls kritiklos zu akzeptieren sind.[705] Auch Versicherte, die ihren Gesundheitszustand schlechter einschätzten, äußerten sich eher kritisch über die Aufklärung ihres Arztes (Abb. V-8). Zwischen Geschlecht, Bildung und Beruf der Versicherten einerseits und dem Qualitätsurteil über die Informationen zur festgestellten Erkrankung andererseits lassen sich keine eindeutigen Zusammenhänge feststellen.

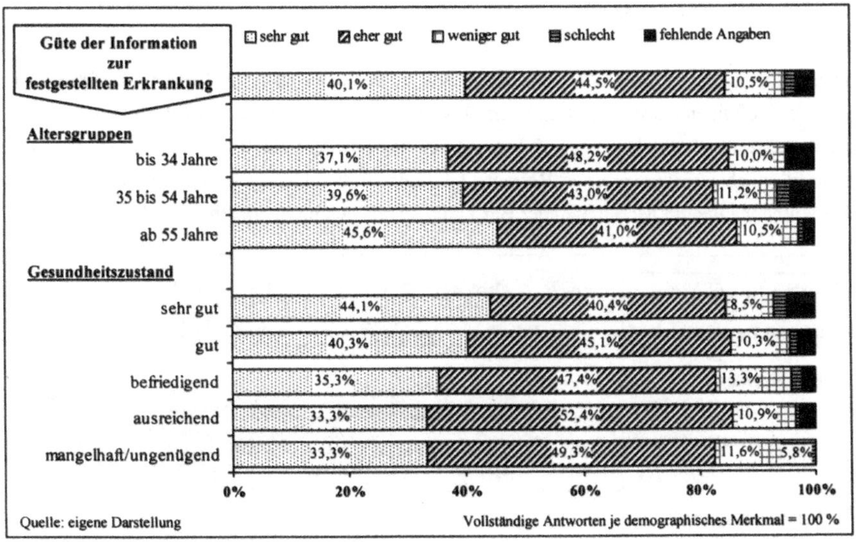

Abb. V-8: Versichertenmerkmale und Güte der Information über die festgestellte Erkrankung

[704] Siehe Teil II Abschnitt 2.3.1 und Teil IV Abschnitt 3.2.1.5.
[705] Siehe Teil II Abschnitt 2.3.1.

2.2.5 Informationen zu Behandlungsmöglichkeiten

Informationen zu den verschiedenen Behandlungsmöglichkeiten stellen bei Vorliegen echter Alternativen die Grundlage für eine Mitbestimmung des Patienten bei medizinischen Entscheidungen dar. Aber auch wenn keine wirkliche Auswahlmöglichkeit besteht, geben diese Informationen für die weitere Planung des Patienten wichtige Hinweise auf mögliche Nebenwirkungen, Verhaltensregeln während der Therapie, den erwarteten Genesungsverlauf etc. Nach der Rechtssprechung gilt der Grundsatz, dass bei primär vom Arzt zu treffenden und zu verantwortenden Therapien keine Aufklärungspflicht besteht, wenn für den Kranken keine echte Behandlungsalternative gegeben ist. Gibt es für den Patienten jedoch realistische Therapiealternativen mit unterschiedlichen Chancen und/oder Risiken, so ist er seines Selbstbestimmungsrechts wegen an der Auswahl der Therapie zu beteiligen und über die verschiedenen Behandlungsmöglichkeiten aufzuklären.[706]

Daher überrascht es nicht, dass Informationen zu Behandlungsmöglichkeiten von 90,9 Prozent der Befragten als sehr wichtig beurteilt werden. Mit diesbezüglicher Information rundum zufrieden zeigen sich aber nur 32,2 Prozent der Versicherten. Auch hier äußeren sowohl jüngere als auch weniger gesunde Befragte häufiger Vorbehalte als andere Befragte. Weitere Zusammenhänge mit Merkmalen der Befragten lassen sich nicht erkennen (Abb. V-9).

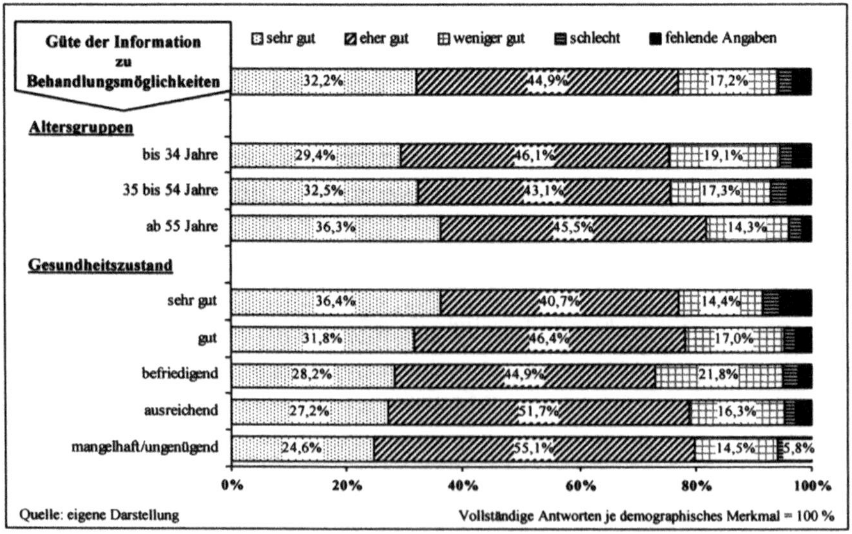

Abb. V-9: Versichertenmerkmale und Güte der Information über Behandlungsmöglichkeiten

[706] Specke (2000), S. 95. Siehe hierzu auch Teil IV Abschnitt 3.2.1.6.

2.2.6 Überblick nach Versichertenmerkmalen

Informationen über die festgestellte Erkrankung und Behandlungsmöglichkeiten wurden durchgehend als so wichtig empfunden, dass sich hier Unterschiede hinsichtlich der soziodemographischen Merkmale und des Gesundheitszustands der Befragten kaum auswirkten. Deutliche Unterschiede ergaben sich aber hinsichtlich der Bedeutung, die Informationen über Ärzte und Vorsorgemaßnahmen zugemessen wird, sowie hinsichtlich der Zufriedenheit mit den vorhandenen Informationen.

Ältere Versicherte zeigen ein erheblich größeres Interesse an Informationen zur Gesundheitsvorsorge und zu medizinischen Spezialisten. Insbesondere hinsichtlich der Gesundheitsvorsorge lässt dieses Ergebnis aufmerken, da gerade jüngere Patienten durch geeignete Vorsorgemaßnahmen Krankheiten verhüten und sich lebenslange Gesundheit sichern könnten. Bemerkenswerterweise wird die Notwendigkeit von Maßnahmen zur Gesundheitsvorsorge aber wohl erst im Alter erkannt. Für ältere Versicherte sind Informationen zur Krankheitsprävention allerdings auch insofern relevant, als dass sie ihnen neben der Krankheitsverhütung helfen Krankheiten frühzeitig zu erkennen. Unter Umständen messen jüngere Versicherte den Gesundheitsinformationen vom Hausarzt auch deswegen eine geringere Bedeutung zu, weil sie sich mit ihnen häufiger unzufrieden zeigen und unter Umständen andere geeignete Informationsquellen aufgetan haben. Die deutlich geringere Zufriedenheit jüngerer Patienten zeigt, dass diese nur schwerlich für sie ungewohnte paternalistische Strukturen akzeptieren werden, in denen die Autorität des Arztes über jeden Zweifel erhaben ist. Solange also die noch jungen Versicherten im Alter nicht unkritischer werden, hat die Ärzteschaft langfristig damit zu rechnen, dass ihre Empfehlungen weit häufiger als bisher hinterfragt werden.

Eine noch größere Bedeutung als andere Berufsgruppen messen *Hausfrauen/-männer, Rentner und Pensionäre* den Informationen über Gesundheitsvorsorge und über Ärzte zu. Hausfrauen/-männer haben meist die Fürsorgerrolle in der Familie inne und fungieren in dieser Rolle gerade bei Gesundheitsthemen als Informationsmittler für ihr näheres soziales Umfeld.

Kränkere und *weniger gut ausgebildete* Versicherte zeigen darüber hinaus ein höheres Interesse an Informationen über Ärzte als gesunde und besser ausgebildete Befragte. Zugleich äußern sie sich kritischer zu den derzeit vom Hausarzt erhältlichen Informationen. Kranke Versicherte sind besonders auf die Information und Aufklärung ihres Arztes angewiesen und werden daher auch eher mal von ihm enttäuscht. Unter Umständen machen sie mangelhafte Informationen seitens des Arztes zumindest teilweise auch für ihren Gesundheitszustand verantwortlich.

2.3 Patientenpräferenzen hinsichtlich Informationsquellen

Da jede Informationsquelle spezifische Vorzüge und Nachteile aufweist, ist das hohe Interesse der Patienten an Gesundheitsthemen am besten zu decken, wenn mehrere kompetente Institutionen Gesundheitsinformationen anbieten. Die Patienten entscheiden dann aufgrund ihrer persönlichen Bedürfnisse, welchen Quellen sie ihr Vertrauen schenken. Im Folgenden werden das bisherige Nutzungsverhalten und die Wünsche der Versicherten für die persönlichen Informationsquellen Familie, Freunde und Bekannte, Arzt, Krankenversicherung und Massenmedien aufgezeigt. Anschließend wird dargestellt, wie wichtig den Versicherten die Kriterien Zeitaufwand, Kostenaufwand, Kompetenz und Verständlichkeit für die Wahl der Informationsquelle sind.

Im Mittelpunkt der Untersuchung stehen folgende Fragestellungen:

- An welche der Informationsquellen Familie, Freunde und Bekannte, Arzt, Krankenversicherung sowie Massenmedien wenden sich die Versicherten heute für Gesundheitsinformationen und welche Quellen würden sie in Zukunft gerne zu Rate ziehen?
- Besteht ein Zusammenhang zwischen den gewünschten Informationsquellen und den gesundheitlichen und soziodemographischen Merkmalen der Versicherten?
- Welche Kriterien sind für die Wahl der Informationsquelle ausschlaggebend?

Abbildung V-10 zeigt auf, wie diese Fragen im deskriptiven Grundmodell des situativen Ansatzes einzuordnen sind.

Die wichtigsten Zusammenhänge wurden mit Hilfe des z-Scores und Kruskal-Wallis-Tests auf ihre Signifikanz überprüft. Eine detaillierte Darstellung der Ergebnisse dieser Tests findet sich im Anhang „Empirische Untersuchung“, Signifikanztests, Anlagen 5 bis 15.

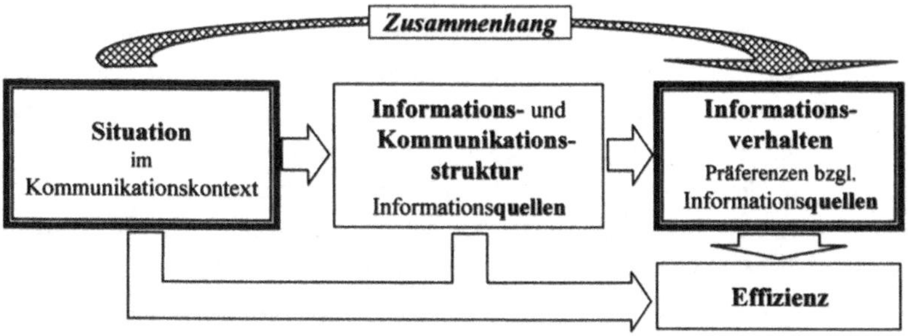

Zusammenhänge zwischen den Merkmalen der Versicherten und den Präferenzen hinsichtlich der Informationsquellen

Biologisches Merkmal:

⇒ Wie beeinflusst der Gesundheitszustand die Präferenzen hinsichtlich der Informationsquellen und der verwendeten Auswahlkriterien?

Soziodemographische Merkmale:

⇒ Wie beeinflussen Geschlecht, Alter, Bildung und Beruf die Präferenzen hinsichtlich der Informationsquellen und der verwendeten Auswahlkriterien?

Zusammenhänge zwischen den Auswahlkriterien einer Informationsquelle und dem Informationsverhalten

⇒ In welchem Maße beeinflussen Kompetenz und Verständlichkeit einer Informationsquelle sowie der nötige Zeit- und Kostenaufwand die Präferenzen der Versicherten?

Quelle: eigene Darstellung

Abb. V-10: Zusammenhänge zwischen den Versichertenmerkmalen und den Informationsquellen im deskriptiven Grundmodell des situativen Ansatzes

2.3.1 Informationsquellen zur Gesundheitsvorsorge

Zur Information über die Gesundheitsvorsorge hat schon fast jeder Versicherte eine der aufgeführten Informationsquellen genutzt. Nur 4,3 Prozent der Versicherten gaben an, noch keine dieser Quellen zur Information über Möglichkeiten der Krankheitsprävention herangezogen zu haben. Die wichtigsten Informationsquellen für die Gesundheitsvorsorge stellen die von 64,8 Prozent der Befragten genutzten Massenmedien, die eigene Familie, Freunde und Bekannte (64,7 Prozent) und der Arzt (63,5 Prozent) dar. Die eigene Krankenversicherung wurde bislang nur von 10,8 Prozent der Versicherten als Informationsquelle für Möglichkeiten der Gesundheitsvorsorge herangezogen (Abb. V-11).[707]

[707] Die bei den Befragten bisher nur sehr geringe Nutzung der eigenen Krankenversicherung als Informationsquelle zur Gesundheitsvorsorge liegt wohl auch darin begründet, dass zum Zeitpunkt der schriftlichen Befragung die untersuchte Krankenversicherung in ihren Printmedien und im Internet nur zu wenigen Themen (Karies, Allergien, Muskelverspannungen und Rückenschmerzen) Informationen zu Vorsorgemaßnahmen angeboten hatte. Auch der von der untersuchten Krankenversicherung mit einem externen Kooperationspartner betriebene Telefonservice zu Gesundheitsfragen wurde erst kurz vor Versand der Fragebögen etabliert.

Statt sich Rat zur Gesundheitsvorsorge bei ihrer Familie, Freunden und Bekannten sowie den Massenmedien einzuholen, würden sich 70,9 Prozent der Versicherten in Zukunft gerne an ihren Arzt wenden. Vor allem die Krankenversicherung wollen die Versicherten signifikant stärker als Informationsquelle für ihre Gesundheitsvorsorge nutzen. So gaben 57,4 Prozent der Befragten an, von ihrer Krankenversicherung über Möglichkeiten der Gesundheitsvorsorge informiert werden zu wollen. Nur noch 31,0 Prozent der Versicherten wünschen sich in Zukunft Gesundheitsvorsorgeinformationen von den Massenmedien und nur 29,3 Prozent der Befragten von ihrer Familie, ihren Freunden und Bekannten (Abb. V-11).[708]

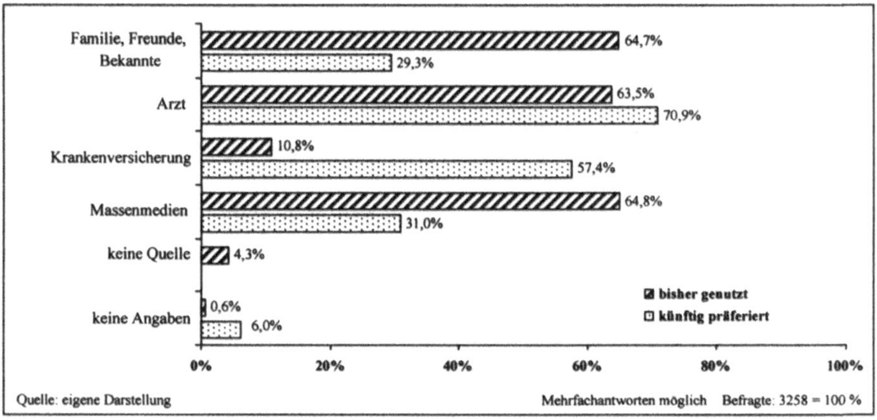

Abb. V-11: Informationsquellen zur Gesundheitsvorsorge

Zwischen den soziodemographischen Merkmalen der Versicherten und deren Präferenzen für die zukünftige Nutzung von Informationsquellen zur Gesundheitsvorsorge lassen sich folgende Zusammenhänge aufzeigen: Die eigene Familie, Freunde und Bekannte werden als Informationsquelle überdurchschnittlich häufig von Frauen, von jüngeren und gesünderen Versicherten sowie von Hausfrauen/-männern, Beamten und Angestellten gewünscht. Vor allem Versicherte mit höherem Schulabschluss trauen es ihrem vielleicht ebenfalls gebildeteren näheren sozialen Umfeld aus Familie, Freunden und Bekannten zu, sie kompetent über die Gesundheitsvorsorge informieren zu können. Andererseits sucht dieser Personenkreis auch selbst in den Massenmedien nach Informationen zur Verhütung und Früherkennung von Krankheiten. Der Arzt genießt bei Versicherten mit besserer Schulbildung sowie bei älteren und kränkeren Versicherten die höchste Achtung als Experte für Informationen zur Gesundheitsvorsorge. Die Krankenversicherung ist als Informationsquelle zur Vorsorge vor allem für Versi-

[708] Siehe Anhang „Empirische Untersuchung“, Signifikanztests, Anlage 5.

cherte der jüngeren und mittleren Altersgruppe, für Angestellte und Selbständige sowie für Versicherte mit niedrigerer Schulbildung attraktiv (Abb. V-12).[709]

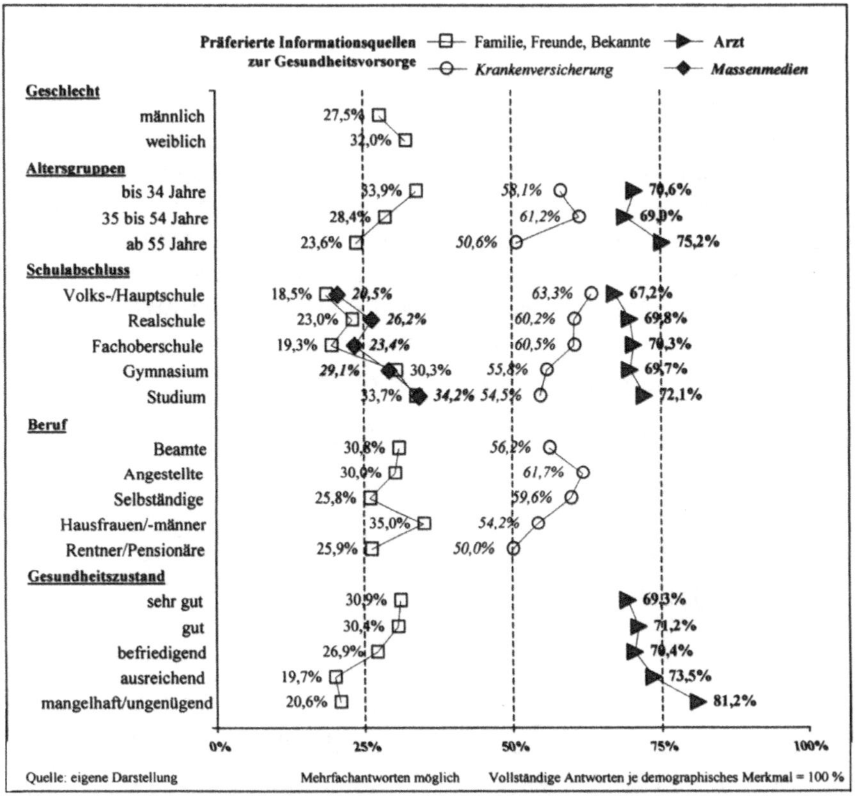

Abb. V-12: Versichertenmerkmale und Präferenzen für Informationsquellen zur Gesundheitsvorsorge

2.3.2 *Informationsquellen zu Ärzten*

Trotz des Interesses der Versicherten an Informationen über Ärzte existieren bisher kaum zuverlässige Qualitätsnachweise über medizinische Leistungserbringer. Dementsprechend stellt der relativ vertrauenswürdige, aber nicht immer ebenso kompetente Kreis aus Familie, Freunden und Bekannten mit 70,6 Prozent die am häufigsten in Anspruch genommene Informationsquelle zu diesem Thema dar. Die Ärzteschaft selber lag mit 61,0 Prozent nur auf dem zweiten Platz. 15,5 Prozent der Versicherten wandten sich zur Information über Ärzte an die

[709] Siehe Anhang „Empirische Untersuchung", Signifikanztests, Anlage 6.

Massenmedien. Nur 2,3 Prozent haben ihre Krankenversicherung[710] schon einmal um Unterstützung bei der Arztwahl gebeten. Bisher noch keine Quelle zur Information über Ärzte genutzt haben 8,5 Prozent der Befragten (Abb. V-13).

In Zukunft wünschen sich die Versicherten bei der Arztwahl noch mehr Unterstützung von ihrem Arzt. Nach ihm verlangten 72,6 Prozent der Versicherten. Auch der Krankenversicherung als Informationsquelle für Informationen über Ärzte sprachen 53,2 Prozent der Versicherten ihr Vertrauen aus. Der Kontrast zur äußerst geringfügigen bisherigen Nutzung ist hier besonders augenfällig. Signifikant weniger als bisher wollen die Versicherten ihre Familie, Freunde und Bekannte nutzen, an deren Empfehlungen zur Arztwahl nur 33,4 Prozent wirklich interessiert sind. Die Nachfrage nach Arztinformationen aus den Massenmedien entspricht hingegen mit 16,0 Prozent in etwa dem Anteil der bisherigen Nutzer (Abb. V-13).[711]

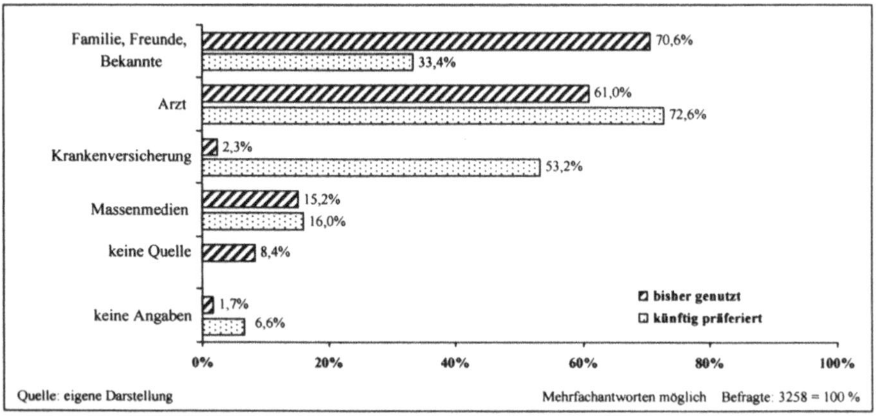

Abb. V-13: Informationsquellen zu Ärzten

Interessant ist, dass auch hier das Misstrauen gegenüber Empfehlungen von Verwandten und Bekannten mit zunehmendem Alter signifikant zunimmt. Offener gegenüber solchen Ratschlägen zeigen sich Frauen, jüngere Versicherte, Angestellte, Beamte und Hausfrauen/-männer sowie Befragte mit besserem Gesundheitszustand und höherer Schulbildung. Versicherte mit höherer Schulbildung trauen sich darüber hinaus auch eher zu, in den Massenmedien geeignete Informationen über Ärzte zu finden (Abb. V-14).[712]

710 Zum Zeitpunkt der Befragung stellte die untersuchte Krankenversicherung ihren Versicherten weder in den Druckmedien noch auf ihrer Homepage Informationen über Ärzte, Krankenhäuser und Pflegedienste bereit.
711 Siehe Anhang „Empirische Untersuchung“, Signifikanztests, Anlage 7.
712 Siehe Anhang „Empirische Untersuchung“, Signifikanztests, Anlage 8.

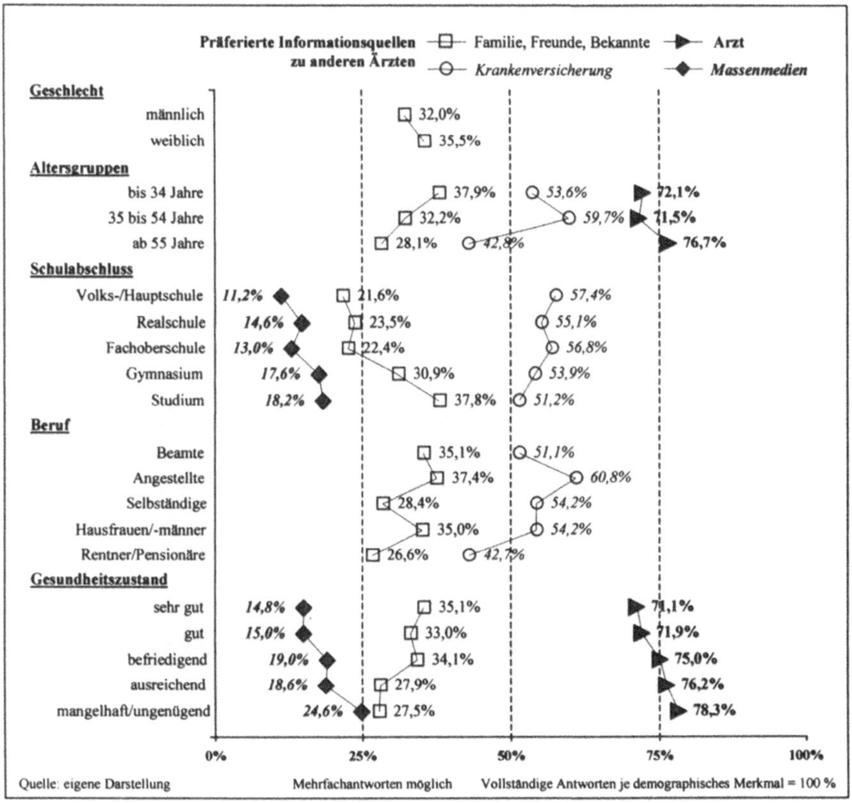

Abb. V-14: Versichertenmerkmale und Präferenzen für Informationsquellen zu Ärzten

Auch Versicherte, die ihren Gesundheitszustand schlechter einschätzen, würden die Massenmedien gerne als Informationsquelle über Ärzte nutzen. Darüber hinaus gaben sie noch häufiger als Versicherte bester Gesundheit an, Empfehlungen zu medizinischen Spezialisten gerne von ihrem Arzt zu beziehen. Auch für ältere Versicherte spielt der Arzt hier eine Schlüsselrolle. Die Krankenversicherung als Informationsquelle wollen vor allem Versicherte der mittleren und jüngeren Altersgruppen, Befragte mit niedrigerem Schulabschluss sowie Angestellte und Selbständige zu Rate ziehen (Abb. V-14).[713]

2.3.3 *Informationsquellen zur festgestellten Erkrankung*

Der Arzt hat die Pflicht, den Patienten über seine Diagnose wahrheitsgetreu aufzuklären. Ihm kommt die Schlüsselrolle bei der Information zur festgestellten Erkrankung zu. Im Gegensatz zu den Informationen über Präventionsmaßnahmen und Leistungsanbieter liegt der Arzt hier auf dem ersten Platz der meistgenutzten Informationsquellen. Während sich 85,9 Prozent der Versicherten bei Fragen zur festgestellten Erkrankung bisher an den Arzt wandten und 39,7 Prozent Familie, Freunde und Bekannte hinzuzogen, suchten nur 28,0 Prozent der Versicherten nach Informationen in den Massenmedien und 1,8 Prozent bei ihrer Krankenversicherung[714]. Bisher keine der Informationsquellen genutzt haben 6,1 Prozent der Befragten (Abb. V-15).

Die dominierende Rolle des Arztes bei der Vermittlung von Informationen über die diagnostizierte Krankheit entspricht offensichtlich den Wünschen der Patienten. 82,2 Prozent der Versicherten wollen weiterhin von ihrem Arzt aufgeklärt werden. Aber auch der Krankenversicherung schenken 36,0 Prozent der Versicherten ihr Vertrauen – ein Wert, der wiederum signifikant über dem Anteil der vorhandenen Nutzer von deren Informationen zur diagnostizierten Krankheit liegt. Eher verzichtbar erscheinen den Versicherten hingegen Informationen von Verwandten und Bekannten oder den Massenmedien, die lediglich 21,0 Prozent bzw. 17,3 Prozent der Befragen wünschen (Abb. V-15).[715]

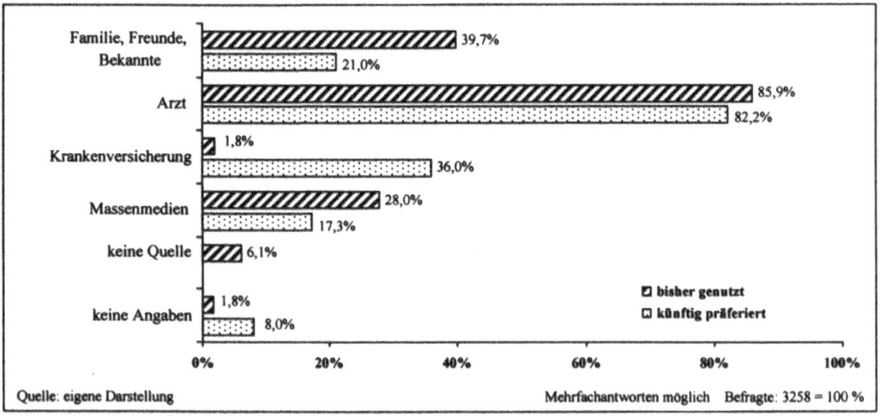

Abb. V-15: Informationsquellen zur festgestellten Erkrankung

Vor allem Versicherte der Altersgruppen unter 55 Jahre, Befragte mit niedrigerem Schulabschluss und Versicherte, die ihren Gesundheitszustand schlechter einschätzen, können sich vorstellen, in Zukunft Informationen zur festgestellten Erkrankung bei der Krankenversicherung einzuholen. Rat bei der eigenen Familie, Freunden und Bekannten suchen wiederum

---

713 Siehe Anhang „Empirische Untersuchung", Signifikanztests, Anlage 8.

714 Fragen zur festgestellten Erkrankung konnten zum Zeitpunkt der Fragebogenaktion bei der untersuchten Krankenversicherung nur über das Servicetelefon gestellt werden. Dort wurden die Versicherten bei der Auswahl von Krankenhäusern, Fachärzten, Pflegeheimen, ambulanten Pflegediensten und Rehabilitationskliniken beraten.

eher jüngere Versicherte, Hausfrauen/-männer, Beamte und Angestellte sowie gut ausgebildete Versicherte. Die Letztgenannten gaben auch relativ häufig an, die Massenmedien zur Information über die festgestellte Erkrankung nutzen zu wollen. Den Arzt als Informationsquelle möchten vor allem auch ältere Versicherte in Anspruch nehmen. Die Einflüsse der weiteren soziodemographischen Faktoren sowie des Gesundheitszustands auf die Präferenzen der Versicherten erwiesen sich als marginal (Abb. V-16).[716]

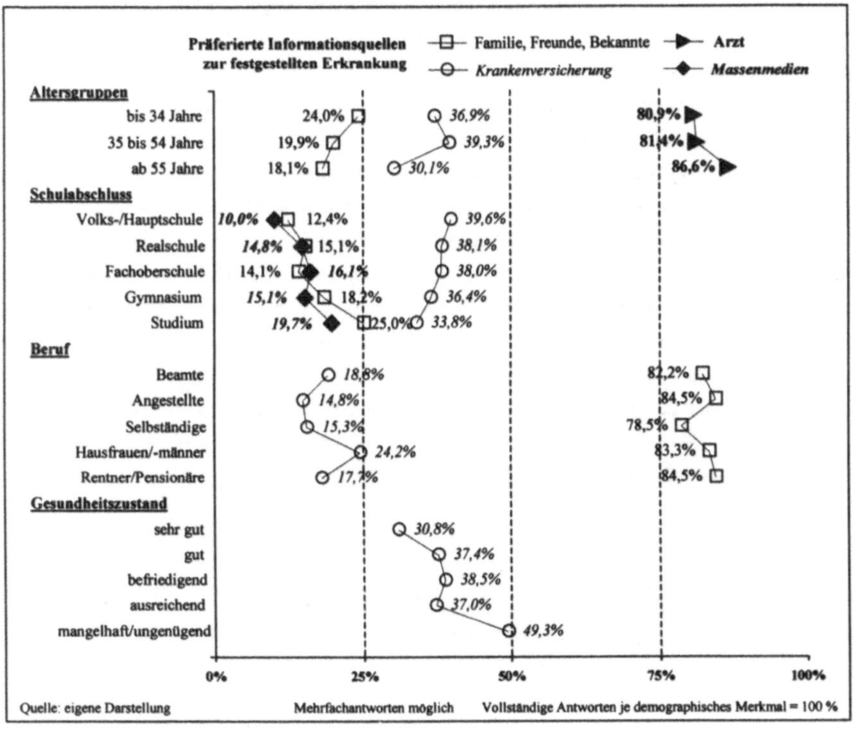

Abb. V-16: Versichertenmerkmale und Präferenzen für Informationsquellen zur festgestellten Erkrankung

2.3.4 Informationsquellen zu Behandlungsmöglichkeiten

Hinsichtlich Behandlungsmöglichkeiten stellt der Arzt mit einem Nutzeranteil von 87,9 Prozent der Befragten die wichtigste Informationsquelle dar. 52,3 Prozent der Versicherten zogen auch ihre Familie, Freunde und Bekannte hinzu, wenn sie eine Entscheidung über eine Behandlung treffen mussten. Zur Information über Behandlungsmöglichkeiten haben 40,8 Pro-

[715] Siehe Anhang „Empirische Untersuchung", Signifikanztests, Anlage 9.
[716] Siehe Anhang „Empirische Untersuchung", Signifikanztests, Anlage 10.

zent der Versicherten auch schon einmal Informationen in den Massenmedien gesucht. Die Krankenversicherung wurde wiederum nur von 5,1 Prozent der Befragten als Informationsquelle genutzt[717]. Lediglich 3,4 Prozent der Versicherten gaben an, bisher keine dieser Informationsquellen genutzt zu haben (Abb. V-17).

Ähnlich wie bei den Informationen zur diagnostizierten Krankheit entspricht die dominierende Rolle des Arztes auch bei der Aufklärung über Behandlungsmöglichkeiten den Präferenzen der meisten Befragten (81,2 Prozent). Nur spekulieren lässt sich darüber, warum der Informationsbezug vom Arzt bei diesen beiden Themen soviel häufiger gewünscht wird als bei Informationen über Gesundheitsvorsorge und andere Ärzte. Die bei den letztgenannten Themen geringere Zufriedenheit mit der ärztlichen Beratung könnte ebenso eine Rolle spielen wie ein besonderes Verlangen nach maßgeschneiderten Informationen über festgestellte Erkrankung und Therapiemöglichkeiten. Ein Indiz für die zweite Hypothese könnte der Wunsch vieler Versicherter darstellen, die Nutzung der Massenmedien für Informationen über die festgestellte Erkrankung und über Behandlungsmöglichkeiten zugunsten anderer Informationsquellen zurückzufahren. Auch Behandlungsvorschläge von Familie, Freunden und Bekannten sind nur bei 26,8 Prozent der Befragten wirklich willkommen. Das größte unbefriedigte Bedürfnis besteht wiederum hinsichtlich der Krankenversicherung, von der 53,6 Prozent der Befragten gerne Informationen zu Behandlungsmöglichkeiten beziehen würden (Abb. V-17).[718]

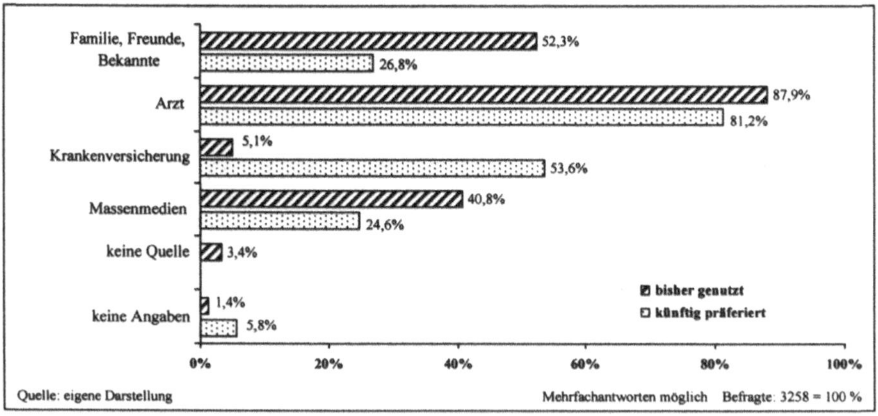

Abb. V-17: Informationsquellen zu Behandlungsmöglichkeiten

[717] Informationen zu Behandlungsmöglichkeiten bot die untersuchte Krankenversicherung zum Zeitpunkt der Befragung im Internet ausschließlich zu den Themen Allergien und Zahnproblemen sowie über ihr Servicetelefon an.

[718] Siehe Anhang „Empirische Untersuchung", Signifikanztests, Anlage 11.

Wiederum ist die Krankenversicherung als Informationsquelle besonders attraktiv für Versicherte der jüngeren und mittleren Altersgruppen sowie für Befragte, die ihren Gesundheitszustand schlechter einschätzen. Versicherte mit höherem Schulabschluss wollen auch zukünftig häufiger als Versicherte mit niedrigerem Bildungsstand ihre eigene Familie, Freunde und Bekannte um Rat bitten und trauen sich auch eher zu, selbst in den Massenmedien Informationen über Behandlungsalternativen einzuholen. Den Rat ihrer Familie schätzen wiederum vor allem Hausfrauen/-männer. Ältere und weniger gesunde Versicherte wollen Informationen zu Behandlungsmöglichkeiten überdurchschnittlich häufig vom Arzt (Abb. V-18).[719]

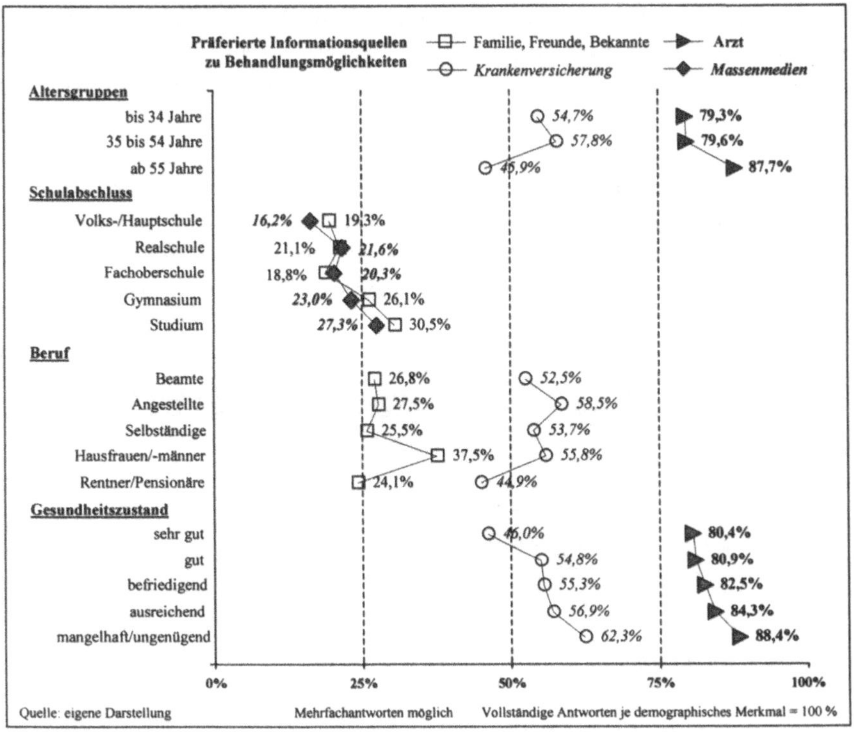

Abb. V-18: Versichertenmerkmale und Präferenzen für Informationsquellen zu Behandlungsmöglichkeiten

[719] Siehe hierzu auch Anhang „Empirische Untersuchung", Signifikanztests, Anlage 12.

2.3.5 Kriterien für die Wahl der Informationsquelle

Für die Wirkung einer patientenorientierten Information und Kommunikation ist die Akzeptanz der Informationsquellen durch die Patienten von zentraler Bedeutung. In Teil IV Abschnitt 3.1.1.1 und 3.1.3.1 der vorliegenden Arbeit sind die wichtigsten Auswahlkriterien für Informationsquellen aufgeführt. Es wird davon ausgegangen, dass für die Akzeptanz einer Informationsquelle deren Kompetenz von besonderer Bedeutung ist. Daneben beeinflusst unter Umständen der mit der Informationssuche verbundene zeitliche und finanzielle Aufwand die Wahl der Versicherten. Schließlich kann auch die Darstellung der Information und insbesondere deren Verständlichkeit für die Versicherten eine Rolle bei der Wahl einer Informationsquelle spielen. Im Folgenden wird gezeigt, welche dieser Kriterien für die Versicherten wichtig sind und wie diese von den Versicherten entsprechend ihrer Bedeutung gerankt werden.

Als wichtiges Kriterium für die Wahl einer Informationsquelle gaben 89,9 Prozent der Befragten die Kompetenz der Quelle an. Auch die Verständlichkeit ist für 70,1 Prozent der Versicherten von Bedeutung. Den Zeitaufwand sahen nur 43,4 Prozent und den Kostenaufwand lediglich 39,1 Prozent der Versicherten als wichtige Kriterien für die Wahl einer Informationsquelle (Abb. V-19).[720]

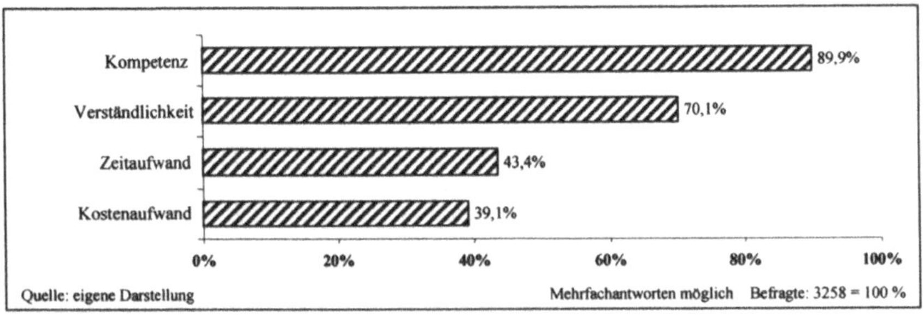

Abb. V-19: Wichtigkeit der Kriterien von Informationsquellen

Das Merkmal Kompetenz wird von gebildeteren Versicherten besonders häufig als wichtig bewertet. Die Verständlichkeit einer Informationsquelle gewinnt an Bedeutung, je schlechter der eigene Gesundheitszustand eingeschätzt wird, während der Zeitaufwand dann eher in den Hintergrund zu treten scheint. Die Merkmale Kosten- und Zeitaufwand werden tendenziell eher von Frauen, jüngeren Versicherten und solchen mit höherer Schulbildung für wichtig gehalten. Der Kostenaufwand hat darüber hinaus eine besondere Bedeutung für Beamte, Angestellte und Hausfrauen/-männern. Von Hausfrauen/-männern, Rentnern und Pensionären wird der Zeitaufwand hingegen am wenigsten häufig als wichtig empfunden (Abb. V-20).

[720] Siehe Anhang „Empirische Untersuchung", Signifikanztests, Anlage 13.

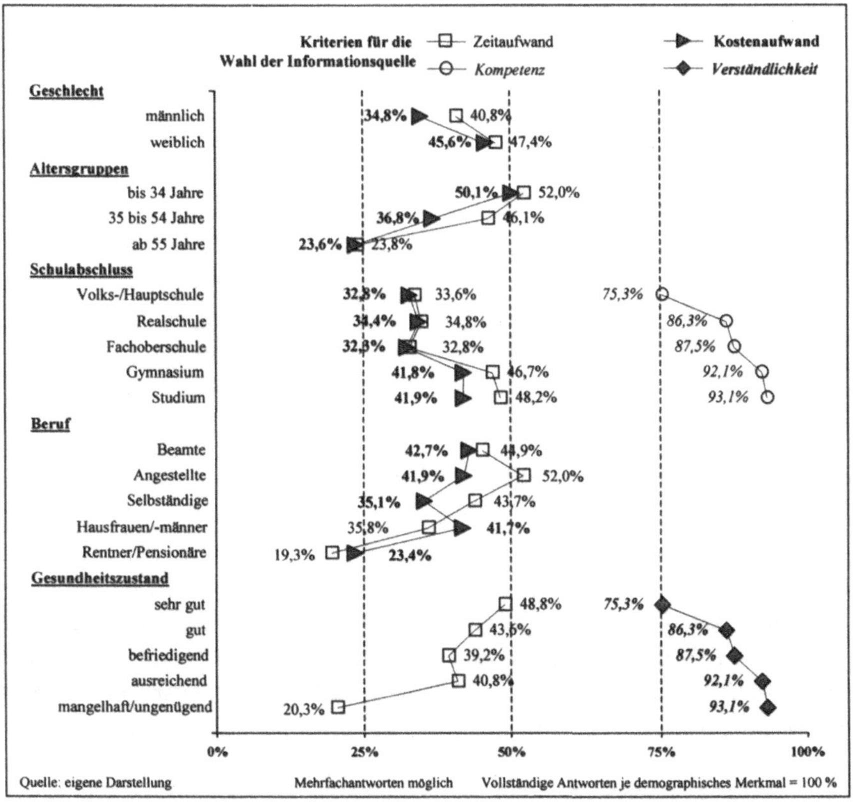

Abb. V-20: Versichertenmerkmale und Kriterien von Informationsquellen

Die besondere Bedeutung des Merkmals Verständlichkeit neben der Kompetenz lässt gerade auch im Vergleich zur signifikant geringeren Wichtigkeit des Zeitaufwands den Schluss zu, dass die Versicherten durchaus ausführlich informiert werden wollen.[721] Sie sind bereit, sich mit Gesundheitsthemen eingehend auseinander zu setzen und in einem gewissen Rahmen auch Opportunitätsverluste in Form entgangener Zeit in Kauf zu nehmen. Für fast 60 Prozent der Befragten spielt darüber hinaus der Kostenaufwand eine untergeordnete Rolle. Diese Versicherten sollten demnach bereit sein, für qualitativ hochwertige Informationen von einer kompetenten Informationsquelle zu bezahlen.

In Abbildung V-21 ist die Rangplatzierung der vier Kriterien auf der Wichtigkeitsskala dargestellt.

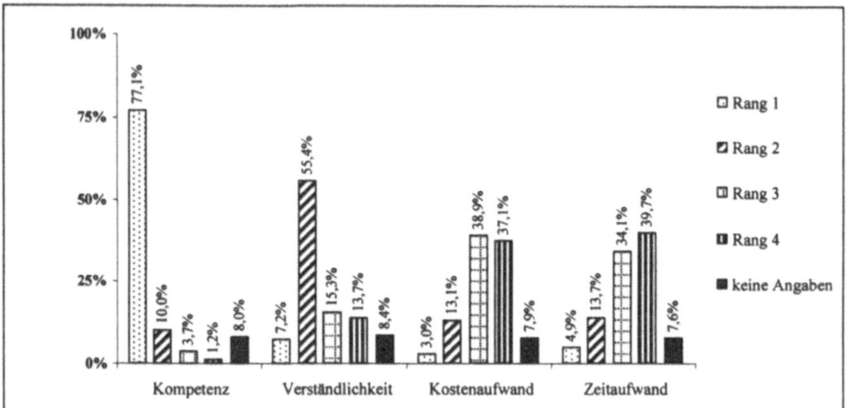

Quelle: eigene Darstellung

Befragte: 3258 = 100 %

Abb. V-21: Rangplatzierung der Kriterien von Informationsquellen

Das Kriterium Kompetenz erzielte am häufigsten Rangplatz 1 der Skala. 77,1 Prozent der Versicherten platzierten es an die erste Stelle der Wichtigkeitsskala. Die Verständlichkeit der Informationsquelle wurde am häufigsten (von 55,4 Prozent der Versicherten) mit Rangplatz 2 der Skala bewertet. Der Kostenaufwand rangierte bei 38,9 Prozent der Versicherten auf Platz 3 und bei 37,1 Prozent auf Platz 4. Dem Zeitaufwand wurde von 34,1 Prozent der Versicherten Rangplatz 3 und von 39,7 Prozent der Versicherten Platz 4 der Skala zugeordnet.

Ein interessanter Zusammenhang lässt sich zwischen den in Abbildung V-22 dargestellten Rangplatzierungen der Kriterien Kosten- und Zeitaufwand und dem Beruf der Versicherten aufzeigen: So setzten Beamte, Hausfrauen/-männer, Pensionäre und Rentner häufiger das Kriterium Kostenaufwand auf Platz 3 und bewerteten den Zeitaufwand häufiger mit Platz 4, während bei Selbständigen und Angestellten der Zeitaufwand häufiger vor dem Kostenaufwand auf Rangplatz 3 der Wichtigkeitsskala rangierte. Dies könnte mit den für Selbständige und Angestellte möglicherweise höheren Zeitkosten erklärt werden.

[721] Siehe Anhang „Empirische Untersuchung", Signifikanztests, Anlage 14.

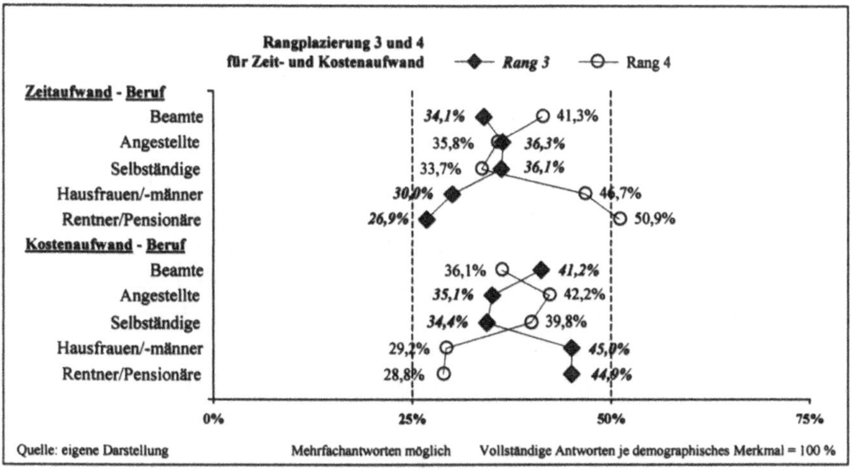

Abb. V-22: Versichertenmerkmale und Rangplatzierung 3 und 4 für Zeit- und Kostenaufwand

In Tabelle V-1 sind abschließend für einen Gesamtüberblick die mittleren Ränge der verschiedenen Auswahlkriterien für Informationsquellen dargestellt.[722]

Kriterien für Informationsquellen	Mittlerer Rang
Kompetenz	1,23
Verständlichkeit	2,39
Zeitaufwand	3,17
Kostenaufwand	3,19

Tab. V-1: Mittlere Ränge der Auswahlkriterien für Informationsquellen

2.3.6 Überblick nach Versichertenmerkmalen

Für *jüngere* Versicherte spielt der mit der Nutzung einer Informationsquelle verbundene Kosten- und Zeitaufwand eine signifikant größere Rolle als für andere Befragte.[723] Dementsprechend zeigen sie sich bei allen Themen, außer bei Behandlungsvorschlägen, offener für Ratschläge von Familie, Freunden und Bekannten. Für die Krankenversicherungen ist erfreulich, dass gerade jüngere Versicherte über alle Gesundheitsthemen hinweg ein besonders großes Interesse an ihren Informationen zeigen.

[722] Je niedriger die Zahl, umso wichtiger ist das Kriterium aus Sicht der Befragten. Die Zusammenfassung der ordinalskalierten Rankings zu einem Mittelwert ist aus Sicht der Statistik problematisch und dient hier nur der Veranschaulichung.

[723] Siehe Anhang „Empirische Untersuchung", Signifikanztests, Anlage 14.

Die Krankenversicherung als Informationsquelle ist darüber hinaus aber auch besonders attraktiv für Versicherte mit niedrigem *Schulabschluss*. Befragte mit besserer Schulbildung zeigen über alle Themengebiete hinweg ein höheres Interesse an Gesundheitsinformationen von Familie, Freunden und Bekannten sowie aus den Massenmedien als andere Befragte. Zugleich messen sie Kompetenz, Kosten- und Zeitaufwand, nicht aber der Verständlichkeit, mehr Bedeutung zu als Versicherte mit schlechterer Schulbildung. Offensichtlich sind die besser ausgebildeten Versicherten aufgrund der Kosten- und Zeitersparnisse eher bereit, Kompetenzdefizite bei Ratschlägen von Familie, Freunden und Bekannten hinzunehmen, oder ihr soziales Umfeld verfügt ebenfalls über eine bessere Bildung einschließlich einer besseren Fähigkeit, kompetente Empfehlungen in Gesundheitsfragen auszusprechen. Zudem sind die Versicherten mit höherem Schulabschluss vielleicht eher in der Lage, unter den Massenmedien ohne allzu großen Zeitaufwand die kompetentesten Informationsquellen zu identifizieren.

Unterschiede im *Geschlechterverhalten* werden lediglich bei den als weniger essenziell wahrgenommenen Themen Gesundheitsvorsorge und Arztwahl deutlich, bei denen Frauen eher als Männer bereit sind, Ratschläge von Familie, Freunden und Bekannten zu akzeptieren.

Auch Hausfrauen/-männern schätzen den Rat von ihrer eigenen Familie, Freunden und Bekannten mehr als Versicherte anderer *Berufsgruppen*. Dieses Ergebnis überrascht nicht, da dieser Personenkreis einerseits wohl den stärksten Kontakt zu seinem näheren sozialen Umfeld aufweist und andererseits dem Kostenaufwand der Informationsbeschaffung eine besondere Bedeutung beimisst.

Weniger gesunde Versicherte legen bei der Auswahl von Informationsquellen besonderen Wert auf Kompetenz und Verständlichkeit, während ihnen der Zeitaufwand noch weniger wichtig ist als den anderen Befragten. Daher überrascht es nicht, dass bei ihnen zumindest hinsichtlich Vorsorge und Arztwahl Empfehlungen von Familie, Freunden und Bekannten noch unwillkommener und solche vom Arzt noch häufiger gewünscht sind als bei anderen Versicherten.

2.3.7 Überblick nach Informationsquellen

Die Präferenzen der Versicherten hinsichtlich der Informationsquellen dürfte sich vor allem aus der dem Auswahlkriterium Kompetenz zugemessenen Bedeutung erklären. Ihr gegenüber treten insbesondere Zeit- und Kostenaufwand weit in den Hintergrund. Vor allem bei Informationen zu Diagnose und Behandlungsmöglichkeiten genießt der *Arzt* mit signifikantem Vorsprung vor anderen Informationsquellen das größte Ansehen.[724] Aber auch über Ärzte und zur Gesundheitsvorsorge möchten die Versicherten in erster Linie von ihrem Arzt informiert

[724] Siehe Anhang „Empirische Untersuchung“, Signifikanztests, Anlage 15.

werden (Tabelle V-2). Der Wunsch nach Gesundheitsinformationen vom Arzt zieht sich quer durch alle soziodemographischen Gruppen und ist auch vom Gesundheitszustand weitgehend unabhängig. Während der Arzt für alle Themengebiete die meistgewünschte Informationsquelle darstellt, erhalten die Versicherten von ihm zur Vorsorge und zu anderen Ärzten derzeit noch seltener Informationen als von den eigentlich kaum gefragten Verwandten und Bekannten. Ausgerechnet bei der Gesundheitsvorsorge liegt er bezüglich der tatsächlich vermittelten Informationen auch noch hinter den Massenmedien. Diese Diskrepanz zwischen den Wünschen der Versicherten und dem tatsächlichen Informationsverhalten vieler Ärzte dürfte auch erklären, warum die Befragten sich im ersten Frageblock mit den ärztlichen Informationen zur Vorsorge und Arztwahl weniger zufrieden zeigten als bei denen zu festgestellter Erkrankung und Behandlungsmöglichkeiten.

	Informationsquellen zu den Themen							
	Gesundheitsvorsorge		**andere Ärzte (Spezialisten)**		**festgestellte Erkrankung**		**Behandlungsmöglichkeiten**	
bisher genutzt								
1.	Massenmedien	64,8 %	Familie, Freunde, Bekannte	70,6 %	Arzt	85,9 %	Arzt	87,9 %
2.	Familie, Freunde, Bekannte	64,7 %	Arzt	61,0 %	Familie, Freunde, Bekannte	39,7 %	Familie, Freunde, Bekannte	52,3 %
3.	Arzt	63,5 %	Massenmedien	15,2 %	Massenmedien	28,0 %	Massenmedien	40,8 %
4.	Krankenversicherung	10,8 %	keine Quelle genutzt	8,4 %	keine Quelle genutzt	6,1 %	Krankenversicherung	5,1 %
5.	keine Quelle genutzt	4,3 %	Krankenversicherung	2,3 %	Krankenversicherung	1,8 %	keine Quelle genutzt	3,4 %
künftig präferiert								
1.	Arzt	70,9 %	Arzt	72,6 %	Arzt	82,2 %	Arzt	81,2 %
2.	Krankenversicherung	57,4 %	Krankenversicherung	53,2 %	Krankenversicherung	36,0 %	Krankenversicherung	53,6 %
3.	Massenmedien	31,0 %	Familie, Freunde, Bekannte	33,4 %	Familie, Freunde, Bekannte	21,0 %	Familie, Freunde, Bekannte	26,8 %
4.	Familie, Freunde, Bekannte	29,3 %	Massenmedien	16,0%	Massenmedien	17,3 %	Massenmedien	24,6 %

Mehrfachantworten möglich Befragte: 3258 = 100 %

Tab. V-2: Zusammenfassung der bisherigen Nutzung und künftigen Präferenzen hinsichtlich Informationsquellen

Obwohl die *Krankenversicherung* bisher nur selten als Ratgeberin für Gesundheitsfragen genutzt wurde, wollen viele Versicherte sich in Zukunft gerne zu allen vier Gesundheitsthemen

– besonders aber für die Information zur Gesundheitsvorsorge, zu Ärzten und zu Behandlungsmöglichkeiten – an ihre Krankenversicherung wenden. Das große Interesse an Gesundheitsinformationen von der Krankenversicherung belegt, dass die Versicherten ihrer Krankenversicherung zutrauen, sich zu Fragen der Gesundheit kompetent, vertrauenswürdig und verständlich zu äußern. Die Befragungsergebnisse zeigen aber auch, dass die vorhandenen Informationsangebote der Krankenversicherung aus Unkenntnis oder anderen Gründen noch kaum genutzt werden.

Familie, Freunde und Bekannte stellen neben dem Arzt die am häufigsten genutzte Informationsquelle dar. Sie werden aber häufig wohl eher aus Mangel an Alternativen zu Rate gezogen. Obwohl das nähere soziale Umfeld die preisgünstigste Informationsquelle darstellt, sind seine Ratschläge nicht immer willkommen. Am ehesten vertrauen die Versicherten ihrer Familie, Freunden und Bekannten, wenn es um Informationen über Ärzte geht. Hinsichtlich Informationen zur festgestellten Erkrankung könnten die Versicherten am leichtesten auf Hinweise aus ihrem sozialen Umfeld verzichten. Die Bereitschaft, Gesundheitsinformationen aus dieser Quelle zu berücksichtigen, sinkt mit zunehmendem Alter. Frauen zeigen sich gegenüber Ratschlägen von Familie, Freunden und Bekannten aufgeschlossener als Männer. Auch Versicherte mit höherem Schulabschluss sind an Gesundheitsinformationen aus dem sozialen Umfeld eher interessiert – möglicherweise deshalb, weil deren Umfeld ebenfalls eine höhere Bildung und vielleicht auch einige Kenntnisse in medizinischen Fragen aufweist.

Die *Massenmedien* werden von den Versicherten insgesamt am wenigsten geschätzt. Am ehesten würden die Befragten sie noch zur Information über Möglichkeiten der Gesundheitsvorsorge (immerhin vor Verwandten und Bekannten) und über Behandlungsmöglichkeiten nutzen. Unter den jüngeren und besser ausgebildeten Befragten ist ein etwas höherer Anteil gewillt, Gesundheitsinformationen in den Massenmedien zu suchen.

Abbildung V-23 zeigt zusammenfassend auf, für welche Gesundheitsthemen die einzelnen Informationsquellen bisher am meisten herangezogen wurden und für welche Informationsinhalte sie zukünftig am häufigsten gewünscht werden.

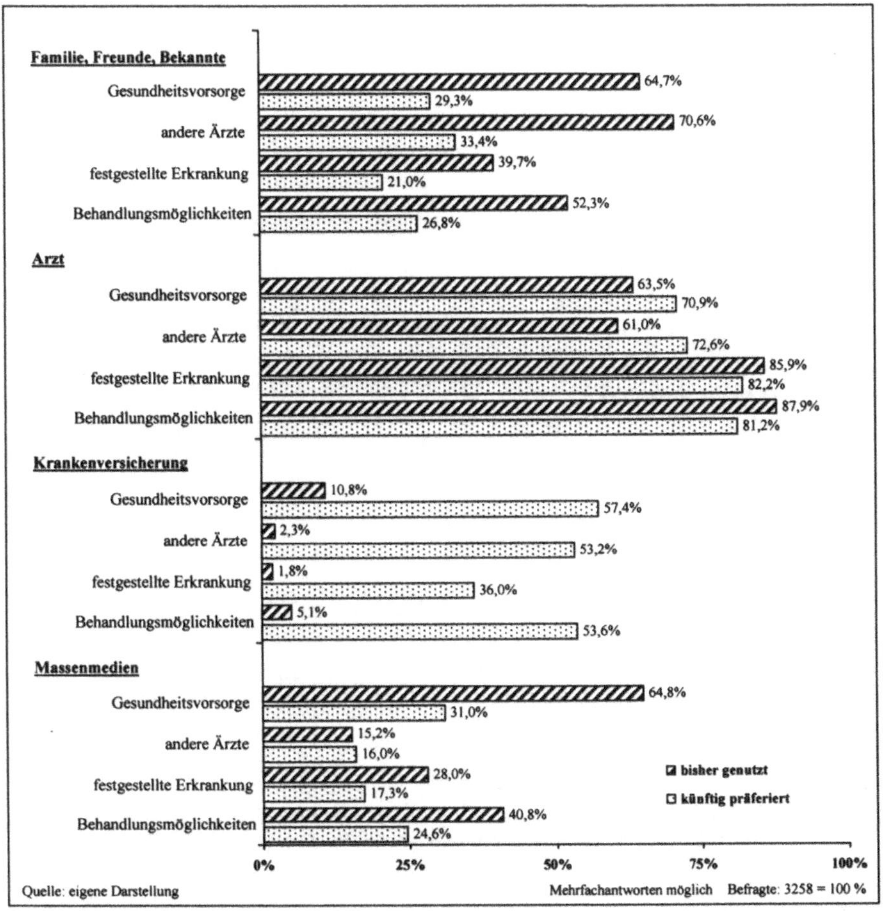

Abb. V-23: Informationsquellen zur Gesundheitsinformation

2.4 Patientenpräferenzen hinsichtlich Informationsmedien

Die Präferenzen der Patienten hinsichtlich traditioneller und neuartiger Informationsmedien stellten nach den Frageblöcken zu Informationsinhalten und -quellen den dritten Teil der empirischen Untersuchung dar. Ziel war es, unter anderem die folgenden Fragen zu klären:

- Welche der Informationskanäle Printmedien, Servicetelefon, Internet und persönliche Beratungsstelle werden von den Versicherten bereits heute für Gesundheitsinformationen genutzt und welche würden sie in Zukunft gerne heranziehen?
- Besteht ein Zusammenhang zwischen den gewünschten Informationskanälen und den gesundheitlichen und soziodemographischen Merkmalen der Versicherten?

- Über welche Informationskanäle wollen die Versicherten von ihrer Krankenversicherung über Gesundheitsthemen informiert werden?

Im Rahmen des deskriptiven Grundmodells des situativen Ansatzes werden dabei die in Abbildung V-24 dargestellten Zusammenhänge analysiert.

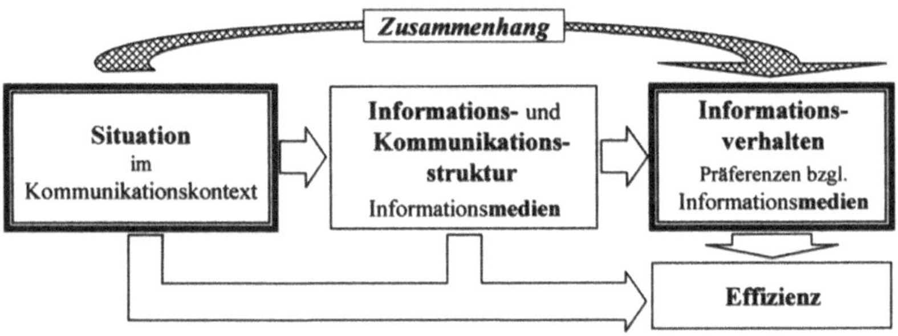

Zusammenhänge zwischen den Merkmalen der Versicherten und den Präferenzen hinsichtlich der Informationsmedien

Biologisches Merkmal:

⇒ Wie beeinflusst der Gesundheitszustand die Präferenzen hinsichtlich der Informationsmedien?

Soziodemographische Merkmale:

⇒ Wie beeinflussen Geschlecht, Alter, Bildung und Beruf die Präferenzen hinsichtlich der Informationsmedien?

Quelle: eigene Darstellung

Abb. V-24: Zusammenhänge zwischen den Versichertenmerkmalen und den Informationsmedien im deskriptiven Grundmodell des situativen Ansatzes

Die wichtigsten Zusammenhänge wurden mit Hilfe des z-Scores und Kruskal-Wallis-Tests auf ihre Signifikanz überprüft. Die Ergebnisse dieser Tests sind ausführlich im Anhang „Empirische Untersuchung", Signifikanztests, Anlagen 16 bis 23 dargestellt.

2.4.1 Informationsmedien zur Gesundheitsvorsorge

Zur Information über Möglichkeiten der Gesundheitsvorsorge nutzten die meisten Versicherten (76,1 Prozent) bisher die Druckmedien. Im Internet haben 19,7 Prozent der Befragten schon einmal Informationen über Möglichkeiten der Krankheitsprävention gesucht. Eine persönliche Beratungsstelle wurde hingegen nur von 7,9 Prozent der Versicherten kontaktiert und das Servicetelefon lediglich von 2,8 Prozent der Befragten genutzt. 16,4 Prozent der Befragten gaben an, sich bisher noch über keinen dieser Informationskanäle zur Gesundheitsvorsorge informiert zu haben (Abb. V-25).

Die Rangordnung der für die Information zur Gesundheitsvorsorge präferierten Medien stimmt mit der Rangordnung des bisherigen Mediennutzungsverhaltens überein: Nicht nur bei der bisherigen Nutzung, sondern auch bei den Präferenzen für die Zukunft stehen die Printmedien unter den Informationskanälen an erster Stelle, obschon sie hier nur noch von 50,3 Prozent der Befragten genannt wurden. Zukünftig würden die Versicherten aber gerne mehr Informationen zur Gesundheitsvorsorge im Internet recherchieren. Diesen Wunsch äußerten 41,2 Prozent der Befragten. 35,4 Prozent der Versicherten gaben an, dass sie auch eine persönliche Beratungsstelle aufsuchen würden, während 32,5 Prozent der Befragten ein Servicetelefon zur Gesundheitsvorsorgeinformation benutzen möchten. Es zeigt sich also insgesamt eine gewisse Präferenz für schriftliche und somit jederzeit nachlesbare Informationen über Vorsorgethemen (Abb. V-25).[725]

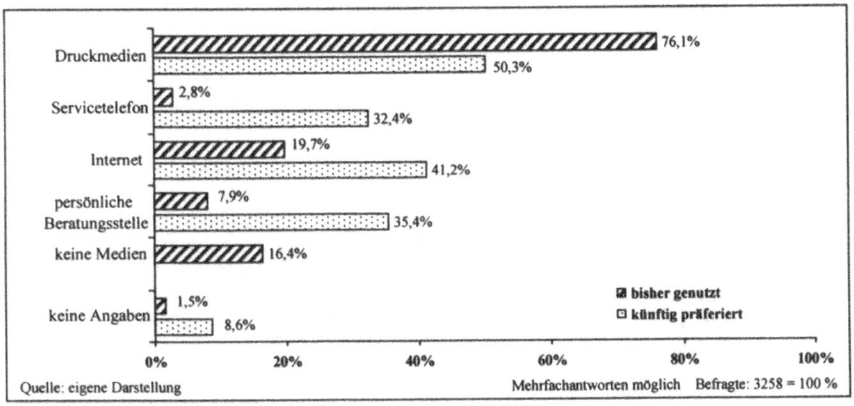

Abb. V-25: Informationsmedien zur Gesundheitsvorsorge

Gerade jüngere und gut ausgebildete Versicherte würden sich gerne im Internet über Möglichkeiten zur Gesundheitsvorsorge informieren. Auf weniger Gegenliebe stößt das Internet bei älteren Versicherten, Rentnern und Pensionären sowie Hausfrauen/-männer. Auch Versicherte mit schlechterem Gesundheitszustand zeigen eher Skepsis gegenüber dem Medium Internet. Sie würden lieber in den Printmedien Informationen nachlesen oder sich an ein Servicetelefon oder eine persönliche Beratungsstelle wenden. Eine persönliche Beratungsstelle heranziehen wollen darüber hinaus eher ältere Versicherte und Patienten mit niedrigerem Bildungsstand. Eine Vorliebe für Informationen zur Gesundheitsvorsorge via Printmedien und damit eine Tendenz zur schriftlichen Information weisen vor allem Versicherte bis 34 Jahre und ab 55 Jahre, Befragte mit höherer Schulbildung sowie Beamte, Hausfrauen/-männer und Rentner/Pensionäre auf. Das Servicetelefon ist vor allem bei Versicherten der mittleren Al-

[725] Siehe Anhang „Empirische Untersuchung", Signifikanztests, Anlage 16.

tersgruppe ein häufig gewünschter Informationskanal für Vorsorgeinformationen (Abb. V-26).[726]

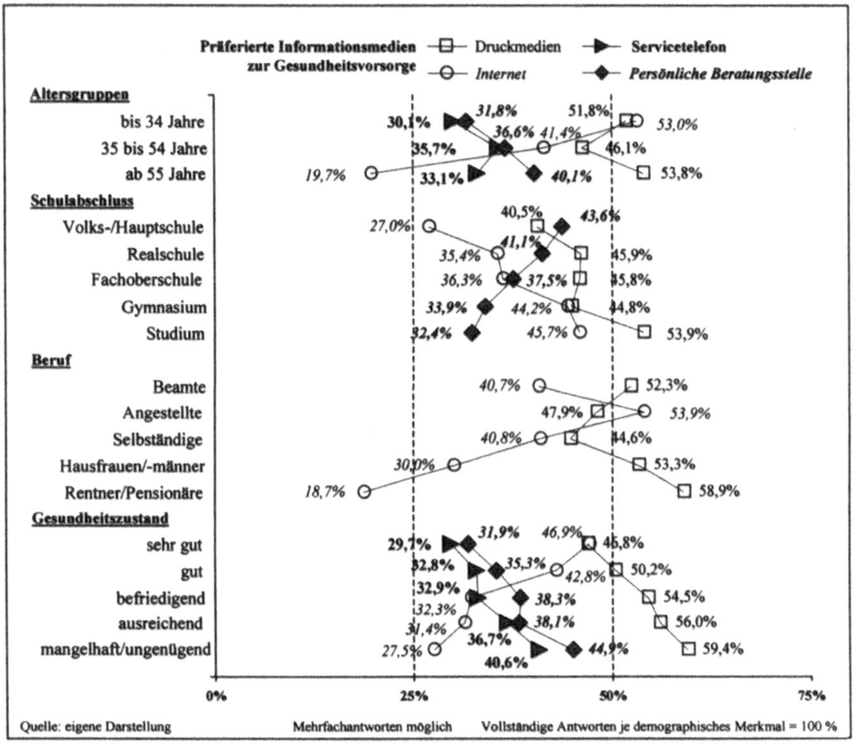

Abb. V-26: Versichertenmerkmale und Präferenzen für Informationsmedien zur Gesundheitsvorsorge

2.4.2 *Informationsmedien zu Ärzten*

Informationen über Ärzte werden bisher offensichtlich weniger über die zur Auswahl gestellten Medien als etwa über informelle Gespräche mit Freunden und Bekannten bezogen. Jedenfalls gab mit 50,8 Prozent gut die Hälfte der Versicherten an, zur Information über Ärzte bisher noch keine der aufgeführten Medien genutzt zu haben. Dies dürfte zumindest teilweise auch die restriktiven rechtlichen Regelungen reflektieren, die das Aussprechen von Ärzteempfehlungen über die genannten, kontrollierbaren Medien verhindern und in weniger öffentliche Bereiche verdrängen. Ansonsten stellen auch für dieses Themengebiet die Printmedien mit 24,6 Prozent und das Internet mit lediglich noch 12,2 Prozent der Versicherten die gebräuch-

[726] Siehe Anhang „Empirische Untersuchung", Signifikanztests, Anlage 17.

lichsten Informationskanäle dar. Nur 8,8 Prozent der Versicherten wandten sich an eine persönliche Beratungsstelle und 3,6 Prozent an ein Servicetelefon (Abb. V-27).

Alle genannten Übertragungskanäle würden die Versicherten gerne signifikant stärker als bisher für die Gewinnung von Informationen über Leistungserbringer nutzen. Interessanterweise steht dabei das bisher am wenigsten genutzte Servicetelefon mit 43,5 Prozent der Nennungen auf ersten Platz der Wunschliste für die Zukunft. Der schnelle und unkomplizierte Zugriff auf dieses Medium sowie die von ihm ermöglichte zweiseitige Kommunikation stellen Vorteile dar, die hier schwerer zu wiegen scheinen als etwa bei der Information über Vorsorgemaßnahmen, wo immer wieder nachlesbare Hinweise aus den Druckmedien bevorzugt wurden. Internet und persönliche Beratungsstelle, die in der Regel jeweils nur einen der Vorzüge Verfügbarkeit und Zweiseitigkeit aufweisen, rangieren mit 40,0 Prozent und 39,3 Prozent der Nennungen auf den Plätzen 2 und 3 der Versicherten-Wunschliste. Erst dahinter finden sich mit 29,3 Prozent die bisher als Informationskanal am häufigsten genutzten Druckmedien. Aber ebenso wie bei allen anderen genannten Medien ist auch hier der Anteil derjenigen, die über sie gerne Informationen über Ärzte beziehen würden, höher als der Prozentsatz der Versicherten, die dies bereits getan haben (Abb. V-27).[727]

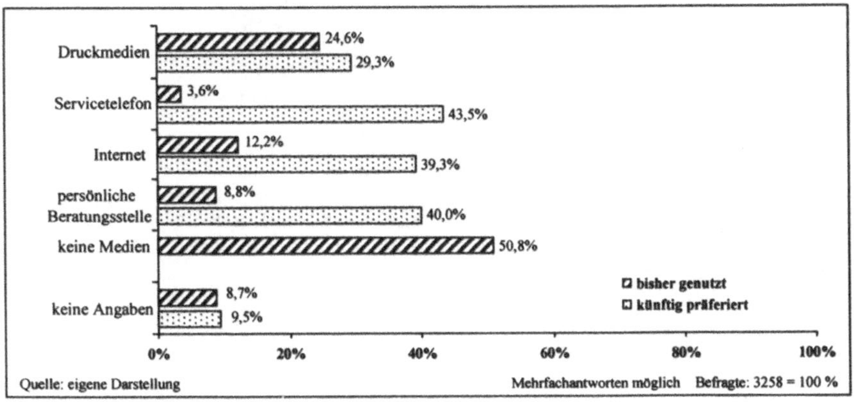

Abb. V-27: Informationsmedien zu Ärzten

Die Zusammenhänge zwischen den soziodemographischen und gesundheitlichen Merkmalen der Versicherten einerseits und ihren Mediennutzungspräferenzen bei Informationen über Ärzte andererseits entsprechen weitgehend denen bei Informationen zur Gesundheitsvorsorge. Während sich ältere Versicherte, Hausfrauen/-männer, Rentner und Pensionäre gegenüber dem Internet weniger offen zeigen und für die Arztwahl lieber eine persönliche Beratungsstel-

[727] Siehe Anhang „Empirische Untersuchung", Signifikanztests, Anlage 18.

le konsultieren wollen, bevorzugen vor allem jüngere und besser ausgebildete Versicherte das Internet. Auch Versicherte, die ihren Gesundheitszustand schlechter einschätzen, lehnen das Internet als Kommunikationsmedium eher ab als gesunde Versicherte und präferieren zur Information über Ärzte eine persönliche Beratungsstelle, das Servicetelefon und die Printmedien. Eine Vorliebe für Arztempfehlungen aus den Printmedien weisen eher jüngere Versicherte, Hausfrauen/-männer, Rentner und Pensionäre sowie Versicherte mit höherem Schulabschluss auf. Eine persönliche Beratungsstelle findet indes eher bei Versicherten mit niedrigerem Bildungsstand sowie bei Hausfrauen/-männern, Rentnern und Pensionären Zuspruch. Das Servicetelefon möchten vor allem Versicherte der mittleren Altersgruppe gerne zur Information über Ärzte nutzen (Abb. V-28).[728]

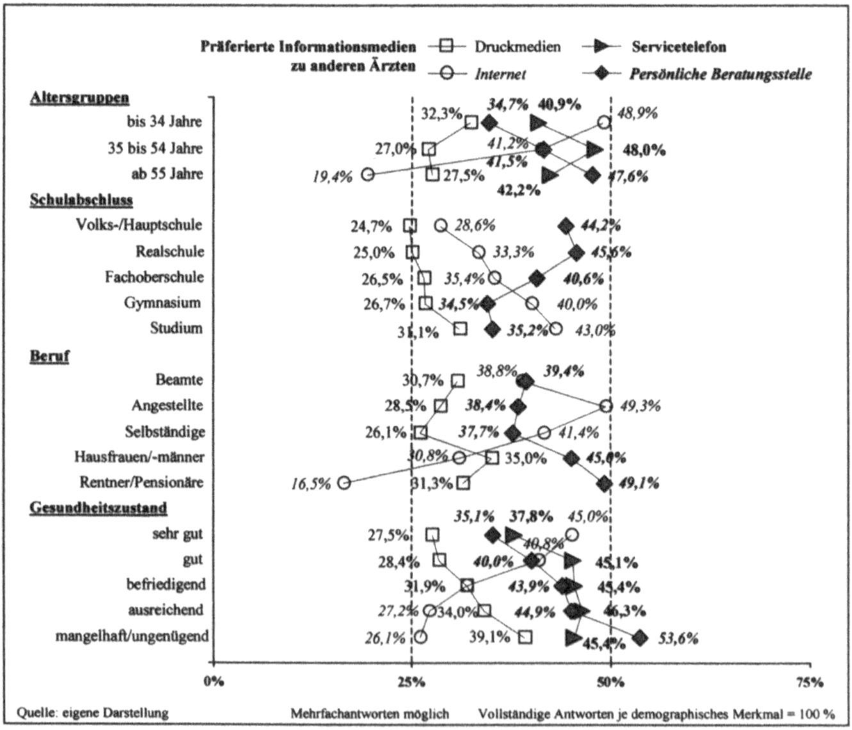

Abb. V-28: Versichertenmerkmale und Präferenzen für Informationsmedien zu Ärzten

---

728 Siehe Anhang „Empirische Untersuchung", Signifikanztests, Anlage 19.

2.4.3 *Informationsmedien zur festgestellten Erkrankung*

Für die Information zur festgestellten Erkrankung wurden bisher ebenso wie bei der Gesundheitsvorsorge überwiegend die Printmedien zu Rate gezogen. So gaben 48,1 Prozent der Versicherten an, in den Printmedien schon einmal Informationen zur festgestellten Erkrankung nachgelesen zu haben. Auch das Internet wurde bereits von 20,0 Prozent der Versicherten herangezogen. Während 9,7 Prozent der Versicherten schon einmal eine persönliche Beratungsstelle zur Information über die Erkrankung aufgesucht haben, holten bisher nur 2,8 Prozent der Versicherten Informationen über ein Servicetelefon ein. 5,7 Prozent der Versicherten gaben an, noch keinen der Informationskanäle zur Information über die festgestellte Erkrankung genutzt zu haben (Abb. V-29).

Statt Informationen über die festgestellte Erkrankung anonym in den Printmedien nachzulesen, würden 49,7 Prozent der Versicherten in Zukunft gerne eine persönliche Beratungsstelle kontaktieren. Die so vermittelten Informationen können individuell auf die Bedürfnisse des Empfängers zugeschnitten werden. Bei der persönlichen Beratung über eine Erkrankung kann sich das Gegenüber zudem ein eigenes Bild vom Rat suchenden Patienten machen, was diese von allen anderen Informationskanälen unterscheidet und bei Informationen zur festgestellten Erkrankung eine besonders wichtige Rolle spielen dürfte. Dementsprechend ist der Anteil derjenigen, die zu diesem Thema gerne Printmedien, Internet oder Servicetelefon nutzen würden, mit jeweils rund 36 Prozent signifikant niedriger als für die persönliche Beratungsstelle. Mit Ausnahme der bereits vielgenutzten Printmedien ist dieser Prozentsatz aber immer noch signifikant höher als der Anteil der bisherigen Nutzer (Abb. V-29).[729]

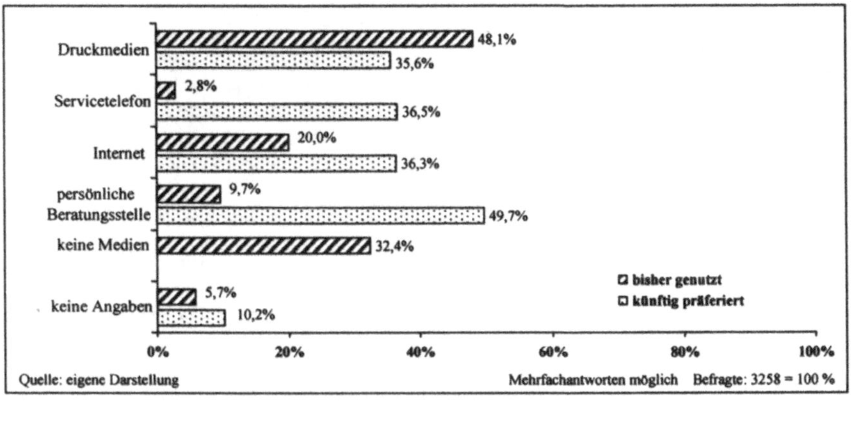

Abb. V-29: Informationsmedien zur festgestellten Erkrankung

[729] Siehe Anhang „Empirische Untersuchung", Signifikanztests, Anlage 20.

Auch zur Information über die festgestellte Erkrankung wird das Internet als Informationsmedium von älteren Versicherten weniger häufig gewünscht. Versicherte mit höherem Schulabschluss äußerten hingegen eine Vorliebe für schriftliche Informationen sowohl über das Internet als auch über die Printmedien, während sie signifikant weniger Enthusiasmus für die persönliche Beratungsstelle aufbrachten als Versicherte mit niedrigerer Schulbildung. Der Wunsch nach der persönlichen Beratungsstelle als Informationsmedium zur festgestellten Erkrankung ist gerade bei älteren Versicherten, Hausfrauen/-männern, Rentnern und Pensionären überdurchschnittlich ausgeprägt. Versicherte mit schlechterem Gesundheitszustand informieren sich statt über das Internet lieber über die Printmedien, ein Servicetelefon oder eine persönliche Beratungsstelle. Das Servicetelefon zur Information über die diagnostizierte Krankheit würden vor allem Versicherte der mittleren Altersgruppe gerne nutzen, während Angehörige dieser Gruppe die Printmedien eher ablehnen (Abb. V-30).[730]

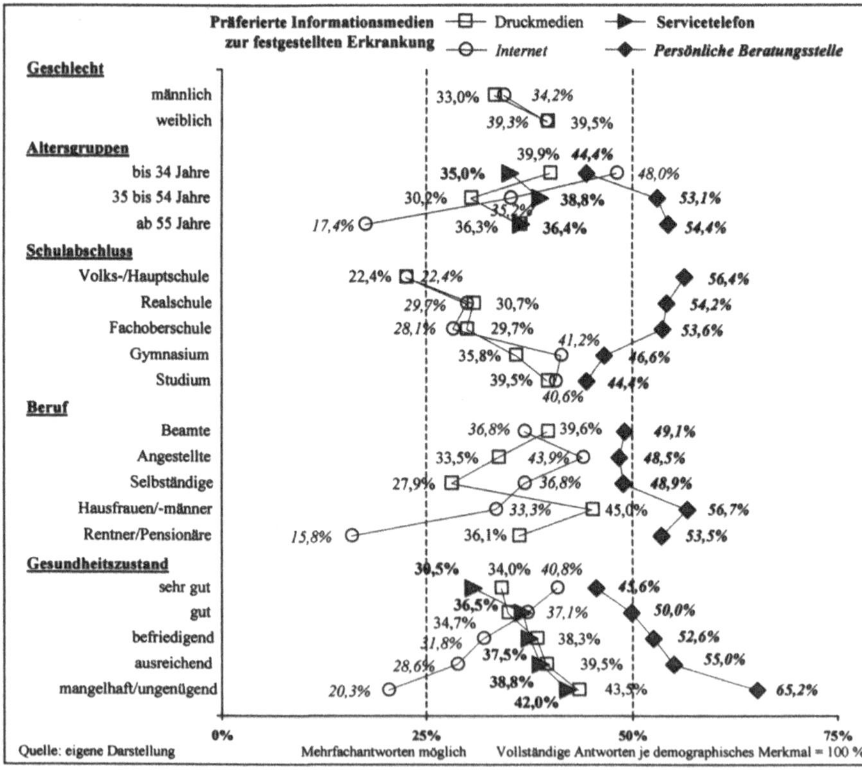

Abb. V-30: Versichertenmerkmale und Präferenzen für Informationsmedien zur festgestellten Erkrankung

[730] Siehe Anhang „Empirische Untersuchung", Signifikanztests, Anlage 21.

2.4.4 Informationsmedien zu Behandlungsmöglichkeiten

Über Behandlungsmöglichkeiten haben 57,7 Prozent der Versicherten schon einmal in den Printmedien Informationen nachgelesen. Dieser klassische Informationskanal stellte auch zur Gesundheitsvorsorgeinformation, zur Information über Ärzte und über die festgestellte Erkrankung das bisher am meisten genutzte Informationsmedium dar. 22,5 Prozent der Versicherten haben auch im Internet schon einmal Informationen über Therapien gesucht. Nur 10,7 Prozent der Befragten informierten sich über eine persönliche Beratungsstelle und 3,5 Prozent über ein Servicetelefon (Abb. V-31).

Ebenso wie bei Informationen über die festgestellte Erkrankung zeigten die Versicherten auch bei Informationen zu Behandlungsmöglichkeiten eine deutliche Präferenz für die persönliche Beratungsstelle, die 52,2 Prozent gerne konsultieren würden. Etwas seltener als die Beratungsstelle werden die Informationskanäle Internet, Servicetelefon und Printmedien genannt, über die jeweils gut 40 Prozent der Befragten gerne Informationen zu Behandlungsmöglichkeiten erhalten würden (Abb. V-31).[731]

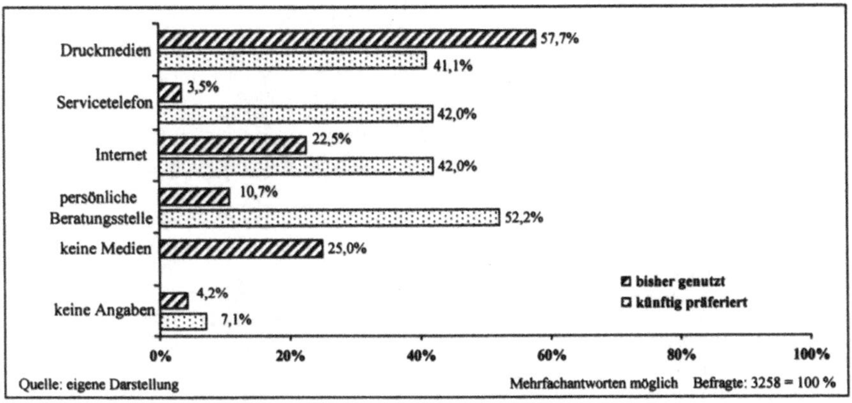

Abb. V-31: Informationsmedien zu Behandlungsmöglichkeiten

Eine besondere Vorliebe für die Information über eine persönliche Beratungsstelle äußerten ältere und sich weniger gesund fühlende Versicherte, Frauen, Befragte mit niedrigerem Bildungstand sowie Hausfrauen/-männer, Rentner und Pensionäre. Während Versicherte mit schlechterem Gesundheitszustand auch die Printmedien und das Servicetelefon gerne zur Information über Behandlungsmöglichkeiten nutzen würden, stehen sie dem Internet eher ablehnend gegenüber. Demgegenüber würden jüngere Versicherte, Beamte, Selbständige und Angestellte das Internet in Zukunft gerne verstärkt zur Information über Behandlungsmög-

[731] Siehe Anhang „Empirische Untersuchung", Signifikanztests, Anlage 22.

lichkeiten nutzen. Versicherte mit höherem Schulabschluss tendieren auch hier eher als Versicherte mit niedrigerer Bildung zu schriftlichen Informationen per Internet oder über die Printmedien. Die Printmedien finden darüber hinaus besonderen Anklang bei Frauen, Versicherten bis 34 Jahre und ab 55 Jahre sowie bei Beamten, Hausfrauen/-männern, Rentnern und Pensionären. Das Servicetelefon als Informationskanal zu Behandlungsmöglichkeiten ist besonders attraktiv für Versicherte der mittleren Altersgruppe (Abb. V-32).[732]

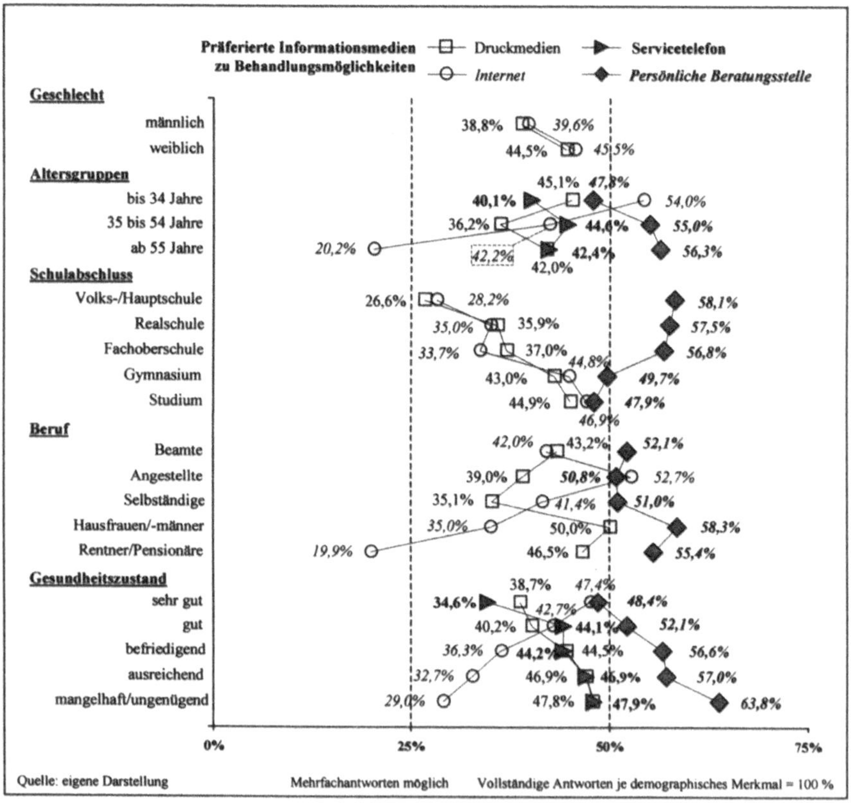

Abb. V-32: Versichertenmerkmale und Präferenzen für Informationsmedien zu Behandlungsmöglichkeiten

2.4.5 Überblick nach Versichertenmerkmalen

Jüngere Versicherte zeigen über alle Themengebiete hinweg das ausgeprägteste Interesse an Gesundheitsinformationen aus dem Internet, während hier bei den älteren Versicherten die

[732] Siehe Anhang „Empirische Untersuchung", Signifikanztests, Anlage 23.

größten Vorbehalte bestehen. Interessanterweise scheinen bei einer persönlichen Beratungsstelle eingeholte Informationen in dieser Hinsicht in einem komplementären Verhältnis zu im Internet abgefragten Informationen zu stehen: Ältere Befragte äußerten über alle Themen hinweg das größte Interesse an einer persönlichen Beratungsstelle. Ebenso wie in vielen anderen Lebensbereichen sind ältere Menschen es wohl auch bei Gesundheitsinformationen noch eher gewohnt, Dienstleistungen in einer persönlichen und auf sie zugeschnittenen Form zu erhalten. Einige von ihnen mögen darauf auch eher angewiesen sein als jüngere Menschen, die sich in der Vielfalt neuartiger Medienangebote oft besser zurechtfinden und dementsprechend über alle Themen hinweg ein deutlich geringeres Interesse an der persönlichen Beratung zeigen.

Ähnliche Befunde ergeben sich hinsichtlich der *Schulbildung*. Besser ausgebildete Versicherte zeigen sich deutlich mehr an Informationen aus dem Internet und deutlich weniger an Empfehlungen von der persönlichen Beratungsstelle interessiert als Befragte mit niedrigerem Schulabschluss. Ebenso wie die jüngeren Befragten messen die besser ausgebildeten Versicherten dem Kriterium Zeitaufwand eine höhere Bedeutung zu und schrecken möglicherweise daher vor dem Besuch einer persönlichen Beratungsstelle zurück. Bemerkenswert ist auch, dass eine bessere Schulbildung zu einem verstärkten Wunsch nach gedruckten Gesundheitsinformationen führt, so dass diese Zielgruppe über die Printmedien besonders gut zu erreichen ist.

Wie bereits diskutiert, führt ein schlechterer *Gesundheitszustand* zu einem verstärkten Bedürfnis nach Gesundheitsinformationen. Entsprechend zeigen weniger gesunde Versicherte für alle Informationskanäle außer dem Internet ein größeres Interesse als andere Befragte. Die Ausnahmestellung des Internets könnte sich dadurch erklären, dass die weniger gesunden Befragten im Durchschnitt älter und evtl. mit modernen Informationsmedien weniger vertraut sind.

2.4.6 Überblick nach Informationsmedien

Zur Information über die vier Gesundheitsthemen Vorsorge, Arztwahl, festgestellte Erkrankung und Behandlungsmöglichkeiten wurden bisher die Printmedien mit Abstand am häufigsten genutzt. Bei allen diesen Themen liegt das Internet zurzeit noch mit beträchtlichem Rückstand auf dem zweiten Platz. Demgegenüber wurden persönliche Beratungsstellen, vor allem aber auch Servicetelefon-Angebote, bisher nur von wenigen Versicherten konsultiert. Diese Rangfolge der bisherigen Nutzung fällt für alle vier betrachteten Themengebiete gleich aus (Tab. V-3). Bemerkenswert ist, wie viele Versicherte zu den einzelnen Themengebieten noch gar keine Informationen über die genannten Informationskanäle erhalten haben. Hinsichtlich Informationen zu Ärzten reflektiert dies wohl den aus den Untersuchungsergebnissen zu den Informationsquellen gewonnenen Befund, dass insbesondere Arztempfehlungen häufig noch in informellen Gesprächen etwa mit Freunden und Verwandten weitergegeben werden. Auffällig ist aber auch, dass ein großer Teil der Versicherten noch keinen der genannten Kanäle zur Information über die festgestellte Erkrankung (32,4 Prozent) und über deren Behandlungsmöglichkeiten (25,0 Prozent) genutzt hat. Dies kann unter anderem mit den in Deutschland noch sehr restriktiven rechtlichen Rahmenbedingungen der Bereitstellung von diagnostischen und medizinisch-beratenden Informationen über Informationsmedien begründet werden.[733] Entsprechend der Rechtsprechung dürfen ausschließlich über Informationsmedien oder Computernetze keine Diagnosen gestellt und keine konkreten Therapievorschläge gemacht werden.[734]

	Informationsmedien zu den Themen							
	Gesundheitsvorsorge		**andere Ärzte (Spezialisten)**		**festgestellte Erkrankung**		**Behandlungsmöglichkeiten**	
bisher genutzt								
1.	Druckmedien	76,1 %	keine Medien genutzt	50,8 %	Druckmedien	48,1 %	Druckmedien	57,7 %
2.	Internet	19,7 %	Druckmedien	24,6 %	keine Medien genutzt	32,4 %	keine Medien genutzt	25,0 %
3.	keine Medien genutzt	16,4 %	Internet	12,2 %	Internet	20,0 %	Internet	22,5 %
4.	persönliche Beratungsstelle	7,9 %	persönliche Beratungsstelle	8,8 %	persönliche Beratungsstelle	9,7 %	persönliche Beratungsstelle	10,7 %
5.	Servicetelefon	2,8 %	Servicetelefon	3,6 %	Servicetelefon	2,8 %	Servicetelefon	3,5 %
künftig präferiert								
1.	Druckmedien	50,3 %	Servicetelefon	43,5 %	persönliche Beratungsstelle	49,7 %	persönliche Beratungsstelle	52,2 %
2.	Internet	41,2 %	persönliche Beratungsstelle	40,0 %	Servicetelefon	36,5 %	Servicetelefon	42,0 %
3.	persönliche Beratungsstelle	35,4 %	Internet	39,3 %	Internet	36,3 %	Internet	42,0 %
4.	Servicetelefon	32,4 %	Druckmedien	29,3%	Druckmedien	35,6 %	Druckmedien	41,1 %

Mehrfachantworten möglich Befragte: 3258 = 100 %

Tab. V-3: Zusammenfassung der bisherigen Nutzung und künftigen Präferenzen hinsichtlich Informationsmedien

[733] Siehe hierzu Teil IV Abschnitt 3.1.3.4.
[734] Vgl. § 7 (3) MBO-Ä.

Anders als die bisherige Nutzung hängt die gewünschte Inanspruchnahme der verschiedenen Informationsmedien stark von den betreffenden Themengebieten ab. So ziehen die Versicherten bei Maßnahmen der Gesundheitsvorsorge nachlesbare, schriftliche Informationen den mündlichen vor. Für die Information über die festgestellte Erkrankung und deren Behandlungsmöglichkeiten bevorzugen die meisten Versicherten hingegen eine persönliche Beratungsstelle, wo man sich ein besseres Bild vom Patienten machen und diesen individuell beraten kann.[735] Der dafür erforderliche Aufwand wird offensichtlich angesichts der mit einer bereits vorhandenen Erkrankung einhergehenden Risiken eher in Kauf genommen als beispielsweise bei Vorsorgeinformationen, wo die persönliche Beratungsstelle deutlich weniger Anhänger findet. Für die Arztwahl sind hingegen oft schnelle Entscheidungen nötig. Anstelle der Printmedien bevorzugen die Versicherten hier das Servicetelefon.

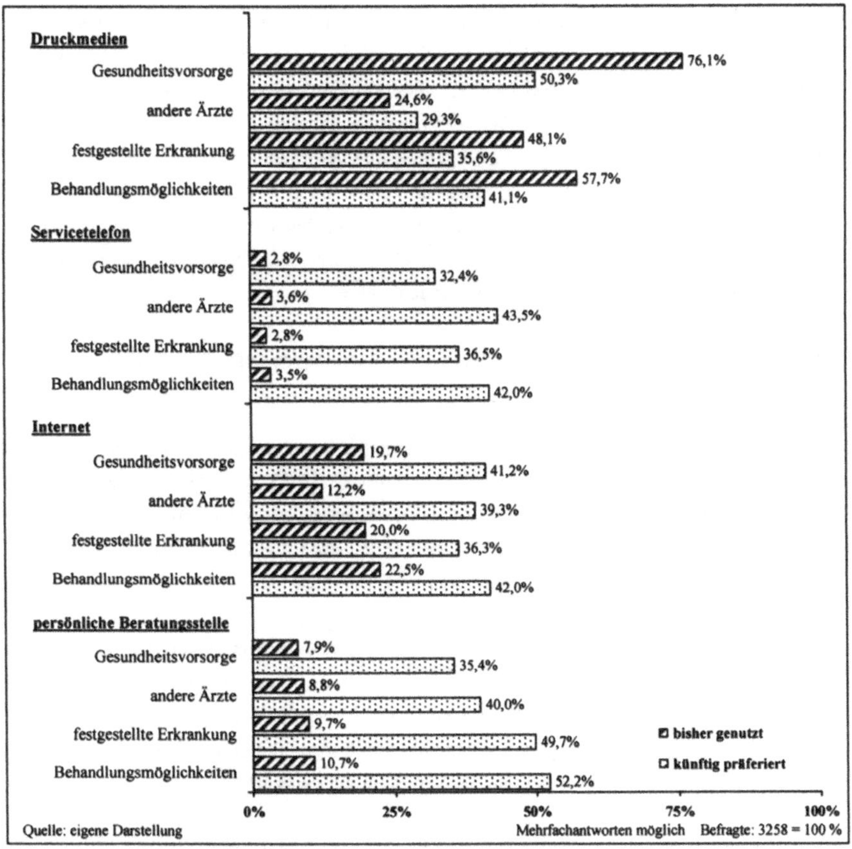

Abb. V-33: Informationsmedien für Gesundheitsinformationen

[735] Siehe Anhang „Empirische Untersuchung", Signifikanztests, Anlage 24.

Abbildung V-33 zeigt abschließend auf, für welche Gesundheitsthemen die einzelnen Informationsmedien bisher am meisten herangezogen wurden und für welche Themen sie am häufigsten gewünscht werden.

2.5 Erwartungen an die Krankenversicherung hinsichtlich Information und Kommunikation

Bei der Untersuchung der Präferenzen der Versicherten hinsichtlich Informationsquellen hatte sich gezeigt, dass ein unbefriedigtes Bedürfnis nach Informationen vor allem hinsichtlich der Krankenversicherung besteht. Die Krankenversicherung stellt nach dem Arzt die von den Versicherten am meisten gewünschte Informationsquelle insbesondere für die Themen Gesundheitsvorsorge, medizinische Spezialisten und Behandlungsmöglichkeiten dar. Auch die Krankenversicherungen stehen dem Wandel hin zu mehr Informationen für ihre Versicherten generell positiv gegenüber.[736] Aber was genau erwarten die Versicherten von der neuen Serviceleistung „Gesundheitsinformation und -beratung“ ihrer Krankenversicherung? Auch angesichts der bisher nur geringfügigen Nutzung von Informationsangeboten der Krankenversicherung stellt sich die Frage, wie deren Informationsangebote gestaltet werden sollten, um die Akzeptanz bei den Versicherten zu erhöhen. Im folgenden Abschnitt werden zunächst die Erwartungen der Versicherten an die Krankenversicherung hinsichtlich Informationsinhalten und –kosten untersucht. Anschließend wird erörtert, über welche Informationskanäle diese die gewünschten Gesundheitsinformationen übertragen sollte.

2.5.1 Erwartungen an die Krankenversicherung hinsichtlich Informationsinhalte und -kosten

Die zielgruppengerechte Aufbereitung von Gesundheitsinformationen und ihre Bereitstellung etwa über ein Servicetelefon oder persönliche Beratungsstellen könnte der Krankenversicherung erhebliche Kosten verursachen. Es ist daher zu überprüfen, welche Informationsinhalte den Versichten am wichtigsten sind und ob sie bereit wären, über höhere Beitragssätze die Kosten der Informationsbereitstellung mitzutragen.

Gegenstand dieses Abschnitts ist die folgende Fragestellung der empirischen Studie:

- Sind allein Versicherungsprämien und Erstattungsleistungen für die Wahl der Krankenversicherung maßgeblich oder beeinflussen auch Serviceaspekte wie die Unterstützung der Versicherten bei der Arztwahl und das Angebot von Informationen zur Gesundheitsvorsorge oder zu Behandlungsmöglichkeiten die Entscheidung der Versicherten?

Die Versicherten sollten hierzu angeben, was sie von ihrer Krankenversicherung erwarten und diese Erwartungen entsprechend ihrer Wichtigkeit in eine Rangfolge bringen.

---

[736] Vgl. Teil IV Abschnitt 3.3.2.2.

Die Kosten einer Krankenversicherung sind für die überwiegende Mehrheit der Versicherten wichtig. So gaben 73,1 Prozent der Versicherten an, eine niedrige Versicherungsprämie von ihrer Krankenversicherung zu erwarten. 64,8 Prozent der Versicherten erwarten von ihrer Krankenversicherung aber auch Informationen zu Behandlungsmöglichkeiten und 61,3 Prozent der Versicherten Informationen über Maßnahmen zur Gesundheitsvorsorge. Unterstützung bei der Arztwahl ist für 52,6 Prozent der Versicherten relevant (Abb. V-34).[737]

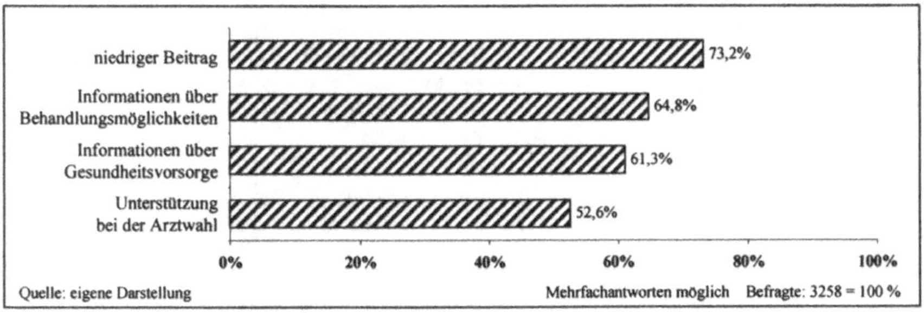

Abb. V-34: Erwartungen an die Krankenversicherung

Eine niedrige Versicherungsprämie erwarten vor allem gesunde und gut ausgebildete Versicherte sowie Befragte unter 55 Jahre. Unterstützung bei der Arztwahl erhoffen von ihrer Krankenversicherung eher Versicherte mit niedrigerem Bildungsstand. Dagegen nimmt das Interesse an Informationen zu Behandlungsmöglichkeiten mit zunehmendem Alter und schlechterer Gesundheit zu. Für Versicherte, die ihren Gesundheitszustand als nur befriedigend oder schlechter einstufen, für Rentner und Pensionäre sowie Versicherte ab 55 Jahre wären von der Krankenversicherung bereitgestellte Informationen zu Behandlungsmöglichkeiten sogar wichtiger als die Beitragshöhe. Interessant ist auch der Befund, dass jüngere Versicherte von ihrer Krankenversicherung eher Informationen zur Gesundheitsvorsorge erwarten als ältere Versicherte. Angesichts der in jungen Jahren größeren Möglichkeiten, durch Änderungen der Lebensführung, der Ernährung usw. die zukünftige Gesundheit und Lebenserwartung zu beeinflussen, erscheint dieses Antwortverhalten aber sinnvoll (Abb. V-35).[738]

[737] Siehe Anhang „Empirische Untersuchung", Signifikanztests, Anlage 25.

[738] Die hier geäußerten Erwartungen an die Krankenversicherung stehen in einem gewissen Gegensatz zu dem Befund aus Teil V Abschnitt 2.2.2, dass jüngere Versicherte Vorsorgeinformationen insgesamt für weniger wichtig halten als ältere, dafür aber vergleichsweise mehr Wert auf Informationen zu Behandlungsmöglichkeiten legen. Siehe hierzu auch Anhang „Empirische Untersuchung", Signifikanztests, Anlage 26.

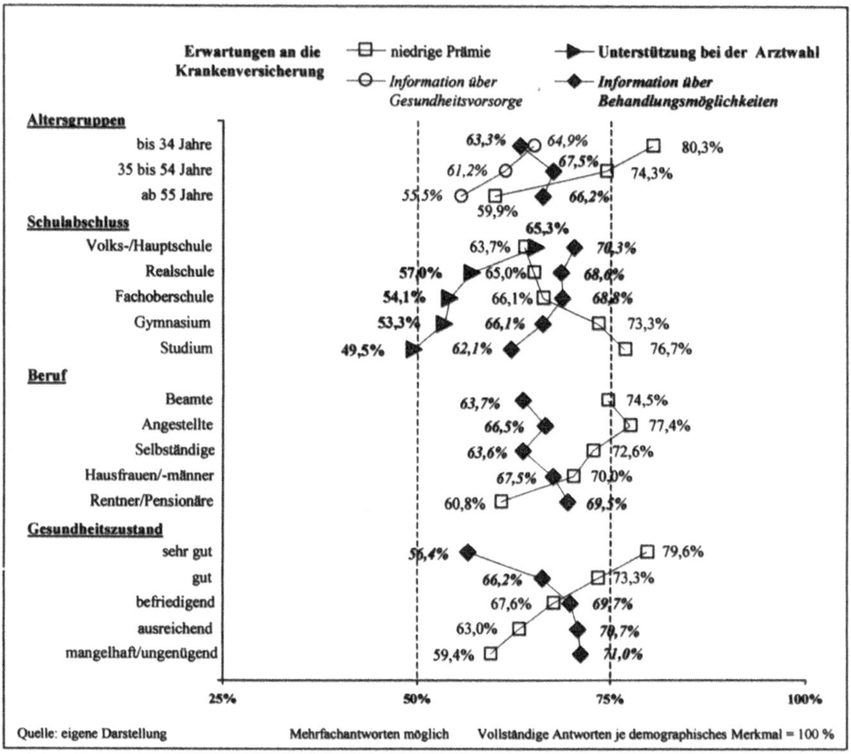

Abb. V-35: Versichertenmerkmale und Erwartungen an die Krankenversicherung

Des Weiteren waren die Versicherten aufgefordert, ihre Erwartungen an die Krankenversicherung in eine Reihenfolge zu bringen. Abbildung V-36 zeigt deutlich, dass der Erwartung niedriger Beitrag am häufigsten Rangplatz 1 der Erwartungsskala (von 46,5 Prozent der Versicherten) zugeteilt wurde. Während die Information über Behandlungsmöglichkeiten meistens auf Platz 2 und Platz 3 eingeordnet wurde, erzielte die Information zur Gesundheitsvorsorge etwa gleich häufig die Plätze 2, 3 und 4 der Erwartungsskala. Die Unterstützung bei der Arztwahl fand sich am ehesten auf dem hintersten Platz der Erwartungsskala.

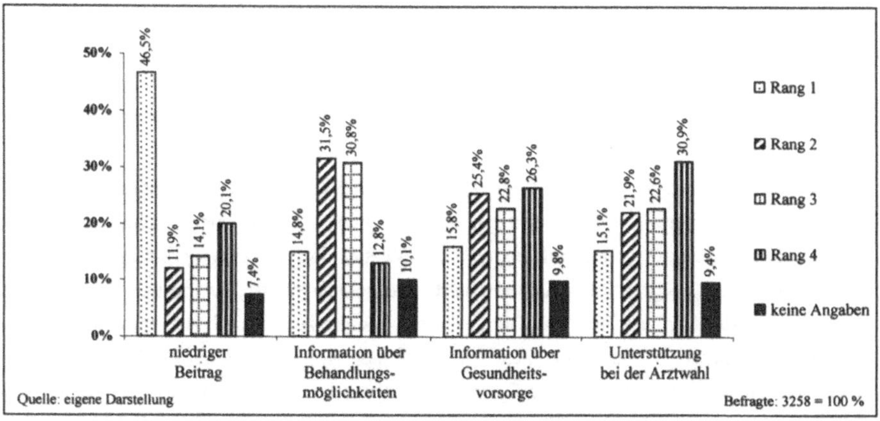

Abb. V-36: Rangplatzierung der Erwartungen an die Krankenversicherung

Abschließend sind in Tabelle V-4 die mittleren Ränge für die Erwartungen der Versicherten an die Krankenversicherung aufgeführt.[739] Auch dieser Tabelle ist zu entnehmen, dass die „niedrige Versicherungsprämie" mit einem mittleren Rang von 2,08 bei den Versicherten die höchste Priorität genießt, gefolgt von der „Information über Behandlungsmöglichkeiten" (mittlerer Rang 2,46). „Unterstützung bei der Arztwahl" durch die Krankenversicherung wird von den Versicherten am wenigsten erwartet (mittlerer Rang 2,76).

Erwartungen an die Krankenversicherung	Mittlerer Rang
Niedrige Prämie	2,08
Information über Behandlungsmöglichkeiten	2,46
Information über Gesundheitsvorsorge	2,65
Unterstützung bei der Arztwahl	2,76

Tab. V-4: Mittlere Ränge für die Erwartungen an die Krankenversicherung

Die Befragungsergebnisse unterstreichen, dass niedrige Beitragssätze für die meisten Versicherten im Konfliktfall Priorität hätten, aber auch, dass eine Mehrheit der Befragten von ihrer Krankenversicherung die Bereitstellung von Gesundheitsinformationen erwartet. Besonders zu beachten ist, dass Krankenversicherungen, die zur Finanzierung von Informationsangeboten spürbar höhere Beiträge verlangen, vor allem für solche Versicherte attraktiv wären, die sich selbst für weniger gesund halten. Im schlimmsten Fall wäre eine ungünstigere Versicher-

[739] Die Zusammenfassung ordinalskalierter Rankings zu einem Mittelwert ist aus statistischer Sicht problematisch und dient hier nur der Veranschaulichung.

tenstruktur die Folge. Ihr ließe sich aber durch eine Konzentration auf Vorsorgeinformationen und risikogerechte Tarife zumindest entgegensteuern.

2.5.2 Informationsmedien zur Übertragung von Gesundheitsinformationen der Krankenversicherung

Nachdem gezeigt wurde, welchen Stellenwert verschiedene Gesundheitsinformationen von der Krankenversicherung für die Befragten haben, ist nun zu fragen, über welche Kanäle die Krankenversicherung diese Informationen an ihre Versicherten weitergeben soll. Zwecks Beantwortung dieser Frage wurden die Versicherten aufgefordert, eine Rangordnung für die Informationsmedien aufzustellen, über die sie Informationen zu Gesundheitsthemen von ihrer Krankenversicherung einholen möchten. Die Ergebnisse sind in Abbildung V-37 dargestellt. Die Druckmedien rangieren am häufigsten auf Platz 1 (30,7 Prozent), das Servicetelefon meist auf Platz 2 (31,2 Prozent). Das Internet und die persönliche Beratungsstelle finden sich am ehesten auf dem hintersten Platz.

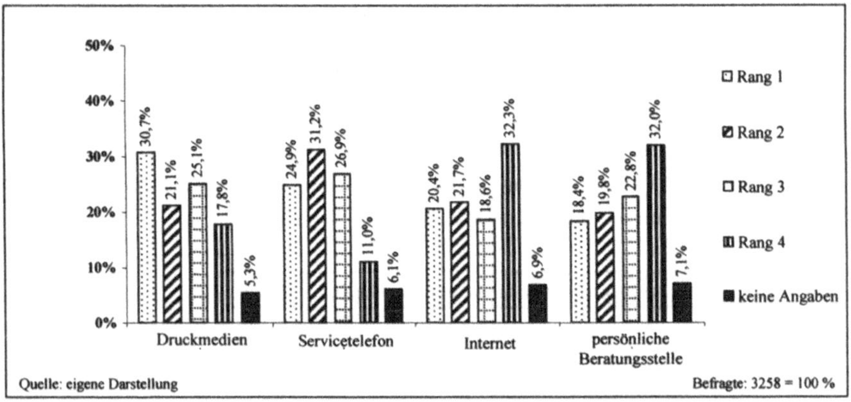

Abb. V-37: Rangordnung für die Informationsmedien der Krankenversicherung

Diese Ergebnisse deuten daraufhin, dass die Befragten sehr spezifische Erwartungen an die von der Krankenversicherung einzusetzenden Medien haben, die sich von ihren in Abschnitt 2.4 diskutierten allgemeinen Präferenzen hinsichtlich Informationsmedien teilweise deutlich unterscheiden. Auffällig ist vor allem der ausgeprägte Wunsch nach Druckmedien und Servicetelefon, während die sonst sehr gefragte persönliche Beratungsstelle eher in den Hintergrund tritt. Unter Umständen haben die Versicherten Zweifel, ob die Krankenversicherung eine persönliche Gesundheitsberatung auch in ihrer Nähe anbieten würde oder assoziieren die ihnen persönlich bekannten Ansprechpartner nicht mit Kompetenz in medizinischen Fragen. Zudem hatte sich bei Fragen zu den Quellenpräferenzen gezeigt, dass die Krankenversicherung dem Arzt als meistgewünschter Informationsquelle bei den Themen Gesundheitsvorsorge und Arztempfehlungen am nächsten kommt. Gerade bei diesen beiden Themen liegen aber die Druckmedien und das Servicetelefon unabhängig von der jeweiligen Informationsquelle auf dem ersten Platz der gewünschten Informationskanäle. Außerdem ist gut vorstellbar, dass die Versicherten bei Kontakten mit ihrer Krankenversicherung eher eine gewisse Anonymität wünschen als bei anderen Informationsquellen. Eine solche Anonymität ist beim Nachlesen gedruckter Informationen und dem Anruf bei einem Servicetelefon eher gewährleistet als beim persönlichen Gespräch in einer Beratungsstelle der Krankenversicherung.

2.6 Bedeutung und Beschaffbarkeit von Informationen über Ärzte

In Teil V Abschnitt 2.2.3 dieser Arbeit wurde die Bedeutung von Informationen über Ärzte allgemein aufgezeigt. Demnach empfanden 52,1 Prozent der Versicherten Informationen über Ärzte als sehr wichtig. Wie wichtig den Versicherten Informationen über die Struktur-, Prozess- und Ergebnisqualität[740] von Ärzten im Speziellen sind, wird im Folgenden untersucht. Neben der Wichtigkeit von Informationen über Ärzte werden auch die derzeitigen Möglichkeiten zur Beschaffung dieser Informationen durch die Versicherten untersucht. Darauf aufbauend können sie dann den bereits in Teil III Abschnitt 2.2 diskutierten Kategorien Such-, Erfahrungs- und Vertrauenseigenschaften zugeordnet werden, wobei diese Klassifikation natürlich nur für die aktuellen Rahmenbedingungen des deutschen Gesundheitswesens Gültigkeit haben kann.

Im Mittelpunkt der Untersuchung steht damit hier zunächst die folgende Fragestellung:

- Welche Informationen sind den Versicherten für die Arztwahl wichtig und wie können diese Informationen über Ärzte derzeit von den Versicherten beschafft werden?

2.6.1 Bedeutung von Informationen über Ärzte

Die von den Versicherten empfundene Wichtigkeit verschiedener Informationen über die Struktur-, Prozess- und Ergebnisqualität von medizinischen Leistungserbringern bei der Wahl eines Arztes ist in Abbildung V-38 aufgezeigt.

---

[740] Für die Erläuterung der Klassifizierung der Qualitätseigenschaften von Ärzten in Struktur-, Prozess- und Ergebnisqualität siehe Teil III Abschnitt 2.1.2.

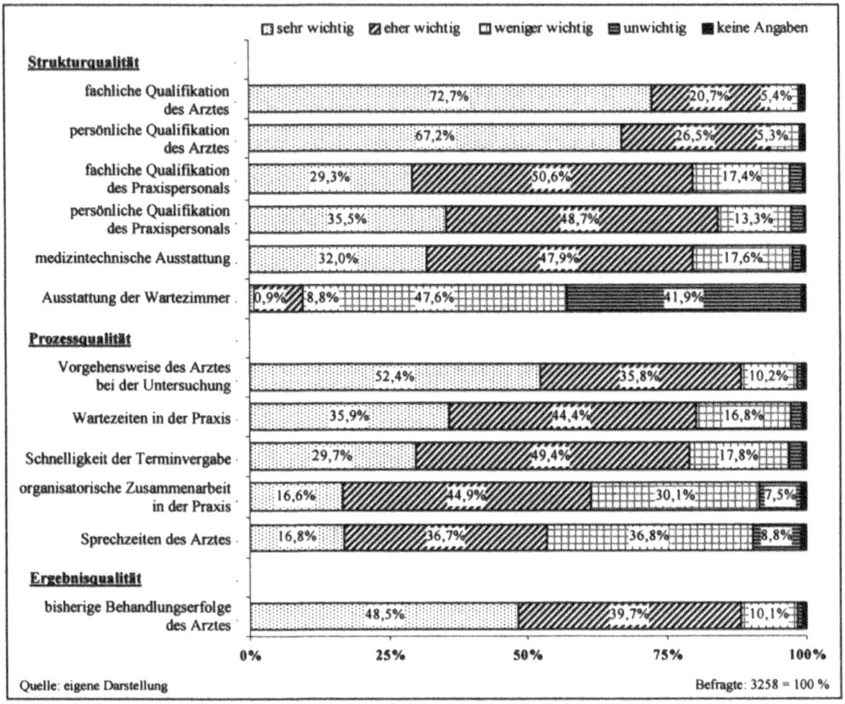

Abb. V-38: Wichtigkeit verschiedener Informationen über Ärzte

Abbildung V-39 stellt die mittlere Wichtigkeit verschiedener Informationen für die Arztwahl dar.[741]

[741] Der Bewertung „sehr wichtig“ werden 4 Punkte zugeordnet, „eher wichtig“ 3 Punkte, „weniger wichtig“ 2 Punkte und „unwichtig“ 1 Punkt. Diese Vorgehensweise ist aus statistischer Sicht problematisch und dient nur der Veranschaulichung.

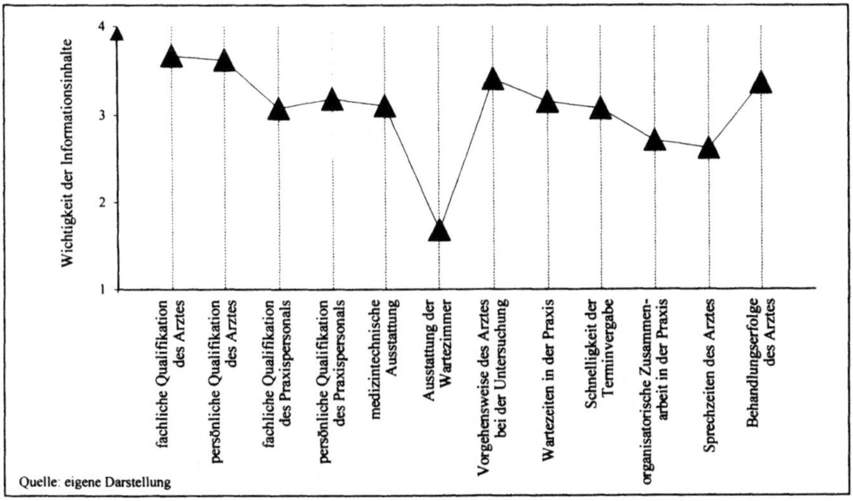

Abb. V-39: Profil der Wichtigkeit verschiedener Informationen über Ärzte

Dieser Abbildung (Abb. V-39) ist zu entnehmen, dass dem Wissen über die fachliche und persönliche Qualifikation des Arztes die größte Bedeutung beigemessen wird. Aber auch Informationen über die Vorgehensweise des Arztes bei einer medizinischen Untersuchung, seine bisherigen Erfolge sowie die persönliche Qualifikation des Praxispersonals sind für die Versicherten wichtig. Als wichtig, aber doch schon etwas weniger relevant wahrgenommen werden Informationen über die medizintechnische Ausstattung der Praxis, die Wartezeiten in der Praxis, die Schnelligkeit der Terminvergabe, die organisatorische Zusammenarbeit in der Praxis sowie die fachliche Qualifikation der Arzthelfer/innen. Am wenigsten interessieren die Versicherten Informationen über die Ausstattung der Wartezimmer.

2.6.2 Beschaffbarkeit von Informationen über Ärzte

Abbildung V-40 stellt dar, welche Möglichkeiten die Versicherten derzeit sehen, verschiedene Informationen über Ärzte zu beschaffen. Bei Informationen über die Sprechzeiten des Arztes gaben die Befragten am häufigsten an, dass sie diese durch gezielte Informationssuche schon vor dem Arztbesuch ermitteln können. Diese Informationen stellen für die Versicherten schon heute eine Sucheigenschaft dar. Wissen über die persönliche Qualifikation des Arztes und seines Praxispersonals, die Ausstattung der Wartezimmer, die medizintechnische Ausstattung der Praxis, die Vorgehensweise des Arztes bei der medizinischen Untersuchung, die Wartezeiten in der Praxis, die organisatorische Zusammenarbeit in der Praxis sowie die Schnelligkeit der Terminvergabe können sich die Versicherten am ehesten durch eigene Erfahrung während des Arztbesuchs aneignen. Diese Merkmale wären somit unter den derzeitigen Rahmenbedingungen als Erfahrungseigenschaften zu charakterisieren. Am schwersten empfinden es die Versicherten, Informationen über die fachliche Qualifikation des Arztes und seiner Mitarbeiter sowie seine bisherigen Behandlungserfolge zu gewinnen. Diese Informationen sind daher am ehesten zu den Vertrauenseigenschaften zu zählen.

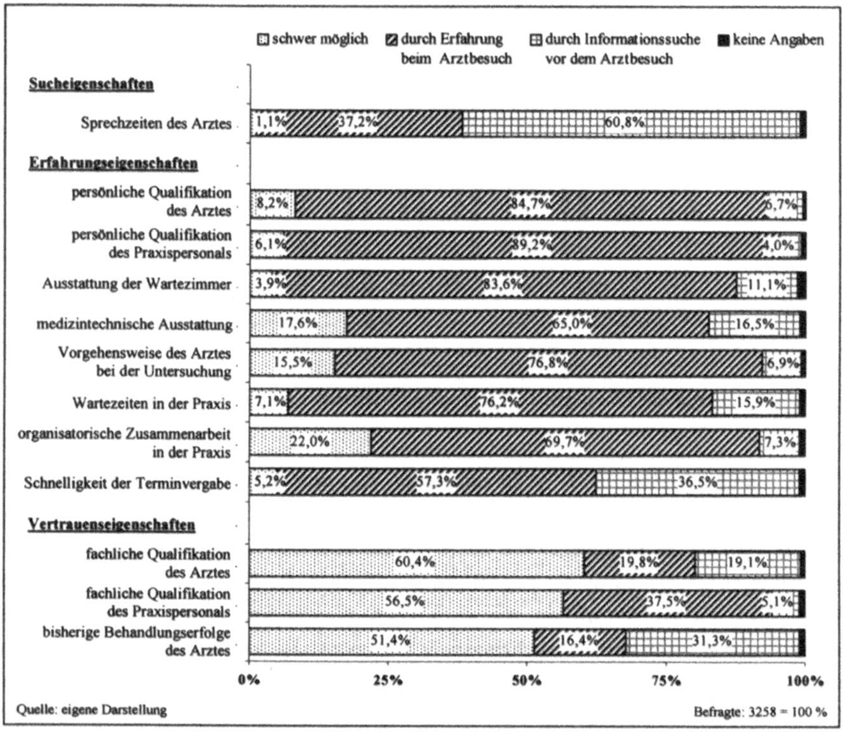

Abb. V-40: Beschaffbarkeit verschiedener Informationen über Ärzte

Die Einschätzung der meisten Charakteristika als nicht vor dem Arztbesuch ermittelbar reflektiert den bestehenden Mangel an Informationen über Ärzte. Bereits in diesem Teil V Abschnitt 2.4 wurde festgestellt, dass über die Medien kaum Informationen zu diesem Thema zur Verfügung gestellt werden und auch die Zufriedenheit mit den vom Hausarzt erhältlichen Informationen vergleichsweise gering ausfällt. Bei einer offenen Kommunikation über die Charakteristika medizinischer Leistungserbringer wären viele der genannten Informationen durchaus vor dem Arztbesuch ermittelbar. Die hier entsprechend den derzeitigen Einschätzungen der Versicherten beschriebene Einteilung in Such-, Erfahrungs- und Vertrauenseigenschaften reflektiert somit nur den Status quo, nicht aber die zugrunde liegenden Strukturmerkmale der jeweiligen Informationsinhalte, auf denen die Diskussion im theoretischen Teil basiert.[742]

2.6.3 Zusammenfassung zur Bedeutung und Beschaffbarkeit von Informationen über Ärzte

Dem Mehrfelderdiagramm in Abbildung V-41 ist zu entnehmen, dass gerade die Informationen über Ärzte, die die Versicherten für die wichtigsten halten, derzeit noch am schwersten zu beschaffen sind.[743] Beispielsweise gehören Daten zur Qualifikation von Arzt und Praxispersonal aus Sicht der Befragten zu den am schwierigsten zu beschaffenden Informationen und gleichzeitig zu den wichtigsten Auswahlkriterien. Wartezimmerausstattung und Sprechzeiten des Arztes sind hingegen leicht zu ermitteln, aber für die Befragten wenig relevant.

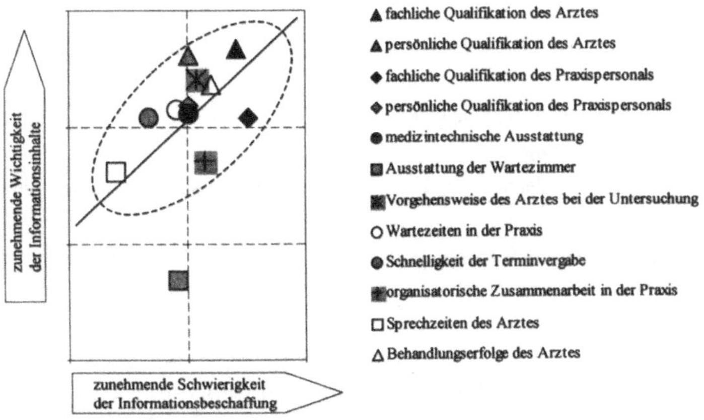

Quelle: eigene Darstellung

Abb. V-41: Wichtigkeit und Beschaffungsmöglichkeit von Informationen über Ärzte

---

[742] Nach diesen strukturellen Merkmalen gegliedert erfolgt die Diskussion von Gestaltungsempfehlungen in Teil VI Abschnitt 1.1.

[743] Den jeweiligen Beschaffungsmöglichkeiten wurden nach dem folgenden Schema Punkte für die Schwierigkeit der Informationsbeschaffung zugeordnet: „Informationssuche vor dem Arztbesuch" – 1 Punkt, „Erfahrung während des Arztbesuchs" – 2 Punkte, „schwer möglich" – 3 Punkte. Diese Zuordnung stellt eine Interpretation des Autors dar und dient der Veranschaulichung.

2.7 Wirkungen der patientenorientierten Information und Kommunikation

In Teil IV Abschnitt 3.4 dieser Arbeit wurden die Wirkungen der patientenorientierten Information und Kommunikation theoretisch diskutiert. Darauf aufbauend wird an dieser Stelle untersucht, wie die Versicherten selber die Wirkung von Gesundheitsinformationen auf ihre Compliance-Bereitschaft einschätzen. Darüber hinaus wird analysiert, ob die Versicherten schon einmal wegen Unzufriedenheit mit dem Arzt oder zwecks weiterer Informationen eine Zweitmeinung von einem anderen Arzt eingeholt haben. Das Ärztehopping der Versicherten verursacht erhebliche Kosten, die durch gezielte Information der Versicherten über Ärzte und Behandlungsmöglichkeiten möglicherweise reduziert werden könnten.

In diesem Zusammenhang sollen unter anderem folgende Hypothesen untersucht werden, wobei die Signifikanz mit Hilfe von Chi-Quadrat-Tests überprüft wird[744]:

- Bei einer Mehrheit der Versicherten erhöhen Gesundheitsinformationen die Compliance-Bereitschaft.
- Eine Mehrheit der Versicherten war schon einmal unsicher über die von ihrem Arzt vorgeschlagene Behandlung.
- Eine Mehrheit der Versicherten hat schon einmal eine Zweitmeinung von einem anderen Arzt eingeholt.
- Für eine Mehrheit der Versicherten, die sich schon einmal eine Zweitmeinung eingeholt haben, war das Bedürfnis nach weiteren Informationen ausschlaggebend.

Im Kontext des deskriptiven Grundmodells des situativen Ansatzes werden die in Abbildung V-42 skizzierten Zusammenhänge zwischen den Wirkungen der Information, der Informationsstruktur und der Situation im Kommunikationskontext untersucht.

[744] Siehe hierzu Anhang „Empirische Untersuchung", Signifikanztests, Anlage 27.

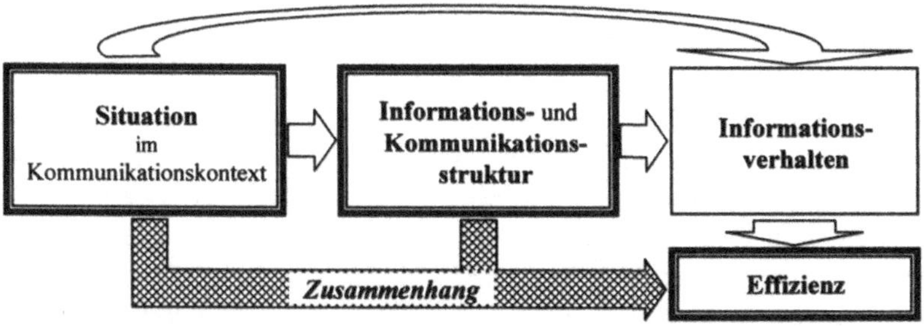

Zusammenhang zwischen der Informationsstruktur und der Effizienz

⇒ Beeinflussen mehr Informationen die Compliance-Bereitschaft der Patienten?

⇒ Beeinflussen mehr Informationen die Häufigkeit des Arztwechsels?

Zusammenhänge zwischen den Merkmalen der Versicherten und der Effizienz

Biologisches Merkmal:

⇒ Wie beeinflusst der Gesundheitszustand die Compliance-Wirkung von Gesundheitsinformationen?

Soziodemographische Merkmale:

⇒ Wie beeinflussen Geschlecht, Alter, Bildung und Beruf die Compliance-Wirkung von Gesundheitsinformationen?

Quelle: eigene Darstellung

Abb. V-42: Zusammenhänge zwischen den Versichertenmerkmalen und der Wirkung der Information im deskriptiven Grundmodell des situativen Ansatzes

2.7.1 Wirkung der Gesundheitsinformation auf die Compliance-Bereitschaft

Medizinische Leistungen wie die Verschreibung von Medikamenten und ärztliche Verhaltensratschläge können nur bei Mitwirkung des Patienten einen Beitrag zur Gesundung leisten. Wenn Patienten sich nicht wahrgenommen fühlen, die Kommunikation zwischen Arzt und Patient nicht funktioniert oder die Informationen nicht als ausreichend empfunden werden, wird die Befolgung ärztlicher Therapievorschläge sowohl hinsichtlich der Motivation als auch hinsichtlich der praktischen Umsetzung problematisch.[745]

Im Rahmen der empirischen Studie sollten die Versicherten den Einfluss von Gesundheitsinformationen auf ihre Mitwirkungsbereitschaft bei der Durchführung einer Behandlung einschätzen. Mit 98,6 Prozent bestätigte eine signifikante Mehrheit der Versicherten, dass sie zur Mitwirkung an einer Behandlung und damit zur Befolgung medizinischer Empfehlungen eher bereit sind, wenn sie umfassend informiert wurden.[746] 38,2 Prozent der Versicherten gaben

[745] Vgl. Kayser (1998), S. 125. Siehe hierzu auch Teil IV Abschnitt 3.4.2.2.

[746] Siehe Anhang „Empirische Untersuchung", Signifikanztests, Anlage 27, Test-Nr. 1.

darüber hinaus an, wegen unzureichender Information schon einmal Schwierigkeiten bei der Befolgung einer Behandlung gehabt zu haben (Abb. V-43).

Frauen, Versicherte mit höherem Schulabschluss und Befragte mit schlechterem Gesundheitszustand klagten häufiger als andere darüber, dass fehlende Informationen ihnen schon einmal die Befolgung einer Behandlung erschwert hatten. Eindeutige Zusammenhänge mit Alter und Beruf ergaben sich hingegen nicht (Abb. V-43).

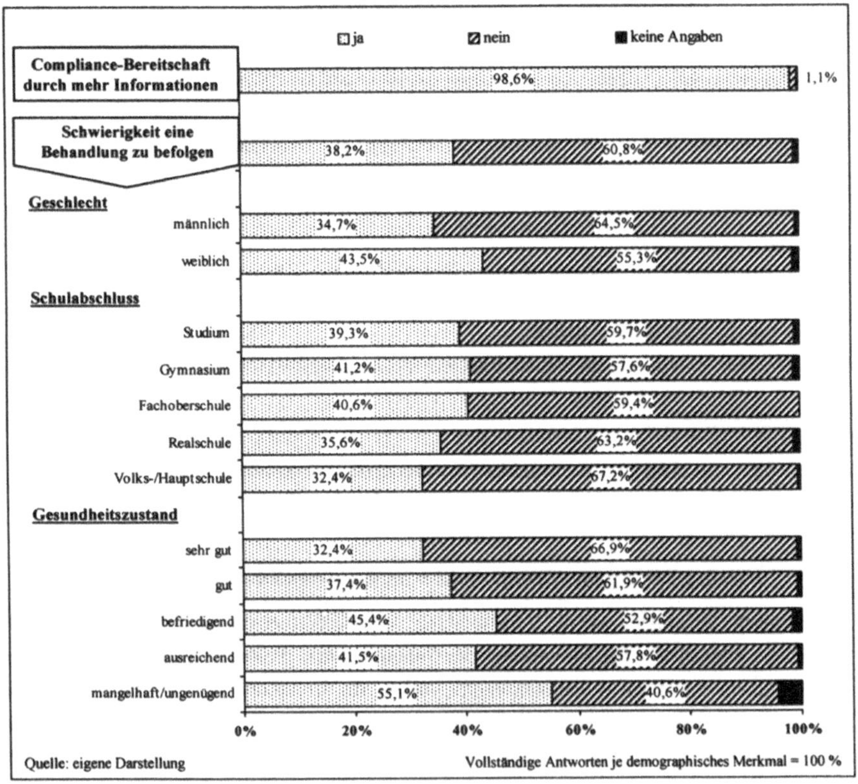

Abb. V-43: Versichertenmerkmale und Compliance-Probleme wegen ungenügender Informationen

2.7.2 *Wirkung der Gesundheitsinformation auf die Häufigkeit des Arztwechsels*

Der Arzt kann durch die Stellung der Diagnose und die Wahl der Therapie die Nachfrage nach seinen Leistungen beeinflussen. Dieses unter den Stichworten Moral Hazard und supplier-induced demand bekannte Phänomen wurde in Teil III Abschnitt 3.3.2 dieser Arbeit behandelt. Die Gefahr des Moral Hazard kann sich sowohl auf die Quantität als auch auf die

Qualität und Art der durch den Arzt erbrachten Leistungen beziehen. Im Rahmen der empirischen Studie wurde untersucht, ob die Versicherten schon einmal Unsicherheit über eine vorgeschlagene Behandlung verspürten und eine Zweitmeinung von einem anderen Arzt eingeholt haben.

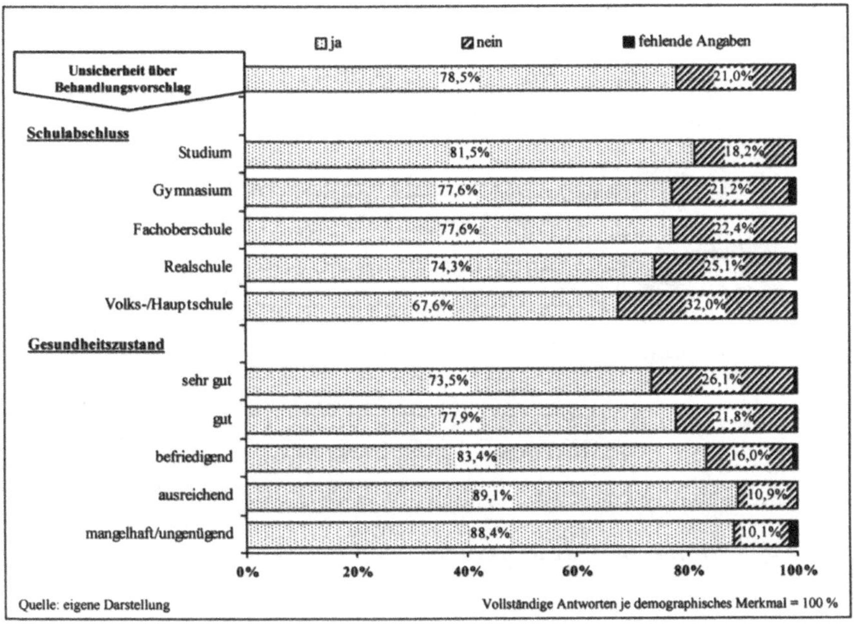

Abb. V-44: Versichertenmerkmale und Unsicherheit über Behandlungsvorschlag

Mit 78,5 Prozent gab signifikant mehr als die Hälfte der Versicherten an, schon einmal unsicher über den Behandlungsvorschlag eines Arztes gewesen zu sein[747] (Abb. V-44). Während Geschlecht, Alter und Beruf der Versicherten kaum einen Einfluss auf das Vertrauen in den Therapievorschlag des Arztes hatten, zweifelten insbesondere Befragte mit höherem Schulabschluss die Therapieempfehlung ihres Arztes an. Auch Versicherte, die ihren Gesundheitszustand schlechter einschätzten, standen eher als Befragte guter Gesundheit einer vorgeschlagenen Behandlung mit Unsicherheit gegenüber (Abb. V-44).

Unsicherheit über den Therapievorschlag eines Arztes führt häufig dazu, den Arzt zu wechseln und anderswo Rat zu suchen. 71,6 Prozent der Versicherten haben sich schon einmal eine Zweitmeinung von einem anderen Arzt eingeholt (Abb. V-45).[748]

---

[747] Siehe Anhang „Empirische Untersuchung", Signifikanztests, Anlage 27, Test-Nr. 3.

[748] Siehe Anhang „Empirische Untersuchung", Signifikanztests, Anlage 27, Test-Nr. 4.

Insbesondere Frauen und Versicherte mit schlechterem Gesundheitszustand haben bereits mindestens einmal eine Zweitmeinung eingeholt. Zwischen dem Einholen einer Zweitmeinung aufgrund eines Bedürfnisses nach weiteren Informationen und den verschiedenen Merkmalen der Versicherten ließen sich keine eindeutigen Zusammenhänge feststellen (Abb. V-45).

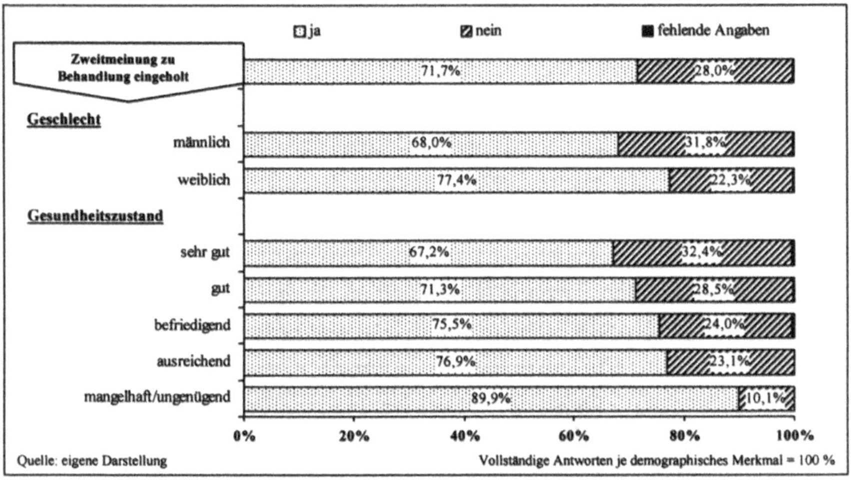

Abb. V-45: Versichertenmerkmale und Einholen einer Zweitmeinung

Fast 90 Prozent und damit eine signifikante Mehrheit der Versicherten, die eine Zweitmeinung eingeholt hatten, gaben als Grund das Bedürfnis nach zusätzlichen Informationen an, etwas mehr als die Hälfte nannte explizit Unzufriedenheit mit dem behandelnden Arzt als Ursache.[749]

Eine Zweitmeinung wegen Unzufriedenheit mit dem Arzt holten vor allem Frauen und jüngere Versicherte, aber am seltensten Rentner und Pensionäre ein (Abb. V-46).

[749] Siehe Anhang „Empirische Untersuchung", Signifikanztests, Anlage 27, Test-Nr. 5 und 6.

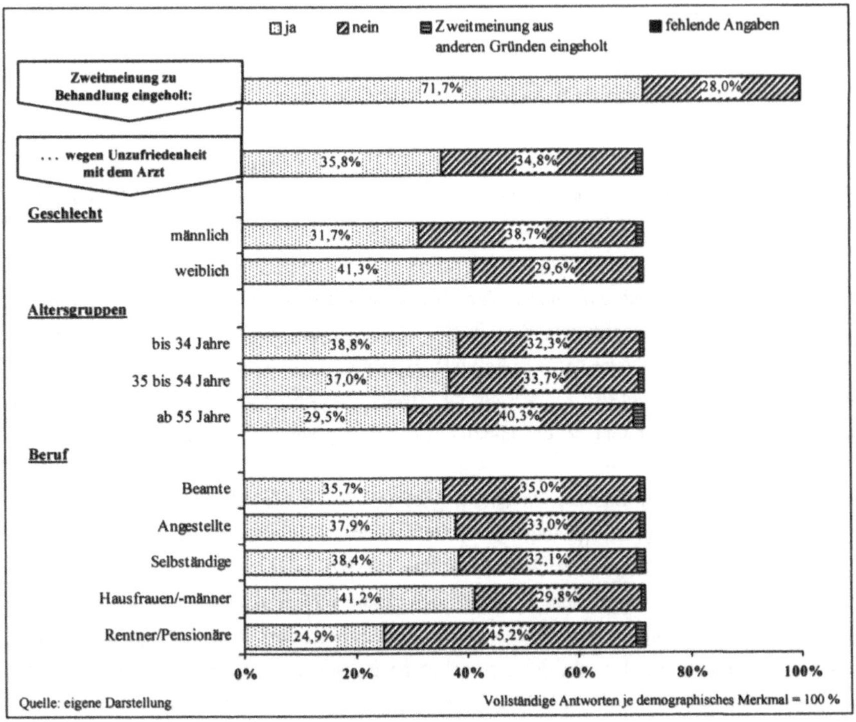

Abb. V-46: Versichertenmerkmale und Einholen einer Zweitmeinung wegen Unzufriedenheit mit dem Arzt

3 Zusammenfassung

Entsprechend der empirischen Orientierung des situativen Ansatzes wurde eine umfassende Befragung unter 20000 Krankenversicherten durchgeführt, in der diese um ihre Meinung unter anderem zu verschiedenen Informationsinhalten, -quellen und -medien gebeten wurden. Zur Überprüfung der Signifikanz der analysierten Zusammenhänge wurden entsprechend der Struktur der zugrundeliegenden Daten der z-Score, der Chi-Quadrat-Test und/oder der Kruskal-Wallis-Test herangezogen.

Fast alle Befragten hielten eine ausführliche Information durch den Hausarzt und die Einbindung in die Entscheidungsfindung für wichtig, was auf ein hohes Involvement dieser Versicherten schließen lässt. Nach Auffassung vieler Befragter werden die Ärzte diesen Wünschen aber nicht vollauf gerecht. So zeigte sich nur jeweils etwa ein Drittel der Befragten mit den ärztlichen Informationen und der Entscheidungsbeteiligung rundum zufrieden.

Nach den verschiedenen *Informationsinhalten* befragt, stuften fast alle Versicherten Informationen zur festgestellten Erkrankung und zu Behandlungsmöglichkeiten als sehr wichtig ein. Etwas geringer, aber dennoch beachtlich, war das Interesse an Informationen über Vorsorgemaßnahmen und über Ärzte, denen immer noch absolute Mehrheit der Befragten eine sehr große Wichtigkeit beimaß. Die Kluft zwischen der den einzelnen Themen zugemessenen enormen Bedeutung und der sehr unterschiedlich ausfallenden Zufriedenheit mit den entsprechenden Informationen fiel deutlich aus. Insbesondere scheinen die Ärzte sich noch sehr auf im direkten Zusammenhang mit der Behandlung einer vorhandenen Krankheit stehende Themen zu konzentrieren. Dementsprechend war die Zufriedenheit mit Informationen über Diagnose und Therapie noch am höchsten. Offensichtlich sieht aber ein beträchtlicher Teil der Versicherten erhebliche Verbesserungspotenziale bei der Empfehlung von Spezialisten für die diagnostizierte Krankheit. Aufhorchen lassen sollte auch, dass die Quote der rundum Zufriedenen gerade bei den Informationen über Vorsorgemöglichkeiten am geringsten ausfiel.

Die Präferenzen hinsichtlich der *Informationsquellen* dürften sich vor allem aus der dem Auswahlkriterium Kompetenz zugeschriebenen Bedeutung erklären, die insbesondere Zeit- und Kostenaufwand weit in den Hintergrund stellt. Der Wunsch nach Gesundheitsinformationen vom Arzt zieht sich durch alle soziodemographischen Gruppen und ist auch vom Gesundheitszustand weitgehend unabhängig. Während der Arzt für alle Themengebiete die am häufigsten gewünschte Informationsquelle darstellt, erhalten die Versicherten von ihm zur Vorsorge und zu anderen Ärzten derzeit noch seltener Informationen als von Familie, Freunden und Bekannten.

Diese stellen zwar neben dem Arzt die am häufigsten genutzte Informationsquelle dar, werden aber wohl eher aus Mangel an Alternativen zu Rate gezogen. Am ehesten vertrauen die Be-

fragten Verwandten und Bekannten, wenn es um Informationen über Ärzte geht. Auch zeigen sich Frauen gegenüber ihren Ratschlägen etwas aufgeschlossener als Männer.
Die Massenmedien werden von den Versicherten insgesamt am wenigsten geschätzt, obwohl sie hinsichtlich Krankheitsprävention derzeit sogar die meistgenutzte Informationsquelle darstellen. Am ehesten würden die Befragten sie noch zur Information über Vorsorgemöglichkeiten und über Behandlungsmöglichkeiten nutzen.
Obwohl die Krankenversicherung bisher bestenfalls als Ratgeberin zu Vorsorgefragen genutzt wurde, will mehr als die Hälfte der Befragten sich in Zukunft auch bei Fragen zu Behandlungsmöglichkeiten und medizinischen Spezialisten an ihre Krankenversicherung wenden. Sie dürfte damit unter den untersuchten Informationsquellen das größte Zuwachspotential aufweisen.

Die Präferenzen der Patienten hinsichtlich *Informationsmedien* stellten nach den Frageblöcken zu Informationsinhalten und -quellen den dritten Teil der empirischen Untersuchung dar. Bisher wurden die Printmedien zur Information über die vier Gesundheitsthemen Vorsorge, Arztwahl, Diagnose und Behandlungsmöglichkeiten mit Abstand am häufigsten genutzt. Bei allen diesen Themen liegt das Internet zur Zeit noch mit beträchtlichen Rückstand auf dem zweiten Platz. Persönliche Beratungsstellen und Servicetelefon werden hingegen bisher nur von wenigen Befragten genutzt. Auffällig ist auch, dass ein Großteil der Versicherten noch gar keinen der genannten Kanäle zur Information etwa über die festgestellte Erkrankung und über deren Behandlungsmöglichkeiten genutzt hat. Anders als die bisherige Nutzung hängt die gewünschte Inanspruchnahme der Informationsmedien stark von den betreffenden Themengebieten ab. So ziehen die Versicherten bei Maßnahmen der Gesundheitsvorsorge nachlesbare, schriftliche Informationen (über die Printmedien oder das Internet) den mündlichen (über eine persönliche Beratungsstelle oder das Servicetelefon) vor. Für Informationen über die festgestellte Erkrankung und deren Behandlungsmöglichkeiten bevorzugen die meisten Versicherten hingegen eine persönliche Beratung. Für die Arztwahl würden sich die Befragten am liebsten an ein Servicetelefon wenden. Insgesamt zeigten jüngere Versicherte ein besonderes Interesse an Informationen aus dem Internet, während ältere Befragte mehr Wert auf eine persönliche Beratung legten. Sehr spezifische Erwartungen zeigten die Versicherten auch hinsichtlich der Informationsmedien, die von der Krankenversicherung für Gesundheitsinformationen eingesetzt werden sollten. Auffällig ist hier vor allem der ausgeprägte Wunsch nach Druckmedien und Servicetelefon, während die sonst sehr gefragte persönliche Beratungsstelle eher in den Hintergrund tritt.

Hinsichtlich der *Bedeutung und Beschaffbarkeit von Informationen über Ärzte* messen die Befragten dem Wissen über die fachliche und persönliche Qualifikation die größte Bedeutung bei. Aber auch Informationen über die Vorgehensweise des Arztes bei einer medizinischen Untersuchung, seine bisherigen Erfolge sowie die persönliche Qualifikation des Praxispersonals sind für die Versicherten wichtig. Als schon etwas weniger relevant wahrgenommen werden Informationen über die medizintechnische Ausstattung und die Wartezeiten in der Praxis, die Schnelligkeit der Terminvergabe, die organisatorische Zusammenarbeit in der Praxis sowie die fachliche Qualifikation der Arzthelfer/innen. Am wenigsten interessieren die Versicherten Informationen über die Ausstattung der Wartezimmer. Die Untersuchung zeigt, dass gerade die Informationen über Ärzte, die die Versicherten für die wichtigsten halten, derzeit noch am schwersten zu beschaffen sind. Beispielsweise gehören Daten zur Qualifikation von Arzt und Praxispersonal aus Sicht der Befragten zu den am schwierigsten zu beschaffenden Informationen und gleichzeitig zu den wichtigsten Auswahlkriterien. Wartezimmerausstattung und Sprechzeiten des Arztes sind hingegen leicht zu ermitteln, aber für die Befragten wenig relevant.

Die Ergebnisse der Befragung deuten darauf hin, dass bessere Patienteninformationen die *Compliance* verbessern könnten. Fast alle Versicherten bestätigten, dass sie zur Mitwirkung an einer Behandlung und damit zur Befolgung medizinischer Empfehlungen eher bereit sind, wenn sie umfassend informiert wurden. Mehr als ein Drittel gab darüber hinaus an, wegen unzureichender Informationen schon einmal Schwierigkeiten bei der Befolgung einer Behandlung gehabt zu haben.

Bessere Informationen über das Leistungsprofil der verschiedenen Anbieter könnten auch die *Wahrscheinlichkeit eines Arztwechsels* verringern. Fast drei Viertel der Befragten haben mindestens einmal eine Zweitmeinung eingeholt, von diesen gaben fast 90 Prozent als Grund das Bedürfnis nach weiteren Informationen an.

Teil VI: Patienteninformation im normativen Grundmodell des situativen Ansatzes

Die methodische Leitidee für diesen Teil VI der Arbeit liefert das normative Grundmodell des situativen Ansatzes.[750] Dessen Forschungsziel ist die Entwicklung von Gestaltungsmöglichkeiten und -empfehlungen sowie deren Begründung. Im normativen Grundmodell des situativen Ansatzes werden zunächst die anzustrebenden Ziele formuliert. Diese Ziele sollen erreicht werden, indem ein „Fit" zwischen Struktur und Situation hergestellt wird. Ein solcher „Fit" wird entweder durch eine Anpassung der Informations- und Kommunikationsstruktur an die Situation oder durch Anpassung der Situation an die Informations- und Kommunikationsstruktur erzeugt (Abb. VI-1).

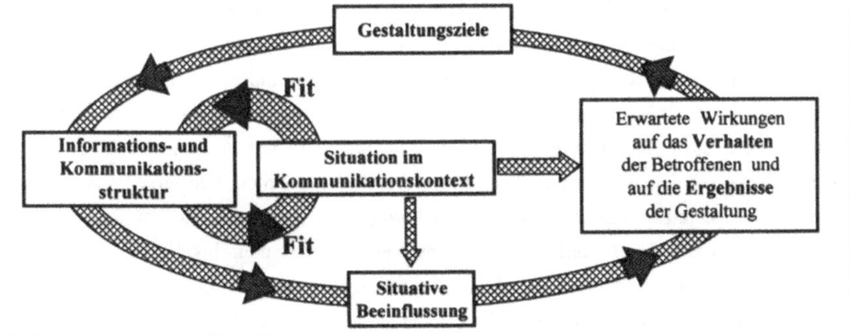

Quelle: nach Kieser, Kubicek (1992), S. 60.

Abb. VI-1: Normatives Grundmodell des situativen Ansatzes mit Themenbezug

Aufgrund der Thematik dieser Arbeit werden im Folgenden Strategien zur Adaption der Informations- und Kommunikationsstruktur im Mittelpunkt stehen. Die dabei entwickelten Empfehlungen richten sich an einzelwirtschaftlich denkende und handelnde Akteure wie Patienten, Ärzte und Krankenversicherungen. Vorschläge zur Anpassung der Situation, die vor allem von staatlicher Seite umzusetzen wären, werden im letzten Abschnitt dieses Teils der Arbeit diskutiert.

[750] Siehe methodische Grundlagen in Teil IV Abschnitt 1.1.2.

1 Informationsinhalte

Hauptziel der patientenorientierten Information und Kommunikation ist aus Sicht der Ökonomie die Schließung von Informationslücken und somit die Reduktion von Unsicherheiten auf Seiten der Patienten.[751] Die Ökonomie unterscheidet weiter zwischen der Qualitäts- bzw. Eigenschaftsunsicherheit, die sich auf die Merkmale z. B. eines bestimmten Gesundheitsangebots oder -anbieters bezieht, und der Verhaltensunsicherheit, die die Handlungen z. B. eines Arztes betrifft. Da Eigenschafts- und Verhaltensunsicherheit unterschiedliche Gefahren bergen und unterschiedliche Lösungsstrategien erfordern, folgt auch die Diskussion der Gestaltungsempfehlungen dieser bereits in Teil III vorgenommenen Unterteilung.

1.1 Strategien zur Reduktion von Eigenschaftsunsicherheit und adverser Selektion

Patienten sind mit *Qualitäts- bzw. Eigenschaftsunsicherheit* konfrontiert, wenn sie unveränderliche Merkmale eines Gesundheitsangebots oder -anbieters ex ante nicht kennen und seine tatsächlichen Charakteristika bestenfalls ex post erfahren. Die Eigenschaftsunsicherheit ist für den Patienten in der Phase der Arztwahl mit der Gefahr verbunden, einen ungeeigneten Arzt auszuwählen. Das Informationsdefizit der Patienten über Eigenschaften von Gesundheitsangeboten kann dazu führen, dass Ärzte hoher Qualität nicht von Ärzten schlechter Qualität unterschieden werden können und Ärzte hoher Qualität daher nicht von ihrer besseren Qualität profitieren können. Unter Umständen verschwinden dann qualitativ hochwertige Angebote vom Markt, da sich ihre Erstellung nicht lohnt, wenn die Patienten ihre Vorzüge nicht erkennen. Dieser Vorgang wird auch als adverse Selektion bezeichnet.[752] Die Gefahr der adversen Selektion betrifft sowohl die Gesundheitsanbieter als auch einzelne Gesundheitsangebote (Abb. VI-2). Beispielsweise können zuverlässigere Vorsorgeuntersuchungsmethoden oder effektivere Therapien vom Markt verdrängt werden, wenn sie für den Patienten aufwändiger und ihre Vorzüge für den uninformierten Laien nicht erkennbar sind.

---

[751] Weniger zweckgerichtete Funktionen der Kommunikation wie z. B. ein von der Möglichkeit zum Gespräch ausgehendes psychisches Wohlgefühl sind vorrangig Gegenstand anderer Wissenschaftsdisziplinen wie der Psychologie und Soziologie.

[752] Siehe Teil III Abschnitt 3.2.

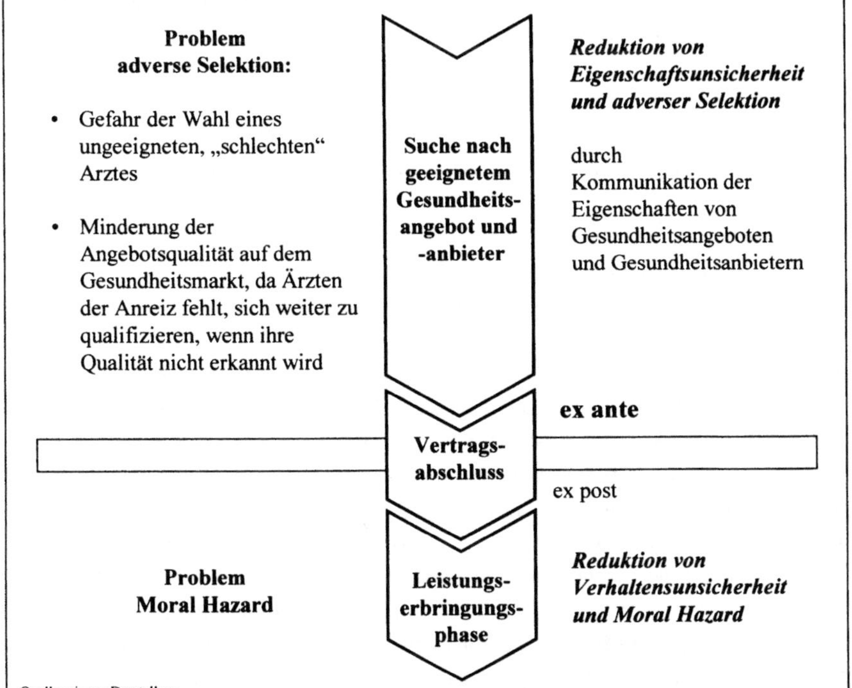

Quelle: eigene Darstellung

Abb. VI-2: Reduktion von Eigenschaftsunsicherheit und adverser Selektion

1.1.1 Grundlagen

Um eine adverse Selektion zu verhindern und die Patienten bei Auswahlentscheidungen zu unterstützen, müssen die Eigenschaften der zur Verfügung stehenden Gesundheitsangebote und -anbieter besser kommuniziert werden. Dabei ergeben sich Besonderheiten der durch die Kommunikationspolitik für Gesundheitsleistungen zu vermittelnden Inhalte nicht so sehr aus der Methode der Anwendung der Kommunikationsinstrumente als vielmehr aus einem unterschiedlichen Informationsbedürfnis und -beschaffungsprozess.[753] Mit der Selektion von Gesundheitsleistungen ist im Allgemeinen ein höheres subjektiv empfundenes Risiko verbunden als beim Kauf von Sachgütern.[754] Zur Erfüllung des Informationsinteresses der Patienten hat die Kommunikationspolitik daher insbesondere auch eine vertrauens- und sicherheitsspen-

[753] Vgl. Meyer (1993), S. 897.
[754] Vgl. Zeithaml (1991), S. 41 f.

dende Aufgabe.[755] Informationen, die zur Reduzierung der wahrgenommenen Risiken beitragen, sollten somit eine besondere Rolle spielen.

Weitere Implikationen für die Gestaltung der Kommunikationsinhalte ergeben sich aus den Dienstleistungseigenschaften von Gesundheitsleistungen (Abb. VI-3).[756] Die Wesensspezifika von Dienstleistungen allgemein und von Gesundheitsleistungen im Speziellen,

- die *Intangibilität,*
- das *„uno-actu-Prinzip"* und
- die *Integration eines externen Faktors,*

sind ausführlich in Teil III Abschnitt 2.3.2 dieser Arbeit dargestellt.

Im Rahmen der Kommunikationspolitik für Gesundheitsleistungen gilt es, eine in der Regel immaterielle und damit *intangible* Leistung durch Visualisierung oder anders geartete Verdeutlichung für den Patienten verständlich und „sichtbar" zu machen.[757] Da die Eigenschaft der Immaterialität die Bewertung von Gesundheitsleistungen sowohl ex ante als auch ex post erschwert, spielen äußere Informationen in Form von immateriellen und materiellen Ersatzindikatoren zur Bewertung von Gesundheitsangeboten eine große Rolle.[758] Im Gesundheitswesen hat vor allem die Übermittlung von Kompetenzsignalen eine besondere Bedeutung.[759] Kompetenzsignale sind z. B. die Teilnahme von Ärzten an Zertifizierungsprogrammen oder an Maßnahmen zur Qualitätssicherung. Eine weitere Möglichkeit, weitgehend intangible Gesundheitsleistungen „greifbarer" zu machen, liegt in der Visualisierung tangibler Elemente beispielsweise durch die Darstellung von Mitarbeitern oder anderen Potenzialfaktoren.[760] So könnte ein Arzt in einer Praxisbroschüre oder auf seiner Homepage das Praxisteam sowie die Warte- und Behandlungsräume abbilden.
Mit der Immaterialität geht auch die Nichtlagerfähigkeit und die Nichttransportfähigkeit von Gesundheitsleistungen einher. Aus diesem Grund ist es wichtig, den Patienten die Rahmenbedingung der Leistungserstellung wie z. B. den Ort und Zeitpunkt der Erstellung mitzuteilen.[761] Dazu zählt auch die Bekanntmachung der ärztlichen Sprechstundenzeiten auf dem Praxisschild, in den Gelben Seiten oder auf der Homepage des Arztes im Internet. Darüber hinaus sollten den Patienten Informationen über die Lage und Erreichbarkeit der Praxis zur Verfügung gestellt werden. Auch wenn diese Informationen bei der Auswahl eines Arztes den Befragungsergebnissen zufolge meist eine eher geringere Rolle spielen, erleichtern sie den Patienten, die sich bereits für einen Mediziner entschieden haben, die Planung ihres Arztbesuchs und stellen somit eine wichtige Serviceleistung dar.

---

755 Vgl. Meyer (1993), S. 904.
756 Vgl. Meffert, Bruhn (1997), S. 335.
757 Vgl. Meffert (1995), S. 462.
758 Vgl. Meyer (1993), S. 900.
759 Vgl. Meffert (1995), S. 462.
760 Vgl. Meffert, Bruhn (1997), S. 335.
761 Vgl. Meffert, Bruhn (1997), S. 337.

Aus der *Synchronität von Leistungserstellung und -abgabe („uno-actu-Prinzip")* folgen wichtige Ansatzpunkte für die inhaltliche Gestaltung der Informationen hinsichtlich der Leistungsfähigkeit (z. B. fachliche Qualifikation, praktische Erfahrungen) und Leistungsbereitschaft (z. B. zeitliche, räumliche, qualitative und quantitative Verfügbarkeit bzw. Erreichbarkeit des Arztes).[762] Da die Gesundheitsangebote vor ihrer Inanspruchnahme nicht inspiziert werden können, gilt es, Indikatoren der Leistungsfähigkeit zu dokumentieren. Dies kann zum Beispiel durch das Aufhängen von Urkunden und Zertifikaten mit Hinweisen auf die spezielle fachliche Qualifikation oder besondere Spezialisierungen des Arztes geschehen[763].

Aus der *Integration eines externen Faktors* folgt, dass Kommunikation einen Bestandteil sowohl des Leistungsabsatzes als auch der Leistungserstellung bildet.[764] So ist die Kommunikation mit dem Patienten integraler Bestandteil der diagnostischen und präskriptiven Komponenten des Behandlungsprozesses nach Pauly.[765] Daher bietet sich bei Gesundheitsleistungen der Einsatz von Kommunikationsmaßnahmen im Rahmen der Leistungserstellung an. Zum Beispiel wird das Angebot einer Akupunktur sinnvollerweise unmittelbar während eines Beratungsgesprächs bezüglich chronischer Migräne erfolgen. Auch Hinweise z. B. auf die angebotenen Vorsorgeuntersuchungen können zum Kommunikationsinhalt während der Leistungserstellung gemacht werden. Wie die Befragungsergebnisse zeigen, dürften die Ärzte hier meist auf offene Ohren stoßen, da eine Mehrheit der Patienten sich weitere Informationen unter anderem zur Vorsorge vom behandelnden Arzt wünscht.[766] Da die meisten Patienten dem Zeitaufwand in Gesundheitsdingen eine eher geringe Bedeutung beimessen, sollte der Arzt hier (mit gewissen Abstrichen bei besser ausgebildeten und jüngeren Patienten) viel Spielraum für die Unterbringung von Hinweisen auf weitere Gesundheitsangebote haben.
Aus der Integration eines externen Faktors, also der erforderlichen Mitwirkung des Patienten, folgt in der Regel auch eine individuellere Kommunikation als auf anonymen Gütermärkten möglich wäre. Ein geschickt vorgehender Arzt wird dies nutzen, um eine enge und vertrauensvolle Beziehung mit seinem Patienten herzustellen.[767] Von einer solchen Beziehung profitiert nicht nur der Patient, weil der Arzt besser auf seine Probleme eingehen kann, sondern auch der Arzt, weil er Patienten mit seinem Informationsstand langfristig an sich binden kann. Als Beispiel ist hier die Kenntnis sämtlicher medizinischer Probleme eines Patienten, d. h. der gesamten Krankengeschichte, durch den langjährigen Hausarzt zu nennen. Ein neuer Arzt ohne Kenntnis dieser Krankengeschichte kann weniger spezifisch auf den Patienten eingehen und müsste unter Umständen bestimmte Untersuchungen ein zweites Mal durchführen.[768] Daher wird ein geschickt vorgehender Arzt die im Laufe verschiedener Behandlungen ge-

[762] Vgl. Meyer (1993), S. 900.
[763] Vgl. Meffert, Bruhn (1997), S. 337.
[764] Vgl. Meyer (1993), S. 904.
[765] Siehe Teil II Abschnitt 1.3.2.
[766] Siehe Teil V Abschnitt 2.3.1.
[767] Vgl. Meffert, Bruhn (1997), S. 338.
[768] Eine elektronische Patientenakte könnte hier Abhilfe schaffen.

wonnenen Informationen in sinnvoller Weise archivieren und die Vorteile dieser Hintergrundkenntnisse etwa durch Hinweise zur Lebensführung, auf vorangegangene Erkrankungen oder anstehende Untersuchungen für den Patienten sichtbar machen.

Schließlich folgt aus der Integration eines externen Faktors auch, dass sowohl die Leistungserstellung selbst als auch die darüber zu vermittelnden Informationen abhängig von diesem externen Faktor höchst unterschiedlich ausfallen können. Ein Arzt sollte darüber informieren, welchen Einfluss individuelle Merkmale des Patienten auf die empfohlene Vorsorgemaßnahme und Therapie haben. Daraus folgt auch, dass die Kommunikationsinhalte hinsichtlich der Eigenschaften einer Gesundheitsleistung nicht unbegrenzt standardisiert werden können, sondern nach Möglichkeit individuell an den einzelnen Patienten anzupassen sind. Insbesondere sollte der Patient auch darüber aufgeklärt werden, inwieweit die beispielsweise mit einer Operation verbundenen Risiken von seinem Alter, Geschlecht, Gesundheitszustand, Vorerkrankungen usw. beeinflusst werden.

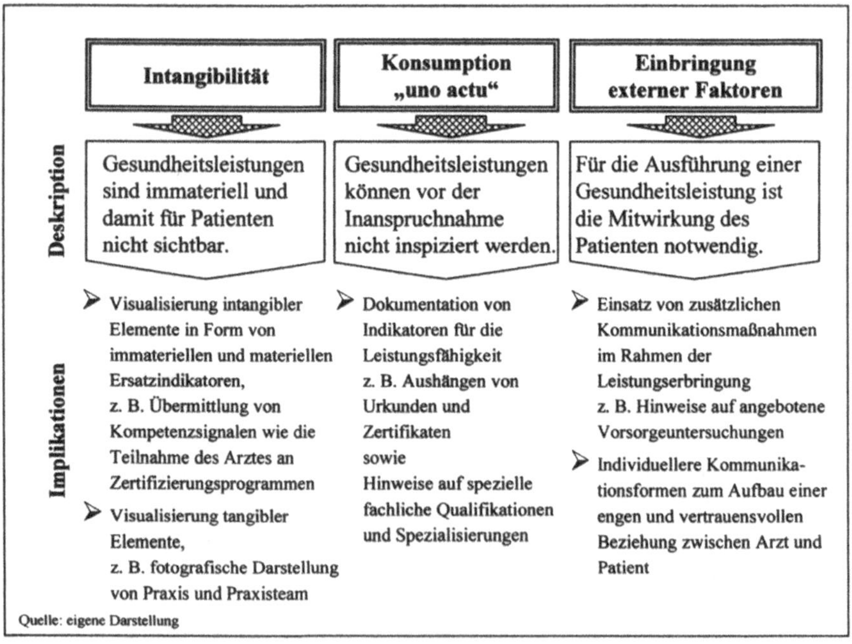

Abb. VI-3: Eigenschaften von Gesundheitsleistungen und deren Implikationen für die Gestaltung der Informationsinhalte

Ohne Rückgriff auf die Dienstleistungseigenschaften von Gesundheitsangeboten gelangt Barth (1999) zu einer Zusammenstellung der zu übertragenden Kommunikationsinhalte (Abb. VI-4). Er ermittelt die Informationen, welche die Patienten für ihre Arztwahl benötigen, durch eine vergleichende Analyse der Inhaltsbestimmung bei der Aufklärung und Einwilligung für eine Behandlungsmethode. Ihm zufolge sollte der Patient als Entscheidungsgrundlage Informationen über die folgenden Charakteristika eines Leistungsanbieters erhalten[769]:

Zunächst müssen die *Diagnosemöglichkeiten* der zur Auswahl stehenden Mediziner für den Patienten ermittelbar sein. Diese hängen sowohl von der sachlichen Ausstattung der Praxis als auch von den fachlichen Qualifikationen ab, die der Arzt in Aus-, Weiter- und Fortbildung und praktischer Tätigkeit erworben hat. Daher sollte der Patient sich bei Bedarf auch über diese Kompetenzen informieren können.

Die *Interventionsmöglichkeiten* des Arztes bei der diagnostizierten Krankheit stellen ein weiteres wichtiges Auswahlkriterium dar, zu denen umfassende Informationen bereitgestellt werden sollten. Ebenso wie bei der Diagnosemöglichkeit bestimmen technische und fachliche Kompetenzen in einer je nach Krankheitsbild unterschiedlichen Gewichtung auch die Interventionsmöglichkeiten. Zum Beispiel reduziert sich die fachliche Kompetenz bei einer medikamentösen Intervention auf die richtige Verordnung.

Für die freie Arztwahl muss der Patient auch wissen, welche spezifischen *Risiken* bei einer Behandlung durch einen bestimmten Arzt bestehen. Wenn das Risiko bei den in Frage kommenden Medizinern signifikant unterschiedlich ausfällt oder anders strukturiert ist, sollte der Patient darüber Informationen erhalten. Die Risiken können besonders in der persönlichen Qualifikation des Arztes, den verwendeten Behandlungsmethoden sowie in der sachlichen Ausstattung seiner Praxis ihre Ursachen haben. Ein junger Arzt, der mit innovativen Behandlungsmethoden ausgebildet worden ist, hat ein anderes Risikoprofil als ein älterer Mediziner mit längerer praktischer Erfahrung, der weiterhin an ausgereiften – vielleicht aber auch veralteten – Methoden festhält. Der Patient sollte Informationen über die unterschiedlichen Risikostrukturen erhalten. Parallel dazu sollte er die von der sachlichen Ausstattung der Praxis ausgehenden Risiken bewerten können, die etwa in einem veralteten medizinischen Gerätebestand ihren Ursprung haben können.

[769] Vgl. Barth (1999), S. 187 ff.

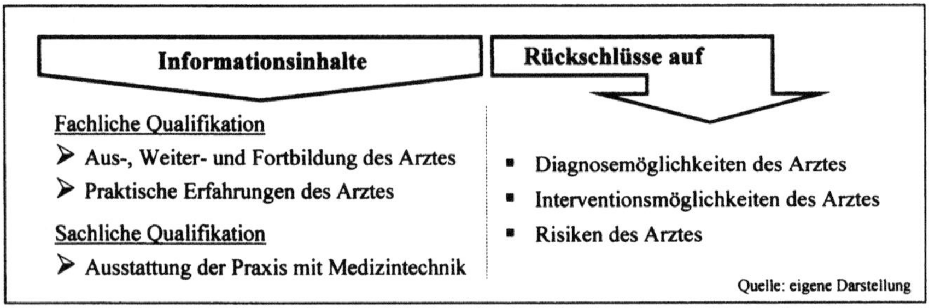

Abb. VI-4: Informationsinhalte nach Barth

In vielen Fällen könnte schon eine größere Offenheit und Auskunftsbereitschaft auf Seiten der Ärzte den Patienten helfen, Informationen über die für sie relevanten Charakteristika der verschiedenen Gesundheitsanbieter und -angebote zu sammeln. Aber nicht alle für den Patienten interessanten Informationen können durch den Arzt direkt und glaubwürdig übermittelt werden. Vielmehr sind je nach Art der zu übermittelnden Kommunikationsinhalte unterschiedliche Strategien zu verfolgen. Geeignete Wege zur Übermittlung und Gewinnung von Eigenschafts- bzw. Qualitätsinformationen werden im Qualitätsunsicherheitsansatz der Informationsökonomik analysiert.[770] Er zeigt, dass für viele Informationen eindeutige und verlässliche Indikatoren oder Signale existieren, durch die sich die relevanten Informationen indirekt übertragen lassen.[771] Vorgänge der Übertragung und Beschaffung von Informationen über nicht direkt beobachtbare Qualitätseigenschaften werden in der Literatur zur Informationsökonomie unter den Begriffen

- *Signaling* und
- *Screening*

behandelt.

Beim *Signaling* übermittelt die besser informierte Marktseite der uninformierten Seite Informationen.[772] Um glaubwürdig zu sein, müssen Signale grundsätzlich so geartet und bemessen sein, dass Anbieter schlechter Qualität aufgrund der Kosten des Signalings auf das Signalisieren verzichten, während für Anbieter guter Qualität trotz der Kosten das Signaling lohnenswert ist.[773] Im Gesundheitswesen könnten Ärzte und andere Leistungserbringer mit Hilfe von Signaling-Strategien glaubwürdig Informationen über nicht direkt beobachtbare Eigenschaften übermitteln (Abb. VI-5).

---

[770] Vgl. Stigler (1961), S. 213-225, McCall (1965), S. 300-317.
[771] Vgl. Hopf (1983), S. 31.
[772] Das „Signaling"-Konzept geht auf M. Spence zurück. Spence analysiert einen Arbeitsmarkt mit zwischen Arbeitgeber- und Arbeitnehmerseite ungleich verteilten Informationen über die Qualifikation von Stellensuchern. Vgl. Spence (1973), S. 355-374. Entsprechend lassen sich auch auf anderen Märkten Signalmechanismen beobachten.

Beim *Screening* wird die besser informierte Marktseite zur Übermittlung von Signalen veranlasst.[774] Dazu kann die schlechter informierte Marktseite der besser informierten Selbsteinordnungsmöglichkeiten vorgeben, aus denen Rückschlüsse auf das interessierende, aber nicht direkt beobachtbare Merkmal gezogen werden können. Als Signal fungiert hier die Einordnung der informierten Wirtschaftssubjekte in vorgegebene Kategorien.[775] Im Gesundheitswesen könnten beispielsweise die Patienten Screening-Strategien verfolgen, um sonst nicht erhältliche Informationen über Leistungsanbieter zu gewinnen (Abb. VI-5).

Entscheidend für die Klassifizierung als Signaling oder Screening ist also die Frage, wer die Initiative zur Verbesserung der Informationslage ergriffen hat. Da diese Frage nicht immer eindeutig zu beantworten ist, kann auch die Zuordnung nicht immer eindeutig erfolgen.

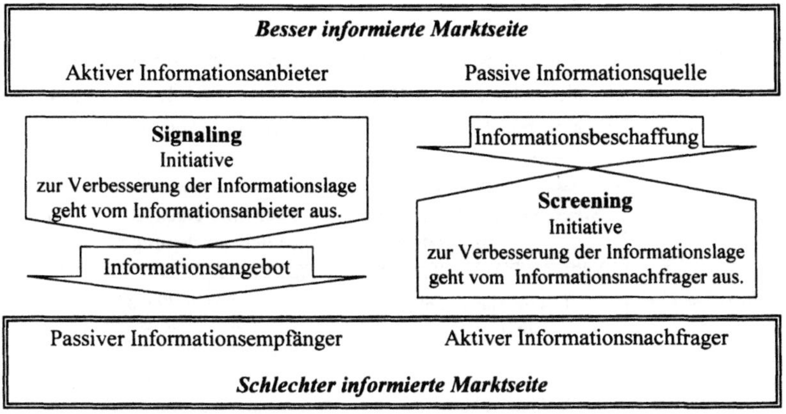

Quelle: eigene Darstellung

Abb. VI-5: Signaling und Screening

Für die Frage, ob eine bestimmte Information eher mit Signaling- bzw. Screening-Strategien oder aber direkt übertragen werden soll, ist die Überprüfbarkeit der zu kommunizierenden Eigenschaften entscheidend. Damit kommt man zurück auf die in Teil III Abschnitt 2.2 vorgenommene Einteilung in Such-, Erfahrungs- und Vertrauenseigenschaften. Sie hat wichtige

[773] Vgl. Spremann (1990), S. 580.

[774] Vgl. Hopf (1983), S. 31.

[775] Den Mechanismus der Selbsteinordnung skizzieren Rothschild und Stiglitz am Fall eines Versicherungsmarktes mit vielen Anbietern, in dem die Versicherer die unterschiedliche Schadensneigung der Versicherungsnachfrager nicht kennen. Um Informationen über die unterschiedlichen Schadenshäufigkeiten zu erlangen, können die Versicherer unterschiedliche Preis-Mengen-Kombinationen an Versicherungsschutz anbieten. Kunden mit höheren Risiken werden mehr Versicherungsleistungen nachfragen als Individuen mit geringeren Schadenswahrscheinlichkeiten. Die nachgefragte Menge an Versicherungsschutz kann den Versicherern als Signal für das nicht direkt beobachtbare Merkmal „Höhe der individuellen Schadenswahrscheinlichkeit" dienen. Vgl. Rothschild, Stiglitz (1976), S. 629-649.

Implikationen für die zu verfolgende Kommunikationsstrategie und die zu übermittelnden Inhalte und liefert daher die Grundlage für die Struktur der folgenden Diskussion über Maßnahmen zur Reduktion von Eigenschaftsunsicherheit.

1.1.2 Unsicherheitsreduktion bei Sucheigenschaften

Zum Abbau der Unsicherheit über Sucheigenschaften kann die Strategie eines direkten Informationstransfers verfolgt werden. Der Informationstransfer bezieht sich dabei auf ex ante unmittelbar beobachtbare und beurteilbare Eigenschaften eines Anbieters oder seiner Leistungen.[776] Die Initiative zum Informationstransfer kann sowohl vom Anbieter als auch vom Nachfrager ausgehen, d. h. die schlechter informierte Marktseite versucht, zusätzlich Informationen zu gewinnen, oder die besser informierte Marktseite bemüht sich, Informationen zu übermitteln.

Grundsätzlich können auch Signaling und Screening zur Unsicherheitsreduktion bei Sucheigenschaften beitragen.[777] Sie sind aber in der Regel aufwändiger und/oder weniger glaubwürdig als der direkte Informationstransfer und daher weniger geeignet (Abb. VI-6).[778]

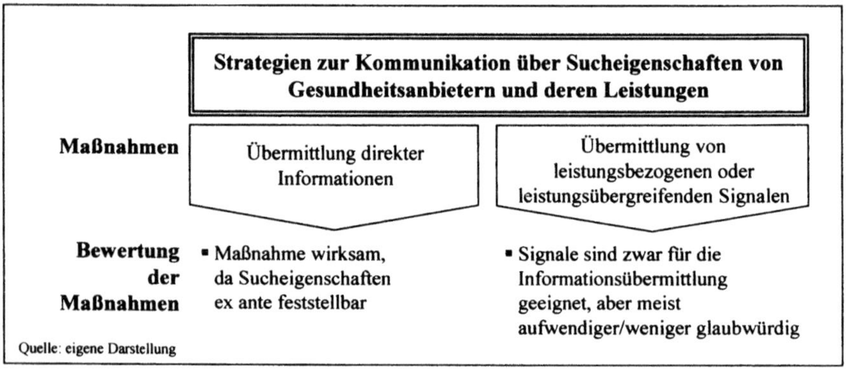

Abb. VI-6: Unsicherheitsreduktion bei Sucheigenschaften

Im Allgemeinen können die persönliche und sachliche Strukturqualität sowie Komponenten der Prozessqualität den Sucheigenschaften im Gesundheitswesen zugeordnet werden.[779] Sie sind bei entsprechenden Bemühungen auf Seiten des Patienten und einem gewissen Maß an

---

[776] Vgl. Meinövel (1999), S. 18.

[777] In der Literatur wird auch von Informationssubstituten gesprochen. Vgl. Weiber, Adler (1995). In dieser Arbeit wird der Begriff Signal oder Indikator verwendet, da Signale auch Informationen und keine Substitute sind.

[778] Vgl. Weiber, Adler (1995), S. 67 f.

[779] Siehe Teil III Anschnitt 2.

Offenheit auf Seiten des jeweiligen Gesundheitsanbieters zumindest im Prinzip ex ante, also vor der Inanspruchnahme von Gesundheitsleistungen, ermittelbar.

Im Folgenden wird gezeigt, welche Informationsinhalte über die persönliche und sachliche Strukturqualität sowie die Prozessqualität generell direkt übertragen werden sollten und welche rechtlichen Rahmenbedingungen dabei jeweils zu beachten sind.

1.1.2.1 Persönliche Strukturqualität

Die persönliche Strukturqualität lässt sich durch Informationen über

- die *persönlichen Merkmale* sowie
- die *fachliche Qualifikation* und *die praktischen Erfahrungen*

eines medizinischen Leistungserbringers ausdrücken.

Die *persönlichen Merkmale* sind auch wegen der Individualität der Arzt-Patienten-Beziehung ein wesentliches Charakteristikum der ärztlichen Leistungsfähigkeit.[780] Die Bedeutung der persönlichen Qualifikation des Arztes wurde durch die Ergebnisse der empirischen Untersuchung unterstrichen, in der die Versicherten dieses Merkmal direkt nach der fachlichen Qualifikation, aber mit weitem Vorsprung etwa gegenüber der medizintechnischen Praxisausstattung, als wichtigstes Kriterium der Arztwahl nannten.[781] Gerade die Persönlichkeit des Arztes ist für die Entwicklung einer vertrauensvollen Beziehung zwischen Arzt und Patient mitentscheidend. Oft ziehen Patienten aus äußeren Merkmalen wie Geschlecht, Alter, Konfession, Nationalität, Familienstand oder Aussehen[782] sowie den Sprachkenntnissen[783] eines Arztes Rückschlüsse auf dessen Persönlichkeit.[784] Die Information der Patienten über persönliche Merkmale ist rechtlich zulässig und kann einen sinnvollen Teil der Patienteninformation darstellen. Beispielsweise könnten für ausländische Patienten die Nationalität und Religionszugehörigkeit eines Arztes entscheidungsrelevante Variablen darstellen.

Die *fachliche Qualifikation* des Arztes gliedert sich in dessen Ausbildung, Weiterbildung und Fortbildung.[785] Sie stellt den Befragungsergebnissen zufolge das wichtigste Kriterium bei der Wahl eines Arztes dar[786] und sollte schon deswegen einen Schwerpunkt der Information über medizinische Leistungserbringer bilden. Informationen über den Werdegang des Arztes können dem Patienten wichtige Hinweise auf das aktuelle Fachwissen und das fachliche Können

---

[780] Vgl. Barth (1999), S. 483.
[781] Siehe Teil V Abschnitt 2.6.1.
[782] Die Abbildung eines Fotos des Arztes und seiner Mitarbeiter auf der Homepage ist rechtlich zulässig.
[783] Da die Fremdsprachenkenntnisse eines Arztes die Kommunikation zwischen Arzt und Patient evtl. erst ermöglichen, können diese die Entscheidung eines Patienten für einen Arzt stark beeinflussen.
[784] Vgl. Barth (1999), S. 483.
[785] Vgl. Barth (1999), S. 483.
[786] Siehe Teil V Abschnitt 2.6.1.

des Arztes sowie die Qualität seines Leistungsangebots geben.[787] Die Präsentation des Lebenslaufs des Arztes mit Informationen zu seinen Ausbildungsstationen, Abschlüssen und Zusatzausbildungen würde mehr Transparenz über die berufliche Qualifikation des Arztes schaffen. Die Angabe des Zeitpunkts der Approbationserteilung könnte dem Patienten ermöglichen, Rückschlüsse auf die *praktische Tätigkeit* und Berufserfahrung des Arztes zu ziehen.[788] Die Ergebnisse der empirischen Untersuchung haben gezeigt, dass die meisten dieser Informationen für den Patienten derzeit vor dem Arztbesuch kaum ermittelbar sind.[789] Während sich die meisten Patienten ein Urteil über die persönlichen Qualifikationen von Arzt und Praxispersonal wenigstens nach dem Arztbesuch zutrauen, bleiben ihnen Informationen zu deren fachlichen Qualifikationen offenbar selbst dann verschlossen. Dies ist umso bedauerlicher als gerade die fachlichen Qualifikationen von Arzt und Praxispersonal vergleichsweise einfach und glaubwürdig dokumentierbar wären. Maßnahmen zur Verbesserung der Patienteninformation über die persönliche Strukturqualität der Leistungsanbieter sollten daher zunächst auf Informationen zur fachlichen Qualifikation konzentriert werden.

Gerade in diesem Bereich bestehen mittlerweile auch seitens der rechtlichen Rahmenbedingungen neue Spielräume, die besser genutzt werden sollten. Nach § 27 MBO-Ä ist der Hinweis auf den Zeitpunkt der Facharztanerkennung sowie den Zeitpunkt der Niederlassung zulässig. Seit der Novellierung des § 27 MBO-Ä auf dem 105. Deutschen Ärztetag (2002) darf der Patient über alle nach öffentlich-rechtlichen Vorschriften erworbenen Qualifikationen und Tätigkeitsschwerpunkte informiert werden, sofern der Arzt die hiervon umfassten Tätigkeiten nicht nur gelegentlich ausübt.[790] So dürfen Patienten über Spezialisierungen innerhalb des Kerngebietes eines Fachs (z. B. die Spezialisierung von Orthopäden auf die Behandlung von Bandscheibenleiden) in Kenntnis gesetzt werden. Entscheidend ist auch hier die praktische Erfahrung des Arztes. Daher sollte nicht nur die Bezeichnung, sondern ebenso der Zeitpunkt des Erwerbs angeben werden, damit der Patient Rückschlüsse auf die Dauer der praktischen Erfahrung des Arztes ziehen kann.[791]

Schließlich sollten den Patienten auch direkte Informationen darüber vermittelt werden, in welchem Umfang und in welcher Form der Arzt sich fortbildet.[792] Mit Ausnahme von Baden-Württemberg sind inzwischen alle Landesärztekammern dazu übergegangen, für die Teilnahme an Fortbildungsveranstaltungen Zertifikate[793] auszustellen.[794] Die so ermöglichte Transparenz und Nachweisbarkeit der Fortbildung gegenüber den Patienten erhöht nicht nur das Ver-

---

787 Vgl. Barth (1999), S. 483.
788 Vgl. Barth (1999), S. 484.
789 Siehe Teil V Abschnitt 2.6.2.
790 Vgl. Krüger-Brand (2000), S. 1034 f.
791 Vgl. Barth (1999), S. 485.
792 Vgl. Barth (1999), S. 486.
793 Auf die besondere Signalwirkung von Zertifikaten wird in diesem Teil VI in Abschnitt 1.1.3.6 ausführlich eingegangen.

trauen der Patienten in ein qualitativ hochwertiges medizinisches Leistungsangebot bei diesem Arzt, sondern schafft zugleich einen Anreiz für alle Ärzte, sich verstärkt im Bereich Fortbildung zu engagieren.

1.1.2.2 Sachliche Strukturqualität

Die sachliche Strukturqualität eines medizinischen Leistungserbringers lässt sich ausdrücken durch Informationen z. B. über

- die *medizintechnische* und *sonstige Ausstattung der Praxis* sowie
- die *Lage der Praxis.*

Wie die Befragungsergebnisse zeigen, sind Informationen über die *medizintechnische Ausstattung* einer Praxis im Vergleich zur fachlichen Qualität des medizinischen Leistungserbringers bei der Arztwahl häufig von untergeordneter Bedeutung.[795] Dennoch sollten die Leistungsanbieter diese Informationen nicht vernachlässigen. Bei der Auswahl eines Facharztes sowie der Durchführung bestimmter (Vorsorge-)Untersuchungen und Therapien kann die Kenntnis der medizintechnischen Ausstattung schließlich zum entscheidenden Auswahlkriterium werden. So sollten die Patienten sich z. B. über das Vorhandensein von Radiologie, 24-Stunden-EKG, Sonographie, Endoskopie, Laboreinrichtungen oder auch von medizinischen Großgeräten wie Computertomographen und Kernspintomographen informieren können.[796] Beispielsweise ist für einen Orthopäden die Ausstattung der Praxis mit einem eigenen Röntgengerät zwar nicht vorgeschrieben, sie kann aber für die Arztwahl eines Patienten von entscheidender Bedeutung sein, da orthopädische Patienten oftmals in ihrer Mobilität eingeschränkt sind. Bei Inanspruchnahme eines Orthopäden ohne Röntgengerät müssten die Patienten unter Umständen erst einen für sie beschwerlichen Weg zu einem Radiologen antreten.

Auch Informationen über die telemedizinische Ausstattung der Praxis sollten für die Patienten abrufbar sein, da diese die Möglichkeit der Kooperation mit anderen Leistungserbringern mitbestimmt. Mit einer telemedizinischen Ausstattung kann die Praxis z. B. auf externe Untersuchungen zugreifen oder Röntgenbilder digital speichern und in dieser Form elektronisch verschicken. Elektronische Patientenkarten erlauben die Speicherung von Diagnosen und Medikamentverschreibungen und können daher besonders bei Überweisungen unnötige Doppeluntersuchungen vermeiden helfen.[797] Soweit möglich, sollten daher auch Hinweise auf diesen Aspekt der technischen Ausstattung der Praxis Inhalt der Patienteninformation sein.

---

[794] Vgl. N. N. (2001), Ärzte Zeitung Nr. 41 (05. März 2001), S. 1.
[795] Siehe Teil V Abschnitt 2.6.1.
[796] Vgl. Barth (1999), S. 493.
[797] Vgl. Barth (1999), S. 495.

Aus Bequemlichkeit oder aufgrund mangelnder Transparenz über ihnen eigentlich wichtigere Merkmale der medizinischen Leistungsanbieter wählen viele Patienten ihren Arzt nach der *Lage der Praxis* aus. Informationen über das Vorhandensein von Parkplätzen oder die Erreichbarkeit des Arztes mit öffentlichen Verkehrsmitteln liefern diesen Patienten entscheidende Hinweise. Behinderte sollten auch in Erfahrung bringen können, ob die Praxis für sie gut zugänglich und behindertengerecht ausgestattet ist (z. B. mit Fahrstuhl, Rampen).[798]

1.1.2.3 Prozessqualität

Zu den direkt übertragbaren Informationen über die Prozessqualität zählen Hinweise auf

- die *Praxisorganisation* sowie
- die *Erreichbarkeit der Praxis.*

Die durch den Trend zu einer ganzheitlichen Gesundheitsversorgung wachsende Zahl von Kooperationsmodellen macht es in immer größerem Umfang notwendig, im Rahmen der *Praxisorganisation* auch über die Vernetzung mit dem Umfeld der Praxis zu informieren. Dies kann die Zusammenarbeit mit anderen Gesundheitsberufen in einer Partnerschaft oder mittels Kooperationsverträgen z. B. in einem Praxisnetz sein. Neben Informationen über eine Gemeinschaftspraxis, über Partnerschaften z. B. mit anderen Ärzten oder Krankenhäusern sowie die Zugehörigkeit zu einem Praxisverbund und die Zusammenarbeit mit Selbsthilfegruppen sollten den Patienten auch Informationen über die Organisation dieser Praxiskooperationen bereitgestellt werden.

Des Weiteren sollten die Patienten auch über die *zeitliche Erreichbarkeit der Praxis* informiert werden. Immer mehr Ärzte sind z. B. dazu übergegangen, für ihre berufstätigen Patienten besondere Abend- oder Samstagssprechstunden einzuführen.[799] Die Sprechzeiten sind den meisten Patienten zwar deutlich weniger wichtig als die meisten anderen Qualitätsmerkmale, aber immerhin bezeichnet mehr als die Hälfte der in der empirischen Untersuchung befragten Versicherten dieses Kriterium als eher wichtig oder sehr wichtig.[800] Auch Angaben über die Teilnahme des Arztes an der hausärztlichen Versorgung und die Eigenschaft als Bereitschaftsdienst- oder Notfallpraxis können den Patienten wichtige Informationen liefern. Dazu gehören beispielsweise Hinweise auf Abend- oder Samstagssprechstunden, die immer mehr Ärzte für ihre berufstätigen Patienten anbieten.[801]

Sofern der Arzt über entsprechende Daten verfügt, wären sehr viele Patienten auch an Informationen zu den durchschnittlichen Wartezeiten in der Praxis interessiert. Von den im Rah-

---

[798] Vgl. Adrian (2000), S. 60 und Barth (1999), S. 494.
[799] Vgl. Barth (1999), S. 494.
[800] Siehe Teil V Abschnitt 2.6.1.
[801] Vgl. Barth (1999), S. 494.

men der empirischen Untersuchung befragten Versicherten betrachten über 80 Prozent die Wartezeiten als wichtiges oder sehr wichtiges Kriterium für ihre Arztwahl.[802] Somit kommt den Wartezeiten im Urteil der Patienten offensichtlich eine weitaus größere Bedeutung zu als den häufig als Indiz der „Kundenorientierung" diskutierten Sprechstundenzeiten. Sofern ermittelbar, sollten Daten über die zu erwartenden Wartezeiten daher neben den Informationen zur Praxisorganisation und -erreichbarkeit Kernbestandteile der Information über die Prozessqualität von medizinischen Leistungsanbietern darstellen.

1.1.3 Unsicherheitsreduktion bei Erfahrungseigenschaften

Im Rahmen der empirischen Untersuchung hatte sich gezeigt, dass aus Sicht vieler Patienten Informationen etwa zur Praxisausstattung derzeit erst aufgrund eigener Erfahrungen beim Arztbesuch ermittelbar sind.[803] Soweit diese Informationen aber zumindest prinzipiell schon vor dem Arztbesuch glaubwürdig an den Patienten weitergegeben werden können, sind sie für die Zwecke dieses Empfehlungsteils zu den eben besprochenen Sucheigenschaften zu zählen, über die die Patienten auch direkt und ohne Umweg über Ersatzindikatoren informiert werden sollten. Demgegenüber versagt bei Erfahrungseigenschaften der direkte Informationstransfer ex ante und die Qualitätseigenschaften eines Gesundheitsgutes können von den Patienten bestenfalls ex post beurteilt werden.[804] Aus diesem Grund empfehlen sich andere Strategien zur Unsicherheitsreduktion als wenn eine Beurteilung ex ante möglich wäre. Bei Unsicherheit über Erfahrungseigenschaften sollte der Anbieter von Gesundheitsleistungen versuchen, die Informationen indirekt durch eindeutige und verlässliche Indikatoren zu übertragen (Abb. VI-7). Einzusetzen sind also Signale, die mit der Qualität positiv korreliert und besser erkennbar sind als die Qualität selbst.[805] Diese Signale dienen dazu, indirekt Informationen über ex ante nicht beobachtbare Qualitätseigenschaften zu vermitteln.[806] Man unterscheidet

- *leistungsbezogene Signale* und
- *leistungsübergreifende Signale.*

Leistungsbezogene Signale sind auf konkrete Eigenschaften des Austauschobjektes ausgerichtet. Dazu zählen z. B. der Preis, Garantien oder die Höhe der produktbezogenen Werbeausgaben. Für die Wirksamkeit dieser Signale ist es erforderlich, dass der Nachfrager ex post feststellen kann, ob die erhaltene Leistung die vom Anbieter zugesicherten Eigenschaften auch erfüllt.[807] So rentiert sich kostspielige Werbung für die Anbieter eher, wenn die Konsumenten nach dem Erstkauf ex post die Produktvorzüge erkennen und Wiederholungskäufer werden. Dieser Mechanismus, der unter anderem erklären soll, warum auch rationale Konsumenten

---

[802] Siehe Teil V Abschnitt 2.6.1.
[803] Siehe Teil V Abschnitt 2.6.2.
[804] Vgl. Meinövel (1999), S. 18.
[805] Vgl. Weiber, Adler (1995), S. 67 f.
[806] Vgl. Spence (1976), S. 592.
[807] Vgl. Weiber, Adler (1995), S. 67 f.

allein aufgrund einer häufigen Namensnennung einem Produkt eine höhere Qualität zuschreiben, funktioniert aber nur, wenn der Interessent annehmen kann, dass hier letztlich Wiederholungskäufer gewonnen werden sollen, die nach einem ersten Ausprobieren die Vorzüge des Produktes erkennen würden. In ähnlicher Weise signalisiert eine Garantie nur dann Qualität, wenn Mängel des angebotenen Gutes zumindest mit einer gewissen Wahrscheinlichkeit innerhalb der Garantiezeit offensichtlich werden würden. Daher sollten die Anbieter von Gesundheitsleistungen bedenken, dass solche Signale nur dann glaubwürdig sind, wenn der Nachfrager die Qualität zumindest ex post erkennen und daraus Konsequenzen ziehen kann.

Leistungsübergreifende Signale betreffen den Anbieter sowie dessen Stellung im Markt. Beispiele für leistungsübergreifende Signale sind z. B. Investitionen der Anbieter in ihre Reputation, ihr Image oder ihren Bekanntheitsgrad. Reputationsinformationen dienen dem Nachfrager als Indikator und erlauben ihm, Rückschlüsse auf die zukünftige Leistung des Anbieters zu ziehen.[808] Leistungsübergreifende Signale können ebenfalls nur glaubwürdig sein, wenn die Nachfrager ex post ein Urteil über den in Anspruch genommenen Anbieter treffen können, dies muss aber nicht für jede Einzelleistung der Fall sein.

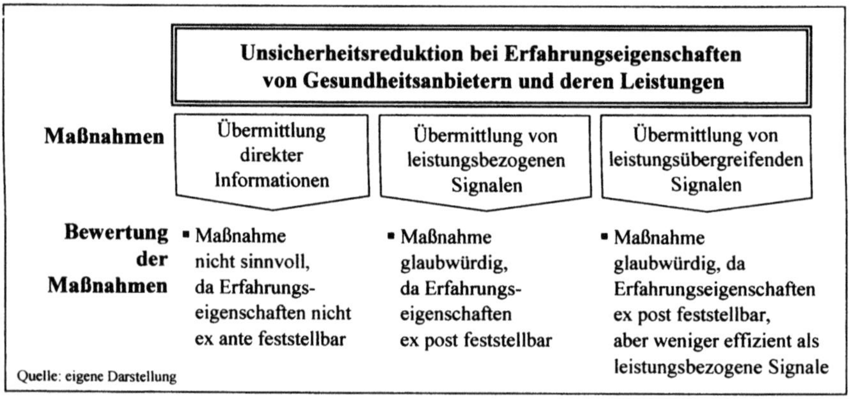

Abb. VI-7: Unsicherheitsreduktion bei Erfahrungseigenschaften

Auch im Gesundheitswesen kann zwischen leistungsbezogenen und leistungsübergreifenden Signalen unterschieden werden. Leistungsbezogene Signale sind auf Eigenschaften von Gesundheitsleistungen wie z. B. einer bestimmten (Vorsorge-)Untersuchung oder Therapie bezogen. Leistungsübergreifende Signale betreffen Anbieter von Gesundheitsleistungen wie Ärzte und Krankenhäuser.

808 Vgl. Weiber, Adler (1995), S. 67 f.

Im Folgenden werden verschiedene Signale im Gesundheitswesen vorgestellt und auf ihre Tauglichkeit für die patientenorientierte Information und Kommunikation hin überprüft. Dabei ist daran zu erinnern, dass die beschriebenen Indikatoren dem Patienten auf dem Wege des direkten Informationstransfers bekannt gemacht werden müssen, also Sucheigenschaften darstellen müssen. Beispielsweise ist der Abschluss einer psychologischen Zusatzausbildung eine Sucheigenschaft, die gleichzeitig als Indikator für die Erfahrungseigenschaft „Einfühlungsvermögen" dienen kann.

1.1.3.1 Preis als Signal

In vielen Bereichen liefert der Preis eines Angebots einen recht guten ersten Eindruck von dessen Qualität, da auch ein völlig uninformierter Käufer davon ausgehen kann, dass der Anbieter bei einem völligen Missverhältnis zwischen Preis und Leistung zu wenig Absatz generieren würde, um profitabel zu arbeiten. Auf dem Markt für Gesundheitsleistungen existiert jedoch kaum Preiswettbewerb, da die Ärzte größtenteils direkt oder indirekt von den Krankenversicherungen bezahlt werden. Solange aber die Patienten keinen Anreiz haben, sich nach einem kostengünstigeren Arzt bzw. Behandlungsverfahren umzusehen oder gar nicht über die der Krankenversicherung berechneten Beträge informiert werden, können Preise nicht als Qualitätsindikator eingesetzt werden. Solche Strategien sind daher noch am ehesten für die Anbieter solcher Gesundheitsleistungen sinnvoll, deren Kosten von den Patienten zu tragen sind. So kann etwa ein Schönheitschirurg bewusst den Eindruck zu erwecken versuchen, dass er es sich aufgrund seiner Reputation und Qualität „leisten" kann, höhere Preise zu verlangen. Umgekehrt muss er in seine Überlegungen einbeziehen, dass er mit Billigangeboten so manchen qualitätsbewussten Patienten verschrecken würde.
Im gleichen Sinne werden es manche Patienten als Zeichen von Qualität sehen, wenn ein Arzt für bestimmte Behandlungsmaßnahmen über die von den Krankenversicherungen zu erstattenden Gebührensätze hinausgeht. Empfehlenswerter dürfte in diesem Zusammenhang aber zumindest für vielgefragte Ärzte die Beschränkung auf die Behandlung von Privatpatienten sein. Sie lässt viele Patienten glauben, dass der Arzt es sich aufgrund seiner Begehrtheit leisten kann, nur Patienten anzunehmen, deren Versicherung höhere Preise bezahlt, oder dass er aufgrund seiner aufwendigeren Behandlungsmethoden und der eingehenderen Beratung gesetzlich versicherte Patienten gar nicht kostendeckend behandeln könnte.

1.1.3.2 Wartezeiten als Signal

Mit der Qualität eines Arztes zufriedene Patienten suchen diesen Arzt beim nächsten Krankheitsfall wieder auf und empfehlen den Arzt ihren Freunden und Bekannten weiter. Die Kapazität von Ärzten hoher Qualität ist somit eher ausgelastet als die von Ärzten schlechter Qualität. Längeres Warten auf einen Termin kann daher ein Signal dafür darstellen, dass dieser Arzt einen großen Patientenstamm versorgt und hohe Qualität anbietet. Die bewusste Verlängerung von Wartezeiten auf einen Termin dürfte aber kaum eine sinnvolle Strategie sein, da sie viele Patienten verärgern und solche mit dringlicheren Problemen zum Aufsuchen eines anderen Arztes veranlassen würde. Hilfreich dürfte es aber sein, anzumerken, dass sich ein Termin nur zufällig noch einschieben lässt (z. B. wegen der kurzfristigen Absage eines anderen Patienten) statt durchblicken zu lassen, dass große Zeitblöcke noch unbelegt sind.

1.1.3.3 Medizintechnische und technische Ausstattung als Signal

Informationen über die medizintechnische Praxisausstattung können die Patienten z. B. durch einen Anruf in der Praxis oder durch eigene Erfahrung während eines Arztbesuchs erhalten – auch ohne notwendigerweise selbst mit den Geräten behandelt worden zu sein. Das Vorhandensein dieser Geräte stellt primär eine direkt ermittelbare Information über eine Sucheigenschaft dar, wenn eine solche Ausstattung für die vom Patienten gewünschte (Vorsorge-)Untersuchung oder Behandlungsmaßnahme erforderlich ist. Für andere Patienten ist die Ausstattung mit medizintechnischen Apparaten ein wichtiges leistungsübergreifendes Signal, das beim Besitzer Eigenschaften wie Fortschrittlichkeit und Kompetenz im Umgang mit den neuesten Behandlungsmethoden vermuten lässt. Neben der medizintechnischen Ausstattung signalisiert auch die sonstige technische Praxisausstattung (z. B. die Verfügbarkeit eines Computersystems oder das Vorhandensein von modernen Kommunikationssystemen wie Anrufbeantworter, Fax, E-Mail oder einer Internet-Homepage) eine gutgehende Praxis und Innovationsbereitschaft auf Seiten des Arztes.

1.1.3.4 Qualitätsmanagement als Signal

Obwohl die Erreichung der gewünschten Qualität natürlich auch von anderen Faktoren abhängt, kann die Einrichtung eines Qualitätsmanagementsystems bei einem Leistungserbringer besondere Signalwirkung nach außen entfalten. Qualitätsmanagement bzw. Qualitätssicherung umfasst „sämtliche Maßnahmen der Planung, Kontrolle und Lenkung der Qualität" unter Beachtung der Anforderungen und Wünsche der Patienten an die medizinische Leistung.[809] Im Rahmen des Qualitätsmanagements sichert und kontrolliert ein Arzt die Qualität seiner diagnostischen und therapeutischen Leistungen einschließlich der von ihm erbrachten Informationsleistungen.[810] Mit der Einrichtung eines Qualitätsmanagements kann der Leistungserbringer signalisieren, dass er gewillt ist, bestimmte Anforderungen an die Qualität zu erfüllen und Informationsasymmetrien nicht auszunutzen.[811]

---

809 Vgl. Oberender, Daumann (1997), S. 213.

810 So müssen sich medizinische Informationen an Qualitätskriterien orientieren. Medizinische Informationen müssen inhaltlich richtig und objektiv sein sowie bestimmte Anforderungen hinsichtlich Aussagekraft, Exaktheit, Verfügbarkeit und Aktualität erfüllen. Wenn die Informationen nach außen weitergegeben werden, sind sie zielgruppenadäquat zu gestalten. Vgl. Oberender (2001), S. 51 f.

811 Dies gilt umso mehr, wenn Qualitätsstandards benutzt werden, die allgemein anerkannt sind, die sich z. B. im Wettbewerb durchgesetzt haben (wenngleich der Patient natürlich nie sicher sein kann, dass er aufgrund eines Qualitätsmanagementsystems auch tatsächlich gute medizinische Leistungen erhält). Vgl. Oberender (2001), S. 52.

Die Beteiligung an qualitätssichernden Maßnahmen, die eine vergleichende Prüfung der Prozess- und Ergebnisqualität ermöglichen, ist nach § 137 SGB V für Krankenhäuser seit Inkrafttreten der Gesundheitsreform 2000 ohnehin gesetzlich verpflichtend.[812]

1.1.3.5 Akademische Abschlüsse und andere Ausbildungsnachweise als Signal

Akademische Abschlüsse und andere Ausbildungsnachweise wie der Facharzttitel zeigen, dass der Arzt zum Zeitpunkt von deren Erwerb über einen bestimmten Wissensstand verfügt hat. Sie signalisieren dem Patienten somit eine höhere Wahrscheinlichkeit, auch jetzt einen kompetenten Partner für seine Anliegen anzutreffen. Auch in den Fällen, in denen das erworbene und geprüfte Wissen für den Patienten nicht unmittelbar relevant ist, erlauben akademische Titel und andere Ausbildungsnachweise Rückschlüsse auf das Talent und die intellektuelle Befähigung des Arztes, da entsprechend begabte Personen diese mit geringerem (Zeit-)Aufwand erreichen können. In diesem Sinne kann es für einen Arzt auch dann ratsam sein, Zeit in den Erwerb eines bestimmten Titels zu investieren, wenn die dabei erworbenen Kenntnisse in der Praxis den Patienten gar nicht unmittelbar zugute kommen würden. Voraussetzung für das Funktionieren dieses Signalmechanismus ist allerdings, dass der Erwerb dieses Abschlusses für solche Ärzte nicht lohnenswert ist, die damit nur falsche Erwartungen wecken würden.[813]

1.1.3.6 Zertifikate als Signal

Als klassisches Instrument zur Präsentation einer besonderen Qualität werden Zertifikate eingesetzt. Ein Zertifikat signalisiert das Vorhandensein bestimmter Merkmale, die für eine optimale Patientenversorgung oder die Durchführung der gewünschten Diagnoseverfahren und Behandlungsmethoden erforderlich sind. Sein Fehlen deutet negativ darauf hin, dass die Praxis bestimmte Anforderungen nicht erfüllt. Dem Patienten wird auf diese Weise ein unterschiedliches Qualitätsniveau der medizinischen Leistungsanbieter signalisiert. In zunehmendem Maße diskutiert man darüber, inwieweit die Erteilung von Zertifikaten oder Gütesiegeln den Patienten die Beurteilung der medizinischen Qualität von Ärzten erleichtert. Die direkte Information über Details der persönlichen und sachlichen Strukturqualität kann nämlich zu einer für den Patienten verwirrenden Überinformation führen. Ziel von Zertifikaten sollte es daher sein, die Informationen über die Qualitätseigenschaften der medizinischen Leistungserbringer in komprimierter, leichtverständlicher und vergleichbarer Form darzustellen. Zertifikate müssen somit verdichtete Schlüsselinformationen liefern, die der selektiven Wahrnehmung des Menschen gerecht werden.[814]

In gewisser Weise stellen die Bezeichnungen als Arzt, Facharzt oder die Bezeichnungen nach der Weiterbildungsordnung auch Zertifikate dar und sollen den Patienten einen gewissen

---

[812] Vgl. Selbmann (1999), S. 746.
[813] Vgl. das Modell von Spence (vgl. Spence (1973), S. 355-374).
[814] Vgl. Barth (1999), S. 500.

Ausbildungs- und Qualitätsstandard garantieren. An modernen Qualitätsmaßstäben gemessen machen sie jedoch nur Aussagen über die persönliche sowie in Teilbereichen über die sachliche Strukturqualität. Die Prozess- und Ergebnisqualität bleiben weitgehend unberücksichtigt. Außerdem beinhaltet diese Art von „Zertifikaten“ keine dynamischen Elemente, da sie bisher nicht auf kontinuierliche Verbesserung ausgerichtet sind und zeitlich unbefristet vergeben werden.[815]

Ein Zertifikat sollte eine medizinische Qualität zum Ausdruck bringen, die nicht von allen Leistungsanbietern problemlos erreicht werden kann, und dynamische Elemente enthalten. Medizinische Kenntnisse veralten relativ schnell, so dass nur wiederholte Nachweise die Qualität auch im Zeitablauf gewährleisten.[816] Zertifikate können mit einem dynamischen Sicherungselement ausgestattet werden, indem man ihre Gültigkeit auf einen bestimmten Zeitraum begrenzt.[817] Eine periodische Bewertung von Ärzten würde dazu führen, dass einem Arzt der Verlust seiner guten Bewertung droht, wenn er seine Qualität in jedem Einzelfall variiert oder sich allein auf die Signalwirkung einer einmaligen Auszeichnung verlässt.[818]

In seinem Gutachten 2000/2001 empfiehlt der Sachverständigenrat für die Konzertierte Aktion im Gesundheitswesen die Einführung einer Rezertifizierung der Facharztanerkennung nach angelsächsischem Vorbild. Diese Rezertifizierung sollte regelmäßig im Abstand von mehreren Jahren erfolgen. Sie sollte gebunden sein an den Nachweis regelmäßiger Fortbildungsaktivitäten auf der Basis eines international anerkannten credit-point-Systems. Außerdem sollte die Rezertifizierung von dem Bestehen einer Prüfung abhängig gemacht werden, die im Abstand von mehreren Jahren abzulegen ist.[819] Einen ersten Schritt in diese Richtung stellen Fortbildungszertifikate dar, für die mit Ausnahme von Baden-Württemberg inzwischen alle Landesärztekammern Regelungen verabschiedet haben. Der Run auf anerkannte Veranstaltungen ist seit Einführung der Fortbildungszertifikate groß, da sich Ärzte durch die Teilnahme an diesen Veranstaltungen nicht nur fortbilden, sondern ihre Teilnahme auch nachweisen können.[820]

Zur Ausgestaltung medizinischer Zertifikate rät Braun (1998), sich wegen des niedrigen Standards der DIN-ISO-9000-Normen an international anerkannten Qualitätsmaßstäben wie dem European Quality Award[821] (EQA) der European Foundation for Quality Management

---

[815] Vgl. Barth (1999), S. 501.

[816] Vgl. Richard (1993), S. 162.

[817] Vgl. Barth (1999), S. 503.

[818] Vgl. Richard (1993), S. 161.

[819] Vgl. Sachverständigenrat für die Konzertierte Aktion im Gesundheitswesen, Gutachten 2000/2001, S. 53. Der Sachverständigenrat ist sich auch bewusst, dass die Fachgebietsanerkennung für Ärzte im deutschen Gesundheitswesen eine zentrale Bedeutung für Einkommenssituation und Berufschancen hat, die durch die Rezertifizierungspflicht eingeschränkt werden könnte. Es sollte selbstverständlich sein, dass die Rezertifizierung von Allgemeinmedizinern, Pädiatern oder Internisten, die hausärztliche Funktionen übernommen haben, andere inhaltliche Akzente setzen muss als die Rezertifizierung derer, die weiterhin als Spezialisten oder z. B. als Hochschullehrer tätig sind.

[820] Vgl. N. N. (2001), Ärzte Zeitung Nr. 41 (5. März 2001), S. 1.

[821] Die EFQM zeichnet seit 1992 Unternehmen mit herausragenden Leistungen bei der Förderung der Qualität aus. Seit 1996 kann der Qualitätspreis auch im Gesundheitswesen empfangen werden. Vgl. Braun (1998), S. 24.

(EFQM) zu orientieren.[822] In diesen international anerkannten Qualitätsmaßstäben nehmen Kunden- und Marktorientierung, Ergebnisorientierung und kontinuierliche Verbesserung eine wichtige Stellung ein.[823] Zum Erwerb eines Zertifikats sollten die medizinischen Leistungserbringer nicht nur die Teilnahme an Fortbildungsveranstaltungen nachweisen müssen, sondern auch Maßnahmen der modernen medizinischen Qualitätssicherung durchführen. So sollte auch die Teilnahme an Qualitätszirkeln und die Durchführung von patientenorientierten Evaluierungsprojekten nachgewiesen werden. Beispielsweise sollte es durch ein Zertifikat nachweisbar sein, wenn die Praxis in regelmäßigen Abständen Patientenumfragen zur Zufriedenheit durchführt und dokumentiert, wie auf dadurch festgestellte Beschwerden reagiert wird.[824] Wie in den USA seit langem praktiziert, könnte auch die Patientenzufriedenheit als Beleg für die Qualität eines medizinischen Leistungserbringers herangezogen werden. Anstelle objektiver medizinischer Standards würden dann allerdings subjektive Empfindungen der Patienten als „patient satisfaction" zum Maßstab der medizinischen Versorgungsqualität.[825]

1.1.4 Unsicherheitsreduktion bei Vertrauenseigenschaften

Vertrauenseigenschaften entziehen sich einer Qualitätsbewertung sowohl ex ante als auch ex post.[826] Wegen dieser fehlenden Überprüfbarkeit sind leistungsbezogene Signale nicht glaubwürdig. So wären z. B. kostspielige Markenwerbung und Garantien kein glaubwürdiges Signal für Produkte, deren Qualität auch ex post nicht feststellbar ist, da sich aus einem falschen Signal keine negativen Konsequenzen für den Anbieter ergeben.[827]

Wenn der Einsatz leistungsbezogener Signale an Glaubwürdigkeitsproblemen scheitert, bieten sich für die Anbieter von Gesundheitsleistungen vor allem drei alternative Strategien an, um Patienten in glaubwürdiger Weise über die Eigenschaften ihrer Angebote zu informieren (Abb. VI-8).

Erstens könnten Ärzte, Krankenhäuser und andere Einrichtungen des Gesundheitswesens anstelle von leistungsbezogenen Signalen leistungsübergreifende und insbesondere *anbieterbezogene Signale* einsetzen.[828] Zum Beispiel signalisieren akademische Abschlüsse oder Fort-

---

822 Vgl. Braun (1998), S. 24. Barth (1999) empfiehlt darüber hinaus den Malcolm Baldrige National Quality Award (Vgl. Stauss, Scheuing (1994), S. 303). Vgl. Barth (1999), S. 501. Gegen eine Zertifizierung nach ISO-Norm 9001 bei Krankenhäusern haben sich auch die Bundesärztekammer, der Verband der Angestellten und Arbeiterersatzkassen (VdAK) und die Deutsche Krankenhausgesellschaft (DKG) ausgesprochen, die sie weder die Ergebnisqualität noch die Mitarbeiterorientierung angemessen berücksichtigt. Vgl. Selbmann (1999), S. 754.

823 Vgl. Braun (1998), S. 24.

824 Vgl. Hildebrand (1994), S. 32.

825 Das amerikanische Recht gestattet die Angabe von Zahlen zur Patientenzufriedenheit, solange die zugrunde liegende Untersuchung und die dazugehörigen Unterlagen auf Nachfrage für jedermann zugänglich gemacht werden. Vgl. Barth (1999), S. 91.

826 Vgl. Meinhövel (1998), S. 19.

827 Vgl. Rogerson (1983), S. 508 ff.

828 Vgl. Weiber, Adler (1995), S. 68.

bildungszertifikate selbst dann Kompetenz, wenn die Qualität der Behandlung zu keinem Zeitpunkt erkennbar ist. Aus vollen Wartezimmern und anderen Symptomen einer gutgehenden Praxis wird der Patient schließen, dass andere Patienten, die die Qualität ihrer Behandlung besser beurteilen können, zufrieden sein müssen. Dieser Patient wird sich eine ähnliche Qualität auch für seine Vorsorgeberatung, Diagnose oder Therapie erhoffen. Das für den Patienten in diesem Zusammenhang wichtigste leistungsübergreifende Qualitätssignal ist die Reputation eines Arztes, auf deren Erhalt und Ausbau dieser daher sorgfältigst achten sollte. So kann es für einen Arzt sinnvoll sein, sich in der Öffentlichkeit zu engagieren und z. B. Fachvorträge über ein aktuelles medizinisches Thema zu halten.[829] Noch mehr als aus den bei solchen Vorträgen gewonnenen Eindrücken von der Sachkenntnis des Arztes ergibt sich die Reputation aus den subjektiven Erfahrungen des einzelnen Patienten während seiner Behandlung und der Weitergabe dieser Eindrücke im Rahmen der persönlichen Kommunikation. Wegen der Subjektivität solcher Einzelerfahrungen kann hier zwar nicht von einer Beobachtbarkeit der Qualität gesprochen werden. Dennoch werden sich mit der Zeit durch die Bündelung von Einzelinformationen unterschiedliche Reputationsgrade herausbilden, die durchaus als recht zuverlässiges Signal für nicht direkt beobachtbare Qualitätsmerkmale der Ärzte und ihrer Leistungen dienen können. Nach Spremann (1988) ist die Wirkung der aufgebauten Reputation umso ausgeprägter, je größer die Qualitätsunsicherheit und je unvollkommener die Information ist.[830] Dementsprechend sollte der Reputation bei der Erbringung von Gesundheitsleistungen eine besonders große Bedeutung zukommen.

Zweitens kann die *systematische Aggregation von subjektiven und weitgehend von Zufallseinflüssen abhängigen Eindrücken zu statistisch signifikanten Ergebnissen* führen, die auch anderen Patienten zuverlässige Informationen über die angebotenen Beratungs-, Diagnose- und Therapieleistungen liefern. Während beispielsweise der einzelne Patient kaum objektiv beurteilen kann, ob seine Genesung tatsächlich auf das verschriebene Medikament zurückzuführen ist, sollte eine Datenerhebung bei Patienten mit unterschiedlichen Erwartungshaltungen und Krankheitsverläufen ein recht gutes Bild der Gesamtzufriedenheit mit Behandlungsprozess und -ergebnis liefern und damit zuverlässigere Rückschlüsse auf die Qualität einer angebotenen Therapie ermöglichen. Ärzte, Krankenhäuser und andere Institutionen des Gesundheitswesens wären daher gut beraten, noch weit stärker Feedback von den behandelten Patienten einzuholen und dieses nicht nur zur Selbstkontrolle heranzuziehen, sondern auch um die Patienten besser über die Vorzüge, aber auch die Risiken der angebotenen Behandlungsverfahren zu informieren.

Drittens kann ein *Experte* häufig auch dann die Qualität einer Vorsorgeberatung, Diagnose oder Therapie beurteilen, wenn dies dem behandelten Patienten selber nicht möglich ist. Was

---

[829] Siehe Teil VI Abschnitt 3.3.3.
[830] Vgl. Spremann (1988), S. 613.

für den Patienten selber eine Vertrauenseigenschaft wäre, kann durch einen Sachverständigen mit Hintergrundwissen und einschlägigen Erfahrungen unter Umständen relativ leicht und objektiv beurteilt werden. Beispielsweise wird ein Experte viel eher Aussagen darüber treffen können, ob die von einem Arzt angewandten Behandlungsmethoden tatsächlich dem aktuellen Stand der Medizin entsprechen. Ärzte, Krankenhäuser und andere Einrichtungen des Gesundheitswesens sollten daher gerade bei der Kommunikation über Vertrauenseigenschaften noch weit mehr auf die Aussagen von unabhängigen Sachverständigen setzen.

	Unsicherheitsreduktion bei Vertrauenseigenschaften von Gesundheitsanbietern und deren Leistungen		
Maßnahmen	Übermittlung direkter Informationen	Übermittlung von leistungsbezogenen Signalen	▪ Übermittlung von leistungsübergreifenden und anbieterbezogenen Signalen ▪ Aggregation von Einzelerfahrungen zu statistisch signifikanten Ergebnissen ▪ Informationstransfer durch Sachverständige
Bewertung der Maßnahmen	▪ Maßnahme nicht sinnvoll, da Vertrauenseigenschaften ex ante nicht feststellbar	▪ Maßnahme nicht glaubwürdig, da Vertrauenseigenschaften selbst ex post nicht feststellbar	▪ Jede Maßnahme für sich wirksam, ▪ die Kombination der Maßnahmen besonders effektiv

Quelle: eigene Darstellung

Abb. VI-8: Unsicherheitsreduktion bei Vertrauenseigenschaften

Die drei Strategien zur Information und Kommunikation über Vertrauenseigenschaften von Gesundheitsgütern, nämlich Ausweichen auf leistungsübergreifende Signale, Aggregation von Einzelerfahrungen und Einschalten von Sachverständigen, kommen am wirkungsvollsten zur Geltung, wenn sie miteinander kombiniert werden. Besonders sinnvoll dürfte in diesem Zusammenhang die Einschaltung unabhängiger Experten zur Auswertung statistischer Daten sein. Auf diese Weise könnte man beispielsweise glaubwürdige komprimierte Informationen über die Erfolgsquote bestimmter Therapien oder die Komplikationsrate eines medizinischen Eingriffs bei einem bestimmten Arzt zur Verfügung stellen. Nach dem gegenwärtigen Stand der Qualitätssicherung existieren solche Indikatoren zwar vereinzelt schon für den stationären Bereich[831], kaum aber für den ambulanten Sektor.[832] Was die Veröffentlichung von Informationen über den Behandlungserfolg betrifft, ist der amerikanische Rechtskreis fortschrittlicher

831 So lässt sich die Sterberate in nachprüfbaren Zahlen als „mortality rate" ausdrücken. Sie ist jedoch eher für die stationäre Behandlung von Bedeutung.

832 Vgl. Barth (1999), S. 499.

als der deutsche. So sind in den USA Angaben über die bei der Durchführung einer bestimmten Behandlungsmethode von einem Leistungserbringer erzielten Erfolgs- oder Komplikationsraten durchaus zulässig. Im Sinne der Substantiierungsdoktrin müssen die gemachten Angaben jedoch genau nachweisbar und vollständig sein. Auch in den USA würde es als Irreführung angesehen werden, wenn ein Arzt lediglich angäbe, 90 Prozent seiner Patienten erfolgreich behandelt zu haben, weil in dieser Aussage weder das Kriterium des Erfolges definiert ist noch der Zustand des Patienten vor und nach der Behandlung beschrieben wird noch genauere Angaben über die Art der Behandlung gemacht werden. Z. B. stellt sich der Erfolg bei der Behandlung einer Grippe nach kurzer Zeit meist von alleine ein, während bei einer Krebstherapie nur noch Schmerzlinderung möglich ist.[833]

Bei der Information und Kommunikation über Vertrauenseigenschaften ist oft die Einschaltung einer dritten Partei sinnvoll, die diese Informationen glaubwürdiger als der Arzt bereitstellen und effizienter als der Patient ermitteln kann. Zu denken ist hierbei etwa an die Krankenversicherungen, die Massenmedien usw. Die Einschaltung dieser Parteien kann insbesondere bei der beschriebenen Strategie der Aggregation von Einzelerfahrungen und der Expertenüberprüfung von Gesundheitsleistungen mit Vertrauenseigenschaften erforderlich sein. Da sie auch bei der Vermittlung von Informationen über Such- und Erfahrungseigenschaften sinnvoll sein kann, soll ihr das folgende eigenständige Kapitel gewidmet sein.

1.1.5 Von Dritten bereitzustellende Eigenschaftsinformationen

Institutionen wie die Krankenversicherungen und die Massenmedien können bei der Bereitstellung bestimmter Gesundheitsinformationen eine wichtige Rolle spielen. Die Ergebnisse der als Teil der vorliegenden Arbeit durchgeführten empirischen Untersuchung zeigen, dass eine Mehrheit der Befragten zusätzliche Informationen von unabhängigen Parteien außerhalb des Arzt-Patienten-Verhältnisses wünscht.[834] Diese Dritten sollten sich vor allem auch auf solche Gesundheitsinformationen konzentrieren, bei denen ihnen eine größere Objektivität und Vertrauenswürdigkeit als etwa dem einzelnen Arzt zuzuschreiben ist. Dies beinhaltet z. B. Informationen über die Eignung der von einem Arzt angewandten Behandlungsmethoden oder von ihm zu verantwortende Kunstfehler. Andere geeignete Themenfelder für von Dritten bereitgestellte Informationen können sich aus deren Marktüberblick ergeben. Insbesondere ist es ihnen oft möglich, durch die Aggregation von für sich genommenen nicht aussagekräftigen Einzelerfahrungen zu statistisch signifikanten Aussagen zu kommen, die sie dann interessierten Parteien zur Verfügung stellen können. Mit Hilfe solcher Daten und der Sachkenntnis von Gesundheitsexperten können die Massenmedien, Krankenversicherungen und andere unabhängige Parteien Informationen über für den einzelnen Patienten nicht eruierbare Eigenschaften von Gesundheitsangeboten und -anbietern bereitstellen. Zu nennen ist hier

---

833 Vgl. Barth (1999), S. 91.
834 Siehe Teil V Abschnitt 2.3.

beispielsweise die Auswertung von Daten zur Patientenzufriedenheit in Form einer Ärzterangliste.

Die Art und Weise wie diese Informationen für Patienten nutzbar gemacht werden sollten, reicht von einer beschreibenden Zusammenstellung einzelner Anbieter über Ärzterankings bis hin zu Lotsensystemen, die den Patienten ohne weitere Detailinformationen direkt zu einem für ihn geeigneten Arzt und Behandlungsangebot führen. Gegliedert entsprechend diesen unterschiedlichen Freiräumen für eine eigenständige Informationsauswertung durch den Patienten sollen die folgenden Abschnitte einen Überblick darüber vermitteln, welche Informationen über die Eigenschaften von Gesundheitsangeboten und -anbietern sinnvolle Bestandteile der patientenorientierten Information und Kommunikation von Nicht-Ärzten darstellen können. Dabei wird teilweise zur Vereinfachung der Diskussion beispielhaft eine Bereitstellung der Informationen durch die Krankenversicherung angenommen, die hierzu schon aufgrund ihrer breiten Datenbasis auch besonders gut in der Lage sein sollte und in der empirischen Befragung direkt nach den Ärzten am häufigsten als gewünschte Informationsquelle zu diesem Thema genannt wurde.[835] Abgesehen von den Lotsensystemen sollten die vorgeschlagenen Informationsinhalte und -formen aber für andere potenzielle Informationsquellen, wie etwa die verschiedenen Massenmedien, genauso gültig sein.

1.1.5.1 (Elektronisches) Arzt- und Krankenhausverzeichnis

Eine am Institut für Betriebswirtschaftslehre des öffentlichen Bereichs und Gesundheitswesens (IBG) der Universität der Bundeswehr München in Kooperation mit der Bayerischen Beamtenkrankenkasse AG durchgeführte Studie zur Informationspolitik von Krankenversicherungen ergab, dass bisher nur wenige Krankenversicherungen Informationen zu Ärzten und Krankenhäusern bereitstellen.[836] Mit der Einrichtung einer „Arzt-/Krankenhaus-Suchmaschine" im Internet oder der Herausgabe eines „Arzt-/Krankenhaus-Führers" könnten die Krankenversicherungen selbst oder auch in Kooperation z. B. mit den kassenärztlichen Vereinigungen ihr Informationsangebot attraktiv erweitern. Durch restriktive rechtliche Rahmenbedingungen ist die Möglichkeit für Krankenversicherungen, ihren Versicherten Ärzte oder Krankenhäuser zu empfehlen, aber stark begrenzt.[837] Im deutschen Gesundheitswesen sind Informationen etwa über die Zahl der behandelten Fälle eines Arztes, dessen Behandlungserfolge oder Komplikationsraten noch nicht zulässig.

Ein rechtlich zulässiges elektronisches Arztverzeichnis könnte wie folgt aufgebaut sein: In einer Suchmaske tragen die Nutzer ein, in welcher Gegend sie einen Arzt oder ein Krankenhaus suchen. Angaben sollten möglich sein zum Ort, zur Straße und zum gewünschten Suchradius um den Standort herum. Zudem sollten für die Suche nach einem Leistungserbringer

---

[835] Siehe Teil V Abschnitt 2.3.7.
[836] Vgl. Braun, Uhl (2001). Siehe auch Teil IV Abschnitt 3.3.2.2.
[837] Siehe Teil IV Abschnitt 3.1.3.3.

weitere Suchkriterien für eine genaue Eingrenzung möglich sein: Bei der Suche nach einem Arzt sollten neben der notwendigen Auswahl des gewünschten Fachgebiets auch Zusatzbezeichnungen und Schwerpunkte angeklickt und darüber hinaus auch gewünschte Fremdsprachenkenntnisse oder demographische Merkmale des Arztes gewählt werden können. Die Suchergebnisse sollten dann den Nutzern nicht, wie oft üblich, in alphabetischer Reihenfolge präsentiert werden, sondern sortiert nach einem relevanteren Kriterium, wie der Entfernung vom eingegebenen Standort mit entsprechender Kilometer-Angabe. Die Standorte der verschiedenen Praxen sollten idealerweise auf einer Straßenkarte eingezeichnet sein, die sich der Nutzer je nach seinen Bedürfnissen vergrößern oder verkleinern kann. Findet sich kein Arzt im gewünschten Umkreis, sollten die Ergebnisse aus der weiteren Umgebung aufgeführt werden. Nach dem Klick auf den Namen eines Arztes sollten die Patienten auf der nächsten Seite weitere Informationen erhalten können, wie z. B. die Fachgebiete/Zusatzbezeichnungen des Mediziners, Telefon- und Faxnummer seiner Praxis sowie die Öffnungszeiten. Außerdem sollen die Nutzer darüber informiert werden, wie sie mit dem Auto oder dem öffentlichen Nahverkehr ans Ziel kommen. Die Homepage kann dazu mit dem Rechner des Verkehrsverbundes verlinkt werden, der die benötigten Fahrplanauskünfte liefert. Für Autofahrer kann ein Routenfinder installiert werden, der in Sekundenschnelle den Anfahrtsweg in Text- und Kartenform ausweist. Über einen Link kann dem Nutzer für weitere Informationen auch der Weg auf die Homepage der bei der Suche ausgewählten Ärzte gewiesen werden.

Das elektronische Arzt-Krankenhausverzeichnis kann durch ein Zufriedenheitsranking der Patienten ergänzt werden. Die benötigten Informationen können z. B. private Krankenversicherungen von ihren Versicherten wie folgt beschaffen: Nach Einreichen einer Arzt- oder Krankenhausrechnung wird dem Versicherten ein Evaluationsbogen mit Fragen zur Zufriedenheit mit dem behandelnden Arzt bzw. Krankenhaus zugesandt. Die rücklaufenden Bögen werden von der Krankenversicherung ausgewertet und die Ergebnisse allen Versicherten im elektronischen Arzt-/Krankenhausverzeichnis zur Verfügung gestellt. Zur Steigerung der Mitwirkungsbereitschaft der Versicherten könnte das Zufriedenheitsranking mit einem Bonussystem gekoppelt werden, z. B. in Form eines Präsents oder der Teilnahme an einer Verlosung. Synergieeffekte des Zufriedenheitsrankings lassen sich mit dem in Teil IV Abschnitt 3.2.1.8 dieser Arbeit beschriebenen Beschwerdemanagement von Krankenversicherungen[838] erzielen, indem Ärzte, die im Rahmen des Beschwerdemanagement negativ aufgefallen sind, nicht in die elektronische Liste aufgenommen oder von der Liste gestrichen werden.

[838] Die Umsetzung des Beschwerdemanagements kann über verschiedene Medien geschehen: im Internet in Verbindung mit einem Gesprächsforum oder in Form einer telefonischen Betreuung durch eine spezielle Hotline. Vgl. Braun, Uhl (2001).

1.1.5.2 Ärzte-Tests und Rankings

Ärzte-Tests und Rankings können geeignete Mittel darstellen, um die Transparenz im Markt für Gesundheitsleistungen zu erhöhen. Bei ihnen handelt es sich um Sonderformen eines Ärzteverzeichnisses.[839] Während die in Ärzteverzeichnissen enthaltenen Informationen nicht notwendigerweise bewertende Daten über die einzelnen Leistungsanbieter enthalten, versuchen Ärzte-Tests eine Grundlage für die Beurteilung der angebotenen Qualität zu schaffen. Rankings bringen darüber hinaus die Leistungserbringer in eine Reihenfolge. Im Ausland, insbesondere in den sehr stark marktorientierten USA, werden Ärzte-Tests schon seit langem von Verbraucherorganisationen und Presseorganen durchgeführt. Von 1986 bis 1994 veröffentlichte beispielsweise die Health Care Financing Administration jährlich Statistiken über die Sterbe- und Infektionsraten von Medicare-Patienten in verschiedenen Krankenhäusern.[840] Die Zeitschrift „US News" publiziert eine Rangliste der besten amerikanischen Kliniken.[841] Das New York Magazine befragt regelmäßig Ärzte, von wem sie sich oder ihre Familienangehörigen behandeln lassen würden, und veröffentlicht auf dieser Basis eine Liste der besten Ärzte.[842] Eine auf der Sicht des Krankenhauspersonals beruhende Bewertung von Krankenhäusern erscheint regelmäßig im Boston Magazine. Die Namen von Ärzten, die sich einem Disziplinarverfahren unterziehen mussten, werden von der Public Citizen Health Research Group veröffentlicht. Darüber hinaus überlegt man in den USA, Daten über Ärzte, die wegen eines Behandlungsfehlers verklagt wurden, allgemein zugänglich zu machen, während sie derzeit nur von Anwälten zur Prozessvorbereitung eingesehen werden dürfen.[843]

In Deutschland stehen bei der Bewertung medizinischer Einrichtungen meist noch andere Aspekte als die Patientenzufriedenheit im Vordergrund. Beispielsweise erscheint jährlich der „Krankenhaus-Report" mit statistischen Daten zur Wirtschaftlichkeit der Krankenhausversorgung, zu Durchschnittswerten von Kosten, zur Verweildauer und zu Diagnosen sowie zu krankenhaus- und fachabteilungsspezifischen Strukturinformationen von rund 1800 Krankenhäusern.[844]

Mit stärker an den Bedürfnissen der Patienten orientierten Ärztetests und Rankings könnte diesen auch in Deutschland die Auswahl unter der Vielzahl von Leistungsanbietern leichter gemacht werden. Wenn Krankenversicherungen die Erstellung einer solchen Liste erwägen,

---

839 Zertifikate werden ausführlich in diesem Teil VI Abschnitt 1.1.3.6 behandelt.

840 Vgl. Barth (1999), S. 119.

841 Vgl. Braun (1998a), S. 25. Das U.S. News Ranking der "40 Best Hospitals" erscheint jährlich, gegliedert nach den verschiedenen Spezialisierungsrichtungen.

842 Dazu befragte man 5000 Mediziner der verschiedenen Fachrichtungen und erwähnte diejenigen Ärzte, die dreimal genannt wurden.

843 Vgl. Barth (1999), S. 119. Umgekehrt haben amerikanische Ärzte auch die Möglichkeit, über besondere Eigenschaften ihrer Patienten Informationen einzuholen. So kann mit einem Computerprogramm (Court Scan) ermittelt werden, welcher Patient schon einen Rechtsstreit gegen einen anderen Arzt geführt hat. Dies ist Ausdruck der in den USA zurzeit beklagten Defensivmedizin, die sich zur Vermeidung von Schadenersatzansprüchen über das medizinisch notwendige Maß hinaus Absicherung verschafft. Vgl. Barth (1999), S. 120.

844 Vgl. Braun (1998a), S. 26.

sollten sie aber die bereits diskutierten[845], noch sehr restriktiven rechtlichen Rahmenbedingungen in Deutschland bedenken. Am Beispiel der Focus-Ärzteserie lässt sich exemplarisch veranschaulichen, wie Ärzte-Tests auch in Deutschland zu mehr Transparenz beitragen können und welche Kriterien für eine solche Untersuchung in Frage kommen. Sie zeigt aber auch die potenziellen Hindernisse und Probleme, die beachten sollte, wer auf diesem Wege mehr Transparenz in das deutsche Gesundheitswesen bringen will.

Unter dem Titel „Die besten deutschen Mediziner“ hatte das Nachrichtenmagazin Focus erstmalig 1993 eine Ärzteserie veröffentlicht. Als Qualitätskriterien herangezogen wurden die Häufigkeit der Eingriffe, die wissenschaftliche Reputation, gemessen an der Anzahl der Zitate von Veröffentlichungen, Empfehlungen von anderen Ärzten sowie die Teilnahme an Kongressen. Nachdem der BGH unter anderem die superlative Bewertung „die besten“ Ärzte bemängelt hatte, veröffentlichte der Focus 1997 eine neue Serie unter dem neutraleren Titel „Die große Ärzte-Liste, 750 Empfehlungen, Spezialisten aus 67 Fachrichtungen“. Zugleich änderte das Nachrichtenmagazin die Kriterien für die Auswahl von Spezialisten, indem zwischen dem Ruf als Arzt und als Wissenschaftler unterschieden und neben Ärzten auch Patientenselbsthilfegruppen befragt wurden. Anhand der Häufigkeit der Nennungen nahm das Magazin eine Auswahl der besonders empfehlenswerten Ärzte vor, wobei nicht mehr der Anspruch erhoben wurde, dass es sich um die objektiv Besten ihres Faches handelte. Zudem waren die Listen nur noch in alphabetischer Reihenfolge sortiert.[846] Aber wie bei anderen Ärzte-Tests lag auch bei der überarbeiteten Focus-Liste das Kernproblem in den Bewertungskriterien. Fachliche Kompetenz lässt sich nun einmal nicht durch ‚objektive' Größen wie die Zahl der Veröffentlichungen oder ihre Zitierhäufigkeit messen. Auch die Empfehlungen von Ärzten sind subjektiv gefärbt und können deutlich von der Wahrnehmung der abweichen. Das Ergebnis eines solchen Ärzte-Tests wird durch nie ganz unproblematische Entscheidungen darüber bestimmt, welche Kriterien herangezogen werden, welche Gewichtungen man diesen zuweist und wer die Wertungen abgeben soll. Hätte der Focus beispielsweise Kriterien wie z. B. Komplikationsdichte, Lebensqualität oder Patientenzufriedenheit untersucht, hätte sich wahrscheinlich ein ganz anderes Bild ergeben.[847]
Im Oktober 2000 publizierte Focus erneut eine Serie unter dem Titel „Ärzte-Liste 2000“ mit detaillierten Informationen zu mehr als 1200 Ärzten aus 69 medizinischen Fachgebieten.[848] In dieser Serie griff Focus einige der o. a. Kritikpunkte auf. So wurden neben der Reputation[849]

[845] Siehe Teil IV Abschnitt 3.1.3.3.
[846] Vgl. Barth (1999), S. 507.
[847] Vgl. Barth (1999), S. 508.
[848] Vgl. N. N. http://www.focus.de/F/FS/FSI/FSIA/FSIAA/fsiaa.htm?snr=78936 (Stand 06.07.2001).
[849] So empfahlen mehr als 2000 Chefärzte und leitende Oberärzte schriftlich Klinikärzte und Fachabteilungen. 538 Klinikchefs und leitende Oberärzte bewerteten in ausführlichen Interviews die ärztliche und wissenschaftliche Kompetenz ihrer Fachkollegen. 15000 niedergelassene Fachärzte beurteilten die Qualität von Klinikärzten, -abteilungen sowie spezialisierten Kollegen. 850 Patientenverbände gaben zu Protokoll, welche Experten sie ihren Mitgliedern auf Grund der gesammelten Erfahrungen selbst empfehlen.

im Kollegenkreis und der Zahl der Publikationen in den letzten zehn Jahren erstmals Patientenempfehlungen[850] und Angaben zur Qualitätssicherung[851] der Ärzte herangezogen (z. B. der Einsatz von Leitlinien, die Teilnahme an interaktiven Fortbildungen sowie die Verwendung von Computerwarnprogrammen). Darüber hinaus wurden auch Angaben zu den Behandlungsschwerpunkten der Ärzte[852] und die Anzahl bestimmter Eingriffe für 1999 veröffentlicht.[853] Auch an der jüngst erschienenen Focusliste kann kritisiert werden, dass bei der Qualitätsbewertung der Ärzte zu wenig Gewicht auf medizinische Kriterien gelegt wurde.

1.1.5.3 Lotsensysteme

Weil viele Patienten eine Fülle an Einzelinformationen kaum einordnen und auswerten können, ist es unter Umständen sinnvoll, diese direkt zu einem für sie geeigneten Gesundheitsangebot oder -anbieter zu lotsen. Inkaufzunehmen ist dabei allerdings die Schaffung einer Prinzipal-Agenten-Problematik, bei der die Patienten kaum überprüfen können, ob die Lotsen tatsächlich in ihrem Interesse handeln. Während sich im (Kranken-)Versicherungsmarkt unabhängige Makler als Lotsen anbieten, stehen solchermaßen spezialisierte Dienstleister im eigentlichen Gesundheitsmarkt noch kaum zur Verfügung. Üblicherweise nehmen Ärzte diese Agentenrolle für sich in Anspruch und wollen nicht nur selbst Leistungen anbieten, sondern den Patienten auch durch die Vielzahl von Gesundheitsangeboten und -anbietern lotsen.[854] Diese Doppelrolle der Ärzte wird heute jedoch zunehmend in Frage gestellt: Ärztliche Vorgehensweisen und Empfehlungen werden häufig weniger vom konkreten Bedarf der Patienten als vom persönlichen Können der Anbieter, vom vorhandenen medizinisch-technischen Angebot oder vom finanziellen Anreizsystem beeinflusst.[855] Es überrascht daher nicht, dass in der als Teil der vorliegenden Arbeit durchgeführten empirischen Untersuchung die befragten Patienten gerade mit den von ihrem Arzt vermittelten Hinweisen zu anderen Medizinern vergleichsweise weniger zufrieden waren.[856] Mit zunehmenden wirtschaftlichen Problemen wird die aus ökonomischer Sicht interessante Stellung der Ärzte als Sekundärnachfrager und Leistungsanbieter in einer Person insbesondere auch von den Krankenversicherungen und vom Staat kritisiert und nach neuen Lösungsmodellen gesucht.

Vgl. N. N. http://www.focus.de/F/FC/FCH/fch.ftm?para=?-showt:client/focus/focus/j20.../001_001.dc (Stand 06.07.2001).

850 Eine bundesweite Recherche ermittelte, bei welchen Ärzten Patienten gute Erfahrungen machten.

851 In Zusammenarbeit mit dem Kölner Institut für Gesundheitsökonomie entwickelte Focus einen Qualitätsmanagement-Score.

852 Dafür befragte Focus die Ärzte entsprechend der Musterberufsordnung nach ihren drei wichtigsten Untersuchungs- und Behandlungsmethoden.

853 Vgl. N. N. http://www.focus.de/F/FC/FCH/fch.ftm?para=?-showt:client/focus/focus/j20.../001_001.dc (Stand 06.07.2001).

854 Vgl. Güntert (2001), S. 171.

855 Vgl. Güntert (2001), S. 172. Siehe hierzu auch Teil III Abschnitt 3.3.2.

856 Siehe Teil V Abschnitt 2.3.2.

Im so genannten *Hausarzt- bzw. Gatekeeper-Modell* verpflichten die Krankenversicherungen ihre Kunden dazu, sich zuerst an einen Hausarzt zu wenden, der ihnen dann bei Bedarf den Zugang zur fachärztlichen Versorgung öffnet. Damit übernimmt der Hausarzt die Rolle als Agent und Lotse des Versicherten. Kritisiert wird an diesem Modell jedoch, dass die Gatekeeper-Ärzte gleichzeitig auch Leistungen anbieten und sich zudem nach den von den Krankenversicherungen geschaffenen Anreizen richten werden.[857] Damit sind wiederum auch eigene Interessen der Ärzte und Krankenversicherungen im Spiel, die zu Abweichungen von der medizinisch wünschenswerten Versorgung führen können.[858]

Die Steuerung der Patientenbehandlung mit Hilfe von Agenten wurde im Rahmen von *Managed-Care-Modellen* weiterentwickelt. So schließen die Krankenversicherungen in PPO (Preferred Provider Organization) - Modellen gezielt Verträge mit von ihnen ausgewählten Leistungsanbietern. In HMO (Health Maintenance Organization) - Modellen werden sie sogar selbst zu Leistungsanbietern und leiten den Patienten zu den bei ihnen angestellten Ärzten. Vor dem Hintergrund der wirtschaftlichen Anfangserfolge amerikanischer Managed-Care-Modelle haben solche Ansätze auch in Europa Zuspruch gefunden. So werden in der Schweiz von den Krankenversicherungen verschiedene Modelle praktiziert und den Versicherten angeboten. Diese trauen aber der Übernahme der Agentenrolle durch Managed-Care-Einrichtungen offensichtlich nicht. So konnten sich trotz einer Vielzahl von Modellen mit Beitragsreduktionen bis 20 Prozent erst rund 10 Prozent der Versicherten für ein derartiges Angebot entscheiden. Viele Versicherten werfen den Krankenversicherungen vor, dass ökonomische Überlegungen und Bemühungen um Kostenreduktion hier zu sehr im Vordergrund stehen.[859]

1.2 Strategien zur Reduktion von Verhaltensunsicherheit und Moral Hazard

Im vorhergehenden Kapitel wurden mögliche Strategien der patientenorientierten Information und Kommunikation bei Eigenschaftsunsicherheit diskutiert, also die patientenorientierte Information und Kommunikation hinsichtlich fixer Charakteristika eines Gesundheitsangebots oder -anbieters. Andere Strategien sind erforderlich, wenn bei den Patienten Verhaltensunsicherheit besteht. Verhaltensunsicherheit entsteht dadurch, dass die Patienten nicht in der Lage sind, das Anstrengungsniveau und die Sorgfalt des Arztes zu beurteilen. Im Gegensatz zur Eigenschaftsunsicherheit handelt es sich also nicht um unveränderliche Charakteristika, wobei aber die beiden Unsicherheitsarten und damit auch die zu empfehlenden Lösungsstrategien nicht immer klar voneinander getrennt werden können.

---

857 Eine Lösungsmöglichkeit dieses Problems bestünde darin, dass die Gatekeeper-Ärzte von der Krankenversicherung dazu verpflichtet werden, vollständig auf das Angebot eigener Gesundheitsleistungen zu verzichten und sich ganz auf die Lotsenrolle zu konzentrieren.

858 Je nach Entschädigungssystem werden die Patienten tendenziell sehr rasch oder aber (zu) spät weitergeleitet. Vgl. Güntert (2001), S. 172.

859 Vgl. Güntert (2001), S. 172 f.

Kennzeichnend für die Verhaltensunsicherheit ist das Risiko des Moral Hazard, das umso größer ausfällt, je breiter der Verhaltensspielraum des Arztes und je geringer die Kontrollmöglichkeiten der Patienten sind. Es steigt mit mangelnder Beobachtbarkeit der Handlungen des Arztes und ungenügender Sachkenntnis der Patienten. Vorausschauende Patienten werden Situationen zu vermeiden versuchen, in denen sie dem opportunistischen Verhalten eines Arztes hilflos ausgeliefert sind. Deswegen sollte es auch im Interesse des Arztes liegen, Transparenz und Kontrollmöglichkeiten für die Patienten zu schaffen, um die Gefahr des Moral Hazard glaubwürdig zu reduzieren.

Zur Reduktion der Verhaltensunsicherheit und des Moral Hazard Risikos sollten Monitoring-Aktivitäten – also Überwachung und Kontrolle von ärztlichen Beratungs-, Diagnose- und Therapieleistungen – verstärkt werden. In Frage kommen dafür vor allem Institutionen wie z. B. die Krankenversicherungen, die über das notwendige medizinische Hintergrundwissen verfügen und ein Interesse an der korrekten Ausführung von Gesundheitsleistungen haben. Ferner ist die Operationalisierung von Leitlinien zu forcieren, die zur objektiven Beurteilung von medizinischen Leistungen beiträgt. Ein Abbau der Verhaltensunsicherheit ließe sich aber ebenso durch eine intensivere Information der Patienten über Gesundheitsthemen z. B. durch die Krankenversicherungen erreichen. Ist der Patient besser über Gesundheitsthemen informiert, verliert der Arzt seinen uneingeschränkten Spielraum bei den Therapievorschlägen. Wenn Patienten bereits mit einer Diagnose von dritter Seite zum Arzt kommen oder die Möglichkeit haben, sich im Internet, per Servicetelefon oder bei einer persönlichen Beratungsstelle eine Zweitmeinung zur vorgeschlagenen Behandlung einzuholen, haben Ärzte nur noch eingeschränkte Möglichkeit zur Nachfrageausweitung bzw. Schaffung angebotsinduzierter Nachfrage. Durch verstärkte Information würde nicht nur eine Kontrolle des Mediziners und der Qualität der medizinischen Leistungserbringung erleichtert werden, sondern zusätzlich könnte eine qualitative Verbesserung des ärztlichen Behandlungsprozesses erreicht werden.[860]

Die in Abbildung VI-9 dargestellten Strategien sind in den folgenden Kapiteln detaillierter zu analysieren. Zunächst sollen Maßnahmen zur Angleichung der Interessen von Gesundheitsanbietern und Patienten erörtert werden. Anschließend wird die mögliche Intensivierung von Monitoring-Aktivitäten und die Rolle von Patientenvertretungen bei diesen Aktivitäten diskutiert. Zum Schluss geht es dann um die Funktion medizinischer Leitlinien bei der Durchführung und Kontrolle von Gesundheitsleistungen.

---

[860] Siehe Teil IV Abschnitt 3.4.2.2.

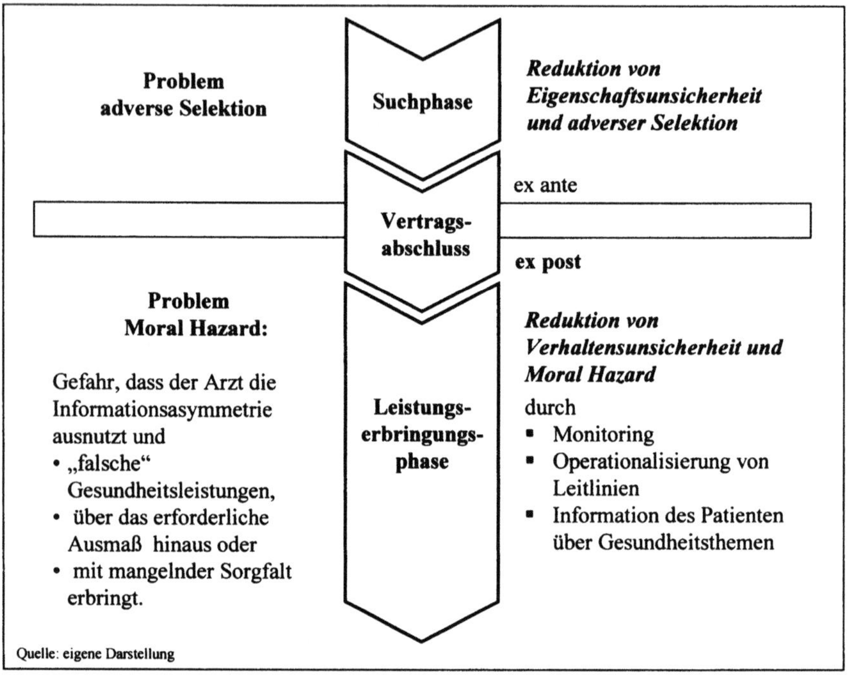

Abb. VI-9: Reduktion der Verhaltensunsicherheit und des Moral Hazard

1.2.1 Interessenangleichung

Im Folgenden werden Maßnahmen zur Angleichung der divergierenden Interessenslagen von Arzt und Patient untersucht. Dabei wird auf

- die *ärztliche Standesverpflichtung,*
- *anreizoptimale Entlohnungsverträge* und
- *drohende Kunstfehlerprozesse*

eingegangen.[861]

[861] Vgl. Schwartz (1997), S. 94 ff.

1.2.1.1 Ärztliche Standesverpflichtung

Mit dem Eintritt in ihren Berufsstand unterwerfen Ärzte sich der Verpflichtung, im besten Interesse ihrer Patienten zu handeln. Detaillierte Standesordnungen klären Einzelfragen der daraus abzuleitenden Verhaltensregeln. Konkurrierende Mediziner achten auf die Einhaltung der Standesregeln und eine Sanktionierung etwa durch die Ärztekammer ist durchaus möglich. Ein niAus einer verstärkten Information und Kommunikation können alle betroffenen Gruppen Nutzen ziehen. Beispielsweise wird der Patient den Einfluss des eigenen Verhaltens auf sein Gesundheitsniveau und Wohlbefinden besser einschätzen und entsprechend steuern können sowie eher seinen Präferenzen entsprechende Ärzte und Behandlungsweisen finden. Aber auch unabhängig von Auswirkungen auf seinen Gesundheitszustand können Transparenz in Gesundheitsfragen und die auf Informationen beruhende Fähigkeit zur Entscheidungsmitwirkung wiederum positive Wirkungen auf das Nutzenniveau des Patienten haben. Die Leistungserbringer können durch die überzeugende Übermittlung von Gesundheitsinformationen ihr Image verbessern und zugleich auf das eigene Leistungsangebot und dessen Struktur-, Prozess- und Ergebnisqualität hinweisen. Zudem versetzen sie mit Informationen den Patienten in die Lage zur verbesserten Mitwirkung an der Behandlung und können durch strukturierte Ablaufinformationen etwa in Form von Behandlungsleitlinien, Disease- oder Fallmanagement-Programmen die Zusammenarbeit zwischen verschiedenen Ärzten erleichtern. Die Krankenversicherungen wiederum profitieren unter anderem von einer durch Information erzielten Verbesserung des Gesundheitszustandes ihrer Versicherten, einer etwaigen Aufdeckung von Gesundheitsanbietern zweifelhafter Qualität und der Möglichkeit, sich durch Gesundheitsinformationen von Wettbewerbern abzuheben.
cht völlig skrupelloser Mediziner wird aber auch von sich aus bemüht sein, Verstöße gegen die im hippokratischen Eid und den Standesverpflichtungen festgehaltenen Verhaltensregeln zu vermeiden. Wie bereits in Teil III Abschnitt 2.3.3.4 angesprochen, stellt somit die Annahme völlig unabhängiger Nutzenfunktionen in der Prinzipal-Agenten-Beziehung zwischen Arzt und Patient eine nicht immer zutreffende Vereinfachung der Realität dar. Der medizinische Berufsethos impliziert eine zumindest teilweise Interessenskongruenz und damit voneinander abhängige Nutzenfunktionen. Dem Patienten soll das Bestehen einer medizinischen Ethik eine gewisse Sicherheit geben, dass der Arzt weitgehend im Interesse des Patienten handeln wird.[862] Letztlich hängt es aber von der jeweiligen Nutzenfunktion des einzelnen Mediziners ab, welche Bedeutung er diesen ethischen Werten zumisst.

---

[862] Vgl. Mooney (1986), S. 9; Schwartz (1997), S.95. Arrow (1986, S. 1194) schreibt dazu: „Clearly, there is a whole world of rewards and penalties in social rather than monetary form. Professional responsibility is clearly enforced in good measure by systems of ethics, internalized during the education process and enforced in some measure by formal punishment and more broadly by reputation. Ultimately, of course, these social systems have economic consequences, but they are not the immediate ones of current principal-agent-models."

1.2.1.2 Anreizoptimale Entlohnungsverträge

Unter anreizoptimalen Entlohnungsverträgen versteht man Honorierungsformen, die einen eigennützig handelnden Auftraggeber veranlassen, sich die Ziele des Auftraggebers zu eigen zu machen. Der Möglichkeit, dem Arzt einen Anreiz in Form einer erfolgsabhängigen Vergütungsvereinbarung zu geben, stehen in der Praxis vor allem zwei Aspekte entgegen.
Zum einen werden die Anbieter von Gesundheitsleistungen häufig letztlich von Krankenversicherungen honoriert, die ihre eigenen Interessen verfolgen und nicht notwendigerweise an der Durchsetzung von Patientenwünschen interessiert sind. Ein individuelles Aushandeln von anreizkompatiblen Verträgen und Honorierungsfunktionen durch den Patienten wäre aber auch kaum praktikabel. Dies trifft insbesondere auch dann zu, wenn der Gesundheitszustand des Patienten vor Vertragsabschluss so schlecht ist, dass bei einer Verzögerung der Behandlung ernste Konsequenzen drohen, im Extremfall sogar der Tod. Es besteht damit keine Zeit, eine anreizkompatible Vergütungsform auszuhandeln.
Zum anderen fehlen dem Patienten Informationen über die Effektivität des Arztes, d. h. über seinen Beitrag zur Verbesserung des Gesundheitszustands.[863] Sich seiner Kontrolle entziehende Faktoren wie die jeweiligen Selbstheilungskräfte eines Patienten haben einen großen Einfluss auf die Genesung. Zudem lässt sich ein optimaler Gesundheitszustand bei einer leichten Krankheit einfacher erreichen als bei einer schweren.[864] Die Vergütung kann daher nicht am Beitrag des Arztes, sondern nur am Ergebnis anknüpfen, so dass dem Gesundheitsanbieter ein erhebliches Risiko aufgebürdet wird, das nichts mit seiner Leistung zu tun hat. Aber auch dieses Ergebnis ist nicht einfach festzustellen. Um das Ausmaß der Genesung zu bestimmen, müsste man den Gesundheitszustand des Patienten nach objektiven Kriterien erfassen können. Da Gesundheit mehrdimensional ist und eine erhebliche subjektive Komponente aufweist, dürfte dies kaum gelingen. Doch selbst wenn eine objektive Bestimmung des Gesundheitszustands möglich wäre, dürfte man die Entlohnung für Gesundheitsleistungen nicht einfach an die gemessene Änderung des Gesundheitszustands koppeln. Der Zustand des Patienten vor Behandlungsbeginn ist nämlich als Vergleichsmaßstab für den Erfolg der ärztlichen Bemühungen weit weniger geeignet als der fiktive Zustand, der sich ohne Behandlung eingestellt hätte.[865]
Zusammenfassend lässt sich festhalten, dass eine ergebnisabhängige Entlohnung dann am besten funktioniert, wenn die Behandlungsresultate nach objektiven Kriterien als gut oder weniger gut eingeordnet werden können und eine möglichst hohe Korrelation zwischen dem Anstrengungsniveau des Arztes und dem Behandlungserfolg besteht. Beide Kriterien sind aber in den meisten Bereichen des Gesundheitswesens nur bedingt erfüllt. Am ehesten ist ein direkter Zusammenhang zwischen den Bemühungen des Arztes und dem Behandlungsergebnis wohl in der Zahnmedizin gegeben, wo die Behandlung teilweise den Charakter eines

[863] Vgl. Zweifel (1994), S. 19.
[864] Vgl. Schneider (1998), S. 13.
[865] Vgl. Schwartz (1997), S. 96 f.

Werkvertrags hat.[866] Insofern könnte sich hier ein geeignetes Feld für Experimente mit erfolgsabhängigen Vergütungsformen auftun.

1.2.1.3 Drohende Kunstfehlerprozesse

Im Gegensatz zu den Herstellern industrieller Waren übernehmen die Anbieter von Gesundheitsleistungen in der Regel keine Garantie dafür, dass ihre Angebote im Sinne einer Verbesserung des Gesundheitszustands ‚funktionieren'. Ganz abgesehen von Messbarkeitsproblemen beeinflussen dafür zu viele vom Mediziner nicht kontrollierbare Faktoren die Gesundheit des Patienten. Der Arzt garantiert daher weder vertragsrechtlich noch deliktsrechtlich die Heilung. Vielmehr stellt er wiederholbare Leistungseinheiten ärztlicher Behandlung zur Verfügung und garantiert den üblichen Standard des Faches, was bedeutet, dass vermeidbare Qualitätsmängel auszuschließen sind.[867] Er ist somit zwar nicht für das Behandlungsergebnis selbst haftbar, wohl aber für Fehler, die nach dem Stand der medizinischen Wissenschaft vermeidbar sind.[868] Im Gegensatz zu erfolgsabhängigen Vergütungsformen und vom Arzt internalisierten ethischen Verpflichtungen erfordern Kunstfehlerprozesse daher eine Überprüfung und Kontrolle der ärztlichen Vorgehensweise.

Kunstfehler-Prozesse sind in Deutschland bisher relativ selten. Weit höher ist das Risiko eines solchen Prozesses für Ärzte in den USA. Daher spielt die von Kunstfehlerprozessen ausgehende Disziplinierungsfunktion im amerikanischen Gesundheitswesen eine weitaus größere Rolle. Aus der notwendigen Absicherung gegen solche Klagen erklärt sich zumindest teilweise auch die dort weit stärkere Verbreitung von Qualitätssicherungsprogrammen.[869] Diese können das Risiko eines Kunstfehlerprozesses aber bestenfalls reduzieren. Zudem führt die Angst vor juristischen Konsequenzen bei amerikanischen Ärzten häufig zur Ablehnung riskant erscheinender Fälle bzw. Streben nach Sicherheit um jeden Preis bei vorhandenen Patienten. Unter Umständen werden aus Angst vor Klagen auch eigentlich unnötige Untersuchungen und Behandlungen durchgeführt. Drohende Kunstfehlerprozesse können daher nicht als ideales Instrument zur Angleichung der Interessenslagen von Arzt und Patient betrachtet werden.

1.2.2 Monitoring

Die Analyse der Vertrauenseigenschaften von Dienstleistungen einerseits und von Moral-Hazard-Problemen andererseits weist gewisse Ähnlichkeiten auf. In beiden Fällen liegt selbst ex post keine vollständige Information über die Handlungen des Dienstleisters, also z. B. eines Anbieters von Gesundheitsleistungen, vor. Der Hauptunterschied liegt darin, dass es bei Vertrauenseigenschaften gegebene fixe Merkmale wie die Kompetenz eines Gesundheitsan-

[866] Vgl. Schwartz (1997), S. 97.
[867] Vgl. Francke, Hart (1987), S. 55 ff.
[868] Vgl. Francke, Hart (1987), S. 16 ff.
[869] Vgl. Schwartz (1997), S. 98.

bieters sind, die die Dienstleistungshandlung und ihre Qualität bestimmen. Demgegenüber prägen bei Moral-Hazard-Problemen veränderliche Faktoren wie das Anstrengungsniveau eines Arztes die Handlungen des Dienstleisters, so dass der Auftraggeber durch die Wahl einer geeigneten Anreizfunktion Einfluss auf die Ergebnisse nehmen könnte. In der Praxis gehen diese beiden Situationen schon deswegen oft ineinander über, weil die eine Behandlung beeinflussenden Faktoren selten ganz kostenlos variabel oder komplett fixiert sind. Während sich bei Verhaltensunsicherheit bzw. Moral-Hazard-Situationen die zusätzliche Möglichkeit einer Einflussnahme durch Setzung geeigneter Anreize oder Einschränkung der Handlungsspielräume des Auftragnehmers bietet, zeigen die auf Information und Kommunikation beruhenden Strategien große Überschneidungen. In beiden Fällen ist es am naheliegendsten, die zunächst für den Patienten selbst ex post nicht ermittelbaren Informationen doch noch ersichtlich zu machen. Die so geschaffene Transparenz kann dann zur Umsetzung von Anreiz- und Sanktionierungsschemata (in Moral-Hazard-Situationen) oder zur Auswahl eines geeigneten Leistungsanbieters (bei fixen Merkmalen) eingesetzt werden. Aufgrund dieser Parallelen überrascht es nicht, wenn im Zusammenhang mit der als Monitoring bezeichneten Überwachung des Verhaltens von Gesundheitsanbietern ähnlich zu argumentieren ist wie bei der in Teil VI Abschnitt 1.1.4 diskutierten Aufdeckung von Vertrauenseigenschaften von Gesundheitsleistungen.

Zunächst ist wiederum festzuhalten, dass die Informationsauswertung allein durch den Patienten häufig wenig erfolgversprechend ist. In vielen Fällen sind sich Patienten nicht so sehr wie Konsumenten in anderen Märkten der Notwendigkeit einer Kontrolle bewusst. Einige Patienten haben Schwierigkeiten beim Umgang mit den Informationen, andere können und wollen sich nicht umfassend informieren. Darüber hinaus sind vielen Patienten ihre Entscheidungs- und Mitwirkungsrechte nicht hinreichend bekannt. Zudem fehlen noch weitgehend Qualitätsindikatoren für Laieninformation. Häufig reduziert der emotionale Zustand eines Patienten vor allem bei ernsthaften Erkrankungen dessen Fähigkeit, die Handlungen des Arztes zu kontrollieren, da der mit der Schwere der Erkrankung verbundene Leidensdruck zu einer Zunahme der anxiety costs führt.[870] Das Vorliegen von anxiety costs veranlasst den Patienten zur Delegation seiner Entscheidungsrechte an den Arzt und verringert seine Bereitschaft und Fähigkeit, das Verhalten des Arztes zu überwachen. Eine Kontrolle ist jedoch unabdingbar, da die Gefahr besteht, dass der Arzt die Bedürfnisse des Patienten, also die Argumente in dessen Nutzenfunktion, nicht richtig erfasst oder aus eigennützigen Motiven nicht dementsprechend handelt, auch wenn er diese richtig erfasst hat.[871]

---

[870] Nach McGuire, Henderson und Mooney (1988) ist der Patient mit zunehmender Schwere einer evtl. sogar lebensbedrohlichen Krankheit immer intensiveren Angstzuständen ausgesetzt, die mit steigenden anxiety costs einhergehen.

[871] Vgl. Ryan (1992), S. 90.

Eine Überwachung und Kontrolle ärztlicher Beratungs-, Diagnose- und Therapieleistungen sollte deshalb nicht nur aufgrund der beim Patienten oft fehlenden Sachkenntnis zusätzlich auch durch andere Akteure erfolgen. Dies könnte durch unabhängige Mediziner geschehen, wie es in den USA bereits üblich ist. Dort wird die Einhaltung von Qualitätsstandards bei der Erbringung medizinischer Leistungen vor allem von so genannten Utilization and Quality Control Peer Review Organisations kontrolliert. Bei der Gründung dieser Organisationen im Jahre 1972 spielte der Wunsch nach einer wirksamen Kostenkontrolle eine wichtige Rolle. Man versprach sich von einer externen Überprüfung einen Rückgang unnötiger Leistungen.[872] Eine Kontrolle ärztlicher Aktivitäten durch andere Mediziner wie bei der Peer Review wird jedoch in ihrer Wirksamkeit dadurch eingeschränkt, dass Ärzte nur ungern ein Urteil über die Leistungen ihrer Kollegen abgeben.[873] Problematisch ist auch, dass nur Ärzte dieser Variante des Monitorings unterworfen werden, obwohl andere medizinische und pflegerische Kräfte an der Leistungserbringung ebenfalls wesentlich beteiligt und häufig sogar mit der eigentlichen Durchführung betraut sind. Außerdem sollte im Rahmen des Monitorings von Gesundheitsanbietern neben der in Peer Reviews untersuchten „professional quality" auch die „customer quality" angemessen Berücksichtigung finden. Einen weit höheren Stellenwert als in Deutschland genießt die Überwachung dieses Qualitätsaspekts in den USA, wo Patienten regelmäßig nach ihrer Zufriedenheit mit den in Anspruch genommenen Gesundheitsangeboten gefragt werden.[874]

In Deutschland hat sich der Medizinische Dienst der Krankenkassen als eine Institution herausgebildet, die neben den Kosten auch die medizinische Qualität ärztlicher Leistungen überwachen soll. Der Medizinische Dienst übernimmt jedoch keine systematischen Qualitätskontrollen, sondern wird nur im Einzelfall nach konkretem Auftrag durch die Krankenversicherungen tätig.[875] Letztlich kann ein solches nur als Nebenprodukt anderer Tätigkeiten übernommenes Monitoring der Qualität von Gesundheitsleistungen durch Dritte mit eigenen Zielen ebenso wie das Monitoring durch den Patienten selber nur begrenzt wirksam sein. Es erscheint daher sinnvoll, Patientenvertretungen zu schaffen, die sich mit ihrem Expertenwissen allein den Patienten verpflichtet fühlen.

1.2.3 Patientenvertretung

Die Verhaltensunsicherheit der Patienten und die Gefahr des Moral Hazard sollten auch über eine fachkundige Beratung und Begleitung der Patienten aufgefangen werden. Obwohl neue Medien den interessierten Patienten erlauben, sich rascher und umfassender als früher z. B. über vermutete Behandlungsfehler zu informieren, können nicht alle Patienten als gleichwertige Marktpartner betrachtet werden.

---

[872] Vgl. Schwartz (1997), S. 93.
[873] Vgl. Barr (1987), S. 294.
[874] Vgl. Schwartz (1997), S. 94.

Daher wird zunehmend die Forderung laut, den Patienten einen unabhängigen Interessenvertreter zur Seite zu stellen, etwa durch Einrichtung eines Patientenfürsprechers, eines Patientenanwalts oder von sog. Patientenombudsleuten. Solche Patientenvertreter haben insbesondere auch die Aufgabe, Patienten bei Konflikten mit den meist besser informierten Anbietern von Gesundheitsleistungen zu unterstützen.

Patientenvertretungen, die bei einem Anbieter von Gesundheitsleistungen angesiedelt sind, müssen mit dem Verdacht leben, in erster Linie der Imagepflege dieser Institution zu dienen statt den Bedürfnissen der Kunden oder Patienten.[876] Daher ist die Einrichtung eines unabhängigen Patientenvertreters zu bevorzugen. Eine in die Diskussion geratene Vertretung der Patienteninteressen durch die gesetzliche Krankenversicherung ist eher abzulehnen, da auch diese keine unabhängige Interessensvertretung der Patienten darstellt, sondern eigene Interessen verfolgt, die mit denen der Patienten kollidieren können.[877] Bestehende Organisationen können nur die Interessen derjenigen vertreten, die sie repräsentieren. Krankenversicherungen sind aber bestenfalls Vertretungen von Versicherteninteressen und damit keinesfalls automatisch auch der Patienten. In gleicher Weise gelten auch für bestehende Patientenorganisationen und Selbsthilfegruppen Begrenzungen. Auch die medizinischen Berufsgruppen können, selbst bei hohem Berufsethos, nur begrenzt die Interessen ihrer Patienten vertreten.

In den meisten europäischen Ländern gibt es bereits Einrichtungen zur Vertretung von Patienteninteressen, wie die Ombudsmann-Institute in den skandinavischen Ländern[878], den Health-Services-Commissioner in Großbritannien, den „Tribunali per I diritti dei malatti" (Tribunale für Patientenrechte) in Italien, den „Mediateur" in Frankreich und den Patientenanwalt in Österreich.[879] In Deutschland spielen Patientenstellen, Fachbereiche von Verbraucherzentralen und Patienteninstitutionen derzeit noch eine größere Rolle als offiziell bestellte Patientenbeauftragte, Patientenombudsleute oder Patientenanwälte.[880]

➢ *Patientenstellen*

Patientenstellen entstanden bisher in Berlin, Hamburg, München, Köln und Bielefeld. Sie dienen der Information und Beratung der Patienten und unterstützen diese auch bei Beschwerden gegenüber Leistungsanbietern. Es wird darüber hinaus diskutiert, diese Einrich-

---

875 Vgl. Schwartz (1997), S. 91.
876 Vgl. Kranich (1999), S. 323.
877 Vgl. Ehlers, Münker (2001), S. 302.
878 Z. B. Finnland: Patientenombudsleute in allen medizinischen Einrichtungen, Patientenversicherungsverein, Ausschuss für Patientenschäden (neutrales Sachverständigengremium) und Ausschuss für medizinrechtliche Angelegenheiten beim Finnischen Ministerium für Soziales und Gesundheit; Schweden: regionale Beschwerdestellen (Health Care Advisory Board), nationale Kommission für Gesundheit und Fürsorge, zusätzlich dazu eine vor 20 Jahren geschaffene Patientenversicherung. Vgl. Gruhl, Kranich, Ruprecht (2001), S. 19.
879 Vgl. Pickl (2000), S. 73.
880 Vgl. zu den folgenden Ausführungen Güntert (2001), S. 173 ff.

tungen zu einem flächendeckenden Patientenberatungsnetz auszubauen, das folgende Aufgaben übernehmen soll[881]:

- Unterstützung bei der Klärung von Behandlungsfehlern im Sinne eines Fallmanagements und mittels Begutachtungen,
- Funktion als Beschwerdestelle und Mitwirkung bei qualitätsverbessernden Maßnahmen,
- Verbesserung der Markttransparenz,
- Sicherstellung der Information und Beratung über gesetzliche und sozialversicherungsrechtliche Fragen und Strukturfragen sowie Kontaktstelle zu Behörden, Versicherern und Leistungsanbietern.

➢ *Staatliche Patientenfürsprecher*

Auch der Staat ist im Bereich der Patientenvertretung aktiv geworden. Neben finanzieller Unterstützung bestehender, von Patienten gegründeter Organisationen, haben beispielsweise mehrere Bundesländer Patientenfürsprecher eingerichtet. Da diese weitgehend ehrenamtlich arbeiten und von den Leistungsanbietern meist wenig unterstützt und anerkannt werden, ist ihre Wirksamkeit allerdings sehr eingeschränkt. Häufig wird dieses Modell daher als wenig effektiv empfunden und vor allem als Alibiübung gesehen.[882]

➢ *Selbsthilfeorganisationen*

Zum Teil engagieren sich die Betroffenen selbst. So haben sich Patienten in Deutschland zur gegenseitigen Unterstützung in zahlreichen, meist krankheitsbezogenen Selbsthilfeorganisationen zusammengeschlossen. Kranich (1997) schätzt, dass sich bisher über 70000 Patientengruppen mit unterschiedlichen Strukturen und Zielen gebildet haben.[883] Selbsthilfegruppen können nach ihrer Hauptfunktion in intern und extern orientierte Gruppen unterschieden werden, wobei viele beide Funktionen wahrnehmen.[884] Die intern orientierten Gruppen streben vor allem eine bessere Krankheitsbewältigung (Coping) durch Erfahrungsaustausch und gegenseitige Unterstützung zwischen den Betroffenen an. Demgegenüber konzentrieren sich die extern orientierten Gruppen darauf, die Anliegen ihrer Mitglieder nach außen zu vertreten. Sie treten gegenüber den Leistungsanbietern als Anwalt der Interessen ihrer Mitglieder auf, vermitteln im Konfliktfall Kontakte mit der zuständigen Behörde und versuchen auch auf politischer Ebene Einfluss zu nehmen.

➢ *Ombudsleute*

Ombudsleute sollen eine erste Anlaufstelle für Beschwerden von Patienten bilden und bei Problemen zwischen Arzt und Patient vermitteln, darüber hinaus aber auch sozusagen präventiv die Wünsche der Patienten in die Gestaltung der Institutionen des Gesundheitswesens ein-

---

881 Vgl. Güntert (2001), S. 173 f.
882 Vgl. Güntert (2001), S. 174.
883 Vgl. Kranich (1997), S. 95 ff.

zubringen helfen. Die Patientenombudsleute werden häufig von Landesärztekammern oder Krankenhäusern beschäftigt, was ihre Unabhängigkeit im Konfliktfall zweifelhaft erscheinen lässt. Kritikern, die solche Modelle als reine Alibiübungen abtun, versucht man mit gemischtfinanzierten Ombudsstellen entgegenzutreten, die z. B. in Bremen gemeinschaftlich vom Gesundheitsministerium, den Krankenversicherungen, den Ärztekammern und der Krankenhausgesellschaft getragen werden. Aufgrund ihrer größeren institutionellen Unabhängigkeit erfahren solche Ombudsstellen eine größere Akzeptanz, was allen Beteiligten zugute kommen sollte.[885]

➢ *Patientenanwaltschaft*

Vorbild für Deutschland könnte die Einrichtung eines Patientenanwalts nach österreichischem Modell sein. Dieser ist eine kostenfreie, unabhängige und weisungsfreie Anlaufstelle für Patienten und Ärzte.[886] Per Gesetz sollen die Patientenanwälte die Rechte der Patienten im gesamten Gesundheitswesen sichern.[887] Die Tätigkeit der Patientenanwälte dient der Stärkung der Position der Patienten im Gesundheitsbereich sowie der weiteren Verbesserung des Verhältnisses zwischen Patienten und allen Gesundheitsdiensten.[888] Dies beinhaltet eine umfassende Beratung der Patienten in allen Angelegenheiten des Gesundheitswesens. Dazu gehört die Bearbeitung von Beschwerden, die Erteilung von Auskünften, die Beratung und Information über das Gesundheitswesen und dessen sachgemäße Inanspruchnahme, über Patientenrechte, deren Anwendung und Durchsetzung, über Hauskrankenpflege und Soziale Dienste. Darüber hinaus umfasst die Tätigkeit des Patientenanwalts die Vermittlung in Meinungsverschiedenheiten zwischen Patienten und Gesundheitsdiensten, in Versicherungsangelegenheiten sowie in Pflegegebühren- und Honorarfragen. Hinzu kommt die Hilfestellung zur außergerichtlichen Schadensregulierung bei Patientenschäden im Zusammenhang mit medizinischer Betreuung oder bei organisatorischen Problemen.[889] Der Anwaltschaft obliegt die Wahrung der Rechte und Interessen der Patienten in allen Bereichen des Gesundheitswesens und sie unterliegt der vollen Amtsverschwiegenheit.[890] Patienten sind beruhigt, wenn sie einen konkreten Ansprechpartner für Probleme haben. Außerdem kann ein Patientenanwalt als unparteiischer Dritter bei der Lösung von Konflikten behilflich sein.[891]

Unabhängig von Bezeichnung und institutionellem Hintergrund haben alle Formen der Patientenvertretung eine Doppelaufgabe: sie sollen einerseits z. B. im Fall von vermuteten Feh-

---

884 Vgl. Calnan (2001), S. 156.
885 Vgl. Güntert (2001), S. 174 f.
886 Die Wiener Patientenanwaltschaft gibt es seit 1. Juli 1992. Sie wird nicht nur von Patienten, sondern auch von Ärzten und anderen Gesundheitsdiensten in Anspruch genommen.
Vgl. N. N. http://www.senioren.wien.at/verbindungen/ver.patientenanwalt.htm (Stand 04.07.01).
887 Vgl. Ehlers, Münker (2001), S. 302.
888 Vgl. N. N. http://www.barmherzige-brueder.at/etrechte.htm (Stand 04.07.01).
889 Vgl. N. N. http://www.magwien.gv.at/patanw/aufgaben.htm (Stand 04.07.01).
890 Vgl. N. N. http://www.senioren.wien.at/verbindungen/ver.patientenanwalt.htm (Stand 04.07.01).
891 Vgl. Ziegenfuss (2001), S. 186.

lern bei Diagnose und Therapie Ansprechpartner für die Beschwerden von Patienten sein. Andererseits fungieren sie auch als öffentliches Kontrollorgan, das Missstände und Lücken im Gesundheitswesen aufdeckt, öffentlich kommuniziert und Impulse zu deren Abhilfe gibt. Damit trägt die Patientenvertretung auch zur Verbesserung der Qualität von Gesundheitsleistungen und gegebenenfalls zur Durchführung eines Qualitätsmanagements bei.[892] Patientenvertretungen dienen in einem immer komplexeren und marktorientierteren System als Sprachrohr für die Patienten und fördern Gleichheit und Gerechtigkeit sowie offene Problemlösungen in Fragen der Versorgungs- und Lebensqualität.[893]

1.2.4 Entwicklung von medizinischen Leitlinien

In vielen europäischen (z.B. Finnland, Frankreich, Großbritannien, Niederlande, Schweden) und außereuropäischen (z.B. Canada, Neuseeland, USA) Ländern existieren seit einiger Zeit überregionale Programme zur Entwicklung von medizinischen Leitlinien.[894] Solche Leitlinien können in mehrfacher Weise zur Entschärfung von Moral-Hazard-Problemen beitragen. Sie schränken den Spielraum zur opportunistischen Ausnutzung von Informationsasymmetrien im Arzt-Patienten-Verhältnis ein und setzen objektive Maßstäbe, die ärztliches Fehlverhalten leichter erkennbar und sanktionierbar machen. Medizinische Leitlinien werden bisher vor allem für Mitarbeiter des Gesundheitswesens geschrieben, sie können bei entsprechender Gestaltung aber auch den Patienten Maßstäbe liefern, anhand derer sie medizinische Leistungen und Prozesse besser beurteilen können.[895] Sie erleichtern mit anderen Worten das Monitoring durch den Patienten.

Medizinische Leitlinien beschreiben den Behandlungsprozess als Folge einzelner diagnostischer und therapeutischer Schritte.[896] Im Idealfall zeigen sie auch alternative Behandlungsoptionen auf und geben an, in welchem Maße diese evident – also nachweislich erfolgreich – sind. So gestaltete Leitlinien sind auch ein ideales Medium für die Diskussion zwischen Arzt und Patient und zur Herstellung eines wohlinformierten Einverständnisses zwischen beiden. Indem sie medizinisches Wissen krankheitsbildbezogen aufbereiten und Behandlungsalternativen aufzeigen, ermöglichen sie den Patienten, ihre Sichtweisen und Präferenzen in angemessener und sachkundiger Form in medizinische Entscheidungen einfließen zu lassen. Zugleich stellen sie für alle beteiligten Parteien und insbesondere auch für eine spätere Überprüfung der ärztlichen Vorgehensweise klar, inwieweit Diagnose und Therapie auf gesicherten Erkenntnissen und bewährten Verfahren beruhen.[897]

---

892 Vgl. Kranich (1999), S. 322 f.
893 Vgl. Ziegenfuss (2001), S. 187.
894 Vgl. Selbmann (1999), S. 752.
895 Vgl. Güntert (2001), S. 171.
896 Vgl. im folgenden Straub (2001), S. 121 ff.
897 Vgl. Straub (2001), S. 121.

Zur Sicherstellung der Akzeptanz von Leitlinien sollten die Wünsche und Meinungen der betroffenen Patienten schon bei ihrer Entwicklung berücksichtigt werden. Darüber hinaus ist eine regelmäßige Überprüfung und gegebenenfalls Anpassung der Leitlinien an die neuesten Erkenntnisse erforderlich. Zwischen Bundesärztekammer, Kassenärztlicher Bundesvereinigung, Deutscher Krankenhausgesellschaft und den Spitzenverbänden der gesetzlichen Krankenkassen ist seit 1999 ein Vertrag in Kraft, der die Grundlage für ein Leitlinien-Clearingverfahren bildet. Mit ihm sollen Leitlinien hinsichtlich ihrer formalen und inhaltlichen Qualität überprüft werden.

Leitlinien für das ärztliche Handeln entwickeln seit dem Aufruf des Sachverständigenrats für die Konzertierte Aktion im Gesundheitswesen im Jahr 1994 unter anderem die Medizinischen Wissenschaftlichen Fachgesellschaften unter der Anleitung der Arbeitsgemeinschaft der Medizinischen Wissenschaftlichen Fachgesellschaften (AWMF). Diese Leitlinien werden über das Internet (http://www.uni-duesseldorf.de/WWW./AWMF) der Allgemeinheit zur Verfügung gestellt.[898]

An der Erstellung patientengerechter Leitlinien arbeitet daneben auch die Deutsche Gesellschaft für Allgemeinmedizin und Familienmedizin e.V. (DEGAM). Im Rahmen der Entwicklung von rund zehn Leitlinien für häufige Patientenprobleme werden dort neben den Fassungen für Ärzte auch spezielle Leitlinienversionen für Patienten und so genannte Infozepte erarbeitet. Ein Infozept soll die ärztliche Diagnose kurz und leicht verständlich erklären und dem Patienten auch Empfehlungen geben, was er neben der vorgeschlagenen Behandlung noch für seine Gesundheit tun kann.

Auch die Deutsche Krebsgesellschaft, die sich schon seit Jahren allein und in Kooperation mit anderen Organisationen dafür einsetzt, anspruchsvolle Informationsmaterialien für Patienten zu erstellen, prüft im Rahmen einer Revision bestehender Standards die Möglichkeit, Patientenversionen ihrer Leitlinien zu entwickeln. Sie orientiert sich dabei am Vorgehen des National Cancer Institute in den USA.[899] Diese Ansätze sollten weiterentwickelt werden, um den Patienten mit an ihren Bedürfnissen angepassten medizinischen Leitlinien ein besseres Verständnis der Behandlungsabläufe zu vermitteln und das Risiko eines nicht sachgerechten Verhaltens der Anbieter von Gesundheitsleistungen zu reduzieren.

---

898 Vgl. Selbmann (1999), S. 752.
899 Vgl. Straub (2001), S. 123.

2 Informationsquellen

Im Gesundheitswesen existieren zurzeit eine Fülle verschiedenster Informationsquellen, aber nicht alle verfügen über die Kompetenz, um hochwertige Informationen zur Verfügung zu stellen. Von diesen ist wiederum nur ein Teil frei von den Zielen der Patienten potenziell zuwiderlaufenden wirtschaftlichen Interessen. Viele der verfügbaren Informationsquellen geben darüber hinaus ungenaue oder verwirrende Empfehlungen. Für die Patienten kann es schwierig zu entscheiden sein, welche Informationsquellen von ihnen genutzt und welche übergangen werden sollten.[900] Im Folgenden werden Strategien bei der Auswahl von Informationsquellen erörtert. Wie sich zeigen wird, stellen die den Patienten empfohlenen Selektionskriterien zugleich Ansatzpunkte für Verfahren dar, mit denen die Anbieter von Gesundheitsinformationen ihre Qualität glaubwürdig dokumentieren können. Anschließend werden verschiedene Informationsquellen mit ihren Vor- und Nachteilen diskutiert.

2.1 Strategien bei der Auswahl von Informationsquellen

Bei der Auswahl von Informationsquellen sehen sich die Patienten einer ähnlichen Qualitätsunsicherheit ausgesetzt wie bei der Auswahl von Gesundheitsleistungen: Ex ante, d. h. vor Inanspruchnahme der Gesundheitsinformationen, kennen die Patienten deren Qualität nicht. Das Gut Gesundheitsinformation kann von den Patienten ex ante weder „inspiziert“, noch „ausprobiert“ oder „getestet“ werden. Seine Qualität stellt sich bestenfalls bei der Nutzung der Informationen heraus. Es kann daher das bereits behandelte Problem der adversen Selektion auftreten, d. h. ein Verdrängungsprozess guter durch schlechte Informationsqualitäten, der zum Zusammenbruch des Marktes für Gesundheitsinformationen führen kann. Die Mechanismen, die die Qualitätsunsicherheit bei der Auswahl von Gesundheitsinformationsquellen lindern können, ähneln denen bei der Auswahl von medizinischen Leistungserbringern (Abb. VI-10). Eine besondere Rolle spielt wiederum die Reputation.[901]

---

900 Vgl. Charnock (2000), S. 8.
901 Vgl. im folgenden Hopf (1983), S. 77 f.

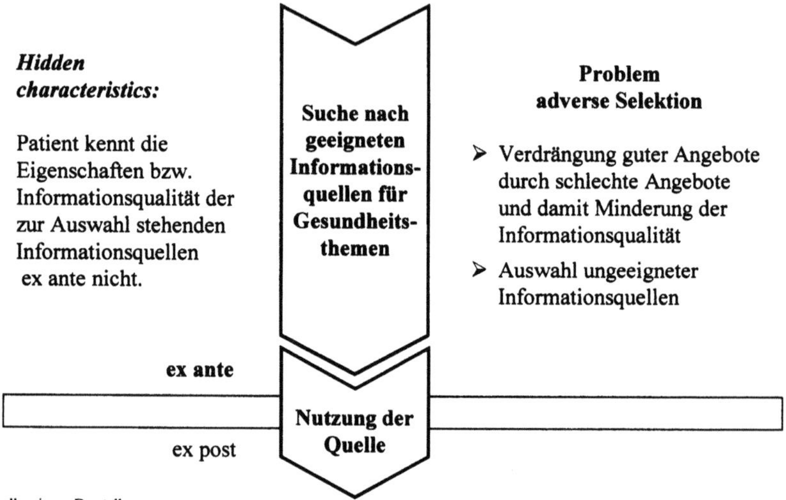

Quelle: eigene Darstellung

Abb. VI-10: Problem der adversen Selektion beim Angebot von Gesundheitsinformationen

Zwar ist es für Patienten unter Umständen möglich, aus dem Erfolg eigener Entscheidungen, die schon früher mit Hilfe der gleichen Informationsquelle getroffen wurden, mehr über die Qualität der Gesundheitsinformationen zu lernen. Diese „Lerntheorie" ist jedoch bei extensiven gesundheitsrelevanten Entscheidungen, die nicht regelmäßig anstehen, nicht immer anwendbar.[902] Unter Umständen muss sich ein Patient in dieser Lage auf die Reputation einer Informationsquelle verlassen, seine Entscheidung also auf die Summe der in die Zukunft extrapolierten Erfahrungen anderer Patienten stützen. Das Konzept der Reputation ist für die Existenz von Informationsmärkten von besonderer Bedeutung. Kurzfristig erleidet eine „gute" Informationsquelle aufgrund der Kosten etwa für eine sorgfältigere Recherche Opportunitätsverluste gegenüber der Situation, in der sie unterdurchschnittliche Qualitäten anbieten würde. Handeln die Patienten rational, dann sind sie aber bereit, für die langfristig so erworbene Reputation und für das verminderte Qualitätsrisiko einen höheren Preis zu zahlen. „Goodwill" kann somit der Gefahr der adversen Selektion in Informationsmärkten entgegenwirken bzw.

[902] In den lerntheoretischen Modellen bildet ein Informationsnachfrager, der unsicher ist, welche Informationsqualitäten von den einzelnen Quellen angeboten werden, zunächst a priori Erwartungen. Dieser Nachfrager nimmt Gesundheitsinformationen in Anspruch, die ihm seine Entscheidungsfindung erleichtern sollen. Wenn sich nach der Entscheidung die Qualität der Informationen herausstellt, kann der Informationsnachfrager daraus lernen und seine Erwartungen über die Qualität des Informationsanbieters revidieren. Ist die Erwartungsänderung positiv, so wird ein risikoscheuer Nachfrager sich beim nächsten Bedarf an Informationen vermutlich an denselben Informationsproduzenten wenden, da er mit ihm gute Erfahrungen gemacht hat. Stellt sich die angebotene Information als unzureichend heraus, d. h. ist die Erwartungsänderung negativ, so wird er ceteris paribus eher dazu tendieren, vom Informationsanbieter abzuwandern. Vgl. Hopf (1983), S. 77 f.

einen Prozess der „Positivauswahl“ einleiten.[903] Ein Patient sollte daher immer versuchen, sich über die Reputation einer Gesundheitsinformationsquelle zu informieren. Im Vordergrund stehen sollte dabei ihr Ruf hinsichtlich der Kompetenz und der Vertrauenswürdigkeit, wobei letzteres umso wichtiger ist, je eher wirtschaftliche Interessen, die aus dieser Quelle stammenden Informationen beeinflussen könnten. Auf der anderen Seite müssen die Informationsanbieter alles tun, um ihre Reputation nicht nur durch gute Leistungen, sondern z. B. auch mit Hilfe von Marketing und Öffentlichkeitsarbeit zu verbessern. Ein besonderes Augenmerk sollten sie dabei auf die ihnen zugeschriebene Kompetenz richten. Schließlich hatte auch die als Teil der vorliegenden Arbeit durchgeführte empirische Untersuchung gezeigt, dass gerade die Kompetenz das mit signifikantem Vorsprung wichtigste Kriterium für die Wahl einer Informationsquelle darstellt.[904] Auch die Verständlichkeit einer Informationsquelle ist für über 70 Prozent der Befragten von Bedeutung, so dass Hinweise auf die Aufbereitung der Gesundheitsinformationen einen weiteren zentralen Bestandteil von Marketing und Öffentlichkeitsarbeit der Informationsanbieter darstellen sollten.

Darüber hinaus sollten die Anbieter qualitativ hochwertiger Gesundheitsinformationen besonders bemüht sein, die Marktransparenz zu erhöhen und sich mit glaubwürdigen leistungsbezogenen Signalen eine klare Abgrenzung zu weniger leistungsfähigen Konkurrenten zu schaffen. Solche Maßnahmen sind sowohl für den Informationsanbieter als auch für den -nachfrager von Vorteil. Dem einen ermöglichen sie eine glaubwürdige Dokumentation seiner Qualitätscharakteristika, dem anderen die Abschätzung der Eignung verschiedener Informationsquellen und die Auswahl unter diesen. Im Zusammenhang mit Informationsleistungen kann beispielsweise die Unterwerfung unter einen eigen- oder fremdkontrollierten „Code of Conduct“ ein geeignetes Qualitätssignal darstellen. Erfahrungen mit solchen Qualitätssignalen haben vor allem die internetbasierten Anbieter von Gesundheitsinformationen, die wegen der Neuartigkeit ihrer Angebote, der Vielzahl an Konkurrenten und der Schnelllebigkeit des von ihnen benutzten Mediums kaum auf die langsamer wirkenden Reputationsmechanismen setzen können. Da das Internet aufgrund dieser Faktoren ein besonders interessantes Experimentierfeld für innovative Qualitätsnachweisverfahren geworden ist, soll es im Folgenden als Beispiel dafür dienen, mit welchen Mechanismen Anbieter von Gesundheitsinformationen ihre Qualität belegen und Patienten die Informationsquellen evaluieren können. Die folgenden Verfahren und Gedankengänge sind aber prinzipiell auch auf andere Informationsquellen übertragbar. An den beschriebenen Verfahren zur Qualitätskontrolle sollten neben den Informationsnutzern vor allem auch die Anbieter seriöser Gesundheitsinformationen interessiert sein, wenn sie eine adverse Selektion verhindern wollen.

---

[903] Vgl. Hopf (1983), S. 78 f.
[904] Siehe Teil V Abschnitt 2.3.5.

Eysenbach (2000) unterscheidet vier Ansätze der Qualitätskontrolle für Gesundheitsinformationen im Internet (Abb. VI-11)[905]:

Im *ersten Ansatz* kann Information *gesetzlich* geregelt werden. Aufgrund der grenzüberschreitenden Natur moderner Medien und insbesondere des Internets sind jedoch die Kontrollmöglichkeiten hinsichtlich Angebot und Nutzung von Informationen beschränkt.[906]

Der *zweite Ansatz* zur Qualitätssicherung ist die freiwillige *Selbstkontrolle*. Dabei verpflichten sich die Anbieter freiwillig zur Einhaltung bestimmter Standards. „State of the Art" war hier bis vor kurzem der so genannte „Health-on-the-net-Code". Dieser wurde aber inzwischen durch den „Washington Code of e-Health Ethics" abgelöst.[907]

Der *dritte Ansatz* erfordert den kritischen und eigenverantwortlichen *Patienten*. Dieser soll sich bei der Evaluation der Gesundheitsinformationen Fragen stellen, wie zum Beispiel: Wie aktuell ist die Information, wer ist der Autor, an wen richtet sich die Website (Patient oder Arzt), was ist die Motivation bzw. Intention der Website (Verkaufen, PR oder Aufklärung)? Ein Beispiel für ein Eigenbewertungssystem ist „Discern". „Discern" ist ein Set von Qualitätskriterien, die für geschriebene Patienteninformationen im Gesundheitsbereich entwickelt wurden. Das Instrument besteht aus 15 Fragen, die eigenständige Qualitätskriterien darstellen. Mit Hilfe dieser Fragen kann der Leser das Informationsangebot zu Behandlungsalternativen bewerten.

Der *vierte Ansatz* zur Qualitätssicherung bezieht *Experten* zur externen Beurteilung und Zertifizierung ein. Um eine gute Qualität von Gesundheitsinformationen im Internet sicherzustellen, unterstützt die Europäische Kommission das EU-Projekt „MedCertain" zur Erstellung entsprechender Qualitätskriterien und Richtlinien.[908] Auch die Weltgesundheitsorganisation (WHO) setzt sich für eine weltweite Einführung eines Gütesiegels für seriöse Gesundheitsinformationen ein und überprüft, wie die Qualität von Online-Patienteninformation beurteilt werden kann.[909] Angesichts der Fülle an Informationen lässt sich eine vollständige Fremdbewertung aller Angebote aber natürlich nur ansatzweise verwirklichen.[910]

---

905 Vgl. N. N. http://www.mayas.net/presse/archiv/cyberdoc2.htm (Stand 21.02.01).
906 Vgl. Eysenbach (2000), S. 1.
907 Vgl. N. N. http://www.mayas.net/presse/archiv/cyberdoc2.htm (Stand 21.02.01).
908 Vgl. N. N. http://www.informed-austria.at/biblioth/buch/artikel/aufkl2.html (Stand 21.02.01).
909 Vgl. N. N. (2000), Ärzte Zeitung Nr. 82 (05/06 Mai 2000), S. 18.
910 Vgl. N. N. http://www.informed-austria.at/biblioth/buch/artikel/aufkl2.html (Stand 21.02.01).

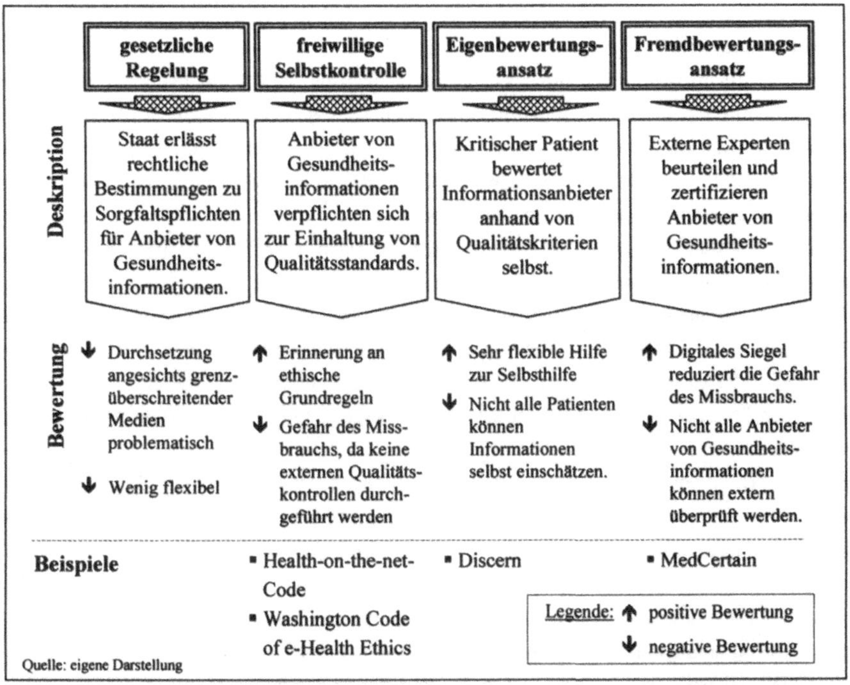

Abb. VI-11: Ansätze der Qualitätskontrolle von Anbietern von Gesundheitsinformationen

Im Folgenden werden die Ansätze 2 bis 4 der Qualitätssicherung näher erläutert. Der erstgenannte Ansatz wird in Teil VI Abschnitt 4 zur Rolle staatlicher Stellen bei der patientenorientierten Information und Kommunikation angesprochen.

2.1.1 Ansätze zur freiwilligen Selbstkontrolle

Mit dem Health-on-the-net-Code of Conduct und dem e-Health Code of Ethics haben sich für das Internet zwei besonders diskussionswürdige Ansätze zur freiwilligen Selbstkontrolle der Anbieter von Gesundheitsinformationen entwickelt.

➢ *Health-on-the-net-Code of Conduct*

Die Health-on-the-net-Foundation (http://www.hon.ch) ist eine 1995 gegründete non-profit Organisation mit Hauptsitz in Genf, die sich zum Ziel gesetzt hat, die effektive Internetnutzung für medizinische Zwecke zu fördern.[911] Die Health-on-the-net-Foundation hat einen

[911] Eysenbach (1997), S. 4. Weitere relevante Kriterien sind eine klare und verständliche Sprache sowie behindertengerechte Technologien (z. B. Audiokanäle).

„Code of Conduct" mit folgenden grundlegenden Verhaltensprinzipien für medizinische Websites aufgestellt[912]:

Prinzip 1: Alle medizinischen Hinweise, die auf der Website veröffentlicht werden, sollen nur von medizinisch geschulten und qualifizierten Fachleuten gegeben werden. Andere Informationen sind eindeutig als nicht von Fachleuten stammend zu kennzeichnen.

Prinzip 2: Die Information auf der Website soll so angelegt sein, dass sie die Beziehung zwischen Arzt und Patient unterstützt und nicht ersetzt.

Prinzip 3: Daten bezüglich der individuellen Patienten und Website-Besucher müssen vertraulich behandelt werden.

Prinzip 4: Wo immer möglich und sinnvoll, sollen alle Informationen auf der Website mit Referenzen auf die Quelle oder mit entsprechenden Links versehen werden.

Prinzip 5: Alle Angaben bezüglich der Wirksamkeit einer bestimmten Therapie, eines kommerziellen Produkts oder Dienstes müssen durch geeignete, ausgewogene Belege unterstützt werden.

Prinzip 6: Die Anbieter der Informationen auf der Website sind aufgefordert, die Informationen so klar wie möglich darzubieten und eine Kontaktadresse für Benutzer mit weitergehenden Fragen anzugeben. Der Webmaster soll seine E-Mail-Adresse auf der gesamten Website anzeigen.

Prinzip 7: Sponsoren und Unterstützer der Website müssen klar genannt werden. Dies beinhaltet sowohl kommerzielle und als auch nicht-kommerzielle Organisationen, die finanzielle Mittel, Dienstleistungen oder Material für die Website zur Verfügung gestellt haben.

Prinzip 8: Wenn Werbung eine Einnahmequelle ist, muss auch auf diese Tatsache klar hingewiesen werden. Eine kurze Darstellung der Werberichtlinien sollte sich auf der Site befinden.[913]

Webmaster, die sich an diese Richtlinien halten, dürfen das HON-Code-Logo führen.[914] Problematisch an diesem Qualitätssiegel ist, dass die HON keine Kontrolle der Qualität der medizinischen Informationen durchführt. Das Logo der HON verweist vor allem auf eine Art Selbstverpflichtung des Webmasters, bestimmte Prinzipien zu befolgen.[915] Tatsächlich gibt es aber zahlreiche Fälle, in denen Webmaster das Logo auf ihrer Website publiziert haben, obwohl sie den HON-Code nicht befolgen.[916] Der größte Beitrag des HON-Qualitätscodes besteht daher darin, dass dem Webmaster ethische Grundregeln beim Publizieren medizinischer Information im Internet in Erinnerung gerufen werden.

---

912 Vgl. N. N. http://www.hon.ch/HONcode/German/ (Stand 21.02.01).
913 Vgl. N. N. http://www.patienten-information.de/qual.htm (Stand 21.02.01).
914 Vgl. N. N. http://www.doccheck.de/newsletter/news8_00/artikel6.htm (Stand 21.02.01).
915 Vgl. Hopfmüller (2001), S. V2/12.
916 Vgl. Eysenbach (2001a).

➢ *Code of e-Health Ethics*

Der „Washington Code of e-Health Ethics" der American Medical Association, der im Oktober 2000 von namhaften Internetmedizinern aus der ganzen Welt auf einer Arbeitstagung in Heidelberg vorgestellt wurde, zielt in eine ähnliche Richtung wie der HON Code of Conduct, wenn auch mit deutlich rigideren Vorgaben.[917] Der „Washington Code of e-Health Ethics" stellt ebenfalls eine Selbstverpflichtung der Online-Gesundheits-Industrie dar. Er soll sicherstellen, dass Vertrauen in den Internet-Gesundheitsmarkt entwickelt werden kann. Gefordert wird die Einhaltung bestimmter ethischer Grundsätze: Transparenz, Ehrlichkeit, Qualität, Professionalität, Selbstbestimmungsrecht des Patienten, verantwortungsvolle Partnerschaft zwischen Betreiber und Benutzer und leichter Zugang zu den Informationen.[918] Doch auch hier besteht die Gefahr des Missbrauchs: Da es sich ebenfalls lediglich um eine Selbstverpflichtung der Anbieter von Gesundheitsinformationen handelt sowie keine externe Bewertung durchgeführt wird, kann prinzipiell jeder das Qualitätslogo publizieren, auch ohne den ethischen Verhaltenscodex zu befolgen.

2.1.2 Eigenbewertungsansatz „Discern"

Wegen des unüberschaubaren Angebots an Laieninformation und der mangelnden Funktionalität der freiwilligen Selbstkontrolle ist es für den Patienten nur schwer möglich, zwischen guten und weniger guten Informationen zu unterscheiden.[919] Angesichts dieser Situation stellt sich die Frage, wie die Nutzer von Gesundheitsinformationen in die Lage versetzt werden können, die Qualität einer vorliegenden Information zu beurteilen. Mit „Discern" hat eine Gruppe englischer Experten ein Instrument zur qualitativen Überprüfung von Gesundheitsinformationen entwickelt, das Patienten zur Eigenbewertung der Qualität von Gesundheitsinformationen heranziehen können.[920] Daneben gibt Discern den Anbietern von Gesundheitsinformationen Kriterien an die Hand, mit denen sie die Qualität ihres Informationsangebots selbst überprüfen können. „Discern" hilft nicht nur bei der Qualitätsbewertung von Gesundheitsinformationen im Internet, vielmehr können mit diesem Instrument auch Informationen in den Printmedien oder der Inhalt eines telefonischen oder persönlichen Beratungsgesprächs beurteilt werden.[921] Als Checkliste gibt „Discern" einen Katalog von 15 Fragen vor.[922] Die Fragen 1-8 befassen sich mit der Zuverlässigkeit der medizinischen Publikation und sollen den Patienten helfen zu beurteilen, ob die Veröffentlichung vertrauenswürdige Informationen

---

917 Vgl. N. N. http://www.doccheck.de/newsletter/news8_00/artikel6.htm (Stand 21.02.01). Den Code of e-Health Ethics und dessen ausführliche Beschreibung der Verhaltensprinzipien findet man unter der Adresse http://www.ihealthcoalition.org/ethics/ehcode.html (Stand 21.02.01).

918 Vgl. N. N. http://www.ihealthcoalition.org/ethics/ehcode.html (Stand 21.02.01).

919 Vgl. Charnock (2000), S. 1.

920 Vgl. N. N. http://www.welt.de/daten/1999/11/25/1125ns139155.html (Stand 07.02.01), DIE WELT online vom 25.11.1999 – Webwelt.

921 Vgl. Charnock (2000), S. 2.

922 Vgl. N. N. http://www.patienten-information.de/qual.htm (Stand 21.02.01). Zur ausführlichen Darstellung und Beschreibung des Discern-Instruments zur Eigenbewertung von Gesundheitsinformationen vgl. Charnock (2000) S. 13 ff.

liefert. Die Fragen 9-15 konzentrieren sich auf bestimmte Einzelheiten der Gesundheitsinformation selber.[923]

2.1.3 Fremdbewertungsansatz „MedCertain"

„MedCertain" (Certification and Rating of Trustworthy and Assessed Health Information on the Net) ist ein europaweites Projekt, das von der Forschungsgruppe „Cybermedizin und e-Health" an der Abteilung Klinische Sozialmedizin der Universität Heidelberg wissenschaftlich koordiniert und von der Europäischen Union im Rahmen des „Aktionsplans für die sichere Benutzung des Internets" gefördert wird.[924] Ziel von „MedCertain" ist es, eine organisatorische und technische Infrastruktur aufzubauen, um Medizininformationen dezentral durch Experten wie Ärzte und medizinische Fachgesellschaften zu bewerten und den Patienten diese Expertenbewertung über ein Fenster in der Website zur Verfügung zu stellen.[925] Die medizinischen Informationen sollen also mit Metainformationen (Informationen über Informationen) versehen werden, die dem Internet-Nutzer eine Qualitätseinschätzung ermöglichen. Auch bei „MedCertain" sollen vertrauenswürdige Websites mit einem Gütesiegel versehen werden.[926] Allerdings handelt es sich hier um ein digitales Siegel, das dynamisch aus einer Datenbank angefordert werden muss. Die Patienten können auf das Qualitäts-Logo klicken und sich z. B. Informationen darüber beschaffen, ob Beschwerden oder Bedenken bezüglich der benutzten Website bei der MedCertain-Initiative gemeldet sind.[927] Geplant ist ein dreistufiges Zertifizierungsverfahren[928]:

Das *Level-1-Gütesiegel* erhalten Informationsanbieter, die dem Impressum einer Zeitschrift vergleichbare Transparenz-Kriterien erfüllen. Sie müssen

- sich registrieren lassen und bestimmte Zusatzinformationen zur Verfügung stellen, die in einer Datenbank hinterlegt und vom Benutzer jederzeit abrufbar sind,
- bestimmte ethische Anforderungen erfüllen,
- ihre E-Mail-Adresse angeben und
- darüber Auskunft geben, wer hinter der Information steckt, welche Qualifikation die Autoren haben und welche Maßnahmen sie zur Qualitätssicherung unternommen haben.[929]

Das *Level-2-Gütesiegel* bedeutet, dass die Angaben des Informationsanbieters auf der Website von Experten auf die Einhaltung formaler Kriterien überprüft worden sind und diese auch

---

[923] Vgl. Charnock (2000), S. 13. Die Stiftung Warentest bewertete jüngst das Angebot an Gesundheitsinformationen von 30 deutschen Online-Informationsdiensten und von 6 Gesundheitsportalen anhand der Discern-Kriterien.

[924] Vgl. Hopfmüller (2001), S. V2/12.

[925] Das Besondere an „MedCertain" soll sein, dass die inhaltlichen Bewertungen dezentral von freiwilligen Bewertern vorgenommen werden. Das können entweder interessierte Ärzte sein, die sich bereits jetzt über ein Onlineformular unverbindlich als „freiwillige Seitenkritiker" anmelden können. Außerdem ist an medizinische Fachgesellschaften gedacht, die den Inhalt anhand aktueller Leitlinien überprüfen sollen. Vgl. o. V. http://www.doccheck.de/newsletter/news8_00/artikel6.htm (Stand 21.02.01).

[926] Vgl. N. N. http://www.medcertain.org/english/consumer/explanation.htm (Stand 07.02.01)

[927] Eysenbach (2001a).

[928] Vgl. N. N. http://www.uni-heidelberg.de/presse/news/2010cybermed.htm (Stand 21.02.01).

erfüllen. Entsprechende Kriterien sind zum Beispiel die Aktualität der Informationen und eine saubere Trennung zwischen Werbung und Information.[930] In diesem Zusammenhang ist es auch Pflicht, das Datum der letzten Aktualisierung anzugeben.[931]

Für das *Level-3-Gütesiegel* werden Experten und medizinische Fachgesellschaften zur inhaltlichen Bewertung der Information herangezogen, die dann auch eine entsprechende Beurteilung der Qualität derselben abgeben können.[932]

Das Cyber-Medizin-Qualitätslogo ist bislang europaweit das erste Projekt, bei dem sich Anbieter freiwillig der Prüfung durch externe Experten unterziehen.[933] Die Metadaten sollen es in Zukunft auch ermöglichen, durch Einstellungen im Browser eine gezielte Auswahl der Angebote zu treffen. Will ein Nutzer zum Beispiel keine Seiten von Pharmafirmen sehen, so wird er automatisch beim Laden solcher Homepages gewarnt.[934] Zusätzlich werden bei zertifizierten Websites ein „Gültigkeitsdatum" und die Adresse des Informationsanbieters eingeblendet.[935]

2.2 Diskussion verschiedener Informationsquellen

Auf den vorangegangenen Seiten wurden verschiedene Vorgehensweisen bei der Auswahl von Informationsquellen diskutiert. Die Kenntnis dieser Strategien ist auch für die Informationsanbieter wichtig, die Indikatoren zur glaubwürdigen Dokumentation ihrer Leistungsfähigkeit auswählen müssen. Nach der Diskussion dieser im wesentlichen für alle Informationsquellen gleichermaßen gültigen Kriterien bzw. Indikatoren soll nun die Eignung der wichtigsten Quellen von Gesundheitsinformationen im Einzelnen diskutiert werden. Dargestellt werden die jeweiligen Vorzüge und Nachteile des Arztes, des sozialen Umfeldes, der Krankenversicherung und der Massenmedien als Informationsquelle.

2.2.1 Arzt als Informationsquelle

Der Arzt als Anbieter von Gesundheits- und Patienteninformation genießt aufgrund seines medizinischen Fachwissens und seiner Erfahrungen das Ansehen als Experte und gilt als kompetente Informationsquelle für Gesundheitsfragen.[936] Dies bestätigen auch die Ergebnisse der empirischen Untersuchung, wonach der Arzt über alle Themengebiete und Versicherten-

929 Vgl. N. N. http://www.medcertain.org/english/consumer/explanation.htm (Stand 07.02.01).
930 Vgl. N. N. http://www.medcertain.org/english/consumer/explanation.htm (Stand 07.02.01).
931 Vgl. Hopfmüller (2001), S. V2/12.
932 Vgl. N. N. http://www.medcertain.org/english/consumer/explanation.htm (Stand 07.02.01).
933 Vgl. N. N. http://www3.ksta.de/archiv/2000/08/02Wirtschaft/710387.htm (Stand 07.02.01).
934 Vgl. Hopfmüller (2001), S. V2/12.
935 Vgl. N. N. http://www.uni-heidelberg.de/presse/news/2010cybermed.htm (Stand 21.02.01). Technische Grundlage ist ein modifiziertes PICS-System. „PICS" ist eine Erfindung des Massachusetts Institute of Technology (MIT) und steht für „Platform for Internet content selection". Es handelt sich dabei um einen technischen Standard, der es möglich macht, Internetseiten innerhalb gewisser Grenzen nach ihrem Inhalt zu sortieren. Vgl. N. N. http://www.doccheck.de/newsletter/news8_00/artikel6.htm (Stand 21.02.01).
936 Vgl. Behnke, Demmler, Unterhuber (2001), S. 15.

gruppen hinweg die am häufigsten gewünschte Informationsquelle darstellt.[937] Die Ärzte sollen sich auf diese Wünsche der Patienten einstellen, Informationen nicht zurückhalten und genügend Zeit in die Aufklärung des Patienten investieren. Aber auch der Arzt als alleinige Informationsquelle kann dem Informationsbedarf des Patienten nicht immer gerecht werden. Die Befragungsergebnisse zeigen, dass Verbesserungsmöglichkeiten vor allem hinsichtlich der Quantität und Qualität von Informationen über Gesundheitsvorsorge und andere Ärzte gesehen werden.[938] Etwaige Mängel bei der Präventionsinformation könnten darauf zurückzuführen sein, dass die Behandlung in Ausbildung und Selbstverständnis der Mediziner häufig noch eine wichtigere Rolle spielt als die Vorsorge, dass die letztere im Vergütungssystem der Krankenversicherungen nicht angemessen berücksichtigt wird, oder dass sich im Zuge einer zunehmenden Spezialisierung kein Arzt so recht zuständig fühlt für evtl. konfliktträchtige Vorschläge zur Lebensführung. Daher wird der Patient gerade im Bereich der Gesundheitsvorsorge häufiger zum Rückgriff auf andere Informationsquellen gezwungen sein. Ähnliches gilt für Informationen zu anderen Ärzten, wo die rechtlichen Rahmenbedingungen die Möglichkeiten zur Informationsweitergabe einengen. Insbesondere darf es ein Arzt laut § 27 (2) MBO-Ä nicht dulden, wenn ein Kollege für ihn wirbt. Unter Umständen fehlt dem Arzt als Informationsquelle für gewisse Themen auch die nötige Anbieterunabhängigkeit.[939] Das in der empirischen Untersuchung bemängelte Maß an Empfehlungen von Fachärzten und Spezialisten könnte insofern auch darauf zurückzuführen sein, dass Ärzte ihre Patienten nicht an kompetente Kollegen verlieren wollen. Die Patienten sollten daher gegebenenfalls von sich aus nachfragen, ob man ihnen nicht einen auf ihre Erkrankung spezialisierten Kollegen empfehlen kann. Aber auch bei Informationen z. B. über die Diagnose und die daraus resultierenden Behandlungsmöglichkeiten werden die ökonomischen Interessen des Arztes tangiert. Der Arzt kann (wie in Teil III Abschnitt 3.3.2 dargelegt) versucht sein, dem Patienten eine für ihn gewinnoptimale Therapie zu empfehlen. Darüber hinaus kann auch der Arzt wegen der komplexen medizinischen Wirkungszusammenhänge nur über unvollständiges medizinisches Wissen verfügen, so dass es nicht überrascht, wenn eine signifikante Mehrheit der in der empirischen Untersuchung Befragten schon einmal unsicher über eine vorgeschlagene Therapie war. Unter Umständen weist der Arzt sogar ein niedrigeres Informationsniveau auf als der Patient annimmt.[940] Daher sollten die Patienten dem Arzt als Informationsquelle kein blindes Vertrauen schenken und im Zweifelsfall auch einmal die Zweitmeinung eines anderen Arztes einholen oder die Vorzüge anderer Informationsquellen nutzen.

[937] Siehe Teil V Abschnitt 2.3.7.
[938] Siehe Teil V Abschnitte 2.3.1 und 2.3.2.
[939] Vgl. Behnke, Demmler, Unterhuber (2001), S. 15.
[940] Vgl. Toepffer (1996), S. 59.

2.2.2 *Familie, Freunde und Bekannte als Informationsquelle*

Der Vorteil von Freunden, Bekannten und Familienangehörigen ist ihre Unabhängigkeit von finanziellen Interessen und die daraus resultierende Vertrauenswürdigkeit. Der Zugang zu Informationen aus dieser Quelle ist kostenlos und in der Regel ohne großen Zeitaufwand möglich. Darüber hinaus können Freunde, Bekannte und die eigene Familie aufgrund ihrer sozialen Nähe zum Patienten besonders gut auf dessen Probleme und Sorgen eingehen.
Die Kompetenz dieses Personenkreises ist allerdings eher begrenzt: Erstens sollten sich die Patienten fragen, ob die Erfahrungen von Freunden und Bekannten überhaupt auf sie übertragbar sind.[941] Dabei sind der Grad der Heterogenität und die Ausprägung der individuellen Komponenten von Gesundheitsleistungen entscheidend für die Vergleichbarkeit. Darüber hinaus ist der Prozess der Produktion von Gesundheit sehr komplex und oft vom Patienten nicht direkt nachvollziehbar, was die Qualitätsbeurteilung erschwert. Bedacht werden sollte auch die Obsoleszenz der Erfahrungen, die auf dem raschen medizinischen Fortschritt beruht und dazu führt, dass der Informationsgehalt einer zu einem bestimmten Zeitpunkt gemachten Erfahrung mit der Zeit sinkt. Diese Aspekte mindern den Wert einer Erfahrung und damit den Wert der Informationen von Bezugspersonen wie Freunden, Bekannten und Familienangehörigen.[942] Diese Bedenken reflektieren sich auch in den Ergebnissen der empirischen Untersuchung. Während die Patienten recht häufig bei Gesundheitsfragen Rat von ihrer Familie, Freunden und Bekannten erhielten, wird dieser Personenkreis als Informationsquelle eher weniger geschätzt. Am ehesten vertrauen Patienten den Erfahrungen ihres näheren sozialen Umfeldes noch bei Informationen über Ärzte.[943] Medizinische Laien sollten aber wohl damit rechnen, dass ihre Ratschläge – abgesehen von Arztempfehlungen – selbst im Kreis von Freunden und Verwandten meist eher weniger gefragt sein dürften. Am ehesten dürfen sie noch bei jüngeren Patienten auf Interesse stoßen.

2.2.3 *Krankenversicherung als Informationsquelle*

Die Krankenversicherungen können aufgrund ihrer besonderen Stellung und ihres Marktüberblicks die Informations- und Beratungsfunktion, z. B. über medizinische Leistungsanbieter, Ärzte, Krankenhäuser oder Rehakliniken, gut übernehmen.[944] Sie sind darüber hinaus in der Lage und auch daran interessiert, ihren Versicherten Informationen über Maßnahmen zur Gesundheitsvorsorge und Krankheitsprävention bereitzustellen.

Aber auch die Krankenversicherungen als Informationsquellen sind kritisch zu sehen. Im Zuge der Ausgabensteigerungen im Gesundheitswesen sind die Krankenversicherungen mehr denn je gezwungen, auf Beitragsstabilität und damit auf eine mäßige Entwicklung der Ausga-

---

941 Siehe Teil III Abschnitt 2.3.2.
942 Vgl. Toepffer (1996), S. 35 f.
943 Siehe Teil V Abschnitt 2.3.7.
944 Vgl. Behnke, Demmler, Unterhuber (2001), S. 14.

ben bedacht zu sein. In dieser Situation scheint es zweifelhaft, ob die Krankenversicherungen ihre Versicherten ganz unbefangen auch über die neuesten Behandlungsalternativen aufklären und unter diesen Alternativen zur besten – aber auch teuersten – Therapie raten. Insgesamt sollten die Patienten daher die Vertrauenswürdigkeit der Krankenversicherungen bei der Beratung hinsichtlich Leistungsanbietern, vor allem aber bezüglich Behandlungsverfahren kritisch hinterfragen. Der beschriebene Interessenskonflikt wird aber dadurch gelindert, dass die Krankenversicherungen ein Interesse daran haben, sich und ihren Mitgliedern die Kosten und Mühen der Inanspruchnahme unfähiger Leistungsanbieter und unwirksamer Behandlungsverfahren zu ersparen.

Den Ausbau und die Optimierung der vorhandenen Ansätze der Krankenversicherungen zur Versicherteninformation, Aufklärung, Beratung und Schulung empfiehlt auch der Sachverständigenrat für die Konzertierte Aktion im Gesundheitswesen in seinem Gutachten 2000/2001. Dazu sollten die Krankenversicherungen alle Möglichkeiten moderner Kommunikation nutzen und zielgruppenorientiert Informationen weitergeben. Zielgruppenorientiert bedeutet in diesem Zusammenhang, die Informationsweitergabe jeweils angemessen für Nutzergruppen mit unterschiedlichem kulturellem und sozioökonomischem Hintergrund, Sprache, Alter sowie Geschlecht zu gestalten. Entsprechend gelten diese Anforderungen für die gesundheitliche Beratung durch Verbraucherorganisationen (vgl. § 65 SGB V für die gesetzlichen Krankenversicherungen) und vergleichbare Einrichtungen (z. B. privatwirtschaftliche Hotlines).[945] Mit einem solchen Angebot von Gesundheitsinformationen erzielbare Effekte sind die Vermittlung von Wissen, die Steigerung von Aktivitäten zur Krankheitsprävention und zum Mitwirken bei Therapien, die Modifikation von Einstellungen, sowie die Verbesserung des körperlichen und seelischen Wohlbefindens.[946]

Die empirischen Befragungsergebnisse zeigen, dass auch die Patienten die Vorzüge der Krankenversicherung als Informationsquelle für Gesundheitsfragen erkannt haben. Die Krankenversicherung wurde zwar bisher nur selten als Ratgeber genutzt, in Zukunft wollen sich die Patienten aber vor allem zu den Themen Gesundheitsvorsorge, Behandlungsmöglichkeiten und über Ärzte bei ihrer Krankenversicherung informieren.[947] Den Krankenversicherungen ist somit zu raten, ihr Informationsangebot insbesondere zu diesen Themen auszubauen. Dieser Service der Krankenversicherungen sollte aber nicht auf Kosten eines höheren Beitragsatzes erfolgen, da gerade die für private Krankenversicherungen besonders attraktive Gruppe von jungen, besser ausgebildeten und gesünderen Versicherten einen höheren Wert auf die Kosten der Krankenversicherung als auf deren Informationsangebot legt. Möchte die Krankenversicherung gerade diese Gruppe erreichen, so sollte sie ihr Informationsangebot so gestalten, dass die Versicherten qualitativ hochwertige Informationen in einem zeitlich angemessenen

[945] Vgl. Sachverständigenrat für die Konzertierte Aktion im Gesundheitswesen Gutachten 2000/2001, S. 42.
[946] Vgl. Bialas (1998), S. 54.

Rahmen und kostengünstig beschaffen können. Für die Krankenversicherung interessant ist auch, das jüngere Versicherte eher Informationen zur Gesundheitsvorsorge erwarten. Die Krankenversicherungen sollten hier die Chance ergreifen und ihr Informationsangebot zu diesem Thema ausbauen, da auf diese Weise attraktive Kundenkreise erschlossen und alle Versicherten zu einer gesünderen Lebensweise bewegt werden können. Die Befragungsergebnisse zeigen aber auch, dass vor allem Versicherte ab 35 Jahren und kränkere Versicherte an Informationen zu Behandlungsmöglichkeiten interessiert sind. Zur Unterstützung dieser Versicherungskunden ist an einen Ausbau von Disease- und Case-Management Programmen zu denken, im Rahmen derer z. B. chronisch Kranke mit Informationen zu therapiebegleitenden Verhaltensweisen versorgt werden.

2.2.4 Massenmedien als Informationsquelle

Die Massenmedien finanzieren sich durch den Verkauf von Informationen und sind es daher gewohnt, diese zur Erzielung der notwendigen Reichweiten verständlich aufbreiten zu müssen. Kritischer als die in der Regel gegebene Verständlichkeit von Informationen aus dieser Quelle sollten die Patienten die Kompetenz und Vertrauenswürdigkeit der von ihnen genutzten Massenmedien überprüfen. Nur in wenigen Redaktionen ist tatsächlich medizinischer Sachverstand anzutreffen und häufig bestimmt die Publikumswirkung die Auswahl der Gesundheitsthemen. Im Gegensatz zu anderen Informationsquellen messen die meisten Massenmedien ihren Erfolg nicht an Veränderungen des Gesundheitszustand der Informationsempfänger, sondern am erzielten Absatz. Soweit die Abhängigkeit von Werbegeldern und anderen kommerziellen Interessen die Berichterstattung beeinflussen kann, reduziert auch dies die Vertrauenswürdigkeit der Informationsquelle. Besonders von Qualitätsproblemen und damit mangelnder Kompetenz und Vertrauenswürdigkeit betroffen sind Gesundheitsinformationsdienste im Internet.[948] Die niedrigen Markteintrittsbarrieren, die de facto jedem mit PC und Modem einen Auftritt im World Wide Web erlauben, sind für die stark schwankende Qualität der dort angebotenen Inhalte verantwortlich. Traditionelle Informationsquellen, wie Zeitungen, Zeitschriften oder Bücher, benötigen meist eine gewisse Mindestnutzerzahl und Geschäftskontinuität, um rentabel arbeiten zu können. Sie bemühen sich daher tendenziell eher um den Aufbau und Erhalt eines treuen Nutzerstamms. Dessen Erfahrungen mit der Informationsquelle und die aufgebaute Reputation sind wichtige Erfolgsfaktoren und die Angst vor deren Verlust stellt den wichtigsten Anreiz für eine glaubwürdige Information dar. Wegen der niedrigen Markteintrittsbarrieren tummelt sich hingegen im Internet eine Vielzahl von kleinen und Kleinstanbietern mit oft nur begrenzter Lebensdauer, die unter Umständen vor allem auf schnell verdientes Geld angewiesen sind und deren Reputation kaum zu ermitteln ist.

---

[947] Siehe Teil V Abschnitt 2.3.7.
[948] Vgl. hierzu auch Eysenbach (2001a).

Da die Massenmedien einen breiteren Nutzerkreis mit ihren Informationen erreichen wollen, eignen sie sich eher für das kosteneffiziente Angebot allgemeiner, bestenfalls auf einen bestimmten Krankheitstyp angepasster Gesundheitsinformationen, weniger hingegen für die Bereitstellung von individuell auf den einzelnen Patienten zugeschnittene Informationen. Dies ist konsistent mit den Befragungsergebnissen, nach denen die Massenmedien am ehesten zur Information über Maßnahmen der Gesundheitsvorsorge und über Behandlungsmöglichkeiten genutzt werden wollen.[949] Die Verantwortlichen in den Massenmedien sollten daher diesen beiden Themen besondere Aufmerksamkeit schenken. Zugleich müssen sie sich bewusst sein, dass viele der derzeitigen Nutzer von Gesundheitsinformationen aus den Massenmedien diese Informationen offensichtlich lieber aus anderen Quellen beziehen würden. Am ehesten sind noch die besser ausgebildeten Patienten bereit, in den Massenmedien nach Gesundheitsinformationen zu suchen,[950] so dass diese Zielgruppe bei der Vermarktung entsprechender Inhalte besonders berücksichtigt werden sollte.[951]

	Familie, Freunde, Bekannte	**Arzt**	**Kranken-versicherung**	**Massenmedien**
pro	↳ Unabhängigkeit von finanziellen Interessen ↳ Soziale Nähe zum Patienten ↳ Hohe Vertrauens-würdigkeit	↳ Hohe Kompetenz ↳ Medizinisches Fachwissen und praktische Erfahrung ↳ Vertrauensbezie-hung zwischen Arzt und Patient	↳ Marktüberblick ↳ Anbieter-unabhängigkeit ↳ Hohe Kompetenz	↳ Verständlichkeit ↳ Geringer Kostenaufwand
contra	↳ Begrenzte Kompetenz ↳ Erfahrungen wegen der Heterogenität von Gesundheitsleistungen schwer übertragbar ↳ Qualitätsbeurteilung wegen Komplexität des Gesundheitsprozesses schwer möglich	↳ Begrenzte Anbieter-unabhängigkeit ↳ Auch der Arzt ist nicht allwissend. ↳ Wirtschaftliche Interessen	↳ Evtl. ökonomische Interessen bzgl. Begrenzung der Ausgaben-steigerung im Gesundheitswesen	↳ Meist begrenzte Kompetenz ↳ Sensations-hascherei

Quelle: eigene Darstellung

Abb. VI-12: Bewertung verschiedener Informationsquellen

[949] Siehe Teil V Abschnitt 2.3.7.
[950] Siehe Teil V Abschnitt 2.3.6.
[951] Nach einer Studie der Boston Consulting Group sind die Patienten jedoch eher an sehr spezifischen Informationen interessiert, während allgemeine Informationen nicht unbedingt das Informationsbedürfnis der Patienten treffen. Vgl. Poensgen, Larsson (2001), S. 11.

In Abbildung VI-12 sind einzelne Vor- und Nachteile der Informationsquellen Freunde, Familie, Bekannte, Arzt, Krankenversicherung und Massenmedien zusammengefasst.

3 Informationsmedien und Kommunikationsinstrumente

Im ersten Abschnitt dieses Teils VI wurde unter anderem diskutiert, auf welche Inhalte sich Sender und Empfänger von Gesundheitsinformationen konzentrieren sollten und wie die Kommunikation an strukturelle Eigenheiten der jeweiligen Inhalte anzupassen ist. Im zweiten Abschnitt standen dann die Informationsquellen im Vordergrund. Analog zur Struktur des fünften Teils sollen nach den Informationsinhalten und –quellen nun die Informationsmedien angesprochen werden. Insbesondere sind wiederum Indikatoren der Eignung zu erörtern, anhand derer die Patienten und Anbieter von Gesundheitsinformationen Informationsmedien auswählen können. Mit Hilfe unter anderem dieser Kriterien sind dann wiederum die Vorzüge und Nachteile verschiedener Strategien bei der Auswahl der Informationsmedien zu diskutieren. Abschließend folgen einige Empfehlungen zum Einsatz verschiedener Kommunikationsinstrumente.[952]

3.1 Strategien bei der Auswahl der Informationsmedien

Die Zweckmäßigkeit des Einsatzes der verschiedenen Informationsmedien hängt entscheidend davon ab, welche Aspekte des Informations- und Kommunikationsvorgangs im Vordergrund stehen. Die relevanten Aspekte des Kommunikationsvorgangs werden wiederum von der Art der zu übertragenden Informationen bestimmt. Abbildung VI-13 gibt dazu einige notwendigerweise verallgemeinernde Hinweise, die im weiteren Verlauf dieses Abschnitts detaillierter zu erörtern sind.

Allgemein ist eine direkte und persönliche Information und Kommunikation zu empfehlen, wenn es sich um Informationen für eine auch psychologisch schwierige Entscheidung eines Patienten handelt oder die Informationsquelle sich ein eigenes Bild vom Patienten machen sollte.[953] Dies entspricht auch den Wünschen der in der empirischen Untersuchung befragten Versicherten, die Informationen zur diagnostizierten Erkrankung und deren Behandlungsmöglichkeiten am liebsten über eine persönliche Beratungsstelle erhalten würden.[954]

Für vertiefende Informationen ist dagegen eher eine schriftliche oder bildliche Ausrichtung angebracht.[955] Wenn es vor allem auf die Präzision, Ausführlichkeit und Nachlesbarkeit der Information ankommt, empfiehlt sich der Einsatz schriftlicher Kommunikationsmittel. Beispiele hierfür sind Informationen zur Gesundheitsvorsorge oder allgemein über Erkrankungen. Auch hier decken sich die aus theoretischen Überlegungen abgeleiteten Empfehlungen mit den Wünschen der in der empirischen Untersuchung befragten Versicherten, die z. B. zur

[952] Als Informationsinstrument bezeichnet man nach ihrer Ähnlichkeit etwa hinsichtlich der verwendeten Medien oder der angestrebten Ziele zusammengefasste Gruppen von Kommunikationsaktivitäten. Vgl. Bruhn (1997), S. 3.
[953] Vgl. Kroeber-Riel (1988), S. 16.
[954] Siehe Teil V Abschnitte 2.4.3 und 2.4.4.
[955] Vgl. Kroeber-Riel (1988), S. 16.

Gesundheitsvorsorge am liebsten die Informationskanäle Druckmedien oder Internet nutzen würden.[956]

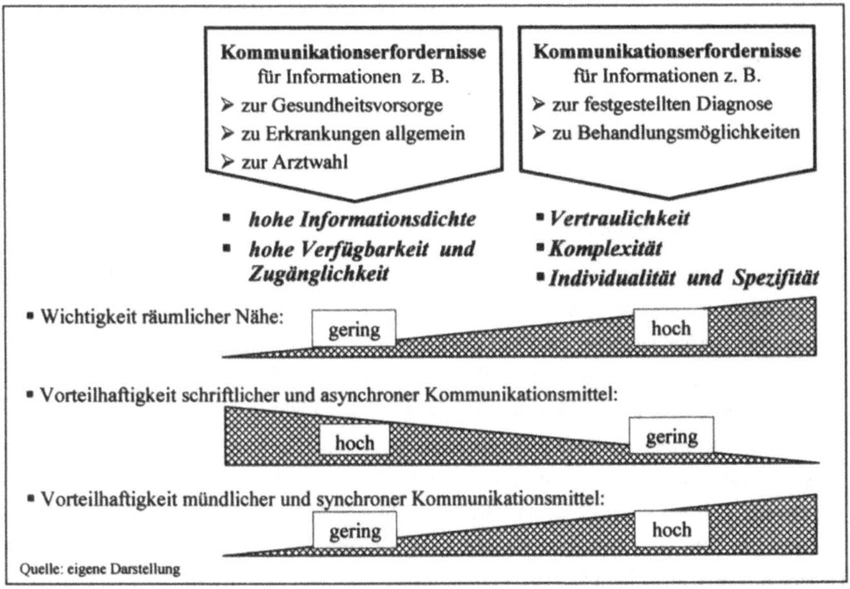

Abb. VI-13: Wahl der Kommunikationsformen

Die gezielte Suche nach Gesundheitsinformationen erfordert ein aktives Mediennutzungsverhalten seitens des Patienten. Besteht ein größeres Involvement, beispielsweise bei Vorliegen einer Krankheit oder einer besonderen Verantwortung für die Gesundheit der gesamten Familie, dann steigt die Bereitschaft zur aktiven Mediennutzung.[957] Die Ergebnisse der empirischen Untersuchung bestätigen, dass kränkere Befragte hinsichtlich aller Medien mit Ausnahme des Internets ein überdurchschnittliches Interesse an Gesundheitsinformationen zeigen.[958] Die Informationsanbieter finden hier somit ein besonders wichtiges Publikum für die von ihnen vermittelten Informationen. Daher sollten sie bei der Auswahl und Gestaltung von Informationskanälen für Gesundheitsthemen ein besonderes Augenmerk auf die psychologische Situation und mögliche physische Einschränkungen kranker Informationsempfänger richten.

---

[956] Siehe Teil V Abschnitt 2.4.1.
[957] Vgl. Göpfert (1999), S. 364.
[958] Siehe Teil V Abschnitt 2.4.5.

3.2 Diskussion verschiedener Informationsmedien

Kriterien wie das Involvement des Patienten, die erforderliche Präzision der Informationsinhalte oder die Notwendigkeit einer zweiseitigen Kommunikation bestimmen die Eignung eines Informationsmediums für Sender und Empfänger. Anhand dieser Kriterien sollen im Folgenden die persönliche Beratungsstelle, das Servicetelefon, die Printmedien und das Internet auf ihre jeweilige Eignung für die Vermittlung von Gesundheitsinformationen untersucht und Empfehlungen für eine effiziente Nutzung dieser Informationskanäle entwickelt werden.

3.2.1 Persönliche Beratungsstelle

Durch die laufende Rückkopplungsmöglichkeit (feedback) während des Gesprächs bekommt die persönliche Beratung große Flexibilität. Die Rückkopplungsmöglichkeit erlaubt den Kommunikationsteilnehmern, während des Gesprächs Missverständnisse zu klären, Unklarheiten zu beseitigen und Themen gemäß den speziellen Wünschen der Kommunikationspartner auszudehnen oder einzuengen, also das Gespräch so zu führen, dass es auf die individuellen Informationsbedürfnisse des Patienten zugeschnitten ist. Darüber hinaus bietet das persönliche Gespräch aufgrund der räumlichen Nähe der Kommunikationspartner den Vorteil, dass der Berater sich unter Einschaltung aller seiner Sinnesorgane einschließlich der Augen ein umfassendes Bild vom Patienten machen kann. Obwohl der Aufwand für ein persönliches Gespräch relativ hoch ist, kann der Einsatz dieser Kommunikationsform vor allem dann zu empfehlen sein, wenn ernste gesundheitliche Probleme vorliegen könnten, eine maßgeschneiderte Beratung notwendig ist, der Patient persönlich in Augenschein genommen werden soll oder weitere Hilfsmittel zu seiner Untersuchung und Beratung benötigt werden.
Wie die Befragungsergebnisse zeigen, stellt die persönliche Beratungsstelle das präferierte Informationsmedium der Befragten für Informationen über die diagnostizierte Krankheit und Behandlungsmöglichkeiten dar.[959] Die Wünsche der Befragten entsprechen also der theoretisch abgeleiteten Empfehlung, die persönliche Beratung vor allem auch dort anzubieten, wo der Eindruck vom Gesundheitszustand des Patienten eine besonders wichtige Rolle spielt. Die Anbieter einer persönlichen Beratungsstelle sollten sich allerdings bewusst sein, dass sie mit dieser Dienstleistung vor allem auch solche Personen ansprechen, die aus Sicht z. B. einer Krankenversicherung unter Umständen nicht zu den attraktivsten Kundengruppen gehören. Sie zieht vor allem ältere und weniger gut gebildete Versicherte, Hausfrauen/-männer, Rentner und Pensionäre sowie Personen mit schlechterem Gesundheitszustand an, denen eine ausführliche und kompetente Information wichtiger ist als der zu investierende Zeit- und Kostenaufwand.

Eine kosteneffiziente Alternative zur Beratung unter vier Augen können Kleingruppengespräche, Seminare und Schulungen darstellen. Während die Beratung hier naturgemäß weniger

[959] Siehe Teil V Abschnitt 2.4.6.

individuell auf eine einzelne Person zugeschnitten ist, kann der Betreuer sich trotzdem persönlich ein Bild der Teilnehmer machen und auf einzelne Fragen eingehen. Auch die Motivations- und Betreuungsfunktion[960] von Gesundheitsinformationen wird aufgrund des persönlichen Kontaktes eher erfüllt als bei einer Vermittlung über anonyme Massenmedien. Daher eignen sich Seminare und Patientenschulungen unter anderem gerade auch für die Betreuung chronischer Krankheiten.

Für Patientenschulungen ist eine überzeugende Senkung von Morbidität und Krankheitskosten wissenschaftlich belegt.[961] Herausragender Effekt von Patientenschulungen ist die in allen Studien nachgewiesene Steigerung des Wissens. Der zweitstärkste Effekt besteht in der Verbesserung der Compliance. Auch im Rahmen der als Teil der vorliegenden Arbeit durchgeführten empirischen Studie gab eine signifikante Mehrheit der Versicherten an, dass eine bessere Information ihre Compliance-Bereitschaft und -Fähigkeit erhöhen würde.[962] Die durch Patientenschulungen mögliche Reduktion krankheitsbedingter Komplikationen ist besonders gut für den Diabetes mellitus beschrieben. Sowohl das diabetische Koma als auch die Amputationen konnten signifikant reduziert werden.[963] Aber auch bei anderen Gesundheitsthemen sollten sich durch Patientenschulungen, Seminare und andere Formen des persönlichen Kontaktes mit dem Patienten besonders nachhaltige Wirkungen auf das Verhalten erzielen lassen.

3.2.2 Servicetelefon

Bei zahlreichen Akuterkrankungen wie Erbrechen, Übelkeit, Verstauchungen oder kleinen Verletzungen ist eine schnelle Information und Reaktion ratsam, ein direktes Eingreifen von ärztlicher Seite aber nicht unbedingt notwendig oder wegen der Dringlichkeit der gebotenen Maßnahmen in der erforderlichen Zeit gar nicht möglich.[964] In solchen Fällen macht die schnelle und unkomplizierte Erreichbarkeit des Servicetelefons diese Einrichtung zu einem besonders empfehlenswerten Angebot. Bei entsprechender Organisation ermöglicht dieses Informationsmedium, den Patienten rund um die Uhr einen kompetenten Ansprechpartner zur Verfügung zu stellen. Darüber hinaus ist ein Anruf beim Servicetelefon einfach genug, um auch Patienten zur Einholung eines medizinischen Rats zu animieren, die sich nicht „krank genug" fühlen, um Zeit und Geld in ein Gespräch vor Ort zu investieren. Schließlich gewährleistet das Servicetelefon die Anonymität des Anrufers und erleichtert somit die Kommunikation über gesellschaftlich stigmatisierte oder als peinlich empfundene Krankheiten. Auch bei Informationsanbietern, gegenüber denen die Patienten ihren Gesundheitszustand nur ungern preisgeben, kann die Anonymität des Servicetelefons Berührungsängste reduzieren helfen. Es kann daher gerade auch für die Gesundheitsinformationsangebote der Krankenversicherung

---

960 Siehe hierzu Teil IV Abschnitt 3.2.1.1.
961 Vgl. Bialas (1998), S. 54.
962 Siehe Teil V Abschnitt 2.7.1.
963 Vgl. Bialas (1998), S. 54.
964 Vgl. N. N. http://www.mannheimer.de/dienstleister/gesundheit/service.shtml (Stand 01.03.01), S. 1.

ein geeignetes Medium darstellen. Dies würde auch den in der empirischen Untersuchung ermittelten Wünschen der Versicherten entsprechen, die neben den Druckmedien vor allem das Servicetelefon nutzen wollen, um Zugang zu den Informationsangeboten der Krankenversicherung zu erhalten.[965] Hinsichtlich der anzubietenden Gesundheitsthemen zeigten die Ergebnisse der empirischen Untersuchung, dass die Betreiber von Servicetelefonen nach den Wünschen der Versicherten vor allem Informationen über Behandlungsmöglichkeiten, aber auch für die Suche nach einem geeigneten Arzt vermitteln sollten.[966] Als Zielgruppe für das Servicetelefon sind vor allem die mittleren Altersgruppen zu sehen, die in der empirischen Untersuchung besonderes Interesse an der Beratung über dieses Medium zeigten.[967]

Die Qualität eines Servicetelefons ist wie die einer persönlichen Beratungsstelle in hohem Maße von der Qualifikation der Mitarbeiter abhängig. Im Callcenter sollten daher erfahrene und kompetente Mediziner und/oder medizinisch ausgebildete Mitarbeiter die Anrufe entgegennehmen. Neben der Qualifikation der Mitarbeiter sind als entscheidende Qualitätsmerkmale sowohl von den Patienten als auch von den Informationsanbietern zu beachten:

- die Verständlichkeit der Information;
- der Zeitbedarf bis zum Erhalt der Information;
- die Erreichbarkeit des Telefondienstes (Zeiten, zu denen das Servicetelefon besetzt ist);
- die Wartezeiten, bis ein Mitarbeiter den Anruf entgegen nimmt (im Notfall ist oft sehr schnelle Information notwendig);
- die Freundlichkeit und das Einfühlungsvermögen der Mitarbeiter;
- die Auskunftsbereitschaft der Mitarbeiter, d. h. bekommt der Anrufer schnell und umfassend Informationen;[968]
- die durch ein Gespräch dem Anrufer entstehenden Kosten;
- evtl. ein Zusatznutzen in Form weiterer Informationen, die für den Anrufer hilfreich sind.

Die Informationsanbieter sollten darüber hinaus erwägen, neben einer ständigen medizinischen Service- bzw. Hotline zu aktuellen Gesundheitsthemen auch zeitlich befristete Servicelines zu schalten. Aktuelle Themengebiete sind z. B. Reisekrankheiten in der Ferienzeit, Pollenflug im Sommer, Allergien oder BSE. Aufgrund der speziellen Anforderungen an das Personal und der zeitlichen Begrenzung der Aktion sollte dieser Service ggf. an ein kompetentes externes Callcenter vergeben werden.[969]

---

[965] Siehe Teil V Abschnitt 2.5.2.
[966] Siehe Teil V Abschnitt 2.4.6.
[967] Siehe Teil V Abschnitt 2.4.5.
[968] Vgl. Thill (1996), S. 226.
[969] Vgl. Braun, Uhl (2001).

3.2.3 Printmedien

Die zeitliche Trennung des Sende- und Empfangsprozesses bei den Printmedien und die schriftliche Fixierung der gelieferten Informationsinhalte erlauben es ihrem Nutzer, den geeigneten Zeitpunkt für die Informationsaufnahme ebenso selbst zu bestimmen wie deren Tempo. Entsprechend seinen Interessen, Vorkenntnissen und Aufnahmekapazitäten kann er die Lesegeschwindigkeit wählen, an bestimmten Stellen zur Reflexion innehalten oder einzelne Passagen ein weiteres Mal lesen. Dies ermöglicht eine besonders gründliche und tiefgehende Auseinandersetzung mit der Materie, was Printmedien für die Darstellung komplexer und schwer verständlicher Sachverhalte besonders geeignet erscheinen lässt. Auch überall dort, wo Präzision und genaue Nachlesbarkeit der Informationen wichtig sind, können Printmedien ihre Vorzüge ausspielen. Während Printmedien im Gegensatz zum persönlichen Gespräch etwa mit dem Arzt für die Bereitstellung von maßgeschneiderten Informationen für einzelne Nutzer weniger geeignet sind, erlauben sie die kostengünstige und genaue Übermittlung von Experten-Informationen, die für einen größeren Interessentenkreis von Bedeutung sind. So zeigen auch die Befragungsergebnisse, dass die Printmedien zur Information über Untersuchungsergebnisse am wenigsten gewünscht sind. Nach Meinung der Versicherten sollten vor allem Informationen über die Gesundheitsvorsorge in gedruckter und damit immer wieder nachlesbarer Form bereitgestellt werden.[970] Diese Informationen sollten für Patienten verständlich geschrieben sein und visuelle Aufklärungshilfen in den Text integrieren, da diese Verständnis und Akzeptanz bei den Patienten deutlich erhöhen können.[971]

3.2.4 Internet

Viele der für die traditionellen Printmedien genannten Vorzüge treffen auch auf das Internet zu. Der Internetnutzer kann Zeitpunkt und Tempo der Informationsaufnahme selbst bestimmen, für ihn weniger wichtige Punkte überspringen und anderes jederzeit sorgfältig nachlesen. Darüber hinaus weist das Internet gegenüber traditionellen Druckmedien einen erheblichen Kosten- und Zeitvorteil auf, wenn es darum geht, Gesundheitsinformationen für ein breites Publikum abrufbar zu machen. Der Zugang zu Gesundheits-Websites ist für Internetnutzer anonym und unkompliziert, rund um die Uhr und von jedem Ort der Welt aus möglich. Gesundheitsinformationen in den traditionellen Printmedien sind stets statischer Natur, das heißt sie verändern sich nicht und können somit zwar auf einen Krankheitstyp, nicht aber individuell auf den Patienten eingehen. Während die meisten der im Internet angebotenen Webseiten gleichfalls statischer Natur sind, können sie prinzipiell auch als so genannte „dynamische Seiten“ durch Computerprogramme generiert werden, die etwa die vorherigen Eingaben des Benutzers analysieren und beispielsweise entsprechende Zusatzinformationen generieren. Mit anderen Worten, Patienteninformationen können intelligent gestaltet werden, wobei mit intel-

[970] Siehe Teil V Abschnitt 2.4.6.
[971] Vgl. Thill (1996), S. 193.

ligent gemeint ist, dass das Computerprogramm innerhalb gewisser Grenzen individuell auf den Benutzer eingehen kann.[972]

Diese Möglichkeiten, Informationen nicht nur in eine Richtung fließen zu lassen (also z. B. von einer ärztlichen Homepage zum Patienten), sondern auch umgekehrt Informationen vom Patienten zu erhalten, stellen den vielleicht bedeutendsten Vorteil des Internets im Vergleich zu herkömmlichen Medien wie Presse und Fernsehen dar. Während bei traditionellen Medien der Grad der Interaktivität, Personalisierbarkeit und Involvierbarkeit des Benutzers in umgekehrtem Verhältnis zur Zahl der erreichbaren Benutzern steht, können neue Medien, und hier insbesondere das Internet, wie in Abbildung VI-14 dargestellt, die Vorteile der massenmedialen Kommunikation hinsichtlich der Zahl der erreichten Benutzer mit der Flexibilität[973] einer zweiseitigen und auf den einzelnen Nutzer zugeschnittenen Kommunikation verbinden.

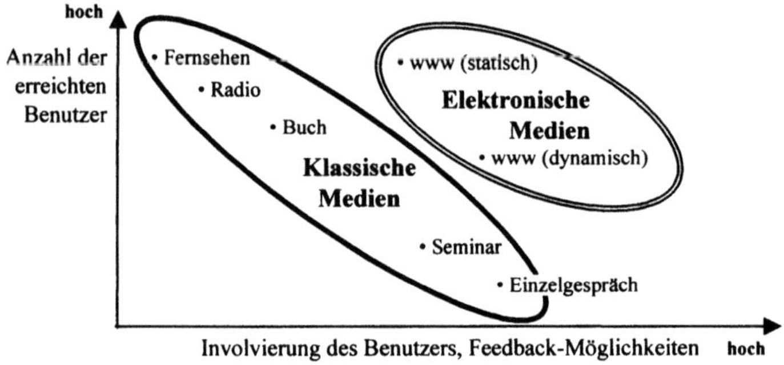

Quelle: nach http.//www.yi.com/home/EysenbachGunther/internet_public_heath.htm (Stand 21.02.2001).

Abb. VI-14: Vorteile massenmedialer und individuumsorientierter Kommunikation

Für das Internet äußerten die Befragten im Rahmen der empirischen Untersuchung keine deutliche Präferenz für bestimmte Gesundheitsthemen. Deutlich zeigte sich hingegen, dass mit dem Internet vor allem jüngere und besser ausgebildete Bevölkerungsteile bei Gesundheitsfragen erreicht werden können.[974] Diese Gruppen sind sowohl für die Werbewirtschaft allgemein als auch z. B. für die Krankenversicherung besonders attraktiv, so dass sich hieraus weitere Argumente für das internetbasierte Angebot von Gesundheitsinformationen ergeben.

Nach einer Studie der Boston Consulting Group werden Websites zu Gesundheitsfragen im Gegensatz zu anderen Bereichen des Internets nicht zufällig oder aus Spaß besucht. Patienten

[972] Vgl. Eysenbach (1997), S. 10.
[973] Eysenbach (2001).
[974] Siehe Teil V Abschnitt 2.4.5.

suchen hier keine allgemeinen Informationen, sondern detaillierte Antworten auf spezifische Fragen.[975] Anbieter von Gesundheitsinformationen können diesen Bedürfnissen beispielsweise auch mit der Einrichtung eines Internet-Gesprächforums entgegenkommen. Ein solcher „Chatroom" kann als Plattform für die Diskussion betroffener Patienten untereinander dienen oder aber auch als Forum, in dem Patienten anonym Fragen zu medizinischen Themen an ein Beratungsteam stellen. Geeignet sind Themen wie Ernährung, Prävention, Wellness oder Fitness. Neben den aktuellen Themen sollte man in einem Archiv auch ältere Fragen und Antworten nachlesen können. Um das Vertrauen der Patienten in die Beratung zu gewinnen, sollte sich das medizinische Beraterteam auf einer gesonderten Seite mit Informationen über Ausbildung, Qualifikation und Erfahrung vorstellen.[976]

Für die Vermittlung von Hintergrundinformationen und medizinischem Standardwissen eignet sich die Einrichtung eines elektronischen Krankheiten-Lexikons auf der Homepage des Informationsanbieters. Das Krankheiten-Lexikon sollte Informationen liefern zu Krankheitsbezeichnungen, zu möglichen Ursachen von Krankheiten, zu Symptomen, zur Prävention und Selbsthilfe, zu Behandlungsmethoden und deren Kosten sowie zur zuständigen Arztgruppe (hier ist eine Verknüpfung mit einer elektronischen „Arzt-Suchmaschine" denkbar) und einen Querverweis auf ähnliche Krankheiten ermöglichen. Neu in das Lexikon aufgenommene Krankheiten beziehungsweise neue Forschungsergebnisse können auch per Newsletter an einen interessierten Patientenkreis versandt werden. Das Krankheiten-Lexikon kann beispielsweise durch ein Verzeichnis von „Großmutters Heilmethoden" ergänzt werden, in dem alternative Behandlungsmethoden beschrieben werden. Bei einer interaktiven Gestaltung der Lexika könnten die Patienten auch eigene Erfahrungen und Kenntnisse einbringen.[977]

Internetbasierte Anbieter von Gesundheitsinformationen sollten auch die Möglichkeit nutzen, Veröffentlichungen zur Patienteninformation direkt zu evaluieren. Will man beispielsweise die Verständlichkeit einer Patientenbroschüre testen, so braucht man diese lediglich elektronisch im Internet zu publizieren und kann etwa aufgrund der elektronischen „Logfiles" (elektronisches Protokoll der Benutzeraktivität) das Benutzerverhalten analysieren: Welche Seiten wurden gelesen, welche übersprungen, wo haben sich die Benutzer besonders lange aufgehalten usw.?[978]

---

[975] Vgl. Poensgen, Larsson (2001), S. 12.
[976] Vgl. Braun, Uhl (2001).
[977] Vgl. Braun, Uhl (2001).
[978] Zusätzlich oder alternativ dazu kann man auch einen elektronischen Fragebogen integrieren, mit dem etwa der Text auf Verständlichkeit geprüft werden kann oder die Benutzer ein Feedback abgeben können. Schulungsprogramme und Aufklärungsschriften können multimedial und interaktiv, somit für den Benutzer besonders attraktiv gestaltet werden. Vgl. Eysenbach (1997), S. 11.

Der Nutzerkreis elektronischer Informationsmedien kann durch den Einsatz von Computersäulen mit Touch-Screen erweitert werden.[979] Auf diesem Wege werden derzeit schon Patienten im Düsseldorfer Uniklinikum über Präventionsmöglichkeiten informiert und auf das Thema „Vorbeugung statt Heilung" mit Hilfe moderner Informationstechnik aufmerksam gemacht werden. Von Touch-Screen-Computern können auch computerscheue Menschen angelockt werden. Nach Eingabe des Gewichtes und anderer Werte durch den Nutzer über Berührung des Bildschirms lässt sich beispielsweise herausfinden, ob der Nutzer Diabetes gefährdet ist. Darüber hinaus können Informationen zu mehr als 20 verschiedenen Gesundheitsthemen, darunter Ernährung, Schlaganfall, Hypertonie und Menopause, abgerufen werden. Die Informationen sind mit Animationen und Bildern aufbereitet. Auf einem Bildschirm erscheinen Fragen wie „Was ist eine Stoffwechselstörung?", „Wie erkennt man sie und wie wird sie behandelt?". Die Antworten erhält der Nutzer über einen Fingertipp auf die gewünschte Information. Jeden Durchlauf eines Informationsbereichs kann er mit einem kurzen Test abschließen. In der Arztpraxis, aber auch im Krankenhaus oder in einer Geschäftsstelle der Krankenversicherung haben Patienten häufig viel Zeit und sind froh, wenn sie sich so die oft langen Wartezeiten vertreiben können. Die Möglichkeiten von Touch-Screens können über eine Verbindung mit dem Internet weiter ausgebaut werden.[980]

Eine zusätzliche Erweiterung der Funktionalität des Internets ermöglicht UMTS („Universal Mobile Telecommunications Systems"), der Mobilfunk der dritten Generation. Ortsungebunden ist mit UMTS neben der Sprachkommunikation eine Daten- und Bildübertragung möglich. Dieses Verfahren ermöglicht es den Patienten, mobil an gewünschte Informationen zu gelangen und mit Datenbanken zu korrespondieren. Anbieter von Gesundheitsinformationen könnten UMTS beispielsweise einsetzen, um den Patienten aktuelle UVA-Werte zu übertragen oder Patienten mit Heuschnupfen mit Daten zum Pollenflug zu versorgen.

Neben den genannten Vorzügen bringt das Internet im Vergleich zu herkömmlichen Medien aber auch Gefahren mit sich. Für Ärzte und andere Experten ins Internet gestellte Informationen können bei Patienten Missverständnisse und Verunsicherungen hervorrufen, z. B. wenn sie ohne entsprechendes Hintergrundwissen und individuelle Beratung statistische Daten zu interpretieren versuchen. Die bei vielen Internetangeboten noch fehlende Rückfragemöglichkeit macht sich hier besonders störend bemerkbar. Häufig werden auch übersteigerte Erwartungen und eine unerwünschte Nachfrage bezüglich neu entwickelter, aber noch in der klinischen Testphase befindlicher Medikamente geschaffen. Allerdings bietet das Internet auch für

[979] Professor S. Bornstein, stellvertretender Leiter der Klinik für Endokrinologie, entwickelte den Touch Screen Computer 1995 zusammen mit dem Leiter des Multimediazentrums, Dr. T. Baehring, und dem ärztlichen Direktor des deutschen Diabetes Forschungsinstituts, Professor W. Scherbaum, sowie der Firma Informa GmbH.

[980] Vgl. N. N. (2001), Ärzte Zeitung Nr. 104 (7. Juni 2001), S. 14.

diese Probleme neue Lösungsmöglichkeiten, etwa indem nur für die Fachöffentlichkeit gedachte Informationen durch Passwortschutz von „Laien" abgeschottet werden.

Zu erinnern ist auch daran, dass das Arztgespräch oft erst den eigentlichen Anstoß für den Patienten liefert, in den Printmedien oder im Internet nach weitergehenden Informationen zu suchen. Im Hinblick auf die Motivations- und Betreuungsfunktion der patientenorientierten Information und Kommunikation ist das persönliche Gespräch dem Internet nach wie vor überlegen. Die beste Information nützt wenig, wenn der Patient nicht motiviert oder interessiert ist. Dies gilt besonders für das Internet, da der Patient bei diesem Medium in der Regel erst einmal aktiv in einem elektronischen Internet-Katalog oder einer Internet- Suchmaschine nach einem bestimmten Thema suchen muss und nur selten zufällig über die Informationen stolpert. Das Internet kann also eher vertiefende Hintergrundinformationen liefern, während es in der Regel Aufgabe des Arztes und bei bestimmten Themen auch der Massenmedien ist, den Patienten zunächst einmal für ein bestimmtes Thema zu sensibilisieren und empfänglich zu machen.

3.3 Diskussion verschiedener Kommunikationsinstrumente

Kommunikationsinstrumente sind nach Bruhn (1997) „das Ergebnis einer gedanklichen Bündelung von Kommunikationsaktivitäten nach ihrer Ähnlichkeit, die zur Erreichung kommunikativer Zielsetzungen eingesetzt werden".[981] In diesem Sinne umfasst ein Kommunikationsinstrument, wie z. B. das Direktmarketing, eine Gruppe von Kommunikationsaktivitäten mit Ähnlichkeiten etwa hinsichtlich der eingesetzten Medien und der Art der Kommunikation. Kommunikationsinstrumente sollten im Rahmen des Gesundheitsmarketings von Ärzten und Krankenhäusern gezielt benutzt werden, um Patienten auf das angebotene Leistungsspektrum aufmerksam zu machen, sich eindeutig von Anbietern vergleichbarer Leistungen zu differenzieren sowie ein positives Image und Vertrauensverhältnis zu den Patienten aufzubauen. Mit diesen Maßnahmen sollten vor allem zwei Ziele verfolgt werden, nämlich bei potenziellen Patienten eine mögliche Auswahlentscheidung bezüglich der Arztpraxis oder des Krankenhauses positiv zu beeinflussen sowie bei aktuellen Patienten die Bindung an die Arztpraxis oder das Krankenhaus noch zu stärken.[982]

Zu den klassischen Kommunikationsinstrumenten, die zunehmend auch von den medizinischen Leistungserbringern im Gesundheitswesen angewandt werden, zählen insbesondere die Werbung und die Absatzförderung sowie die Öffentlichkeitsarbeit (Public Relations) (Abb. VI-15).[983] Demgegenüber sind Maßnahmen des Direktmarketings im deutschen Gesundheitswesen derzeit nur sehr beschränkt zulässig.

---

[981] Bruhn (1997), S. 3.
[982] Vgl. Thill (1996), S. 212.
[983] Vgl. Berndt (1993), S. 13.

	Art der Kommunikation	Ziel des Instruments	Beispiele
Werbung	▪ Indirekte, unpersönliche Kommunikation	▪ Information über Leistungsangebot u. Leistungsfähigkeit des Anbieters	Informative Werbung • Praxisbroschüren • Internet Homepage
Absatzförderung	▪ Direkte, persönliche Kommunikation	▪ Information über Leistungsangebot u. Leistungsfähigkeit des Anbieters	Informierende Absatzförderung • Patientenberatung während des Arztbesuchs
Öffentlichkeitsarbeit	▪ Direkte oder indirekte Kommunikation	▪ Aufbau von Vertrauen und eines positiven Images	• Medienauftritte • Publikationen • Seminare
Direktmarketing	▪ Direkte Kommunikation	▪ Information über Leistungsangebot	• Persönl. Gespräch • Telef. Gespräch • Schrifl. Ansprache Einverständnis nötig

Quelle: eigene Darstellung

Abb. VI-15: Informationsinstrumente für die patientenorientierte Information und Kommunikation

3.3.1 Werbung

Werbung ist die klassische Form der Marktbearbeitung. Sie informiert über das Leistungsangebot und die Leistungsfähigkeit eines Anbieters.[984] Die Ansprache der Patienten in der Werbung erfolgt indirekt und unpersönlich. Kroeber-Riel und Weinberg (1999) unterscheiden im Rahmen der Werbung informative und emotionale Ansätze.[985] Die informative Werbung klärt über die konkreten Eigenschaften eines Leistungserbringers und seiner Angebote auf. Sie sollte vor allem auch dann eingesetzt werden, wenn die Zielgruppe der Werbung ein hohes Wissensdefizit und Interesse an Informationen erkennen lässt. Emotionale Werbung hingegen ist vorwiegend dann angezeigt, wenn sich die Eigenschaften des Angebots von den in Frage kommenden Alternativen nicht wesentlich unterscheiden oder die relevanten Eigenschaften der Untersuchungsobjekte dem Kunden bereits bekannt sind. Sachliche Informationen tragen hier nicht mehr zur Objektdifferenzierung bei.[986]

Das Gesundheitswesen ist durch beträchtliche Wissensdefizite der Patienten und ein noch weitgehend unbefriedigtes Interesse an Informationen vor allem auch über die Qualität der

[984] Vgl. Barth (1999), S. 387.
[985] Vgl. Kroeber-Riel, Weinberg (1999), S. 590.
[986] Vgl. Schmutte (1998), S. 279 ff.

Leistungsanbieter gekennzeichnet. Aus diesem Grund und wegen der rechtlichen Rahmenbedingungen[987] sollte Werbung im Gesundheitswesen informativ gestaltet sein, d. h. einen hohen Informationsgehalt aufweisen. Die Werbung sollte die Patienten mit verständlichen, wahrheitsgetreuen und qualitativ hochwertigen Informationen über Leistungsanbieter und deren Angebot versorgen.[988] Durch solch eine „informative Werbung" kann eine langfristige Vertrauensbeziehung aufgebaut werden.[989] Empirische Untersuchungen der Universität Freiburg zeigen, dass auch die Patienten sich von mehr ärztlicher Werbung Vorteile versprechen, so dass die Ärzteschaft nicht aufgrund eines falsch verstandenen Konsumentenschutzes für den Patienten wichtige Informationen zurückhalten sollte.[990]

Für die informative Werbung als indirekte und unpersönliche Kommunikation über das Leistungsangebot und die Leistungsfähigkeit des Anbieters eignen sich bestimmte Inhalte und Medien mehr als andere. Ärzte sollten insbesondere die folgenden Maßnahmen in Erwägung ziehen, um auf ihr Leistungsangebot aufmerksam zu machen[991]:

- Praxisbroschüren[992] (sach- und berufsbezogen, tatsächlich vorhanden, nachprüfbar – keine subjektiven Einschätzungen, keine reißerischen Schlagworte);
- Internet-Homepage mit sachlicher Information und organisatorischen Hinweisen zur Patientenbehandlung;
- Praxisschild und Eintrag in Verzeichnisse[993] (zum Beispiel Telefonbuch, „Gelbe Seiten");
- Eintrag in Arztsuchdienste;
- Aushang eines Organigramms (Organisationsplan der Arztpraxis) im Wartezimmer mit Fotos und Kompetenzbeschreibungen der Aufgaben der einzelnen Mitarbeiter;
- Aushang von Zertifikaten und Qualitätsmaßnahmen in den Praxisräumlichkeiten, Nachweis von Praxis-Checks und externen Audits, optische Darstellung des gesamten Leistungsangebots (GKV und Selbstzahler) in der Arztpraxis, Fotodokumentation sowie Patientenempfehlungen in Schriftform.

Die Ärzteschaft sollte die bereits durch die Beschlüsse des 100. Deutschen Ärztetages (2000) geschaffenen Spielräume nutzen und stärker als bisher auch über das Internet auf ihr Leistungsangebot aufmerksam machen. Dabei ist aber darauf zu achten, die Person des Arztes

---

[987] Nach § 27 MBO-Ä sind sachliche Informationen erlaubt, jede anpreisende, irreführende oder vergleichende Werbung ist nach wie vor verboten.

[988] Vgl. Übersicht bei Kotler, Bliemel (1999), S. 927.

[989] Vgl. Braun (1993), S. 931.

[990] Vgl. Tscheulin, Helmig (1996), S. 1370 ff.

[991] Vgl. N. N. (2001), Ärzte Zeitung Nr. 126 (10. Juli 2001), S. 14.

[992] Geeignet sind Informationen, die die Organisation der Inanspruchnahme des Arztes durch die Patienten sowie den organisatorischen Ablauf in der Praxis betreffen. Darüber hinaus sollen die Broschüren Informationen zu Sprechstundenzeiten, Sondersprechstunden, Telefonnummern, Erreichbarkeit außerhalb der Sprechstunde, Praxislage in Bezug auf öffentliche Verkehrsmittel, Parkplätze oder besondere Einrichtungen für Behinderte enthalten. Vgl. Ehlers (2001), S. 117.

[993] Vgl. §§ 22, 27, 28 MBO-Ä.

nicht anpreisend herauszustellen und sich gemäß §§ 27 und 28 MBO-Ä auf sachliche Inhalte zu beschränken.[994]

Für viele Ärzte erwägenswert sein dürfte auch die Gestaltung einer Corporate Identity mit Logo und farblichen Hervorhebungen auf dem Geschäftspapier oder auf der Website der Arztpraxis. Das frühere Verbot ist in der Musterberufsordnung nicht mehr enthalten. Im Interpretationsbeschluss der Bundesärztekammer zur Homepagegestaltung wird auch die Darstellung von Logos auf ärztlichen Homepages für zulässig erklärt. Sachliche Informationen über die Zertifizierung einer Arztpraxis sind ebenfalls erlaubt.[995]

3.3.2 Absatzförderung

Neben den dargestellten Möglichkeiten, den Patienten mittels Werbung über Leistungsangebot und -fähigkeit zu informieren, kann es für den einzelnen Arzt sinnvoll sein, Methoden der Absatzförderung einzusetzen. Absatzförderung ist ein Sammelbegriff für Maßnahmen, die die direkte Kommunikation in den Vordergrund stellen und die indirekte Kommunikationsform Werbung unterstützen.[996] Braun (1993) unterscheidet zwei Arten der Absatzförderung: zum einen Absatzförderung mittels „akquirierender Maßnahmen"[997], zum anderen die „informierende Absatzförderung".[998] Im Gesundheitswesen sollte die „informierende Absatzförderung" Anwendung finden. Hierbei spielt vor allem die Patientenberatung eine große Rolle. Die Patienten sollten beispielsweise während eines Arztbesuchs über empfehlenswerte Impfungen oder neue Behandlungsmethoden, die in der Praxis durchgeführt werden, informiert werden. Soweit hierdurch Erkrankungen erfolgreich vermieden bzw. frühzeitiger oder effektiver behandelt werden, dient dies auch den Patienten.

3.3.3 Öffentlichkeitsarbeit

Neben der „informativen Werbung" und der „informierenden Absatzförderung" sollte auch die Öffentlichkeitsarbeit (Public Relations) im Rahmen der patientenorientierten Information und Kommunikation ausgebaut und verbessert werden. Öffentlichkeitsarbeit lässt sich in diesem Zusammenhang analog zur allgemeinen Definition von Meffert (1986) erklären als die „planmäßige, systematische und wirtschaftlich sinnvolle Gestaltung der Beziehung zwischen den Einrichtungen des Gesundheitswesens und den Patienten mit dem Ziel, bei den Patienten

---

[994] Vgl. N. N. http://www.medizin-netz.de/praxen/law1.htm (Stand 13.07.01). Während nach den Beschlüssen des 103. Deutschen Ärztetages (2000) die Angabe weitergehender Informationen nur zulässig war, solange der Nutzer diese erst nach Klick auf der Homepage aktiv abrufen konnte, unterliegt entsprechend der Novellierung der §§ 27 und 28 MBO-Ä vom 105. Deutschen Ärztetag (2002) die Selbstdarstellung der Ärzte im Internet nur den neuen generalklauselartigen Regelungen der ärztlichen Kommunikation.

[995] Vgl. N. N. (2001), Ärzte Zeitung Nr. 126 (10. Juli 2001), S. 14.

[996] Vgl. Braun (1993), S. 933.

[997] Mit Hilfe "akquirierender Maßnahmen" wird versucht, kurzfristige Anreize auszulösen. Vgl. Braun (1993), S. 933.

[998] Vgl. Braun (1993), S. 933.

Vertrauen und Verständnis zu gewinnen bzw. auszubauen".[999] Spezifische Zielsetzung der Öffentlichkeitsarbeit ist es, positive Einstellungen zu erzeugen bzw. zu festigen und ein positives Image aufzubauen.[1000]

Medienauftritte und Publikationen zu aktuellen medizinischen Themen sowie das Angebot von Gesundheitsseminaren können geeignete Mittel darstellen, um die Öffentlichkeit für bestimmte gesundheitliche Probleme zu sensibilisieren und über Behandlungsangebote zu informieren.[1001] Aufklärende Veröffentlichungen, Vorträge, Leserbriefe oder die Beantwortung von Leser- und Hörerfragen sind im Rahmen der Öffentlichkeitsarbeit erwägenswerte Maßnahmen und rechtlich zulässig, solange sie auf sachliche Informationen begrenzt bleiben und nicht die Person des Arztes oder den Namen der Praxis in den Vordergrund stellen.[1002] Das Engagement von Praxisteams in örtlichen Vereinen, Bürgerinitiativen, in Beiräten, bei Schulfesten oder bei kulturellen Veranstaltungen zählt ebenfalls zur erlaubten Öffentlichkeitsarbeit.[1003]

Bei der Öffentlichkeitsarbeit zeigt sich eine gewisse Ähnlichkeit zur oben beschriebenen informativen Werbung. Der Unterschied liegt in der Absatzorientierung der Werbung, während bei der Öffentlichkeitsarbeit Vertrauensbildung und Imageaufbau im Vordergrund stehen. Bei der Öffentlichkeitsarbeit beziehen sich die Informationsinhalte weniger auf das medizinische Leistungsangebot als vielmehr auf den Leistungsanbieter oder die Institution selbst.

3.3.4 Direktmarketing

Im Gegensatz zur Werbung, bei der zwischen Sender und Empfänger einer Werbebotschaft kein direkter Kontakt besteht, sind Maßnahmen des Direktmarketings – wie die der Absatzförderung – durch einen direkten Kontakt zum Empfänger, dem Patienten, charakterisiert.[1004] Tscheulin (1999) unterscheidet als Formen des Direktmarketings

- die *schriftliche Einzelansprache,*
- die *telefonische Einzelansprache* sowie
- das *persönliche Gespräch.*

Gemeinsam ist allen Formen des Direktmarketings eine gezielte Kontaktaufnahme und Einzelansprache des Patienten durch den Arzt[1005] und damit die Individualität der Kommunikati-

---

999 Meffert (1986), S. 493.
1000 Vgl. Braun (1993), S. 928.
1001 Vgl. Kotler, Bliemel (1999), S. 927.
1002 Vgl. Ehlers (2001), S. 118.
1003 Vgl. N. N. (2001), Ärzte Zeitung Nr. 126 (10. Juli 2001), S. 14. Ein Tag der offenen „Praxis"-Tür ist nach wie vor nicht erlaubt. Allerdings kann ein Arzt dazu einladen, in seinen Räumen Vorträge zu medizinischen Themen zu halten, und sich selbst zu derartigen externen Veranstaltungen einladen lassen.
1004 Vgl. Berndt (1993), S. 13.
1005 Vgl. Kotler, Bliemel (1999), S. 926.

onsbeziehung.[1006] Direktmarketing im Rahmen der gesetzlich zugelassenen Möglichkeiten soll – wie die Öffentlichkeitsarbeit – die Entwicklung eines positiven Images fördern und positive Effekte im Hinblick auf eine langfristige Kundenbindung ausüben.[1007] Die Maßnahmen des Direktmarketings unterliegen jedoch noch strikteren gesetzlichen Vorschriften als die Medienwerbung und die Öffentlichkeitsarbeit.

➤ *Schriftliche Einzelansprache*

Eine schriftliche Einzelansprache eines Patienten kann sowohl über die Post als auch per E-Mail oder Fax erfolgen. Durch die Ansprache des Patienten mit seinem eigenen Namen erzielt die schriftliche Einzelansprache eine besondere Aufmerksamkeitswirkung.[1008] Als rechtlich unbedenklich einzustufen ist die schriftliche Einzelansprache, wenn der Patient während eines Arztbesuchs (z. B. durch Ausfüllen eines Fragebogens) sein Interesse an einem zukünftigen Erhalt von Informationen über den Arzt und seine Praxis bekundet hat. Der Arzt kann dann den Patienten zu Vorträgen über die Krankheitsprävention einladen oder über geänderte Praxisöffnungszeiten und seine Vertretung während der Urlaubszeit informieren.[1009] Für viele Ärzte könnte es darüber hinaus interessant sein, als patientenorientierte Serviceleistung auch Dienstleistungen wie z. B. ein Erinnerungssystem (per E-Mail oder via SMS) anzubieten. Dabei ist aber wiederum auf das ausdrückliche Einverständnis des Patienten zu achten.[1010]

➤ *Telefonische Einzelansprache*

Auch eine telefonische Einzelansprache ist grundsätzlich nur dann zulässig, wenn der Patient sich mit einem Anruf bei einem früheren Arztbesuch ausdrücklich einverstanden erklärt hat. Zum telefonischen Direktmarketing im weiteren Sinne zählen Anrufe des Arztes, bei denen er sich nach dem Wohlergehen des Patienten und dem Behandlungserfolg erkundigt. Maßnahmen des Direktmarketings im engeren Sinne sind telefonische Einladungen zu Vorträgen über Maßnahmen zur Gesundheitsvorsorge oder zur Erinnerung an einen anstehenden Arzttermin.[1011]

➤ *Mündliche Einzelansprache*

Ein besonders hoher Wirkungsgrad wird durch eine mündliche Einzelansprache erzielt. Zum mündlichen Direktmarketing von Arztpraxen zählt jede Art der persönlichen Betreuung des

---

[1006] Vgl. Tscheulin (1999), S. 420.
[1007] Vgl. Tscheulin (1999), S. 421.
[1008] Die klassische Form eines so genannten Mailings besteht aus drei bis vier Teilen: aus einem adressierten Versandumschlag, einem adressierten Werbebrief, einem Prospekt sowie eventuell einer Antwortkarte, mit der zusätzliche Informationen bestellt werden können.
[1009] Vgl. Tscheulin (1999), S. 422.
[1010] Vgl. N. N. (2001), Ärzte Zeitung Nr. 126 (10. Juli 2001), S. 14.
[1011] Vgl. Tscheulin (1999), S. 423.

Patienten. Durch zuvorkommendes Verhalten, offene Kommunikation und Auskunftsbereitschaft des Arztes und seiner Praxismitarbeiter wird ein positiver Effekt auf das Image ausgeübt.[1012]

[1012] Vgl. Tscheulin (1999), S. 423.

4 Gestaltungsempfehlungen für staatliche Institutionen

In den ersten drei Abschnitten dieses Teils VI waren Empfehlungen für einzelwirtschaftlich denkende und handelnde Akteure wie Patienten, Ärzte und Krankenversicherungen entwickelt worden. Die Gestaltungsempfehlungen zur patientenorientierten Information und Kommunikation wären aber unvollständig, wenn nicht auch Empfehlungen aus gesamtwirtschaftlicher Sicht entwickelt und die Rolle staatlicher Institutionen diskutiert werden würde. Zunächst soll angesprochen werden, warum die privatwirtschaftliche Bereitstellung von Gesundheitsinformationen nicht immer optimale Ergebnisse liefert und unter welchen Umständen hier auch staatlichen Institutionen eine Rolle zukommen kann. Zugleich ist in diesem Zusammenhang zu erörtern, welche Mechanismen der private Sektor bereits entwickelt hat beziehungsweise einsetzen sollte, um ein staatliches Eingreifen weniger dringlich zu machen. Anschließend soll gezeigt werden, wie der Staat durch Anpassung der rechtlichen Rahmenbedingungen die privatwirtschaftliche Bereitstellung von Gesundheitsinformationen verbessern könnte.

4.1 Diskussion der Rolle staatlicher Stellen bei der Bereitstellung von Gesundheitsinformationen

Für die Frage, wer Gesundheitsinformationen bereitstellen sollte, ist die wohlfahrtsökonomische Theorie der privaten und öffentlichen Güter von großer Bedeutung. Während bei privaten Gütern die Bereitstellung über Märkte sowohl möglich als auch effizient ist, versagt der Markt bei öffentlichen Gütern.[1013]

Zur Charakterisierung von öffentlichen Gütern werden allgemein die Eigenschaften

- *Nicht-Ausschliessbarkeit*[1014] und
- *Nicht-Rivalität*[1015]

herangezogen.[1016]

Bei *privaten Gütern* kann der Gebrauch von der Zahlung eines Preises abhängig gemacht werden. Ist ein Individuum nicht bereit, diesen Preis zu zahlen, dann kann es von der Nutzung dieser Güter ausgeschlossen werden (*Ausschliessbarkeit*).[1017] Zudem rivalisieren die Wirtschaftssubjekte um den Konsum privater Güter (*Rivalität*). Sie können also nicht ohne zusätzliche Kosten einer größeren Zahl von Nachfragern zur Verfügung gestellt werden. Bei privaten Gütern treten keine externen Effekte auf, d. h. der Nutzen eines privaten Gutes berührt nur

---

[1013] Vgl. Musgrave, Musgrave et al. (1994), S. 67.

[1014] Die Nutzung des öffentlichen Gutes kann nicht von der Zahlung eines Entgelts abhängig gemacht werden, da der Nutzungsausschluss, z. B. aus technischen Gründen, nicht durchsetzbar ist. Vgl. Gabler (1993) Band 5, S. 2459.

[1015] Der den Individuen aus der Nutzung zufließende Nutzen ist unabhängig von der Zahl der Nutzer. Vgl. Gabler (1993), Band 5, S. 2459.

[1016] Zur Definition und zur Theorie öffentlicher Güter vgl. Musgrave (1969), S. 9-18 oder Samuelson (1954), S. 387-389.

[1017] Vgl. Musgrave, Musgrave et al. (1994), S. 69.

die Nutzenfunktion des Wirtschaftssubjektes, welches das Gut konsumiert, nicht aber die Nutzenfunktion anderer Wirtschaftssubjekte.[1018]

Öffentliche Güter zeichnen sich generell dadurch aus, dass nach ihrer Produktion niemand mehr vom Konsum ausgeschlossen werden kann.[1019] Daraus folgt, dass Wirtschaftssubjekte, auch wenn sie keinen Beitrag zur Produktion geleistet haben, das Gut als sog. Free-rider oder Trittbrettfahrer konsumieren können (*Nicht-Ausschliessbarkeit*).[1020] Bei der Bereitstellung öffentlicher Güter versagt der Markt, da für private Anbieter nur Kosten anfallen würden, aber kaum ein Nachfrager sich bereit finden würde, einen Kaufpreis für das Gut zu entrichten.[1021] Zudem besteht bei öffentlichen Gütern *Nicht-Rivalität* im Konsum. Die Teilnahme eines zusätzlichen Individuums am Konsumnutzen reduziert bei öffentlichen Gütern nicht den Nutzen Dritter. Sie können somit ohne gegenseitige Beeinträchtigung allen zur Verfügung gestellt werden. Bei öffentlichen Gütern wäre es daher selbst dann aus wohlfahrtsökonomischer Sicht ineffizient, einen Ausschluss vorzunehmen, wenn dies ohne weiteres möglich wäre.[1022]

In der Theorie stellen private und öffentliche Güter die Endpunkte eines Kontinuums dar.[1023] Zwischen diesen beiden Extrema sind *Mischgüter* einzuordnen. Als Mischgüter werden Güter bezeichnet, die entweder die Bedingung der Nichtrivalität oder der Nicht-Ausschliessbarkeit erfüllen.[1024] Bei Mischgütern muss im Einzelfall entschieden werden, ob sie über den Markt oder vom Staat bereitgestellt werden sollten.[1025]

Häufig ist in der Diskussion auch von *meritorischen Gütern*[1026] die Rede. Meritorische Güter sind Güter, die zwar theoretisch durch den Markt bereitgestellt werden können, bei denen aber eine ausschließliche Bereitstellung über den Markt, etwa aufgrund verzerrter Präferenzen der Nachfrager, zu nicht wünschenswerten Ergebnissen führen würde.[1027] Beispielsweise soll eine staatliche Bereitstellung von Gesundheitsinformationen zur Sicherstellung einer ausreichenden Informationsmenge und -qualität sowie einer homogeneren Informationsverteilung beitragen. Begründet wird das staatliche Eingreifen oft damit, dass die Menschen diese Themengebiete sonst vernachlässigen würden.

1018 Vgl. Richter (2001), S. 5.
1019 Vgl. Richter (2001), S. 6.
1020 Vgl. Richter (2001), S. 6.
1021 Vgl. Musgrave, Musgrave et al. (1994), S. 72.
1022 Vgl. Musgrave, Musgrave et al. (1994), S. 69.
1023 Vgl. Richter (2001), S. 6.
1024 Buchanan spricht hier von „quasi-collective goods and services". Vgl. Buchanan (1967), S. 22.
1025 Vgl. Hopf (1983), S. 86.
1026 Vgl. Musgrave (1969), S. 14-17.
1027 Meritorisches Denken lässt sich als „Paternalismus" bezeichnen. Vgl. Straubhaar, Winz (1992), S. 66.

In der Unsicherheits- und Informationsökonomie ist die Vorstellung verbreitet, dass es sich bei Informationen um öffentliche Güter handele.[1028] So schreibt z. B. Stiglitz (1974):

> „The fundamental problem in the economic theory of information arises from the public good character of information: along with national defence, information is one of the few pure public goods."[1029]

In der Tat lässt sich die Weitergabe von Gesundheitsinformationen an andere Interessenten für den Anbieter kaum verhindern. Weil zahlungsunwillige Nachfrager nicht von der Nutzung ausgeschlossen werden können, lassen sich mit Gesundheitsinformationen nicht die Einnahmen erzielen, die das tatsächliche Bedürfnis nach ihnen reflektieren würden, so dass private Anbieter zu wenig Informationen bereitstellen. Hinzu kommt, dass die Vervielfältigung von Gesundheitsinformationen in der Regel keine nennenswerten Kosten verursacht[1030], so dass es wohlfahrtsökonomisch auch gar nicht wünschenswert wäre, einzelne Nachfrager beispielsweise aufgrund ihrer geringen Zahlungsbereitschaft von der Informationsnutzung auszuschließen. Beide dieser typischen Charakteristika von öffentlichen Gütern, nämlich Nicht-Ausschliessbarkeit und Nicht-Rivalität, sprechen dafür, die Bereitstellung von Gesundheitsinformationen dem Staat zu überlassen. Hinzu kommt, dass Gesundheitsinformationen und von ihnen hervorgerufene Verhaltensänderungen zu positiven externen Effekten führen können. Bei Gesundheitsinformationen mit Externalitäten kann der Nutzen aus der Information nicht allein einem bestimmten Patienten bzw. Informationsempfänger zugerechnet werden. Durch Gesundheitsinformationen zur Prävention kann z. B. das Eintreten von ansteckenden Krankheiten verhindert werden. In diesem Fall ziehen nicht nur die Informationsempfänger einen Nutzen aus der Gesundheitsinformation, sondern auch alle anderen Patienten, da dadurch die Infektionsgefahr reduziert wird. Desgleichen kann durch Gesundheitsinformationen die Compliance-Bereitschaft der Patienten gesteigert und die Heilungsdauer verkürzt werden. Auf diese Weise können Kosten im Gesundheitswesen gespart werden. Diese Ersparnis kommt der Versichertengemeinschaft in Form von niedrigeren Beitragssätzen zugute.

Eine Rolle des Staates bei der Bereitstellung von Gesundheitsinformationen wird häufig auch damit begründet, dass diese als meritorische Güter anzusehen seien. So lässt sich argumentieren, dass das Recht auf Gesundheit und auf die zu seiner Erhaltung notwendigen Informationen als grundlegendes Menschenrecht anzusehen ist, das der Staat unabhängig von der Zahlungsfähigkeit des Einzelnen zu gewährleisten hat. Unter Umständen liegen hinsichtlich Gesundheitsinformationen auch verzerrte Präferenzen vor, deren Konsequenzen der Staat zu korrigieren hat. Kurzfristiges Denken könnte dazu führen, dass die Menschen sich zu wenig über Präventionsmaßnahmen informieren. Im Vergleich zu Ausgaben für andere Güter, die Status und Ansehen verleihen sollen (damit aber negative externe Effekte auf andere ausüben) kommen Gesundheitsinformationen aus wohlfahrtsökonomischer Sicht unter Umständen zu

[1028] Vgl. Hopf (1983), S. 83.
[1029] Vgl. Stiglitz (1974), S. 2.
[1030] Vgl. Meyer (1990), S. 110.

kurz. Schließlich und endlich müsste der einzelne erst mit gewissem Aufwand in Erfahrung bringen, ob bestimmte Informationen für ihn wichtig wären, während Gesundheitsexperten dies unter Umständen besser einschätzen können und ihn mit staatlicher Hilfe mit entsprechenden Informationen versorgen würden.

All diese Faktoren deuten darauf hin, dass privatwirtschaftliche Anbieter alleine Gesundheitsinformationen wohl nicht im wohlfahrtsökonomisch wünschenswertem Umfang bereitstellen werden. Dies bedeutet nun aber nicht unbedingt, dass staatliche Institutionen die notwendigen Informationen selber erarbeiten und zur Verfügung stellen müssen. Vielmehr bietet sich dem Staat ein ganzes Spektrum an möglichen Eingriffen in die Informationsbereitstellung an. Neben der Möglichkeit, die Offenlegung bestimmter Informationen durch eine zwangsweise Publizitätsvorschrift sicherzustellen, wäre es auch möglich, die Informationsvermittlung zu subventionieren, um einer Unterversorgung mit Informationen entgegenzuwirken.[1031] Als Beispiel für einen rechtlichen Eingriff in die Rahmenbedingungen der Gesundheitsinformation der Patienten seien die § 65b und § 66 SGB V genannt. In diesen werden die gesetzlichen Krankenversicherungen aufgefordert, Einrichtungen zur Verbraucher- und Patientenberatung finanziell zu fördern, die sich die gesundheitliche Information, Beratung und Aufklärung von Versicherten zum Ziel gesetzt haben.[1032]

Unter Umständen liegt das Problem der privatwirtschaftlichen Informationsbereitstellung auch gar nicht in einer unzureichenden Menge an Gesundheitsinformationen, sondern in einer Überflutung mit Informationen, deren Qualität der Patient kaum einschätzen kann. Es besteht mit anderen Worten unvollkommene Information über die zur Verfügung stehenden Informationen. In diesem Fall könnte der Staat die Informationen prüfen und ihre Korrektheit garantieren, um auf diese Weise die Wohlfahrt zu erhöhen.[1033]

Diese eher theoretischen Argumente zugunsten staatlicher Interventionen sollten aber nicht darüber hinwegtäuschen, dass schon heute eine Vielzahl qualitativ hochwertiger Gesundheitsinformationen von privater Seite bereitgestellt wird. Überall dort, wo Gesundheitsinformationen in einem zweiseitigen Kommunikationsprozess auf eine einzelne Person zugeschnitten werden (z. B. bei einer Diagnose mit eingehender vorheriger Untersuchung), sind sowohl Nicht-Exklusivität als auch Nicht-Rivalität und die daraus abgeleiteten Argumente gegen eine privatwirtschaftliche Informationsbereitstellung kaum relevant. Auch bei anderen Gesundheitsthemen, die nur für einen kleineren Personenkreis interessant sind, ist es für den Nachfrager oft vorteilhafter, den Informationsanbieter für seine Leistungen zu bezahlen als die Suchkosten für eine preiswerte Sekundärquelle zu tragen. Dies könnte auch erklären, warum Patienten umso eher bereit sind für Informationen zu bezahlen, je mehr diese auf ihren Gesundheitszustand zugeschnitten sind.[1034] Private Anbieter von kostenpflichtigen Gesundheitsinformationen, etwa im Internet dürften daher am ehesten auf zahlungswillige Kunden treffen,

[1031] Vgl. Feldhoff (1992), S. 1020.
[1032] Siehe Anhang „Gesetzestexte".
[1033] Vgl. Meyer (1990), S. 111 f. und Feldhoff (1992), S. 1020.
[1034] Vgl. Poensgen, Larsson (2001), S. 12.

wenn sie sich auf seltenere Krankheitsbilder und die Erstellung maßgeschneiderter Empfehlungen konzentrieren. Ein Beispiel für ein spezialisiertes Informationsangebot für chronisch Kranke ist Innovacare, München.[1035]

Anbieter von Informationen, die für einen breiteren Patientenkreis interessant sind, sehen sich in stärkerem Maße mit dem Problem der Nicht-Exklusivität konfrontiert, können aber andererseits die Kosten ihrer Erstellung auf mehr Schultern verteilen. Auch in dieser Situation können private Informationsanbieter mit der richtigen Vorgehensweise das Eingreifen staatlicher Stellen weniger dringlich oder unnötig machen. Eine empfehlenswerte und vielgenutzte Strategie für diese Anbieter ist die Bündelung von Gesundheitsinformationen mit anderen Angeboten und insbesondere auch die Kombination mit Werbung, durch die sie jeden Nutzer zur Entrichtung eines Kostenbeitrags in Form seiner Zeit und Aufmerksamkeit zwingen. Dabei spielt es keine Rolle, ob es sich um bezahlte Werbung anderer Anbieter oder Eigenwerbung handelt. So kann es beispielsweise für eine Krankenversicherung ratsam sein, eine für die Medien interessante Gesundheitsstudie zu erstellen, um über die damit erzeugte Publizität ihren Bekanntheitsgrad zu erhöhen.

Bei bestimmten Gesundheitsinformationen, wo die Gefahr einer Weitergabe gering erscheint, kann es auch sinnvoll sein, diese den Nutzern gegen einen fixen periodischen Beitrag zur Verfügung zu stellen, aber ohne den zu zahlenden Betrag von der Menge der abgerufenen Informationen abhängig zu machen. Die Bereitstellung in einem solchen „Club" ist vorteilhaft, weil die vom einzelnen Nutzer abgerufene Menge an Informationen nicht wie bei einem mengenabhängigen Nutzungspreis auf ein angesichts kaum vorhandener Zusatzkosten zu niedriges Niveau gedrückt wird. Sie ist zwar aus wohlfahrtsökonomischer Sicht noch nicht ganz optimal, da einzelne Nachfrager mit zu geringer Zahlungsbereitschaft von Gesundheitsinformationen ausgeschlossen bleiben, ermöglicht aber eine Bereitstellung durch gewinnorientierte private Anbieter, die häufig effizienter und flexibler arbeiten als staatliche Insitutionen.

Besonders attraktiv ist diese Lösung im Falle von Gütern, bei denen Rivalität nur bei Überfüllung auftritt. Bei diesen Gütern besteht innerhalb einer gewissen Clubgröße keine (oder nur eine schwache) Nutzenkonkurrenz zwischen den Clubmitgliedern. Erst wenn die Zahl der Clubmitglieder eine kritische Grenze überschreitet, beginnt eine Rivalität.[1036] Falls z. B. zu vielen Patienten der gleiche Arzt empfohlen wird, kann sich der Nutzen aus dieser Information für die Patienten reduzieren, da jeder Arzt nur über eine begrenzte Kapazität verfügt und nur einen bestimmten Patientenstamm betreuen kann. Nutzen zu viele Patienten gleichzeitig die Information, indem sie eine Konsultation bei diesem Spezialisten vereinbaren, müssen die Informationsempfänger gegebenenfalls lange auf einen Termin warten. Der Informationsnutzen für den einzelnen Patienten sinkt dadurch.

Ein Club für Gesundheitsinformationen kann auf dem gemeinsamen Interesse an einer bestimmten Krankheit beruhen, aber auch auf der schon bestehenden Versichertengemeinschaft

---

[1035] Siehe dazu auch Teil IV Abschnitt 3.1.1.6.
[1036] Vgl. Straubhaar (1992), S. 59.

einer Krankenversicherung aufbauen. Diese könnte beispielsweise bestimmte Gesundheitsinformationen, bei denen ab einem gewissen Nutzerkreis Rivalität entsteht, nur ihren Mitgliedern anbieten. Dies kann durch einen passwortgeschützen Bereich auf der Homepage der Versicherung oder durch ein Servicetelefon nur für Mitglieder realisiert werden. Auf diese Weise ist ein Ausschluss von Nichtversicherten an diesen Gesundheitsinformationen vollziehbar.[1037] Eine andere Lösung, die die Bereitstellung von Gesundheitsinformationen durch die oft recht schwerfälligen staatlichen Stellen unnötig macht, ist eine weitgehende Erstattung der Kosten von Gesundheitsinformationen. Werden deren Kosten ohnehin von dritter Seite übernommen, so hat der einzelne Nutzer wenig Interesse daran, eine Bezahlung der Informationsanbieter zu umgehen. Zugleich wird der Kreis der Informationsnutzer und die Menge der abgerufenen Informationen nicht durch einen aus wohlfahrtsökonomischer Perspektive zu hohen Preis eingeschränkt. Schon heute werden die Kosten der Vermittlung von Informationen im Arztgespräch von den Krankenversicherungen übernommen. Eine Ausdehnung dieser Erstattung auf die Kosten anderer Quellen erscheint aber sinnvoll. Allerdings müssten sich diese Quellen zur Vermeidung von Missbrauch wohl einer Zulassung und einer Kontrolle der den Krankenversicherungen berechneten Preise unterziehen, wie es in ähnlicher Form ja auch bei den Ärzten geschieht. Die Aufnahme der Nutzung bestimmter Telefonberatungsdienste oder Internetangebote in den Leistungskatalog der Krankenversicherungen könnte aber die Gesamtkosten des Gesundheitswesens sogar senken, wenn dadurch weit aufwändigere und kostenträchtigere Informationsgespräche beim Arzt zumindest teilweise ersetzt werden können.

4.2 Empfehlungen zur Anpassung der rechtlichen Rahmenbedingungen

Eine staatliche Bereitstellung von Gesundheitsinformationen hätte wenig Sinn, wenn gleichzeitig weiterhin anderen Parteien des Gesundheitswesens die Vermittlung wichtiger Informationen aufgrund restriktiver Regelungen unmöglich gemacht würde. Im Folgenden soll dargelegt werden, wie rechtliche Barrieren abgebaut werden könnten, die eine umfassende und sinnvolle Patienteninformation erschweren oder verhindern.

4.2.1 Änderungen der rechtlichen Rahmenbedingungen für die Krankenversicherung

Bei der vergleichenden Betrachtung verschiedener Informationsquellen hatte sich gezeigt, dass die Krankenversicherung aufgrund ihrer Kompetenz und vorhandener Anreize in vielen Bereichen zu den geeignetsten Quellen von Gesundheitsinformationen zählen. Die Ergebnisse der empirischen Befragung hatten bestätigt, dass gerade bei den Themen Gesundheitsvorsorge, Ärzte und Behandlungsmöglichkeiten auf Seiten der Versicherten ein großer Wunsch nach Informationen von ihrer Krankenversicherung besteht. Im Folgenden soll gezeigt werden, wie

[1037] Dadurch kann jedoch nicht verhindert werden, dass die Versicherten diese Informationen an ihre Freunde, Bekannte oder Arbeitskollegen weitergeben, auch wenn diese kein Mitglied der Versicherung sind. Dies erschwert den Ausschluss von Nicht-Mitgliedern.

die rechtlichen Rahmenbedingungen angepasst werden müssten, damit die Krankenversicherung diese offensichtlich weitgehend unbefriedigten Bedürfnisse besser abdecken können.

4.2.1.1 Ermächtigung der Krankenversicherung zu Qualitätsvergleichen

Im Rahmen der integrierten Versorgung sind die gesetzlichen Krankenversicherungen nach § 140a (3) SGB V schon jetzt berechtigt und sogar verpflichtet, ihre Versicherten umfassend über die Verträge zur integrierten Versorgung, die teilnehmenden Leistungserbringer, besondere Leistungen und vereinbarte Qualitätsstandards zu informieren. Des Weiteren werden die Krankenversicherungen im Rahmen der Einführung des Fallpauschalensystems in die Lage versetzt, ihre Versicherten auf Basis der von den Krankenhäusern vorgelegten Qualitätsberichte vergleichend über Qualitätsmerkmale von Krankenhäuser zu informieren.[1038]
Die Krankenversicherungen sollten sich für eine darüber hinaus gehende Erweiterung ihrer Rechte zur Weitergabe von Informationen über Gesundheitsleistungen und -produkte an die Versicherten einsetzen. Krankenversicherungen sollten ihre Versicherten nicht nur über Qualitätsunterschiede zwischen Krankenhäusern, sondern auch zwischen medizinischen Leistungserbringern im ambulanten Bereich unterrichten dürfen. Dafür sollte die Veröffentlichung nachvollziehbarer und „objektivierbarer" Ärzte- oder Krankenhauslisten und entsprechender Empfehlungen von Seiten der Krankenversicherungen genehmigt werden.[1039] Schließlich sollten Krankenversicherungen ihre Versicherten auch über Frequenzstatistiken informieren dürfen. Ein Versicherter, der eine bestimmte Behandlung benötigt, sollte in Erfahrung bringen können, wie viele Fälle dieser Art von einem Arzt jährlich behandelt werden.[1040]
Für die Weiterentwicklung dieser Aktivitäten müssen die Rahmenbedingungen von der Politik angepasst werden. Es geht dabei nicht um eine revolutionäre Veränderung des Gesundheitswesens, sondern um eine schrittweise Weiterentwicklung der rechtlichen Rahmenbedingungen, die sich am Leitbild eines informierten und mündigen Versicherten orientieren sollte. Dazu muss ein Perspektivenwechsel eingeleitet werden, der den Gesetzgeber, die Leistungserbringer und die Krankenversicherungen zu einer stärkeren Orientierung an Versicherten und Patienten veranlasst.[1041]

4.2.1.2 Förderung der Informationsvermittlung

Information und Beratung dürfen nicht auf den Fall einer vorhandenen Erkrankung begrenzt werden, sondern sollten gezielt auch schon im Vorfeld zur Verhinderung von Gesundheitsschädigungen eingesetzt werden. Die Aufklärung und Beratung über Entstehung, Ursachen, Risikofaktoren und vor allem die Auswirkungen persönlichen Verhaltens bei den häufigsten

---

[1038] Vgl. Bundesministerium für Gesundheit (2002), S. 6.
[1039] Vgl. Unterhuber (1999), S. 17.
[1040] Vgl. Straub (2001), S. 125.
[1041] Vgl. Demmler, Unterhuber, Weber (1999), S. 6 f.

Zivilisationskrankheiten sollte daher zu den Aufgaben der Krankenversicherung gehören.[1042] Mit der Neufassung des § 20 SGB V hat der Gesetzgeber im Rahmen der Gesundheitsreform 2000 einen ersten Schritt in diese Richtung unternommen. Den gesetzlichen Krankenversicherungen wird aufgetragen, in ihre Satzung noch stärker Leistungen zur primären Prävention aufzunehmen, die den allgemeinen Gesundheitszustand erhalten und verbessern.[1043] Zur Implementierung von präventiven Maßnahmen in der Praxis sind darüber hinaus Rahmenbedingungen zu schaffen, die genügend Anreize für präventives Arbeiten auch auf Seiten der Ärzte schaffen. In der als Teil der vorliegenden Arbeit durchgeführten empirischen Untersuchung war der Anteil der mit ihrem Hausarzt rundum Zufriedenen gerade hinsichtlich Vorsorgeinformationen am niedrigsten ausgefallen. Dies unterstreicht die Notwendigkeit der Schaffung weiterer Anreize durch die Krankenversicherungen. So plädiert der Sachverständigenrat dafür, dass die Maßnahmen der gesetzlichen Vorsorge und Früherkennung außerhalb der ambulanten Budgets vergütet werden. Zukünftig gilt es, auch präventive Gesprächsleistungen und besonders qualifizierte präventive Interventionen angemessen zu vergüten. Dieses Anliegen sollte bei der Neugestaltung des einheitlichen Bewertungsmaßstabes für Hausärzte wie Fachärzte Berücksichtigung finden.[1044] So sollte beispielsweise die Vermittlung von Vorsorgeinformationen in Schulen entsprechend vergütet werden. Noch mehr als bei Diagnose und Behandlung müssen den Ärzten durch Änderungen des Leistungskataloges der Krankenversicherung gerade im Rahmen der Krankheitsprävention zusätzliche Anreize für eine intensivere Information und Kommunikation mit den Patienten geliefert werden.

4.2.2 Änderung der rechtlichen Rahmenbedingungen für Ärzte

Wie die als Teil der vorliegenden Arbeit durchgeführte empirische Untersuchung zeigte, sind Ärzte schon jetzt die am meisten genutzte Informationsquelle zu festgestellter Erkrankung und Behandlungsmöglichkeiten. Die Patienten wünschen nicht nur, dass dies so bleibt, sondern auch, dass die Ärzte in Zukunft bei Empfehlungen zur Vorsorge und zu anderen Ärzten eine ähnliche Rolle spielen. Der Lockerung unnötiger Hindernisse für die Vermittlung von Gesundheitsinformationen durch Ärzte kommt daher eine besondere Bedeutung zu.

[1042] Beispielsweise sieht der Sachverständigenrat für die Konzertierte Aktion im Gesundheitswesen in seinem Gutachten 2000/2001 wachsende Risiken für die Gesundheit von Kindern u. a. in der zunehmenden Impfmüdigkeit der Eltern und Erzieher, die bei wichtigen und durch Impfung verlässlich zu prävenierenden Infektionskrankheiten zu deutlichen Unterschreitungen der international als notwendig angesehenen Impfungsraten führt. Empfohlen werden deshalb neben Information und Aufklärung zusätzliche Maßnahmen, um die Motivation zum Impfen zu erhöhen. Vgl. Sachverständigenrat für die Konzertierte Aktion im Gesundheitswesen, Gutachten 2000/2001, S. 31.

[1043] Vgl. Sachverständigenrat für die Konzertierte Aktion im Gesundheitswesen, Gutachten 2000/2001, S. 30.

[1044] Vgl. Sachverständigenrat für die Konzertierte Aktion im Gesundheitswesen, Gutachten 2000/2001, S. 35.

4.2.2.1 Liberalisierung des Werbeverbots für Ärzte

Die Patienten wollen, wie die empirische Studie bestätigt, vermehrt über Strukturen, Prozesse und Ergebnisse des ärztlichen Handelns aufgeklärt werden.[1045] Sie haben ein großes Interesse an Informationen über das Dienstleistungspotenzial des Arztes, die Leistungsprozessphase und die Ergebnisse ärztlicher Leistungen. Durch ein Mehr an Informationen kann der Patient leichter den Arzt „seines Vertrauens" auswählen. Dadurch wird mittelbar die Gesundheit des Einzelnen und der Allgemeinheit gefördert.[1046] Nach den §§ 27 und 28 der Musterberufsordnung in der Fassung des 103. Deutschen Ärztetages (2000) durften Ärzte nur bestimmte, detailliert beschriebene Informationen der Öffentlichkeit zugänglich machen.[1047]

Mit der Novellierung der §§ 27 und 28 MBO-Ä auf dem 105. Deutschen Ärztetag (2002) reagierte die Bundesärztekammer auf das veränderte Informationsbedürfnis und die zunehmende „Informationsmündigkeit" der Patienten. Die Berufsordnung regelt nunmehr die „Werbung" generalklauselartig und verzichtet auf Detailregelungen. Dem Arzt sind sachliche berufsbezogene Informationen gestattet, berufswidrige anpreisende, irreführende oder vergleichende Werbung bleiben verboten. Ärzte können künftig leichter über ihre Qualifikationen und Tätigkeitsschwerpunkte informieren.

Für eine möglichst liberale Regelung ärztlicher Werbung sprechen u. a. folgende Gründe[1048]:

- Bei der Ärzteschaft handelt es sich um eine heterogene Gruppe mit unterschiedlichen Leistungen. Auf sachliche, räumliche, persönliche und zeitliche Differenzierungen aufmerksam zu machen und damit die Markttransparenz zu erhöhen, ist eine zentrale Funktion von Werbung.
- Durch eine Mund-zu-Mund-Propaganda, die durch das bestehende Werbeverbot begünstigt wird, schleichen sich Werturteile über einen Arzt ein, die mit einer nachprüfbaren „fachlichen Leistung" des Arztes wenig zu tun haben. Außerdem erhält der Patient so Informationen von in der Regel wenig sachkundigen Dritten, die meist subjektiv gefiltert sind.
- Da Patienten zur Auswahlentscheidung über einen Arzt in der Regel verschiedene Informationsquellen nutzen (insbesondere auch anbieterneutrale Quellen), sind die Patienten der Werbung keineswegs schutzlos ausgeliefert.

Verfechter einer umfassenden Liberalisierung halten es sogar für ausreichend, sich auf ein Verbot berufswidriger, also falscher, irreführender oder herabsetzender Werbung zu beschränken. Somit würden dann letztlich auch für den Gesundheitsmarkt die allgemeinen

---

[1045] Vgl. Braun, Voigt (1997), S. 114.
[1046] Vgl. Braun (1997), S. 116.
[1047] Vgl. Braun (1992), S. 26.
[1048] Vgl. Köhler (1988), S. 124 ff. und Köhler, Hilke (1989), S. 96 zitiert aus Braun (1992), S. 30.

Grundsätze der Werbung genügen, die unlauteren oder sittenwidrigen Wettbewerb verhindern sollen.

Angesichts der Besonderheiten des Gesundheitswesens erscheint aber eine spezifische Regelung sinnvoll. In diesem Sinne schlägt Braun (1992) folgende Formulierung des § 27 MBO-Ä vor[1049]:

> „Jegliche unwahre, irreführende oder täuschende Werbung ist dem Arzt untersagt. Eine persönliche und direkte Ansprache, z. B. durch aufdringliche Briefe und Telefonanrufe, um Geschäfte mit dem Leid und der Angst des Kranken zu machen, ist verboten".

4.2.2.2 Anpassung der Rahmenbedingungen für die ärztliche Beratung über Medien

Auch bei der ärztlichen Beratung mittels Telefon oder Internet sollte über eine Anpassung der deutschen Rahmenbedingungen an die liberaleren Regelungen im Ausland nachgedacht werden. Die derzeitige Rechtslage in Deutschland wird durch Entscheidungen des Bundesgerichtshofs geprägt, der in jahrelanger Rechtsprechung immer wieder betont hat, dass die ausschließlich fernmündliche Diagnostik und Behandlung des Patienten mit den Anforderungen an eine sorgfältige ärztliche Behandlung nicht zu vereinbaren ist.[1050] Die schweizerische Standesordnung ist diesbezüglich etwas weniger streng und will dies bloß als Regelfall nicht akzeptieren:

> Die regelmäßige Behandlung allein aufgrund schriftlich, telefonisch oder elektronisch übermittelter Auskünfte oder Berichte von Drittpersonen ist mit einer gewissenhaften Berufsausübung unvereinbar.
> (Standesordnung FMH, 12. Dezember 1996. Art. 7)

Noch lockerer sind die Bestimmungen in den USA. Die amerikanische Ärztevertretung AMA warnt lediglich davor, klinische Diagnosen zu stellen, und untersagt es, Medikamente zu verschreiben, aber ansonsten sieht sie Beratungsdienste via Telekommunikation als etwas selbstverständliches an[1051]:

> Telecommunication advisory services, by way of phone, fax or computer, distinct from an existing physician-patient relationship can be a helpful source of medical information for the public. (...)
> Any telecommunication advisory services should employ certain safeguards to prevent misuse. For example, the physician responding to the call should not make a clinical diagnosis. Diagnosis by telecommunication is done without the benefit of a physician examination or even a face-to-face meeting with the callers. Critical medical data may be unavailable to the physician. Physicians who respond to callers should therefore act within the limitations of telecommunication services and ensure that callers understand the limitations of the services. Under no circumstances should medications be prescribed.

[1049] Vgl. Braun (1992b), S. 208.
[1050] Siehe hierzu ausführlich Teil IV Abschnitt 3.1.3.4.
[1051] Vgl. Eysenbach (2001a).

(AMA Current opinions of the Council on Ethical and Judicial Affairs, E-5.025 Physician Advisory or referral Services by Telecommunications.)

Die Möglichkeiten eines Arztes, Patienten über Internet oder Telekommunikationsmedien zu beraten, sind demnach vom Land abhängig, in dem sich der Arzt befindet. So kann ein Patient in Deutschland Diagnosen eines US-amerikanischen Arztes einholen, die er in Deutschland über das Internet nicht bekommen hätte. Da letztendlich die Patienten die deutsche Standesordnung problemlos umgehen können, sollte eine Anpassung der deutschen Berufsordnung an die zunehmende Internationalisierung erwogen werden.

Hinsichtlich Informationen zu Behandlungsmöglichkeiten ergibt sich ein ähnliches Bild wie bei der Diagnose. In den USA oder in Neuseeland, wo seit einigen Jahren verschreibungspflichtige Arzneimittel öffentlich beworben werden können, dürfen entsprechende Informationen auch ins Internet gestellt werden. Diese Informationen sind weltweit allen Menschen mit Internet-Anschluss zugänglich – auch in Deutschland. Würden aber deutsche Anbieter die gleichen Informationen bereitstellen, so kämen sie mit dem langen Arm des Gesetzes in Konflikt. Im Rahmen einer Novellierung des europäischen Arzneimittelrechts möchte die EU-Kommission erste Liberalisierungsschritte bei der Arzneimittelinformation wagen. In begrenztem Umfang und nach bestimmten Kriterien und zunächst beschränkt auf die drei Indikatoren HIV, Asthma/Atemwegserkrankungen und Diabetes soll es erlaubt sein, auch so genannte Nicht-Fachkreise – also Menschen, die nicht Arzt oder Apotheker sind – über ein verschreibungspflichtiges Arzneimittel zu informieren. Allerdings darf dies nur auf Anfrage geschehen, und die Kriterien müssen in einem Verhaltenskodex niedergelegt sein, der von den nationalen Gesundheitsbehörden genehmigt worden ist.[1052] Dieser Weg der schrittweisen Liberalisierung der medizinischen Beratung über Medien sollte mit der gebotenen Umsicht weiterverfolgt und auf andere Informationsquellen ausgedehnt werden.

4.2.3 Charta der Patientenrechte

Dem Patienten stehen zwar viele Rechte zu, er kennt sie aber häufig nicht und kann sie daher oft nicht durchsetzen.[1053] Ein Grund dafür liegt darin, dass es in Deutschland zwar relativ gut ausgebildete Patientenrechte gibt, diese aber Inhalt der unterschiedlichsten Gesetzgebungen bzw. richterlichen Entscheidungen sind. In vielen Fällen wäre es sinnvoll, die bereits bestehenden Patientenrechte – z. B. das Selbstbestimmungsrecht, das Einsichtsrecht, das Recht auf Aufklärung, das Recht auf Datenschutz usw. – gesetzlich zu normieren, also vom bloßen Richterrecht zum Gesetz zu erheben. So wäre besser gewährleistet, dass die Patienten ihre Rechte tatsächlich kennen und auch wahrnehmen können. Eine gesetzliche Normierung wür-

[1052] Vgl. N. N. (2001), Ärzte Zeitung Nr. 107 (12. Juni 2001), S. 3.
[1053] Vgl. Gruhl, Kranich, Ruprecht (2000), S. 21.

de gleichzeitig auch die Berücksichtigung und Anerkennung der Patientenrechte durch die Leistungserbringer verbessern.[1054]

In Deutschland sollte daher auf dem bereits diskutierten Dokument „Patientenrechte in Deutschland heute“[1055] aufgebaut und weiter an einem normativen Rahmen von Patientenrechten gearbeitet werden. Das unter wissenschaftlicher Begleitung für die Konferenz der Gesundheitsminister erarbeitete Dokument „Patientenrechte in Deutschland heute“ schafft einen Überblick über den gegenwärtigen Stand der Patientenrechte in Deutschland und kann die Grundlage für die Diskussion über notwendige Weiterentwicklungen bilden.[1056]

Bei der Etablierung einer Patientenrechts-Charta ist darauf zu achten, dass die weitere Diskussion auf einer breiten Basis erfolgt, die die Politik, alle betroffenen Berufsgruppen und selbstverständlich möglichst umfassend bereits vorhandene Patienten-, Versicherten- und Bürgervertretungen einbezieht. Darüber hinaus ist dafür Sorge zu tragen, dass eine Charta sich nicht in Meinungsäußerungen und guten Absichten erschöpft, sondern einklagbares Recht enthält.

[1054] Vgl. Gruhl, Kranich, Ruprecht (2000), S. 21.

[1055] Siehe Teil II Abschnitt 2.3.2.2.

[1056] Badura, Schellschmidt (2001), S. 232.

5 Zusammenfassung

Im normativen Grundmodell des situativen Ansatzes geht es um die Entwicklung situationsgerechter Gestaltungsmöglichkeiten und -empfehlungen. Dabei ist zu unterscheiden zwischen der Perspektive privatwirtschaftlich denkender Akteure (wie Ärzte und Patienten) und der am Schluss dieses Teils behandelten gesamtwirtschaftlichen Sichtweise.

Für Ärzte und Patienten kann sich je nach Situation der Einsatz unterschiedlicher Informationsinhalte, -quellen und -medien anbieten. Hinsichtlich der zu vermittelnden *Informationsinhalte* sollte zwischen Situationen mit Eigenschaftsunsicherheit und solchen mit Verhaltensunsicherheit unterschieden werden.
Bei Situationen mit *Eigenschaftsunsicherheit* hängt die einzusetzende Strategie wiederum von der Ermittelbarkeit der Informationen für den Patienten ab. Bei schon vor dem Arztbesuch feststellbaren Informationen (Sucheigenschaften) etwa zur persönlichen und sachlichen Strukturqualität einer Praxis oder der Prozessqualität ist die direkte Informationsvermittlung die erfolgsversprechendste Strategie. Daher sollten die mit der Novellierung des § 27 MBO-Ä geschaffenen rechtlichen Spielräume zur Information der Patienten beispielsweise über medizinische Qualifikationen, Tätigkeitsschwerpunkte und Spezialisierungen noch stärker genutzt werden. Demgegenüber versagt bei Erfahrungs- und Vertrauenseigenschaften der direkte Informationstransfer ex ante, so dass die Anbieter von Gesundheitsleistungen diese Informationen stattdessen durch glaubwürdige Signale übertragen sollten. Dabei ist zu unterscheiden zwischen leistungsbezogenen Signalen, die Eigenschaften bestimmter Gesundheitsleistungen betreffen und leistungsübergreifenden Signalen, die sich auf den Anbieter einer Gesundheitsleistung und dessen Stellung im Markt beziehen. Da Erfahrungseigenschaften von Gesundheitsleistungen zumindest ex post feststellbar sind, können hier leistungsbezogene Signale wie z. B. Erfolgsgarantien glaubwürdig eingesetzt werden, während bei Vertrauenseigenschaften eher leistungsübergreifende Signale wie Zertifikate und akademische Abschlüsse, die medizinische Ausstattung oder die Einführung eines Qualitätsmanagements im Mittelpunkt der Kommunikation stehen sollten. Außerdem kann die Aggregation subjektiver und für sich genommen weitgehend von Zufallseinflüssen abhängiger Einzelerfahrungen zu statistisch signifikanten Informationen beispielsweise über die Sorgfalt eines Arztes bei Diagnose und Therapie führen. Ärzte und Krankenhäuser sollten daher von den behandelten Patienten noch stärker Feedback einholen und dieses nicht nur zur Selbstkontrolle einsetzen, sondern auch zur besseren Information der Patienten über die Vorzüge wie auch Risiken der angebotenen Behandlungsverfahren. Weiterhin kann ein Experte die Qualität medizinischer Leistungen häufig auch dann beurteilen, wenn dies für den behandelten Patienten selbst nicht möglich wäre. In diesem Sinne können Krankenversicherungen und Massenmedien Informationen über Vertrauenseigenschaften oft mit größerer Sachkenntnis als der einzelne Patient und mit größerer Unabhängigkeit als die Anbieter von Gesundheitsleistungen ermitteln. Sie sollten

deshalb diese Vorteile in Form von Arztverzeichnissen, Ärzte-Tests, Lotsen-Systemen usw. zur Geltung bringen.
Anders als bei Eigenschaftsunsicherheit stehen bei *Verhaltensunsicherheit* anstelle von Informationen über veränderliche Eigenschaften Informationen über das (veränderliche) Verhalten der Anbieter von Gesundheitsleistungen im Vordergrund. Ziel der Patienteninformation ist daher in diesem Fall weniger die Unterstützung bei Auswahlentscheidungen als vielmehr die Schaffung von Transparenz über das Verhalten der Gesundheitsanbieter, um so die Spielräume für Fehlverhalten zu reduzieren. Durch Patientenvertretungen, medizinische Leitlinien usw. können hier Missbrauchsmöglichkeiten beschränkt und das Monitoring des ärztlichen Verhaltens erleichtert werden.

Hinsichtlich der *Quellen* von Gesundheitsinformationen gelten für die Kommunikationsstrategien der Anbieter und die Selektionskriterien der Patienten ähnliche Empfehlungen. Signalmechanismen wie die Reputation sollten wiederum besonderes Augenmerk erhalten, aber auch Selbstbindungsmechanismen können eine wichtige Rolle spielen. Eine Reihe für das Internet mit seinen speziellen Glaubwürdigkeitsproblemen entwickelter Ansätze könnte hier auch für andere Informationsquellen interessant sein. Die Ärzte als hochangesehene Quelle von Gesundheitsinformationen sollten vor allem über Vorsorgemöglichkeiten und Spezialisten besser informieren. Die Krankenversicherungen können aufgrund ihres Marktüberblicks eine empfehlenswerte Quelle von Informationen über Leistungsanbieter darstellen, zumal sie selber ein Interesse daran haben, Patienten vor ungeeigneten Anbietern und Angeboten zu schützen. Allerdings sollte der Patient die Vertrauenswürdigkeit der Krankenversicherung bei Ratschlägen zu besonders kostspieligen Verfahren hinterfragen. Die Massenmedien sind als Informationsquelle am besten geeignet für Informationen zu Themen von breitem Interesse, wie etwa Behandlungsmöglichkeiten bei häufigen Krankheiten.

Die *Informationsmedien* sollten situationsbezogen ausgewählt werden. Allgemein ist eine direkte und persönliche Kommunikation zu empfehlen, wenn es sich um Informationen für eine auch psychologisch schwierige Entscheidung handelt oder die Informationsquelle sich ein eigenes Bild vom Patienten machen sollte. Hingegen empfiehlt sich der Einsatz schriftlicher Kommunikationsmittel, wenn es vor allem auf die Präzision, Ausführlichkeit und Nachlesbarkeit der Information ankommt. Internetbasierte Gesundheitsinformationsangebote können je nach Ausgestaltung die Feedback-Möglichkeiten des persönlichen Gesprächs und die Kosten- und Anonymitäts-Vorteile massenmedialer Kommunikation zur Geltung bringen. Von den zur Verfügung stehenden *Kommunikationsinstrumenten* bieten sich vor allem die informative Werbung, die informierende Absatzförderung im Rahmen der medizinischen Leistungserstellung sowie die Öffentlichkeitsarbeit für eine verstärkte Nutzung an.

Ein potentieller Handlungsbedarf für *staatliche Stellen* ergibt sich daraus, dass Informationen normalerweise als öffentliche Güter angesehen werden. Die typischen Charakteristika von öffentlichen Gütern, nämlich Nicht-Ausschliessbarkeit und Nicht-Rivalität, sprechen tendenziell dafür, die Bereitstellung von Gesundheitsinformationen dem Staat zu überlassen. In der Tat deuten viele Faktoren darauf hin, dass privatwirtschaftliche Anbieter alleine Gesundheitsinformationen wohl nicht im wohlfahrtsökonomisch wünschenswertem Umfang bereitstellen werden. Neben der Möglichkeit, die Offenlegung bestimmter Informationen durch eine zwangsweise Publizitätsvorschrift sicherzustellen, wäre es auch möglich, die Informationsvermittlung zu subventionieren, um einer Unterversorgung mit Informationen entgegenzuwirken. Denkbar wäre auch eine Aufnahme bestimmter Gesundheitsinformationsdienstleistungen in den Leistungskatalog der Krankenversicherungen.

Eine staatliche Bereitstellung von Gesundheitsinformationen hätte aber wenig Sinn, wenn gleichzeitig weiterhin anderen Parteien des Gesundheitswesens die Vermittlung wichtiger Informationen aufgrund restriktiver Regelungen unmöglich gemacht würde. Daher sollten sich die Krankenversicherungen für eine Erweiterung ihrer Rechte zur Weitergabe von Informationen über Gesundheitsleistungen und -produkte an die Versicherten einsetzen. Dazu zählen differenzierte Informationen über Versorgungsangebote und Qualitätsunterschiede zwischen medizinischen Leistungserbringern auch im ambulanten Bereich, die Bewertung von Leistungen und Produkten in qualitativer Hinsicht sowie die Erstellung „objektivierbarer" Ärzte- oder Krankenhauslisten und von Frequenzstatistiken. Darüber hinaus sollten die Krankenversicherungen den Ärzten durch Änderungen ihres Leistungskatalogs zusätzliche Anreize für eine intensivere Information und Kommunikation mit den Patienten liefern, und zwar insbesondere auch hinsichtlich Vorsorgeinformationen.
Schließlich sollte die Regulierung der ärztlichen Patienteninformation weiter gelockert werden. Die Vermittlung sachlicher Informationen über die eigene Leistungsfähigkeit (und diejenige ärztlicher Kollegen) sollte ohne unnötige Beschränkungen erlaubt sein. Auch bei der ärztlichen Beratung mittels Telefon oder Internet sollte über eine Anpassung der deutschen Rahmenbedingungen an die liberaleren Regelungen im Ausland nachgedacht werden.
Als hilfreich erweisen könnte sich auch eine Charta der Patientenrechte, in der die in den unterschiedlichsten Gesetzgebungen, richterlichen Entscheidungen usw. verankerten Rechte in transparenterer Weise zusammengefasst werden könnten.

Teil VII: Schlusswort

Neue technische Möglichkeiten, gestiegene Erwartungen der Patienten und ein zunehmend schärferer Wettbewerb um die zur Verfügung stehenden Ressourcen zwingen alle Parteien des Gesundheitswesens zu einer stärkeren Patientenorientierung von Information und Kommunikation. Gesundheitsinformationen können eine Aufklärungs-, Vermittlungs-, Motivations- und/oder Betreuungsfunktion haben. Für ökonomische Arbeiten stehen meist die entscheidungsunterstützenden Aspekte dieser Funktionen im Vordergrund. Es wird also untersucht, ob und wie die Patienten in die Lage versetzt werden können, geeignete Leistungsanbieter und -angebote auszuwählen sowie selbstbestimmte Entscheidungen hinsichtlich gesundheitsrelevanter Verhaltensweisen zu treffen.

Die als Teil der vorliegenden Arbeit durchgeführte Befragung von mehr als 20000 Versicherten einer namhaften privaten Krankenversicherung zeigte, dass eine große Mehrheit der Patienten in Entscheidungen einbezogen werden will und großen Wert auf die vom Arzt vermittelten Informationen legt. Es stellte sich aber auch heraus, dass nur eine Minderheit mit den derzeit erhältlichen Informationen rundum zufrieden ist. Insbesondere bei Informationen zur Gesundheitsvorsorge und zur Arztwahl bestehen nach Meinung der Befragten beträchtliche Defizite. Ihren Antworten ist auch zu entnehmen, dass wichtige Aspekte der Struktur-, Prozess- und Ergebnisqualität der verschiedenen Leistungsanbieter für die meisten Patienten erst aufgrund eigener Erfahrungen beim Arztbesuch erkennbar werden. Charakteristika von Leistungsanbietern, die prinzipiell ohne Glaubwürdigkeitsprobleme kommuniziert werden könnten und daher eigentlich als Sucheigenschaften zu sehen sind, zählen somit aus Sicht der Befragten unter den aktuellen Rahmenbedingungen des deutschen Gesundheitswesens zu den Erfahrungs- oder Vertrauenseigenschaften.

Die festgestellten Defizite bei der Information und Kommunikation im Gesundheitswesen haben unter Umständen gravierende Konsequenzen. Fehlende Qualitäts- bzw. Eigenschaftsinformationen können einen Prozess der adversen Selektion einleiten, in dem Leistungsanbieter und -angebote hoher Qualität vom Markt verdrängt werden, weil sie ihre Vorzüge nicht glaubwürdig vermitteln können. Mangelnde Transparenz über Verhalten und jederzeit variierbare Merkmale wie die Sorgfalt eines Leistungsanbieters kann zum Problem des Moral Hazard führen, bei dem der Anbieter nach Vertragsabschluss opportunistisch handelt. Wie die empirische Untersuchung zeigte, reduziert fehlende Aufklärung auch die Compliance der Patienten. Dies reduziert die Kosteneffizienz des Gesundheitswesens erheblich und dürfte zu Fehlausgaben in Milliardenhöhe führen. Darüber hinaus wurden aufgrund lückenhafter Informationen von Seiten des konsultierten Arztes nicht vollständig beseitigte Unsicherheiten über die Behandlung als Hauptursache für das oft sehr kostenträchtige Einholen einer Zweitmeinung genannt.

Die vorgeblich dem Patientenschutz dienenden rechtlichen Beschränkungen hinsichtlich Gesundheitsinformationen (z. B. in der MBO-Ä, HWG, UWG) führen offenbar dazu, dass diese häufig aus weniger zuverlässigen Quellen bezogen werden. So spielen Familie, Freunde und Bekannte als Informationsquelle für die befragten Versicherten eine zentrale Rolle, obwohl sie in deren Kompetenz bei Gesundheitsthemen offensichtlich wenig Vertrauen haben. Auch die Massenmedien unterliegen unter anderem dank des Focus-Urteils weniger Einschränkungen bei der Vermittlung von medizinischen Informationen und besetzen daher in den Befragungsergebnissen bei vielen Gesundheitsthemen eine wichtigere Position als andere Institutionen, von denen die Versicherten ihre Informationen eigentlich viel lieber beziehen würden.

Was können die verschiedenen Institutionen des Gesundheitswesens nun zur Verbesserung der beschriebenen Situation beitragen? Zunächst müssen sich alle Anbieter von Gesundheitsinformationen darüber bewusst sein, dass der Arzt den Befragungsergebnissen zufolge die Informationsquelle der ersten Wahl bleibt, so dass alternative Angebote eher einen ergänzenden Charakter haben sollten und klare Vorzüge wie z. B. einfachere Zugangsmöglichkeiten aufweisen müssen. Die Ärzte selber sollten vor allem ihr aus Sicht vieler Befragter noch unbefriedigendes Informationsangebot zur Gesundheitsvorsorge und zu medizinischen Spezialisten ausbauen. Hinsichtlich Präventionsmaßnahmen müssten sie aber auch umgekehrt ihre Patienten motivieren und sensibilisieren, da viele der Versicherten die Bedeutung von Gesundheitsvorsorgeinformationen in der Befragung noch vergleichsweise niedrig einschätzten. Gleichzeitig sollten die Leistungsanbieter die im Text diskutierten erweiterten rechtlichen Möglichkeiten zur Darstellung ihrer Leistungsfähigkeit auch nutzen. Da die Qualität vieler Gesundheitsangebote eine Vertrauenseigenschaft darstellt, werden sie in vielen Fällen auf leistungsübergreifende Signaling-Strategien zurückgreifen müssen, bei Erfahrungseigenschaften bieten sich aber gegebenenfalls auch leistungsbezogene Signaling-Maßnahmen an. Darüber hinaus könnten die Anbieter von Gesundheitsleistungen, insbesondere aber Krankenhäuser und ähnliche Einrichtungen, mit der Entwicklung patientenorientierter medizinischer Leitlinien und anderen Selbstbindungsmechanismen die Transparenz und Kontrollierbarkeit ärztlicher Bemühungen erhöhen und so die Gefahr des Moral Hazard glaubwürdig beschränken. Die Krankenversicherungen können sich darüber freuen, dass sie nach dem Arzt am häufigsten als gewünschte Informationsquelle genannt wurden und somit angesichts der noch sehr geringen Nutzung ihrer Angebote das größte Zuwachspotential aufweisen. Zur Übertragung von Gesundheitsinformationen durch die Krankenversicherung bevorzugten die Befragten den Einsatz von Druckmedien und Servicetelefon, während die sonst sehr beliebte persönliche Beratungsstelle in diesem Zusammenhang eher auf Skepsis stieß. Die Krankenversicherungen sollten sich aber bewusst sein, dass den Befragungsergebnissen zufolge wohl nur ein kleiner und unter wirtschaftlichen Gesichtspunkten weniger attraktiver Teil der Versicherten bereit wäre, für Gesundheitsinformationen spürbar höhere Versicherungsbeiträge in Kauf zu nehmen.

Teilweise müssten erst bestehende Anreizsysteme und rechtliche Rahmenbedingungen angepasst werden, um Ärzte und Krankenversicherungen zu den beschriebenen Verhaltensänderungen zu bewegen. Beispielsweise könnte das Problem der adversen Selektion von weniger attraktiven Versicherten entschärft werden, wenn der Staat allen Krankenversicherungen verbindliche Pflichten bei der Informationsbereitstellung auferlegen würde. Denkbar wäre auch eine Aufnahme ausgewählter nicht-ärztlicher Gesundheitsinformationsgebote in den Leistungskatalog der Krankenkassen. Auf diese Weise könnten die mit Nicht-Ausschließbarkeit und Nicht-Rivalität von Gesundheitsinformationen einhergehenden Probleme einer privatwirtschaftlichen Bereitstellung entschärft werden. Mit Maßnahmen wie einer verbesserten Erstattung ärztlicher Informationsleistungen im Leistungskatalog der Krankenkassen und der Verabschiedung einer rechtsverbindlichen Charta der Patientenrechte könnte der Staat den Abschied von paternalistischen Modellen beschleunigen und den Weg zu einer partnerschaftlichen Beziehung zwischen Arzt und Patient ebnen.

Literaturverzeichnis

Adrian, A.M. (2000): Werbung muss trotzdem sein, in: Arzt und Wirtschaft 2, S. 60.

Akerlof, G.A. (1970): The Market for „Lemons“: Quality Uncertainty and the Market Mechanism, in: Quarterly Journal of Economics 84, S. 488-500.

Albers, W. (Hrsg.) (1980): Handwörterbuch der Wirtschaftswissenschaften: HdWW; Neuauflage des Handwörterbuchs der Sozialwissenschaften, Stuttgart, New York: Fischer, Tübingen: Mohr, Göttingen: Vandenhoeck und Ruprech.

Albus, G.P.; Kubitz, J.; Litzinger, A.; Seher, R. (1980): Das Problem der Patienteninformation und seine Bedeutung für die Patientenführung, in: Arzt und Patient, *Junkersdorf, J.; Mahr, H.* (Hrsg.), Baden-Baden: Witzstrock, S. 124-128.

Alchian, A.A.; Demsetz, H. (1973): Property Rights Paradigm, in: Journal of Economic History 33, S. 16-27.

Alchian, A.A.; Woodward, S. (1988): Review of Williamson's "The Economic Institutions of Capitalism", in: Journal of Economic Literature 26, S. 65-79.

Allhoff, P.; Flatten, G.; Laaser U. (Hrsg.) (1993): Krankheitsverhütung und Früherkennung. Handbuch der Prävention, Berlin u. a.: Springer Verlag.

Andersen, H.H.; Schwarze, J. (1999): Der Versicherten-Report – Die Novitas-Befragung 1998, in: Die BKK 2, S. 87–97.

Anderson, A. (Hrsg.) (1988): Communication Yearbook 11, Thousand Oaks, California: Sage Publication.

Anschütz, F. (1987): Ärztliches Handeln, Grundlagen, Möglichkeiten, Grenzen, Widersprüche, Darmstadt: Wissenschaftliche Buchgesellschaft.

Antil, J.H. (1984): Conceptualization and Operationalization of Involvement, in: Advances in Consumer Research XI, *Kinnear, T.* (Hrsg.), Provo (Utah), S. 203-209.

AOK (2001): Bleib gesund! PLUS, in: Das Magazin für das Mehr an Gesundheit AOK Bayern, Heft 1, S. II-III.

Arnold, M.; Litsch, M.; Schwartz, F.W. (1999): Der Krankenhaus-Report '99, Stuttgart: Schattauer-Verlag.

Arrow, K.J. (1963): Uncertainty and the Welfare Economics of Medical Care, in: American Economic Review 53, S. 941-973.

Arrow, K.J. (1969): The Organization of Economic Activity: Issues pertinent to the choice of Market versus Nonmarket Allocation, in: The Analysis and Evaluation of Public Expenditure: The PBB-System, Joint Economic Committee, 91st. Congress 1st. Session, Volume 1, S. 47-64.

Arrow, K.J. (1986): Agency and the Market, in: Handbook of Mathematics Economics III, *Arrow, K.; Intriligator, M.D.* (Hrsg.), Amsterdam (North Holland), S. 1183-1195.

Arrow, K.; Intriligator, M.D. (Hrsg.) (1986a): Handbook of Mathematics Economics III, Amsterdam (North Holland).

Auer, M.; Gerz, M. (1992): Social marketing als unternehmerisches Erfolgskonzept, Landsberg am Lech: Verlag Moderne Industrie.

Badura, B. (1999): Bürgerorientierung des Gesundheitswesens: Selbstbestimmung, Schutz, Beteiligung: [Gutachten im Auftrag des Ministeriums für Arbeit, Gesundheit und Soziales des Landes Nordrhein-Westfalen], 1. Auflage, Baden-Baden: Nomos Verlag.

Badura, B.; Schellschmidt, H. (2001): Bürgerbeteiligung im Gesundheitswesen – Die Tagung im Rückblick, in: Bürgerbeteiligung im Gesundheitswesen – eine länderübergreifende Herausforderung – Ideen, Ansätze und Internationale Erfahrungen, *Bundeszentrale für gesundheitliche Aufklärung (BzgA)* (Hrsg.), 2. Auflage, Köln: BzgA, S. 216-234.

Baetge, J.; Bitz, M. (Hrsg.) (1984): Vahlen Kompendium der Betriebswirtschaftslehre, Band I, München: Vahlen.

Baiker, H.-J. (1989): Das Gesundheitsreform-Gesetz und der Gesundheitsbegriff, in: Krankenhaus Umschau 58, S. 11.

Barth, D. (1999): Mediziner-Marketing: vom Werbeverbot zur Patienteninformation; eine rechtsvergleichende und interdisziplinäre Studie zur Kommunikation zwischen Patienten und Ärzten, Berlin, Heidelberg, New York: Springer Verlag.

Barr, N. (1987): The Economics of Welfare State, London: Weidenfeld & Nicolson.

Baur, A.; Dethlefs, S.; van Husen, G.; Merbecks, M. (2001): E-Health in Deutschland – Entwicklung einer neuen Welt, in: Die Zukunft des deutschen Gesundheitswesens: Perspektiven und Konzepte, *Salfeld, R.; Wettke, J.* (Hrsg.) Berlin, Heidelberg, New York: Springer Verlag, S. 21-30.

Baur, A.; van Husen, G. (2001): E-Health in Deutschland: Chance für die Akteure des Gesundheitswesens, in: Die BKK 3, S. 105-111.

Bayerische Landesärztekammer (1997): Berufsordnung für die Ärzte Bayerns vom 13. Oktober 1997.

Bayón, T. (1997): Neuere Mikroökonomie und Marketing: eine wissenschaftstheoretisch geleitete Analyse, Wiesbaden: Gabler Verlag.

Bea, F.; Haas, J. (1995): Strategisches Management, Stuttgart: UTB Gustav Fischer.

Behnke, K.; Demmler, G.; Unterhuber, H. (2001): Gesundheitsberatung durch die Krankenkassen, Siemens-Betriebskrankenkasse (unveröffentlicht).

Berelson, B.; Janowitz, M. (Hrsg.) (1967): Reader in public opinion communication, 2. Auflage, New York, London: Collier Macmillan.

Berekoven, L.; Eckert, W.; Ellenrieder, P. (1999): Marktforschung: methodische Grundlagen und praktische Anwendung, 8. Auflage, Wiesbaden: Gabler Verlag.

Berndt, R.; Hermanns, A. (Hrsg.) (1993): Handbuch Marketing-Kommunikation, Wiesbaden: Gabler Verlag.

Berndt, R. (1993): Kommunikationspolitik im Rahmen des Marketings, in: Handbuch Marketing-Kommunikation, *Berndt, R.; Hermanns, A.* (Hrsg.), Wiesbaden: Gabler Verlag, S. 4-18.

Berthel, J. (1967): Informationen und Vorgänge ihrer Bearbeitung in der Unternehmung, Berlin: Duncker & Humblot.

Berthel, J. (1980): Informationsbedarf, in: Handwörterbuch der Wirtschaftswissenschaft (HdWW), *Albers, W.* (Hrsg.), Stuttgart, New York: Fischer, Tübingen: Mohr, Göttingen: Vandenhoeck und Ruprecht, S. 872-885.

Bialas, E. (1998): Patientenorientierung bei der Techniker Krankenkasse, in: Patientenorientierung im Gesundheitswesen – Erfahrungen und Perspektiven, *Neubauer, G.; Schenk, R.* (Hrsg.), München, Bern, Wien, New York: Zuckschwerdt, S. 53-57.

Binder, S. (1999): Effizienz durch Wettbewerb im Gesundheitswesen: Gesundheitssystemsteuerung durch wettbewerbsorientierte Anreize im Bereich der Leistungserbringung, Bayreuth: Verlag PCO.

Blohmke, M. (Hrsg.) (1976): Handbuch der Sozialmedizin, Sozialmedizin in der Praxis, Band 3, Stuttgart: Enke.

Blomquist, A. (1991): The Doctor as Double Agent: Information Asymmetry, Health Insurance, and Medical Care, in: Journal of Health Economics 10, S. 411-432.

Bode, J. (1997): Der Informationsbegriff in der Betriebswirtschaftslehre, in: Zfbf – Zeitschrift für betriebswirtschaftliche Forschung 49 (5), S. 449-468.

Bössmann, E. (1992): Informationsökonomik, in Wirtschaftslexikon, *Woll, A.* (Hrsg.), 6. Auflage, München, Wien: Oldenbourg, S. 334-336.

Bohle, T. (1999): Zulässige Werbung für Krankenhäuser, in: Handbuch Krankenhausmanagement, *Braun, G.E.* (Hrsg.), Stuttgart: Schäffer-Poeschel, S. 439-454.

Bonus, H.; Weiland, R. (1995): Die Welt der Institutionen, in: Beiträge zur angewandten Mikroökonomik, *Dieckheuer, G.* (Hrsg.), Berlin, Heidelberg: Springer Verlag.

Braun, G.E. (1988): Ziele in öffentlicher Verwaltung und privatem Betrieb: Vergleich zwischen öffentlicher Verwaltung und privatem Betrieb sowie eine Analyse der Einsatzbedingungen betriebswirtschaftlicher Planungsmethoden in der öffentlichen Verwaltung, Baden-Baden: Nomos Verlag.

Braun, G.E. (1992): Werbeverbot für Ärzte: ein Beispiel öffentlicher Bindung der Ärzte auf dem Prüfstand betriebswirtschaftlicher Analyse, Frankfurt am Main: pmi-Verlag-Gruppe.

Braun, G.E. (1992a): Öffentliche Bindung von Arztpraxen, in: Zeitschrift für öffentliche und gemeinschaftliche Unternehmen, Band 15, Heft 1, S. 89-97.

Braun, G.E. (1992b): Werbeverbot für Arztpraxen als spezifische Form der öffentlichen Bindung, in: Zeitschrift für öffentliche und gemeinschaftliche Unternehmen, Band 15, Heft 2, S. 195-209.

Braun, G.E. (1993): Kommunikationspolitik in öffentlichen Unternehmen, in: Handbuch Marketing-Kommunikation, *Berndt, R.; Hermanns, A.* (Hrsg.), Wiesbaden: Gabler Verlag, S. 924-941.

Braun, G.E.; Schmutte, A.M. (1995): Marketing eines Krankenhauses: Der Stellenwert von Imageanalysen, in: f & w – Führen und Wirtschaften im Krankenhaus 1, S. 48-56.

Braun, G.E.; Voigt, S. (1996): Das Werbeverbot für Ärzte in Großbritannien und seine Liberalisierung – Mit Perspektiven für eine Liberalisierung des Werbeverbots in Deutschland, Neubiberg.

Braun, G.E.; Voigt, S. (1997): Das Werbeverbot der Ärzte und seine Liberalisierung – Situation in Großbritannien und Deutschland, in: Gesundheitsökonomie & Qualitätsmanagement 2 (4), S. 114-119.

Braun, G.E. (1998): Konzept des integrierten Krankenhausmanagements, in: zfo – Zeitschrift Führung und Organisation 67 (1), S. 23-28.

Braun, G.E.; Schmutte, A.M. (1998a): Informationsinstrumente der Krankenhäuser für Patienten und Einweiser, in: 7. Neubiberger Krankenhausforum, Mehr Eigenverantwortung durch Leistungs- und Preistransparenz in der Krankenhausversorgung, *Neubauer, G.; Schallermair, C.* (Hrsg.), S. 23-40.

Braun, G.E. (Hrsg.) (1999): Handbuch Krankenhausmanagement, Stuttgart: Schäffer-Poeschel.

Braun, G.E. (2000): Marketing in Einrichtungen des Gesundheitswesens, Vorlesung, unter http://www.unibw-muenchen.de/campus/WOW/v1072/Lehre/lehrmktg.htm (unveröffentlicht).

Braun, G.E.; Uhl, C. (2001): Gesundheitsinformationen für mündige Patienten und Versicherte, Projektbericht, in: blaue Reihe der Universität der Bundeswehr München, *Braun, G.E.* (Hrsg.).

Bräunig, D.; Greiling, D. (Hrsg.) (1999): Stand und Perspektiven der öffentlichen Betriebswirtschaftlehre: Festschrift für Prof. Dr. Peter Eichhorn zur Vollendung des 60. Lebensjahres, Berlin: Berlin-Verlag Spitz.

Breyer, F.; Leidl, R. (1997): Wozu dient Evaluation im Gesundheitswesen, in: Reformstrategie Managed Care, *von Knappe, E.* (Hrsg.), Baden-Baden: Nomos Verlag, S. 121-138.

Breyer, F.; Zweifel, P. (1997): Gesundheitsökonomie, 2. Auflage, Berlin: Springer Verlag.

Brody, D. (1980): The Patient's Role in Clinical Decision Making, in: Annals of Internal Medicine 93, S. 718-722.

Brockhaus Enzyklopädie (1998): Die Enzyklopädie in 24 Bänden, 19. Auflage, Leibzig u. a.: Brockhaus.

Brückner, P. (1967): Die informierende Funktion der Wirtschaftswerbung, Berlin: Duncker & Humblot.

Bruhn, M. (1997): Kommunikationspolitik: Grundlagen der Unternehmenskommunikation, München: Vahlen.

Buchanan, J.M. (1967): Public Finance in democratic Process, Chapel Hill: Univ. of North Carolina Pr.

Bühner, R. (1999): Betriebswirtschaftliche Organisationslehre, 9. Auflage, München, Wien: Oldenbourg.

Bundesministerium für Gesundheit (Pressereferat) (2002): Informationen zum Gesetz zur Einführung des diagnose-orientierten Fallpauschalensystems für Krankenhäuser, (Stand 26.03.2002).

Burchert, H. (1998): Ökonomische Evaluation von Telematik-Anwendungen im Gesundheitswesen und Schlussfolgerungen für ihre Implementierung, Studie im Auftrag des Wirtschaftsministeriums des Landes Mecklenburg-Vorpommern, Internet-Veröffentlichung Nr. 5.

Burchert, H.; Hering, T. (Hrsg.) (1998): Gesundheitsökonomische Beiträge, Band 3, *Gäfgen, G.; Oberender, P.* (Hrsg.), Baden-Baden: Nomos Verlag.

Bundesministerium für Gesundheit, Referat Öffentlichkeitsarbeit (1999): Statistisches Taschenbuch Gesundheit 2000, Stand Juni 2000, Bonn: Clausen & Bosse, Leck.

Bundesregierung (2001): Arbeitsentwurf GKV-Gesundheitsreform 2000 von 30.04.1999, in: http://www.cebeef.com/1999/02/bmg_gesetz.htm (Stand 12.11.01).

Bundeszentrale für gesundheitliche Aufklärung (BzgA) (Hrsg.) (2001): Bürgerbeteiligung im Gesundheitswesen – eine länderübergreifende Herausforderung – Ideen, Ansätze und Internationale Erfahrungen, 2. Auflage, Köln: BzgA.

Burger, S. (2001): Schwerpunktthema E-He@lth, Was bringt das Internet für das Gesundheitswesen?, in: Die BKK 3, S. 103-104.

Buschmann, T.E. (1998): Die ärztliche Aufklärungspflicht, vornehmlich in der ärztlichen Fortpflanzungsmedizin, Köln: Univ., Diss.

Calnan, M. (2001): Bürger- und Verbrauchervertretung im staatlichen Gesundheitsdienst Großbritanniens – eine Fallstudie, in: Bürgerbeteiligung im Gesundheitswesen – eine länderübergreifende Herausforderung – Ideen, Ansätze und Internationale Erfahrungen, *Bundeszentrale für gesundheitliche Aufklärung (BzgA)* (Hrsg.), 2. Auflage, Köln: BzgA, S. 152-157.

Charnock, D. (2000): Das Discern-Handbuch, Qualitätskriterien für Patienteninformationen über Behandlungsalternativen, Nutzerleitfaden und Schulungsmittel, Berlin, Wien, New York: Zuckschwerdt Verlag.

Coase, R.H. (1937): The Theory of the Firm, in: Economica 4, S. 386-405.

Cooper, P. (1985): What is Health Care Marketing, in: Health Care Marketing, *Cooper, P.* (Hrsg.), 2. Auflage, Rockville, S. 2-8.

Cooper, P. (1985a): Health Care Marketing, 2. Auflage, Rockville.

Coulter, A. (1998): Evidence Based Patient Information. Editorial, in: British Medical Journal 317, S. 225-226.

Culyer, A.J. (1971): The Nature of the Commodity „Health Care“ and its Efficient Allocation, in: Oxford Economic Papers 23, S. 189-211.

Darby, M.; Karni, E. (1973): Free Competition and the optimal amount of fraud, in: Journal of Law and Economics 4, S. 68 f.

Dedler, K.; Gottschalk, I.; Grunder, K.G.; Heiderich, M.; et al. (1984): Das Informationsdefizit der Verbraucher, Frankfurt, New York: Campus-Verlag.

Demmler, G.; Unterhuber, H.; Weber, S. (1999): Der Mensch im Mittelpunkt – Gesundheitspolitische Positionen der Siemens-Betriebskrankenkasse (unveröffentlicht).

Demsetz, H. (1967): Towards a Theory of Property Rights, in: American Economic Review 57, S. 347-359.

Deutsch, E. (1982). Neuere internationale Entwicklungen des Arztrechts und der Arzthaftung, VersR, S. 713-716.

Deutsch, E. (1997): Medizinrecht, Arzneimittelrecht und Medizinprodukterecht, 3. Auflage, Berlin: Springer Verlag.

Deutsche Krankenhaus-Gesellschaft (2000): Werberechtliche Aspekte der Präsentation eines Krankenhauses im Internet, in: DKG.AKTUELL (Mai/Juni 2000), S. 6-10.

Dieckheuer, G. (Hrsg.) (1995): Beiträge zur angewandten Mikroökonomik, in: Vahlen Kompendium der Betriebswirtschaftslehre, Band I, *Baetge, J.; Bitz, M.* (Hrsg.), München: Vahlen.

Dierkes, S.; Reiche, D. (1999): Der Gesundheits-Brockhaus, 5. Auflage, Mannheim: Brockhaus.

Dierks, M.L.; Schwartz, F.W.; Walter, U. (2000): Konsumentenrolle und Konsumenteninformation aus Sicht der Public Health Forschung, Psychomed 12 (2), S. 77-82.

Dierks, Ch. (1999): Rechtliche und praktische Probleme der Integration von Telemedizin in das Gesundheitswesen in Deutschland, Habilitationsschrift, Humboldt-Universität zu Berlin.

Digel, W.; Kwiatkowski, G. (Hrsg.) (1990): Meyers großes Taschenlexikon: in 24 Bänden, Mannheim, Wien: BI- Taschenbuch-Verlag.

Diller, H. (Hrsg.) (1992): Vahlens großes Marketinglexikon, München: Beck.

Donabedian, A. (1966): Evaluating the Quality of medical Care, Milbank Memorial Fund Quarterly 44, S. 166-203.

Donabedian, A. (1982): Explorations in Quality Assessment and Monitoring II: The Criteria and Standards of Quality, Ann Arbor.

Donabedian, A. (1987): Commentary on Some Studies of the Quality of Care, in: Health Care Financing Review, Annual Supplement.

Dürholtz, D. (1993): Zur Kommunikation zwischen Arzt und Patient: Unterschiede in Klassifikation und Kognition von Krankheitsbegriffen als Ursache von Verständigungsschwierigkeiten zwischen Arzt und Laien, Frankfurt am Main: Lang.

Ebers, M. (1992): Situative Organisationstheorie, in: Enzyklopädie der Betriebswirtschaftslehre, Handwörterbuch der Organisation, Band 2, *Frese, E.* (Hrsg.), Stuttgart: Poeschel, S. 1817-1838.

Edgan-Levitan, S.; Cleary, P.D. (1996): What Information do consumers want and need, in: Health Affairs 15, S. 42-56.

Ehlers, A.P.F. (2001): Marketing im Gesundheitswesen – rechtliche Aspekte, in: AusR 4, S. 116-120.

Ehlers, A.P.F. (1999): Geregeltes Informationsangebot statt Werbeverbot im Gesundheitswesen als Voraussetzung für Steuerungsmöglichkeiten durch den mündigen Patienten, Gutachten erstellt im Auftrag der DGVP, München.

Ehlers, A.P.F.; Münker, J.-U. (2001): Ein staatlicher Patientenvertreter brächte viele Vorteile, in: f & w – Führen und Wirtschaften im Krankenhaus 18 (3), S. 301-302.

Ehlers, A.P.F.; Deutsch, E.; et al. (Hrsg.) (2001): Recht und Politik im Gesundheitswesen, GRPG, Gesellschaft für Recht und Politik im Gesundheitswesen, Frankfurt am Main: pmi-Verlag.

Ehlert, U. (2002): Disease Management und Verhaltensmedizin, in: http://www.dgvm-online.de/docs/diskuss.html (Stand 28.06.2002).

Elss, D.; Kranich, Chr. (Hrsg.) (1999): Ungeteilter Verbraucherschutz – Patientenrechte und Patientenschutz in Deutschland, AgV-Forum 29.

Emanuel, E.J.; Emanuel, L.L. (1992): Four Models of the Physician-Patient Relationship, in: JAMA 267 (16), S. 2221-2226.

Engler, C.; Geserich, S.; Räpple, T.; Rieger, H.-J. (Hrsg.) (2000): Werben und Zuwenden im Gesundheitswesen, eine Einführung in vier Teilen, Heidelberg: v. Decker.

Eysenbach, G. (1997): Präventivmedizin und Internet durch Information, in: *Allhoff, P.G.; Leidel, J.; Ollenschläger, G.; Voigt, H.P.* (Hrsg.): Präventivmedizin, 6. Auflage, Berlin, Heidelberg: Springer Verlag, zitiert aus Internet: http://www.yi.com/home/Eysenbach Gunther/praev/1.htm.

Eysenbach, G.; Diepgen, T.L. (1999): Patients Looking for Information on the Internet and Seeking Teleadvice: Motivation, Expectations and Misconceptions as Expressed in E-mails Sent to Physicians, in: Archives of Dermatologie 135 (2), S. 151-156.

Eysenbach, G. (2000): European Health Forum Gastein 2000. Gesundheit, Information und Kommunikation – Die Entwicklung von Qualitätskriterien für Websites. Sichere Informationen für Patienten Gastein 28.9.2000, in: www.medpoint.ch (Stand 06.02.2001).

Eysenbach, G. (2001): Cybermedizin und globale Kommunikation, in: http://yi.com/home/EysenbachGunther/internet_public_health.htm (Stand 21.02.01).

Eysenbach, G. (2001a): FAQ Cybermedizin, in: http://www.yi.com/home/Eysenbach Gunther/faq.htm (Stand 07.02.01).

Feldhoff, M. (1992): Versagt der Markt für Informationen? Eine spieltheoretische Analyse, in: Schalenbachs Zeitschrift für betriebswirtschaftliche Forschung, 44. Band 11, S. 1012-1022.

Fischer, E.P. (1999): Die Wahrnehmung der Patienten oder: Die zwei Seiten einer Münze, in Brennpunkt Gesundheitswesen, Ausgabe 11/99, Schering AG, S. 1–4.

Forschungsgruppe Konsum und Verhalten (Hrsg.) (1994): Konsumentenforschung, München: Vahlen.

Francke, R.; Hart, D. (1987): Ärztliche Verantwortung und Patienteninformation. Eine Untersuchung zum privaten und öffentlichen Recht der Arzt-Patienten-Beziehung, Medizin in Recht und Ethik 16, Stuttgart: Enke.

Francke, R. (1994): Ärztliche Berufsfreiheit und Patientenrechte. Eine Untersuchung zu den verfassungsrechtlichen Grundlagen des ärztlichen Berufsrechts und des Patientenschutzes, Stuttgart: Enke.

Francke, R. (1999): Charta der Patientenrechte: Rechtsgutachten zur Vorbereitung der Charta der Patientenrechte, 1. Auflage, Baden-Baden: Nomos Verlag.

Franz, B. (1995): Qualitätssicherungsvereinbarungen und Produkthaftung, Baden-Baden: Nomos Verlag.

Frech, H.E. (Hrsg.) (1988): Health Care in America. The Political Economy of Hospitals and Health Insurance, San Francisco: Pacific Research Institute for Pub.

Frese, E. (Hrsg.) (1992): Enzyklopädie der Betriebswirtschaftslehre, Handwörterbuch der Organisation, Band 2, Stuttgart: Poeschel.

Frese, E. (1992): Organisationstheorie, in: Enzyklopädie der Betriebswirtschaftslehre, Handwörterbuch der Organisation, Band 2, *Frese, E.* (Hrsg.), Stuttgart: Poeschel, S. 1706-1731.

Freter, H. (1983): Marktsegmentierung, Stuttgart: Poeschel.

Freter, H. (1992) Stichwörter „Marktsegmentierung“ und „Marktsegmentierungsmerkmale“, in: Vahlens großes Marketinglexikon, *Diller, H.* (Hrsg.), München: Beck, S. 733-740.

Frey, D. (1979): Einstellungsforschung: Neuere Ergebnisse der Forschung über Einstellungsänderungen, in: Marketing ZFP – Zeitschrift für Forschung und Praxis 1, S. 31-45.

Fritz, W.; Thiess, M. (1986): Informationsverhalten des Konsumenten und unternehmerisches Marketing, Mannheim, Institut für Marketing: Arbeitspapier 39.

Furubotn, E.G.; Pejovich, S. (1972): Property Rights and Economic Theory: A Survey of Recent Literature, in: Journal of Economic Literature 10 (4), S. 1137-1162.

Gabler – Wirtschafts-Lexikon (1993): 13. Auflage, Wiesbaden: Gabler Verlag.

Gaidzik, P.W. (2001): Werbung von Ärzten, in: Der Arzt und sein Recht 13 (1), S. 6-15.

Gemünden, H.G. (1993): Information: Bedarf, Analyse und Verhalten, in: Handwörterbuch der Betriebswirtschaft, *Grochla, E.; Wittmann, W.* (Hrsg.) Stuttgart: Poeschel, S. 1725-1735.

Gemünden, H.G. (1980): Informationsverhalten, in: Handwörterbuch der Wirtschaftswissenschaft (HdWW), *Albers, W.* (Hrsg.), Stuttgart, New York: Fischer; Tübingen: Mohr, Göttingen: Vandenhoeck und Ruprecht, S. 1010-1029.

Gerlach, F.M.; Bahrs, O. (1995): Qualitätssicherung durch hausärztliche Qualitätszirkel. Strategien zur Etablierung, Berlin: Ullstein Mosby.

Görres, S. (1999): Qualitätssicherung in Pflege und Medizin, Bestandsaufnahme, Therapieansätze, Perspektiven am Beispiel des Krankenhauses, Bern: Huber.

Göpfert, W. (1984): ARD-Ratgeber-Gesundheit – Chancen, Grenzen, Möglichkeiten, in: W&M, Weiterbildung und Medien 7.

Göpfert, W. (1999): Gesundheitsinformation – die Rolle der Medien bei der Stärkung von Bürgern und Patienten im Gesundheitswesen, in: Bürgerorientierung des Gesundheitswesens: Selbstbestimmung, Schutz, Beteiligung: [Gutachten im Auftrag des Ministeriums für Arbeit, Gesundheit und Soziales des Landes Nordrhein-Westfalen], *Badura, B.* (Hrsg.): 1. Auflage, Baden-Baden: Nomos Verlag.

Greenberg, W. (Hrsg.) (1978): Competition in the Health Care Sector: Past, Present and Future, Germantown Md.: Aspen Systems Corp.

Grochla, E. (Hrsg.) (1980): Handwörterbuch der Organisation, 2. Auflage, Stuttgart: Poeschel.

Grochla, E.; Wittmann, W. (Hrsg.) (1993): Handwörterbuch der Betriebswirtschaft, Stuttgart: Poeschel.

Gruhl, M.; Kranich, Ch.; Ruprecht, T. (2000): Patient – Quo vadis? Patientenrechte in Deutschland und Europa, in: Qualität in der Gesundheitsversorgung – Newsletter der GQMG, 1 (7), S. 17-22.

Güntert, B.J. (2001): Patientenvertretung in Deutschland – eine kritische Analyse aus ökonomischer Sicht, in: Bürgerbeteiligung im Gesundheitswesen – eine länderübergreifende Herausforderung – Ideen, Ansätze und Internationale Erfahrungen, *Bundeszentrale für gesundheitliche Aufklärung (BzgA)* (Hrsg.), 2. Auflage, Köln: BzgA, S. 167-180.

Haferlach, T. (1994): Das Arzt-Patienten-Gespräch: Ärztliches Sprechen in Anamnese, Visite und Patientenaufklärung, München: Zuckschwerdt.

Hamann, P.; Erichson, B. (1994): Marktforschung, Stuttgart: Fischer.

Haubrock, M.; Peters, S. (1994): Gesundheit, Gesellschaft und Ökonomie, in: Betriebswirtschaft und Management im Krankenhaus, *Schär, W.* (Hrsg.), Berlin: Ullstein Mosby, S. 13-40.

Hauser, H. (1979): Qualitätsinformationen und Marktstrukturen, in: Kyklos 32, S. 739-763.

Haynes, R.B.; Schrey, A. (1986): Compliance-Handbuch, 2. Auflage, München: Verlag für angewandte Wiss.

Hefner, M.; Fritz, W. (1980): Der alte Mensch und seine Informationsprobleme als Konsument rezeptfreier Medikamente, Göttingen: Otto Schwartz & Co.

Heilmittelwerbegesetz (1965): Gesetz über die Werbung auf dem Gebiet des Heilwesens in der Veröffentlichung am 11.07.1965 im Bundesgesetzblatt, Teil I: 604.

Heilmittelwerbegesetz (1994): Gesetz über die Werbung auf dem Gebiet des Heilwesens in der Fassung der Bekanntmachung von 18.10.1994 im Bundesgesetzblatt, Teil I: 3068.

Henke, K.; Behrens, C.; Arab, L.; et al. (1986): Die Kosten ernährungsbedingter Krankheiten, Stuttgart u. a.: Kohlhammer.

Herder-Dorneich, P. (1980): Gesundheitsökonomik, Stuttgart: Enke.

Hermanns, A.; Püttmann, M. (1993): Integrierte Marketing-Kommunikation, in: Handbuch Marketing-Kommunikation, *Berndt, R.; Hermanns, A.* (Hrsg.), Wiesbaden: Gabler Verlag.

Hildebrandt, H. (1998): Pschyrembel, Klinisches Wörterbuch, 258. Auflage, Berlin: de Gruyter.

Hildebrandt, R. (1994): Qualitätsmanagement, in: Führen und Wirtschaften im Krankenhaus 1/95, S. 31-42.

Hilke, W. (Hrsg.) (1989a): Dienstleistungs-Marketing, Wiesbaden: Gabler Verlag.

Hirshleifer, J. (1973): Where are we in the Theory of Information?, in: American Economic Review 87, S. 31-39.

Hirshleifer, J.; Riley, J.G. (1979): The Analytics of Uncertainty and Information: An Expository Survey, in: Journal of Economic Literature 17, S. 1375-1421.

Hirthammer-Schmidt-Bleibtreu, Ch. (2001): Werbung und Information aus Sicht der ärztlichen Körperschaften, in: Recht und Politik im Gesundheitswesen 1, *Ehlers, A.P.F.; Deutsch, E.; et al.* (Hrsg.), S. 3-8.

Hoffmann, A. (2001): Ulla Schmidt sucht Konfrontation mit den Ärzten, in: Süddeutsche Zeitung (Stand 31.07.2001).

Hohensohn, H. (1997): Patientenorientiertes Pharmamarketing: Kommunikation und Entscheidungsverhalten am Markt für verschreibungspflichtige Medikamente, Wiesbaden: Gabler Verlag.

Hopf, M. (1983): Information für Märkte und Märkte für Information, Frankfurt: Badudio & Hess.

Hopf, M. (1983a): Ausgewählte Probleme zur Informationsökonomie, in: Wist – Wirtschaftswissenschaftliches Studium 1, S. 313-318.

Hopfmüller, M. (2001): Ohrmarke für Cyber docs, in: Süddeutsche Zeitung, Umwelt, Wissenschaft, Technik (Stand 02.01.01), Bayern Seite V2/12 Deutschland Seite V2/12.

Hüllen, B.; Schulz, H. (1997): Fallmanagement: Optimierte Rehabilitation für BKK-Versicherte, in: Die BKK 9, S. 372-377.

Hütt, S. (2000): Rechtsfragen des Gesundheitsmanagements in der privaten Krankenversicherung, Vortrag am 17. Mai 2000 (unveröffentlicht).

Hrobjartsson, A.; Gotzsche, P.C. (2001): Is the Placebo Powerless? – An Analysis of Clinical Trials Comparing Placebo with No Treatment, in: The New England Journal of Medicine 21 (344), S. 1594-1602.

Irle, M. (Hrsg.) (1982): Studies in Decision Making, Social Psychological and Socio-Economic Analyses, Berlin: de Gruyter.

Irrgang, B. (1995): Grundriss der medizinischen Ethik, München: Uni-Taschenbücher.

Jacob, R. (1995): Krankheitsbilder und Deutungsmuster, Wissen über Krankheit und dessen Bedeutung für die Praxis, Opladen: Westdeutscher Verlag.

Jahn, E.; et al. (1973): Die Gesundheitssicherung in der Bundesrepublik Deutschland, WSI-Studie zur Wirtschafts- und Sozialforschung, 3. Auflage, Köln: Bund-Verlag, S. 10.

Jaster, H.J. (1997): Qualitätssicherung im Gesundheitswesen, Stuttgart: Thieme.

Jazbinsek, D. (1999): Das Internet als Informations- und Diskussionsmedium für Krebspatienten, in: Gesundheitskommunikation, Medieninhalte und Medienwirkungen aus Sicht der Public Health Forschung, Wiesbaden: Westdeutscher Verlag.

Jung, E. (1982): Das Recht auf Gesundheit, Versuch einer Grundlegung des Gesundheitsrechtes der Bundesrepublik Deutschland, München: Beck.

Junkersdorf, J.; Mahr, H. (Hrsg.) (1980): Arzt und Patient, Baden-Baden: Witzstrock.

Kaas, K.P. (1990): Marktinformation: Screening und Signaling unter Partnern und Rivalen, in: ZfB – Zeitschrift für Betriebswirtschaft 61, S. 357-370.

Kaas, K.P. (1992): Kontraktgütermarketing als Kooperation zwischen Prinzipalen und Agenten, in: Zeitschrift für betriebswirtschaftliche Forschung 44, S. 884-901.

Kaas, K.P. (1994): Ansätze einer institutionenökonomischen Theorie des Konsumentenverhaltens, in: Konsumentenforschung, *Forschungsgruppe Konsum und Verhalten* (Hrsg.), München: Vahlen, S. 245-260.

Kaas, K.P. (1995a): Marketing zwischen Markt und Hierarchie, in: Kontrakte, Geschäftsbeziehungen, Netzwerke: Marketing und neue Institutionenökonomik, *Kaas, K.P.* (Hrsg.), Düsseldorf: Verl.-Gruppe Handelsblatt, S. 19-42.

Kaas, K.P. (1995b): Marketing und Neue Institutionenökonomik, in: Kontrakte, Geschäftsbeziehungen, Netzwerke: Marketing und neue Institutionenökonomik, *Kaas, K.P.* (Hrsg.), Düsseldorf: Verl.-Gruppe Handelsblatt, S. 1-17.

Kaas, K.P. (Hrsg.) (1995c): Kontrakte, Geschäftsbeziehungen, Netzwerke: Marketing und neue Institutionenökonomik, Düsseldorf: Verl.-Gruppe Handelsblatt.

Karlsson, G. (1967): Ein mathematisches Modell der Nachrichtenverarbeitung, in: Formalisierte Modelle in der Soziologie, *Mayntz, R.* (Hrsg.), Neuwied, Berlin: Luchterhand, S. 73-82.

Katz, R. (1983): Informationsquellen der Konsumenten, Wiesbaden: Gabler Verlag.

Kayser, B. (1998): Managed care und HMOs: Lösung für die Finanzkrise der Krankenversicherung?, Bern, Göttingen: Huber.

Kettelhoit, P. (1994): Untersuchung zur Mitbestimmung in der medikamentösen Therapie von Patienten mit Myasthenica gravis pseudoparalytica, Münster.

Kieser, A.; Kubicek, H. (1978): Organisationstheorien I. Wissenschaftstheoretische Anforderungen und kritische Analyse klassischer Ansätze. Stuttgart, Berlin, Köln: Kohlhammer

Kieser, A.; Kubicek, H. (1992): Organisation, 3. Auflage, Berlin, New York: Walter de Gruyter.

Kieser, A. (1999): Organisationstheorien, 3. Auflage, Stuttgart, Berlin, Köln: Kohlhammer.

Kiener, S. (1989): Die Principal-Agent-Theorie aus informationsökonomischer Sicht, Heidelberg: Physica Verlag.

Kinnear, T. (Hrsg.) (1984): Advances in Consumer Research XI, Provo (Utah): Assoc. ACR Publications.

Klemperer, D. (2000): Patientenorientierung im Gesundheitssystem, in: Qualität in der Gesundheitsversorgung, Newsletter der GQMG 1 (7), S. 15-16.

Kleiber, Ch. (1994): Plädoyer für eine Reform des Gesundheitswesens, Bern: Huber.

Kleinaltenkamp, M. (1992): Investitionsgüter, Marketing aus informationsökonomischer Sicht, in: Zfbf – Zeitschrift für betriebswirtschaftliche Forschung 44 (9), S. 809-923.

Knappe, E. von (Hrsg.) (1997): Reformstrategie „Managed Care“, Baden-Baden: Nomos Verlag.

Köhler, S.A. (1988): Das Werbeverbot für Rechtsanwälte und Steuerberater. Eine kritische Analyse aus betriebswirtschaftlicher Sicht, Baden-Baden: Nomos Verlag.

Köhler, S.A.; Hilke, W. (1989): Werbung oder Werbeverbot für Rechtsanwälte und Steuerberater?, in: *Hilke, W.* (Hrsg.), Dienstleistungs-Marketing, Wiesbaden: Gabler Verlag, S. 79-102.

Kolata, G. (2001): Placebo Effect? A Myth, New Research Indicates, in: International Herald Tribune, No. 36770, 25. Mai 2001, S. 1.

Kotler, P.; Clarke, R.N. (1987): Marketing for Health Care Organizations, Englewood Cliffs u. a.: Prentice Hall.

Kotler, P.; Bliemel, F. (1999): Marketing-Management: Analyse, Planung, Umsetzung und Steuerung, Stuttgart: Schäffer-Poeschel.

Kramer, R. (1965): Information und Kommunikation, Betriebswirtschaftliche Bedeutung und Einordnung in die Organisation der Unternehmung, Berlin: Duncker & Humblot.

Kranich, Ch. (1997): Deutschland: Institutionen der Patientenunterstützung, in: Ungeteilter Verbraucherschutz – Patientenrechte und Patientenschutz in Deutschland, *Elss, D.; Kranich, Ch.* (1999) (Hrsg.), AgV-Forum 29.

Kranich, Ch. (1999): Patientenunterstützung in Deutschland, in: Bürgerorientierung des Gesundheitswesens: Selbstbestimmung, Schutz, Beteiligung: [Gutachten im Auftrag des Ministeriums für Arbeit, Gesundheit und Soziales des Landes Nordrhein-Westfalen], *Badura, B.* (Hrsg.), 1. Auflage, Baden-Baden: Nomos Verlag, S. 305-348.

Krebaum, D. (1998): Kundenorientierung in der Klinikum Mannheim gGmbH, in: Patientenorientierung im Gesundheitswesen – Erfahrungen und Perspektiven, *Neubauer, G.; Schenk, R.* (Hrsg.),München, Bern, Wien, New York: Zuckschwerdt, S. 41-45.

Kreysch, W. (1994): Qualitätsmanagement in der medizinischen Versorgung, in: Handbuch des Qualitätsmanagements, *Masing, W.* (Hrsg.), 3. Auflage, München u. a.: Hanser, S. 849-867.

Kroeber-Riel, W. (1988): Strategie und Technik der Werbung, 2. Auflage, Stuttgart: Kohlhammer.

Kroeber-Riel, W. (1991): Kommunikationspolitik Forschungsgegenstand und Forschungsperspektive, Marketing ZFP – Zeitschrift für Forschung und Praxis 3, III. Quartal 1991, S. 164-171.

Kroeber-Riel, W.; Weinberg, P. (1999): Konsumentenverhalten, 7. Auflage, München: Vahlen.

Krüger-Brand, H.E. (2000): Sachliche Information des Patienten erhält Vorrang, in: Deutsches Ärzteblatt 97 (20), (19. Mai 2000), S. 1034-1035.

Kuhlmann, E. (1970): Das Informationsverhalten der Konsumenten, 1. Auflage, Freiburg: Rombach.

Kuß, A. (1993): Das Konsumentenverhalten, in: Handbuch Marketing-Kommunikation, *Berndt, R.; Hermanns, A.* (Hrsg.), Wiesbaden: Gabler Verlag.

Lasswell, H.D. (1967): The structure and function of communication in society, in: Reader in public opinion communication, *Berelson, B.; Janowitz, M.* (Hrsg.), 2. Auflage, New York, London: Collier Macmillan, S. 178-192.

Ley, P.; Jain, V.K.; Skilbeck, C.E. (1976): A method for decreasing medication errors made by patients, in: Psychological Medicine 6, S. 599.

Linden, M.; Gothe, H.; Ryser, M. (1999): „Was man schwarz auf weiß besitzt...“, in: Deutsches Ärzteblatt 96 (22), S. 638-639.

Lovelock, C.H. (Hrsg.) (1991): Services Marketing, 2. Auflage, Englewood Cliffs: Prentice Hall.

Machetanz, J.; Kessler, Ch. (1998): Ökonomische Aspekte in der Neurologie, in: Gesundheit und Ökonomie – Interdisziplinäre Lösungsvorschläge, in: Gesundheitsökonomische Beiträge, *Buchert, H.; Hering, T.* (Hrsg.), Band 3, hrsg. von Gäfgen, G.; Oberender, P.; Baden-Baden: Nomos Verlag.

Mag, W. (1977): Entscheidung und Information, 1. Auflage, München: Vahlen.

Manfredi, C.; Czaja, R.; Buis, M.; Derk, D. (1993): Patient Use of Treatment-Related Information Received from the Cancer Information Service, in: Cancer 71 (4), S. 1327-1337.

Mannebad, H. (1997): Die Struktur des ärztlichen Denkens und Handelns: ein Beitrag zur Qualitätssicherung in der Medizin, London, Glasgow, u. a.: Chapman and Hall.

Masing, W. (Hrsg.) (1994): Handbuch des Qualitätsmanagements, 3. Auflage, München u. a.: Hanser.

Mayntz, R. (Hrsg.) (1967): Formalisierte Modelle in der Soziologie, Neuried, Berlin: Luchterhand.

McCall, J.J. (1965): The economics of information and optimal stopping rules, in: Journal of Business 38, S. 300-317.

McClung, J.; Murray, R.; Heilinger, L. (1998): The Internet as a Source for Current Patient Information, in: Pediatrics 101 (6) E2.

McGuire, A.; Henderson, J.; Mooney, G. (1988): The Economics of Health Care, London: Routledge & Kegan.

McGuire, A.; Henderson, J.; Mooney, G. (1992): The Economics of Health Care. An introductory text, reprint, London, New York.

McKevitt, D.; Lawton, D. (Hrsg.) (1994): Public Sector Management, New York u. a.: Praeger.

Meffert, H. (1986): Marketing, Grundlagen der Absatzpolitik, Wiesbaden: Gabler Verlag.

Meffert, H. (1995): Dienstleistungsmarketing, in: Handwörterbuch des Marketing, *Tietz, B.; Köhler, R.; Zentes, J.* (Hrsg.), 2. Auflage, Stuttgart: Schäffer-Poeschel, S. 454-469.

Meffert, H. (1997): Marketing Management, Analyse, Strategien, Implementierung, Wiesenbaden: Gabler Verlag.

Meffert, H.; Bruhn, M. (1997): Dienstleistungsmarketing: Grundlagen – Konzepte – Methoden, Wiesbaden: Gabler Verlag.

Meinhövel, H. (1999): Defizite in der Prinzipal-Agenten-Theorie, Reihe: Planung, Organisation und Unternehmensführung 63, Lohmar.

Meyer, A. (1993): Kommunikationspolitik von Dienstleistungsunternehmen, in: Handbuch Marketing-Kommunikation, *Berndt, R.; Hermanns, A.* (Hrsg.); Wiesbaden: Gabler Verlag, S. 895-921.

Meyer, D. (1990): Asymmetrische Information, Institutional Choice und die Funktion von Wertorientierungen, in: Jahrbuch für Sozialwissenschaft 41, S. 104-121.

Meyer, D. (1993a): Technischer Fortschritt im Gesundheitswesen, Tübingen: Mohr.

Meyers großes Taschenlexikon (1990): in 24 Bänden, *Digel, W.; Kwiatkowski, G.* (Hrsg.), Mannheim, Wien: BI- Taschenbuch-Verlag.

Miller, G. A. (1956): The Magical Number Seven Plus or Minus Two: Some Limits on Our Capacity for Processing Information, in: The Psychological Review, Vol. 63, S. 81-97.

Mooney, G. (1986): Economics, Medicine, and Health Care, Oxford u. a.: Oxford University Press.

Mooney, G. (1988): Medical Ethics in Health Care, Oxford u. a.: Oxford University Press.

Musgrave, R.A.; Musgrave, P.B.; Kullmer, L. (1994): Die öffentlichen Finanzen in Theorie und Praxis 1, Tübingen: Mohr.

Musgrave, R.A. (1969): Finanztheorie. The theory of public finance, Tübingen: Mohr.

Nederegger, G.; zu Pulitz, J.; Thiäner, M.; Wallmann, C. (2001): Zukunft des gesetzlichen Krankenkassenwesens in Deutschland: von der Budgetierung zur wert- und leistungsorientierten Gesundheitsversorgung, in: Die Zukunft des deutschen Gesundheitswesens: Perspektiven und Konzepte, *Salfeld, R.; Wettke, J.* (Hrsg.), Berlin, Heidelberg, New York: Springer Verlag, S. 77-94.

Nelson, P. (1974): Advertising as Information, in: Journal of Political Economy 82, S. 729-754.

Nelson, P. (1970): Information and Consumer Behavior, in: Journal of Political Economy 78, S. 311-329.

Netzold, D.W. (1992): Qualitätssicherung im Krankenhaus, Tübingen: Mohr.

Neubauer, G. (1998): Die Rolle des Patienten aus der Sicht des Sachverständigenrates, in: Patientenorientierung im Gesundheitswesen – Erfahrungen und Perspektiven, *Neubauer, G.; Schenk, R.* (Hrsg.), München, Bern, Wien, New York: Zuckschwerdt, S. 1-10.

Neubauer, G.; Schallermair, Ch. (1998a): 7. Neubiberger Krankenhausforum, Mehr Eigenverantwortung durch Leistungs- und Preistransparenz in der Krankenhausversorgung.

Neubauer, G.; Schenk, R. (Hrsg.) (1998b): Patientenorientierung im Gesundheitswesen – Erfahrungen und Perspektiven, München, Bern, Wien, New York: Zuckschwerdt.

Neubauer, G.; Ujlaky, R. (2001): Gesundheitsökonomik, Skript zur Lehrveranstaltung, Frühjahrstrimester 2001 (unveröffentlicht).

Neuffer, A.B. (1997): Managed Care – Umsetzbarkeit des Konzepts im deutschen Gesundheitssystem, Bayreuth: Verlag PCO.

Neumann, v. J.; Morgenstern, O. (1973): Spieltheorie und wirtschaftliches Verhalten, 3. Auflage, Würzburg: Physica.

Nieschlag, R.; Dichtl, E.; Härschgen, H. (1988): Marketing: Einführung in die Lehre von der Absatzwirtschaft, Berlin: Duncker & Humblot.

Nieschlag, R.; Dichtl, E.; Hörschgen, H. (1994): Marketing, 17. Auflage, Berlin: Duncker & Humblot.

N. N. (2000): Internet und Gesundheitswesen, Teil 2: Gesundheit, Sozialpolitik und Medien, in: Die BKK 8, S. 345-349.

N. N. (2001): Durchschnittliche Lebenserwartung für Einwohner ausgewählter Länder in Jahren, Quelle: Vereinte Nationen, Stand 2001, in: Nachrichtenmagazin Focus 12, S. 15.

N. N. (2001): Run auf Zertifikate – die Fortbildung boomt. Immense Nachfrage bei Landesärztekammern, in: Ärzte Zeitung 41, (05.03.2001).

N. N. (2000): Der Arzt darf sich nicht anpreisen, Der Spielraum für Informationen soll aber erweitert werden, in: Frankfurter Allgemeine Zeitung, (08.05.2000).

N. N. (2000): WHO-Gütesiegel für Informationen, in: Ärzte Zeitung 82, (05./06.05. 2000), S. 18.

N. N. (2000) http://www.bundesaerztekammer.de/30/Richtlinien/Empfidx/ Patientenrechte.html (Stand 08.06.00).

N. N. (2000): http//www.gqmg.de/Links/Patientenrechte99.html (Stand 08.06.00).

N. N. (2000): http://www.dgvp.de/presse/TestmedAusk/pk130400.htm (Stand 19.07.00).

N. N. (2001): Per Fingertipp gibt es Gesundheitsinformationen, in: Ärzte Zeitung 104, (07.05.2001), S. 14.

N. N. (2001): Direktwerbung beim Patienten – das bleibt in Europa ein Tabu, in: Ärzte Zeitung 107, (12.06.2001), S. 3.

N. N. (2001): Wer nicht für seine Praxis wirbt, geht unter, in: Ärzte Zeitung 126, (10.07.2001), S. 14.

N. N. (2001): Künftig steht das blaue "Q" für ein geprüftes Präventionsangebot, in: Ärzte Zeitung 127, (11.07.2001).

N. N. (2001): http://www.mediportale.de/praxisnetze/informationsdienste/nex.shtm (Stand 14.01.01).

N. N. (2001): http://www.medcertain.org/english/consumer/explanation.htm (Stand 07.02.01).

N. N. (2001): http://www3.ksta.de/archiv/2000/08/02Wirtschaft/710387.htm (Stand 07.02.01).

N. N. (2001): http://www.welt.de/daten/1999/11/25/1125ns139155.html, DIE WELT online vom 25.11.1999 – Webwelt (Stand 07.02.01).

N. N. (2001): http://www.medizininformatik-treffpunkt.de/bcg.htm (Stand 20.02.01).

N. N. (2001): http://www.mayas.net/presse/archiv/cyberdoc2.htm (Stand 21.02.01).

N. N. (2001): http://www.hon.ch/HONcode/German/ (Stand 21.02.01).

N. N. (2001): http://www.ihealthcoalition.org/ethics/ehcode.html (Stand 21.02.01).

N. N. (2001): http://www.doccheck.de/newsletter/news8_00/artikel6.htm (Stand 21.02.01).

N. N. (2001): http://www.informed-austria.at/biblioth/buch/artikel/aufkl2.html (Stand 21.02.01).

N. N. (2001): http://www.patienten-information.de/qual.htm, (Stand 21.02.01).

N. N. (2001): http://www.uni-heidelberg.de/presse/news/2010cybermed.htm (Stand 21.02.01).

N. N. (2001): http://www.mannheimer.de/dienstleister/gesundheit/service.shtml (Stand 01.03.01).

N. N. (2001): http://www.merck-dura.de/magazin/mag22/mag22_cont04.htm (Stand 01.03.01).

N. N. (2001): http://www.zeit.de/2000/11/200011_telemedizin.html (Stand 01.03.01).

N. N. (2001): http://www.siemens.com/icworld/archiv/icwd0003/cyberd_d.htm (Stand 01.03.01)

N. N. (2001): http://www.barmer.de/hauptbereiche/barm...grundinformationen/id_1005/c_index.htm (Stand 14.03.01).

N. N. (2001): http://home.sunrise.ch/fmarty/momo/qs/sch.html (Stand 06.06.01).

N. N. (2001): http://www.dkfz-heidelberg.de/einblick/ein1998/4_1998/4_98_13.htr (Stand 06.06.01).

N. N. (2001): http://www.innovacare.de/top/infocenter (Stand 02.07.01).

N. N. (2001): http://www.google.de/search?q=Gesundheit&hl=de&meta=; (Stand 03.07.01).

N. N. (2001): http://www.amazon.de/exec/obidos/search-handle-form/028-3407456-8811740 (Stand 03.07.01).

N. N. (2001): http://www.senioren.wien.at/verbindungen/ver.patientenanwalt.htm (Stand 04.07.01).

N. N. (2001): http://www.barmherzige-brueder.at/etrechte.htm (Stand 04.07.01).

N. N. (2001): http://www.magwien.gv.at/patanw/aufgaben.htm (Stand 04.07.01).

N. N. (2001): http://www.focus.de/F/FS/FSI/FSIA/FSIAA/fsiaa.htm?snr=78936 (Stand 06.07.2001).

N. N. (2001): http://www.focus.de/F/FC/FCH/fch.ftm?para=?- showt:client/focus/focus/j20... /001_001.dc (Stand 06.07.2001).

N. N. (2001): http://www.medizin-netz.de/praxen/law1.htm (Stand 13.07.01).

N. N. (2001): http://www.w3b.de/ergebnisse/w3b11/ergebnisse.html (Stand 11.11.01).

N. N. (2002): http://evanet.his.de/evanet/knowhow/kh.grund/kh.evalarten.html#EvaArt-ISO9000 (Stand 08.01.02).

N. N. (2002): http://morgenpost.berlin1.de/archiv2000/001110/blickpunkt/story363627.html (Stand 17.01.02).

N. N. (2002): http://www.bmgesundheit.de/presse/2002/2002/25.htm (Stand 29.05.02).

N. N. (2003): http://www.ddsresearch.com/Library/General/mailresp.asp (Stand 05.01.2003).

Novak, S. (2000): Patienten brauchen gute Informationen für ihre freie Arztwahl, in: Ärzte Zeitung 87, (12./13. Mai 2000), S. 6.

Oberender, P. (1991): Kosten-Nutzen-Analyse der medikamentösen Angina-Pectoris-Prophylaxe in der Bundesrepublik Deutschland, Bern: Haupt.

Oberender, P.; Daumann, F. (1997): Ökonomische Aspekte der Qualitätssicherung im Gesundheitswesen, in: *Jaster, H.J.* (Hrsg.): Qualitätssicherung im Gesundheitswesen, Stuttgart: Thieme, S. 209-248.

Oberender, P.; Ecker, T. (1997): Managed Care und Wettbewerb im Gesundheitswesen – Voraussetzungen und mögliche Auswirkungen, in: Reformstrategie „Managed Care“, *Knappe, E.* (Hrsg.), Baden-Baden: Nomos Verlag.

Oberender, P. (Hrsg.) (1994): Probleme der Transformation im Gesundheitswesen, Baden-Baden: Nomos Verlag.

Oberender, P. (2001): Information als Basis sinnvoller Ressourcenallokation aus gesamtwirtschaftlicher Sicht, in: Recht und Politik im Gesundheitswesen Heft 2/2001, *Ehlers, A.P.F.; Deutsch, E.; et al.* (Hrsg.), S. 46-55.

O'Reilly, Ch.A. (1983): The Use of Information in Organizational Decision Making: A Model and some Propositions, in: Research in Organizational Behavior 5, S. 103-139

Ordelheide, v. D.; Brüsselmann, R.B. (Hrsg.) (1991): Ökonomische Theorie und Betriebswirtschaftslehre, Stuttgart: Poeschel.

Pauly, M. (1978): Is Medical Care Different?, in: Competition in the Health Care Sector: Past, Present, and Future, *Greenberg, W.* (Hrsg.), Germantown, Md.: Aspen Systems Corp., S. 11-45.

Pauly, M. (1988): A Primer on Competition in Medical Markets, in: Health Care in America. The Political Economy of Hospitals and Health Insurance, *Frech, H.E.* (Hrsg.), San Francisco: Pacific Research Institute for Pub., S. 27-71.

Petermann, F. (Hrsg.) (1998): Compliance und Selbstmanagement, Göttingen: Hogrefe.

Philippi, M. (1995): Gesundheitsmarketing, in: Handwörterbuch des Marketing, *Tietz, B.; Köhler, R.; Zentes, J.* (Hrsg.), 2. Auflage, Stuttgart: Schäffer-Poeschel.

Pichler, J. (1992) : Internationale Entwicklungen in den Patientenrechten, Wien u. a.: Böhlau.

Pickl, V. (2000): Patientenschutz braucht neue Strukturen und keine Systemkosmetik, in: Recht und Politik im Gesundheitswesen 3, *Ehlers, A.P.F.; Deutsch, E.; et al.* (Hrsg.), S. 72-76.

Picot, A. (1991): Ökonomische Theorien der Organisation – Ein Überblick über neuere Ansätze und deren betriebswirtschaftliches Anwendungspotenzial, in: Ökonomische Theorie und Betriebswirtschaftslehre, *Ordelheide, v. D.; Brüsselmann, R.B.* (Hrsg.), Stuttgart: Poeschel, S. 143-170.

Picot, A.; Reichwald, R.; Wigand, R.T. (1996): Die grenzenlose Unternehmung: Information, Organisation und Management; Lehrbuch zur Unternehmensführung im Informationszeitalter, Wiesbaden: Gabler Verlag.

Picot, A.; Dietl, H.; Frank, E. (1999): Organisation, Eine ökonomische Perspektive, Stuttgart: Schäffer.

Poensgen, A.; Larsson, S. (2001): Patienten, Ärzte und Internet, Mythos, Realität und Implikationen, The Boston Consulting Group, Januar.

Pohle, C. (1993): Gesundheitsbewusstsein: theoretische und empirische Analysen unter besonderer Berücksichtigung von Bewegung und Entspannung, Frankfurt am Main; Berlin, Bern: Lang.

Pohlmeier, W.; Ulrich, V. (1992): Determinanten des Gesundheitszustands: Eine empirische Analyse zur Outputmessung im Gesundheitswesen bei partieller Information, in: Zeitschrift für Wirtschaft- und Sozialwissenschaften 112, S. 219-238.

Pratt, J.W.; Zeckhauser, R.J. (1985): Principals and Agents. An Overview, in: Principals and Agents: The Structure of Business, *Pratt, J. W.; Zeckhauser, R.J.* (Hrsg.), Boston Mass.: Havard Business School Print, S. 1-35.

Pratt, J.W.; Zeckhauser, R.J. (Hrsg.) (1985a): Principals and Agents: The Structure of Business, Boston Mass.: Havard Business School Print.

Raffée, H. (1969): Konsumenteninformation und Beschaffungsentscheidung des privaten Haushalts, Stuttgart: Poeschel.

Raffée, H. (1984): Gegenstand, Methoden und Konzepte der Betriebswirtschaftslehre, in: Vahlen Kompendium der Betriebswirtschaftslehre, Band I, *Baetge, J.; Bitz, M.* (Hrsg.), München: Vahlen, S. 1-46.

Raffée, H. (1985): Grundfragen und Ansätze des strategischen Marketing, in: Strategisches Marketing, *Raffée, H.; Wiedmann, K.-P.* (Hrsg.), Stuttgart: Poeschel, S. 3-33.

Raffée, H.; Grabicke, K.; Hefner, M.; Schätzle, Th.; Schöler, M. (1982): Consumer Information Requirements and Information Acquisition with Regard to Decision Making Process in the Private Household, in: Studies in Decision Making. Social Psychological and Socio-Economic Analyses, *Irle, M.* (Hrsg.), Berlin: de Gruyter, S. 459-547.

Raffée, H.; Silberer, G. (1975): Ein Grundkonzept für die Erfassung und Erklärung des subjektiven Informationsbedarfs bei Kaufentscheidungen des Konsumenten; Bericht aus dem Sonderforschungsbereich 24 der Universität Mannheim „Sozial- und wirtschaftspsychologische Entscheidungsforschung“, Universität Mannheim.

Raffée, H.; Silberer, G. (Hrsg.) (1981): Informationsverhalten des Konsumenten. Ergebnisse empirischer Studien, Wiesbaden: Gabler Verlag.

Raffée, H.; Wiedmann, K.-P. (Hrsg.) (1985): Strategisches Marketing, Stuttgart: Poeschel.

Rees, R. (1985): The Theory of Principal and Agent, Part I+II, in: Bulletin of Economic Research 37, S. 3-26, 75-95.

Reichwald, R. (1993): Handwörterbuch der Betriebswirtschaft, *Wittmann, W.* (Hrsg.) Stuttgart: Poeschel, S. 2174-2188.

Richard, S. (1993): Qualitätssicherung und technologischer Wandel im Gesundheitswesen: Eine institutionenökonomische Analyse, Baden-Baden: Nomos Verlag.

Richard, S. (1993a): Informationsprobleme auf dem Markt für ärztliche Leistungen, in: Diskussionsbeiträge aus dem Institut für Volkswirtschaftslehre (520), Universität Hohenheim 84.

Richter, G. (2001): Marktversagen, Staatsversagen, Dritte-Sektor-Versagen, Begleitmaterialien zur Veranstaltung „Einführung in die Wohlfahrtsverbändeforschung“, Fakultät für Pädagogik, Universität der Bundeswehr München, Heft 4, (April 2001) (unveröffentlicht).

Riedel, U. (2000): Patientencharta – Patientenschutz. Wo stehen wir, wohin gehen wir?, in: Recht und Politik im Gesundheitswesen 6 (3), *Ehlers A.P.F.; Deutsch, E.* (Hrsg.), S. 67-76.

Rieger, H.-J. (2000): Werbung von Ärzten, Kliniken und Sanatorien, in: Werben und Zuwenden im Gesundheitswesen, Eine Einführung in vier Teilen, *Engler, C.; Geserich, S.; Räpple, T.; Rieger, H.-J.* (Hrsg.), Heidelberg: v. Decker, S. 199-235.

Rieser, S. (2001): Bewältigung des demographischen Wandels, Mehr Wettbewerb und mehr Prävention als Rezept, in: Deutsches Ärzteblatt 98 (5), S. 176-178.

Ring, G. (2000): Werberecht der Ärzte, Baden-Baden: Nomos Verlag.

Rogerson, W. P. (1983): Reputation and Product Quality, in: The Bell Journal of Economics 14, S. 503-516.

Ross, S.A. (1973): The Economic Theory of Agency: The Principal's Problem, in: American Economic Review, Papers and Proceedings 63, S. 134-139.

Rothschild, M.L.; Stiglitz (1976): Equilibrium in Competitiv Insurance Markets: An Essay on the Economics of Imperfect Information, in: Journal of Economics 90, S. 629-649.

Ryan, M. (1992): The Agency Relationship in Health Care: Identifying Areas of Future Research, Health Economics Research Unit, University of Aberdeen, Discussion Paper 2.

Saatweber, J. (1994): Inhalt und Zielsetzung von Qualitätsmanagementsystemen gemäß den Normen DIN ISO 9000 bis 9994, in: Qualitätsmanagement und Zertifizierung, *Stauss, B.* (Hrsg.), Wiesbaden: Gabler Verlag, S. 63-91.

Sabbatini, R. (1999): Searching for Medical Information on the Internet, in: http://www.epub.org.br/intermedic/n0101/catalog/catalog_e.htm (Stand 03.07.01).

Sachverständigenrat für die Konzertierte Aktion im Gesundheitswesen (1992): Ausbau in Deutschland und Aufbruch nach Europa, Jahresgutachten 1992, Baden-Baden: Nomos Verlag.

Sachverständigenrat für die Konzertierte Aktion im Gesundheitswesen (1994): Gesundheitsversorgung und Krankenversicherung 2000, Sachstandsbericht 1994, Baden-Baden: Nomos Verlag.

Sachverständigenrat für die Konzertierte Aktion im Gesundheitswesen (1995): Gesundheitsversorgung und Krankenversicherung 2000, Sondergutachten 1995, Baden-Baden: Nomos Verlag.

Sachverständigenrat für die Konzertierte Aktion im Gesundheitswesen (2000/2001): Bedarfsgerechtigkeit und Wirtschaftlichkeit, Kurzfassung, Gutachten 2000/2001, Baden-Baden: Nomos Verlag.

Salfeld, R.; Wettke, J. (2001): Perspektiven zum deutschen Gesundheitssystem, in: Die Zukunft des deutschen Gesundheitswesens: Perspektiven und Konzepte, *Salfeld, R.; Wettke, J.* (Hrsg.), Berlin, Heidelberg, New York: Springer Verlag, S. 1-6.

Salfeld, R.; Wettke, J. (2001a): Die Zukunft des deutschen Gesundheitswesens: Perspektiven und Konzepte, Berlin, Heidelberg, New York: Springer Verlag.

Samuelson, P.A. (1954): The Pure Theory of Public Expenditure, in: Review of Economics and Statistics 36, S. 387-389.

Schaefer, H. (1976): Der Krankheitsbegriff, in: Handbuch der Sozialmedizin, Sozialmedizin in der Praxis, *Blohmke, M.* (Hrsg.), Band 3, Stuttgart: Enke, S. 15-31.

Schär, W.C. (Hrsg.) (1994): Betriebswirtschaft und Management im Krankenhaus, Berlin: Ullstein Mosby.

Scheiber, A.; Gründel, M. (2000) S. 164: Virtuelle Gemeinschaft? Das Internet als Informations- und Diskussionsmedium für Krebspatienten, in: Gesundheitskommunikation, Medieninhalte und Medienwirkungen aus Sicht der Public Health Forschung, *Jazbinsek, D.* (Hrsg.), Wiesbaden: Westdeutscher Verlag, Opladen, S. 164-182.

Schmutte, A. (1998): Total Quality Management im Krankenhaus, Wiesbaden: Gabler Verlag.

Schneider, D. (1988): Grundsätze anreizverträglicher innerbetrieblicher Erfolgsrechnung zur Steuerung und Kontrolle von Fertigungs- und Vertriebsentscheidungen, in: ZfB – Zeitschrift für Betriebswirtschaft 58, S. 1181-1192.

Schneider, U. (1998): Der Arzt als Agent des Patienten: Zur Übertragbarkeit der Principal-Agent-Theorie auf die Arzt-Patient-Beziehung, Wissenschaftliche Diskussionspapiere: Ernst-Moritz-Arndt-Universität Greifswald, Rechts- und Staatswissenschaftliche Fakultät.

Schöffski, O.; Uber, A. (1998): Grundformen gesundheitsökonomischer Evaluation, in: Gesundheitsökonomische Evolution, Grundlagen und Standortbestimmung, Berlin: Springer Verlag.

Schulenburg, J-M. Graf v.d.; Uber, A.; et al. (1995): Ökonomische Evaluation telemedizinischer Projekte und Anwendungen, Baden-Baden: Nomos Verlag.

Schulenburg, J-M. Graf v. d.; Schöffski, O. (2000): Gesundheitsökonomische Evaluation, Berlin, Heidelberg: Springer Verlag.

Schwartz, A. (1997): Informations- und Anreizprobleme im Krankenhaussektor: eine instutionenökonomische Analyse, Wiesbaden: Gabler Verlag.

Schwartz, F.W.; Badura, B. (1995): Gesundheitssystemforschung in Deutschland, Weinheim u. a.: VCH.

Schwartz, F.W. (Hrsg.) (1998): Das Public-Health-Buch: Gesundheit und Gesundheitswesen, München, Wien, Baltimore: Urban und Schwarzberg.

Schwartz, F.W.; Walter, U. (1998): Prävention, in: Das Public-Health-Buch: Gesundheit und Gesundheitswesen, *Schwartz, F.W.* (Hrsg.), München, Wien, Baltimore: Urban und Schwarzberg.

Segal, L. (1998): The Importance of Patient Empowerment in Health System Reform, in: Health Policy 44, S. 31-44.

Selbmann, H.-K. (1999): Qualitätsmanagement im Krankenhaus vor dem Hintergrund internationaler Erfahrungen, in: Handbuch Krankenhausmanagement, *Braun, G.E.* (Hrsg.), Stuttgart: Schäffer-Poeschel.

Shannon, C.E.; Weaver, W. (1949): The Mathematical Theory of Communication, Urbana, Ill., S. 1-91.

Silberer, G. (1981): Das Informationsverhalten des Konsumenten beim Kaufentscheid – Ein analytisch – theoretischer Bezugsrahmen, in: Informationsverhalten des Konsumenten. Ergebnisse empirischer Studien, *Raffée, H.; Silberer, G.* (Hrsg.), Wiesbaden: Gabler Verlag, S. 27-60.

Slaytor, E.; Ward, J.E. (1998): How Risks of Breast Cancer and Benefits of Screening are Communicated to Women: Analysis of 58 Pamphlets, in: British Medical Journal 317, S. 263-264.

Smith H.; Godding, S.; Brown, R.; Frew, A. (1998): Evaluation of Readability and Accuracy of Information Leaflets in General Practice for Patients with Asthma, in: British Medical Journal 317, S. 364-265.

Specke, H.K. (2000): Gesundheitsmarkt, Daten, Fakten, Akteure, Verlag R. S. Schulz.

Spence, M.A. (1973): Job Market Signaling, in: Quarterly Journal of Economics 87, S. 355-374.

Spence, M.A. (1976): Informational aspects of market structures: an introduction, in: Quarterly Journal of Economics 90, S. 591 – 597.

Spremann, K. (1988): Reputation, Garantie, Information, in: Zeitschrift für Betriebswirtschaft 58 (5/6), S. 613-629.

Spremann, K. (1990): Asymmetrische Information, in: Zeitschrift für Betriebswirtschaft 60, S. 561-586.

Stauss, B. (1989): Beschwerdepolitik als Instrument des Dienstleistungsmarketings, in: Jahrbuch der Absatz- und Verbrauchsforschung, S. 41-62.

Stauss, B.; Scheuing, E.E. (1994): Der Malcolm Baldrigde National Quality Award und seine Bedeutung als Managementkonzept, in: Qualitätsmanagement und Zerifizierung, *Stauss, B.* (Hrsg.), Wiesbaden: Gabler Verlag.

Stauss, B. (Hrsg.) (1994a): Qualitätsmanagement und Zertifizierung, Wiesbaden: Gabler Verlag.

Staehle, W.H. (1985): Management, Eine verhaltenswissenschaftliche Perspektive, München: Vahlen.

Starker, S. (1989): Oracle at the Supermarket. The American Preoccupation with Self-Help Books, New Brunswick, N.J. u. a.: Transaction Publ.

Steffenhagen, H. (1984): Kommunikationswirkung – Kriterien und Zusammenhänge, herausgegeben im Auftrage der Heinrich Bauer Stiftung, Hamburg.

Stigler, J.E. (1961): The Economics of Information, in: Journal of Political Economy 69, S. 213-225.

Stiglitz, J.E. (1974): Information and Capital Markets, Working Paper, Standfort University.

Stoschek, J. (2000): Werbung als Wettbewerbselement im Gesundheitswesen – warum nicht?, in: Ärzte Zeitung (29.11.2000).

Straub, Ch. (2001): Verbesserung der Versorgungsqualität unter Beteiligung der Patienten – einige Ansätze, in: *Bundeszentrale für gesundheitliche Aufklärung (BzgA)* (Hrsg.) (2001): Bürgerbeteiligung im Gesundheitswesen – eine länderübergreifende Herausforderung – Ideen, Ansätze und Internationale Erfahrungen, 2. Auflage, Köln: BzgA, S. 118-126.

Straubhaar, T.; Winz, M. (1992): Reform des Bildungswesens, kontroverse Aspekte aus ökonomischer Sicht, Bern: Haupt.

Taupitz, J. (2001): Rechtsgrundlagen für Werbeverbote und Informationsgebote in Deutschland, in: Recht und Politik im Gesundheitswesen, *Ehlers, A.P.F.; Deutsch, E.; et al.* (Hrsg.), 1/2001, S. 9-15.

Thill, K.-D. (1996): Ideenhandbuch für erfolgreiches Krankenhaus-Marketing, Kommunikationsmanagement für Krankenhäuser, Kulmbach: Baumann Fachzeitschriftenverlag.

Tietz, B.; Köhler, R.; Zentes, J. (Hrsg.) (1995): Handwörterbuch des Marketings, 2. Auflage, Stuttgart: Schäffer-Poeschel.

Tölle, K.; Hofacker, Th.; Kaas, K. (1981): Der „Information Seeker": Konsumbegeistert oder konsumkritisch?, in: Marketing ZFP – Zeitschrift für Forschung und Praxis 3, S. 47-50.

Toepffer, J. (1996): Krankenversicherung im Spannungsfeld von Markt und Staat: das Beispiel der USA und seine Implikationen für Funktion und Gestaltung eines marktwirtschaftlich orientierten Krankenversicherungssystems, Bayreuth: Verlag PCO.

Tomczak, T. (1989): Situative Marketingstrategien: Grundsatzstrategien für „Dogs", Berlin, New York: de Gruyter, 1989.

Triebold, K. (1991): Gesundheitserziehung – auch im Krankenhaus, in: Arzt und Krankenhaus 1, S. 10-16.

Trommsdorff, V. (1993): Konsumentenverhalten, Stuttgart u. a.: Kohlhammer.

Tscheulin, D.K.; Helmig, B. (1996): Arzt- und Krankenhauswerbung: Rechtliche Grundlagen, „State-of-the-Art" und Direktiven für eine effiziente Ausgestaltung, Zeitschrift für Betriebswirtschaft 11, S. 1357-1381.

Tscheulin, D.K. (1999): Patientenorientiertes Direktmarketing bei Krankenhäusern, in: Stand und Perspektiven der Öffentlichen Betriebswirtschaftlehre: Festschrift für Prof. Dr. Peter Eichhorn zur Vollendung des 60. Lebensjahres, *Bräunig, D.; Greiling, D.* (Hrsg.), Berlin: Berlin-Verlag Spitz, S. 419-425.

Twaddle, A.C. (1974): The Concept of Health Status, in: Social Science and Medicine 8, S.11

Ulrich, P.; Fluri, E.W. (1984): Management – Eine konzentrierte Einführung, 7. Auflage, Bern: Uni-Taschenbücher.

Unterhuber, H. (1999): Die SBK – Der gesunde Weg, Der Mensch im Mittelpunkt, Gesundheitspolitische Position der Siemens-Betriebskrankenkasse, April 1999 (unveröffentlicht).

Vogel, H.R. (2000): Patienten können oft selbst entscheiden, in: bdvb-special, Der Kunde Patient – der kundige Patient? Dokumentation einer Podiumsdiskussion der Fachgruppe Gesundheitsökonomie im bdvb 2, S. 17.

Volmer, T.; Kielhorn, A. (1998): Compliance und Gesundheitsökonomie, in: Compliance und Selbstmanagement, *Petermann, F.* (Hrsg.), Göttingen: Hogrefe, S. 45-72.

Walter, O. (2002): Bundesverfassungsgericht: Zeitungsanzeigen von Arztpraxen auch ohne konkreten Anlass (Urlaub etc.) zulässig, (Stand 4. April 2002), Rechtsanwälte Wienke&Becker-Köln, (unveröffentlicht).

Wasem, J.; Güther, B. (1999): Das Gesundheitssystem in Deutschland: Einstellungen und Erwartungen der Bevölkerung. Eine Bestandsaufnahme, Neuss: Janssen-Cilag GmbH.

Wasem, J.; Güther, B. (2000): Der Patient im Mittelpunkt, Zusammenfassung einer repräsentativen Bevölkerungsstudie, in: bdvb-special, Der Kunde Patient – der kundige Patient? Dokumentation einer Podiumsdiskussion der Fachgruppe Gesundheitsökonomie im bdvb, Heft 2 Oktober 2000, S. 5-7.

Weber, E. (1980): Patienten-Compliance, in: Arzt und Patient, *Junkersdorf, J.; Mahr, H.* (Hrsg.), Baden-Baden: Witzstrock, S. 4-9.

Weiber, R.; Adler J. (1995): Informationsökonomisch begründete Typologisierung von Kaufprozessen, in: Zfbf – Zeitschrift für betriebswirtschaftliche Forschung 49 (1), S. 43-65.

Weiber, R.; Adler, J. (1995a): Positionierung von Kaufprozessen im informationsökonomischen Dreieck: Operationalisierung und verhaltenswissenschaftliche Prüfung, in: Zfbf – Zeitschrift für betriebswirtschaftliche Forschung 47 (2), S. 99-123.

Wendt, W.R. (1997): Case Management im Sozial- und Gesundheitswesen. Eine Einführung, Lambertus, Freiburg: Lambertus.

Wenger, E.; Terberger, E. (1988): Die Beziehung zwischen Agent und Prinzipal als Baustein einer ökonomischen Theorie der Organisation, in: Wist – Wirtschaftswissenschaftliches Studium 17, S. 506-514.

Wenzel, G. (1986): Marktstrategien multinationaler Pharma-Unternehmen in den Märkten von morgen, in: Die Pharmazeutische Industrie 53 (9), S. 793-797.

WHO (1994): Principles of the rights of patients in Europe: a common framework, in: European Journal of Health Law, S. 279-291.

Wiedemann, R. (1998): Wettbewerb unter Krankenhäusern: Eine institutionenökonomische Analyse unter besonderer Berücksichtigung von Informationsasymmetrien, Frankfurt a. Main, Berlin, Bern, Wien: Lang.

Wille, E. (2000): GKV-Finanzentwicklung „Lücke zwischen Ausgabendynamik und Einnahmenschwäche wächst" in: A+S aktuell 14, (12.07.2000).

Wille, E. (1997): Koreferat zu „Managed Care und Wettbewerb im Gesundheitswesen – Voraussetzung und mögliche Auswirkungen – in: Reformstrategie „Managed Care", *Knappe, E.* (Hrsg.), Baden-Baden: Nomos Verlag.

Williamson, O.E. (1975): Markets and Hierarchies, New York: Free Print London: Collier Macmillan.

Williamson, O.E. (1985): The Economic Institutions of Capitalism, New York: Free Print London: Collier Macmillan.

Witte, E. (1975): Informationsverhalten, in: Handwörterbuch der Betriebswirtschaft, *Grochla, E.; Wittmann, W.* (Hrsg.), Stuttgart: Poeschel, S. 1915-1924.

Wittmann, W. (1980): Information, in: *Grochla, E.* (Hrsg.) Handwörterbuch der Organisation, 2. Auflage, Stuttgart: Poeschel, S. 894-904.

Wittmann, W. (Hrsg.) (1993): Handwörterbuch der Betriebswirtschaft, Stuttgart: Poeschel.

Woll, A. (1992): Wirtschaftslexikon, München, Wien: Oldenbourg.

Wrigeley, L.; McKevitt, D. (1994): Professional Ethics, Government Agenda, and Differential Information, in: Public Sector Management, *McKevitt, D.; Lawton, D.* (Hrsg.), New York u. a.: Praeger, S. 71-84.

Yovits, M.C. (1969): Information Science: Toward the Development of a true Scientific Discipline, in: American Documentation 20, S. 369-376.

Yu, J.; Cooper, Harris (1983): A Quantitative Review of Research of Research Design Effects on Response Rates to Questionnaires, in: Journal of Marketing Research, 20 Jg. (1983), H. 1, S. 36 ff.

Zeithaml, V.A. (1991): How Consumer Evaluation Processes Differ between Goods and Services, in: Services Marketing, *Lovelock, C.H.* (Hrsg.), 2. Auflage, Englewood Cliffs: Prentice Hall, S. 39-47.

Ziegenfuss, J.T. (2001): Patientenvertretungs- und Ombudsmann- Programme als Beitrag zum Qualitätsmanagement, in: Bürgerbeteiligung im Gesundheitswesen – eine länderübergreifende Herausforderung – Ideen, Ansätze und Internationale Erfahrungen, *Bundeszentrale für gesundheitliche Aufklärung (BzgA)* (Hrsg.), 2. Auflage, Köln: BzgA, S. 184-189.

Zweifel, P. (1994): Eine Charakterisierung von Gesundheitssystemen: Welche sind von Vorteil bei welchen Herausforderungen?, in: *Oberender, P.* (Hrsg.), Probleme der Transformation im Gesundheitswesen, Baden-Baden: Nomos Verlag, S. 9-43.

Anhang

1 Gesetze, Verordnungen und Entscheidungen (auszugsweise)

GG – Grundgesetz für die Bundesrepublik Deutschland.

Art. 1 GG

(1) Die Würde des Menschen ist unantastbar. Sie zu achten und zu schützen ist Verpflichtung aller staatlichen Gewalt.

Art. 2 GG

(1) Jeder hat das Recht auf die freie Entfaltung seiner Persönlichkeit, soweit er nicht die Rechte anderer verletzt und nicht gegen die verfassungsmäßige Ordnung oder das Sittengesetz verstößt.

(2) Jeder hat das Recht auf Leben und körperliche Unversehrtheit. Die Freiheit der Person ist unverletzlich. In diese Rechte darf nur aufgrund eines Gesetzes eingegriffen werden.

Art. 5 GG

(1) Jeder hat das Recht, seine Meinung in Wort, Schrift und Bild frei zu äußern und zu verbreiten und sich aus allgemein zugänglichen Quellen ungehindert zu unterrichten. Die Pressefreiheit und die Freiheit der Berichterstattung durch Rundfunk und Film werden gewährleistet. Eine Zensur findet nicht statt.

HWG – Gesetz über die Werbung auf dem Gebiete des Heilwesens

§ 11 HWG – Sonstige verbotene Werbung außerhalb der Fachkreise

Außerhalb der Fachkreise darf für Arzneimittel, Verfahren, Behandlungen, Gegenstände oder andere Mittel nicht geworben werden

1. mit Gutachten, Zeugnissen, wissenschaftlichen oder fachlichen Veröffentlichungen sowie mit Hinweisen darauf,
2. mit Angaben, dass das Arzneimittel, das Verfahren, die Behandlung, der Gegenstand oder das andere Mittel ärztlich, zahnärztlich, tierärztlich oder anderweitig fachlich empfohlen oder geprüft ist oder anderweitig angewendet wird,
3. mit der Wiedergabe von Krankengeschichten sowie mit Hinweisen darauf,
4. mit der bildlichen Darstellung von Personen in der Berufskleidung oder bei der Ausübung der Tätigkeit von Angehörigen der Heilberufe, des Heilgewerbes oder des Arzneimittelhandels,
5. mit der bildlichen Darstellung

a. von Veränderungen des menschlichen Körpers oder seiner Teile durch Krankheiten, Leiden oder Körperschäden, bei der Wirkung eines Arzneimittels, eines Verfahrens, einer

Behandlung, eines Gegenstandes oder eines anderen Mittels durch vergleichende Darstellung des Körperzustands oder des Aussehens vor und nach der Anwendung,

b. des Wirkungsvorganges eines Arzneimittels, eines Verfahrens, einer Behandlung, eines Gegenstandes oder eines anderen Mittels am menschlichen Körper oder an seinen Teilen,

6. mit fremd- oder fachsprachlichen Bezeichnungen, soweit sie nicht in den allgemeinen deutschen Sprachgebrauch eingegangen sind,
7. mit einer Werbeaussage, die geeignet ist, Angstgefühle hervorzurufen oder auszunutzen,
8. durch Werbevorträge, in denen ein Feilbieten oder eine Entgegennahme von Anschriften verbunden ist,
9. mit Veröffentlichungen, deren Werbezweck missverständlich oder nicht deutlich erkennbar ist,
10. mit Veröffentlichungen, die dazu anleiten, bestimmte Krankheiten, Leiden, Körperschäden oder krankhafte Beschwerden beim Menschen selbst zu erkennen und mit den in der Werbung bezeichneten Arzneimitteln, Gegenständen, Verfahren, Behandlungen oder anderen Mitteln zu behandeln, sowie mit entsprechenden Anleitungen in audiovisuellen Medien,
11. mit Äußerungen Dritter, insbesondere mit Dank-, Anerkennungs- oder Empfehlungsschreiben, oder mit Hinweisen auf solche Äußerungen,
12. mit Werbemaßnahmen, die sich ausschließlich oder überwiegend an Kinder unter 14 Jahren richten,
13. mit Preisausschreiben, Verlosungen oder anderen Verfahren, deren Ergebnis vom Zufall abhängig ist,
14. durch die Abgabe von Mustern oder Proben von Arzneimitteln oder durch Gutscheine dafür,
15. durch die nicht verlangte Abgabe von Mustern oder Proben von anderen Mitteln oder Gegenständen oder durch Gutscheine dafür.

§ 12 HWG – Werbung unter Bezugnahme auf bestimmte Krankheiten und Leiden

(1) Die Werbung für Arzneimittel außerhalb der Fachkreise darf sich nicht auf die Erkennung, Verhütung, Beseitigung oder Linderung der in der Anlage zu diesem Gesetz aufgeführten Krankheiten oder Leiden beim Menschen oder Tier beziehen.

(2) Die Werbung für andere Mittel, Verfahren, Behandlungen oder Gegenstände außerhalb der Fachkreise darf sich nicht auf die Erkennung, Beseitigung oder Linderung dieser Krankheiten oder Leiden beziehen. Dies gilt nicht für die Werbung für Verfahren oder Behandlungen in Heilbädern, Kurorten und Kuranstalten.

MBO-Ä – Musterberufsordnung für die deutschen Ärztinnen und Ärzte

§ 2 MBO-Ä – Allgemeine ärztliche Berufspflichten

1. Der Arzt übt seinen Beruf nach seinem Gewissen, den Geboten der ärztlichen Ethik und der Menschlichkeit aus. Er darf keine Grundsätze anerkennen und keine Vorschriften oder Anweisungen beachten, die mit seiner Aufgabe nicht vereinbar sind oder deren Befolgung er nicht verantworten kann.
2. Der Arzt hat seinen Beruf gewissenhaft auszuüben und dem ihm bei seiner Berufsausübung entgegengebrachten Vertrauen zu entsprechen.
3. Zur gewissenhaften Berufsausübung gehören auch die Grundsätze korrekter ärztlicher Berufsausübung in Kapitel C.
4. Der Arzt darf hinsichtlich seiner ärztlichen Entscheidungen keine Weisungen von Nichtärzten entgegennehmen.
5. Der Arzt ist verpflichtet, sich über die für die Berufsausübung geltenden Vorschriften unterrichtet zu halten.
6. Unbeschadet der in den nachfolgenden Vorschriften geregelten besonderen Auskunfts- und Anzeigepflichten hat der Arzt auf Anfragen der Ärztekammer, welche diese zur Erfüllung ihrer gesetzlichen Aufgaben bei der Berufsaufsicht an den Arzt richtet, in angemessener Frist zu antworten.

§ 7 MBO-Ä – Behandlungsgrundsätze und Verhaltensregeln

1. Jede medizinische Behandlung hat unter Wahrung der Menschenwürde und unter Achtung der Persönlichkeit, des Willens und der Rechte des Patienten, insbesondere des Selbstbestimmungsrechts, zu erfolgen.
2. Der Arzt achtet das Recht seiner Patienten, den Arzt frei zu wählen oder zu wechseln. Andererseits ist – von Notfällen oder besonderen rechtlichen Verpflichtungen abgesehen – auch der Arzt frei, eine Behandlung abzulehnen. Den begründeten Wunsch des Patienten, einen weiteren Arzt zuzuziehen oder einem anderen Arzt überwiesen zu werden, soll der behandelnde Arzt in der Regel nicht ablehnen.
3. Der Arzt darf individuelle ärztliche Behandlung, insbesondere auch Beratung, weder ausschließlich brieflich noch in Zeitungen oder Zeitschriften noch ausschließlich über Kommunikationsmedien oder Computerkommunikationsnetze durchführen.

§ 8 MBO-Ä – Aufklärungspflicht

Zur Behandlung bedarf der Arzt der Einwilligung des Patienten. Der Einwilligung hat grundsätzlich die erforderliche Aufklärung im persönlichen Gespräch vorauszugehen.

§ 17 MBO-Ä - Niederlassung und Ausübung der Praxis
(entsprechend Beschlussprotokoll des 105. Deutschen Ärztetages)

4. Die Niederlassung ist durch ein Praxisschild kenntlich zu machen. Der Arzt hat auf seinem Praxisschild

- den Namen
- die (Fach-) Arztbezeichnung
- die Sprechzeiten sowie
- ggf. die Zugehörigkeit zu einer Berufsausübungsgemeinschaft
- gemäss § 22 i.V.m. Kap. D II Nr. 8 anzugeben.

Ärzte, welche nicht unmittelbar patientenbezogen tätig werden, können von der Ankündigung ihrer Niederlassung durch ein Praxisschild absehen, wenn sie dies der Ärztekammer anzeigen.

§ 18 MBO-Ä - Zweigpraxis, ausgelagerte Praxisräume
(entsprechend Beschlussprotokoll des 105. Deutschen Ärztetages)

3. Mit Genehmigung der Ärztekammer darf der Arzt ausgelagerte Praxisräume mit einem Hinweisschild kennzeichnen, welches seinen Namen, seine Arztbezeichnung und einen Hinweis auf die in den ausgelagerten Praxisräumen durchgeführten Untersuchungs- und Behandlungsmethoden enthält.

§ 22a MBO-Ä - Ankündigung von Kooperationen
(entsprechend Beschlussprotokoll des 105. Deutschen Ärztetages)

1. Bei Berufsausübungsgemeinschaften von Ärzten (Gemeinschaftspraxis, Ärzte-Partnerschaft, Kapitel D II Nr.8) sind - unbeschadet des Namens einer Partnerschaftsgesellschaft - die Namen und Arztbezeichnungen aller in der Gemeinschaft zusammengeschlossener Ärzte anzuzeigen. Der Zusammenschluss ist ferner entsprechend der Rechtsform mit dem Zusatz "Gemeinschaftspraxis oder "Partnerschaft" anzukündigen. Die Fortführung des Namens eines nicht mehr berufstätigen, eines ausgeschiedenen oder verstorbenen Partners ist unzulässig. Hat eine ärztliche Gemeinschaftspraxis oder Partnerschaft gemäß Kapitel D II Nr.8 mehrere Praxissitze, so ist für jeden Partner zusätzlich der Praxissitz anzugeben.
2. Bei Kooperationen gemäß Kapitel D II Nr. 9 muss sich der Arzt in ein gemeinsames Praxisschild mit den Kooperationspartnern aufnehmen lassen. Bei Partnerschaften gemäß Kapitel D II Nr. 10 darf der Arzt, wenn die Angabe seiner Berufsbezeichnung vorgesehen ist, nur gestatten, dass die Bezeichnung "Arzt" oder eine andere führbare Bezeichnung angegeben wird.
3. Zusammenschlüsse zu Organisationsgemeinschaften dürfen nicht angekündigt werden.
4. Die Zugehörigkeit zu einem Praxisverbund nach Kap. D II Nr. 11 kann durch Hinzufügen des Namens des Verbundes angekündigt werden.

§ 27 MBO-Ä - Erlaubte Information und berufswidrige Werbung (entsprechend Beschlussprotokoll des 105. Deutschen Ärztetages)

1. Zweck der nachstehenden Vorschriften der Berufsordnung ist die Gewährleistung des Patientenschutzes durch sachgerechte und angemessene Information und die Vermeidung einer dem Selbstverständnis des Arztes zuwiderlaufenden Kommerzialisierung des Arztberufs.
2. Auf dieser Grundlage sind dem Arzt sachliche berufsbezogene Informationen gestattet.
3. Berufswidrige Werbung ist dem Arzt untersagt. Berufswidrig ist insbesondere eine anpreisende, irreführende oder vergleichende Werbung. Werbeverbote aufgrund anderer gesetzlicher Bestimmungen bleiben unberührt.
4. Der Arzt kann
   1. nach der Weiterbildungsordnung erworbene Bezeichnungen,
   2. nach sonstigen öffentlich-rechtlichen Vorschriften erworbene Qualifikationen,
   3. Tätigkeitsschwerpunkte und
   4. organisatorische Hinweise

   ankündigen.

   Die nach Nr. 1 erworbenen Bezeichnungen dürfen nur in der nach der Weiterbildungsordnung zulässigen Form geführt werden. Ein Hinweis auf die verleihende Ärztekammer ist zulässig. Andere Qualifikationen und Tätigkeitsschwerpunkte dürfen nur angekündigt werden, wenn diese Angaben nicht mit solchen nach geregeltem Weiterbildungsrecht erworbenen Qualifikationen verwechselt werden können.
5. Die Angaben nach Abs. 4 Nr. 1 bis 3 sind nur zulässig, wenn der Arzt die umfassten Tätigkeiten nicht nur gelegentlich ausübt.
6. Die Ärzte haben der Ärztekammer auf deren Verlangen die zur Prüfung der Voraussetzungen der Ankündigung erforderlichen Unterlagen vorzulegen. Die Ärztekammer ist befugt, ergänzende Auskünfte zu verlangen.

§ 28 MBO-Ä - Verzeichnisse (entsprechend Beschlussprotokoll des 105. Deutschen Ärztetages)

Ärzte dürfen sich in Verzeichnisse eintragen lassen, wenn diese folgenden Anforderungen gerecht werden:

1. sie müssen allen Ärzten, die die Kriterien des Verzeichnisses erfüllen, zu denselben Bedingungen gleichermaßen mit einem kostenfreien Grundeintrag offen stehen,
2. die Eintragungen müssen sich auf die ankündigungsfähigen Informationen beschränken und
3. die Systematik muss zwischen den nach der Weiterbildungsordnung und nach sonstigen öffentlich-rechtlichen Vorschriften erworbenen Qualifikationen einerseits und Tätigkeitsschwerpunkten andererseits unterscheiden.

D. Ergänzende Bestimmungen zu einzelnen ärztlichen Berufspflichten (entsprechend Beschlussprotokoll des 105. Deutschen Ärztetages)
I. Regeln der beruflichen Kommunikation, insbesondere zulässiger Inhalt und Umfang sachlicher Information über die berufliche Tätigkeit

Nrn. 1-5 aufgehoben.

SGB V – Sozialgesetzbuch Fünftes Buch: Gesetzliche Krankenversicherung.

§ 20 SGB V – Prävention und Selbsthilfe
(1) Die Krankenkasse soll in der Satzung Leistungen zur primären Prävention vorsehen, die die in den Sätzen 2 und 3 genannten Anforderungen erfüllen. Leistungen zur Primärprävention sollen den allgemeinen Gesundheitszustand verbessern und insbesondere einen Beitrag zur Verminderung sozial bedingter Ungleichheit von Gesundheitschancen erbringen. Die Spitzenverbände der Krankenkassen beschließen gemeinsam und einheitlich unter Einbeziehung unabhängigen Sachverstandes prioritäre Handlungsfelder und Kriterien für Leistungen nach Satz 1, insbesondere hinsichtlich Bedarf, Zielgruppen, Zugangswegen, Inhalten und Methodik.
(2) Die Krankenkassen können den Arbeitsschutz ergänzende Maßnahmen der betrieblichen Gesundheitsförderung durchführen; Absatz 1 Satz 3 gilt entsprechend. Die Krankenkassen arbeiten bei der Verhütung arbeitsbedingter Gesundheitsgefahren mit den Trägern der gesetzlichen Unfallversicherung zusammen und unterrichten diese über die Erkenntnisse, die sie über Zusammenhänge zwischen Erkrankungen und Arbeitsbedingungen gewonnen haben. Ist anzunehmen, dass bei einem Versicherten eine berufsbedingte gesundheitliche Gefährdung oder eine Berufskrankheit vorliegt, hat die Krankenkasse dies unverzüglich den für den Arbeitsschutz zuständigen Stellen und dem Unfallversicherungsträger mitzuteilen.
(3) Die Ausgaben der Krankenkasse für die Wahrnehmung ihrer Aufgaben nach den Absätzen 1 und 2 sollen insgesamt im Jahr 2000 für jeden ihrer Versicherten einen Betrag von fünf Deutschen Mark umfassen; sie sind in den Folgejahren entsprechend der prozentualen Veränderung der monatlichen Bezugsgröße nach § 18 (1) des Vierten Buches anzupassen.
(4) Die Krankenkasse soll Selbsthilfegruppen, -organisationen und -kontaktstellen fördern, die sich die Prävention oder die Rehabilitation von Versicherten bei einer der im Verzeichnis nach Satz 2 aufgeführten Krankheiten zum Ziel gesetzt haben. Die Spitzenverbände der Krankenkassen beschließen gemeinsam und einheitlich ein Verzeichnis der Krankheitsbilder, bei deren Prävention oder Rehabilitation eine Förderung zulässig ist; sie haben die Kassenärztliche Bundesvereinigung und Vertreter der für die Wahrnehmung der Interessen der Selbsthilfe maßgeblichen Spitzenorganisationen zu beteiligen. Die Spitzenverbände der Krankenkassen beschließen gemeinsam und einheitlich Grundsätze zu den Inhalten der Förderung der Selbst-

hilfe; eine über die Projektförderung hinausgehende Förderung der gesundheitsbezogenen Arbeit von Selbsthilfegruppen, -organisationen und -kontaktstellen durch Zuschüsse ist möglich. Die in Satz 2 genannten Vertreter der Selbsthilfe sind zu beteiligen. Die Ausgaben der Krankenkasse für die Wahrnehmung ihrer Aufgaben nach Satz 1 sollen insgesamt im Jahr 2000 für jeden ihrer Versicherten einen Betrag von einer Deutschen Mark umfassen; sie sind in den Folgejahren entsprechend der prozentualen Veränderung der monatlichen Bezugsgröße nach § 18 (1) des Vierten Buches anzupassen.

§ 65 SGB V – Auswertung der Modellvorhaben

Die Krankenkassen oder ihre Verbände haben eine wissenschaftliche Begleitung und Auswertung der Modellvorhaben im Hinblick auf die Erreichung der Ziele der Modellvorhaben nach § 63 (1) oder (2) nach allgemein anerkannten wissenschaftlichen Standards zu veranlassen. Der von unabhängigen Sachverständigen zu erstellende Bericht über die Ergebnisse der Auswertung ist zu veröffentlichen.

§ 65b SGB V – Förderung von Einrichtungen zur Verbraucher- und Patientenberatung

(1) Die Spitzenverbände der Krankenkassen fördern mit jährlich insgesamt 10 Millionen Deutsche Mark je Kalenderjahr im Rahmen von Modellvorhaben gemeinsam und einheitlich Einrichtungen zur Verbraucher- oder Patientenberatung, die sich die gesundheitliche Information, Beratung und Aufklärung von Versicherten zum Ziel gesetzt haben und die von den Spitzenverbänden als förderungsfähig anerkannt wurden. Die Förderung einer Einrichtung zur Verbraucher- oder Patientenberatung setzt deren Nachweis über ihre Neutralität und Unabhängigkeit voraus. § 63 (5) Satz 2 und § 65 gelten entsprechend.

(2) Die Spitzenverbände der Krankenkassen haben die Fördermittel nach Absatz 1 Satz 1 durch eine dem Anteil der Mitglieder ihrer Kassenart an der Gesamtzahl aller Mitglieder der Krankenkassen entsprechende Umlage aufzubringen. Das Nähere zur Vergabe der Fördermittel vereinbaren die Spitzenverbände der Krankenkassen gemeinsam und einheitlich.

§ 66 SGB V – Unterstützung der Versicherten bei Behandlungsfehlern

Die Krankenkassen können die Versicherten bei der Verfolgung von Schadensersatzansprüchen, die bei der Inanspruchnahme von Versicherungsleistungen aus Behandlungsfehlern entstanden sind und nicht nach § 116 des Zehnten Buches auf die Krankenkassen übergehen, unterstützen.

§ 76 SGB V – Freie Arztwahl

(1) Die Versicherten können unter den zur vertragsärztlichen Versorgung zugelassenen Ärzten, den ermächtigten Ärzten, ermächtigten ärztlich geleiteten Einrichtungen, den Zahnkliniken der Krankenkassen, den Eigeneinrichtungen der Krankenkassen nach § 140 (2) Satz 2, den nach § 72a (3) vertraglich zur ärztlichen Behandlung verpflichteten Ärzten und Zahnärz-

ten, den zum ambulanten Operieren zugelassenen Krankenhäusern sowie den Einrichtungen nach § 75 (9) frei wählen. Andere Ärzte dürfen nur in Notfällen in Anspruch genommen werden. Die Inanspruchnahme der Eigeneinrichtungen der Krankenkassen nach § 140 (1) und (2) Satz 1 richtet sich nach den hierüber abgeschlossenen Verträgen. Zahl und Umfang der Eigeneinrichtungen dürfen aufgrund vertraglicher Vereinbarung vermehrt werden, wenn die Voraussetzungen des § 140 (2) Satz 1 erfüllt sind.

§ 135a SGB V – Verpflichtung zur Qualitätssicherung

(1) Die Leistungserbringer sind zur Sicherung und Weiterentwicklung der Qualität der von ihnen erbrachten Leistungen verpflichtet. Die Leistungen müssen dem jeweiligen Stand der wissenschaftlichen Erkenntnisse entsprechen und in der fachlich gebotenen Qualität erbracht werden.

(2) Vertragsärzte, zugelassene Krankenhäuser sowie Erbringer von Vorsorgeleistungen oder Rehabilitationsmaßnahmen sind nach Maßgabe der §§ 136a, 136b, 137 und 137d verpflichtet, sich an einrichtungsübergreifenden Maßnahmen der Qualitätssicherung zu beteiligen, die insbesondere zum Ziel haben, die Ergebnisqualität zu verbessern. Zugelassene Krankenhäuser, stationäre Vorsorgeeinrichtungen und stationäre Rehabilitationseinrichtungen sind nach Maßgabe der §§ 137 und 137d verpflichtet, einrichtungsintern ein Qualitätsmanagement einzuführen und weiterzuentwickeln.

§ 137 SGB V - Qualitätssicherung bei zugelassenen Krankenhäusern

(1) Die Spitzenverbände der Krankenkassen und der Verband der privaten Krankenversicherung vereinbaren mit der Deutschen Krankenhausgesellschaft unter Beteiligung der Bundesärztekammer sowie der Berufsorganisationen der Krankenpflegeberufe Maßnahmen der Qualitätssicherung für nach § 108 zugelassene Krankenhäuser. Dabei sind die Erfordernisse einer sektor- und berufsgruppenübergreifenden Versorgung angemessen zu berücksichtigen; dazu ist der Kassenärztlichen Bundesvereinigung Gelegenheit zur Stellungnahme zu geben. Die Vereinbarungen nach Satz 1 regeln insbesondere

1. die verpflichtenden Maßnahmen der Qualitätssicherung nach § 135 a Abs. 2 sowie die grundsätzlichen Anforderungen an ein einrichtungsinternes Qualitätsmanagement,
2. Kriterien für die indikationsbezogene Notwendigkeit und Qualität der im Rahmen der Krankenhausbehandlung durchgeführten diagnostischen und therapeutischen Leistungen, insbesondere aufwendiger medizintechnischer Leistungen,
3. Grundsätze zur Einholung von Zweitmeinungen vor Eingriffen und
4. Vergütungsabschläge für zugelassene Krankenhäuser, die ihre Verpflichtungen zur Qualitätssicherung nicht einhalten.

§ 140a SGB V - Integrierte Versorgung

(1) Integrierte Versorgungsformen auf Grund der Verträge nach den §§ 140 b und 140 d ermöglichen eine verschiedene Leistungssektoren übergreifende Versorgung der Versicherten. Das Versorgungsangebot und die Voraussetzungen seiner Inanspruchnahme ergeben sich aus dem Vertrag nach § 140 b und, soweit es die vertragsärztliche Versorgung einschließt, aus den Rahmenvereinbarungen nach § 140 d.
(2) Die Teilnahme der Versicherten an den integrierten Versorgungsformen ist freiwillig. Ein behandelnder Leistungserbringer darf aus der gemeinsamen Dokumentation nach § 140 b Abs. 3 die den Versicherten betreffenden Behandlungsdaten und Befunde nur dann abrufen, wenn der Versicherte ihm gegenüber seine Einwilligung erteilt hat, die Information für den konkret anstehenden Behandlungsfall genutzt werden soll und der Leistungserbringer zu dem Personenkreis gehört, der nach § 203 des Strafgesetzbuches zur Geheimhaltung verpflichtet ist.
(3) Die Versicherten haben das Recht, von ihrer Krankenkasse umfassend über die Verträge zur integrierten Versorgung, die teilnehmenden Leistungserbringer, besondere Leistungen und vereinbarte Qualitätsstandards informiert zu werden. Dieses Recht besteht auch gegenüber den teilnehmenden Leistungserbringern und ihren Zusammenschlüssen.

UWG – Gesetz gegen den unlauteren Wettbewerb

§ 1 UWG – Generalklausel

Wer im geschäftlichen Verkehr zu Zwecken des Wettbewerbes Handlungen vornimmt, die gegen die guten Sitten verstoßen, kann auf Unterlassung und Schadensersatz in Anspruch genommen werden.

§ 3 UWG – Irreführende Angaben

Wer im geschäftlichen Verkehr zu Zwecken des Wettbewerbs über geschäftliche Verhältnisse, insbesondere über die Beschaffenheit, den Ursprung, die Herstellungsart oder die Preismessung einzelner Waren oder gewerblicher Leistungen oder des gesamten Angebots, über Preislisten, über die Art des Bezugs oder die Bezugsquelle von Waren, über den Besitz von Auszeichnungen, über den Anlass oder den Zweck des Verkaufs oder über die Menge der Vorräte irreführende Angaben macht, kann auf Unterlassung der Angaben in Anspruch genommen werden. Angaben über geschäftliche Verhältnisse im Sinne des Satzes 1 sind auch Angaben im Rahmen vergleichender Werbung.

Entscheidungen des Bundesverfassungsgerichtes

BverfGE 89, 120, 130

...

3. b) Die Entscheidung über einen ärztlichen Eingriff steht grundsätzlich dem betroffenen Patienten zu. Art. 2 (2) Satz 1 GG gewährleistet das Recht auf Leben und körperliche Unversehrtheit als Freiheitsrecht, macht deshalb den ärztlichen Heilversuch vom Willen des Patienten abhängig. Allerdings steht dieses Freiheitsrecht nach Art. 2 (2) Satz 3 GG unter Gesetzesvorbehalt. In diesem Rahmen kann zwar vom Patienten nicht eine konkrete lebensgefährdende medizinische Behandlung erzwungen werden, um seine Verhandlungsfähigkeit wieder herzustellen; wohl aber darf bei der Beurteilung der Zumutbarkeit einer Verhandlung in Abwesenheit des Angeklagten der staatliche Verfolgungsanspruch gegen den Freiheitsschutz im Bereich der leiblich-seelischen Integrität abgewogen werden.

...

BverfGE 52, 131, 170

...

Weit mehr als sonst in den sozialen Beziehungen des Menschen fließt im ärztlichen Berufsbereich das Ethische mit dem Rechtlichen zusammen. Dies gilt heute ebenso wie ehedem. Die Beachtung des Selbstbestimmungsrechts des Patienten ist wesentlicher Teil des ärztlichen Aufgabenbereichs. Ohne sie ist das Gebot der Bundesärzteordnung (§ 1 (1)): „Der Arzt dient der Gesundheit des einzelnen Menschen und des gesamten Volkes" nicht zu erfüllen. Andererseits lässt sich in diesem Bereich sozialer Einbindung in den für das Gemeinwohl unabdingbaren Berufsauftrag des Arztes diesem nicht die ganze Last des Arzt-Patientenverhältnisses auferlegen. Es bedarf der Mitwirkung des Patienten – nicht nur der in passiver Haltung erteilten bloßen Einwilligung in ärztlicherseits gebotene Behandlungsvorschläge. Verlangt werden muss, soweit möglich, der auch von Seiten des Patienten mit verantwortlich geführte Dialog, soll nicht im Blick auf die Folgen beruflicher Haftung die als besonders gefahrgeneigt angelegte Tätigkeit des Arztes in eine defensive Rolle gedrängt werden, die dem Sozialauftrag der Medizin nicht mehr gerecht werden kann. Unter diesem Blickwinkel ist der Versuch der Rechtssprechung, für den Bereich des Haftungsrechts den Unsicherheiten ärztlicher Diagnose und Handelns vom Einzelfall her Rechnung zu tragen und die an sich äußerst komplexe standesethische Berufspflicht zur Aufklärung, soweit möglich unter normativen Gesichtspunkten in Einbeziehung der Mitverantwortlichkeit des Patienten für die Durchsetzung seines Selbstbestimmungsrechts einzugrenzen, von Verfassung wegen nicht zu beanstanden.

2 Empirische Untersuchung

Anschreiben zum Fragebogen

Fragebogen

Signifikanztests

Bayerische Beamtenkrankenkasse
Aktiengesellschaft

VERSICHERUNGSKAMMER BAYERN
Finanzgruppe

Herrn
Max Mustermann
Musterstraße 123

99999 Musterort

Neubiberg, 9. Juli 2001

Befragung von Versicherten zum Thema „Gesundheitsinformationen für Patienten und Versicherte“

Sehr geehrter Herr Mustermann,

immer mehr Patienten und Versicherte suchen im Internet Informationen über Gesundheitsvorsorge und Erkrankungen oder fragen ihre Krankenversicherung nach geeigneten Behandlungsmöglichkeiten. Im Rahmen meiner Doktorarbeit führe ich mit freundlicher Unterstützung der Versicherungskammer Bayern eine schriftliche Befragung zum Informationsbedürfnis von Versicherten durch.

Ihre Antworten dienen lediglich wissenschaftlichen Zwecken. Ihre Angaben werden absolut vertraulich behandelt, in keinem Zusammenhang mit Ihrem Namen verarbeitet oder gespeichert und auch nicht an die Versicherungskammer Bayern oder an Dritte weitergegeben.

Ihre Mitarbeit durch das Ausfüllen des beiliegenden Fragebogens würde meine Forschungsarbeit sehr Unterstützen. Zum Ausfüllen des gesamten Bogens benötigen Sie ca. 15 – 20 Minuten. Für Rücksendungen verwenden Sie bitte das beiliegende Kuvert. Das Porto übernimmt der Empfänger.

Bei Rückfragen stehe ich Ihnen gerne zur Verfügung, Telefon

Als Dank und kleine Anerkennung findet unter den Teilnehmern der Befragung eine Verlosung statt. Einsendeschluß ist der 1. August 2001. Der Rechtsweg ist ausgeschlossen.

Nutzen Sie die Chance, durch Ihre Beteiligung an der Befragung das Informationsangebot für medizinische Themen zu verbessern.

Für Ihre Mitarbeit bedanke ich mich herzlich.

UNIVERSITÄT DER BUNDESWEHR MÜNCHEN

Dr. Mautner

Claudia Uhl

Gesellschaftsangaben und Konto siehe Rückseite.

Möchten Sie an unserer Verlosung (2 Picknickkörbe, 5 WasserMaxx und 4 Schreibsets) teilnehmen, füllen Sie bitte das Adressenfeld aus. – Wir wünschen Ihnen viel Glück!

Einsendeschluß: 1. August 2001

Name, Vorname

Straße

Postleitzahl, Wohnort

VER SICHER UNGS KAMMER BAYERN

Finanzgruppe

Befragung von Versicherten zum Thema „Gesundheitsinformationen für Patienten und Versicherte"

Abschnitt A Fragen zu Ihrem Informationsbedürfnis

1. Im folgenden geht es um Ihr Informations- und Entscheidungsverhalten allgemein.
Im ersten Teil der Fragen (links) wird nach der Wichtigkeit gefragt und im zweiten Teil der Fragen (rechts) nach Ihrer Zufriedenheit.

1.a Wie **wichtig** ist es Ihnen grundsätzlich, daß Sie von Ihrem Hausarzt ausführlich informiert werden? *(1 Kreuz)*

sehr wichtig	eher wichtig	weniger wichtig	unwichtig
☐	☐	☐	☐

1.b Wie **zufrieden** sind Sie derzeit grundsätzlich mit der Information Ihres Hausarztes? *(1 Kreuz)*

sehr zufrieden	eher zufrieden	weniger zufrieden	unzufrieden
☐	☐	☐	☐

1.c Wie **wichtig** ist es Ihnen, daß Sie Ihr Hausarzt in die Entscheidung für eine Behandlung einbezieht? *(1 Kreuz)*

sehr wichtig	eher wichtig	weniger wichtig	unwichtig
☐	☐	☐	☐

1.d Wie **zufrieden** sind Sie derzeit mit Ihrer Einbeziehung bei der Entscheidungsfindung? *(1 Kreuz)*

sehr zufrieden	eher zufrieden	weniger zufrieden	unzufrieden
☐	☐	☐	☐

2. Im folgenden geht es um Gesundheitsinformationen im Detail.
Bitte beantworten Sie, wie wichtig Ihnen die Gesundheitsinformationen sind (links) und dann, wie gut Sie Ihr Hausarzt derzeit über diese Themen informiert (rechts).

2.a Für wie **wichtig** halten Sie Informationen über folgende Themen? *(1 Kreuz pro Zeile)*

2.b Wie gut informiert Sie Ihr Hausarzt derzeit über folgende Themen? *(1 Kreuz pro Zeile)*

sehr wichtig	eher wichtig	weniger wichtig	unwichtig	Informationen über...	sehr gut	eher gut	weniger gut	schlecht
☐	☐	☐	☐	Gesundheitsvorsorge	☐	☐	☐	☐
☐	☐	☐	☐	andere Ärzte (Spezialisten)	☐	☐	☐	☐
☐	☐	☐	☐	festgestellte Erkrankung	☐	☐	☐	☐
☐	☐	☐	☐	Behandlungsmöglichkeiten	☐	☐	☐	☐

3. Im folgenden geht es um Informationsquellen im Detail.

Bitte beantworten Sie, welche Informationsquellen Sie für folgende Gesundheitsinformationen schon mal genutzt haben (links) und welche Informationsquellen Sie gerne nutzen würden (rechts).

3.a Haben Sie folgende Informationsquellen **schon** mal für folgende Themen **genutzt**? *(Mehrfachantworten möglich)*

3.b Welche der Informationsquellen **würden Sie** für folgende Themen **gerne nutzen**? *(Mehrfachantworten möglich)*

Familie Freunde Bekannte	Arzt	eigene Krankenversicherung	Massenmedien (Zeitung, TV etc.)	keine	Informationen über...	Familie Freunde Bekannte	Arzt	eigene Krankenversicherung	Massenmedien (Zeitung, TV etc.)
☐	☐	☐	☐	☐	Gesundheitsvorsorge	☐	☐	☐	☐
☐	☐	☐	☐	☐	andere Ärzte (Spezialisten)	☐	☐	☐	☐
☐	☐	☐	☐	☐	festgestellte Erkrankung	☐	☐	☐	☐
☐	☐	☐	☐	☐	Behandlungsmöglichkeiten	☐	☐	☐	☐

3.c Bitte überlegen Sie nun, **ob** folgende **Merkmale** für die **Auswahl der Informationsquelle** für Sie **wichtig** sind. Kreuzen Sie nur die Merkmale an, die für Sie wichtig sind.

(Mehrfachantworten möglich)

Zeitaufwand	☐
Kostenaufwand	☐
Kompetenz	☐
Verständlichkeit	☐

3.d Wie wichtig sind für Sie folgende **Merkmale** bei der **Auswahl der Informationsquelle?**
Bitte bilden Sie eine **Rangfolge von 1 bis 4.**
Schreiben Sie neben das Merkmal, das für Sie
- am wichtigsten ist – eine 1
- am zweitwichtigsten ist – eine 2
- am drittwichtigsten ist – eine 3
- am wenigsten wichtig ist – eine 4.

(Jede Ziffer kann nur einmal vergeben werden)

	Rangplatz von 1 bis 4
Zeitaufwand	
Kostenaufwand	
Kompetenz	
Verständlichkeit	

4. Im folgenden geht es um Informationsmedien im Detail.

Bitte beantworten Sie, welche Informationsmedien Sie für folgende Informationen schon mal genutzt haben (links) und welche Informationsmedien Sie gerne nutzen würden (rechts).

4.a Haben Sie folgende Informationsmedien **schon** mal für folgende Themen **genutzt**? *(Mehrfachantworten möglich)*

4.b Welche der Informationsmedien **würden Sie** für folgende Themen **gerne nutzen**? *(Mehrfachantworten möglich)*

Druckmedien (Broschüre, Buch etc.)	Servicetelefon mit persönlicher Beratung	Internet	persönliche Beratungsstelle	keine	Informationen über...	Druckmedien (Broschüre, Buch etc.)	Servicetelefon mit persönlicher Beratung	Internet	persönliche Beratungsstelle
☐	☐	☐	☐	☐	Gesundheitsvorsorge	☐	☐	☐	☐
☐	☐	☐	☐	☐	andere Ärzte (Spezialisten)	☐	☐	☐	☐
☐	☐	☐	☐	☐	festgestellte Erkrankung	☐	☐	☐	☐
☐	☐	☐	☐	☐	Behandlungsmöglichkeiten	☐	☐	☐	☐

4.c Welche **Informationsmedien** würden Sie sich von Ihrer **Krankenversicherung** zur Übertragung von Gesundheitsinformationen wünschen?
Bitte bilden Sie eine **Rangfolge von 1 bis 4.**
Schreiben Sie neben das Informationsmedium, das für Sie – am wichtigsten ist – eine 1
– am zweitwichtigsten ist – eine 2
– am drittwichtigsten ist – eine 3
– am wenigsten wichtig ist – eine 4.
(Jede Ziffer kann nur einmal vergeben werden)

	Rangplatz von 1 bis 4
Druckmedien (Informationsbroschüre, Buch etc.)	
Servicetelefon mit persönlicher Beratung	
Internet	
persönliche Beratungsstelle (Versicherungsbüro)	

5.a Bitte überlegen Sie nun, was Sie von Ihrer Krankenversicherung erwarten. Kreuzen Sie nur das an, was Sie von Ihrer Krankenversicherung erwarten.
(Mehrfachantworten möglich)

Ich erwarte von meiner Krankenversicherung, daß ...

- ... der Beitrag niedrig ist ☐
- ... sie mich bei der Auswahl geeigneter Ärzte unterstützt ☐
- ... sie mich bei der Gesundheitsvorsorge informiert ☐
- ... Sie mich über Behandlungsmöglichkeiten informiert ☐

5.b Bitte bilden Sie nun eine **Rangfolge von 1 bis 4** für Ihre Erwartungen an die Krankenversicherung. Schreiben Sie neben die Erwartung, die für Sie
– am wichtigsten ist – eine 1
– am zweitwichtigsten ist – eine 2
– am drittwichtigsten ist – eine 3
– am wenigsten wichtig ist – eine 4.
(Jede Ziffer kann nur einmal vergeben werden)

Ich erwarte von meiner Krankenversicherung, daß...	Rangplatz von 1 bis 4
... der Beitrag niedrig ist	☐
... sie mich bei der Auswahl geeigneter Ärzte unterstützt	☐
... sie mich bei der Gesundheitsvorsorge informiert	☐
... sie mich über Behandlungsmöglichkeiten informiert	☐

---

6. In dieser Frage geht es um Informationen über Ärzte und die Möglichkeit, diese Informationen zu beschaffen.

6.a Stellen Sie sich vor, Sie müßten einen neuen Arzt auswählen. **Wie wichtig** sind Ihnen folgende **Informationen über den Arzt?**
(1 Kreuz pro Zeile)

Informationen über die ...	sehr wichtig	eher wichtig	weniger wichtig	unwichtig
... fachliche Qualifikation des Arztes, wie Ausbildung	☐	☐	☐	☐
... persönliche Qualifikation des Arztes, wie Einfühlungsvermögen	☐	☐	☐	☐
... Vorgehensweise des Arztes bei der medizinischen Untersuchung	☐	☐	☐	☐
... bisherige Erfolge des Arztes bei der Durchführung einer Behandlung	☐	☐	☐	☐
... medizintechnische Ausstattung der Praxis	☐	☐	☐	☐
... Ausstattung der Wartezimmer	☐	☐	☐	☐
... Sprechzeiten des Arztes	☐	☐	☐	☐
... organisatorische Zusammenarbeit in der Praxis	☐	☐	☐	☐
... Schnelligkeit der Terminvergabe	☐	☐	☐	☐
... Wartezeiten in der Praxis	☐	☐	☐	☐
... fachliche Qualifikation des Praxispersonals, wie Ausbildung	☐	☐	☐	☐
... persönliche Qualifikation des Praxispersonals, wie Freundlichkeit	☐	☐	☐	☐

6.b Wie einfach können Sie die folgenden Informationen über Ärzte selbst beschaffen? *(1 Kreuz pro Zeile)*

Beschaffung der Informationen über die ...	schwer möglich	durch eigene **Erfahrung während** des Arztbesuchs möglich	durch gezielte **Informationssuche vor** dem Arztbesuch möglich
... fachliche Qualifikation des Arztes, wie Ausbildung	☐	☐	☐
... persönliche Qualifikation des Arztes, wie Einfühlungsvermögen	☐	☐	☐
... Vorgehensweise des Arztes bei der medizinischen Untersuchung	☐	☐	☐
... bisherige Erfolge des Arztes bei der Durchführung einer Behandlung	☐	☐	☐
... medizintechnische Ausstattung der Praxis	☐	☐	☐
... Ausstattung der Wartezimmer	☐	☐	☐
... Sprechzeiten des Arztes	☐	☐	☐
... organisatorische Zusammenarbeit in der Praxis	☐	☐	☐
... Schnelligkeit der Terminvergabe	☐	☐	☐
... Wartezeiten in der Praxis	☐	☐	☐
... fachliche Qualifikation des Praxispersonals, wie Ausbildung	☐	☐	☐
... persönliche Qualifikation des Praxispersonals, wie Freundlichkeit	☐	☐	☐

7. Bitte beantworten Sie folgende Fragen mit ja oder nein.

(1 Kreuz pro Zeile)

	ja	nein
... Sind Sie zur Mitwirkung an einer Behandlung eher bereit, wenn Sie vorher umfassend informiert wurden?	☐	☐
... Hatten Sie schon einmal wegen unzureichender Information Schwierigkeiten, eine Behandlung zu befolgen?	☐	☐
... Waren Sie schon einmal unsicher, ob die von Ihrem Arzt vorgeschlagene Behandlung die beste ist?	☐	☐
... Haben Sie schon einmal eine Zweitmeinung von einem anderen Arzt zu einer Behandlung eingeholt?	☐	☐
... Wenn ja, wegen Unzufriedenheit mit dem Arzt?	☐	☐
... Wenn ja, wegen Bedürfnis nach weiteren Informationen?	☐	☐

Abschnitt B — Zum Schluß noch einige statistische Angaben

8. Ihr Geschlecht: männlich ☐ weiblich ☐

9. Ihr gegenwärtiges Alter: _____ Jahre

10. Welchen höchsten Schulabschluß haben Sie? *(1 Kreuz)*

Volksschule	Hauptschule	Realschule (mittlere Reife)	Fachoberschule (Fachhochschulreife)	Gymnasium (allgem. Hochschulreife)	abgeschlossenes Studium (Universität, FH)
☐	☐	☐	☐	☐	☐

11. Welchen Beruf über Sie aus? *(1 Kreuz)*

Student, Azubi	Beamter	Angestellter	selbständig	Hausfrau / -mann	Rentner / Pensionär	zur Zeit ohne Beruf
☐	☐	☐	☐	☐	☐	☐

12. Wie gut ist Ihr derzeitiger Gesundheitszustand nach Ihrer eigenen Einschätzung? *(1 Kreuz)*

sehr gut	gut	befriedigend	ausreichend	mangelhaft	ungenügend
☐	☐	☐	☐	☐	☐

Signifikanztests

Anlage 1 – Chi-Quadrat-Test

<u>Nullhypothese</u>: Die Zahl der Antworten sehr wichtig entspricht der Summe aller anderen Antworten.

Nr.		Chi-Quadrat	df	Asymptotische Signifikanz*
1	Wichtigkeit der ausführlichen Information durch den Hausarzt	1394,230	1	0,000
2	Wichtigkeit der Einbeziehung in die Behandlungsentscheidung	1421,412	1	0,000

*Bei einem Wert kleiner 0,01 ist die Nullhypothese mit einer Wahrscheinlichkeit von mindestens 99 Prozent falsch.

Anlage 2 – Chi-Quadrat-Test

<u>Nullhypothese</u>: Die Zahl der Antworten sehr zufrieden entspricht der Summe aller anderen Antworten.

Nr.		Chi-Quadrat	df	Asymptotische Signifikanz*
1	Zufriedenheit mit Information durch den Hausarzt	382,500	1	0,000
2	Zufriedenheit mit Einbeziehung in die Behandlungsentscheidung	139,133	1	0,000

*Bei einem Wert kleiner 0,01 ist die Nullhypothese mit einer Wahrscheinlichkeit von mindestens 99 Prozent falsch.

Anlage 3 – Chi-Quadrat-Test

Nullhypothese: Die Zahl der Antworten sehr wichtig entspricht der Summe aller anderen Antworten.

Nr.		Chi-Quadrat	df	Asymptotische Signifikanz*
1	Wichtigkeit von Informationen zur Gesundheitsvorsorge	68,549	1	0,000
2	Wichtigkeit von Informationen zu anderen Ärzten	5,471	1	0,019
3	Wichtigkeit von Informationen zur festgestellten Erkrankung	2247,226	1	0,000
4	Wichtigkeit von Informationen zu Behandlungsmöglichkeiten	2226,727	1	0,000

*Bei einem Wert kleiner 0,01 ist die Nullhypothese mit einer Wahrscheinlichkeit von mindestens 99 Prozent falsch.

Anlage 4 – Chi-Quadrat-Test

Nullhypothese: Die Zahl der Antworten sehr zufrieden entspricht der Summe aller anderen Antworten.

Nr.		Chi-Quadrat	df	Asymptotische Signifikanz*
1	Zufriedenheit von Informationen zur Gesundheitsvorsorge	1260,568	1	0,000
2	Zufriedenheit von Informationen zu anderen Ärzten	1169,363	1	0,000
3	Zufriedenheit von Informationen zur festgestellten Erkrankung	92,454	1	0,000
4	Zufriedenheit von Informationen zu Behandlungsmöglichkeiten	353,229	1	0,000

*Bei einem Wert kleiner 0,01 ist die Nullhypothese mit einer Wahrscheinlichkeit von mindestens 99 Prozent falsch.

Anlage 5 – z-Score

Nullhypothese: Die jetzige Zahl der Nutzer einer Informationsquelle zur Gesundheitsvorsorge entspricht der Zahl derjenigen, die diese Quelle zukünftig nutzen wollen.

Nr.	Informationsquellen zur Gesundheitsvorsoge	A	a=A/N	D	d=D/N	N	z-Score*
1	Familie, Freunde, Bekannte	1231	37,8%	77	2,4%	3258	-31,91
2	Arzt	445	13,7%	685	21,0%	3258	7,14
3	Krankenversicherung	86	2,6%	1605	49,3%	3258	36,94
4	Massenmedien	1228	37,7%	125	3,8%	3258	-29,99

*Bei einem Absolutwert des z-Scores größer als 2,57 ist die Nullhypothese mit einer Wahrscheinlichkeit von mindestens 99 Prozent falsch.

A: Anzahl der Befragten, die die Informationsquelle bisher genutzt haben, aber zukünftig nicht nutzen wollen.
D: Anzahl der Befragten, die die Informationsquelle bisher nicht genutzt haben, aber zukünftig nutzen wollen.
N: Anzahl der Befragten

Anlage 6 – Kruskal-Wallis-Test

Nullhypothese: Die Merkmale der Versicherten haben keinen Einfluss auf deren Präferenzen hinsichtlich Informationsquellen zur Gesundheitsvorsorge.

Nr.	Präferierte Informationsquellen zur Gesundheitsvorsorge	Versicherten-merkmale	Chi-Quadrat	df	Asymptotische Signifikanz*
1	Familie, Freunde, Bekannte	Geschlecht	7,476	1	0,006
2	Arzt	Geschlecht	2,362	1	0,124
3	Krankenversicherung	Geschlecht	4,867	1	0,027
4	Massenmedien	Geschlecht	5,022	1	0,025
5	Familie, Freunde, Bekannte	Altersgruppe	25,006	1	0,000
6	Arzt	Altersgruppe	2,685	1	0,101
7	Krankenversicherung	Altersgruppe	5,769	1	0,016
8	Massenmedien	Altersgruppe	0,727	1	0,394
9	Familie, Freunde, Bekannte	Schulabschluss	50,291	1	0,000
10	Arzt	Schulabschluss	3,305	1	0,069
11	Krankenversicherung	Schulabschluss	8,965	1	0,003
12	Massenmedien	Schulabschluss	25,998	1	0,000
13	Familie, Freunde, Bekannte	Beruf	3,639	1	0,056
14	Arzt	Beruf	1,331	1	0,249
15	Krankenversicherung	Beruf	0,114	1	0,735
16	Massenmedien	Beruf	1,362	1	0,243
17	Familie, Freunde, Bekannte	Gesundheitszustand	6,662	1	0,010
18	Arzt	Gesundheitszustand	1,666	1	0,197
19	Krankenversicherung	Gesundheitszustand	5,187	1	0,023
20	Massenmedien	Gesundheitszustand	0,514	1	0,473

*Bei einem Wert kleiner 0,01 ist die Nullhypothese mit einer Wahrscheinlichkeit von mindestens 99 Prozent falsch.

Der von Kruskal und Wallis (1952) entwickelte Test ist eine Erweiterung des U-Tests auf mehr als zwei Gruppen. Er prüft die Nullhypothese, dass p Populationen sich nicht unterscheiden. Es handelt sich um einen verteilungsfreien Test, d. h. es werden keine Voraussetzungen an die Verteilung der Populationen gestellt.

Anlage 7 – z-Score

Nullhypothese: Die jetzige Zahl der Nutzer einer Informationsquelle zu anderen Ärzten entspricht der Zahl derjenigen, die diese Quelle zukünftig nutzen wollen.

Nr.	Informationsquellen zu anderen Ärzten	A	a=A/N	D	d=D/N	N	z-Score*
1	Familie, Freunde, Bekannte	1342	41,2%	129	4,0%	3258	-31,63
2	Arzt	417	12,8%	796	24,4%	3258	10,88
3	Krankenversicherung	18	0,6%	1676	51,4%	3258	40,28
4	Massenmedien	285	8,7%	310	9,5%	3258	1,02

*Bei einem Absolutwert des z-Scores größer als 2,57 ist die Nullhypothese mit einer Wahrscheinlichkeit von mindestens 99 Prozent falsch.

A: Anzahl der Befragten, die die Informationsquelle bisher genutzt haben, aber zukünftig nicht nutzen wollen.
D: Anzahl der Befragten, die die Informationsquelle bisher nicht genutzt haben, aber zukünftig nutzen wollen.
N: Anzahl der Befragten

Anlage 8 – Kruskal-Wallis-Test

Nullhypothese: Die Merkmale der Versicherten haben keinen Einfluss auf deren Präferenzen hinsichtlich Informationsquellen zu anderen Ärzten.

Nr.	Präferierte Informationsquellen zu anderen Ärzten	Versicherten-merkmale	Chi-Quadrat	df	Asymptotische Signifikanz*
1	Familie, Freunde, Bekannte	Geschlecht	4,208	1	0,040
2	Arzt	Geschlecht	1,390	1	0,238
3	Krankenversicherung	Geschlecht	0,094	1	0,760
4	Massenmedien	Geschlecht	0,445	1	0,505
5	Familie, Freunde, Bekannte	Altersgruppe	21,909	1	0,000
6	Arzt	Altersgruppe	3,376	1	0,066
7	Krankenversicherung	Altersgruppe	10,381	1	0,001
8	Massenmedien	Altersgruppe	0,007	1	0,936
9	Familie, Freunde, Bekannte	Schulabschluss	45,374	1	0,000
10	Arzt	Schulabschluss	0,494	1	0,482
11	Krankenversicherung	Schulabschluss	2,389	1	0,122
12	Massenmedien	Schulabschluss	6,882	1	0,009
13	Familie, Freunde, Bekannte	Beruf	9,521	1	0,002
14	Arzt	Beruf	2,220	1	0,136
15	Krankenversicherung	Beruf	0,106	1	0,745
16	Massenmedien	Beruf	0,348	1	0,555
17	Familie, Freunde, Bekannte	Gesundheitszustand	1,688	1	0,194
18	Arzt	Gesundheitszustand	4,061	1	0,044
19	Krankenversicherung	Gesundheitszustand	1,447	1	0,229
20	Massenmedien	Gesundheitszustand	4,929	1	0,026

*Bei einem Wert kleiner 0,01 ist die Nullhypothese mit einer Wahrscheinlichkeit von mindestens 99 Prozent falsch.

Der von Kruskal und Wallis (1952) entwickelte Test ist eine Erweiterung des U-Tests auf mehr als zwei Gruppen. Er prüft die Nullhypothese, dass p Populationen sich nicht unterscheiden. Es handelt sich um einen verteilungsfreien Test, d. h. es werden keine Voraussetzungen an die Verteilung der Populationen gestellt.

Anlage 9 – z-Score

<u>Nullhypothese</u>: Die jetzige Zahl der Nutzer einer Informationsquelle zur festgestellten Erkrankung entspricht der Zahl derjenigen, die diese Quelle zukünftig nutzen wollen.

Nr.	Informationsquellen zur festgestellten Erkrankung	A	a=A/N	D	d=D/N	N	z-Score*
1	Familie, Freunde, Bekannte	739	22,7%	129	4,0%	3258	-20,70
2	Arzt	441	13,5%	320	9,8%	3258	-4,39
3	Krankenversicherung	20	0,6%	1133	34,8%	3258	32,78
4	Massenmedien	547	16,8%	200	6,1%	3258	-12,70

*Bei einem Absolutwert des z-Scores größer als 2,57 ist die Nullhypothese mit einer Wahrscheinlichkeit von mindestens 99 Prozent falsch.

A: Anzahl der Befragten, die die Informationsquelle bisher genutzt haben, aber zukünftig nicht nutzen wollen.
D: Anzahl der Befragten, die die Informationsquelle bisher nicht genutzt haben, aber zukünftig nutzen wollen.
N: Anzahl der Befragten

Anlage 10 – Kruskal-Wallis-Test

Nullhypothese: Die Merkmale der Versicherten haben keinen Einfluss auf deren Präferenzen hinsichtlich Informationsquellen zur festgestellten Erkrankung.

Nr.	Präferierte Informationsquellen zur festgestellten Erkrankung	Versicherten-merkmale	Chi-Quadrat	df	Asymptotische Signifikanz*
1	Familie, Freunde, Bekannte	Geschlecht	4,378	1	0,036
2	Arzt	Geschlecht	2,792	1	0,095
3	Krankenversicherung	Geschlecht	0,712	1	0,399
4	Massenmedien	Geschlecht	7,731	1	0,005
5	Familie, Freunde, Bekannte	Altersgruppe	11,422	1	0,001
6	Arzt	Altersgruppe	8,254	1	0,004
7	Krankenversicherung	Altersgruppe	5,295	1	0,021
8	Massenmedien	Altersgruppe	0,499	1	0,480
9	Familie, Freunde, Bekannte	Schulabschluss	49,246	1	0,000
10	Arzt	Schulabschluss	0,801	1	0,371
11	Krankenversicherung	Schulabschluss	3,479	1	0,062
12	Massenmedien	Schulabschluss	20,547	1	0,000
13	Familie, Freunde, Bekannte	Beruf	3,829	1	0,050
14	Arzt	Beruf	0,089	1	0,765
15	Krankenversicherung	Beruf	0,308	1	0,579
16	Massenmedien	Beruf	1,038	1	0,308
17	Familie, Freunde, Bekannte	Gesundheitszustand	0,041	1	0,839
18	Arzt	Gesundheitszustand	0,111	1	0,739
19	Krankenversicherung	Gesundheitszustand	9,396	1	0,002
20	Massenmedien	Gesundheitszustand	2,473	1	0,116

*Bei einem Wert kleiner 0,01 ist die Nullhypothese mit einer Wahrscheinlichkeit von mindestens 99 Prozent falsch.

Der von Kruskal und Wallis (1952) entwickelte Test ist eine Erweiterung des U-Tests auf mehr als zwei Gruppen. Er prüft die Nullhypothese, dass p Populationen sich nicht unterscheiden. Es handelt sich um einen verteilungsfreien Test, d. h. es werden keine Voraussetzungen an die Verteilung der Populationen gestellt.

Anlage 11 – z-Score

Nullhypothese: Die jetzige Zahl der Nutzer einer Informationsquelle zu Behandlungsmöglichkeiten entspricht der Zahl derjenigen, die diese Quelle zukünftig nutzen wollen.

Nr.	Informationsquellen zu Behandlungsmöglichkeiten	A	a=A/N	D	d=D/N	N	z-Score*
1	Familie, Freunde, Bekannte	958	29,4%	125	3,8%	3258	-25,31
2	Arzt	482	14,8%	264	8,1%	3258	-7,98
3	Krankenversicherung	32	1,0%	1611	49,4%	3258	38,96
4	Massenmedien	748	23,0%	221	6,8%	3258	-16,93

*Bei einem Absolutwert des z-Scores größer als 2,57 ist die Nullhypothese mit einer Wahrscheinlichkeit von mindestens 99 Prozent falsch.

A: Anzahl der Befragten, die die Informationsquelle bisher genutzt haben, aber zukünftig nicht nutzen wollen.
D: Anzahl der Befragten, die die Informationsquelle bisher nicht genutzt haben, aber zukünftig nutzen wollen.
N: Anzahl der Befragten

Anlage 12 – Kruskal-Wallis-Test

<u>Nullhypothese</u>: Die Merkmale der Versicherten haben keinen Einfluss auf deren Präferenzen hinsichtlich Informationsquellen zu Behandlungsmöglichkeiten.

Nr.	Präferierte Informationsquellen zu Behandlungsmöglichkeiten	Versicherten-merkmale	Chi-Quadrat	df	Asymptotische Signifikanz*
1	Familie, Freunde, Bekannte	Geschlecht	1,729	1	0,189
2	Arzt	Geschlecht	4,981	1	0,026
3	Krankenversicherung	Geschlecht	0,087	1	0,768
4	Massenmedien	Geschlecht	7,081	1	0,008
5	Familie, Freunde, Bekannte	Altersgruppe	4,045	1	0,044
6	Arzt	Altersgruppe	16,575	1	0,000
7	Krankenversicherung	Altersgruppe	8,421	1	0,004
8	Massenmedien	Altersgruppe	0,945	1	0,331
9	Familie, Freunde, Bekannte	Schulabschluss	35,680	1	0,000
10	Arzt	Schulabschluss	2,233	1	0,135
11	Krankenversicherung	Schulabschluss	1,313	1	0,252
12	Massenmedien	Schulabschluss	21,322	1	0,000
13	Familie, Freunde, Bekannte	Beruf	0,056	1	0,812
14	Arzt	Beruf	0,822	1	0,365
15	Krankenversicherung	Beruf	0,197	1	0,657
16	Massenmedien	Beruf	0,064	1	0,800
17	Familie, Freunde, Bekannte	Gesundheitszustand	0,162	1	0,687
18	Arzt	Gesundheitszustand	1,412	1	0,235
19	Krankenversicherung	Gesundheitszustand	10,437	1	0,001
20	Massenmedien	Gesundheitszustand	2,365	1	0,124

*Bei einem Wert kleiner 0,01 ist die Nullhypothese mit einer Wahrscheinlichkeit von mindestens 99 Prozent falsch.

Der von Kruskal und Wallis (1952) entwickelte Test ist eine Erweiterung des U-Tests auf mehr als zwei Gruppen. Er prüft die Nullhypothese, dass p Populationen sich nicht unterscheiden. Es handelt sich um einen verteilungsfreien Test, d. h. es werden keine Voraussetzungen an die Verteilung der Populationen gestellt.

Anlage 13 – z-Score

Nullhypothese: Die beiden paarweise dargestellten Auswahlkriterien für Informationsquellen wurden jeweils von der gleichen Zahl an Befragten für wichtig gehalten.

Nr.	Auswahlkriterien für Informationsquellen im Vergleich	A	a=A/N	D	d=D/N	N	z-Score*
1	Kompetenz vs. Zeitaufwand	1590	48,8%	75	2,3%	3258	-37,13
2	Kompetenz vs. Kostenaufwand	1710	52,5%	55	1,7%	3258	-39,39
3	Kompetenz vs. Verständlichkeit	727	22,3%	82	2,5%	3258	-22,68
4	Verständlichkeit vs. Zeitaufwand	1249	38,3%	379	11,6%	3258	-21,56
5	Verständlichkeit vs. Kostenaufwand	1293	39,7%	283	8,7%	3258	-25,44
6	Zeitaufwand vs. Kostenaufwand	560	17,2%	420	12,9%	3258	-4,47

*Bei einem Absolutwert des z-Scores größer als 2,57 ist die Nullhypothese mit einer Wahrscheinlichkeit von mindestens 99 Prozent falsch.

A: Anzahl der Befragten, die die Informationsquelle bisher genutzt haben, aber zukünftig nicht nutzen wollen.
D: Anzahl der Befragten, die die Informationsquelle bisher nicht genutzt haben, aber zukünftig nutzen wollen.
N: Anzahl der Befragten

Anlage 14 – Kruskal-Wallis-Test

<u>Nullhypothese</u>: Die Merkmale der Versicherten haben keinen Einfluss auf die empfundene Wichtigkeit der Auswahlkriterien einer Informationsquelle.

Nr.	Auswahlkriterien einer Informationsquelle	Versicherten-merkmale	Chi-Quadrat	df	Asymptotische Signifikanz*
1	Zeitaufwand	Geschlecht	13,987	1	0,000
2	Zeitaufwand	Altersgruppe	131,029	1	0,000
3	Zeitaufwand	Schulabschluss	51,567	1	0,000
4	Zeitaufwand	Beruf	26,743	1	0,000
5	Zeitaufwand	Gesundheitszustand	20,820	1	0,000
6	Kostenaufwand	Geschlecht	38,255	1	0,000
7	Kostenaufwand	Altersgruppe	142,859	1	0,000
8	Kostenaufwand	Schulabschluss	18,539	1	0,000
9	Kostenaufwand	Beruf	27,043	1	0,000
10	Kostenaufwand	Gesundheitszustand	2,608	1	0,106
11	Kompetenz	Geschlecht	3,822	1	0,051
12	Kompetenz	Altersgruppe	13,734	1	0,000
13	Kompetenz	Schulabschluss	74,900	1	0,000
14	Kompetenz	Beruf	16,155	1	0,000
15	Kompetenz	Gesundheitszustand	3,874	1	0,049
16	Verständlichkeit	Geschlecht	1,727	1	0,189
17	Verständlichkeit	Altersgruppe	0,308	1	0,579
18	Verständlichkeit	Schulabschluss	10,001	1	0,002
19	Verständlichkeit	Beruf	0,958	1	0,328
20	Verständlichkeit	Gesundheitszustand	5,805	1	0,016

*Bei einem Wert kleiner 0,01 ist die Nullhypothese mit einer Wahrscheinlichkeit von mindestens 99 Prozent falsch.

Der von Kruskal und Wallis (1952) entwickelte Test ist eine Erweiterung des U-Tests auf mehr als zwei Gruppen. Er prüft die Nullhypothese, dass p Populationen sich nicht unterscheiden. Es handelt sich um einen verteilungsfreien Test, d. h. es werden keine Voraussetzungen an die Verteilung der Populationen gestellt.

Anlage 15 – z-Score

Nullhypothese: Die beiden paarweise dargestellten Informationsquellen zu einem Gesundheitsthema werden jeweils von der gleichen Zahl an Befragten gewünscht.

Nr.	Informationsquellen zu/zur		A	a=A/N	D	d=D/N	N	z-Score*
1	Gesundheitsvorsorge	Arzt vs. Familie, Freunde	1079	33,1%	502	15,4%	3258	-14,51
2	Gesundheitsvorsorge	Arzt vs. Krankenversicherung	1354	41,6%	131	4,0%	3258	-31,74
3	Gesundheitsvorsorge	Arzt vs. Massenmedien	1514	46,5%	213	6,5%	3258	-31,31
4	Gesundheitsvorsorge	Krankenversicherung vs. Familie	1266	38,9%	404	12,4%	3258	-21,09
5	Gesundheitsvorsorge	Krankenversicherung vs. Massenmedien	1362	41,8%	445	13,7%	3258	-21,57
6	Gesundheitsvorsorge	Massenmedien vs. Familie	457	14,0%	402	12,3%	3258	-1,88
7	anderen Ärzten	Arzt vs. Familie, Freunde	1427	43,8%	149	4,6%	3258	-32,19
8	anderen Ärzten	Arzt vs. Krankenversicherung	1169	35,9%	537	16,5%	3258	-15,30
9	anderen Ärzten	Arzt vs. Massenmedien	1950	59,9%	105	3,2%	3258	-40,70
10	anderen Ärzten	Krankenversicherung vs. Familie	1403	43,1%	190	5,8%	3258	-30,39
11	anderen Ärzten	Krankenversicherung vs. Massenmedien	1197	36,7%	551	16,9%	3258	-15,45
12	anderen Ärzten	Familie vs. Massenmedien	793	24,3%	226	6,9%	3258	-17,76
13	festgestellten Erkrankung	Arzt vs. Familie, Freunde	2027	62,2%	32	1,0%	3258	-43,97
14	festgestellten Erkrankung	Arzt vs. Krankenversicherung	1767	54,2%	261	8,0%	3258	-33,44
15	festgestellten Erkrankung	Arzt vs. Massenmedien	2184	67,0%	69	2,1%	3258	-44,56
16	festgestellten Erkrankung	Krankenversicherung vs. Familie	857	26,3%	368	11,3%	3258	-13,97
17	festgestellten Erkrankung	Krankenversicherung vs. Massenmedien	872	26,8%	263	8,1%	3258	-18,08
18	festgestellten Erkrankung	Familie vs. Massenmedien	398	12,2%	278	8,5%	3258	-4,62
19	Behandlungsmöglichkeiten	Arzt vs. Familie, Freunde	1814	55,7%	41	1,3%	3258	-41,17
20	Behandlungsmöglichkeiten	Arzt vs. Krankenversicherung	1266	38,9%	367	11,3%	3258	-22,25
21	Behandlungsmöglichkeiten	Arzt vs. Massenmedien	1917	58,8%	74	2,3%	3258	-41,30
22	Behandlungsmöglichkeiten	Krankenversicherung vs. Familie	1243	38,2%	369	11,3%	3258	-21,77
23	Behandlungsmöglichkeiten	Krankenversicherung vs. Massenmedien	1240	38,1%	296	9,1%	3258	-24,09
24	Behandlungsmöglichkeiten	Familie vs. Massenmedien	435	13,4%	365	11,2%	3258	-2,47

*Bei einem Absolutwert des z-Scores größer als 2,57 ist die Nullhypothese mit einer Wahrscheinlichkeit von mindestens 99 Prozent falsch.

A: Anzahl der Befragten, die die Informationsquelle bisher genutzt haben, aber zukünftig nicht nutzen wollen.
D: Anzahl der Befragten, die die Informationsquelle bisher nicht genutzt haben, aber zukünftig nutzen wollen.
N: Anzahl der Befragten

Anlage 16 – z-Score

<u>Nullhypothese</u>: Die jetzige Zahl der Nutzer eines Informationsmediums zur Gesundheitsvorsorge entspricht der Zahl derjenigen, die dieses Medium zukünftig nutzen wollen.

Nr.	Informationsmedien zur Gesundheitsvorsorge	A	a=A/N	D	d=D/N	N	z-Score*
1	Druckmedien	1055	32,4%	214	6,6%	3258	-23,61
2	Servicetelefon	35	1,1%	1000	30,7%	3258	30,00
3	Internet	186	5,7%	886	27,2%	3258	21,38
4	persönliche Beratungsstelle	82	2,5%	976	30,0%	3258	27,48

*Bei einem Absolutwert des z-Scores größer als 2,57 ist die Nullhypothese mit einer Wahrscheinlichkeit von mindestens 99 Prozent falsch.

A: Anzahl der Befragten, die die Informationsquelle bisher genutzt haben, aber zukünftig nicht nutzen wollen.
D: Anzahl der Befragten, die die Informationsquelle bisher nicht genutzt haben, aber zukünftig nutzen wollen.
N: Anzahl der Befragten

Anlage 17 – Kruskal-Wallis-Test

Nullhypothese: Die Merkmale der Versicherten haben keinen Einfluss auf deren Präferenzen hinsichtlich Informationsmedien zur Gesundheitsvorsorge.

Nr.	Präferierte Informationsmedien zur Gesundheitsvorsorge	Versicherten-merkmale	Chi-Quadrat	df	Asymptotische Signifikanz*
1	Druckmedien	Geschlecht	1,084	1	0,298
2	Servicetelefon	Geschlecht	0,005	1	0,945
3	Internet	Geschlecht	1,339	1	0,247
4	persönliche Beratungsstelle	Geschlecht	0,228	1	0,633
5	Druckmedien	Altersgruppe	0,000	1	0,995
6	Servicetelefon	Altersgruppe	3,941	1	0,047
7	Internet	Altersgruppe	202,226	1	0,000
8	persönliche Beratungsstelle	Altersgruppe	15,383	1	0,000
9	Druckmedien	Schulabschluss	27,387	1	0,000
10	Servicetelefon	Schulabschluss	10,602	1	0,001
11	Internet	Schulabschluss	48,505	1	0,000
12	persönliche Beratungsstelle	Schulabschluss	24,256	1	0,000
13	Druckmedien	Beruf	0,577	1	0,447
14	Servicetelefon	Beruf	0,998	1	0,318
15	Internet	Beruf	15,705	1	0,000
16	persönliche Beratungsstelle	Beruf	0,000	1	0,995
17	Druckmedien	Gesundheitszustand	6,076	1	0,014
18	Servicetelefon	Gesundheitszustand	4,428	1	0,035
19	Internet	Gesundheitszustand	34,440	1	0,000
20	persönliche Beratungsstelle	Gesundheitszustand	8,639	1	0,003

*Bei einem Wert kleiner 0,01 ist die Nullhypothese mit einer Wahrscheinlichkeit von mindestens 99 Prozent falsch.

Der von Kruskal und Wallis (1952) entwickelte Test ist eine Erweiterung des U-Tests auf mehr als zwei Gruppen. Er prüft die Nullhypothese, dass p Populationen sich nicht unterscheiden. Es handelt sich um einen verteilungsfreien Test, d. h. es werden keine Voraussetzungen an die Verteilung der Populationen gestellt.

Anlage 18 – z-Score

<u>Nullhypothese</u>: Die jetzige Zahl der Nutzer eines Informationsmediums zu anderen Ärzten entspricht der Zahl derjenigen, die dieses Medium zukünftig nutzen wollen.

Nr.	Informationsmedien zu anderen Ärzten	A	a=A/N	D	d=D/N	N	z-Score*
1	Druckmedien	409	12,6%	562	17,2%	3258	4,91
2	Servicetelefon	41	1,3%	1342	41,2%	3258	34,98
3	Internet	116	3,6%	998	30,6%	3258	26,43
4	persönliche Beratungsstelle	92	2,8%	1107	34,0%	3258	29,31

*Bei einem Absolutwert des z-Scores größer als 2,57 ist die Nullhypothese mit einer Wahrscheinlichkeit von mindestens 99 Prozent falsch.

A: Anzahl der Befragten, die die Informationsquelle bisher genutzt haben, aber zukünftig nicht nutzen wollen.
D: Anzahl der Befragten, die die Informationsquelle bisher nicht genutzt haben, aber zukünftig nutzen wollen.
N: Anzahl der Befragten

Anlage 19 – Kruskal-Wallis-Test

Nullhypothese: Die Merkmale der Versicherten haben keinen Einfluss auf deren Präferenzen hinsichtlich Informationsmedien zu anderen Ärzten.

Nr.	Präferierte Informationsmedien zu anderen Ärzten	Versicherten-merkmale	Chi-Quadrat	df	Asymptotische Signifikanz*
1	Druckmedien	Geschlecht	1,862	1	0,172
2	Servicetelefon	Geschlecht	0,582	1	0,446
3	Internet	Geschlecht	3,330	1	0,068
4	persönliche Beratungsstelle	Geschlecht	1,242	1	0,265
5	Druckmedien	Altersgruppe	7,394	1	0,007
6	Servicetelefon	Altersgruppe	2,174	1	0,140
7	Internet	Altersgruppe	151,631	1	0,000
8	persönliche Beratungsstelle	Altersgruppe	34,059	1	0,000
9	Druckmedien	Schulabschluss	6,959	1	0,008
10	Servicetelefon	Schulabschluss	0,923	1	0,337
11	Internet	Schulabschluss	33,856	1	0,000
12	persönliche Beratungsstelle	Schulabschluss	9,412	1	0,002
13	Druckmedien	Beruf	1,204	1	0,272
14	Servicetelefon	Beruf	0,025	1	0,875
15	Internet	Beruf	11,700	1	0,001
16	persönliche Beratungsstelle	Beruf	3,323	1	0,068
17	Druckmedien	Gesundheitszustand	6,247	1	0,012
18	Servicetelefon	Gesundheitszustand	9,917	1	0,002
19	Internet	Gesundheitszustand	36,363	1	0,000
20	persönliche Beratungsstelle	Gesundheitszustand	16,711	1	0,000

*Bei einem Wert kleiner 0,01 ist die Nullhypothese mit einer Wahrscheinlichkeit von mindestens 99 Prozent falsch.

Der von Kruskal und Wallis (1952) entwickelte Test ist eine Erweiterung des U-Tests auf mehr als zwei Gruppen. Er prüft die Nullhypothese, dass p Populationen sich nicht unterscheiden. Es handelt sich um einen verteilungsfreien Test, d. h. es werden keine Voraussetzungen an die Verteilung der Populationen gestellt.

Anlage 20 – z-Score

<u>Nullhypothese</u>: Die jetzige Zahl der Nutzer eines Informationsmediums zur festgestellten Erkrankung entspricht der Zahl derjenigen, die dieses Medium zukünftig nutzen wollen.

Nr.	Informationsmedien zur festgestellten Erkrankung	A	a=A/N	D	d=D/N	N	z-Score*
1	Druckmedien	742	22,8%	334	10,3%	3258	-12,44
2	Servicetelefon	30	0,9%	1128	34,6%	3258	32,27
3	Internet	202	6,2%	731	22,4%	3258	17,32
4	persönliche Beratungsstelle	80	2,5%	1383	42,4%	3258	34,07

*Bei einem Absolutwert des z-Scores größer als 2,57 ist die Nullhypothese mit einer Wahrscheinlichkeit von mindestens 99 Prozent falsch.

A: Anzahl der Befragten, die die Informationsquelle bisher genutzt haben, aber zukünftig nicht nutzen wollen.
D: Anzahl der Befragten, die die Informationsquelle bisher nicht genutzt haben, aber zukünftig nutzen wollen.
N: Anzahl der Befragten

Anlage 21 – Kruskal-Wallis-Test

Nullhypothese: Die Merkmale der Versicherten haben keinen Einfluss auf deren Präferenzen hinsichtlich Informationsmedien zur festgestellten Erkrankung.

Nr.	Präferierte Informationsmedien zur festgestellten Erkrankung	Versicherten-merkmale	Chi-Quadrat	df	Asymptotische Signifikanz*
1	Druckmedien	Geschlecht	14,250	1	0,000
2	Servicetelefon	Geschlecht	3,617	1	0,057
3	Internet	Geschlecht	8,764	1	0,003
4	persönliche Beratungsstelle	Geschlecht	0,088	1	0,767
5	Druckmedien	Altersgruppe	7,637	1	0,006
6	Servicetelefon	Altersgruppe	1,115	1	0,291
7	Internet	Altersgruppe	187,051	1	0,000
8	persönliche Beratungsstelle	Altersgruppe	23,902	1	0,000
9	Druckmedien	Schulabschluss	39,560	1	0,000
10	Servicetelefon	Schulabschluss	2,307	1	0,129
11	Internet	Schulabschluss	49,933	1	0,000
12	persönliche Beratungsstelle	Schulabschluss	13,313	1	0,000
13	Druckmedien	Beruf	11,806	1	0,001
14	Servicetelefon	Beruf	0,134	1	0,714
15	Internet	Beruf	13,910	1	0,000
16	persönliche Beratungsstelle	Beruf	1,583	1	0,208
17	Druckmedien	Gesundheitszustand	4,681	1	0,030
18	Servicetelefon	Gesundheitszustand	9,984	1	0,002
19	Internet	Gesundheitszustand	20,911	1	0,000
20	persönliche Beratungsstelle	Gesundheitszustand	9,060	1	0,003

*Bei einem Wert kleiner 0,01 ist die Nullhypothese mit einer Wahrscheinlichkeit von mindestens 99 Prozent falsch.

Der von Kruskal und Wallis (1952) entwickelte Test ist eine Erweiterung des U-Tests auf mehr als zwei Gruppen. Er prüft die Nullhypothese, dass p Populationen sich nicht unterscheiden. Es handelt sich um einen verteilungsfreien Test, d. h. es werden keine Voraussetzungen an die Verteilung der Populationen gestellt.

Anlage 22 – z-Score

Nullhypothese: Die jetzige Zahl der Nutzer eines Informationsmediums zu Behandlungsmöglichkeit entspricht der Zahl derjenigen, die dieses Medium zukünftig nutzen wollen.

Nr.	Informationsmedien zu Behandlungsmöglichkeiten	A	a=A/N	D	d=D/N	N	z-Score*
1	Druckmedien	866	26,6%	324	9,9%	3258	-15,71
2	Servicetelefon	31	1,0%	1285	39,4%	3258	34,57
3	Internet	205	6,3%	838	25,7%	3258	19,60
4	persönliche Beratungsstelle	76	2,3%	1429	43,9%	3258	34,88

*Bei einem Absolutwert des z-Scores größer als 2,57 ist die Nullhypothese mit einer Wahrscheinlichkeit von mindestens 99 Prozent falsch.

A: Anzahl der Befragten, die die Informationsquelle bisher genutzt haben, aber zukünftig nicht nutzen wollen.
D: Anzahl der Befragten, die die Informationsquelle bisher nicht genutzt haben, aber zukünftig nutzen wollen.
N: Anzahl der Befragten

Anlage 23 – Kruskal-Wallis-Test

Nullhypothese: Die Merkmale der Versicherten haben keinen Einfluss auf deren Präferenzen hinsichtlich Informationsmedien zu Behandlungsmöglichkeiten.

Nr.	Präferierte Informationsmedien zu Behandlungsmöglichkeiten	Versichertenmerkmale	Chi-Quadrat	df	Asymptotische Signifikanz*
1	Druckmedien	Geschlecht	10,489	1	0,001
2	Servicetelefon	Geschlecht	2,233	1	0,135
3	Internet	Geschlecht	10,852	1	0,001
4	persönliche Beratungsstelle	Geschlecht	0,188	1	0,665
5	Druckmedien	Altersgruppe	5,582	1	0,018
6	Servicetelefon	Altersgruppe	2,322	1	0,128
7	Internet	Altersgruppe	206,364	1	0,000
8	persönliche Beratungsstelle	Altersgruppe	16,934	1	0,000
9	Druckmedien	Schulabschluss	38,428	1	0,000
10	Servicetelefon	Schulabschluss	1,992	1	0,158
11	Internet	Schulabschluss	57,054	1	0,000
12	persönliche Beratungsstelle	Schulabschluss	13,284	1	0,000
13	Druckmedien	Beruf	1,283	1	0,257
14	Servicetelefon	Beruf	0,199	1	0,656
15	Internet	Beruf	15,565	1	0,000
16	persönliche Beratungsstelle	Beruf	0,602	1	0,438
17	Druckmedien	Gesundheitszustand	7,575	1	0,006
18	Servicetelefon	Gesundheitszustand	17,279	1	0,000
19	Internet	Gesundheitszustand	26,384	1	0,000
20	persönliche Beratungsstelle	Gesundheitszustand	9,595	1	0,002

*Bei einem Wert kleiner 0,01 ist die Nullhypothese mit einer Wahrscheinlichkeit von mindestens 99 Prozent falsch.

Der von Kruskal und Wallis (1952) entwickelte Test ist eine Erweiterung des U-Tests auf mehr als zwei Gruppen. Er prüft die Nullhypothese, dass p Populationen sich nicht unterscheiden. Es handelt sich um einen verteilungsfreien Test, d. h. es werden keine Voraussetzungen an die Verteilung der Populationen gestellt.

Anlage 24 – z-Score

<u>Nullhypothese</u>: Die beiden paarweise dargestellten Informationsmedien zu einem Gesundheitsthema werden jeweils von der gleichen Zahl an Befragten gewünscht.

Nr.	Informationsmedien zu/zur		A	a=A/N	D	d=D/N	N	z-Score*
1	Gesundheitsvorsorge	Druckmedien vs. Internet	889	27,3%	594	18,2%	3258	-7,66
2	Gesundheitsvorsorge	Druckmedien vs. Beratungsstelle	1172	36,0%	686	21,1%	3258	-11,27
3	Gesundheitsvorsorge	Druckmedien vs. Servicetelefon	1176	36,1%	595	18,3%	3258	-13,81
4	Gesundheitsvorsorge	Internet vs. Beratungsstelle	983	30,2%	792	24,3%	3258	-4,53
5	Gesundheitsvorsorge	Internet vs. Servicetelefon	905	27,8%	619	19,0%	3258	-7,33
6	Gesundheitsvorsorge	Beratungsstelle vs. Servicetelefon	693	21,3%	598	18,4%	3258	-2,64
7	anderen Ärzten	Servicetelefon vs. Beratungsstelle	846	26,0%	732	22,5%	3258	-2,87
8	anderen Ärzten	Servicetelefon vs. Internet	881	27,0%	744	22,8%	3258	-3,40
9	anderen Ärzten	Servicetelefon vs. Druckmedien	1057	32,4%	595	18,3%	3258	-11,37
10	anderen Ärzten	Beratungsstelle vs. Internet	927	28,5%	904	27,7%	3258	-0,54
11	anderen Ärzten	Beratungsstelle vs. Druckmedien	992	30,4%	644	19,8%	3258	-8,60
12	anderen Ärzten	Internet vs. Druckmedien	781	24,0%	456	14,0%	3258	-9,24
13	festgestellten Erkrankung	Beratungsstelle vs. Servicetelefon	1007	30,9%	578	17,7%	3258	-10,78
14	festgestellten Erkrankung	Beratungsstelle vs. Internet	1163	35,7%	727	22,3%	3258	-10,03
15	festgestellten Erkrankung	Beratungsstelle vs. Druckmedien	1135	34,8%	676	20,7%	3258	-10,79
16	festgestellten Erkrankung	Servicetelefon vs. Internet	714	21,9%	707	21,7%	3258	-0,19
17	festgestellten Erkrankung	Servicetelefon vs. Druckmedien	714	21,9%	707	21,7%	3258	-0,19
18	festgestellten Erkrankung	Internet vs. Druckmedien	571	17,5%	548	16,8%	3258	-0,69
19	Behandlungsmöglichkeiten	Beratungsstelle vs. Servicetelefon	903	27,7%	654	20,1%	3258	-6,31
20	Behandlungsmöglichkeiten	Beratungsstelle vs. Internet	1053	32,3%	802	24,6%	3258	-5,83
21	Behandlungsmöglichkeiten	Beratungsstelle vs. Druckmedien	1011	31,0%	731	22,4%	3258	-6,71
22	Behandlungsmöglichkeiten	Servicetelefon vs. Internet	760	23,3%	758	23,3%	3258	-0,05
23	Behandlungsmöglichkeiten	Servicetelefon vs. Druckmedien	805	24,7%	774	23,8%	3258	-0,78
24	Behandlungsmöglichkeiten	Internet vs. Druckmedien	640	19,6%	611	18,8%	3258	-0,82

*Bei einem Absolutwert des z-Scores größer als 2,57 ist die Nullhypothese mit einer Wahrscheinlichkeit von mindestens 99 Prozent falsch.

A: Anzahl der Befragten, die die Informationsquelle bisher genutzt haben, aber zukünftig nicht nutzen wollen.
D: Anzahl der Befragten, die die Informationsquelle bisher nicht genutzt haben, aber zukünftig nutzen wollen.
N: Anzahl der Befragten

Anlage 25 – z-Score

Nullhypothese: Die beiden paarweise dargestellten Erwartungen an die Krankenversicherung werden jeweils von der gleichen Zahl an Befragten gehegt.

Nr.	Erwartungen an die Krankenversicherung im Vergleich	A	a=A/N	D	d=D/N	N	z-Score*
1	Niedriger Beitrag vs. Informationen zu Behandlungsmöglichkeiten	798	24,5%	523	16,1%	3258	-7,57
2	Niedriger Beitrag vs. Informationen über Gesundheitsvorsorge	832	25,5%	442	13,6%	3258	-10,93
3	Niedriger Beitrag vs. Unterstützung bei der Arztwahl	1121	34,4%	450	13,8%	3258	-16,93
4	Informationen über Behandlungsmöglichkeiten vs. Informationen über Gesundheitsvorsorge	531	16,3%	416	12,8%	3258	-3,74
5	Informationen über Behandlungsmöglichkeiten vs. Unterstützung bei der Arztwahl	665	20,4%	269	8,3%	3258	-12,96
6	Informationen über Gesundheitsvorsorge vs. Unterstützung bei der Arztwahl	760	23,3%	479	14,7%	3258	-7,98

*Bei einem Absolutwert des z-Scores größer als 2,57 ist die Nullhypothese mit einer Wahrscheinlichkeit von mindestens 99 Prozent falsch.

A: Anzahl der Befragten, die die Informationsquelle bisher genutzt haben, aber zukünftig nicht nutzen wollen.
D: Anzahl der Befragten, die die Informationsquelle bisher nicht genutzt haben, aber zukünftig nutzen wollen.
N: Anzahl der Befragten

Anlage 26 – Kruskal-Wallis-Test

Nullhypothese: Die Merkmale der Versicherten haben keinen Einfluss auf die Erwartungen an die Krankenversicherung.

Nr.	Erwartungen an die Krankenversicherung	Versicherten-merkmale	Chi-Quadrat	df	Asymptotische Signifikanz*
1	Niedrige Prämie	Geschlecht	18,638	1	0,000
2	Niedrige Prämie	Altersgruppe	90,104	1	0,000
3	Niedrige Prämie	Schulabschluss	32,079	1	0,000
4	Niedrige Prämie	Beruf	12,011	1	0,001
5	Niedrige Prämie	Gesundheitszustand	33,255	1	0,000
6	Unterstützung bei der Arztwahl	Geschlecht	2,771	1	0,096
7	Unterstützung bei der Arztwahl	Altersgruppe	0,419	1	0,517
8	Unterstützung bei der Arztwahl	Schulabschluss	25,439	1	0,000
9	Unterstützung bei der Arztwahl	Beruf	0,710	1	0,399
10	Unterstützung bei der Arztwahl	Gesundheitszustand	4,544	1	0,033
11	Informationen über Gesundheitsvorsorge	Geschlecht	0,086	1	0,770
12	Informationen über Gesundheitsvorsorge	Altersgruppe	16,918	1	0,000
13	Informationen über Gesundheitsvorsorge	Schulabschluss	0,018	1	0,894
14	Informationen über Gesundheitsvorsorge	Beruf	6,627	1	0,010
15	Informationen über Gesundheitsvorsorge	Gesundheitszustand	0,464	1	0,496
16	Informationen über Behandlungsmöglichkeiten	Geschlecht	1,008	1	0,315
17	Informationen über Behandlungsmöglichkeiten	Altersgruppe	0,926	1	0,336
18	Informationen über Behandlungsmöglichkeiten	Schulabschluss	15,532	1	0,000
19	Informationen über Behandlungsmöglichkeiten	Beruf	1,107	1	0,293
20	Informationen über Behandlungsmöglichkeiten	Gesundheitszustand	32,315	1	0,000

*Bei einem Wert kleiner 0,01 ist die Nullhypothese mit einer Wahrscheinlichkeit von mindestens 99 Prozent falsch.

Der von Kruskal und Wallis (1952) entwickelte Test ist eine Erweiterung des U-Tests auf mehr als zwei Gruppen. Er prüft die Nullhypothese, dass p Populationen sich nicht unterscheiden. Es handelt sich um einen verteilungsfreien Test, d. h. es werden keine Voraussetzungen an die Verteilung der Populationen gestellt

Anlage 27 – Chi-Quadrat-Test

Nullhypothese: Die Zahl der Ja-Antworten entspricht jeweils der Zahl der Nein-Antworten.

Nr.		Chi-Quadrat	df	Asymptotische Signifikanz*
1	Bereitschaft zur Mitwirkung an einer Behandlung	3104,597	1	0,000
2	Schwierigkeiten eine Behandlung zu befolgen	168,320	1	0,000
3	Unsicherheit über Behandlungsvorschlag des Arztes	1082,576	1	0,000
4	Zweitmeinung eingeholt	623,931	1	0,000
5	Unzufriedenheit mit Arzt	0,502	1	0,478
6	Bedürfnis nach weiteren Informationen	1569,623	1	0,000

*Bei einem Wert kleiner 0,01 ist die Nullhypothese mit einer Wahrscheinlichkeit von mindestens 99 Prozent falsch.

GPSR Compliance

The European Union's (EU) General Product Safety Regulation (GPSR) is a set of rules that requires consumer products to be safe and our obligations to ensure this.

If you have any concerns about our products, you can contact us on ProductSafety@springernature.com

In case Publisher is established outside the EU, the EU authorized representative is:

Springer Nature Customer Service Center GmbH
Europaplatz 3
69115 Heidelberg, Germany

Batch number: 10815964

Printed by Printforce, the Netherlands